AF672258

Die heiligen Mythen des Dionysoskultes

Griechische Sagen im Spiegel

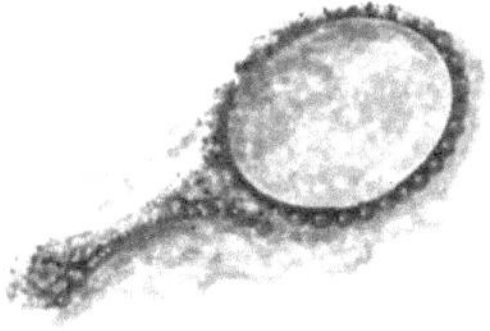

Das geheime Erbe unserer wissenden Ahnen

Die heiligen Mythen des Dionysoskultes

Griechische Sagen im Spiegel

Das geheime Erbe unserer wissenden Ahnen

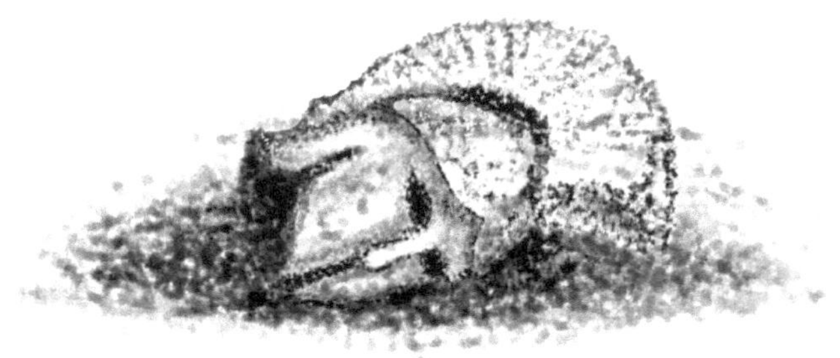

Petra Wild

Alle in diesem Buch besprochenen Dramen von Sophokles (übersetzt von Kurt Steinmann) sind bei Reclam erhältlich oder aber bei zeno.org online zugänglich.
Meine Bibel ist eine ökumenische Einheitsübersetzung.
Homer lese ich am liebsten in den Übersetzungen von Schadewaldt, der kompromisslos wörtlich übersetzt, v.a. bei der Ilias. Bei den Homerischen Hymnen liebe ich die Übersetzungen von Eduard Mörike. Wörtliche Übersetzungen sind unerlässlich, denn unwissende Übersetzer verändern duch die falsche Verwendung von Codes die Bedeutung des Textes.

Impressum
Die Deutsche Nationalbibliothek verzeichnet diese Publikation in der deutschen Nationalbibliographie

2., überarbeitete Auflage, 2020

ISBN: 9789403607214

Illustrationen: Petra Wild 2020
Zeichnungen nach antiken Sujets (auf den entsprechenden Seiten ausgewiesen)
Cover: Weinlaub (Foto Bookmundo), Zeichnung (Sujet: Verschiedene antike Vasendarstellungen des Dionysos)
Covergestaltung: Petra Wild
Gedruckt in Deutschland

Verlagsportal: Bookmundo.de

Inhaltsverzeichnis

Vorwort

*L*ieber Leser

Haben Sie sich beim Lesen einer Geschichte schon einmal geärgert, weil genau das, was Sie brennend interessiert, dem Autor anscheinend nicht so wichtig war?
Mir ging es so, als ich vor Jahren den Homerischen Hymnus an Demeter las. Da wird eine junge Gottheit unter die Erde entführt und mausert sich abgeschieden von den Lebenden zur schrecklichen Totengöttin; doch stattdass ich erfuhr, was in der Unterwelt genau geschah, musste ich an der Seite einer übellaunigen Demeter Kinder suchen und hüten, was für ein Ärgernis!
Doch dann begriff ich, dass Aïdoneus und Persephoneia Geister sind... Laut altem Aberglauben kann man Geister mit Hilfe eines Spiegels sichtbar machen, und siehe da...

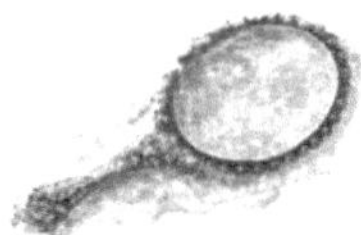

Nachdem ich nun über vierzig griechische Sagen und Märchen gespiegelt, rückwärts und gefaltet gelesen habe, stelle ich fest, dass sich immer die gleichen fünf Geschichten ergeben.
Sie finden Sie in diesem Buch.
Die Fußnoten zu lesen ist selbstverständlich freiwillig, doch falls Sie die Spiegelungen nachvollziehen möchten, sind sie hilfreich.
Sollten Sie sich vor der Lektüre mit dem Weltbild und den Gottheiten der dionysischen Mysten vertraut machen wollen, so befindet sich für Sie eine entsprechende Übersicht im Anhang, zusammen mit anderem Wissenswerten zu den hier gespiegelten Sagen; etwas zum Genießen für den Literaturliebhaber.
Falls die Spiegelungen für Sie nicht nachvollziehbar sein sollten, so hilft Ihnen das Register auf den letzten Seiten weiter.
Ich wünsche Ihnen spannende Einblicke und eine gute Zeit mit diesem Buch.

Petra Wild

Erster Teil
Die Mythen

*A*ls nun die Musen dem Satyr Marsyas den Sieg zusprechen wollten, nahm Apollon die Lyra, drehte sie um und spielte sie umgekehrt. Was sollte der arme Marsyas da tun? Er konnte seine Flöte nicht umgekehrt spielen.

„Du kannst nicht rückwärts?“, heuchelte Apollon Bedauern. „Dann wird es jetzt grausam…“

Die erste Sage erzählt uns das Leben eines dionysischen Mysten. Theseus erhält schon als junger Mann den Ruf aus der Geisterwelt. Doch als er ihm nicht folgt, gerät sein Leben immer mehr aus den Fugen. Zum Glück ist die Geschichte damit aber noch nicht zu Ende...

Die Sage von Theseus: Der Rückweg

*D*ie Rückwärtsgeschichte beginnt dort, wo sich in der Sage die Markierung für die Hälfte befindet: Bei der abgerissenen Pobacke.

Wir haben es mit einem verzweifelten Theseus zu tun. Seine Frau und sein Sohn sind tot. Die Athener wollen ihn nicht mehr, trotz allem, was er für sie getan und geopfert hat. Auch seinen besten Freund Peirithoos wird er nie wiedersehen. Ganz offensichtlich hat er die Götter gegen sich aufgebracht.[1]
Unter den wenigen Freunden, die ihm, so hofft er, noch geblieben sind, ist einer, der ihm vielleicht helfen kann: König Lykomedon auf der Insel Skyros. Dieser nimmt ihn freundlich auf. Theseus klagt ihm beim Essen sein Leid. Der König hört ihm aufmerksam zu. Schließlich sagt Lykomedon, dass er mit ihm einen Spaziergang zum höchsten Berg der Insel machen möchte, sodass sie in Ruhe reden können. Theseus ist einverstanden. Der Weg ist beschwerlich. Sie erreichen erst nach vielen mühsamen Stunden eine hohe Klippe. Lykomedon bleibt stehen und weist nach vorne. Theseus erkennt eine einsame Hütte unter alten Bäumen. «Dort wohnt meine Mutter», sagt Lykomedon. «Sie ist eine Seherin, eine Heilerin, eine Mystin des Dionysos. Ich denke, dass du mit ihr reden solltest, wenn du mit den Göttern deinen Frieden machen willst. Du findest den Weg ab hier allein. Viel Glück.» Damit dreht sich der König um und geht. Theseus hat nichts zu verlieren. Er geht mit bedächtigen Schritten auf das Zelt zu.
In der Hütte ist es dunkel. Nur ein kleines Feuer brennt unter einem Drei-

---

[1] Wir steigen ein, kurz vor Theseus in der Sage vom Felsen geworfen wird. Greise ist unser Held aber noch lange nicht. Das Gegenteil davon ist ein Mann im sogenannten besten Alter, körperlich gesund und rüstig.

fuß, in dem eine dunkle Brühe blubbert. Eine alte Frau[2] sitzt dahinter und lächelt, als Theseus nach Einlaß fragt.
«Komm herein, Theseus», spricht die Seherin. Sie hat ihn offensichtlich erwartet. Theseus betrachtet fasziniert die Zahnlücken und die glänzenden Augen der Heilerin.
«Mein Freund Lykomedon schickt mich. Er meint, ich solle dir meine Geschichte erzählen.»
«Deine Geschichte… ich habe viel von dir gehört, Theseus», spricht die Mystin, «aber nicht von Menschen.» Theseus fürchtet, dass er versteht, was sie meint. Jetzt blickt sie ihm direkt in die Augen.
«Hast du jemals darüber nachgedacht, ob du wirklich auf dem Pfad wandelst, welchen das Schicksal für dich bestimmt hat?»
Theseus ist einen Augenblick lang sprachlos. Dann widerspricht er:
«Mein Vater sagte, dass ich nach Athen kommen solle. Es war mir immer bestimmt, König von Athen zu werden.»
«Vielleicht… vielleicht… doch entscheidet nicht Aigeus über dein Schicksal, sondern unsere Urmutter. Aigeus hatte durchaus recht: Es steckt tief in dir drin, für die Menschen da zu sein, der Gemeinschaft zu dienen. Es war dir immer ein großes Bedürfnis. Und doch bist du immer rastlos geblieben.»
«Was sollte denn sonst meine Bestimmung sein?» Theseus ist gespannt, ob sie darauf eine Antwort weiß. Doch die Alte sagt: «Ich habe da so eine Ahnung. Die Antwort musst du allerdings selbst finden. Aber ich kann dir dabei helfen. Wenn ich dich so sehe: Du bist durch großes Leid gegangen auf deinem Weg hierher. Es ist gut möglich, dass sich die Geister erbarmen und zu dir sprechen.»
«Die Geister…» Theseus seufzt kummervoll, «vielleicht zürnen sie mir immer noch. Ich habe den König der Unterwelt verärgert. Er hat mich keines Blickes gewürdigt und Peirithoos grausam für seinen Frevel bestraft.»
Die Seherin wiegt den Kopf.
«Wäre es denn so schlimm, in Demut um Verzeihung zu bitten? Wenn du mit Respekt an die Sache herangehst, ist das sicher die richtige Einstellung. Wenn ich mir dein Leben so ansehe, bin ich sicher, dass dich die

---

[2] Drehung: Herakles bringt Theseus aus der Unterwelt zurück. Ein starker Mann mit einer labilen Psyche. Eine Mystin bringt Theseus in die Unterwelt: Äußerlich gebrechlich, innerlich stark.

Geister seit langem immer wieder rufen. Wer die Ohren verschließt, auferlegt sich damit selbst leidvolle Erfahrungen. Bist du nun bereit, zu hören?»
Theseus schweigt und geht in sich.
Dann sagt er: «Ja.»
Die Alte nickt und schöpft aus dem Dreifuß vor ihr einen Becher voll mit der dunklen Brühe. Theseus weiß, dass die Ekstase, der Zustand, in dem Mysten die Geister sehen, für Ungeweihte nur mit Hilfe bestimmter Pflanzen erreichbar ist, nach Meditation und Fasten. Nur für die Mysten der höchsten Weihestufe, welche von den Göttern und den Geistern auserwählt wurden, ist die Geisterwelt immer offen. Also trinkt er und legt sich auf den Wollteppich, auf dem er zuvor gesessen hat. Die Seherin beginnt, ein monotones Lied zu singen. Und dann bekommt Theseus das Gefühl, immer tiefer zu fallen, zu rutschen und zu sinken.

Er geht durch eine Höhle. Um ihn sind Felsen. Stalaktiten und Stalagmiten. In der Ferne glaubt er, einen Ausgang zu erkennen. Und tatsächlich tritt er auf eine Wiese hinaus. Irgendetwas sagt ihm, dass er hier warten soll. Und so bleibt er stehen und genießt die Aussicht. Er hat keine Ahnung, wann er zum letzten Mal in seinem rastlosen Leben so zur Ruhe gekommen ist. Da weht plötzlich von hinten ein warmer Wind an ihn heran, er wird förmlich von Gefühlen geflutet. Auch bei dieser Beobachtung fragt er sich, wann er sich das letzte Mal gestattet hat, wirklich Gefühle zuzulassen. Seine Augen füllen sich mit Tränen. Als er sich bereit fühlt, dreht er sich um. Die Höhle ist verschwunden. Doch nur wenige Schritte hinter ihm, nimmt jemand aus dem scheinbaren Nichts Gestalt an. Groß, einen dunklen Mantel um die breiten Schultern, von einer mächtigen Aura umgeben. Theseus sinkt in die Knie und bedeckt das Gesicht mit den Händen, als er König Aïdoneus erkennt, den Allvater[3] höchstselbst.
Ein leises Lächeln umspielt den Mund des mächtigen Gottes, als er The-

[3] Der Name Aïdoneus geht auf die indogermanische Wurzel «Wodanaz» zurück, genauso wie germ. Wodan, altenglisch Uuoden oder nordisch «Odin». Beachten Sie die Erörterungen S. 280 und 285.
Während in der Vorwärtsgeschichte Aïdoneus Theseus nicht beachtet, nimmt er sich diesmal viel Zeit für ihn.

seus auffordert, es sich bequem zu machen. Auch Aïdoneus setzt sich, ohne dass Theseus so richtig klar wird, worauf.
«Nun, Theseus», die wunderbare, tiefe, warme Stimme ist Balsam in den Ohren des gepeinigten Helden. «Bist du endlich bereit, auch diesen Teil deiner Bestimmung anzunehmen und zu leben?»
Theseus staunt den wunderschönen Gott an. Bei ihrer furchtbaren, feindseligen Begegnung letztes Mal hat er das irgendwie versäumt oder schlicht nicht gewagt und er war irgendwie dankbar, dass ihn der Gott einfach nicht beachtete. Nun mustert der König der Unterwelt Theseus unverhohlen mit seinen leuchtenden, bernsteinfarbenen Augen. Freundlich, nein, fast vergnügt. Sein seidiges, rabenschwarzes, mehrere Ellen langes Haar weht leicht um ihn wie im Luftzug einer anderen Welt.
«Auch diesen Teil?», Theseus Stimme wird brüchig und er spürt, wie ihm wieder Tränen über das Gesicht fließen. «Es ist nichts übrig von meinem Leben», sagt er bitter.
«Aber Theseus... konntest du denn nicht immer auf deine Tatkraft bauen? Es gab Zeiten, da gehörte dir die Welt, obwohl du nur Schuhe und ein Schwert hattest...»
Theseus wird von Schluchzern geschüttelt. Er weint, wie zuletzt als Kind auf dem Schoß seiner Mutter. Er kann nichts dagegen tun.
«Die Seherin sagte, ich hätte Euren Ruf nicht hören wollen[4]... Herr, ich habe das nicht mit Absicht getan! Ich war... mir immer so sicher, bei allem, was ich tat...»
Der Gott blickt ihn freundlich und verständnisvoll an, dann fragt er: «Bist du bereit, einen neuen Weg zu gehen, Theseus? Einen Weg, der es auch dir ermöglicht zu verzeihen, dich selbst wieder zu lieben und damit auch alle und alles andere? Heilung zu finden und zu heilen? Dein Leben um neue Welten zu bereichern und dich damit der Gaben würdig zu erweisen, welche die Große Mutter dir geschenkt hat?»
Theseus blickt durch einen Schleier aus Tränen in das edle, freundliche

---

[4] Als Ariadne Theseus den Faden gibt, hält er sein eigenes Schicksal in den Händen (als Ehefrau des Dionysos ist Ariadne die Schicksalsgöttin, vgl. Fussnote S. 35). Doch er gibt ihr den Faden zurück. Und als Dionysos ihm sagt, er solle sie zurücklassen, versteht Theseus die Botschaft des Geisterkönigs falsch und trennt sich von seinem Schicksal.

Wenn Peirithoos verlangt, mit Persephone zu schlafen, so fordert er Vereinigung mit Schicksal und Tod, was ihm gewährt wird.

Gesicht des Königs der Unterwelt. Ihm wird in diesem Augenblick auf unerklärliche Weise klar, dass der Gott nicht nur alles über ihn weiß, sondern all das selbst durchlitten hat, was er, Theseus, jetzt gerade durchmacht: Verlust, Verrat, sogar den Tod. Aïdoneus hatte vor langer Zeit alles, was sich selbst ein Gott nur wünschen konnte: Macht, Freiheit, ein wunderschönes Dasein. Doch bestimmt war ihm etwas anderes. Und als das Verhängnis grausam über ihn hereinbrach, traf er eine Entscheidung: Statt zu enden wie sein Vater Kronos, der für immer zerstückelt weiterexistieren musste, vertraute der unsterbliche Aïdoneus Urmutter Schicksal seine Seele an und wurde nach seiner Wiedergeburt in der Unterwelt zum Geisterkönig, zum Allvater.

Wie Theseus das alles plötzlich klar wird, ergreift ihn ein unendliches Gefühl von Vertrauen und Liebe. Er neigt sein Haupt tief vor dem Gott und bittet ihn stumm, über ihn zu verfügen. Aïdoneus nickt ernst. Dann lächelt er leise und streichelt sacht über einen Felsen, der neben ihm liegt.

«Du wirst viele Helfer finden auf deinem Weg, Theseus, wenn du ehrlich und demütig bereit bist zu lernen. Einen stelle ich dir gleich vor.»

Zu Theseus Verblüffung wird der Steinblock lebendig, eine transparente Gestalt wird plötzlich im Gestein sichtbar[5]. Als hätte Aïdoneus den Stein aus tiefem Schlaf geweckt, spricht eine murmelnde Stimme: «Herr Vater? Wie kann ich Euch dienen?»

«Verzeih mir, Apantisi, wenn ich dich geweckt habe», sagt Aïdoneus sanft, «aber ich möchte dir Theseus vorstellen.»

«Freut mich», murmelt der Daimon.

«Freut mich auch», stammelt Theseus unsicher.

«Was immer die Daimoni gesehen haben.... Wenn du Vertrauen, Respekt und Zeit aufbringst... sie werden es dir erzählen», erklärt Aïdoneus, «nimm dir nach der Rückkehr in deine Welt immer wieder Zeit für Gespräche mit den Daimoni.»

«Gewiss, Herr», verspricht der staunende Theseus. Der Felsblock scheint wieder einzuschlafen.

«Danke», stammelt Theseus unsicher und hofft, dass er noch gehört wur-

---

[5] Peirithoos ist ein Riese. Gegenteil: Zwerg. Griechisch für Zwerg: Daimon, Steinwesen. «Peirithoos bedeutet: «Der herumrennt.» Diamoni bedeutet auf Griechisch «bleiben». Da Peirithoos versteinert, müssen wir ihn in der Rückwärtsgeschichte als Seele eines Steinwesens lesen, also als Zwerg.

de.
«Es wird nun Zeit für dich, zurückzukehren», sagt Aïdoneus. Er streckt die Hand aus und berührt Theseus Wange, sodass eine Träne am Finger des Gottes weiterkullert. Theseus erschauert vor Glück. «Du hast bereits angefangen, wieder Kontakt mit deinem kindlichen Selbst herzustellen. Wieder zu fühlen, wie du gefühlt hast, als die Große Mutter dich schuf. Bleib auf diesem Pfad. Lerne.»
Theseus begreift nicht ganz, aber er bedauert, dass der Gott dabei ist, das Gespräch zu beenden. «Sehe ich Euch wieder?», fragt er flehend.
«Das weißt du doch», Aïdoneus klingt jetzt wirklich väterlich, «ich bin immer da, Theseus. Ich schaue immer nach allen meinen Kindern. Wenn ich über Wiesen und Wälder streife, streichle ich jede Seele in jedem Wesen und frage, wie es geht. Und ich spreche auch immer zu dir.
Lausche in dich hinein. Nimm dir jedes Mal die Zeit, die du brauchst, um dir über deine Gefühle klar zu werden, bevor du handelst. Dann wirst du immer mit mir verbunden sein.»
Theseus schämt sich für seine unüberlegte Frage. Ja, der Wind hat ihn immer gestreichelt. Sein Großvater hatte ihn als Kind aufgefordert, das Schiff zu nehmen, um nach Athen zu fahren. Und damit sein Leben Aïdoneus und Poseidon anzuvertrauen. Von Poseidon getragen werden, von Aïdoneus vorangebracht. Er aber hatte nur sich selbst vertraut in seinem jugendlichen Übermut. Wie er dies zutiefst bedauert, spürt er, dass der Gott ihm großes Verständnis entgegenbringt, keinen Zorn. Theseus blickt wieder in die bernsteinfarbenen Augen und nickt kummervoll und dankbar. «Ich weiß, dass du deine Sache gut machen wirst, Theseus», hört der Held noch die Stimme des Allvaters. Dann löst der große Gott seine feste Gestalt geisterhaft auf, wie Rauch, und verschwindet. Theseus erblickt eine Felsspalte und begreift, dass es nun Zeit ist für den Aufstieg.

Die Seherin reicht Theseus eine Schale mit einem herrlichen Tee. Er ist überrascht, wie erfrischt er sich fühlt und noch bevor er fragen kann, sagt die Alte: «Du hast die ganze Nacht und den halben Morgen geschlafen. Geht es dir gut?» Er nickt. Sein Kopf ist voller Eindrücke, er muss über vieles nachdenken. Die Frau lässt ihn zufrieden und kümmert sich um ihre Arbeiten.
Nachdem Theseus die Erinnerungen seines Besuchs in der Unterwelt fest in sein Gedächtnis geschrieben hat, verlässt er das Zelt. Jetzt, bei Tages-

licht, erkennt er, dass er in einem prächtigen Garten steht, voller Kräuter und Stauden, die ihm seine Mutter und seine Großmutter schon gezeigt hatten, als er ein kleines Kind war. Doch der Garten enthält auch jede Menge Pflanzen, welche ihm unbekannt sind. Es gibt aber nicht nur Grünes[6], sondern auch Steine, Felsen und Ecken, die völlig unberührt scheinen. Als die Seherin Theseus erblickt, wartet sie, bis er sie erreicht hat. Er zögert erst. Doch dann ist er sich sicher, dass sie ihn verstehen wird.
«Ich habe zwei Fragen... Was tut man, wenn man mit den Daimoni, den Steinwesen, sprechen möchte? Und... weißt du, was der Pfad des Kindes ist?» Die Seherin lächelt.
«Wie man Hilfe bei den Daimoni holt, werde ich dir erzählen. Die Geister haben mit dir über das Kind[7] in deinem Innern gesprochen? Dann ist das ein wichtiges Thema für dich.»
«Erkläre mir, was du meinst», fordert Theseus die Heilerin auf. Sie geht mit ihm durch den Garten, bis sie zu einer Steinbank kommen, wo sie ihn bittet, neben ihr Platz zu nehmen. Dann beginnt sie zu reden:
«Ein Kind braucht Erwachsene, welche zuverläßig sind, es bedingungslos lieben und ihm klare Grenzen setzen, welche das Kind gemeinsam mit den Großen immer weiter nach außen verschiebt. Bis es nur noch die Welt ist, welche die Grenzen vorgibt. Knüpfen die Eltern, oder die Gemeinschaft, ihre Liebe aber immer an Bedingungen, so prägt dies unser Verhalten noch, wenn wir längst alt und weise sein sollten.» Die Alte lacht. «Wenn aber die Geister dich darauf ansprechen, so gibt es unter ihnen mindestens einen, der ganz genau weiß, wie man dich dazu bringt, das zu tun, was man will.»
Theseus macht große Augen. Aber ja! Peirithoos hatte ihn immer so weit gebracht, dass er am Ende tat, was Peirithoos wollte. Auch wenn es echter Unfug war. Und wenn er darüber nachdenkt, wie er aus dem Fenster sprang, als Minos den Ring hinauswarf... als gestandener Mann erschauerte er beim Gedanken, wie viel er riskiert hatte. Im Nachhinein fragte er sich oft, warum es so leicht war, ihn herauszufordern. Meist war er doch besonnen. Aber Peirithoos, Minos... auch Medea! Er musste das Schwert

---

[6] In der Vorwärtsgeschichte überblickt Theseus voller Freude seine Ländereien.

[7] Helena ist ein Kind, das von Theseus und Peirithoos entführt wurde. Ein öffentlicher Skandal. Rückwärts: Das Kind befreien. Innere Arbeit.

einfach auf den Tisch legen, um es ihr zu zeigen... Seine Gedanken sammelnd, spricht Theseus halblaut vor sich hin. Die Heilerin sitzt schweigend daneben.
«Mein Vater hat sich nie um mich gekümmert. Meine Mutter und ich durften noch nicht einmal Teil seines Lebens sein. Und trotzdem war meine ganze Kindheit darauf ausgelegt, es ihm recht zu machen. Wäre ich nicht der kräftige Junge gewesen, der Erbe, den er sich immer gewünscht hat, hätte er mich noch nicht einmal kennenlernen wollen. Ist das nicht unmenschlich?!» Theseus blickt die Mystin an. Die nickt kaum merklich.
«Immerzu musste ich beweisen, dass ich stark bin, oder würdig, der wahre Erbe... ja, es ist so: Wenn jemand bei mir das Gefühl auslösen kann, dass ich etwas beweisen muss, so falle ich immer darauf herein.» In Theseus Stimme ist der Ärger über sich selbst deutlich zu hören. Die Heilerin schüttelt den Kopf.
«Es ist das Kind in dir, das immer noch so heftig reagiert. Es wird Zeit, dass dieses Kind Frieden findet; du bist erwachsen und du kannst stolz sein auf das, was du geleistet hast. Weit mehr als die meisten. Denk mal darüber nach, was du deinem Vater alles zu sagen hättest in Bezug auf deine Kindheit. Was du dir von ihm gewünscht hättest. Laut denken kann dabei richtig gut tun.» Sie lacht.
«Eigentlich ist es tatsächlich so, dass ich niemandem mehr etwas beweisen muss», seufzt Theseus.
«Vielleicht wäre auch ein ruhiges Gespräch mit deiner Mutter mal wieder gut...?», schlägt sie vor.
«Darüber muss ich nachdenken», sagt Theseus. Er weiß noch nicht, ob er wirklich zurück will nach Athen. Seine letzten Wochen dort waren nicht schön. Andererseits... Athen ist sein Zuhause. Er hat diese Stadt groß gemacht, er liebt diese Stadt. Niemand kann ihm verbieten, als Richter im Ruhestand dort zu leben. Nein, er ist sich in diesem Punkt noch nicht schlüssig. Aber wenn er an sein Gespräch mit Aïdoneus denkt... der Gott hat ihm ziemlich deutlich gesagt, dass das Leben noch viel für ihn bereithält.
«Du findest hier die Ruhe zum denken, so viel wie du brauchst», sagt die Mystin. «Mein Garten steht dir zur Verfügung.»
«Dein Garten ist wunderbar», sagt Theseus. Sie lächelt glücklich.
«Eines Tages legst du dir auch einen an, du wirst schon sehen. Du wirst schon sehr bald erfahren, wie nützliche Helfer die Pflanzengeister sind.»

Theseus nickt versonnen. Er werde viele Helfer finden, hatte der Gott gesagt.

Er ist bereit zu lernen.

Schließlich bedankt er sich bei der Alten und macht sich auf den Rückweg, nachdem er sie für ihre Hilfe und Gastfreundschaft belohnt hat. Sie wollte kein Geld für die Ratschläge und die Bewirtung. Doch sie bestand darauf, ihm eine Rassel zu verkaufen.

Auf dem Weg den Berg hinab lässt sich Theseus viel Zeit. Er genießt die Natur, hängt seinen Gedanken nach und führt Selbstgespräche mit seinem kindlichen ich und seinem verstorbenen Vater Aigeus. Warum hat er das nicht schon vor langer Zeit gemacht?

Sein Großvater hatte über mancherlei niedere Arbeit in Plantagen und Stallungen gesagt, dass müsse er selbst machen, wenn er wolle, dass es richtig sei. Theseus war damals nicht einverstanden gewesen. Nun weiß er, was sein Großvater gemeint hat und versteht, warum Pittheus immer so geordnet und geerdet war.

In Bezug auf seinen künftigen Wohnort hat die Heilerin recht. Für immer möchte er nicht weg sein von seiner Mutter[8]. Im Innern kommt er mit sich überein, dass er zurückgehen wird nach Attika. Wie weit von Athen, weiß er noch nicht, aber irgendwo im Grünen, an einem Ort, wo er die Ruhe finden kann, um von den Geistern zu lernen. Vielleicht nach Eleusis, wo das Landhaus steht und wo sein Sohn Hippolytos[9] wohnte, den er oft schrecklich vermisst.

«...einen Weg finden, dir selbst zu verzeihen, dich selbst wieder zu lieben, Heilung zu finden und andere zu heilen», hatte Aïdoneus gesagt. Theseus zweifelt daran, ob er darüber hinwegkommen wird, dass er seinen Sohn verurteilt und verstoßen hat, ohne ihn auch nur anzuhören. Andererseits... Allvater Aïdoneus ist der Geisterkönig. Und wenn Hippolytos bei ihm ist, mit ihm spricht... Theseus überlegt sich, ob es ihm wohl besser

---

[8] In Bezug auf Aithra ist die Sage widersprüchlich: Einmal heiratet sie wieder auf dem Peloponnes, ein anderes Mal lebt sie in Athen und wird von den Dioskuren entführt, ein anderes Mal lassen die Dioskuren sie da: Wie man es dreht, es spricht alles für die Anwesenheit von Aithra, auch die Symmetrie.

[9] Der verstoßene Sohn: Ein Kind ist ein Teil von einem selbst. Hippolytos als verstoßenen/verlorenen Seelenteil.

ginge, wenn er wüsste, dass sein Kind ihm nicht zürnt. Darüber nachdenkend, was Hippolytos alles nicht mehr erleben durfte, kann er gar nichts anderes glauben, als dass ihn diese Gedanken für immer traurig machen werden.
Und doch: Ihm war eine große Gnade widerfahren. Er will lernen zu verstehen und den neu eingeschlagenen Weg gehen.
Genau, als er dies entschlossen denkt, fällt sein Blick auf einen Stein, der rechts von ihm im Moos liegt. Irgendwie weckt dieser Stein seine Aufmerksamkeit. Er setzt sich vor den Stein hin und nimmt sich viel Zeit, ihn zu betrachten. Dann dreht er den Stein auf die andere Seite, nachdem er sich das Muster der ersten Seite eingeprägt hat. Die alte Seherin hat es ihm genau erklärt[10].
Die Betrachtung des Steins hat etwas Meditatives. Theseus vergisst alles um sich herum und plötzlich hat er das Gefühl, das Gemurmel von Apantisi zu hören. Es ist ein langes, ruhiges Gespräch.
Als Theseus später darüber nachdenkt, erinnert er sich daran, wie er sich früher oft über langsame Gesprächspartner geärgert hat. Aber jetzt... die Ruhe tut ihm gut. Sie gibt ihm neue Kraft, wenn auch eine ganz andere. Nicht diese fiebrige Aufregung, die er immer verspürte, wenn ihm früher der Tatendrang in die Glieder fuhr. Nein, es fühlt sich kraftvoll und spannend an und doch ruhig.
Apantisi hat ihm geholfen, Ruhe, sich selbst und Antworten zu finden.
Er wird nach Attika zurückkehren, vorerst auf sein Landgut in Eleusis. Und dort wird er die Übungen ausführen, die der Daimon ihm auferlegt hat: So, wie Aïdoneus ihm ein Steinwesen als Helfer gegeben hat, will Theseus in den Wäldern, die sein Sohn so geliebt hat, nach Pflanzengeistern suchen, von ihnen lernen und sich mit ihnen verbünden.

Das Haus in Eleusis sieht von weitem aus wie immer: Das gepflegte Anwesen einer wohlhabenden Familie, umgeben von Reben, Kastanien- und Obstbaumplantagen, einem großen Gemüsegarten innerhalb der Umfriedung und gepflegte Olivenhaine. Theseus kann sich auf sein Personal verlassen. Möglicherweise ist auch seine Mutter Aithra da. Wahrschein-

[10] Theseus verbringt Zeit mit Peirithoos, der viel Unruhe in sein Leben bringt. Drehung: Theseus lernt von den Steinwesen, kann sich innerlich ordnen.

lich hat sie zurzeit auch wenig Lust, sich in Athen aufzuhalten, nach allem, was passiert ist. Wenn sie auf dem Anwesen weilt, dann strengen sich alle immer besonders an, Haus und Hof in Ordnung zu halten.
Theseus hat den ganzen Weg vom Schiff durch die Wälder allein und zu Fuß zurückgelegt. Einen so langen Fußmarsch hat er nicht mehr gemacht, seit er als junger Mann von zu Hause aufgebrochen war, um sich die Welt zu eigen zu machen und seinen Vater in Athen aufzusuchen. Als attischer Staatsmann liebte er elegante Schiffe, Streitwagen und edle, schnelle Rosse.
Die Wälder und Landschaften sind malerisch und still.
In diesen Wäldern hatte sein Sohn gejagt, manchmal sogar in Begleitung von Artemis, mit der der viel zu früh Verstorbene befreundet gewesen war. Als Theseus wieder traurig wird, fällt ihm auf, dass der Wind sanft über sein Gesicht streicht. Nein, Hippolytos ist nie weit weg.
Theseus war nicht da gewesen, als sie Phaidra aufgeknüpft gefunden hatten. Er war rechtzeitig zum Begräbnis aus Delphi zurückgekommen und hatte den schrecklichen Brief entdeckt. Seit damals hat er dieses Haus nicht mehr betreten. Und auch jetzt widerstrebt es ihm zutiefst.

Er überblickt das Gut und erkennt schnell, dass alles in geordneten Bahnen verläuft. Aber hineingehen… auch wenn er erschöpft ist vom Laufen, nein, er mag nicht hineingehen. Da er trotzdem ruhen will, geht er zurück in den Wald, wo er ein herrliches, moosiges Plätzchen gesehen hat. Es befindet sich hier zu weit abseits, als dass er sich nicht vorstellen kann, ihm könnte hier etwas drohen. Zwar ist die Wegzehrung aufgebraucht. Doch irgendwie verspürt er ohnehin keinen Hunger. So setzt er sich in die Nachmittagssonne und trinkt Wasser. Danach hält er ein Nickerchen.

Als er aufwacht, ist es Abend geworden. Er sieht gerade noch, wie die Sonne untergeht. Der Mond ist schon vor Stunden aufgegangen und wird hoch am Himmel schnell heller. Theseus erinnert sich daran, dass ihm sein Großvater viel über die Pflanzen, ihre Wesenheiten und Wirkungen erzählt hatte. Auch seine Mutter weiß bei fast jedem Leiden eine Tinktur oder sonst etwas Wohltuendes aus Pflanzen herzustellen. Und beide waren sich einig, dass es für jede Pflanze oder sogar für jegliche Pflanzenteile den idealen Zeitpunkt gab, sie zu ernten.
Jetzt, wo es dunkel geworden ist, sieht der Wald ganz anders aus. Ir-

gendwie ist sich Theseus auch nicht mehr so sicher, ob er den richtigen Weg finden wird. Bestimmt wäre es gescheiter, einfach am gleichen Platz zu bleiben, bis die Dämmerung anbricht.
Doch der Wald übt im Mondschein eine magische Anziehungskraft auf Theseus aus. Und so beschließt er, einen nächtlichen Waldspaziergang zu wagen. Außerdem hat er im Wald ohnehin noch etwas vor. Eines ist ihm schon klar geworden: Geister kommen nicht in der Nacht hervor; sie sind immer da. Aber sehen kann man sie besser. Theseus geht langsam, geräuschlos und andächtig durch den Wald. Im Mondlicht sieht alles ganz anders aus. Viele dunkle Grün- und Blautöne, manchmal steigen weisse Nebelschwaden aus dem Boden, welche dann zart zwischen den Stämmen schweben.
Warum weiß er nicht, doch plötzlich fällt sein Blick auf eine noch sehr junge, kraftvoll zwischen den mächtigen Wurzeln eines großen, alten Baumes hervorsprießende Pflanze. Er geht hin, kniet nieder und stellt fest, dass sie einen vertrauten, würzigen Geruch verströmt. Theseus steht auf und wiederholt das Ritual, das er bei der alten Seherin auf Skyros beobachtet hat: Er grüßt den Geist des Waldes und die Pflanzengeister, wobei er sich in jede Windrichtung verneigt. Dann bittet er, von den Pflanzen kosten zu dürfen. Nichts geschieht. Nichts, was ihn stört, nichts, was ihn davon abhielte, sich weiter dieser Pflanze zu widmen, im Gegenteil, Theseus überkommt das Gefühl, willkommen zu sein. Er kniet sich erneut hin und bricht vorsichtig davon ab. Der Duft wird nun sehr intensiv. Theseus erkennt die Pflanze und kaut ein Stück des Stängels und ein weiteres Stück von einem Blatt. Giersch, Ziegenfuß. Einen kurzen Augenblick lang erheitert ihn die Beobachtung, dass der Name der Pflanze dem seines Vaters nicht unähnlich klingt: Aigos podos, Aigeus.
Er mag den intensiven Geschmack, den würzigen Geruch. Er erinnert sich an seinen Großvater und daran, dass man die Wurzel als Wildgemüse ernten kann. Er setzt sich hin und zieht aus seiner Tasche die kleine Rassel, welche er der Heilerin abkaufte. Sie hatte darauf bestanden, dass er ihr nicht Geld für die Gastfreundschaft und den Tee gab, sondern die überteuerte Rassel kaufte. Da er wusste, dass dies einen tieferen Sinn hatte und er der alten Frau sehr dankbar war, hat er den Betrag ohne Widerrede bezahlt.
Es ist kein Müssen, als er anfängt zu singen. Der Hall in der Einsamkeit des Waldes gefällt ihm. Die Worte fallen ihm zu und scheinen kraftvoll zu

sein, denn er bemerkt, dass sich die Wirklichkeit um ihn herum verändert, und er überlegt kurz, ob er die Pflanze nicht mit einem giftigen Schierlingsgewächs verwechselt hat. Nein, dafür hat er sie als Kind zu oft gesehen, da sein Großvater Pittheus darauf geschworen hatte, dass er nur dank dieser Pflanze im Gemüse oder im Salat immer noch so gelenkig sei wie ein junges Pferd.

Während Theseus sein eintöniges Lied singt und sich auf der Rassel begleitet[11], erscheinen um ihn herum geisterhafte Lichtwesen, umschwirren ihn wie Insekten. Zu seinem Erstaunen kommen sie sehr nahe an ihn heran, schweben ihm direkt vor dem Gesicht. Sie scheinen freundlich zu sein und neugierig. Theseus weiß, was er zu tun hat und noch kommt es ihm seltsam vor; doch dann greift er nach einem der Wesen und schluckt es hinunter. Die anderen Lichtwesen scheinen damit keine Schwierigkeiten zu haben. Sie kommen weiterhin nahe an ihn heran, so dass er noch mehrere von ihnen verschlucken kann. Es scheint so, als hätten auch die Geistwesen ein Interesse daran, sich mit ihm zu vereinigen. Plötzlich spürt er einen inneren Drang den Ort, an dem er kniet, zu verlassen. Er geht ein Stück und kommt zu einem geisterhaft anmutenden Strauch. Es ist ein Flötenstrauch, ein Holunder. Es fühlt sich so an, als habe ihn diese Pflanze gerufen. Zuerst zögert Theseus. Er weiß, wem dieser Baum heilig ist und einen Augenblick lang erfüllt ihn tiefe Ehrfurcht vor der großen Urmutter. Doch dann fragt er wieder freundlich, ob er vom Strauch essen dürfe. Diesmal allerdings ist seine Frage Teil seines Gesangs und auch seine Rasselbegleitung spielt er einfach weiter. Aus dem Baum heraus tritt diesmal eine deutliche Wesenheit. Sie kommt direkt auf Theseus zu und ehe er überlegen kann, was zu tun ist, legt die Dryade ihre Stirn auf die seine. Ein Kribbeln erfasst seine Stirnmitte und Theseus begreift, dass dieses Geistwesen eine andere Möglichkeit benutzt, um sich mit seinem Geist zu vereinen und ihn etwas zu lehren[12].

---

[11] Kentauromachie: Schlägerei: Perkussion, Trommeln und Rasseln.

[12] Vereinigung mit Pflanzengeistern: Rückwärtslesung der Kentauromachie. Man beachte: Peirithoos schaut einfach zu. Die Kentauren bedrängen die Frauen (wollen Vereinigung). Dies ist hier spirituell gemeint. Das Gegenteil von handgreiflichen, dummen, groben Kentauren sind zarte, hilfsbereite Geister, die uns in ihrer Gestalt aber auch teilweise fremd sind. Wieso Pflanzengeister? Kaineus stirbt, indem er durch den Boden in die Unterwelt geschlagen wird. Umgekehrt: Er sprießt aus dem Boden. Er beschützt Hippodamaia bedingungslos. Beide sterben und landen bei Per-

Als Theseus am Morgen aufwacht, ist die Sonne bereits aufgegangen. Er stellt fest, dass er sich nicht unweit eines Fußweges befindet, der zu seinem Anwesen führt. Er fühlt sich gestärkt. Mehrere Pflanzengeister haben sich mit ihm verbunden. Einer davon ist besonders mächtig. Und er hat Theseus etwas mitgeteilt: Er werde ihm helfen, seinen verlorenen Seelenteil wieder zu finden. Darüber muss Theseus sinnieren. Aber er spürt, dass der Geist recht hat.
Sein Sohn war durch seine Schuld gestorben, nicht durch jene von Phaidra. Sie war längst tot gewesen, als Theseus nach Hause kam. Aber er, Theseus, hatte ein ungerechtes, hartes und unüberlegtes Urteil gefällt, ein Urteil voller Wut, Verzweiflung und falschem Pflichtbewusstsein. Theseus weiß, dass Flüche, Schwüre und Versprechen weiter reichen können als ein Leben. Doch bei Flüchen ist ihm auch klar, dass sie nur Wirkung entfalten konnten, wenn man an sie glaubte und ihnen einen Raum gab, sich irgendwo im Innern einzunisten, wenn man nicht vollkommen sich selbst war.
Ja, Phaidras Fluch war wahr geworden, noch nach ihrem Tod. Doch nur, weil er selbst nicht in sich ruhte, nicht heil war.
Die Dryade aus dem der Urmutter geheiligten Baum[13] wollte ihm letzte Nacht etwas Verlorenes zurückgeben. Oder hat sie es bereits getan? Wie kam sie darauf, dass ihm etwas fehlte? Ist das für einen Geist offensichtlich? Was erblicken die Geister, wenn sie ihn betrachten? Theseus hätte sich zu gerne mal in der anderen Wirklichkeit von außen erblickt. Ist er

---

sephone, der großen Urmutter, kommen in der Umkehrung also von ihr. Bäume und ihre Dryaden (Baumgeister) sind in den meisten Fällen im Leben wie im Tod aneinander gebunden. Eine andere Version der Sage erzählt, Kaineus werde unter Baumstämmen erstickt. Drehung: Holz, durch das man atmen kann: Flötenstrauch: Holunder.

[13] Die Geschichte von Kaineus und Hippodameia ist noch aus einem anderen Grund wichtig: Sie erörtert uns auch die Beziehung von Aïdoneus und Persephoneia: Die Urmutter, Frau Elhorn, der Weltenbaum, (meine Lieblingsnamen sind Frau Holle und Mimameid) schafft und beherrscht alles, was da ist; ist aber in ihrem Innern eine zarte Seele, die Aïdoneus über alles liebt und von ihm beschützt wird. Er ist die «Dryade» des Weltenbaumes. Laut Wilhelm Mannhardt (Der germanische Baumkultus, Berlin 1875) handelt es sich beim Weltenbaum um einen Holunder. Dafür spricht die Verehrung, die er genoss. Auch dass die Satyrn immer Flöte spielen, passt dazu (Griechisch heißt der Holunder «Flötenstrauch». Letzten Endes spielt wohl aber die Art des Baumes keine Rolle.)

dabei, verrückt zu werden? Nein, er hat keine Angst diesbezüglich. Er fühlt sich ruhig und ausgeglichen wie seit langem nicht.
Wenn man mit Schimpf und Schande davon gejagt wird... dann ist dies bestimmt ein Anlass, darüber nachzudenken, ob und was mit einem selbst nicht stimmt. Und Theseus hat das Gefühl, seit Jahren immer nur gegeben zu haben, oftmals Dinge getan zu haben, die gar nicht die seinen waren... es fühlte sich an, als wäre seine eigene Persönlichkeit immer dünner und ausgezehrter geworden.

Sein Sohn war ein Teil von ihm selbst. Und so, wie er von sich selbst immer unerbittlich Pflichterfüllung verlangt hatte, so verlangte er dies auch immer von Hippolytos.[14]
Wahrscheinlich wollte der Junge deshalb irgendwann auch nicht mehr bei ihm wohnen. Phaidra und er hatten auch nur nebeneinanderher gelebt.
Warum war sein Sohn ausgezogen? Wann war ihm das Weiche, das Zärtliche, das Mitleid, das Umgängliche abhanden gekommen, kurz, alles, was einen Menschen liebenswert macht? Es war kurz nach dem unerwarteten gewaltsamen Tod von Hippolyte. Theseus war damals wie betäubt gewesen vor Schmerz. Und er hatte sich geschworen, nie wieder so leiden zu wollen.
Theseus steht auf. Er weiß jetzt, dass er in der Lage sein wird, das Haus zu betreten. Er fürchtet sich nicht mehr vor dem Gedanken, Phaidras Geist oder ein Teil davon könnte dort noch irgendwo seiner harren. In diesem Fall konnte er sie vielleicht sogar um Verzeihung bitten.
Mit Hilfe der Pflanzenwesen hat er die Räucherzeremonie[15] vorbereitet, welche er abhalten will, um das Haus zu reinigen und es sich gemütlich und wohnlich in den Räumen zu machen. Eingeschlagen in ein Tuch liegen in seiner Reisetasche jene Pflanzen, welche die Geister ihm gezeigt haben.
In den folgenden Wochen verbringt Theseus viel Zeit mit seiner Mutter Aithra. Meistens halten sich die zwei im Garten oder in den Plantagen auf. Es ist wunderbar zuzusehen, wie üppig und großzügig die Natur alles gedeihen lässt und spannend, wie sich die Gärten täglich verändern.

---

[14] Abgespaltener Seelenteil (z.B. zum Selbstschutz, Überlebensstrategie)

[15] Räuchern ist ein Beispiel für die Hilfe von Pflanzengeistern.

Weder Aithra noch Theseus können sich daran erinnern, wann sie sich zuletzt so viel Zeit für lange Spaziergänge und Gespräche genommen haben. Oft genießen sie auch nur die Gegenwart des andern, ohne zu reden, während sie Arbeiten erledigen, die in Haus und Hof anfallen.
Theseus beobachtet zum ersten Mal in seinem Leben, wie ähnlich er seiner Mutter ist. Sie kann unmöglich einfach herumsitzen und sich bedienen lassen. Ihre Hände finden immer etwas, mit denen sie sich beschäftigen können. Was immer sie anfasst, gelingt, wird wunderschön und ist mit viel Liebe gemacht.
Theseus stellt fest, dass er genau deswegen so verletzt war, als man ihn plötzlich nicht mehr wollte in Athen. Weil in allem, was er tut, sein Herzblut steckt.
Er kann sich gar nichts anderes vorstellen, als dass seine Mutter ihren Wert genau kennt. Ihre Anweisungen an die Belegschaft sind klar und wohlwollend. Und oft nimmt sie sich viel Zeit für jemanden, der das Herz bei ihr ausschüttet oder Rat sucht. Theseus ist stolz darauf, der Sohn von Aithra zu sein.
Er benutzt die Tage, möglichst viel von den Geistern zu lernen, von den Daimoni, den Steinwesen und den Pflanzengeistern. Seine Mutter freut sich über sein neu erwachtes Interesse an Pflanzenheilkunde und zeigt ihm alles, was sie weiß. Und Theseus lässt auch sie teilhaben an seinem neuen Wissen, das er aus der Geisterwelt zurückbringt.
Phaidras Seele war nicht mehr in dem Haus. Theseus hatte sich mithilfe der Geister intensiv mit dem Schicksal seiner verstorbenen zweiten Ehefrau auseinandergesetzt. Phaidras Dasein war zwar immer frei von Sorgen um das tägliche Brot gewesen. Sowohl ihr Vater Minos, wie auch ihr Bruder Deuklion und Theseus hatten immer gut für sie gesorgt; wenn man von Liebe, Aufmerksamkeit, einem offenen Ohr und gemeinsamer Zeit absah.
Irgendwann bemerkte Theseus, dass er keinen Groll mehr gegen Phaidra hegte. Nur noch Bedauern, weil er ihr kein guter Mann hatte sein können. Wenn er sich vorstellte, wie es wohl war, mit jemandem zusammenzuleben, der immerzu seiner großen, verlorenen Liebe nachtrauerte und nicht in der Lage war, einen gern zu haben… Phaidra war zu bedauern. Theseus dachte oft an die Worte des Allvaters: «…und dir selbst zu verzeihen…» Ja. Es gab viel, das er sich zu verzeihen hatte.
Doch im Zusammenhang mit Phaidra hatte er noch eine andere Aufgabe

zu lösen gehabt[16]. Deuklion, der König von Kreta und Nachfolger von Minos, hatte das mit dem Heiraten zwar vorgeschlagen, schien aber doch überrascht, dass der Athener ohne lange nachzudenken zustimmte. Theseus hatte sich nur überlegt, dass dies gut für Athen sei. Wenn es um diese Stadt, um die Fußstapfen seines Vaters, um sein Ansehen bei den Bürgern ging, pflegte er früher nicht eine Minute an seine Bedürfnisse zu denken. An sich selbst dachte er eigentlich immer nur, wenn es Peirithoos gelungen war, ihn herauszulocken. Dann konnte er jeweils für ein paar Tage das Leben genießen.
Der gute Peirithoos.
Tiefst im Innersten weiß Theseus, dass ihm Peirithoos von Aphrodite geschickt wurde. Der Freund hatte ihn zu seiner großen Liebe Hippolyte geführt. Ohne ihn hätte Theseus' Leben wirklich nur aus Pflichterfüllung bestanden, ohne auch nur eine Spur von Genuss, Lebensfreude und Zärtlichkeit.
Peirithoos hatte auch nicht viel von Theseus politischer Heirat gehalten. Zu Recht. Der kretische König Deuklion war geradezu verblüfft gewesen, als er der Heirat mit seiner unscheinbaren Schwester Phaidra zugestimmt hatte. Irgendetwas in seinem Innern zwang Theseus immer, die Pflichterfüllung über alles zu stellen.
In einem seiner langen und langsamen Gespräche mit Apantisi begann Theseus zu verstehen, dass es das Andenken seines Vaters Aigeus war, dem er sich verpflichtet fühlte. Die Geister nannten dies einen Seelenvertrag. Seine Ahnen, auch sein Vater, hatten geschworen, der Stadt zu dienen und sich ihrem Wohl verschrieben. Und diese Verpflichtung hatte Aigeus seinem Sohn weitergereicht.
Nach langen Gesprächen mit den Geistern und seiner Mutter hat Theseus ein Ritual mit Beten und Fasten durchgeführt, um sich davon zu befreien. Nun weiß Theseus sicher, dass er von diesen Zwängen zur Pflichterfüllung gegenüber den Athenern befreit ist. Und damit können ihn auch ihre Anfeindungen und ihre Zurückweisung nicht mehr so verletzen.
So sehr Theseus seine Zeit auf dem Landgut auch genießt, er weiß, dass er irgendwann nach Athen zurückkehren muss. Theseus ist zwar nicht mehr Richter in der Stadt und auch in keinem öffentlichen Amt mehr. Doch unterrichtet man ihn nach wie vor von allem, was dort vor sich

---

[16] Überlebte Seelenverträge auflösen

geht. Denn Freunde und Bekannte, die Austausch mit ihm und seinen Rat zu schätzen wissen, hat er nach wie vor. Außerdem ist er Bürger von Athen und verfügt innerhalb der Stadt über ansehnliche Besitztümer. Diese weiß er in guten Händen, sein Verwalter erstattet auch regelmäßig Bericht. Und doch kann dieser nicht immer alles allein regeln.
Theseus hat schon darüber nachgedacht, ob er die Häuser und Manufakturen verkaufen soll. Oder wenigstens einige davon. Doch sollen da auch noch seine Kinder mitreden und sagen, was davon sie übernehmen möchten.

Manchmal verspürt Theseus auch das Bedürfnis, sich mit einem anderen Seher, Heiler oder Priester auszutauschen. Auch dafür müsste er sein Landgut wohl oder übel verlassen. Die Geister haben ihm gesagt, dass es Zeit wird, einen mächtigeren Schutzgeist zu suchen. Apantisi hat ihm erklärt, dass ein einziger Tiergeist viel mehr Macht besitze als viele Pflanzengeister. Bisher ist es Theseus nicht gelungen, einen zu finden, der bei ihm bleibt. Offenbar braucht er Anleitung oder Unterstützung.
Und so bricht Theseus eines Tages auf.

Je näher die Stadt kommt, umso mehr Menschen begegnen Theseus[17]. Und es sind auch immer wieder welche dabei, die ihn erkennen. So kommt es, wie es kommen muss: Kurz vor der Stadt wird Theseus von einer Gesandtschaft des Menestheus abgefangen, der jetzt in Athen herrscht.
Menestheus war an die Macht gekommen während Theseus' langer Abwesenheit bei seinem letzten Abenteuer mit Peirithoos. So, wie Theseus unterrichtet worden war, hatten die Dioskuren da ihre Finger im Spiel gehabt, als sie in die Stadt kamen, um Helena zu befreien.
Theseus kennt seine Athener zu gut, um nicht zu wissen, dass viele von ihnen einen Herrscher, der mit Hilfe von Außenstehenden die Macht an sich gebracht hat, als schwächlich empfinden. Er weiß aber auch die Na-

[17] Geschichte vom Amazonenheer vor der Stadt: großes Heer, will am Ende nach den Verhandlungen nicht rein. Kämpferische, aggressive Weiber. Stadt strebt friedliche Lösung an. Drehung: Einzelner, sanfter, friedlicher Mann. Will aber in die Stadt. Man ist ihm gegenüber sehr misstrauisch und durchaus gewaltbereit.

men jener, denen das genau recht ist.
Prompt nennt sich Menestheus denn auch wieder großspurig König, ein Titel, auf den Theseus immer verzichtet hat. Aber nicht nur den Titel hat er wieder eingeführt, auch viele von den demokratischen Reformen seines Vorgängers schaffte er ab, kaum dass er an die Macht gekommen war. Theseus wundert sich insgeheim, dass der Stich ins Herz ausbleibt, den er deswegen erwartet hatte[18]. Aber irgendwie sind in seinem Leben andere Dinge wichtig geworden, sodass er den Kopf im Moment nicht frei hat für Politik. Außerdem... Menestheus macht seine Sache gar nicht so schlecht und wieso sollen nicht auch mal andere für Ruhe, Recht und Ordnung sorgen?
Die Gesandten des Königs bauen sich vor Theseus, seinem Verwalter und seinem Diener auf, der auch sein Leibwächter ist.
«Uns wurde gemeldet, dass du in die Stadt zurückkehren willst, Theseus», spricht ihn der Ranghöchste an.
«Ich bin ein freier Bürger von Attika», antwortet Theseus, «was wollt ihr?»
«Unser Herr, König Menestheus, duldet niemanden in der Stadt, der Unruhe stiftet.»
Theseus schmunzelt. «Wirklich? Da habe ich anderes gehört...»
Diese Anspielung auf die Macht- und Revierkämpfe innerhalb der Stadt kommt dem Offizier in den falschen Hals.
«Unser König wird nicht hinnehmen, dass du zurück nach Athen kommst, um das Volk gegen ihn aufzuwiegeln. Du kannst auf der Stelle dahin zurückkehren, woher du gekommen bist, oder ich muss dich und deine Begleiter zum König bringen.»
Theseus schüttelt leise tadelnd den Kopf. «Ich habe mir nichts vorzuwerfen und habe nicht vor, mich verhaften oder mich wie einen Gefangenen durch die Stadt führen zu lassen. Hergekommen bin ich, weil ich geschäftlich in der Stadt zu tun habe und weil ich den Hohepriester Phaiax aufsuchen will. Du kannst übrigens bei ihm nachfragen, ich bin gemeldet.» Der Offizier kratzt sich am Kopf. Die obersten Priester der Stadt sind angesehene und mächtige Leute und Theseus weiß genau, dass Menestheus sich mit denen nicht anlegen mag.
Theseus fährt munter fort: «Du kannst ihn ja fragen, ob er mich hier

---

[18] Drehung: Mord von Antiope an Hippolyte.

draußen besucht. Aber eines kann ich dir versprechen: Er wird davon erfahren, dass ihr Gläubigen den Zutritt zu den geweihten Stätten verweigert[19].»
Die Soldaten flüstern miteinander. Als sie sich beratschlagt haben, spricht der Offizier: «Wir werden dich zu den heiligen Stätten geleiten.»
Dagegen kann Theseus wenig einwenden. So werden die drei mit Geleitschutz zu den Tempelanlagen gebracht. Genauso aufmerksam, wie Theseus alles in der Stadt betrachtet, begegnen auch die Menschen auf der Straße der auffälligen Reisegruppe. Das Getuschel ist nahezu greifbar.

Als Theseus den Tempelbezirk betritt, bleiben die Soldaten zurück. Der oberste Priester und Myste des Dionysos, Phaiax, ist anwesend und empfängt Theseus in einem kleinen, gemütlichen Innenhof, dessen Säulen und Wände von rankenden Topfpflanzen überwuchert sind. In der Mitte stehen zwei Lehnsessel und ein kleiner Tisch mit kühlen Getränken und Obst. Der Priester ist hager und uralt, doch wirkt er zäh, kräftig und strahlt Ruhe und Macht aus. Theseus kennt ihn von früher. Und auch wenn er feststellt, dass Phaiax älter geworden ist, an Ausstrahlung hat der Priester eher gewonnen als verloren.
«Der Zeitpunkt deiner Rückkehr ist schlecht gewählt», eröffnet er nun das Gespräch.
Theseus zuckt gelassen mit den Schultern.
«In meinem Fall ist er das wohl immer. Aber ich bezahle nicht unerheblich Steuern hier, auf die man bisher auch nicht verzichten wollte. Die Angelegenheiten, wegen derer ich hier bin, haben nichts mit Staat und Politik zu tun.»
Der Myste blickt Theseus direkt in die Augen. Sein Blick ist scharf und klar. «Ich weiß, warum du hier bist.» Theseus lehnt sich gelassen zurück, schweigt und erwidert den Blick erwartungsvoll. Der Priester weiß bestimmt schon länger, dass Theseus zu ihm kommt. Phaiax betrachtet den ehemaligen Richter und Staatsmann nun eingehender, lässt seine Erscheinung auf sich wirken. Ja, vor ihm sitzt tatsächlich jemand, der sich stark verändert hat. Die Anliegen seines Gastes sind ernsthaft und ehrlich.

---

[19] Es gab für die alten Griechen kaum etwas Schlimmeres. Im Kriegsfall war es immer die erste Handlung, den Feinden den Zugang zu den heiligen Stätten auf dem eigenen Gebiet zu verwehren.

«Du bist gekommen, weil du eine höhere Einweihungsstufe erreichen möchtest.» Theseus nickt stumm.
«Dafür hättest du nicht nach Athen kommen müssen», sagt der Priester, klingt aber nicht mehr ganz so ablehnend wie zuvor.
«Ich weiß, aber du bist der Beste. Die Geister, mit denen ich arbeite, sagen mir, dass ich schon bald einen mächtigen Schutzgeist brauchen werde. Doch es gelang mir bisher nicht, einen zu finden, der bei mir bleibt[20]. Darum bin ich hergekommen. Vielleicht kann ich diese Stufe mit deiner Hilfe und Anleitung meistern.»
Phaiax verdreht die Augen. «Du ahnst nicht, wie kompliziert hier alles ist. Ich bin auch der Priester und Heiler von König Menestheus. Und ausgerechnet jetzt, wo es ihm fast täglich schlechter geht, tauchst du auf und kommst schnurstracks zu mir. Was glaubst du, was die Leute reden und was daraus folgen kann?»
«Dem König geht es schlecht?», Theseus ist überrascht, dass er nichts davon weiß. Andererseits… wirklich interessiert hat er sich in letzter Zeit nicht für das, was in Athen vor sich ging. Und bis Nachrichten bei ihm draußen ankommen, sind sie auch nicht mehr brandneu.
«Man gibt sich natürlich bedeckt. Aber in letzter Zeit war der König oft derart fahrig und kraftlos vor Schmerz, dass wir uns wirklich Sorgen machen. Wenn die rivalisierenden Familien jetzt aufmucken, haben wir hier Straßenschlachten wie zu Aigeus' Zeiten. Dann geht es bergab mit der Stadt.»
Jetzt fixiert Theseus den Priester. «Und? Was gedenkt ihr zu tun?»
Phaiax wirkt leicht entnervt. «Das geht dich nun gar nichts an, Theseus.» Der gibt nicht so schnell auf.
«Ich bin hergekommen, um zu lernen. Außerdem bin ich bereit zu beweisen, dass ich würdig bin.» Der Priester legt den Kopf schief. «Da wirst du nicht umhinkommen», brummt er.

---

[20] Amazonen: Begegnen Theseus mit Neugierde. Er verbindet sich mit der mächtigsten von ihnen. Sie folgt ihm freiwillig und sie lieben sich sehr. Drehung: Die Geister lehren Theseus viel. Doch ein mächtiger Geist, wie er ihn sich wünscht, will sich nicht mit ihm verbinden. Peirithoos lockt Theseus von der Stadt weg, auf der Suche nach den Kühen. Drehung: Apantisi schickt Theseus in die Stadt, um dort seinen Schutzgeist (Tiergeist) zu finden.

Da viele der Mysten Theseus von früher kennen und wissen, wie hartnäckig er sein kann, empfangen sie ihn. Phaiax führt Theseus in einen Raum, in dem noch fünf Männer und sieben Frauen auf sie warten. Die meisten eher älter, alle jedoch hellwach und rüstig. Theseus erkennt unter ihnen Phereklos und Nausithoos.
Sie hören aufmerksam zu, als Theseus erklärt, welchen Weg er nun beschreitet und was er erlebt hat. Sie fragen immer wieder nach und wollen Dinge wissen[21], die nur jemand beantworten kann, der wirklich mit den Geistern spricht. Theseus spürt, wie das Wohlwollen um ihn herum größer wird. So bringt er schließlich sein Anliegen vor, dass auch er ein Myste der höchsten Einweihung werden möchte. Und er bittet, mit festem Blick in die Runde, um einen Mentor.
Nausithoos ergreift das Wort: «Theseus, wir anerkennen, dass der Ruf an dich ergangen ist. Und in diesem Raum befinden sich viele, welchen es eine Ehre wäre, dich zu führen und mit dir zu arbeiten. Doch im Moment musst du geduldig sein. Wir wurden alle hergerufen, um dem König [22]zu helfen.»
Er blickt hinüber zu Phaiax, unsicher, ob er Theseus mehr erzählen darf. Doch noch bevor dieser etwas sagen kann, schlägt ein uralter Mann namens Padraios vor: «Wir haben zwar im Moment keine Zeit für Theseus. Aber es spricht auch nichts dagegen, dass er uns auf unserer Reise begleitet. Er kann viel lernen dabei. Und vielleicht zeigt sich ihm ja sein Schutzgeist.»
Auf diesen Vorschlag hin fangen alle im Raum an zu flüstern und zu murmeln. Theseus wird hinausgeschickt.
Als er wieder eintreten darf, eröffnet man ihm, dass der Vorschlag des Padraios angenommen worden sei. Noch kann Theseus nur ahnen, was das bedeutet, doch Geduld hat er genug. Nach dieser Eröffnung haben die Mysten wieder vieles zu besprechen und Theseus ist bis auf Weiteres entlassen, nachdem man ihm mitgeteilt hat, dass es wohl besser sei, wenn er in nächster Zeit hier residiere. Er erhält die Anweisung, bis zum Ritual in der Nacht zu fasten.
Am Nachmittag nimmt sich eine der Mystinnen namens Aigle Zeit für

---

[21] Theseus war Richter in der Stadt. Seine erste Verhandlung führte er zu Studienzwecken für alle sichtbar gegen sich selbst.
[22] Niedergang und Zerfall einer Person: Hinweis auf Seelenraub. Hier: Entsprechung Sturz vom Felsen.

Theseus und kommt zu ihm in den überwucherten Innenhof.
Etwas scheint sie sehr zu beschäftigen.
«Und der König persönlich hat mit dir gesprochen?», fragt sie schließlich.
Theseus weiß, dass sie nicht Menestheus meint. Er denkt einen Augenblick nach, bevor er antwortet. «Er spricht zu jedem von uns, immer und überall. Wenn wir hören...»
«Aber, dass er sich zeigt...», haucht Aigle.
«Vielleicht bin ich ein besonders schwieriger Fall...», überlegt sich Theseus halblaut. Er ist von der Jugend der Mystin genauso beeindruckt wie sie von seinem Erlebnis.
«Ich war in deinem Alter nicht in der Lage, den Ruf zu hören, oder zu verstehen und ihm zu folgen», sagt er.
«Bei uns ist dieser Weg in der Familie vorgezeichnet. Fast alle erhalten und folgen dem Ruf. Es hat mir als Kind große Angst gemacht.»
Theseus weiß, was sie meint. Die dionysischen Priester riskieren viel, wenn sie mächtigen Menschen den Unwillen der Götter kundtun müssen. Als Myste beschuldigt zu werden, die Macht der Geister für sich selbst zu nutzen, kann tödlich enden. Auch die Prüfungen, die den Mysten immer wieder auferlegt werden, sind oft lebensgefährlich, und dass jemand dabei umkommt, ist nicht selten. Doch einen Weg zurück gibt es nicht. Lernen und besser werden. Bereit sein, zu dienen und zu heilen. Dann helfen dir die Götter.
Es wird Abend. Die Nacht wird dunkel werden, es ist kurz vor Neumond.
Die Mysten haben ihre Vorbereitungen für das Ritual abgeschlossen.
Eine dunkle Prozession nähert sich den geweihten Stätten: Der König wird zu den Priestern gebracht. Theseus findet sich in demselben Raum wieder, in dem zuvor die Versammlung stattgefunden hat. Offenbar hat Menestheus eingewilligt, dass Theseus an dem Ritual teilnehmen darf.
Theseus ist ihm dankbar.
Er hält sich strikt an die Anweisungen des Hohepriesters Phaiax. Als erstes werden der Raum und alle teilnehmenden Mysten mit Rauch gereinigt. Dann werden im Saal weiche Teppiche ausgelegt und der König wird in der Mitte des Raumes auf den Rücken gebettet[23].

---

[23] Beerdigung Aigeus. Drehung: Der König soll geheilt werden, nicht beerdigt.

Nun bilden alle Mysten um ihn ein Boot[24], wobei sie die Positionen der Ruderer einnehmen. Der Trommler setzt sich hinter den Kopf des Königs. Die Mysten verbinden sich alle, indem sie sich mit den Füßen berühren. Die Musik setzt ein und hilft den Mysten, in die Geisterwelt zu entrücken. Theseus kennt nur wenige Einzelheiten, aber dass sich derart viel Mysten so hohen Ranges zusammenschließen, ist ein Hinweis darauf, dass sie die Probleme des Königs als gravierend erachten. Wobei Theseus nur Vermutungen anstellen kann, wie genau dieses Problem aussieht. Noch haben ihn die Geister in diese Geheimnisse nicht eingeweiht. Jedoch hat man ihm zwei Dinge mitgeteilt: Dass es darum gehe, einen mächtigen Schutzgeist oder sogar mehrere für den König zu holen. Und dass diese Reise einige Tage dauern könnte. Sie würden unterbrechen, schlafen und essen, wenn der Tag anbreche und es hell würde.

Theseus gehört zu jenen, welche auserwählt werden, den Schutzgeist für den König zu beschwören, indem sie tanzen[25]. Doch zuerst befinden sie sich mit dem Geistboot auf hoher See. Als sie eine Insel erreichen, ist es so weit. Alle Mysten rufen ihre Schutzgeister herbei und auch Theseus gelingt es tatsächlich, eine Wesenheit herbei zu tanzen. Sie ähnelt einer schönen Frau. So ähnlich, wie sich Theseus die Aphrodite, seine Lieblingsgöttin, immer vorstellt. Doch sie kommt nicht zu ihm hin und verschwindet wieder.

Als die Mysten ihr Ritual unterbrechen, weil es Tag wird, erklärt Padraios dem enttäuschten Theseus, dass ein Schutzgeist sich viermal freundschaftlich zeigen müsse, bis man sicher sein könne, dass er bereit sei, sich mit einem zu verbinden. Padraios ist guter Dinge, er erklärt Theseus, dass nur ganz besonders mächtige Geister in der Lage sind, sich in menschlicher Gestalt zu zeigen.

In der nächsten Nacht erreichen sie in der Unterwelt eine weitere Insel[26]. Dieses Mal sind es noch mehr Mysten, die sich am Tanz beteiligen. Wie

---

[24] Das Boot, mit dem Theseus auf Kreta war, wird auf ewig erhalten. Es ist ein Geistboot.

[25] Labyrinthtanz auf Delos

sie tanzen, empfindet Theseus Wind und Wärme. Er hebt den Blick und sieht oben auf dem Hügel wieder die Frauengestalt. Und er spürt, dass sie nicht allein ist. Dieses Mal kommt sie heran und Theseus spürt eine Verbindung mit diesem Geist, ähnlich einem Faden aus reiner Energie. Er staunt und ist fasziniert, dass der Geist ihn kontaktiert und nicht einen der viel erfahreneren Mysten, mit denen er reist. Er fragt sich insgeheim, ob dieser Geist sein Schutzgeist oder derjenige für den König sein könnte, oder ob man ihn zwingen kann, seinen Schutzgeist König Menestheus abzutreten.

Als hätte die Geisterfrau ihn denken hören, gibt sie ihm zu verstehen, dass sie für Menestheus sei, ihn aber begleiten und beschützen werde, bis sie zurück beim König wären.

Der zweite Tag ist angebrochen und erneut machen die Mysten Pause. Sie nutzen den Tag, um zu ruhen, zu essen und den Schlaf nachzuholen, den

[26] Theseus lässt Ariadne auf Naxos zurück. Dionysos hatte ihn wissen lassen, er solle dies tun, Ariadne sei ihm versprochen. Da Dionysos das Spiegelbild von Aïdoneus ist, war die eigentliche Botschaft: «Nimm sie mit, sie ist für dich!», will heißen: «Nimm dein Schicksal an!» (Ariadne ist in der Vorwärtsgeschichte die Schicksalsgöttin Persephone. Um das zu verdeutlichen, bekommt Ariadne in einigen Varianten der Sage auf Naxos Zwillinge mit den Namen «Weinstock» und «Traube». Die Namen sind ein klarer Hinweis darauf, dass Dionysos der Vater ist (also sind die beiden längst ein Paar) und dass es Zwillinge sind, spielt auf die Doppelgestalt des Königs der Unterwelt an). Hier hat Theseus in der Vorwärtsgeschichte den Ruf aus der Geisterwelt erhalten und ist ihm nicht gefolgt: Die Namen der beiden Kinder codieren: «Auserwählter» und «Lehrer». Von da an wird er vom Schicksal gebeutelt. In der Umkehrung ist also die hier auftauchende Geistgestalt nicht für ihn bestimmt.

sie in der Nacht verpasst haben. Obwohl Theseus von allen freundlich behandelt wird, fühlt er sich ein bisschen außen vor. Er weiß, dass es nicht selbstverständlich ist, dass er in diese Mannschaft aufgenommen wurde. Seine Intuition sagt ihm allerdings, dass es einige Mysten befremdet, dass sich der Schutzgeist ausgerechnet mit ihm verbunden hat. Muss er sich deswegen Sorgen machen? Er weiß es nicht und es bleibt ihm auch nichts anderes übrig, als nach vorne zu schauen. Doch ist ihm klar, dass er neugierig beobachtet wird. Sein Erfolg steht erst fest, wenn er es schafft, den Geist nach der vierten Begegnung zurück zu Menestheus zu bringen.

Die Neumondnacht bricht an und das Geistboot erreicht in der Unterwelt eine riesige Insel. Wenn der Geist, der sich nun schon zweimal gezeigt hat, der richtige sein soll, muss er auch diesmal erscheinen. Theseus weiß, dass der Geist auch innerhalb einer einzigen Reise mehrmals erscheinen kann und dass er, sollte es so weit sein, schnell handeln muss. Phaiax und Aigle haben ihm genau erklärt, was dann zu tun sei.

Auch heute erscheint der Geist, als die Mysten mit dem Tanz beginnen. Theseus kann die Geisterfrau deutlich sehen, sie steht etwas weiter weg an einem Waldrand. Er geht vorsichtig vorwärts in ihre Richtung, vermeidet den Kontakt mit Tierarten, die ihm Phaiax verboten hat, sowie solchen, welche fliehen oder sich nicht friedlich zeigen. Als Theseus den Waldrand erreicht, kann er die geisterhafte Frau nicht mehr sehen. Doch das Energieband, dass ihn mit ihr verbindet, ist deutlich spürbar[27]. Theseus versucht, der Verbindung zu folgen und tastet sich durch den Wald. Als Theseus eine Waldlichtung findet, erkennt er dort am Boden liegend eine seltsame Gestalt. Theseus weiß nicht wieso, aber sie weckt sein Interesse. Als er näherkommt, sieht er, dass dieses Wesen eine Mischform aus Schlangen und Mensch ist. Ein Knäuel, das am Boden liegt und irgendwie scheint es zu summen... Theseus stellt fest, dass ihn der Anblick dieser Erscheinung abstößt und gleichzeitig in ihren Bann zieht.

Als er das Ding fast berührt, fängt es plötzlich an sich zu bewegen. Es richtet sich zu beachtlicher Größe auf und Theseus kann gerade noch

[27] Einige Forscher gehen davon aus, dass in Varianten der Sage ein Leuchtender Kranz die Stelle des Fadens einnimmt. Das kann man so auch bei Michael Harner nachlesen, dass man Schamanen an einem leuchtenden Kranz erkennen kann in der Unterwelt. Harner Michael, Weg des Schamanen, Heyne 2013.

rechtzeitig zurückweichen, als sich das unheimliche Ding nach ihm ausstreckt und versucht, ihn zu packen. Er hat plötzlich das Gefühl, dass es der Geisterfrau wichtig ist, ihm dieses Mischwesen zu zeigen. Irgendwie scheint er es geweckt[28] zu haben, er fühlt aber, dass er nicht in der Lage ist, hier etwas zu verrichten oder zu helfen.

In diesem Augenblick spürt Theseus eine Verunsicherung in der Energieverbindung zum ersten Geist. Etwas stimmt nicht. Er beginnt zu rennen. Während er durch den Wald läuft, so schnell, wie er kann, fällt ihm ein, dass dies die vierte Begegnung sein wird, sollte er die Geisterfrau wirklich finden. Und dass er dann handeln muss, wie angewiesen. Dieser Gedanke versetzt ihn in Aufregung. Es wäre ihm lieber gewesen, einer der erfahrenen Mysten wäre mit dieser Aufgabe betraut worden.
Die Geisterfrau wartet tatsächlich auf Theseus, als er den Wald verlässt. Als er sie erreicht, verwandelt sie sich in eine Lichtkugel, die er ergreift und gegen seine Brust drückt. Sie scheint bereit zu sein, ihm und Menestheus zu helfen. Ihre Kraft und Wärme kann er zwischen seiner Hand und Brust deutlich spüren. Er muss jetzt schnellstmöglich den Weg zurück zum Boot finden und den Geist zum schwer kranken König bringen, bevor er ihn wieder verliert. Er dreht sich um und siehe da: Neben ihm öffnet sich ein kreisförmiger Durchgang.
Zu seinem Entsetzen aber ist es kein Weg zum Schiff, wie er ihn erwartet hat. Er gleitet auf einem schlüpfrigen Boden aus, fällt, rutscht und stürzt in eine schwarze Tiefe.
Als der Tunnel endet, befindet er sich nicht in der geheiligten Kammer oder beim Boot und den anderen Mysten, sondern inmitten einer düsteren Landschaft voller Vulkane und Feuerströmen. Es ist heiß und stickig. Um ihn sind Wesen, die kopflosen Riesenechsen ähneln und Fische mit unheimlichen, langen Zähnen. Ein eisiger Schrecken durchfährt Theseus, als er bemerkt, dass er die warme, pochende Lichtkugel an seiner Brust

---

[28] Minotaurus. Auf dem Tierkreis steht dem Stier gegenüber die Schlange. Man findet in den Sagen aber auch den Kehrwert als Drehung: Halb und halb gleich zwei Ganze; also einen Menschen und eine Schlange und ob sie wirklich eine Einheit bilden, ist fraglich, es dürfte eher darum gehen, wie man sie auseinander kriegt.

bei einem seiner Versuche[29] verloren hat, den Sturz abzufangen. Panisch begreift er, dass er mächtigen, feindlichen Geistern gegenübersteht und einzig auf den schwachen Schutz einiger kleiner Pflanzengeister zurückgreifen kann.
Jetzt haben ihn die Monster bemerkt. Sie nähern sich und umkreisen ihn, als wollten sie zuerst sicher sein, dass er ihnen nicht gewachsen ist. Der Anführer ist ein menschenähnliches Wesen mit einem Fischkopf. Dieses öffnet jetzt den Mund und beginnt, von Theseus Kraft abzusaugen. Er kann förmlich spüren, wie die Lebenskräfte aus seiner Brust strömen, während ein weiteres dämonisches Ding von hinten an ihn herankommt und ihn in die Schulter beisst. Theseus schreit auf vor Schmerz und versucht zu fliehen, aber er kann sich nicht von der Stelle bewegen, er ist wie gelähmt. Jetzt wird ihm klar, dass ihn diese Wesen töten werden. Alle Kraft, die Theseus noch aufbringen kann, nutzt er, um die Urmutter laut um Hilfe anzurufen. Er wird ein weiteres Mal gebissen, während immer mehr Lebenskraft aus ihm gesaugt wird und seine Sinne zu schwinden beginnen.
Plötzlich spürt er, wie die Geister erstarren und sich Schrecken unter ihnen ausbreitet. Aus dem Nichts türmt sich ein brüllender Wirbelsturm auf und kommt auf die Stelle zugerast, wo Theseus kauert. Die Monster haben keine Zeit, zu fliehen oder sich irgendwo festzuhalten. Sie werden gepackt und gnadenlos fortgeschleudert. Obwohl der Sturm in seinen Ohren dröhnt, hört Theseus ihre scheußlichen, leiser werdenden Schreie und das Klatschen und Zischen, als sie in den Feuerströmen landen. Auch er ist nicht in der Lage, der furchterregenden Windhose auszuweichen, wird von ihr erfasst und mitgerissen. Theseus hat damit gerechnet, wie die bösen Geister in der Lava zu landen. Doch er wird sanft nach oben getragen und in der Mitte einer Waldlichtung auf einen Teppich aus weichem, grünem Moos abgesetzt.
Der Wirbelwind wird direkt vor Theseus immer kleiner, dreht sich dabei immer heftiger, wird plötzlich fest und der Sturmgott offenbart sich vor

---

[29] Der Faden und das Messer kehren zurück zu Daidalos: Ariadne und Theseus werden getrennt. Die triumphale Rückkehr von Theseus mit dem Ring des Minos (Aïdoneus ist der Türwächter) im Mantel der Amphitrite wird in der Umkehr zu einer Niederlage und lässt ihn schutzlos ins Feuer stürzen.

Theseus' entsetzten, weit aufgerissenen Augen in menschlicher Gestalt[30]. Aïdoneus' Blicke glühen, seine prächtige Haarmähne, die schwarzen, goldverbrämten Gewänder fliegen immer noch um ihn und seine Stimme klingt unüberhörbar streng, als er Theseus tadelnd anspricht: «Kein heilkundiger Myste hält sich länger als nötig in diesem Teil der Geisterwelt auf und ein Neuling sollte dies schon gar nicht tun! Was hast du dir dabei gedacht?!»

Der unter Schock stehende Theseus kann kaum klar denken. Er presst seine Hände auf die blutenden Wunden und schluchzt. «Aber… aber…da wollte ich doch gar nicht hin! Plötzlich ging dieses Portal auf und ich wurde trotz Gegenwehr hinabgesaugt.»

Der Geisterkönig zürnt weiterhin. «Ich habe dir einen mächtigen Schutzgeist geschickt! Richtig eingesetzt hätte er dich auch vor dem Angriff beschützt! Aber du… Weißt du überhaupt, wo du da warst?!», herrscht er Theseus an.

Ein schreckliches Wort formt sich in Theseus Kopf: «War das der…Tartaros?», würgt er hervor. Aïdoneus wirbelt herum, dass sein Mantel fliegt. Sein Gesicht ist ganz nah vor Theseus'. Die bernsteinfarbenen Augen glühen ihn an.

«Du hast keine Ahnung, was das für ein Ort ist, nicht wahr?», fragt der Allvater. Theseus fühlt sich wie in einem Verhör. Doch er weiß, dass ihn der Gott etwas Wichtiges lehren will. Er versucht, seine Schmerzen nicht zu beachten und antwortet: «Ich dachte, es sei ein Ort der Bestrafung… der tiefste Ort der Unterwelt Erebos.»

Aïdoneus schüttelt den Kopf. «Du musst wissen, dass die Unterwelt einen Spiegel zu deiner normalen Welt darstellt», beginnt er zu erklären. Er scheint jetzt nicht mehr so aufgebracht zu sein.

«Erebos ist in drei verschiedene Ebenen gegliedert, wobei der Tartaros als mittlere diejenige darstellt, welche sich mit der Welt überschneidet, die du als «wirkliche Welt» bezeichnest.»

Theseus muss nachdenken, ehe er antworten kann. «Soll das etwa heißen, dass die Geister im Tartaros… die Geister der Lebenden sind?!»,

---

[30] Dionysos offenbart sich nicht, tarnt sich als König Minos. Also gibt sich hier Aïdoneus zu erkennen. Bringt auf dem Hinweg Minos (Dionysos) Theseus in eine gefährliche Situation, die er mit Hilfe der Wassergötter und der heiligen Delphine des Gottes besteht, so gerät er in der Umkehrung in größte Not, aus der ihn Aïdoneus retten muss.

stößt er hervor.
Der Allvater nickt. Er ist jetzt ruhig und ernst geworden.
«Ja, Theseus. Der Tartaros ist die Wirklichkeit, in der du die Geister der Lebenden sehen kannst, aber auch viele der Seelen und Seelenteile, welche sich an eure Welt klammern und sich weigern, sie zu verlassen. Ferner auch Dämonen, die versuchen, unbemerkt eine Seele zu stehlen, sich in ihr einzunisten. Dieser Ort ist so gefährlich, weil die Geister, die dort weilen, immer eine eigene Absicht verfolgen. Und diese Absichten sind niemals nutzbar für einen Heiler, während die meisten Geistwesen der anderen Ebenen euch gegenüber völlig gleichgültig oder hilfsbereit sind.»
Theseus hört mit großen Augen zu. Er ist entsetzt. «Ihr Geister seht unsere Welt so schrecklich?», fragt er leise.
Aïdoneus wiegt den Kopf.
«Tatsächlich ertragen nicht alle Geister zu häufige Berührung mit den Lebenden. Darum wählen sie einige von euch aus, die würdig sind als Vermittler. Die meisten Lebewesen merken gar nicht, dass ihre Seelen sich täglich gegenseitig berühren und dabei auch verletzen. Oder dass sie sich gegenseitig Lebenskräfte absaugen. Viele frisch Verstorbene brauchen Zeit, um zu begreifen, dass sie nicht mehr am Leben sind. Genau deshalb ist die Arbeit von euch Mysten so wichtig.»
Theseus muss tief atmen. Dieses Wissen schockiert ihn. Auch seine Wunden setzen ihm zu. Er weiß gar nicht, ob er auf die Füße kommen kann. Geisterkönig Aïdoneus scheint das nicht zu interessieren. Er fährt fort mit seiner Unterweisung: «Mysten, die sich immer nur im Tartaros aufhalten, sind oft selbst Opfer eines seelenraubenden Dämons geworden, was sie aber nicht wissen. Sie befinden sich im Irrglauben, dass sie dort Macht erhalten und Zauberer werden können, die über den Naturgesetzen stehen. In Wahrheit werden sie von mächtigen Dämonen kontrolliert, benutzt und bräuchten Hilfe. Doch sind diese Leute für meine Heiler und Seher wie du einer werden willst, sehr gefährlich. Du wurdest von so einem angelockt und angegriffen.»
Theseus starrt den Allvater an. «Ihr glaubt, dass jemand mir absichtlich dieses falsche Portal geöffnet hat?!»
Aïdoneus nickt. «Nicht nur das. Wenn jemand derart viel Begabung und Kraft in sich trägt wie du, dann fühlen sich Zauberer bedroht. So jemanden schaltet man besser aus, bevor er seine volle Kraft entfalten kann. Aus diesem Grund habe ich den Schutzgeist, der für Menestheus be-

stimmt ist, zu dir geschickt, damit du nicht als einziger Myste ohne mächtigen Helfer reisen musst. Doch jemand hat die Verbindung zwischen euch gekappt. Ich bin sicher, dass du gespürt hast, als eure Verbindung durchtrennt[31] wurde.»
Theseus bejaht verstört. «Es fühlte sich an, als wäre sie mit einem Schwert zerschnitten worden. Wollt Ihr mir damit sagen, dass sich in unserer Mannschaft ein Verräter befindet?»
Aïdoneus Gesichtsausdruck lässt daran keinen Zweifel.
Diese Erkenntnis ist bitter für Theseus. Die Erledigung der Aufgabe, die er schon fast für gelöst hielt, ist durch das Eingreifen des Verräters in weite Ferne gerückt.
«Ich habe nicht nur die seelische Verbindung zum Schutzgeist verloren, ich habe ihn auch losgelassen, als ich in die Tiefe stürzte», stammelt er leise und wagt dabei kaum, den Gott anzusehen, «ich habe ihn ganz verloren.»
Zu seiner Verblüffung scheint dieses Geständnis den Allvater zu belustigen. Erst lächelt er Theseus an, dann beginnt er, leise zu lachen. Der Heiterkeitsausbruch des Gottes hat eine spezielle Wirkung auf die ganze Umgebung und auf Theseus. Alle Lebensgeister scheinen mit einem Schlag zu erwachen, sie beginnen zu tanzen und zu hüpfen. Theseus fühlt sich plötzlich aufgekratzt und gut. Er kann förmlich zusehen, wie seine Wunden heilen und sich schließen, sein Verstand wird glasklar.
Hat er gerade einer der beiden Gottheiten, von denen alle Seelen kommen und zu denen alles heimkehrt, was abhanden kommt, vermisst wird oder stirbt, gesagt, dass er etwas verloren habe[32]? Theseus bekommt knallrote Ohren.
Aïdoneus streckt Theseus die Hand entgegen und hilft ihm auf. «Komm, ich erkläre dir, wie du den nächsten Teil deiner Aufgabe lösen kannst.»
Theseus stellt fest, dass das Lachen des Allvaters jede Menge Geister angelockt hat. Überall im Wald zeigen sich Tiere, leuchtende Kugeln huschen umher oder kleine Pflanzengeister schauen ihnen nach. Aïdoneus

---

[31] Daidalos nimmt Ariadne den Faden weg, statt dass er ein Schwert für Theseus hat, ist es ein Schwert, das gegen Theseus verwendet wird. Daidalos hat auch den Minotaurus erschaffen.

[32] Die Urmutter und der Allvater sind unsere Seeleneltern. Beachten Sie dazu Teil 2.

geht mit langsamen, großen Schritten vor Theseus her, wobei er jede Pflanze, jedes Tier und jedes Geistwesen streichelt, das ihm nahe genug kommt. Sie reagieren darauf mit Entzücken. Theseus kann das verstehen. Von seiner Hand, die der Gott angefasst hat, strömen immer noch Kraft und Wärme in seinen ganzen Körper.

Plötzlich sieht Theseus eine besonders große, leuchtende Kugel auf sie zukommen. Aïdoneus streckt die Hand aus und der Geist lässt sich darauf nieder. Wieder streichelt der Allvater sein Kind und spricht leise zu ihm. Dann dreht er sich zu Theseus um.

«Ihr habt euch schon kennengelernt. Sie wird dich zu Menestheus begleiten und dich auf dem Weg dorthin beschützen.

Du wirst alles genauso ausführen, wie ich dir jetzt erkläre, dann kann dir niemand etwas anhaben und dein König wird bald gesund werden.»

Theseus verneigt sich demütig. Zu seiner Verblüffung hält ihm Aïdoneus die leuchtende Kugel direkt vor das Gesicht. «Iss![33]», gebietet er. Theseus staunt, doch kennt er das schon von den Pflanzengeistern und tut, wie geheißen. Wärme durchströmt ihn und er fühlt sich voller Kraft und Macht.

«Du kannst jetzt zum König zurückkehren, ohne dass die anderen um deinen Schutzgeist wissen. Ich habe ihn vor ihren Augen verborgen,» weist ihn Aïdoneus an. «Auf dem Rückweg kannst du jetzt all die feindlichen Geistwesen sehen, die ihn krank machen. Mysten können sie entfernen, indem sie sie mit ihrem Mund vom Kranken wegsaugen. Du darfst aber unter keinen Umständen schlucken! Der Schutzgeist wird dich vor ihnen schützen. Spucke die schädlichen Geister in einen Krug mit Wasser oder Sand. Sie können nicht daraus entkommen. Nach dem Ende der Heilzeremonie wirst du ihn dort entleeren, wo sie dem König nicht mehr schaden können. An einem Ort außerhalb des geschützten Raumes. Wenn alle Schädlinge[34] entfernt sind, gibst du dem König seinen Schutzgeist, so, wie man es dich gelehrt hat.»

Theseus hat verstanden. Es ist keine leichte Aufgabe, die ihm Aïdoneus stellt. Doch er ist fest entschlossen, sie zu lösen. Er weiß, dass er jetzt

---

[33] Bei Minos gibt es eine Henkersmalzeit.

[34] Ungeziefer im Körper des Königs: Pallantiden (machen in der Vorwärtsgeschichte alles *draußen* unsicher) Palast: Von den Mysten errichteter Schutzraum um den Patienten.

gehen muss, doch er hat noch zwei Fragen.
«Herr, was ist mit dem Verräter?», fragt er schüchtern.
Aïdoneus legt ganz leicht den Kopf schief. Er scheint zu lauschen. Dann sagt er zu Theseus:
«Ich beschütze jeden, dem die Urmutter die Gaben schenkt, ein Heiler zu werden. Doch werde ich dem Zauberer jetzt diesen Beistand entziehen[35].»
Theseus erschauert bei der Vorstellung, wie es ihm ohne die Hilfe des Allvaters ergangen wäre. Beim Gedanken an seinen unfreiwilligen Sturz fällt ihm seine zweite Frage wieder ein:
«Und was tue ich, Herr, sollte ich wieder einmal in Not geraten…»
Aïdoneus kommt ganz nahe an ihn heran und spricht leise neben seinem Ohr: «Du wirst noch ganz viele Antworten finden auf deinem Weg, Theseus. Doch hast du heute alles richtig gemacht: Du hast laut ausgesprochen, was du brauchst.»
Dann wird der Gott unsichtbar, ein sanfter Wind verwuschelt kurz Theseus Haare, dann ist es still.
Als Theseus das Boot erreicht, sind alle anderen schon am Einsteigen.
«Beeil dich, Theseus», ruft Phaiax, «wir haben zwei mächtige Tiergeister gefunden.»
«Sehr gut», antwortet Theseus. Den dritten, in seinem Innern verborgenen Schutzgeist, verschweigt er. Auch, dass er weiß, dass einer unter ihnen ein Verräter ist, der für die Feinde des Königs arbeitet.
Diesmal kehren die Mysten ohne Zwischenhalt auf einer anderen Insel zurück zum Tempel in Athen. Als sie ankommen und sich von der Sitzposition auf die Knie erheben, hört der Trommler auf zu spielen, sodass die Mysten nun nur noch in einer leichten Entrückung weiterarbeiten können. Wieder beschwören die Mysten ihre Schutzgeister und bitten sie, ihnen bei der Entfernung des geisterhaften Ungeziefers in Menestheus Körper zu helfen.
Nun beginnen die Mysten, Jagt auf die Eindringlinge im Körper des Königs zu machen[36], eine Arbeit, die nicht ungefährlich ist.
Theseus ist entsetzt, als für ihn sichtbar wird, von wie vielen schlangen-,

---

[35] Minos belästigt die Tributin Padraia: Er bietet ihr Schutz vor dem Minotaurus an, wenn sie seine Mätresse wird. Drehung: Aïdoneus entzieht einem alten Zauberer seinen Beistand.
[36] Jagd auf die Pallantiden

spinnen- und fischförmigen Dämonen Menestheus befallen ist und ausgesaugt wird. Aigle beobachtet besorgt, wie Theseus mithilft, die schädlichen Geister wegzusaugen, obwohl sich immer noch kein Tiergeist mit ihm verbunden hat.

Als die Arbeit getan ist und all die grässlichen Geistwesen in Krüge voller Sand und Wasser gespuckt sind, tragen sie die Mysten nach draußen, um sie außerhalb der geweihten Kammer auszuschütten[37]. Danach reinigen einige der Priester den Raum und sich mit dem Rauch heiliger Kräuter, während Phaiax und die beiden hochrangigen Mysten, welche die Schutzgeister mitgebracht haben, bei König Menestheus bleiben.

Sie übergeben ihm nun die Schutzgeister, indem sie ihre Hände auf seine Brust und seine Schläfen legen und sie in seinen Körper hauchen. Als dies abgeschlossen ist, tritt Theseus hinzu. Phaiax schaut Theseus verwirrt an.

«Was willst du, Theseus?», fragt er. «Ist es nicht deine Aufgabe zu räuchern? Wir werden nun Menestheus zeigen, was er tun muss, damit seine Schutzgeister bei ihm bleiben.»

«Auch ich habe einen mächtigen Beschützer[38] für Menestheus mitgebracht», antwortet Theseus. Alle blicken ihn an. Das Misstrauen ist im Raum greifbar. Wie soll ein Neuling, dem es noch nicht einmal gelungen ist, für sich selbst ein Schutztier zu gewinnen, so eine schwierige Aufgabe gemeistert haben? Und wie soll es möglich sein, dass sie den Geist die ganze Zeit über nicht wahrnehmen konnten?

Theseus begreift, dass die anderen Mysten ihn nicht an den Kranken heranlassen werden. Sie vertrauen ihm offensichtlich nicht und er hat keine Ahnung, wie er Menestheus den Schutzgeist übergeben kann, wenn sie ihn nicht zu ihm lassen.

«Du hast laut ausgesprochen, was du brauchst», hat Aïdoneus gesagt. Theseus sammelt sich und denkt fest an den Allvater. Er nimmt all seinen Mut zusammen und sagt: «Ihr habt Recht, es ist mir bisher versagt geblieben, ein Geistertier als Helfer und Freund zu gewinnen. Auch den Beschützer, den ich mitgebracht habe, gewann ich nicht aufgrund meiner mystischen Kräfte. Ich habe ihn von unser aller Vater König Aïdoneus

[37] Aigeus stößt in der Drehung nicht den Giftbecher um, sondern das Gefäss wird mit dem Gift des Königs gefüllt.

[38] Das Schwert auf den Tisch legen, das Fleisch zerteilen (=Heilarbeit am Geist).

bekommen. Er gab ihn mir zu essen und sagte, dass er für Euch bestimmt sei, König Menestheus.»
Ein Raunen und Tuscheln geht durch die Reihen der Priester. Doch noch bevor sie sich von ihrer Verblüffung erholen können, richtet sich Menestheus vom Teppich auf und beginnt, leise zu sprechen:
«Ich weiß, dass er die Wahrheit sagt. Theseus, ich bitte dich, mir zu helfen und mir das Geschenk des Allvaters zu übergeben.»
Niemand hindert Theseus diesmal daran, zu Menestheus zu treten und an ihm das Ritual der Übergabe zu vollziehen. Für einen kurzen Augenblick können alle Anwesenden den Beschützer sehen. Einige sehen eine leuchtende Kugel, andere eine strahlende Frauengestalt[39]. Dann richtet sich Theseus auf und übergibt die Leitung des Rituals wieder zurück an Hohepriester Phaiax.
Als er sich umwendet, um in den Kreis der anderen Mysten zurückzukehren, sieht er, wie sich Nausithoos und Aigle über Padraios beugen, der am Boden geblieben ist, als säße er immer noch im Boot. Immer mehr Mysten blicken hinüber.
Der alte Priester blickt stockstarr vor sich hin. Er lebt zweifelsohne, sein Herz schlägt und er atmet. Doch er sitzt steif wie eine Puppe und glotzt in eine unendliche Ferne. Während immer mehr Mysten Padraios umringen, murmeln und flüstern, weicht Theseus erschrocken zurück. Was Aigle nicht entgeht.
Theseus[40] kann nicht schlafen. Dafür hat Aïdoneus seine Lebensgeister zu sehr aufgeweckt. Er geht in seinem Zimmer auf und ab. Es klopft leise. Leise genug, um einen Schläfer nicht aufzuwecken und gerade noch ausreichend laut, um jemandem, der auch nicht schlafen kann klarzumachen, dass man ihn sprechen möchte.
Draußen steht Phaiax.
«Du schuldest mir einige Erklärungen, Theseus», spricht der Hohepriester.
Die zwei gehen leise hinaus in die in der Mittagshitze still und verlassen daliegenden Gärten der Tempelanlage.
Da die Mysten nachts arbeiten und auch alle anderen Menschen jetzt Mit-

[39] Medea flieht mit ihrem Drachenwagen, als Aigeus beim Essen seinen Sohn am Schwert erkennt.
[40] Die Geschichte von Hekale.

tagsruhe abhalten, sind die beiden vollkommen allein.
Mystin Aigle musste Phaiax von seiner Reaktion erzählt haben, als er Padraios so dasitzen sah, überlegt Theseus. Andererseits… Phaiax weiß von mystischen Dingen mehr als die allermeisten.
Die beiden setzen sich unter eine bewachsene Laube und schweigen sich eine Weile gedankenversunken an.
«Ist der König weg? Geht es ihm gut?», fragt Theseus.
«Er ist noch hier und hofft, endlich mal wieder richtig ruhen zu können. Es geht ihm besser», sagt Phaiax gedehnt. Das bestätigt, was Theseus schon geahnt hat: Noch ist nicht alles gut mit Menestheus. Aber Phaiax ist nicht deswegen hier. Jedenfalls nicht auf den ersten Blick.
«Du weißt, was mit Padraios los ist, nicht wahr?», beginnt Phaiax schließlich.
«Du nicht?», fragt Theseus zurück.
«Ich will ehrlich sein», beginnt der Hohepriester, «viele Mysten bleiben in der Geisterwelt, so wie heute Padraios. Einige kehren wieder, so wie du. Andere bleiben für immer.» Wieder macht er eine lange Pause. Als Theseus weiterhin schweigt, fragt er:
«Du weißt etwas darüber, nicht wahr? Darf ich wissen, was du auf der Insel erlebt hast?»
Theseus weiß nicht so recht, wo er beginnen soll. Doch dann denkt er daran, dass Apantisi ihn nach Athen geschickt hat. Wegen Phaiax ist er schließlich hergekommen.
«König Aïdoneus hat ihm seinen Schutz entzogen», sagt Theseus leise.
Phaiax macht große Augen.
«Und das hat er dir gesagt?», fragt er.
«Ja. Nachdem ich den Schutzgeist des Menestheus gefunden hatte, zeigte mir der Geist ein seltsames Halbwesen, das versuchte, mich anzugreifen. Ich wich aus. Als ich zum Schutzgeist zurückkam und ihn zu euch bringen wollte, kappte jemand unsere Verbindung und stürzte mich in den Tartaros.»
Phaiax lauscht atemlos und reibt sich die Stirn.
«Der Allvater rettete mich und gab mir den Schutzgeist zurück. Er sagte mir, unter uns sei ein Verräter, ein Zauberer, und dass er diesen nun nicht länger schützen werde.
Er sagte aber auch…», Theseus zögert.
«Was?», will Phaiax wissen.

«Dass Zauberer oft selbst besessen seien, dies aber nicht wüssten. Und dass sie eigentlich Hilfe benötigen.»
Phaiax brütet lange vor sich hin.
«Das Halbwesen, das du gesehen hast... Kannst du es mir beschreiben? Das ist wichtig.» Der Hohepriester blickt Theseus nun hellwach an.
Dieser erinnert sich haargenau an die geringste Kleinigkeit. «Ich hatte das Gefühl, das Ding würde summen. Es bestand zur Hälfte aus Mensch und zur Hälfte aus Schlange[41], oder Schlangen. Es war mir, als hätte ich es geweckt.»
«Das hast du wahrscheinlich auch. Und das könnte ein gutes Zeichen sein. Du hast ihm nicht gestattet, dich zu berühren, oder?»
«Nein. Versucht hat es das. Jetzt musst du mir aber auch erklären, was ich da gesehen habe», verlangt Theseus.
Phaiax ist sehr ernst.
«Das Wesen, dass du gesehen hast, ist zur Hälfte ein verlorener Seelenteil von Menestheus. Deswegen hat dich der Geist dorthin geführt. Doch ist dieser Teil für ihn verloren, solange er mit einem feindlichen Geistwesen verbunden bleibt. Es ist davon auszugehen, dass ein gegnerischer Zauberer den Geist und diesen Teil des Königs miteinander verbunden hat[42].»
«Du meinst, Padraios hat Menestheus verflucht?», will Theseus wissen.
«Es spricht einiges dafür. Ganz sicher wissen wir das noch nicht.»
«Was meinst du mit noch?» Theseus ahnt, dass ihm der Hohepriester gleich etwas Unangenehmes eröffnen wird.
«Ein Myste ist in so einem Fall nur dann in der Lage, den feindlichen Geist auszutreiben, wenn sich in seinem Gefolge von Geisthelfern ein Schutzgeist befindet, der dieselbe Gestalt hat wie der feindliche Geist. Ist dies nicht der Fall, kann der Myste dem Kranken nicht helfen.»

---

41 Gegenteil von Stier: Im Tierkreis gegenüber: Wasserschlange und Schlangenträger.

12 und 2 Sternbilder; 12 und 2 Götter: Die olympischen sind offensichtlich; die 2 aus der Unterwelt verborgen. Dreht man die Geschichte, tauchen die anderen zwei auf.

42 Der Minotaurus wird von Daidalos «gemacht»: Er vereinigt Pasiphae mit dem Stier.
In der Umdrehung wird aus der Königin ein König und aus ihrem Verlangen wird Abscheu: Der König ist nicht freiwillig mit diesem Geist zusammen.

«Es weilen viele Mysten hier. Einer hat bestimmt eine mächtige Schlange in seinem Gefolge», vermutet Theseus.
Hohepriester Phaiax schüttelt langsam den Kopf.
«Es sieht so aus, als hätten die Götter die Aufgabe dir auferlegt, den Schädling auszutreiben», sagt er.
Theseus seufzt. «Ich werde beten, dass die Urmutter und der Allvater[43] einen mächtigen Geisthelfer schicken, mit dem man dies meistern kann.»
Als Phaiax das angespannte Gesicht von Theseus sieht, ergreift er seine Hand und versucht, ihm Mut zu machen: «Der feindliche Geist scheint sehr mächtig zu sein. Doch wenn ich die Lage richtig einschätze, kannst du mit der Entfernung dieses Schädlings zwei Menschen gleichzeitig helfen.»
«Ich dachte...» Theseus atmet tief, bevor er weiterspricht, «ich dachte, dass nur sehr erfahrene Mysten Austreibungen erlernen und vornehmen dürfen. Und ich habe noch nicht einmal einen Tierhelfer gefunden.»
Phaiax wiegt den Kopf hin und her.
«Du magst unerfahren sein, Theseus. Doch sage ich dir nun, was wir hier alle denken: Es gibt wohl kaum einen mächtigeren Geisthelfer als den Allvater persönlich[44].»

Als Theseus zurück in sein Zimmer kommt, ist er sicher, dass er nun überhaupt nicht mehr ruhen kann. Das Gespräch mit dem Hohepriester lastet wie ein spürbares Gewicht auf ihm.
Er legt sich angekleidet auf das Bett. Ehe er sich's versieht, ist er eingeschlafen.
Im Traum erscheint ihm die alte Mutter seines Freundes Lykomedes. Theseus erinnert sich gerne an sie. Er hat sich schon gefragt, ob er ohne sie noch am Leben wäre. Wieder spazieren sie nebeneinander durch ihren herrlichen Garten. Doch nein, es ist nicht ihr Garten. Theseus fällt auf, dass sie sich in Athen befinden und der Felswand unter dem Tempelbe-

---

[43] Stieropfer an Apollon: Bitte um mächtigen Schlangengeist von Urmutter.
Minos (Dionysos) sendet Sohn, um Stier zu holen. Drehung: Aïdoneus soll helfen, den Geistschädling zu vertreiben

[44] Als Theseus in Athen an die Macht kommt, staunen alle, wozu er trotz seiner Jugend imstande ist. Auf dem Rückweg ist es Unerfahrenheit auf einem für ihn neuen Gebiet. Und doch schlägt er sich gut.

zirk entlangschlendern. Er kennt diesen Ort.
Sie sprechen miteinander, und Theseus erzählt ihr alles, was er erlernt und erlebt hat, seit er bei ihr auf der Insel war. Sie ist stehen geblieben und hört ihm aufmerksam zu, während sie sich auf ihren langen, geschnitzten Stock stützt. Als Theseus zum Ende seiner Geschichte kommt und ihr sagen will, dass er keine Ahnung hat, wie er die Herausforderung meistern soll, lächelt sie ihn an und sagt, sie habe ihm etwas mitgebracht[45]. Sie redet noch weiter, doch Theseus' Aufmerksamkeit wird von einer Schlange abgelenkt, welche sich plötzlich um ihren Stock windet. Theseus will die Heilerin warnen, doch wie er von der Schlange zurück zur Mystin blickt, steht an ihrer Stelle ein bärtiger Mann mit Locken und einem ernsten Gesicht. Um die Augen zeigen aber die Lachfalten, dass er auch fröhlich sein kann. Das Reptil, das sich vom Stock her über seinen Arm und wieder zurückwindet, scheint ihn nicht weiter zu stören, irgendwie scheint die Schlange zu ihm zu gehören. Der bärtige, ernste Mann geht weiter der Felswand entlang, dann wartet er, dass Theseus aufschließt. Die Schlange kriecht am Stock abwärts und verschwindet in einem kleinen Loch in der Felswand. Theseus versucht, sich diese Stelle einzuprägen, etwas sagt ihm, dass dies wichtig ist. Und dann weiß er plötzlich, wer sein Besucher ist. «Ihr seid Asklepios[46]!», ruft er aus und verneigt sich tief.
«Höre mir gut zu, Theseus», weist ihn der Gott an. «Ich werde dir erklären, wie deine beiden Patienten Heilung finden können. Und nicht nur

---

[45] Theseus hört von Androgenos und Herakles und ihren Abenteuern mit dem Stier. Gegenteil von hören, was gewesen ist: Eine Vision haben, vom dem, was kommen wird.

[46] Prokrustes, Polypemon, Damastes: Der Ausstrecker, der Vielbändiger, der Vielverderber, ein Riese.

Drehung: Der Zusammenfüger (Heiler), der Befreier, der Erlöser. Gegenteil von Riese: Zwerg, Daimon, Geist: All diese Beschreibungen ergeben Asklepios. Auch das Sternbild Schlangenträger weist auf ihn hin.

Interessant: Sophokles, der Theseus in «König Ödipus» als Sterbebegleiter, also als Myste, auftreten lässt, überführt während des sogenannten «faulen Friedens» im peloponnesischen Krieg den Gott Asklepios nach Athen, wo ihm an der Heilquelle ein Tempel gebaut werden sollte. Sophokles beherbergt die Schlange sogar in dem Tempel, in dem er Priester ist (C.H. Beck: Sophokles, Dichter im demokratischen Athen).

sie.»
Theseus öffnet die Augen. Er ist hellwach. Das war kein gewöhnlicher Traum, da ist er sich sicher. Glasklar kann er sich an jedes Detail erinnern.

Es gibt etwas zu sehen an der Felsmauer unterhalb der heiligen Stätten. Die Menschen strömen zusammen und gaffen. Hat man schon einmal gesehen, dass die Priester in ihren ehrwürdigen Gewändern und mit Werkzeug ins Freie kommen, um ein Loch zu graben? Sogar die Mystinnen machen mit! Und was am meisten zu reden gibt: Theseus, der ehemalige Richter, ist mit dabei. Will der jetzt Priester werden? Er ist auf jeden Fall derjenige, der sich am meisten ins Zeug legt. Die Menschen recken die Hälse. Alle wollen sehen, was die heiligen Leute da suchen.
Es ist eine Drecksarbeit. Theseus hat das Loch, in dem die Schlange verschwunden ist, mühelos wiedergefunden. Doch jetzt, wo er schon knietief gegraben hat, voller Staub und Dreck ist und weiß, dass er noch tagelang Stadtgespräch sein wird, schickt er ein Stoßgebet nach dem anderen zu den Göttern in der Hoffnung, den Traum richtig gedeutet zu haben.
Das Misstrauen der Mysten, dass ihm entgegenschlug, als er Menestheus den Schutzgeist übergeben wollte, hat er noch nicht vergessen. Trotzdem sind sie ihm hierher gefolgt. Und bisher graben sie und tragen die Erde weg ohne Murren. Aber wie lange noch?
Innerlich atmet er tief durch. Wenn es darum geht, alles, was nötig ist, auch eine Arbeit, bei der man dreckig wird, mit Ruhe und Würde zu erledigen, so kann er von diesen Leuten noch viel lernen. Bestimmt fragen sich alle Umstehenden, warum die heiligen Leute das nicht die Diener erledigen lassen. Andererseits... die Athener sind es gewöhnt, dass Priester manchmal seltsame Dinge tun.
Theseus Schaufel stößt auf einen Stein, der etwa zweimal so groß ist, wie sein Kopf. Es gelingt ihm, ihn freizulegen. Er reicht Nausithoos seine Schaufel und bückt sich, um den Stein anzuheben. Als er mit einem kräftigen Ruck an dem Stein zieht, kommt ihm dieser förmlich entgegen, so dass Theseus zurücktaumelt. Ein Strahl Wasser[47] schießt ihm ins Gesicht.

[47] Die Heiligtümer des Asklepios finden sich immer neben Heilquellen. Er scheint eine Personifizierung dieser Heilkräfte zu sein. Da er von Zeus getötet wurde, gehört er zu den chthonischen Göttern, ebenfalls ein Hinweis darauf, dass er aus dem Boden kommt. Zur Szene: Theseus lässt sich

Als der erste Druck weg ist, schlängelt sich ein Bächlein aus dem Loch, das sie frei gelegt haben.
Die Priester jubeln und die gaffenden Menschen recken die Hälse noch etwas mehr, um zu sehen, was da wohl gefunden wurde.
Hohepriester Phaiax weiß, wie man in so einer Situation handeln muss. Er reckt jubelnd die Hände zum Himmel, spricht ein Dankgebet für die Heilquelle, klopft Theseus auf die Schulter und erklärt, dass er nun für die Weihe zum Mysten bereits rituell gewaschen sei. Alles jubelt und lacht.
Die Priester sind in ihre Häuser zurückgekehrt, um sich zu baden und frisch zu machen. Theseus hat von dem vielen Fasten und Graben einen Bärenhunger, doch aus einem kleinen Imbiss wird vorläufig nichts, denn er hat noch etwas vor. Erst später wird es ein großes Mahl mit dem König und den anderen Mysten geben.
Dass er je wieder eine Gelegenheit bekommen wird, in aller Ruhe nach Padraios zu sehen, glaubt er nicht. So geht er, verschwitzt und dreckig wie er ist, in den kleinen Außenhof, wo man den Weggetretenen sorgfältig in einen Liegesessel gebettet hat und wo er immer noch ganz allein daliegt. Vielleicht... vielleicht hat der Gott Asklepios sich auch seiner erbarmt.
Tatsächlich hat der Alte die Augen offen und blickt Theseus an. Er sieht aus wie jemand, der soeben aus einem langen Schlaf aufgewacht ist.
Theseus reicht ihm einen Trunk Wasser und setzt sich neben ihn.
«Geht es dir wieder gut?», fragt er schließlich. Padraios wendet ihm sein Gesicht zu. Er seufzt.
«Jetzt können wir nur noch beten, dass Zeus den Menestheus mit dem Blitz erschlägt[48]», brummt er.

---

bei seiner Ankunft in Athen von Priestern spirituell reinigen. In der Drehung macht er die Priester also physisch schmutzig. Auch wird er wegen seines langen Gewandes von Dachdeckern verspottet und ausgelacht, worauf er ihnen Ziegel zuwirft. Umgekehrt: Die Gewänder sind Anlass zum Staunen, es wird nicht oben etwas gedeckt, sondern unten etwas geöffnet. Dreht man die Szene mit Skiron, so steigt dieser aus der Unterwelt auf. Und nicht Skiron, sondern Theseus bekommt das Waschbecken an den Kopf, allerdings in der Drehung den Inhalt, also Wasser.

[48] Hekale: Als Theseus sie zum ersten Mal trifft, gibt sie ihm zu essen, obwohl sie kaum was besitzt. Sie rät ihm, den Stier dem Zeus zu opfern. Drehung: Zeus um einen Blitz bitten. (Auch dem Zeus ist die Schlange heilig, verwandelt er sich doch zweimal in eine.)

Theseus weiß gar nicht, wie er mit dieser Eröffnung umgehen soll. Padraios scheint gesund und bei klarem Verstand zu sein.
«Willst du damit sagen, dass es dein freier Wille war, als du Menestheus den Dämon angehext hast?», will er wissen.
«Bilde dir nichts auf deine neuen Künste ein, Theseus. Du bist genauso schuld, dass das Unglück über unsere Stadt kommen wird. Genauso schuldig wie Menestheus.»
Wovon spricht der Alte? Theseus hat es mit seinem Traum von Asklepios selbst erlebt und er hat auch schon davon gehört, dass es Mysten gibt, die weit in die Zukunft blicken können.
«Schuldig ist niemand, der nichts getan hat. Was redest du?» Theseus merkt, dass seine Stimme schroff wird.
«Dank der Hilfe des Schutzgeistes, den du Menestheus gebracht hast, wird er gesund werden. Und dann wird dieser unsägliche König unsere Stadt ins Unglück stürzen. In den Krieg wird er ziehen, und uns unsere Söhne rauben[49].»
«Wie denn das? Und selbst wenn... ist es falsch, einen Kranken zu heilen?», fragt Theseus, der sich nicht sicher ist, ob der Alte wirklich sauber im Kopf ist.
Doch Padraios kommt nun richtig in Fahrt. Er setzt sich gerade auf und faucht Theseus an: «Du, ja du hast diese Helena hergebracht! Aber der Laffe da, dieser Menestheus, hat sich in das Kind verkuckt! Und dann hat er unüberlegt auch noch solch einen unnötigen Schwur geleistet! Dass er sie immer beschützen werde! Schwüre sollte man keine leisten, du weißt mittlerweile, wieso. Und dann noch einen so unüberlegten! Das tut man nicht, aber erst recht nicht, wenn man König ist und Verantwortung für sein Volk trägt! Oh, ich wünschte, du wärst nie zurück nach Athen gekommen!»
Theseus seufzt nun auch deutlich hörbar. «Du bist nicht der erste, Pad-

---

Um umgekehrten Fall ist Hekale ein Mann und Theseus muss einiges schlucken. Kommt der weisse Stier aus dem Meer, so muss der Schlangendämon zurück ins Feuer.

[49] Medea verspricht Aigeus, ihm mit Magie zu den Söhnen zu verhelfen, die er nicht haben kann. In der Drehung haben wir einen König, der anderen die Söhne wegnimmt: Menestheus wird zum Anführer der Athener im Trojanischen Krieg, weil er zu den Freiern der Helena gehörte.

raios, der vergeblich versucht, dem Schicksal ein Schnippchen zu schlagen. Einer meiner Geisthelfer hat mir gesagt, dass ich Phaiax aufsuchen soll. So bin ich hergekommen.»
Padraios, so verrückt er möglicherweise sein mag, oder vielleicht gerade deshalb, hat eine Art einen anzuschauen, die Theseus durch Mark und Bein geht.
«Und du bist sicher, dass dein Geisterfreund diesen Phaiax gemeint hat, den Hohepriester?», forscht er nach.
An so etwas hat Theseus nun wirklich noch keinen Gedanken verschwendet.
«Ich kenne nur diesen Phaiax», brummt er vor sich hin, als er Padraios zurücklässt und missmutig ins Haus zurückschlurft, um sich noch schnell fürs Essen frisch zu machen.

Das Festmahl für die Mysten ist im größten und schönsten Saal des Gebäudes vorbereitet worden. Die Priesterinnen haben ihre Haare wunderschön aufstecken lassen, die männlichen Mysten haben die Bärte gestutzt. Theseus hat es immerhin geschafft, sich zu waschen und saubere Sachen anzuziehen. Alle sitzen und stehen herum, schwatzend und Trinkschalen in den Händen haltend. Als Theseus dazukommt, wird er sofort zu Menestheus und Phaiax gebracht.
Der König scheint noch nicht wirklich gesund, doch wirkt er ausgeruht und sieht viel besser aus.

Theseus und Menestheus blicken einander lange an. Wenn es um ihr persönliches Verhältnis geht, gibt es nichts weiter zu klären. Freunde werden sie wohl nie werden.
Theseus hat gelernt, loszulassen und weiß, dass Menestheus seine Sache so gut macht, wie er kann. Er hingegen wird seinen neuen Weg gehen.
Der junge König wiederum scheint durch seine Begegnung mit dem neuen Theseus begriffen zu haben, dass sich dieser wirklich aus der Politik zurückgezogen hat, und glaubt Theseus nun, dass er in keine gegen ihn gerichteten Machenschaften verstrickt ist.
Menestheus hat jedoch noch etwas zu berichten, das Theseus wissen muss. Er erzählt, dass er so tief und gut geschlafen habe, wie nie zuvor. Und dass ihm im Traum der Gott Asklepios erschienen sei. Dessen Schlange habe sich um seinen ganzen Körper gewunden, doch habe er

keine Angst gehabt. Der Gott habe ihn angewiesen, seine schmerzenden Körperteile regelmäßig im Wasser der Quelle zu baden, dann würden die Schmerzen bald gänzlich verschwunden sein.
Phaiax bestätigt Theseus, was dieser vermutet hat: Auch er kann keinen Geisteindringling im Körper des Königs mehr wahrnehmen; der Schlangen- und Quellgott Asklepios hat ihn entfernt.
Nun bittet Menestheus die beiden, seine Gäste zu sein. Alle Mysten versammeln sich zu einem herrlichen Mal. Doch als Menestheus Theseus fragt, ob er als Heiler in Athen bleiben werde[50], schüttelt dieser den Kopf. Er hat andere Pläne. Außerdem gibt es genügend erfahrene und gute Heiler in Athen.
Theseus spürt, wie er sich nach Natur und Ruhe sehnt. Und dass er das, was er noch zu lernen hat, an anderen Orten suchen muss.

Theseus stellt immer mehr fest, wie sehr er sich verändert hat. Ihm fehlt die Stadt nicht, wenn er auf seinem Landgut außerhalb von Eleusis weilt. Umgekehrt hat er während der Tage in Athen die Wälder, Felsen und Wiesen vermisst. Früher hat er sich kaum vorstellen können, auf den Trubel der Stadt zu verzichten. Jetzt möchte er seine ruhigen, langen Wanderungen unter freiem Himmel nicht mehr missen. Oft geht er barfuß, um die Natur besser spüren zu können. Ganz besonders dann, wenn er betet, stellt er sich immer barfuß unter freiem Himmel hin. Er erinnert sich daran, dass er das als Kind auch immer getan hat. Erst, als er die Schuhe seines Vaters Aigeus unter dem Stein fand, fing er an, immer Schuhe[51] zu tragen.
Aithra hat Theseus aufmerksam zugehört, als er ihr von seinen Erlebnissen in Athen erzählte. «Du hast mächtig aufgeräumt in deinem Leben», stellt sie vergnügt fest, «aber weißt du, Theseus, wenn ich dich so an-

---

[50] Kerkyon ist König von Eleusis. Da Theseus Eleusis in der Vorwärtsgeschichte eingemeindet, wird auf dem Rückweg das Spiegelbild König von Athen. Auf dem Hinweg ringt Theseus den König nieder und tötet ihn, heißt: Er gibt ihm das Leben zurück und päppelt ihn auf, bevor er seines Wegs geht. Es gibt Varianten der Sage mit einer Vergewaltigung der Königstochter: Gewaltsame körperliche Vereinigung wird dann zu sanfter Trennung (vom krank machenden Geist).

[51] Die Schuhe von jemandem anziehen: Hier: nicht das eigene Leben leben. Aigeus ist und bleibt eine Schattengestalt.

schaue, so denke ich oft, dass du noch viel zu jung bist, um ein einsamer alter Mann zu sein.»
Theseus lacht auf. Ausgerechnet Aithra, die so aufgeblüht ist, seit sie Witwe geworden und unabhängig ihr Ding machen kann, muss ihm so etwas sagen. Doch ja, es gibt jemanden, an den er denken muss. Nicht zum ersten Mal in letzter Zeit. Seit er den Seelenvertrag mit den Athenern gelöst und seinen inneren Frieden mit Phaidra und dem Verlust von Hippolyte gemacht hat, fühlt er sich innerlich frei. Frei für wahre und ehrliche Gefühle, rein gewaschen von Pflichtbewusstsein und Zwängen.
Aithra blickt ihn von der Seite an. «Wen hast du im Kopf?», klopft sie auf den Busch.
«Mutter, du bist unmöglich», brummt er. Da er aber genau weiß, dass sie immer wieder damit anfangen wird, rückt er mit der Wahrheit raus: «Ich denke an Perigune und Melanippos. Wenn ich zurückblicke auf meine Beziehungen… sie ist die einzige Frau, bei der meine Gefühle jemals ganz klar waren: Die will ich haben, die ist richtig für mich. Doch ich habe nicht darauf gehört. Meine angeblichen Pflichten gegenüber Aigeus trieben mich fort und meine Jugend ließ mich zweifeln, ob es klug sein kann, sich so jung schon zu binden. Und so bin ich gegangen…»
«Wie ich dich kenne, mein Sohn, hast du dich immer auf dem Laufenden gehalten, was sie betrifft, nicht wahr? Du wusstest doch immer, was los ist im Lande…»
Theseus antwortet nicht. Aithra hat recht, er ist und war immer interessiert am Schicksal von Leuten, die er kennt. Doch er war zwischenzeitlich lange fort gewesen und in dieser Zeitspanne außerstande, in Erfahrung zu bringen, ob es Perigune und Melanippos gut ging. Er weiß, dass er das ändern muss.
Doch vorerst hat er noch ein anderes Ziel. Er wird die Götter ein weiteres Mal um einen Tiergeist als Freund und Schutzgeist bitten, vielleicht erhören sie ihn jetzt doch. Und dann wird er eine weitere Reise in die Geisterwelt machen.
Als Theseus mit Hilfe seiner Rassel in die Unterwelt eintritt, gelangt er in eine üppige, blühende Umgebung. Alles sprießt und gedeiht. Er genießt den mühelosen Spaziergang. Tiere sieht er keine, außer einigen Bienen, die sich aber nicht um ihn kümmern. Als er zwischen Bäumen auf eine Wiese hinaustritt, bekommt er Lust, sich zu setzen und die Aussicht zu bewundern.

Doch da gewahrt er Spuren. Frische Keilerspuren. Es muss ein gewaltiges Tier sein, das solche Spuren hinterlässt. Theseus folgt ihnen und muss nicht weit gehen. Auf der anderen Seite der Lichtung sieht er einen riesigen, prächtigen, wilden Eber[52] mit seiner Schnauze im Boden wühlen. Als Theseus näherkommt, verschwindet das Tier im Gebüsch. Er will ihm nach, da hört er hinter sich ein Lachen. Eine Frauenstimme. Als er sich umschaut, kann er aber niemanden sehen. Wieder hört er die Frau lachen, diesmal von einem anderen Ort und begleitet von Getrappel. Theseus geht verwirrt in die Richtung, woher die Geräusche kamen. Da ist niemand.
«Hier bin ich, Theseus», hört er die Stimme direkt hinter sich.
Er dreht sich ganz langsam um. Zum Narren halten lassen mag er sich nicht. Was er zu sehen bekommt, ist einmalig. Die Stimme gehört einer wunderschönen, kurvig gebauten, strohblond gelockten Frau, die läßig auf dem Rücken des riesigen Keilers sitzt, den Theseus soeben noch gesucht hat. Das eine Bein lässt sie baumeln, das andere liegt angewinkelt auf dem borstigen Rücken des prächtigen Tiers. Sie ist barfuß, trägt ein grünes Kleid und ihre schmale Taille wird von einem Gürtel betont, an dem eine kleine Doppelaxt baumelt.
Theseus weicht unwillkürlich einen Schritt zurück, doch der Keiler scheint friedlich zu sein. Er beginnt, an ihm und am Boden herumzuschnüffeln und dann am Gras zu rupfen.
«Na, Theseus?»
Er weiß nicht, ob sie gesprochen oder gegurrt hat, jedenfalls stellen sich alle Haare auf seiner Haut auf. Sie strahlt ihn fröhlich an.
«Herrin Demeter?», stammelt er mit trockenem Mund. Sie ist viel aufgestellter, als er sie sich je vorgestellt hat und… oh Mann, pure, göttliche

---

[52] Krommyionische Sau: Gegenteil: Keiler. Symbol für echte Männlichkeit. Die Göttin Demeter pflegte auf einem Wildschwein zu reiten. Da in der Vorwärtssage die Sau und die Hexe Phaia die Felder verwüsten und Theseus mit einer Doppelaxt angreifen, muss es in der Drehung Demeter sein, denn sie lässt die Felder gedeihen und auf sie treffen alle Attribute zu.
Da Demeter meist traurig, verbittert und brummig dargestellt wird, dürfte wohl das Gegenteil der Fall sein.
Dass sie einen deftigen Humor hat, liest man vor allem im Zusammenhang mit Baubo.

Weiblichkeit.
Während er sie anstaunt, erkennt er in ihren Zügen tatsächlich die eine oder andere Ähnlichkeit mit ihrem Bruder Aïdoneus.
Wieder lacht sie, als wüsste sie, was er gedacht hat. «Du hast um einen Tiergeist gebeten», sagt sie fröhlich, «ich habe dir darum meinen Freund hier mitgebracht. Er ist im Augenblick genau der Richtige für dich.» Demeter streichelt dem Keiler über die Borsten zwischen seinen Ohren und fährt fort: «Er ist durch und durch ein ganzer Kerl[53], weißt du. Und er bleibt so lange bei dir, wie du ihn brauchst.»
Theseus ist von ihrer heiteren, überdrehten Art so verwirrt, dass er kein Wort herausbringt. Außerdem erinnert sich sein Körper in Gegenwart der Göttin gerade heftig daran, wie es ist, sechzehn zu sein.
Demeter scheint ihm weiterhelfen zu wollen. Sie kramt aus ihrer Rückentasche ein Gebäckstück hervor, bricht es entzwei und hält ihm den einen Teil hin. Als Theseus auch jetzt noch stocksteif dasteht, legt sie leicht unwillig den Kopf schief, macht einen Schmollmund und sagt: «Aphrodite hat recht, du kannst schrecklich verkrampft und humorlos sein. Ich dachte, Herakles sei dir immer ein großes Vorbild gewesen ...?»
Jetzt erwacht Theseus aus seiner Starre. Er nimmt das halbe Brötchen zögernd entgegen und fragt: «Aphrodite und Ihr habt... über mich geredet? Und was hat Herakles damit zu tun?»
«Theseus, ich bitte dich! Wenn Aphrodite mit dir um die Häuser gezogen ist, war das für uns Götter immer ein riesiges Vergnügen. Kannst du dich denn nicht mehr an Peirithoos erinnern?»
Demeter kugelt sich fast vor Lachen. Theseus seufzt. Irgendwie hat er es immer geahnt. Er stellt sich all die Götter vor, wie sie Lachkrämpfe kriegen, während er mit Peirithoos von einem peinlichen Abenteuer ins nächste schlittert. Es war eine verrückte Zeit gewesen. Und ja, manchmal benahmen sie sich echt unangebracht. Aber wenn das Aphrodite nicht störte... Theseus muss plötzlich schmunzeln. Und dann lachen. Ja, sie hatten sich sowas von albern verhalten. Und ja, Demeter hat Recht, wenn sie darüber lacht. Sie lacht auch nicht über ihn, sondern über Ereignisse ver-

---

[53] Die Heilung der Sexualität ist Teil der Ganzwerdung. Nur wer in sich ruht, heil und ganz ist, kann anderen wirklich helfen.
Theseus ist eine Figur, die nur im Zusammenhang mit Perigune ein einziges Mal sexuell selbstbestimmt handelt. Allerdings fehlt ihm da noch seine persönliche Reife.

gangener Zeiten.
Je mehr von all den Verrücktheiten, die sie angestellt haben, Theseus wieder einfallen, umso mehr muss er lachen.
Es ist ein wunderbarer Augenblick, den Theseus in vollen Zügen genießt: Die Gegenwart dieser umwerfenden Frau, die Lebendigkeit seines Körpers und die Tatsache, entspannt und befreit über Vergangenes lachen zu können.
Schließlich kommt er wieder zu Atem und Sprache: «Ja, ich wollte als Knabe immer so werden wie Herakles. Was habt Ihr vorhin gemeint?»
«Du hast ihn doch zweimal getroffen, oder?», fragt Demeter. «Weißt du», sie zeigt auf die Brothälfte, die Theseus immer noch in der Hand hält, «Herakles hätte davon nichts übriggelassen. Er wäre längst bei den Frauen in der Küche aufgekreuzt und hätte Nachschlag verlangt, mit ihnen gescherzt und geschäkert. Ihm war immer klar, dass es keinen gemütlicheren Ort gibt, als den Herd eines Hauses und dass man eine Frau glücklich macht, wenn man ihr Wertschätzung für ihre Kochkünste entgegenbringt. Liebe geht durch den Magen, das ist nicht nur so dahingesagt. Und zu wissen, dass Herakles nachher bei dir vorbeischaut… da legt sich eine Frau mächtig ins Zeug und sieht zu, dass noch genug da ist für nach dem Festmahl…» Demeter grinst schelmisch.
Was soll Theseus dazu sagen? Er beisst in seine Brothälfte. Ein Stück Brot von Demeter persönlich! Er gibt sich ganz dem Genuss hin. Die Göttin hat recht: Er kann immer noch viel von Herakles lernen. Irgendwo glaubt er sich zu erinnern, von Demeters Vorliebe für deftigen Humor gehört zu haben. Theseus überlegt sich, wie wohl Demeters Küche aussieht. Aber so, wie sie ihn gerade anschaut, hütet er sich lieber davor, zu laut zu denken.
«Du möchtest wieder Anteil an Perigunes Leben haben.» Aus heiterem Himmel ist die Göttin plötzlich ernst.
Theseus wendet ihr sein Gesicht zu und hält ihrem Blick stand. «Viel mehr als das, Herrin. Viel mehr als das.»
«Geh hin und sag es ihr», meint Demeter unbefangen. «Nein, kein Wenn und Aber. Hat sie dich denn damals gebeten zu bleiben? Oder wollte sie mitkommen?»
Demeter ergreift Theseus' Hand ganz sanft. Ihre Energie besteht geradezu aus Fürsorglichkeit. Die großen blauen Augen werden kugelrund und ihre Stimme eindringlich. «Auch sie hatte noch viel zu leben und zu ler-

nen. Gerade du solltest wissen, dass man nur gewinnen kann, wenn man auch kämpft. Genau dafür habe ich dir das richtige Krafttier mitgebracht.»
Sie legt seine Hand auf den borstigen Rücken des prächtigen Keilers, der sich das gefallen lässt. Theseus versteht, dass die Göttin dabei ist, sich zu verabschieden.
«Verratet Ihr mir noch, wie der Bursche heißt?»
Als er das fragt, fängt sie erneut an zu lachen, dass sie fast vom Rücken des Ebers fällt. «Als angehender Myste findest du das bestimmt selbst heraus. Ich gebe dir drei Versuche!»
Theseus braucht nicht zu raten. Er bricht ebenfalls in lautes Gelächter aus.
«Dein Keiler heißt Phaiax, nicht wahr?», prustet er.
«Das ist richtig, du bist wirklich begabt», kichert Demeter, bevor sie wieder schallend lachen muss.
Sie küsst Theseus zum Abschied auf die Wange und ist verschwunden.
Die Abende werden länger, mittlerweile können sie richtig kühl werden. Das Landhaus in der Nähe von Eleusis kommt erst spät zur Ruhe.

Auf dem Gut laufen Vorbereitungen für ein Fest, zu dem Theseus seine Familienmitglieder, Freunde und Nachbarn geladen hat. «Wir hatten dieses Jahr eine außergewöhnlich gute Ernte», hat er zu Aithra und seinen Angestellten gesagt. «Wir sollten Demeter[54] ehren, ihr danken und zusammen feiern.»
Große Feste hatte es bei Theseus früher regelmäßig gegeben. Alles, was Rang, Einfluss und Namen hatte, verkehrte im riesigen Stadthaus des einflussreichen Richters. Man musste da einfach hin, es war sehen und gesehen werden und man kam sich gelegentlich vor, wie in einer Schlangengrube.
Das Landhaus hingegen kommt nun zum ersten Mal zur Ehre, festlich herausgeputzt zu werden. Eingeladen sind diesmal nur Menschen, mit denen Theseus ungezwungen und freundschaftlich verkehrt, auch die

[54] In der Vorwärtsgeschichte unterhalten sich Theseus und die Dorfbewohner über die Sau und die Hexe Phaia. Theseus erklärt ihnen die monströse Abstammung der Sau und die Dorfbewohner beklagen ihre verwüsteten Felder. Wir können in der Umkehrung also von einer Art Erntedankfest zu Ehren der Demeter ausgehen.

Angehörigen seiner Angestellten sind auf der Gästeliste.
Nun ist es längst dunkel, die meisten haben sich zum Schlafen zurückgezogen, nur in der Küche herrscht noch Betrieb. Die Hauswirtschafterinnen Thaleia und Niki sind noch fleißig am Aufräumen und am Vorbereitungen Treffen für das Frühstück am nächsten Morgen.
Thaleia fällt fast der Krug aus der Hand, als Theseus plötzlich im Türrahmen steht. Normalerweise lässt er sich und seinen Gästen Speisen und Getränke immer ins prächtige Esszimmer oder hinaus zur gemütlichen Gartenlaube bringen. Sie kann sich nicht erinnern, ihn jemals in der Küche gesehen zu haben.
«Kann ich helfen?», fragt sie.
«Ich kann jetzt noch nicht schlafen», sagt Theseus. Trotzdem wirkt er entspannt wie nie. «Diese Teigtaschen mit Käse und Kräutern, die du heute Mittag serviert hast, Thaleia... hast du noch welche davon?»
Die Frauen starren ihn an. Ihr Herr war all die Jahre ein Asket[55], die Selbstkontrolle in Person. Naschen zwischen den Mahlzeiten... da war Herr Theseus der letzte, den man verdächtigte, wenn etwas Leckeres aus dem Vorrat verschwunden war.
Theseus kann förmlich zuschauen, wie die Wangen der Frauen rot werden, es ist ein Genuss.
«Die Taschen haben Euch geschmeckt?», fragt Thaleia atemlos, «ja, es müssten noch welche da sein, wenn sie nicht Beine bekommen haben...»
Als der alte Krateos wie jede Nacht seinen Rundgang durch die Ställe und über den Hof macht, stellt er fest, dass in der Küche immer noch Licht flackert. Natürlich muss er nachsehen, was da los ist. Wie er näher kommt, hört er Kichern und Gelächter. Gemütliches Beisammensein in der Küche ist immer was Herrliches, das will er nicht verpassen. Doch wie er in den Raum blickt, erstarrt er, wie zuvor die Haushälterinnen.
Am Feuer sitzen Thaleia und Niki zusammen mit Herrn Theseus um eine Platte voller gefülltem und ungefülltem Gebäck nebst Oliven, lassen den Weinkrug kreisen, erzählen sich Zoten und ersticken fast vor Lachen.
«Setz dich, Krateos», sagt Theseus mit einer einladenden Armbewegung.

---

[55] Ein Essen einfach genießen: Nicht Theseus und nicht in der Vorwärtsgeschichte: Bei Aigeus: Ihm ist es wichtig, sich dem Vater zu erkennen zu geben; bei Minos: Streit um die edle Abkunft. Er hat nie Zeit, um in Ruhe zu essen. Einzige Ausnahme: Bei den Amazonen. Aber das ist ja auch eine Spiegelwelt.

«Ich weiß mittlerweile von jeder Amphore, die du mir heimlich leer getrunken hast.»
Krateos macht große Augen. Er legt Holz nach und setzt sich in die Runde.
«Von deinem Abenteuer mit den umgestürzten Bienenkörben haben wir auch erzählt», gesteht ihm Niki ohne Bedauern. Sie muss bereits wieder kichern.
Krateos ist noch immer misstrauisch. Will Theseus sie aushorchen? Der aber nimmt die Platte mit den Köstlichkeiten, hält sie seinem Knecht unter die Nase und sagt fröhlich: «Eine Trinkschale musst du dir aber selbst holen.»
Als sich alle ein- oder nachgeschenkt haben, erhebt Theseus seine Trinkschale und spricht: «Oh göttliche Demeter, oh großer Dionysos! Wann immer wir zusammensitzen und eure Gaben genießen, so wollen wir euch danken!»

Es ist wieder einer dieser Abende. Als es an die Türe klopft, weiß Perigune[56] schon, was jetzt kommt: Ihre Nachbarn bringen Deioneus nach Hause, der mal wieder so tief in den Becher geschaut hat, dass er nicht mehr ohne Hilfe gehen kann. Sie seufzt, als sie die Tür öffnet und die Männer anweist, ihn auf die Liege im Wohnraum zu betten. Sie hat keine Lust, ihn neben sich im Bett zu haben, wenn er so schnarcht, schwitzt oder gar

---

[56] Theseus und Perigune: Nachdem er Sinis getötet hat, rennt Perigune weg und versteckt sich in einem Gebüsch. Theseus läuft ihr nach, findet sie nicht im Gebüsch und beginnt außerhalb, beruhigend auf sie einzureden, sagt ihr, dass sie ihn nicht zu fürchten braucht. Sie betet, dass die Büsche sie beschützen mögen und um sie herum wächst lauter Spargel, der sie versteckt. Schließlich gelingt es Theseus, sie soweit zu beruhigen, dass sie herauskommt.
Drehung: Theseus, der weggelaufen ist, kehrt zu Perigune zurück. Theseus und Perigune finden sich, er kommt in ihr Gebüsch, sie setzt sich auf seinen Spargel, beide geraten in Wallung und müssen schreien. Vorwärtsgeschichte: In einer Version führt er sie ins Haus, in einer anderen verkuppelt er sie mit Deioneus. Drehung: Er holt sie dort raus (aus Haus und Beziehung).
Vorwärtsgeschichte: Perigune heiratet Deioneus und sie roden die Büsche nie und fassen den Spargel niemals an. Heißt: In dieser Ehe herrscht absolut tote Hose.

kotzt. Es gab Zeiten, da hat sie sich Sorgen gemacht und mit einem leeren Topf neben seinem Bett gesessen. Mittlerweile geht sie schlafen, schiebt den Riegel der Schlafzimmertür von innen vor und stopft sich Wachs in die Ohren.

Noch bevor es draußen hell wird, verlässt sie das Haus. Die frühen Morgen im Garten und bei den Tieren sind wunderschön und ruhig. Da ist sie viel lieber als drinnen, wo ihr manchmal alles eng vorkommt. Seit ihr zweiter Sohn Nisos ausgezogen ist, fragt sie sich immer öfter, was sie hier noch hält. Melanippos, ihr Erstgeborener, segelt mit der attischen Handelsflotte und besucht sie nur sehr selten, weil er viel unterwegs ist. Doch je mehr Deioneus dem Trinken und dem Zerfall anheimfällt, umso schwieriger gestaltet sich das Verhältnis zwischen ihm und seinem Stiefsohn. Das letzte Mal haben die beiden derart gestritten, dass Perigune nicht sicher ist, ob Melanippos je wieder herkommen mag. Er hat das Haus derart angewidert und zürnend verlassen. Das ist jetzt schon über ein Jahr her. Zwar hat sie hier Freundinnen, einen schönen Garten und auch an den Tieren hat sie Freude. Und wenn sie Deioneus aus dem Weg gehen kann, sind die Tage in Ordnung. So lebt sie nach Möglichkeit ihr eigenes Leben und freut sich an dem, was gut ist. Wenn jedoch ihr Ehemann mit Zechen und Faulenzen so weitermacht, ist es wohl nur noch eine Frage der Zeit, bis sie Haus, Garten und Tiere verlieren.

Wie sie nach dem Melken mit einem Korb im Obstgarten zu den Bäumen geht, hat sie plötzlich das Gefühl, beobachtet zu werden. Sie hält inne und schaut sich um. Oben am Waldrand steht jemand und blickt zu ihr herüber. Wer auch immer das sein mag; für einen Wanderer ist er ganz schön früh unterwegs. Jetzt kommt er auf sie zu. Sie geht weiter ihrer Arbeit nach, behält ihn aber im Auge. Es ist ein gut gekleideter, groß gewachsener, breitschultriger, aber dennoch schlanker Mann. Sein kurz geschnittenes Haar ist noch mehrheitlich dunkel, doch an den Schläfen und oberhalb der Ohren glänzt es silbern. Da er wenige Schritte von ihr entfernt stehen bleibt, muss sie ihn wohl oder übel beachten. Sie hat überhaupt keine Lust auf einen Gast. Sie kann niemanden ins Haus bitten, denn da liegt Deioneus in seinem Speichel, grunzt und schnarcht. Perigune dreht sich um, grüßt, erkennt den Besucher und erschrickt so sehr, dass sie den Korb fallen lässt und wankt.

Theseus ist mit drei schnellen Schritten bei ihr und stützt sie. Als Perigune den Schrecken überwunden hat, schlingt sie die Arme um ihn und be-

ginnt herzzerreißend zu weinen. Sie hat in diesem Augenblick keine Ahnung, was sie denken soll. Aber sie weiß, dass er der beste Mann ist, der ihr je begegnete, der liebste und vertrauteste Mensch, den sie jemals hatte und dass sie ihn immer wieder schrecklich vermisst. Theseus hält sie fest, wiegt sie sachte wie ein Kind und wartet geduldig, bis sich ihr Gemüt beruhigt hat.
«Ich hätte dich mitnehmen sollen», spricht er ihr leise ins Ohr, während er sie drückt und wiegt, «ich hätte dich mitnehmen sollen.»
Perigune löst sich eine Armlänge weit von ihm, weil sie ihn betrachten möchte. Sie sieht zwar kaum etwas durch die Tränen. «Schon dreimal kamen sie und erzählten mir, du seist tot! Ich bin so froh, dass sie nicht Recht hatten...»
Sie tupft sich mit ihrem Ärmel die Augen trocken.
Theseus setzt sich mit Perigune unter den Aprikosenbaum ins hohe Gras, ohne sie loszulassen. Er lehnt sich mit dem Rücken gegen den Baumstamm und hält sie vor sich im Arm. Sie genießt seine vertraute Nähe viel zu sehr, als dass sie ihm das verwehren möchte. Die beiden haben sich viel zu erzählen.
«Ich konnte doch nicht mit dir kommen, Theseus», sagt Perigune traurig. «Wir wussten doch nicht mal, ob du in Athen als Sohn von Aigeus anerkannt werden würdest. Aber mit der Tochter eines Mörders im Schlepp... das hätte dich unmöglich gemacht. So etwas hätten die feinen Leute dort und auch dein Vater nie hingenommen.»
«Das waren deine Überlegungen damals?» Theseus ist entsetzt. «Das hättest du mir unbedingt sagen müssen... du warst plötzlich so schroff und hast so getan, als wolltest du mich loswerden.»
Perigune weint wieder.
«Komm mit mir von hier fort. Ich will dich nicht nochmal zurücklassen», bittet Theseus und ergreift ihre Hand. Perigune schüttelt den Kopf. «Wie stellst du dir das denn vor? Du kannst doch nicht weggehen, nach fast dreißig Jahren wiederkommen und so tun, als sei in all der Zeit nichts geschehen! Ich bin verheiratet, Theseus. Und Verpflichtungen haben wir auch. Wer Schulden hat, kommt nicht einfach so fort.»
Theseus schüttelt den Kopf. «Wir sind zu alt, Perigune, um in den Schuhen anderer Leute unterwegs zu sein. Deine Verpflichtungen sind keine Schwierigkeit, glaube mir. Aber du sagst, du seist verheiratet.»
Er legt seinen Kopf auf ihre linke Schulter, so dass seine Wange die ihre

berührt. «Sage mir: Wann bist du zum letzten Mal vor Vergnügen laut geworden, weil dein Mann dich glücklich gemacht hat?»
Perigune lacht frustriert auf. «Zwischen Deioneus und mir läuft seit Jahren nichts, Theseus. Seine Freunde sind die Schenke und der Weinkrater. Und solange er bezahlen kann, bleiben sie ihm erhalten.»
«Das klingt für mich aber nicht wirklich so, als würde es dir Trennungsschmerzen bereiten, wenn du ihn verlässt.»
«Ich habe schon ein paarmal darüber nachgedacht. Aber so richtig den Mut dafür hatte ich bisher nicht. Er kann schrecklich böse werden, weißt du. Und auf den Garten und meine Schafe bin ich auch stolz. Aber ich rechne eigentlich täglich damit, dass jemand kommt und sie wegholt, weil er seinen Wein damit bezahlt hat.»
Theseus sagt nichts darauf. Er fährt zart mit der Hand über ihren Kopf und streicht ihr das Haar über die rechte Schulter, streift ihrem Kinn entlang, von dort über die Wange und bettet ihren Kopf an seine Schulter. Sie blickt zu ihm auf. «Gefalle ich dir denn noch?», fragt sie schüchtern. Theseus lächelt. «Und wie. Du bist goldrichtig, Perigune.» Er legt seine Lippen auf ihren Mund und lässt sie rückwärts ins hohe Gras sinken. Was hat sie ihn vermisst. Seine Nähe, seinen Geruch, seine Kraft, seine Wärme, seine seidenweiche Behaarung, das Spiel seiner Muskeln. Oh ja, sie wird seinetwegen laut schreien müssen und sie freut sich darauf. Sollen es alle hören, dass sie Theseus gehört, keinem andern und dass er sie glücklich macht.
Deioneus'[57] Erwachen ist unschön; er brüllt wie ein zorniger Stier, als ihm ein Eimer kalten Wassers über den Kopf geschüttet wird.

---

[57] Achtung, das Orakel von Delphi spricht: «Dein Sohn wird ein großer Held werden. Doch hüte dich, das vorstehende Ende eines Schlauches zu lösen, bevor du nach Hause kommst, sonst wirst du einen gramvollen Tod finden.» Drehung: «Finde die Bestimmung, welche deine Seelenmutter dir gab. Schicke dich an, den verborgenen Anfang zu finden, solange du noch unterwegs bist, dann wirst du wiedergeboren werden (wird alles gut werden).» Beim Rückwärtslesen unbedingt beachten! Aufgrund des Orakelspruchs habe ich den Schluss der Sage hier wie eine Folie über den Anfang gelegt und die Rückwärtsgeschichte schon bei der Pobacke angefangen.

Das Gegenteil von einem König ist ein Bettler.
Da es sich ergibt, dass auch die Rückwärtsgeschichte gespiegelt ist, fällt hier die Geschichte von Sinis mit Hippolitos und Theseus erster Reise in

«Was fällt dir ein? Warte, das wirst du mir büßen!» Er will die Gestalt mit dem Eimer zu fassen kriegen, taumelt aber an ihr vorbei und greift ins Leere. Er wird von einer kräftigen Hand im Genick gepackt und auf einen Stuhl gedrückt. Mit Entsetzen muss Deioneus in dem eisernen Griff feststellen, dass es nicht Perigune sein kann, die ihn geweckt hat.
«Wir haben zu reden, Deioneus», sagt eine gefährlich ruhige Männerstimme, die durch sein verkatertes Gehör fährt wie eine Messerklinge.
«Ich bezahle, oh bitte, tu mir nichts, ich werde bezahlen», stöhnt Deioneus.
Allmählich wird sein Bild klar. Der große, gut gekleidete Mann, der sich ihm gegenüber ebenfalls hingesetzt hat und der ihn streng und verächtlich mustert, kommt ihm bekannt vor.
«Ich bin wegen Perigune hier, Deioneus. Sie wird mich begleiten.»
«Theseus?!» Deioneus kommt zum Schluss, dass er ein Gespenst sieht. Er beginnt, dreckig zu lachen.
«Wie rührend! Wie romantisch! Sie ist nur leider nicht zu haben. Es ist in diesem Land nicht üblich, dass man Ehemännern einfach so die Ehefrauen wegführen kann. Wie schade für euch, ihr wärt ja so ein süßes Paar!» Wieder lacht er krächzend. «Troll dich, Theseus! Und sag der blöden Gans da draußen, sie soll hier die Sauerei wegwischen.»
«Bist du fertig?» Theseus Stimme ist hart und barsch. «Hör mir gut zu Deioneus, ich erkläre es dir genau einmal: Du weißt, was mit Leuten geschieht, die ihre Schulden nicht begleichen. Sie werden auf dem Sklavenmarkt verkauft. Und genau dahin seid ihr zwei unterwegs. Ich brauche nur zu warten, dann kann ich deine Frau, dich und dein gesamtes Gut käuflich erwerben, ohne dass du das Geringste dagegen tun kannst.»
Deioneus seufzt stöhnend.
«Was Perigune betrifft, so werde ich niemals zulassen, dass ihr so etwas widerfährt», sagt Theseus unerbittlich. «Ich habe deswegen all eure Schulden abgelöst. Sie wird jetzt mit mir kommen und alles mitnehmen, was ihr lieb und teuer ist. Dazu gehörst du leider nicht.»
Theseus blickt Deioneus direkt in die Augen. «Es gibt Götter und Men-

---

die Unterwelt zusammen. Statt dass sich die Stiefmutter erhängt, säuft sich der Stiefvater tot und Melanippos ist davon genauso angewidert wie Hippolytos von Phaidras Nachstellungen.

schen, die dir helfen können und es auch gerne tun würden. Wenn du es möchtest und darum bittest. Doch diesen Weg beschreiten musst du selbst. Ich gebe dir sechs Monate Zeit, in deinem Leben etwas zu ändern. Danach sehe ich zu, dass ich keine Verlustgeschäfte mache. Leb' wohl, Deioneus!»
Damit verlässt er das Haus und schließt die Tür hinter sich.

Das große, schöne Anwesen hat Perigune anfänglich fast eingeschüchtert. Doch sie hat sich gut eingelebt. In der Stadt hätte sie nicht wohnen wollen und sie hat das Theseus genauso gesagt. Auch er kann sich das kaum noch vorstellen, obwohl er öfters in Athen weilt, wenn es die Pflichten verlangen.
Dass Theseus ein ganz anderes Leben führt als früher, ist für sie eine freudige Überraschung. Seine Arbeit als Heiler und Myste ist gefragt und wird geschätzt. Immer wieder kommen Menschen, die Rat und Hilfe brauchen, und oft geschieht es, dass nach ihm gerufen wird. Auch Perigune und Aithra haben immer ein offenes Ohr und eine Tasse Tee für jeden, der vorbeikommt.
Perigune hat Theseus alles über ihren gemeinsamen Sohn Melanippos[58] erzählt. Theseus spürt, dass es ihr Kummer bereitet, dass sie ihn nie sieht. Es ist beiden klar, dass er als Seemann nur selten heimkommt, doch werden sie den Verdacht nicht los, dass Melanippos Theseus aus dem Weg geht.
«Meinst du, mein Sohn nimmt es mir übel, dass ich wieder mit Theseus zusammenlebe?», fragt Perigune eines Tages ihre Schwiegermutter Aithra. Die alte Frau schüttelt den Kopf. «Ihr seid beides erwachsene Leute, Perigune. Er muss hinnehmen, dass du deine eigenen Entscheidungen triffst. Aber ja, vielleicht weiß er einfach nicht, wie er seinem Vater begegnen soll, der nie für ihn da war und ihn einem Stiefvater überlassen hat.»

---

[58] Sinis: Wichtiger Hinweis auf die Palindromgestalt der Sage.
In der Drehung wird aus Perigunes Vater der Sohn, also Melanippos, um den es hier geht. Hände am Holz und Abflug: Das Gegenteil wäre Landen, ein Terminus aus der Seefahrt, das Bild mit den Händen erinnert ans Rudern. Und da im Spiegel Hippolytos nur mit Frauen unterwegs ist, dürfte Melanippos einer Schiffsmannschaft angehören. Auch die Fahrt des Hippolytos entlang der Küste spricht dafür.

«Deioneus war nicht immer ein schlechter Mann», sagt Perigune. «Aber in den letzten Jahren hat er sich immer mehr gehen lassen.»

Theseus ahnt, worüber sich die beiden Frauen unterhalten, wenn er nicht da ist.
«Ich weiß, Perigune, dass ich unserem Sohn ein schlechter Vater war. Und ich weiß auch, was es bedeutet, so einen zu haben. Meiner war genauso», sagt er zu Perigune, als sie ihren gemeinsamen Abendspaziergang durch die Obst- und Olivenhaine machen.
Perigune bleibt neben ihm stehen, fährt ihm mit dem Arm über den Rücken und lehnt den Kopf gegen seine Schulter.
«Aber bei dir und Melanippos hoffe ich sehr, dass euch noch die Zeit geschenkt wird, dass einiges wieder ins Lot kommt. Zeit, die dir mit deinem Vater nicht vergönnt war.»
«Ich hatte immerhin einen wunderbaren Großvater. Einen solchen hatte Melanippos auch nicht. Wenn ich ganz ehrlich bin…», Theseus atmet tief ein und aus, «habe ich mir erst ernsthaft Gedanken darüber gemacht, was es wirklich heißt, Vater zu sein, nachdem ich Aïdoneus kennenlernen durfte.»
Perigune blickt ihn von der Seite an, schweigt und wartet darauf, dass er weiterspricht.
«Mir ist nie jemand begegnet, der so viel zu verzeihen hatte wie er. Sein ganzes Dasein ist immerzu davon geprägt, was ihm widerfahren ist und trotzdem hat er Frieden gemacht. In all seinem Handeln dient er immer dem Ganzen und er begegnet allen Geschöpfen mit Liebe. Auch wenn sich diese Liebe manchmal in unerbittlicher Strenge zeigt; jedoch nur, wenn man selbstsüchtig ist oder nicht ernsthaft. Sobald er deinen guten Willen sieht, ist er für dich da, macht dir Mut und hilft, er trägt dir nichts nach.»
«Man kann doch nicht immer ernst sein», wendet Perigune ein.
«Das meine ich nicht. Wie viel Humor die Götter haben, hat mich überrascht, das darfst du mir glauben. Doch sie fordern Ehrlichkeit und Gewissenhaftigkeit im Streben und Handeln. Auch von sich selbst.»
Wieder atmet Theseus tief.
«Das große Ganze ist wirklich, wirklich groß. Und bei mir gab es tatsächlich Zeiten, da glaubte ich, darüber zu stehen. Einfach lächerlich. Leider gibt es unzählige Menschen, von denen ich nur hoffen kann, dass sie mir irgendwann vergeben. Aber von keinem wünsche ich mir das im Moment

so sehr wie von unserem Sohn.»

Es ist eine dunkle, windige Nacht. Theseus stöhnt und wälzt sich im Schlaf. Schließlich wacht er schweißgebadet auf. Wieder dieser schreckliche Traum, schon das zweite Mal infolge. In gestochen scharfen Bildern musste er mitansehen, wie das Schiff mit seinem Sohn an Bord verunglückt und Melanippos stirbt.
Als sich Theseus aufsetzt und mit der Hand über das Gesicht fährt, stellt er fest, dass er geweint hat. Er verlässt das Bett und das Schlafzimmer, geht in seinen Behandlungs- und Arbeitsraum, wo er sich im Schein einer Öllampe auf einen von Aithra kunstvoll gewobenen Wollteppich setzt, eine Decke um die Schultern geschlungen. Vorsichtig wickelt er seine Sammlung magischer Gegenstände aus und beginnt, sie tief in Gedanken versunken vor sich auszubreiten.
Er hat all diese Dinge auf seinen Wanderungen gesammelt, seit er Aïdoneus versprochen hat, den Pfad des Mysten anzunehmen. Immer, wenn ihm ein Stein, ein Tannzapfen, ein Stück Holz, irgendetwas, aus einem besonderen Grund aufgefallen ist, hat er es mitgenommen. In seiner Sammlung befindet sich ein nur daumengroßes Pferdchen aus dunklem Holz, das er vor vielen Jahren für seinen kleinen Sohn geschnitzt hat. Perigune hatte es immer aufgehoben, auch, als Melanippos längst nicht mehr damit spielte. Theseus küsst es, bevor er es an seinen Platz legt. Ein wunderschöner Quarzkristall befindet sich ebenfalls unter den Gegenständen, ein Geschenk von Apantisi, Apollon[59] heilig, dem Gott des Lichts. Mit einem tiefen Atemzug ergreift er seine Trommel, die mit einem Zie-

[59] Apollon: Spiegelbild der Geister/Persephone und Geister: Die Königin der Vielen und die neuen Welten vs. der eine und die neun Musen. Die Göttin mit der wahren, großen Liebe. Der Gott, der nie die wahre Liebe findet… beide schön, großzügig, musisch, liebreizend, zuverläßig, grausam und unberechenbar zugleich. Das Schicksal. Das Orakel.
Wie komme ich hier auf Apollon? Weil Sinis Apollon spiegelt: Er ist ein Schütze mit einem wirklich großen Bogen, hat ein wunderschönes Gesicht und ist brandgefährlich. Da es sich bei Apollon gleich verhält wie mit Dionysos (der auch einen Geist spiegelt), tritt hier in der Geschichte nicht Apollon auf, sondern es kommt das Schicksal ins Spiel. Erst, wenn man die Spiegelbilder der Vorwärtsgeschichte aufeinanderlegt, ergibt alles einen Sinn: Die Geschichte von Hippolytos, von Sinis, von Helena und Peirithoos.

genfell bespannt ist, hält sie beim Spielen nah an sein Ohr, um in die Geisterwelt zu entrücken. Auch heute findet er sich auf einer Wiese wieder, allerdings ist es auch hier dunkel, es scheint kurz vor der Dämmerung zu sein. Alsbald versammeln sich seine Geisthelfer um ihn: Er sieht Phaiax am Waldrand, die Pflanzengeister sind da, auch Apantisi. Theseus überlegt sich, ob er mit dem wilden Keiler ein Ja-Nein-Gespräch führen soll. Er ist aufgewühlt und ratlos.
«Möchtest du mir von deinem Traum erzählen?», spricht ihn die wunderbare, warme Stimme des Allvaters an. Der Gott sitzt entspannt rechts hinter ihm, worauf, ist Theseus erneut schleierhaft. Er scheint auf ihn gewartet zu haben. Theseus sinkt vor ihm ins Gras und auf die Knie. Er kämpft mit den Tränen, als er zu erzählen beginnt:
«Mein Sohn, Melanippos, Ihr wisst es wahrscheinlich schon, er ist bei der attischen Handelsflotte... », während er unsicher spricht, blickt Theseus schüchtern auf in das Gesicht des Gottes. Dieser nickt ihm aufmunternd zu und folgt seiner Erzählung aufmerksam.
«Sie rudern und segeln einer Steilküste entlang und machen gute Fahrt. Melanippos steht am Ruder. Da löst sich ein Felssturz und Unmengen von Gestein und Geröll stürzen vor dem Schiff ins Meer. Die Männer reagieren gut, Melanippos reißt das Ruder zur Seite und kann dem Felssturz ausweichen. Doch nun türmt sich eine riesige Welle auf, die das Schiff beinahe kentern lässt. Ich bin nicht sicher, ich glaube, sie schaffen es gerade noch, dies zu verhindern, aber mein Sohn wird von Bord geschleudert und vom Sog der versinkenden Gesteinsmassen in die Tiefe gerissen. Dieser Traum, Herr, ich träume sonst fast nie... er war so schrecklich echt, als wäre ich selbst dort...», Theseus Stimme wird brüchig vor Angst, «ich habe schon einmal ein Kind verloren, ich weiß, dass ich das nicht noch einmal ertrage. Und es würde Perigune das Herz brechen... Ich flehe euch an, Herr, sagt mir, ist das schon geschehen? Ist Melanippos tot?»
Aïdoneus antwortet nicht sofort. Er lauscht der Unendlichkeit. Dann richtet er seine leuchtenden Augen auf den Mysten und beginnt zu sprechen. «Melanippos weilt unter den Lebenden und ist gesund.» Wieder lauscht er. «Dein Sohn könnte ein mächtiger Heiler sein... doch seine Geisthelfer sind geschwächt... habt ihr Streit?»
Theseus seufzt schuldbewusst.
«Ich war als Vater nie für ihn da und jetzt nimmt er seiner Mutter übel, dass sie wieder bei mir lebt. Mit seinem Stiefvater hat er sich vollends

überworfen. Bestimmt hat er gute Freunde unter den Schiffsleuten, aber in Bezug auf die Familie fühlt er sich ganz sicher einsam.»

Aïdoneus nickt gedankenversunken. «Die Verbindung zu den Ahnen ist sehr wichtig für einen Mysten. Da Melanippos diese fehlt, schicken die Geister nun die Warnung an dich.»

«Dieser Traum ist eine Warnung?!»

Theseus ist sich nicht sicher, ob ihn das, was er eben erfahren hat, ruhiger macht. «Ich weiß doch nicht einmal, wo sich das Schiff befindet, und wann das Schreckliche geschehen wird. Was nützt eine Warnung, wenn man das Schicksal doch nicht ändern kann!?»

Verzweifelt lässt er den Kopf hängen und verstummt traurig.

«Du hast Recht Theseus: Die Dinge bleiben in ihrem Innersten letztlich immer, was sie sind. Was bestimmt ist, wird geschehen», sagt Aïdoneus sanft, «doch das Dasein aller Dinge ist ein ewiger Kreislauf und unterliegt dem steten Wandel. Das heißt, auch wenn das große Ganze in seinem Innersten unveränderlich ist, so unterwirft es doch sein Erscheinen immer der Veränderung. Dies ist das Wesen der Urmutter.»

Theseus ist sich nicht sicher, ob er den Allvater versteht und sieht fragend zu ihm auf. Der Gott blickt ihn aufmunternd an.

«Dieses Wissen kann dir helfen, deinen Sohn zu retten», erklärt er dem verwirrten Theseus geduldig. «Wenn bestimmt ist, dass etwas geschieht, so ist es unausweichlich. Meine Mysten können jedoch, wenn sie gewarnt werden, Einfluss darauf nehmen, wie und wann es geschieht.»

Darüber muss Theseus gründlich nachdenken. Aïdoneus lässt ihm Zeit.

«Wollt Ihr damit sagen, dass, wenn man ein entsprechendes Ereignis herbeiführt, ich meine, ungefährlich durchspielt… dann ist das für das Schicksal wie… erledigt[60]?»

Jetzt lächelt der Gott.

«Für dieses eine Mal… ja. Du bist ein gelehriger Schüler, Theseus.»

«Und das wird hingenommen?», staunt Theseus, der das fast zu einfach findet. Er kann sich nicht vorstellen, dass sich das Schicksal so etwas gefallen lässt.

«Ist das nicht…», beginnt er.

---

[60] Vorwärtsgeschichte: Theseus entführt Helena und überlebt. Peirithoos wählt Persephone und stirbt. Helena: Kleine, harmlose Herausforderung, gut zu bewältigen. Persephone: Viel zu große Herausforderung, tödlich. Zyklus, der sich wiederholt, einmal harmlos, einmal tödlich.

«Das, Theseus», König Aïdoneus blickt ihm geradewegs und eindringlich in die Augen.
«Das ist Gnade.»
Theseus nickt demütig und senkt den Kopf. Seine Sorgen brennen ihm immer noch auf der Seele.
«Wenn ich ehrlich bin, habe ich nicht die leiseste Ahnung, wo Melanippos sich gerade aufhält, er hat seit langer Zeit nichts von sich hören lassen», gesteht er dem Allvater ratlos.
Der Sturmgott nickt nachsichtig. «Dann schick ihm halt einen deiner Geisthelfer, der seine Krafttiere weckt oder aufmuntert. Dann sollte er gewappnet sein», schlägt er vor.
Theseus blickt auf die Pflanzengeister, die ihn fröhlich, zufrieden und harmlos umschwirren. Sein Blick schweift hinüber zu Apantisi, der schon wieder tief und fest eingeschlafen ist. Mitten auf der Wiese rollt sich Phaiax auf dem Rücken und lässt es sich gut gehen. Theseus kann nicht anders. Er muss an seinen Freund Phaiax denken, den Hohepriester. Und an das, was er über Geisthelfer gesagt hat.
Er atmet tief durch und nimmt all seinen Mut zusammen. Dann fragt er so bescheiden wie möglich:
«Kann ich… ich meine, könnte ich… *Euch* schicken…?»
Der Geisterkönig lacht schallend auf. Theseus gewahrt mit Verblüffung, wie in sämtlichen Bäumen die Lichter angehen, wie Phaiax auf die Füße springt, Apantisi die Augen öffnet und die nächtliche Unterwelt mit einem Schlag hellwach wird.
«Eine wirklich kluge Wahl, Theseus», lacht Sturmgott Aïdoneus. «Jedoch mache ich keine Botengänge. Aber wenn du mich um meine Begleitung bittest, so wäre mir das ein Vergnügen.»
Theseus ist einen Augenblick lang sprachlos.
Hat ihm der Gott gerade erklärt, dass es für ihn möglich ist, selbst zu Melanippos zu reisen? Und dass er mitkommen wird?[61]
«Ihr würdet mich anleiten und mit mir kommen?», stößt Theseus heiser vor Aufregung hervor.
Der Allvater wird wieder ernst. «Du musst wissen, dass eine solche Reise für dich nicht ungefährlich ist. Kannst du den Menschen in deinem Haus

---

[61] In der Vorwärtsgeschichte fordert Peirithoos frech Vereinigung mit Persephone. Also fragt hier Theseus schüchtern und der Allvater schlägt ihm eine gemeinsame Astralreise vor.

vertrauen?»
«Wie meint Ihr das?»
«Deine Seele wird sich sehr weit von deinem Körper entfernen[62]. Es ist wichtig, dass dich niemand weckt, solange wir unterwegs sind. Ist dein Körper an einem sicheren Ort, umgeben von Menschen, die wissen, dass sie dich nie während einer Entrückung wecken dürfen? Denn wenn das geschieht, kann es sein, dass deine Seele für lange Zeit in der Unterwelt gefangen bleibt und im schlimmsten Fall nistet sich ein Dämon in deinem Körper ein.»
Theseus nickt.
Um nichts in der Welt möchte er darauf verzichten, diese Reise mit Aïdoneus zu machen.
«Bist du bereit?», fragt der Gott und bevor Theseus antworten kann, erhebt er sich, wobei Theseus sehen kann, dass er größer und durchsichtiger wird. Er kommt auf den Mysten zu und Theseus stöhnt entsetzt auf, als der Geisterfürst geradewegs durch ihn hindurchgeht, um hinter ihn zu treten. Aïdoneus umschließt Theseus Hände von außen, seine Stimme ist direkt im Gehirn des Mysten, als er spricht: «Du hast schon oft gehört, dass du ein Teil von mir bist, nicht wahr? Nun wirst du es sehen.»
Schauer aus Eis und Feuer zugleich fahren durch Theseus und einen Augenblick lang hat er das Gefühl, sich aufzulösen. Gleichzeitig aber wird sein Verstand glasklar und er fühlt sich aufmerksam und wach wie nie zuvor[63]. Als er schließlich wagt, die Augen zu öffnen, stellt er fest, dass sie über Bäumen, Felsen und Wasser dahinrasen. Er muss einfach schreien, es ist unmöglich, dagegen anzukämpfen. Zuerst vor Schreck, danach vor Begeisterung. Der Sturmgott lacht in seinem Kopf und Theseus überkommt Lust, all die Baumwipfel, die Büsche und Gräser zu streicheln, über die sie dahinbrausen. Er spürt die tiefe Liebe des Allvaters für die Welt und das Leben. Eine ganz leise Ahnung von der Größe des Gottes

---

[62] Sinis: Die Menschen werden beim Fliegen zerrissen. Das Palindrom deute ich so, dass ich diese Figur auch vor Ort in beide Richtungen lesen muss.

[63] In der Vorwärtsgeschichte sitzt Theseus in der Unterwelt auf einen Stuhl, versteinert und bleibt da. Umgekehrt: In hohen Lüften in Luft aufgelöst unterwegs sein. Auch bei Sinis geht es hoch hinauf in die Lüfte: die Warnung des Geisterfürsten vor dem Zerrissenwerden. Und da es Sinis in der Vorwärtsgeschichte nicht gelingt, Theseus zu zerreißen, werden sein Leib und seine Seele auf dem Rückweg getrennt.

überkommt Theseus.
«Wir machen eine kleine Rundreise», erklärt Aïdoneus. «Wenn dein Sohn Heimweh bekommen soll, muss der Wind schon von der richtigen Seite wehen.»
Theseus lauscht den Worten aufmerksam. «Ihr kennt ihn besser als ich...», denkt er staunend.
Wieder lacht der Gott. «Dein Sohn weiß mich sehr zu schätzen. Ihr Menschen würdet ihn einen echt wilden Hund nennen, wenn er am Steuer eines Schiffes steht. Aber er ist immer noch verzweifelt auf der Suche nach sich selbst...»
Theseus genießt die verrückte Reise und er vertraut Aïdoneus und Poseidon: Sie werden Melanippos heimbringen.

Ein Knall weckt Perigune. Geistesgegenwärtig gelingt es ihr gerade noch, das Betttuch festzuhalten, das aus dem Fenster davonfliegen will. Der Sturmwind hat den Fensterladen zurückgeschlagen, alles, was nicht niet- und nagelfest ist, flattert und fliegt. Eine irdene Vase liegt in Scherben am Boden. Sie ist sich sicher, dass sie das Fenster fest verschlossen hat.
Das Bett neben ihr ist leer. Es erstaunt sie nicht, dass ihr Liebster bei diesem Sturm nicht schlafen kann. Wahrscheinlich sind mittlerweile alle im Haus aufgewacht. Da Weiterschlummern nicht möglich ist, steht sie auf. Wenn Theseus nachts keinen Schlaf findet, arbeitet er meistens. Die Räumlichkeiten, die er dafür eingerichtet hat, liegen auf demselben Flur wie ihr gemeinsames Schlafzimmer. An Lichtanzünden ist nicht zu denken.
Als sie die Tür öffnet, muss sie einen Schrei unterdrücken. Auch in Theseus Arbeitszimmer schlägt der Fensterladen, ist das Licht ausgegangen, flattern die Wandteppiche im Wind, liegen Scherben am Boden.[64] Durch das soeben offene Fenster sieht Perigune das Wogen der Bäume im Sturm. Im fahlen, grauen Licht der frühen Dämmerung wirkt alles sehr geisterhaft.
Geschrien hätte sie beinahe, weil Theseus leblos[65] inmitten des Raumes

[64] In der Faltung der Vorwärtsgeschichte ist Theseus Innenleben ein Scherbenhaufen.
[65] Vorwärtsgeschichte: Phaidra ist tot, Theseus lebt. Er kann ihr nicht mehr helfen und findet in ihrer Hand einen Brief, der einem Todesurteil für Hippolytos gleichkommt.

auf dem Teppich liegt. Ihr innigster Wunsch ist es, sich auf ihn zu stürzen, ihn zu herzen, zu liebkosen, wiederzubeleben. Doch sie hat ihm hoch und heilig versprechen müssen, ihn während einer Heilzeremonie oder einer Reise in die Geisterwelt niemals zu wecken. So setzt sie sich still neben ihn und versichert sich vorsichtig, dass er atmet. Sie wird ihn bewachen, so lange, wie es nötig ist. Während sie so dasitzt, dem Toben des Sturms lauscht und ihren leblosen Geliebten betrachtet, bemerkt sie, dass er etwas fest in seiner Faust verschlossen hält. Ganz langsam und sanft löst sie seine Finger.
Es ist das kleine, dunkle Holzpferd.

Obwohl es noch gar nicht hell geworden ist, herrscht am Hafen schon reger Betrieb. Die Iris, für ein Frachtschiff ziemlich schlank, hat eine Ladung aus hauptsächlich Öl, Werkzeug, Keramik und Wein gelöscht und wird nun mit Fellen und Trockenfrüchten beladen. Auch sehr wertvolle Dinge wie edle Harze, Gewürze und Schmucksteine sind dabei. Schon bald wird die Ebbe einsetzen, welche die Männer in den verhältnismäßig flachen Gewässern nicht verpassen wollen.
Das Schiff ist fast klar, der Kapitän ist noch dabei, den Liegeplatz und die Erhebungen für den Warenumschlag zu bezahlen.
«Wir müssen uns entscheiden, Melanippos», spricht Dolops seinen Kapitän an, «ob wir noch diese Ebbe nehmen können. Sieht aus, als würde es Sturm geben. Der Wind nimmt stetig zu.»
«Aus welcher Richtung?», will Melanippos wissen.
«Nordost», lautet die Antwort.
In Melanippos sonnengebräunten Gesicht zuckt es, die Augen blitzen. Seine Mannen wissen, wie gern der Kapitän vor dem Sturm segelt.
«Dann sollten wir alles klarmachen», sagt er.
Die Mannschaft ist ein verschworener Haufen und sie vertraut ihrem Kapitän, der manchmal segelt, als gäbe es kein Morgen. Wenn er sagt, dass sie bei Sturm auslaufen, so werden sie es tun.
Als die beiden nach draußen kommen, werden sie fast von den Füßen geweht. Wer seine Sachen nicht vertäut oder in Sicherheit gebracht hat, muss nun mit Einbußen leben, denn was fortfliegt, landet im Meer.
Die Männer halten die Mäntel fest und machen sich auf den Weg zur Iris. Dieser führt der Hafenmauer entlang und an hohen Bergen von aufgestapelten Gütern vorbei. Auf diesen hohen Warenstapeln sind immer noch

vereinzelte Männer am Arbeiten, sie versuchen, Planen über heikle Ballen zu spannen, um sie so vor Gischt und Nässe zu schützen.
Plötzlich schreit einer von ihnen auf, denn der schwere Ballen, auf den er stehen wollte, rutscht nach außen weg und stürzt in die Tiefe.
«Pass auf!» schreit Dolops dem einige Schritte entfernten Melanippos zu, als er das schwere Gepäckstück ins Rutschen kommen sieht. Melanippos schaut nach oben, erstarrt, wird aber im gleichen Augenblick von einer heftigen Sturmbö aus dem Gleichgewicht gerissen, so dass er über die Hafenkante stürzt. Während der Kapitän ins Wasser klatscht, prallt der Warenballen erst auf dem Boden auf, überschlägt sich einmal und fällt dann auch ins aufgewühlte Meer.
Zwar konnte der heftige Windstoß verhindern, dass das Gepäckstück Melanippos auf der Stelle erschlägt, doch gestreift hat es ihn trotzdem und benommen geht er unter.
Zuerst hat er Sterne gesehen. Jetzt hört Melanippos alle Geräusche nur noch so, als wären seine Ohren verstopft. Um ihn herum sind verschwommene Farben; blau, schwarz und grün. Es ist kalt und er kann sich nicht bewegen.
«Melanippos!» Eine Stimme mit drängendem Unterton ruft ihn. Wieder: «Melanippos! Aufwachen! Du musst schwimmen! Oh, bitte, komm zu dir, kämpfe!»
Kennt er diese Stimme? Sein Kopf ist so durcheinander und es ist so kalt…
«Kind! Sohn! Ich flehe dich an, mach die Augen auf, schwimme!»
Mit einem Schlag ist Melanippos hellwach. Seine Lungen stechen, brennen und er kämpft dagegen an, nicht in Panik zu geraten. Wo ist oben? Wieder hört er die Stimme, ganz nah. «Hier entlang, bitte, bitte, ich will dich nicht verlieren!»
Mit letzter Kraft beginnt der Kapitän zu schwimmen. Einen Zug, zwei… Jetzt wird er am Haarschopf gepackt. Dolops ist da. Und der Rest der Mannschaft auch. Sie ziehen Dolops und Melanippos hinauf und wickeln sie in ihre trockenen Mäntel. Melanippos keucht, hustet, spuckt Wasser.
«Bist du wohlauf, Herr?», wird er gefragt. «Sollen wir mit dem Auslaufen warten?» und «Brauchst du einen Arzt?»
Es dauert eine Weile, bis Melanippos wieder Worte rauswürgen kann. Heiser keucht er:
«Nicht warten. Dieser Wind ist für uns. Ich will heim.»

Später, als das Schiff mit vollem Segel vor dem Wind Richtung Heimat fliegt, sitzt Melanippos mit geschlossenen Augen und in warme Decken gehüllt auf den weichsten Gepäckstücken. Jemand hatte ihn wachgerufen, als er ohnmächtig im Wasser trieb. Jemand, der ihm helfen wollte und der sich große Sorgen machte. Es ist Ewigkeiten her, dass er diese Stimme vernommen hat. Und doch war sie ihm so vertraut… Kind, Sohn, hatte sie ihn genannt… Melanippos geht das nicht mehr aus dem Kopf. Er hat sich das nicht eingebildet. Ist es wirklich möglich, dass es sein Vater Theseus war[66]…? Aber wie?
Als ihm endlich wieder warm ist, nickt er ein. Zum ersten Mal seit langem hat er keinen Albtraum.

Aithra und Perigune sitzen neben Theseus auf dem Teppich und trinken Tee. Es ist mittlerweile hell geworden. Der Wind hat zwischenzeitlich nachgelassen, jetzt wird er wieder stärker. Perigune will grad aufstehen, um Tür und Fenster zu schließen, als ein heftiger Windstoß durchs Zimmer fegt, der alles durcheinanderwirbelt. Dann ist es plötzlich windstill. Die beiden Frauen blicken einander an, lachen über ihre zerzausten Frisuren und schauen dann auf Theseus, der einen tiefen Atemzug gemacht hat und endlich die Augen öffnet.
«Diesmal, Perigune, musst du mitkommen, wenn ich in die Stadt fahre», sagt er aufgeregt. Sie schaut ihn gespannt an.
«Ich will dort sein, wenn Melanippos Schiff einläuft. Wenn er nicht heimkommen mag zu uns, so müssen wir halt hingehen.»
Perigune lacht auf und drückt ihn.
«Auf jeden Fall komme ich mit. Du hast ja so recht. Habe ich dir schon gesagt, wie sehr ich dich liebe?»
Theseus fragt sich, wie viel Perigune von seinem Abenteuer ahnt. Er hat ihr viel zu erzählen[67].

---

[66] Vorwärtsgeschichte: Hippolytos kommt zu Theseus und will mit ihm reden. Er stößt jedoch auf taube Ohren und wird verstoßen. Drehung: Theseus sucht seinen Sohn auf und wird gehört. Er kann ihm helfen, heimzukehren.
[67] Vorwärtsgeschichte: Phaidra mag nicht mit Theseus nach Delphi gehen, sie will Hippolytos nachstellen. So geht er halt allein und es kommt zum Zerwürfnis.

Es ist ein bewölkter, kühler Vormittag, an dem die Iris in den Hafen einläuft. Ob man in den nächsten Wochen Fernreisen mit dem Schiff antreten kann, ist ungewiss, es könnte bald winterlich werden. Es ist nicht mehr viel los im Hafen, die Mannschaft bekommt sofort Hilfe beim Löschen der Ladung.
Als sich Melanippos auf den Weg zu den Verwaltungsgebäuden macht, kommen ihm Leute entgegen, die nicht wie Hafenarbeiter aussehen, eher wie Reisende, die sich im Frachthafen verlaufen haben. Als sie ihn erblicken, beginnen sie zu winken und zu rufen. Mit ungläubigem Staunen erkennt er seine Mutter, die jetzt auf ihn zugelaufen kommt wie ein junges Reh und ihm um den Hals fällt.
Er erwidert die Umarmung, staunt, wie fröhlich sie ist und wie gut sie aussieht.
«Wir sind so glücklich, dass du gesund angekommen bist», freut sie sich, drückt ihn nochmals kräftig und lässt ihn endlich doch noch los.
Melanippos Blick wandert zwischen Perigune und Theseus hin und her, er weiß nicht so richtig, wie er seinem Vater begegnen soll. Es ist offensichtlich, dass es seiner Mutter so gut geht wie seit Jahren nicht.
«Warum wusstet ihr, dass ich hier bin?», bringt er schließlich seine Verwunderung zum Ausdruck.
«Das musst du deinen Vater fragen», sprudelt Perigune und schiebt und zieht an Melanippos herum, bis er Theseus gegenübersteht.
Dieser lächelt freundlich verschmitzt in Melanippos Gesicht und sagt: «Der große Gott, der dich heimgebracht und der dich vor der Abfahrt an der Hafenkante davor bewahrte, erschlagen zu werden, ließ uns wissen, dass du hier sein würdest.»
Jeder, der ihm so etwas gesagt hätte, wäre unter anderen Umständen von Melanippos für verrückt erklärt worden. Doch es gab in den vergangenen Tagen keine Stunde, in der er nicht an jenes Ereignis und an die Stimme in seinem Kopf gedacht hat. Und mit genau dieser Stimme hat ihn Theseus soeben angesprochen.
Der Myste wartet nicht, bis der verblüffte Melanippos wieder etwas sagen kann. Er geht einfach auf ihn zu und nimmt ihn fest in seine Arme.
«Sei heute unser Gast, Melanippos», lädt er seinen Sohn freundlich ein.
«Wir würden uns riesig freuen. Und ich möchte dich endlich richtig kennenlernen.»

Melanippos versteht nicht so recht, was hier gerade geschieht, doch er spürt das aufrichtige Wohlwollen, das ihm entgegengebracht wird und so nickt er stumm. Über eine Sache muss er sich allerdings augenblicklich Klarheit verschaffen, er hält das im Kopf nicht länger aus. Er blickt seinem Vater in die Augen und fragt:
«An jenem stürmischen Morgen, als wir die Rückreise angetreten haben: Kann es sein, dass du da warst?»
Theseus lächelt und nickt.
«Ich nehme eure Einladung gerne an», sagt Melanippos leise und ziemlich heiser.

Seit der Entdeckung der Heilquelle hat sich in Athen herumgesprochen, dass Theseus ein mächtiger Myste geworden ist. Immer wieder holen Menschen Hilfe und Rat bei ihm oder sie besuchen ihn einfach, schließlich sind auch die geweihten Stätten der Demeter nicht weit entfernt. Die Großfamilie hat zueinandergefunden, Theseus Söhne Demophon und Akamas mit Anhang weilen oft bei Aithra, Perigune und Theseus, auch Melanippos hat ihm nun doch noch seine Frau und die Kinder vorgestellt. Für Aithra ist es ein Genuss, nun auch noch die Urenkelkinder um sich zu haben[68].
Es ist eine der letzten Freuden in Aithras Leben. Sie schläft eines Tages im Kreis ihrer Lieben für immer ein.

Die Zeit vergeht.
Wenn Theseus und Perigune zur Ruhe kommen wollen, so arbeiten sie in ihrem Heilkräutergarten. Doch auch dort ist es nicht immer ruhig. Wenn die Enkel da sind, erklärt ihnen Großpapa Theseus all die Heilkräuter, welche er mit Perigune im Garten zieht, die Wirkung all der Pflanzenteile, wie man sie erntet und verarbeitet. Und er lehrt sie, wie ein Myste seinen Garten anlegt: Dass er sich immer an die Anweisungen des Geistes hält,

---

[68] Wenn die Athener in der Spiegelung Theseus vertreiben, so dürften sie ihn wohl aufsuchen. Auch dass die Söhne fliehen, muss gedreht werden. Wenn Aithra an dieser Stelle entführt wird, ist davon auszugehen, dass sie heimgeht (stirbt).

der diesen Ort bewacht[69]. Dass man immer freundlich grüßt, wenn man den Garten betritt oder verlässt. Dass es auch für Tiere und Steinwesen Platz geben muss und dass es keine Pflanzen gibt, die zu nichts nütze sind. Dass man um Erlaubnis fragt und sich bedankt, wenn man etwas erntet.

Theseus ist ein hochbetagter Mann, als ihn die Urmutter zu sich ruft und er den Fluss Styx[70] überqueren muss. Betrauert von der ganzen Familie legt ihm Perigune eine Münze[71] in den Mund, als sie sein Haupt[72] zur ewigen Ruhe bettet und ihn ein letztes Mal küsst[73]
«Theseus!»
Er schaut sich staunend auf dem Hügel um, auf dem er steht. Aithra kommt auf ihn zu. Sie sieht gut aus, wie ein junges Mädchen. Trotzdem hat er sie sofort erkannt. Sie umarmt ihn und freut sich riesig, ihn zu sehen.
«Du wirst schon erwartet», sagt sie fröhlich und «gut siehst du aus.»
Theseus blickt an sich hinunter. Alter und Gebrechlichkeit sind von ihm abgefallen und mit dem Körper zurückgeblieben.
«Jetzt lernst du die Große Mutter kennen», erzählt sie, während sie ihn über die Wiesen zum Palast führt.

---

[69] Periphetes: Die metallbeschlagene Keule ist ein Setzholz, wenn man sie optisch umdreht. Außerdem ist da noch die Szene mit den kaputten Schädeln, die aus dem Boden ragen: In der Drehung Pflanzenknospen. Periphetes ist dann ein Gärtner, der Pflanzen zieht. Wenn es heißt, dass er schlechte Beine hat, ist das ein Hinweis auf den Ortsgeist, der nicht weggeht und den Garten bewacht.
In Sagen über Wodanaz/Aïdoneus spielt der Garten oft eine wichtige Rolle: Niemand hat so einen wunderbaren Kräutergarten wie der Geisterkönig, dem alles gehört, was sich unter dem Boden befindet, natürlich auch alle heilkräftigen Wurzeln. Es gibt nichts Größeres, als von ihm persönlich eine solche geschenkt zu bekommen. Nicht vergessen: Schließlich ist der Allvater der Geist, der den Weltenbaum (die Urmutter) beschützt. Er ist der Pflanzengeist unter den Göttern.

[70] Als junger Mann will Theseus nicht das Schiff nach Athen nehmen, als alter Mann muss er wohl oder übel den Acheron/den Styx überqueren.
[71] Schwert vs. Münze: Groß, lang, spitz vs. klein, stumpf und rund. Beides aus Metall und wertvoll.
[72] Kopf statt Fuß, denn hier hat auch alles begonnen.
[73] Der Stein, den er als Kind wegrollt, ist in der Drehung sein Grabmal.

«Es sind ganz viele da, die sich schon so lange auf dich freuen.»
Obwohl er die Unterwelt schon oft besucht hat, sieht Theseus den königlichen Palast zum ersten Mal. Er blickt sich staunend um. Im Thronsaal wimmelt es von Volk. Aithra hält ihn an der Hand, zieht ihn zielstrebig und doch geduldig hinter sich her, was vonnöten ist, denn Theseus erkennt dauernd Leute.
Dann erblickt er den Thron. Obwohl Theseus noch nicht so viele Göttinnen persönlich kennengelernt hat, kann er sich nicht vorstellen, dass es eine schönere gibt als jene, die dort neben Aïdoneus sitzt.
Jetzt schaut sie ihm geradewegs in die Augen. Aithra schiebt den verlegenen Theseus vor sich her zum Thron. Er kann sich etwas entspannen, als er in Aïdoneus' Gesicht blickt. Der Gott nickt ihm aufmunternd zu.
Persephoneia[74] streckt Theseus die Hand entgegen und begrüßt ihn freundlich.
«Du wurdest hier sehnsüchtig erwartet, Theseus», sagt sie voller Wärme und sieht hinüber zu ihrem Gemahl. Die beiden Gottheiten lächeln einander an und blicken dann wieder auf den Mysten. Theseus hat nicht die leiseste Ahnung, was er sagen soll, so bedankt er sich einfach für das herzliche Willkommen und will vom Thron zurücktreten. Doch die Göttin entlässt ihn noch nicht.
«Myste Theseus», sagt sie zu ihm, «was weißt du darüber, wie man einen Geisthelfer gewinnt?»
Will sie eine Prüfung mit ihm durchführen? Theseus ist verwirrt.
«Wenn ein Myste und ein Geist sich viermal hintereinander wohlgesonnen begegnen, dann bedeutet dies, dass sie zusammenbleiben», antwortet er unsicher.
Sie lächelt strahlend und Aïdoneus sagt mit einem breiten Grinsen: «So darf ich dich jetzt behalten, Theseus![75]»
Dieser ist vor Verblüffung stumm. Von der Seite hat er das noch nicht betrachtet.

---

[74] Aithra ist umgedreht die Urmutter: Sie teilt in derselben Nacht das Bett mit zwei Männern. Dies tut Persephoneia jede Nacht, da Dionysos und Aïdoneus ein und derselbe sind.
Pittheus ist in der Vorwärtsgeschichte auch Dionysos: Der König, der weiß, was Orakelsprüche bedeuten und der den besten Wein hat. Also ist er in der Umdrehung Aïdoneus.
[75] Pittheus (Dionysos) gibt Aigeus sein Kind. Umgekehrt: Der Allvater nimmt sein Kind zu sich.

Der König erhebt sich, tritt an ihn heran, legt ihm freundschaftlich die Hand auf die Schulter, blickt ihm in die Augen und fragt leise: «Kannst du dir das denn gar nicht vorstellen? Einer meiner Geisthelfer zu werden, meine ich?»
Jetzt hat Theseus verstanden. Und er fühlt sich unendlich glücklich.
«Nichts lieber als das, Herr, nichts lieber als das.»

(Das Bild zeigt uns ein Sujet aus der Antikensammlung von Sir William Hamilton, London: Eros auf einer Trinkschale sitzend, einen Vogel auf der Hand. Der Myste sieht die Codes für den verliebten Weltenbaum mit den Geistern.)

Der zweite Mythos erzählt uns die Geschichte des jungen Götterkönigs Zeus, der eine harte Initiation zu bestehen hat[76].

Weltenbaum Mimameid und der Donnergott

Nachdem sich Zeus, Poseidon und Aïdoneus die Welt aufgeteilt hatten, machte sich Regengott Zeus sogleich an die Arbeit. Die Welt sollte fruchtbar gemacht werden und in Schönheit erblühen. Er sah mit Wohlwollen, dass auch der Meeresgott Poseidon fleißig war.

Doch sein ältester Bruder, Wind- und Sturmgott Aïdoneus, schien nicht vorzuhaben, seine Verantwortung in der Unterwelt wahrnehmen zu wollen.

---

[76] Die Sage von Herakles rückwärts, gespiegelt und gefaltet: Man muss nicht nur rückwärts lesen und dabei ins Gegenteil drehen, sondern auch die gegenübergestellte Anfangsszene darüberlegen. Warum falten? Dafür sprechen z.B. die doppelten Zwillingsszenen, die Namen Iolaos und Iole und dann auch die Markierungen der Faltstellen: Hades, der an der Hüfte verletzt wird und die schwarzen Pobacken des Herakles.
Aus der Faltung/Drehung ergeben sich folgende Konstellationen: Amphitryon wie auch Zeus begehren Alkmene. Amphitryon verhält sich sehr korrekt, Zeus bekommt durch List, was er will. Rückwärts gespiegelt: Bei den Götterbrüdern Zeus und Aïdoneus ist es so, dass sowohl der Regen- wie auch der Sturmgott Himmelskönig werden wollen; indem sie die Brüder Lose ziehen lässt, bekommt Persephone den Gott, den sie will, in ihre Gewalt.
Wenn es in der Vorwärtsgeschichte Hera ist, die den Helden hasst, so ist es in der Drehung Zeus, der den Weltenbaum/die Geisterkönigin hasst. Bekommt Herakles am Ende Hebe, die ewige Jugend, so haben wir es mit jungen, unerfahrenen Göttern zu tun, die ihre Unsterblichkeit einbüßen. Tut Herakles alles, um den Wahnsinn loszuwerden, so ist es bei Zeus umgekehrt: Sein Bruder ist auch der Gott des Wahnsinns, des Rausches und der Ekstase, und den will er wiederhaben.
Unsere Rückwärtsgeschichte beginnt aber genauso wie die anderen Sagen mich hierher geleitet haben: Mit der Geschichte von Hippolytos im Spiegel und deren Nachspiel mit Asklepios und Apollon. (Absurd? Mitnichten. Das Orakel von Delphi spricht: «Hüte dich, das verborgene Ende eines Weinschlauches zu lösen, sonst wirst du einen schrecklichen Tod finden.» Ich greife hiermit danach und finde den qualvollen Tod des Schamanengottes.)
Falls Sie mir zu viel Fantasie vorwerfen, lesen Sie die Telemachie im Spiegel, es ist dieselbe Geschichte.

Die drei Brüder hatten abgemacht, dass jeder auch in der mittleren Welt zum Rechten schauen solle. Und in diesem Zusammenhang erledigt Aïdoneus seine Sache zuverläßig. Seinem Bruder Zeus hilft er immer gerne, wenn es darum geht, die Wolken an den Ort zu verfrachten, wo der Regengott sie haben will. Auch für Mensch und Tier ist er da, so dürfen die Vögel immer auf seinem Rücken reiten, er trocknet Wäsche, schiebt Schiffe, sorgt für Sturmholz zum Kochen. Aber er drückt sich davor, in die Unterwelt hinabzusteigen, Königin Persephone einen Antrag zu machen und sein dortiges Amt anzutreten, viel lieber macht er den lieben langen Tag Party mit den Baumgeistern.

Obwohl Zeus seinen Bruder aufrichtig liebhat, viel Zeit mit ihm verbringt und seine Hilfe wirklich schätzt, ärgert ihn, dass dieser einem Teil seiner Pflichten einfach nicht nachkommt.
Eines Tages erscheint Persephoneia bei Zeus und beklagt sich, dass Aïdoneus sie im Stich lasse. Ferner beschwert sie sich, dass sie nicht einmal mit dem Sturmgott reden könne, da er sich immer unter seinem Helm der Unsichtbarkeit verstecke. Der Regengott gibt ihr Recht, sein Bruder ist wirklich unzuverläßig. Er findet, Aïdoneus habe eine Kopfwäsche verdient. Und so sagt er der Geisterkönigin, er werde ihr mit einer gelben Wolke zeigen, wo Aïdoneus zu finden sei, wenn der ihn das nächste Mal besuche.
Es kommt aber nicht so, wie Zeus sich das gedacht hat. Der Regengott hat sich vorgestellt, Persephoneia würde zanken wie Hera, seine Schwester und Gemahlin. So etwas sollte Aïdoneus ruhig auch mal erleben, dieser Drückeberger[77]. Doch die Königin der Toten ist nicht hergekommen, um zu zanken.

Der schlimmste Hagel[78] aller Zeiten bricht über den ahnungslosen

---

[77] Die Geschichte von Phaidra und Hippolytos

[78] Im großen Hymnus an Demeter wird Persephoneia als Kind von Zeus und Demeter vorgestellt, was uns verrät, in welcher Gestalt sie erscheint: Regen und Korn: Hagel. In der Drehung ist sie natürlich nicht die Tochter, sondern die Mutter (nicht die leibliche, das ist Rhea, aber der Weltenbaum ist die Mutter all unserer Seelen, das gilt auch für die Götter). Wenn Persephoneia in diesem Hymnus als naives Dummchen dargestellt wird, so weiß jeder Myste des Dionysos: Keine Gottheit ist so durchtrieben

Sturmgott herein, als er sich unter der gelben Wolke befindet. Noch bevor der arme Aïdoneus begreift, wie ihm geschieht, ist er so schwer verletzt, dass an Kampf oder Flucht nicht mehr zu denken ist.
Zeus ist vor Entsetzen gelähmt. Er weiß nicht, wie er seinem unglücklichen Bruder helfen soll, den er nicht sehen kann und der es mit einer ebenso unsichtbaren Gegnerin zu tun hat. Der Regengott muss hilflos das verzweifelte Brüllen des überfallenen Sturmgottes mitanhören, seine gequälten Schreie, seine schmerzerfüllten Hilferufe, das flehende Weinen. Schließlich ist es nur noch ein Wimmern und dann verstummt der Sturm. Auch der Hagel hört auf.
Die Stille ist schrecklich.
Zeus weiß, dass irgendwo weit unten der Bruder in seinem Blut liegt, aber er hat keine Ahnung, wo. Wie soll er ihn bloß finden? Der Tarnhelm verhindert, dass einer der Götter den Sturmgott bergen und ihm helfen kann. Die Totengöttin hingegen braucht nur zu warten, bis Aïdoneus verblutet ist. Dann wird er für sie und ihresgleichen sichtbar, Tarnhelm hin oder her.
Nach einer furchtbar langen Zeitspanne kann Zeus plötzlich sehen, was sich unter ihm abspielt. Persephoneia hat sich über Aïdoneus gebeugt und ihm den Helm der Unsichtbarkeit abgenommen[79]. Das ganze Ausmaß der Zerstörung offenbart sich vor Zeus entsetzen Augen. Es ist ein Massaker. Der unglückliche Gott, der Streitwagen, seine geliebten Pferde... alle liegen sie zerfetzt und zertrümmert[80] auf einem von Ichor und Hagelkörnern bedeckten Feld. Die Königin der Toten ist nicht allein gekommen, sie ist umgeben von Keren mit schwarzen Flügeln[81], die sich um die Sterbenden kümmern.
Zeus kann nur mutmaßen, was Persephoneia mit dem schwerverletzten Aïdoneus spricht. Doch dann spürt er, wie die Luft um ihn zum Stillstand

---

wie die uralte Schicksalsgöttin, welche mit allen Wassern gewaschen ist und das auch immer wieder beweist.

79 Drehung: Heraklessage gefaltet: Amphitryon bemerkt, dass Zeus ihn für die Räuber nur unsichtbar gemacht hat, um ihn zu betrügen. Doch jetzt ist Zeus der Betrogene.

80 Herakles wirft in seinem Schmerz seinen Diener Lichas derart gegen einen Felsen, dass er stirbt.

81 Der Held befindet sich auf einem Feldzug, er hat ein großes Heer dabei, als sein Ende kommt.

kommt. Aïdoneus hat in seiner entsetzlichen Not der Geisterkönigin seine Seele übergeben, der ahnungslos in die Falle geratene Gott ist tot. Im gleichen Augenblick löst sich das grauenhafte Bild unterhalb von Zeus geisterhaft auf: Sein verratener Bruder, die Totengötter, die Pferde... alles verschwindet innerhalb eines Wimpernschlags.

Einen Augenblick lang ringt der entsetzte, betrogene Regengott um Fassung. Dann brüllt er seine ohnmächtige Wut und seine Trauer in den windstillen Himmel.
«Komm zurück! Du Miststück! Du Mörderin!!»
Keine Antwort. Es bleibt schrecklich still.
Zeus kann sich nicht erinnern, jemals so wütend geworden zu sein. Was die Schicksalsgöttin soeben getan hat, ist unverzeihlich: Seinen unschuldigen Bruder Aïdoneus dermaßen brutal zu quälen, dass der Gott seine Unsterblichkeit aufgegeben hat[82].
«Na warte!», Zeus ist noch nicht fertig mit Persephoneia, in ihm erwacht gerade ein brennender Hass[83]. Er hat schon oft Blitze geschleudert. Die Titanen hat er das Fürchten gelehrt. Doch er ahnt, dass die Totengöttin nicht so leicht zu beeindrucken ist, schließlich gibt es keine mächtigere Gottheit als den dreifach dreifaltigen Weltenbaum, dessen Seele sie ist. Aber sie ist auch die Geisterkönigin und -mutter. Und als solche wird er sie nun angreifen. Zeus versucht sich zu sammeln, trotz seiner fürchterlichen Wut. Er saugt alle Energie auf, die er in seiner Umgebung finden

---

[82] Dies ergibt sich aus der Faltung: Cheiron gibt die Unsterblichkeit auf, nachdem Herakles versehentlich einen Pfeil mit Hydragift auf ihn schießt. Er will nicht ewig leiden. Durch sein Opfer kommt Prometheus frei. Faltung: Es ist nicht irgendein kleiner Kentaur, sondern einer der mächtigsten Götter überhaupt, dem dieses Schicksal wiederfährt. Da Zeus sich auf die Suche nach seinem Bruder macht, ergibt sich dadurch die Gelegenheit für den Feuergott, die Macht zu übernehmen.
[83] Am Ende versöhnt sich Herakles mit Hera. Umgekehrt: Zwischen Zeus und Persephone-Mimameid beginnt eine heftige Fehde. Herakles heiratet Hebe, die Göttin der Jugend. Drehung: Zeus und Aïdoneus sind junge Götter, es wird Zeit, dass sie ihre Jugend hinter sich lassen: Sie werden vom Weltenbaum schonungslos initiiert.
Hera schickt Herakles Schlangen ins Kinderbett. Der Anschlag der mächtigen Göttin scheitert am Knirps. Umgekehrt: Zeus versucht, den Weltenbaum mit Blitzen anzugreifen, doch dieser ist mindestens eine Nummer zu groß.

kann, auch jene aus den Geistern. Der Wolkensammler beginnt zu glühen. Er sprüht Funken in der Farbe von Blitzschlägen. Nie hat man einen fürchterlicheren Himmelskönig gesehen.
«Sollen die Geister bei ihrer Mama um Hilfe rufen», denkt er, während er immer mehr Kraft in sich aufsaugt, «soll sie nur kommen, ich bin bereit.» Er ist willens, ihr den wuchtigsten aller Blitzschläge entgegenzuschleudern, den es je gegeben hat.
Doch Persephoneia kommt nicht zurück, der Weltenbaum offenbart sich ihm diesmal in drei leuchtenden Erscheinungen. Zeus erkennt die Wohlgesonnenen, Erinnyen genannt.
Sie sprechen wie aus einem Mund: «Lass meine Geisterkinder in Frieden, Zeus! Dafür habe ich dir die Macht über den Wetterstrahl nicht gegeben!»
«Ich werde aufhören, deine Kinder in Blitze zu verwandeln, wenn du meinen Bruder heilst und wieder freilässt, Geisterbaum[84]!», schreit Zeus und erhebt seine Hände drohend in Richtung der leuchtenden Gestalten.
«Dein Bruder hat versucht, seiner Bestimmung zu entfliehen. Du hast gesehen, wie es ihm ergangen ist, nimm es im Guten als Warnung!», rufen die Erinnyen.
«Du bist nicht in der Lage, mir zu drohen!», brüllt Zeus die drei leuchtenden Gestalten an. «Entscheide, wer dir wichtiger ist: Mein Bruder oder deine Geisterkinder?» Während er mit den Wohlgesonnenen streitet, saugt er immer mehr Kraft auf, er kann das Schreien der Geister hören. Die Stimmen der Erinnyen werden nun auch drohend: «Nein, Zeus, Re-

---

[84] Artemis verlangt von Zeus die Wiederbelebung von Hippolytos, dieser lehnt ab.
Herakles erschlägt seinen Instrumentallehrer. Dieser spielte Lyra wie Apollon. Apollon spiegelt die Geister, die Lyra das Schamanenschicksal. In der Drehung geht es für Zeus nicht gut aus. Herakles kämpft in seiner Jugend mit den Göttern gegen die Giganten, weil diese nur von Sterblichen getötet werden können. Gaia will sie mit einem Kraut unsterblich machen, das Zeus vor den Giganten findet. Drehung: Nur der gigantische Weltenbaum ist mächtig genug, um einen Gott zu töten. Zeus will den Baum zwingen, seinen Bruder auf der Stelle wiederzubeleben, doch er scheitert.
Der Name Herakles bedeutet übrigens: «Der sich an Hera Ruhm erwarb». Gedreht: «Der sich bei Persephone von der Schande reinwusch».

gengott, du bist es, der sich entscheiden[85] muss: Willst du mir im Guten dienen, oder muss ich dich dazu zwingen? Bist du sicher, dass du das für deinen Bruder tust? Glaub mir, es gibt Schlimmeres, als tot zu sein!»
Zeus hat genug. Die Überheblichkeit der uralten Gottheit lässt ihn rotsehen. Er holt aus, um den Blitzstrahl auf die drei verhassten Gestalten zu schleudern.
Doch was nun geschieht, ist brutaler als alles, was Zeus je am eigenen Leib erfahren musste. Die drei Wohlgesonnenen verwandeln sich unfassbar schnell in pures Licht, fahren ihm durch den Blitzstrahl entgegen in sein Innerstes und noch bevor der ganze Blitz den Gott verlassen kann, wird dessen Kraft in Zeus selbst frei. Der Regengott verdampft in einer gewaltigen Wolke[86].
Siedend heißer Regen fällt zu Boden[87]. Diese Schmerzen. Der Gott brüllt. Gegen seinen Willen nimmt Zeus wieder Gestalt an, er kann es nicht verhindern, die Macht seiner Gegnerin ist einfach zu groß. Er ist rasend, schreit vor Wut und Schmerz.

Jemand wirft ein eiskaltes, nasses Tuch über Zeus, was unendlich gut tut. Er braucht eine Weile, um zur Besinnung zu kommen. Er mag das Tuch nicht abstreifen, denn nur dort, wo es seine Haut bedeckt, sind die brennenden Schmerzen zu ertragen. Haut?! Er tastet an sich herum, blickt an sich herab. Er steckt in einem Menschenkörper! Er hat eine Haut! Wieso das denn?! «Es gibt Schlimmeres, als tot zu sein», hatten die Erinnyen gesagt[88]. Das alte Biest hat ihn in einen Menschen verwandelt! Zeus begreift augenblicklich, dass er nicht in der Lage ist, das zu ändern und dass sie ihm all seine Macht entzogen hat. Er stöhnt auf in ohnmächtiger Wut.

---

[85] Herakles am Scheideweg: Ihm begegnen zwei Frauengestalten, er muss sich entscheiden.

[86] Herakles und sein Bruder im Kinderbett: Der neugeborene Herakles erwürgt die beiden Schlangen.
Gegenteil von Schlange: Stier. Symbol der Brüder Zeus und Dionysos. Gilt hier die Drehung, bekommen es die beiden erwachsenen Götter mit der Totengöttin zu tun.
[87] Nach der Tötung von Asklepios geraten Zeus und Apollon aneinander. Wir wissen aus Erfahrung, dass es der Regen ist, der vom Himmel fällt, nicht die Sonne.
[88] Herakles reißt sich vor Schmerz die Haut ab, als ihn das Nessoshemd verätzt. Drehung: Haut bekommen.

«Geht es wieder?», wird er angesprochen.
Er blickt auf. Vor ihm stehen zwei Leute, allem Anschein nach ein Mann und eine Frau. Doch etwas ist seltsam an ihnen, etwas ist seltsam an diesem Ort. Sie befinden sich an einem Flussufer. Der Mann hat der Frau geistesgegenwärtig den Umhang von den Schultern gerissen, in den Fluss getaucht und über den qualmenden und dampfenden Zeus geworfen. Das Flusswasser ist eisig. Doch das ist in diesem Moment genau das Richtige. Der vom Himmel gestürzte Gott macht Anstalten, in den Fluss zu steigen. Die beiden schreien auf und halten ihn zurück.
«Du darfst unter keinen Umständen da rein, vielleicht löst du dich auf!», erklären sie ihm. Zeus versteht nicht. «Das ist der Fluss Styx!», wird ihm gesagt.
«Aber als ihr vorhin das Tuch über mich geworfen habt, war euch das auch egal», brummt er unfreundlich. Die zwei schauen sich betreten an. Dann sagt der Mann, der die Idee mit dem Umhang hatte: «Ich wusste einfach nicht, was ich sonst hätte tun sollen. Und irgendwie scheinst du ziemlich hart im Nehmen zu sein. Es hat dir jedenfalls bisher nicht geschadet[89].»
Zeus braucht einen Augenblick, um sich zu sammeln.
«Also: Ihr sagt, dass hier sei der Styx. Und ihr beiden seid…tot?[90]»
Er blickt ungläubig in die Runde und bemerkt, dass sie nur weisse Hemden tragen, einzig die Frau hatte noch den einen Umhang, der immer noch klatschnass um ihn gewickelt ist[91]. Die zwei nicken. Sein Helfer in der Not hält ihm die Hand entgegen und stellt sich vor: «Ich bin Lichas». Zeus blickt die Frau an. «Mein Name ist Deïaneira», sagt sie leise. «Du darfst das Tuch behalten. Du hast ja sonst nichts.»
«Ich danke dir», sagt Zeus etwas verlegen. «Darf ich fragen, woran ihr gestorben seid? Ihr scheint mir reichlich jung.»
Deïaneira senkt den Blick. Sie schämt sich. «Ich wollte nicht mehr leben. Ich war so dumm, so leichtgläubig… wegen meiner Eifersucht musste jemand sterben.» Zeus fragt nicht weiter.

---

[89] Nach seinem ersten Kampf benutzt Herakles eine Löwenhaut als Rüstung, die ihn nahezu unverwundbar macht.

[90] Nachdem der Regen vom Himmel gefallen ist, versickert er im Boden.
[91] Herakles bekommt seine Ausrüstung von den Göttern persönlich. Also dürfte in der Drehung der Gott Kleidung von den Sterblichen

«Ich hatte einen Unfall», erzählt Lichas. «Und wie ist dein Name?», will er nun von Zeus wissen.
Äh, ... ja. Gute Frage. Wenn er das selbst wüsste. Als Himmelsgott kann er sich schlecht vorstellen, das liegt auf der Hand.
«Nennt mich Alkides», murmelt er.
Die drei gehen nebeneinander her dem Flussufer entlang, auf der Suche nach Charons Fähre. Da Aïdoneus vor Zeus Augen umgebracht wurde, ist es diesem recht, auch ins Totenreich zu kommen. Er hat nicht vor, seinen Bruder dem dreifüssigen Scheusal[92] zu überlassen, wie er den Weltenbaum insgeheim nennt.
Der Daimon Charon hat keine große Lust, für wenig Lohn ein halbvolles Boot zu staken, feilscht um jede Münze und lässt alle warten, bis seine Barke brechend voll ist.
Zeus hat natürlich kein Geld. Die Verwandten seiner neuen Freunde waren ebenfalls knipperig und haben jedem nur eine einzige kleine Münze in den Mund gelegt.
«Wenn der blöde Daimon glaubt, dass ich hier versauere, so hat er sich geschnitten», brummt der Gott, als ihn Lichas und Deïaneira mitleidig ansehen. Eine dicke Wurzel schaut aus einer erdigen Wand, an der sie entlang gehen. Zeus bricht sich davon einen herrlichen Prügel ab[93].
«Wow, wie hast du das gemacht?», staunt Lichas, «du musst Bärenkräfte haben!»
Deïaneira aber ist entsetzt. «Wir sind hier unter dem Weltenbaum. Was ist, wenn du dir von seinem Holz etwas abgebrochen hast? Niemand darf von Mimameids Holz nehmen, ohne ihr von sich selbst etwas zu opfern[94]», flüstert sie entsetzt.

---

[92] In der Vorwärtsgeschichte hat Aïdoneus ein Monster mit drei Köpfen: Kerberos. Herakles soll ihn holen. Dreht man das Ganze, haben wir den Weltenbaum mit den drei Wurzeln, der Aïdoneus in seiner Gewalt hat. Und Zeus will nicht das Monster holen, sondern den Bruder.
[93] Gegenteil von trockenem Holz zum Anfeuern stapeln (eine Art von Weglegen): Grünes Holz von einem Baum nehmen.

[94] «Frau Elhorn, gib mir was von deinem Holtze, denn ich will dir von meinem auch was geben, wenn es wächst im Walde.» So sprachen die Menschen früher, wenn sie Holunder (manchmal auch Esche oder Fichte) zurückschneiden mussten. Wilhelm Manhardt, «Wald- und Feldkulte», Berlin 1875, er zitiert seinerseits aus einem Buch über die Heidenreligion von 1703, verfasst von einem Herrn Arnkiel. Man findet dasselbe Sprüch-

«Glaube mir», knurrt Zeus düster, «ich habe Mimameid heute schon mehr als ein Opfer gebracht[95].»
«Du willst doch damit nicht etwa Charon verprügeln?», Deïaneira wagt nur noch zu hauchen.
«Iwo», meint Zeus, «Charon sieht aus, als könnte er eine Massage vertragen.»
Die Totenbarke ist nahezu voll, als die vier endlich an die Reihe kommen. Charon lässt Lichas einsteigen, doch als Deïaneira an die Reihe kommt, erklärt er, alle Plätze seien belegt.
«Und du da», krächzt er und zeigt mit seiner Stange auf Zeus, «du hast ganz bestimmt kein Geld. Du brauchst gar nicht zu warten.»
Zeus Tag war einfach zu schlecht, als dass er sich jetzt auch noch von Charon ärgern lassen mag. Ohne sich auch nur einen Augenblick lang zu besinnen, schmeißt er seinen neuen Holzprügel nach dem Daimon. Die Keule trifft den Fährmann so hart, dass dieser rückwärts durch alle seine Mitfahrer fliegt und ins Wasser klatscht. Gleichzeitig gibt es beim Auftreffen des magischen Holzes einen Donnerknall, dass die Unterwelt wackelt. Einige der von Charon umgerissenen Fahrgäste fallen ins Wasser und lösen sich auf. Der Knüppel aber braust geisterhaft in Zeus Hand zurück, nachdem er Charon niedergestreckt hat[96].

---

lein aber auch noch bei den Fahrenden in England, wo es laut Wolf-Dieter Storl noch bis ins 20. Jh. gebräuchlich war.

[95] Hera macht Herakles in der Vorwärtsgeschichte wahnsinnig, er tötet seine Familie, nur Iolaos überlebt. In der Faltung tötet er die Familie von Iole aus Rache, er nimmt Iole gefangen.
In der Drehung nimmt Persephone Zeus den Bruder, der auch der Gott des Wahnsinns ist. Faltung: Zeus dürstet nach Rache und will den Bruder befreien.

[96] Als Herakles einen Giftpfeil auf den Kentauren Nessos schießt, der Leute über den Fluss trägt, fällt die Wirkung des Giftes auf ihn zurück.
PS: Bei den Indogermanen trägt der Donnergott Thonaraz immer einen gewaltigen Holzprügel. Und zwar einen ganz besonderen. (Das magische an Thors Hammer ist der Schaft aus Geisterholz.)
Iphitos bespritzt Herakles bei Tisch versehentlich mit Wasser. Dieser will ihm einen Klapps geben, doch der Junge fliegt durch den Raum und ist tot. In der Drehung ist der Junge ein alter Geist, der selbst nass wird. (Vom Mord an Iphitos erzählt man sich verschiedene Varianten; manchmal ist er ein Königssohn, der vermitteln wollte und von einer Mauer gestoßen wird), manchmal ein Hirte, der Tiere suchte (in der Odyssee, aller-

«Guter Prügel!», lobt der Gott begeistert. Und zu Charon hinüber, der soeben prustend auftaucht, brüllt er: «Sieh zu, dass ich hier nicht zu lange warten muss, sonst schicke ich dir noch ein paar handfeste Grüße!»
Deïaneira hat sich vor Entsetzen die Hände vor den Mund geschlagen.
«Das ist ganz sicher Holz von Mimameid, was du da hast, Alkides», flüstert sie.
Erst nach einer Weile fällt Zeus wieder ein, dass er sich selbst so genannt hat. Dass der Prügel aus Geisterholz besteht und magische Fähigkeiten besitzt, ist für ihn die erste gute Nachricht des Tages.
Als Charon wiederkehrt, um Deïaneira und Zeus einzuladen, hat er keine Lust, viel Zeit mit den beiden zu verbringen. Er setzt die zwei sogleich über, ohne noch auf andere Fahrgäste zu warten.
«So», knurrt Zeus nach dem Aussteigen, «mal sehen…»
«Wo willst du hin?», fragt Deïaneira.
«Ich gehe jemanden besuchen», antwortet Zeus. «Du findest bestimmt auch Leute, die du kennst. Mach's gut.[97]»
Das Totenreich.
Alles was stirbt, kommt hierher. Also muss Aïdoneus hier sein. Zeus stellt sich hin, schließt die Augen, lauscht, fühlt.
Nichts.
Kein Lüftchen, kein Zug, kein Säuseln. Auch in der Unterwelt ist es absolut windstill.
Zeus öffnet die Augen. Wie kann das sein? Die Toten, die er eben kennengelernt hat, waren ganz sich selbst, nur eben ohne Körper. Keine Verletzungen waren an ihnen zu sehen gewesen. Zeus kann sich nicht vorstellen, dass sich ein so mächtiger Gott wie sein Bruder in der Unterwelt nicht bemerkbar machen würde. So, wie er Aïdoneus kennt, müsste dieser eigentlich einen riesigen Aufstand verursachen. Die Stille will dem

---

dings erzählt Homer nicht, wie er zu Tode kam, nur, dass es Herakles Schuld war). Die Varianten haben gemeinsam, dass Iphitos gestoßen wird.

[97] Trennung von Deïaneira, nachdem er den Fluss bezwungen hat. Herakles bricht dem Flussgott ein Horn ab, aus dem das Füllhorn wird. Bei Charon ist es umgekehrt: Er will von jedem Geld, Zeus bezahlt ihn aber mit härterer Währung.

Regengott gar nicht gefallen[98]. Etwas stimmt nicht.
Bitter, wie es ist: Zeus bleibt nichts anderes übrig, als die Unterwelt abzusuchen. Am besten so unauffällig wie möglich.
Persephoneia hat sich Aïdoneus selbst ausgewählt, als die Brüder um ihre Königreiche gelost hatten. Bestimmt hält sie ihn irgendwo in ihrer Nähe gefangen.
Er beschließt also, seine Suche beim Mittelpunkt der Unterwelt zu beginnen. Als Gott weiß Zeus natürlich ganz genau, dass der Omphalos nichts anderes ist als der Stamm der geisterhaften Urmutter, des Weltenbaumes[99] Mimameid.
Diese ist in der Welt der Lebenden unsichtbar, doch in der Unterwelt sind die Geister unter sich und können den Baum sehen. Vom kleinsten Würzelchen bis zu gigantischen Wurzelsträngen: Zeus kann dem Geflecht problemlos folgen. Schließlich, nach tagelanger Wanderung, vereinigen sich die Wurzeln zu einem Strang so groß, dass er nur noch teilweise sichtbar ist und nach oben entschwindet. Jetzt ist Zeus zuversichtlich, dass er den Stamm bald erreichen wird.
Genauso ist es: Die gewaltige Hauptwurzel schwingt sich in die Höhe und Zeus kann sehen, wie sie sich weit oben mit zwei anderen Strängen zum Baumstamm vereinigt.
Dort, zwischen den drei gewaltigen Wurzelfüßen, kann Zeus einen warmen, gelben Lichtschein erkennen. Er weiß, dass er dorthin muss. Aber wie? Der Leib, in dem er gefangen ist, beklagt sich die ganze Zeit. Immerzu hat er Hunger, Schmerzen, ist müde. Und doch weiß er, dass er im Vergleich mit anderen Menschen einen stattlichen und kräftigen Körper abgekriegt hat. Vielleicht sollte er anfangen, ihm Sorge zu tragen.
Der entmachtete Himmelsgott ist der Verzweiflung nahe. Hochzusteigen wäre eine gefährliche, endlose Kletterei. Und wenn er es schafft, was dann? Der Verdacht liegt nahe, dass Mimameid ohnehin genau weiß, dass

---

[98] Herakles genießt die Ruhe in der Unterwelt. Drehung: Den «Brüllenden» vermissen.

[99] Die Priesterin in Delphi sitzt auf einem Dreifuß. Letzterer ist niemand anderes als der Weltenbaum. Und die Weissagung ist einfach nur ein Spiegel des Schicksals. Wenn sich Herakles den Dreifuß schnappt, dann haben in der Drehung der Weltenbaum und Zeus etwas miteinander zu klären.

er hier ist. Zeus kann es drehen und wenden, wie er will: Was auch immer er anfängt, er ist immer von der Gnade der gewaltigen alten Gottheit abhängig. Zum ersten Mal in seinem Dasein bekommt er dies in voller Härte zu spüren[100].

Er lehnt seine Stirn gegen das Holz der Wurzel. Seit Tagen quälen ihn die Sorgen um den Bruder, seine Schuldgefühle, seine Ohnmacht und Ratlosigkeit, gepaart mit dem dringenden Wunsch, etwas wieder gut machen zu können. Die Schicksalsgöttin hat etwas mit ihm vor, genauso wie mit Aïdoneus. Nur was? Er wüsste es zu gerne.

«Endlich fängst du an, die richtigen Fragen zu stellen, Donnergott», sagt jemand über ihm. Er blickt hoch. Auf einem kleinen Abzweiger der Wurzel sitzt Mimameids Seele Persephoneia und schaut zu ihm herab. Diesmal sieht sie aber nicht alt und hässlich aus wie bei ihrer letzten Begegnung, sondern eher wie ein kleines Blumenmädchen, was aber nicht weniger unheimlich ist.

«Wieso nennst du mich Donnergott?», knurrt Zeus. Er ist irgendwie dankbar, dass er so müde ist, denn er weiß, dass es ihm sonst unmöglich wäre, seine Wut auf sie zu zügeln.

«Gefällt es dir nicht? Ich dachte, hier im Schattenreich würde der Name passen. Du bist im Moment ja nur ein Schatten deiner selbst.» Sie kichert und ärgert ihn weiter: «Wenn du lächeln willst, musst du die Mundwinkel hochziehen, nicht die Augenbrauen zusammen.»

Zeus gelingt es beinahe, die gemeine Anspielung auf das Feststecken in einem Menschenkörper zu überhören, was ihn fast ein bisschen stolz macht. «Bist du für solche Albernheiten nicht zu alt?», fragt er müde.

«Mein Alter ist immer genau richtig», sagt sie fröhlich, «aber wir sollten

---

[100] Herakles verbringt drei Jahre in der Sklaverei bei Omphale, welche uralt und doch jung ist, weil ihr die dreifache Jugend geschenkt wurde. Bei Omphale herrscht teilweise «verkehrte Welt», ein Hinweis auf die Unterwelt. Wenn Herakles dort freiwillig Frau spielt und am Ende wieder ein Mann sein will, so kann man das so drehen, dass sich Zeus all seine göttliche Macht zurückwünscht, aber (im Gegensatz zu Herakles) nicht bekommt. Herakles hilft Omphale, ihr Königreich von Räubern und Dieben zu säubern. Umgekehrt ist es Mimameid, die an dieser Stelle Zeus hilft: Herakles führt in der Unterwelt Gespräche mit drei Gestalten: Hermes/Medusa (je nach Variante), Meleagros, Persephone. Also können wir an dieser Stelle von einem Gespräch mit Mimameid ausgehen.

jetzt über die wichtigen Fragen reden, die du mir stellen möchtest, Donnergott.»
«Du kannst es einfach nicht lassen, oder?», ärgert sich Zeus.
«Gib es zu, der Prügel gefällt dir», meint sie heiter.
«Genau an solche Dinge solltest du mich nicht erinnern, wenn du es mit einem offenen Gespräch ehrlich meinst», knurrt er und will endlich wissen: «Sag mir, wo mein Bruder ist!»
Persephoneia macht große Augen. «Musst du gerade mit der schwierigsten Frage anfangen?»
Sie scheint aber willens, ihm zu antworten. «Komm», sagt sie, und streckt ihm die Hand entgegen. Misstrauisch greift er zu.
Ein Gefühl überkommt ihn, als würde er in einem Tunnel aufwärts fallen. Rasen sie durch das Innere der Wurzel? Als die verrückte Fahrt endet, findet sich Zeus genau dort wieder, wo er hinwollte: Zwischen den drei Hauptwurzeln unter dem Stamm von Mimameid. Er blickt lieber nicht abwärts, denn er hat den dringenden Verdacht, dass sich nichts unter seinen Füßen befindet. Trotzdem kann er gehen. Auch das ist wieder so etwas, das ihn als Regengott nicht gestört hätte. Aber in diesem Körper...
Vor sich erkennt er die Quelle des warmen, gelben Lichtes. Es wird von einer Art rundem Kokon ausgestrahlt, der sich unter dem Stamm befindet, mittig zwischen den drei Hauptwurzeln. Zeus nähert sich vorsichtig. Das gelbe, strahlende Gebilde ist durchsichtig und seine Oberfläche scheint in stetiger Bewegung. Beim Näherkommen erkennt Zeus, dass es aus unzähligen, warm leuchtenden Geistern besteht, die etwas umschwirren, vergleichbar mit Schmetterlingen beim Sammeln von Nektar.
Er bleibt vor dem Kokon stehen.
Durch das Schwirren hindurch kann er seinen Bruder Aïdoneus sehen, der reglos da liegt[101]. Der Tote ist übersät von fürchterlichen Wunden, stellenweise ist er richtiggehend zerfetzt. Da der Helm sein Haupt schützte, blieb das schöne Antlitz unversehrt. Doch fehlt ihm jede Farbe und Zeus kann sich nicht erinnern, jemals in dieses Gesicht geschaut zu ha-

[101] Als Herakles den Kerberos zu Eurystheus (einem bösen König) bringt, springt dieser in einen Topf vor Angst.
Gedreht sind es Aïdoneus (ein sehr freundlicher Gott), der im magischen Kessel der Geisterkönigin liegt und Zeus, der Angst um ihn hat. Der Weltenbaum ist das Monster.
Kokonmotiv: Kybele und Attis

ben, ohne dass ein Paar fröhlicher, leuchtender Augen seinen Blick erwidert hätte. Aber nun bleiben diese Augen fest verschlossen. Die Geister haben den Unglücklichen von Schmutz und Ichor gereinigt. Sie sind dabei, die Verletzungen zusammenzuflicken und zu salben. Der prächtige, schwarze Haarschopf des getöteten Gottes liegt liebevoll gewaschen, gekämmt und zusammengebunden um seinen Kopf.
Zeus fallen die unerträglichen Schmerzensschreie seines gequälten Bruders wieder ein, ihm kommen die Tränen. «Was, bitte, was hat er dir angetan?», würgt er hervor.
«Nichts, was dich etwas anginge», antwortet die Göttin und fährt fort: «Dir sollte als Gott aber klar sein, dass die allermeisten Wesen vollkommen unschuldig sind, wenn sie sterben. Sie überstehen die ersten Tage ihrer Kindheit nicht, werden gefressen, sind einfach zur falschen Zeit am falschen Ort... Schuld spielt in den wenigsten Fällen eine Rolle.»
Zeus ist todunglücklich. «Aber ich trage Schuld. Ich bin es, der ihn verraten hat. Ich sollte hier liegen, nicht er[102].»
«Es stimmt, du hast ihn hintergangen. Das ist eine Sache zwischen euch beiden. Doch du bist in meine und seine Angelegenheiten viel tiefer verstrickt, als dir bisher klar ist, Donnergott.»
Zeus muss sich zwingen, seinen Blick von Aïdoneus abzuwenden und der Göttin ins Gesicht zu sehen.
«Sag mir endlich, was du mit uns vorhast», knurrt er drohend.
«Du hast doch in den letzten Tagen die Unterwelt bereist und gesehen. Welche Antworten hast du denn schon gefunden?», fragt sie.
Zeus ärgert sich darüber, dass sie mit allem immer nur häppchenweise rausrückt. Was meint sie? Dann fällt ihm schlagartig etwas ein. Etwas, das ihn schon am ersten Tag stutzig gemacht hat.
Er zeigt auf den Kokon.
«Das hier», sagt er langsam, «ist der Leichnam meines Bruders.» Sie nickt geduldig und wartet seine Schlussfolgerung ab.
«Ich weiß nicht, ob es daran liegt, dass er ein Gott ist, aber deine Geister

---

102 Apollon sagt Admetos, er dürfe weiterleben, wenn jemand für ihn zu sterben bereit sei. Apollon spiegelt die Geister. Dreht man das Ganze, wird hier den Geistern ein Tausch angeboten. Admetos geht darauf ein, er glaubt, schon jemanden zu finden, der für ihn bereit sei zu sterben. Die Geister gehen also nicht auf den Tausch ein, trotz Angebot.

sorgen dafür, dass er nicht verwest, im Gegenteil.» Jetzt spielt ein Lächeln um ihre Mundwinkel. Sie lässt Zeus weiterreden.

«In all den Tagen in der Unterwelt habe ich nur Geister gesehen. Leichen gibt es hier nicht. Nur diese eine… Wo ist der Geist meines Bruders?»

Jetzt strahlt sie. «Hatte ich dich nicht gewarnt, dass die Frage nach dem Wo im Zusammenhang mit Aïdoneus eine schwierige ist?»

Der Gott hat sich schon viel zu lange beherrscht. «Für dich ist nichts schwierig! Rück endlich raus damit! Wo ist er?», brüllt er und ertappt sich bei dem Wunsch, sie an der Kehle zu packen und kräftig zu schütteln.

«Du bist wütend auf mich, Donnergott. Aber du bist es, der die Fragen falsch stellt. Du hast gefragt, was er mir angetan hat, aber eigentlich wolltest du wissen, warum er sterben musste. Ich sage es dir: Du kannst von den Geistern nicht erwarten, dass sie jemanden zu ihrem König machen, der nicht zu ihnen gehört. Wenn er der Geisterkönig, unser Allvater sein soll, so muss er einer von uns werden, in all unser Wirken, unser Wissen, unsere Welten und Geheimnisse eingeweiht werden[103]. Er wird so lange durch die Welten der Seelen und Geister reisen, bis sie sich um ihn scharen und ihn als ihren König anerkennen.»

Jetzt bleibt Zeus die Spucke weg. Irgendwie ist das mit dem Zurückholen seines Bruders gerade deutlich verzwickter geworden, als bisher angenommen.

«All diese Welten kennenlernen… heißt das, er ist jetzt gerade mit deinen Geistern in all diesen Welten unterwegs?»

Persephoneia nickt.

«Wie lange dauert das? Und… wozu brauchst du seinen Körper noch, wenn du ihn als Geist haben willst?», fragt der Himmelsgott.

«Dein Bruder wird zurückkehren und sehr mächtig sein, unsterblicher Gott und Geist zugleich. Ein Vermittler zwischen den Welten, ein Lehrer für alle Heiler. Wie lange es dauert, kann ich dir allerdings nicht sagen, da spielt sehr vieles eine Rolle, auch du.»

«Ich.» Zeus beschleicht ein ungutes Gefühl.

---

[103] Der Geist des Meleagros erzählt Herakles, dass sein Vater seine Mutter dem Dionysos für eine Nacht überließ, damit er eine Schwester und Herakles eine Frau bekomme.
Umgekehrt: Zeus muss Aïdoneus der großen Mutter überlassen, damit diese einen Ehemann und die Geister einen Vater bekommen.

«Ja. Ihr seid beide aufeinander angewiesen.»
«Was soll das genau heißen?», fragt Zeus mit großen Augen.
«Du hast deine göttlichen Kräfte und deine Macht verloren. Sie sind irgendwo da draußen in den Welten», die Göttin macht eine weit ausladende Armbewegung, «nur dein Bruder kann sie dir zurückbringen.»
Aus Zeus Mund kommt ein verzweifeltes Krächzen. Bis eben hatte er noch geglaubt, genauso schnell seine Kräfte wieder zu erhalten, wie er sie verloren hat[104]. Schließlich ist Mimameid doch so mächtig. Doch nun schwinden seine Hoffnungen.
«Warum sollte Aïdoneus das für mich tun?», stöhnt er. «Er ist durch meinen Verrat gestorben[105]!»
Die Göttin schweigt und überlässt Zeus seinen verzweifelten Grübeleien. Schließlich verkündet er seinen Entschluss: «Du sagtest, dass auch er auf mich angewiesen sei. Was auch immer ich tun kann, um ihm zu helfen, ich werde es versuchen!»
Persephoneia blickt ihn ernst an. «Wenn du das ehrlich willst, so sei gewarnt, es ist nicht ungefährlich!»
Er nickt.
«Höre. Es ist noch nie geschehen, dass ein Gott von seiner Seele getrennt wurde, da Götter unsterblich sind. Nun liegt Aïdoneus Körper hier und sein Geist ist als Lernender in den Welten unterwegs. Der Körper eines sehr, sehr mächtigen Gottes! Was für eine Versuchung für mächtige Dämonen und Geistwesen!»
Zeus beginnt zu ahnen, worum es geht.
Persephoneia spricht weiter: «Lange wird es nicht mehr dauern und wir

---

[104] Schuldgefühle, Ängste, mangelndes Selbstvertrauen: All diese Dinge blockieren Zeus und lähmen seine Kräfte.

[105] Die Äpfel der Hesperiden stellen die Götterkräfte des Zeus dar, die vier Hesperiden die Windrichtungen, in die sie verstreut sind. Drache und Baum: Mimameid, ihre Welten und die Geister. Atlas allein kann Herakles helfen, doch Herakles weiß nicht, ob er dem Titanen vertrauen kann und er muss einen Handel mit ihm machen. Und wir wissen ja, dass auch Herakles den Atlas hereingelegt hat. Für Mysten aber ist klar, dass es der Weltenbaum ist, der alles trägt und zusammenhält. Und dass man diesen nicht überlisten kann.

bekommen hier ungemütlichen Besuch[106]. Du wirst kämpfen müssen, um zu verhindern, dass eine gefährliche Wesenheit deinem Bruder den Körper stiehlt.»

«Kämpfen», brummt Zeus missmutig, «und mir sind all meine Kräfte genommen worden.»

Sein vorwurfsvoller Blick lässt die Göttin kalt. «Du bist nicht ohnmächtig, Donnergott», hält sie ihm entgegen. «Du verfügst über Vernunft, Opferbereitschaft und unglaubliche Körperkraft, anders wäre es dir nicht möglich gewesen, von meinem Holz etwas abzubrechen. Der Donnerprügel ist eine mächtige Waffe an allen Orten, auch gegen Geistwesen, denn sein Holz ist Teil von allen Welten[107]. Das Wasser des Styx hat dich weitgehend unverwundbar gemacht. Du siehst also: Du bist weit davon entfernt, ein gewöhnlicher Sterblicher zu sein. Da es nicht regnen wird, so lange du hier oder unterwegs bist, solltest du vielleicht ein paar Vorsichtsmaßnahmen ergreifen. Und dir Hilfe besorgen.»

Wie meint sie das? Unterwegs sein? Wohin? Und wen sollte er als Helfer anheuern?

Zeus denkt einen Augenblick nach, dann hat er verstanden. Er muss die Lebewesen vor einer langen Dürre warnen. Und dagegen tun, was auch immer möglich ist.

«Denkst du etwa an deinen Totenführer? Ich soll Hermes um Hilfe bitten?», fragt er nach.

Sie ist wirklich gerissen; er muss sich innerlich immer wieder daran erinnern, dass in der Gestalt der süßen kleinen Blumenmaid die älteste Gottheit überhaupt[108] vor ihm steht.

---

[106] Herakles muss durch die ganze weite Welt reisen, um König Eurystheus Monster zu holen oder sie in seinem Auftrag zu besiegen. In der Umkehrung kommen sie zu Zeus und Aïdoneus.

[107] Herakles versucht, nach dem Geist von Medusa zu schlagen, doch Hermes erklärt ihm, dass er ihr nichts anhaben könne, da sie ein Geist sei. Drum kann in der Drehung Zeus auch Charon verprügeln und in Zukunft noch andere Monster.

[108] Vielleicht sagen Sie jetzt: «Aber Chaos ist doch älter?!» Wenn Sie an die Ewigkeit glauben, ist jede Schöpfungsgeschichte überflüssig. Chaos, Gaia, Uranos, die Titanen: Was Hesiod uns narrativ übermittelt, ist ein schamanisches Gebet: Mach dich innerlich leer (Chaos); stelle dich barfuß auf die Erde (Gaia) unter den freien Himmel (Uranos); nimm dir Zeit (Kronos und Rhea) und rufe die Windrichtungen an (die Titanenbrüder)… und so

Sie nickt. «Da der Regengott abwesend ist, halte ich es für klug, wenn du den Feuergott so lange wie möglich im Auge behältst», sagt sie unschuldig.
Zeus nickt und lächelt grimmig. Zum ersten Mal ist er mit Mimameid vorbehaltlos einer Meinung.
«Wie kann ich unterwegs sein und gleichzeitig den Körper meines Bruders und den Feuergott im Auge behalten[109]?», will er wissen. Jetzt wird sie sehr ernst. Sie kommt ganz nahe an ihn heran und spricht ganz leise.
«Weißt du noch, wie du hierhergekommen bist?», fragt sie.
«Durch den Wurzelstrang? Wir sind… durch den Strang gereist?», antwortet er unsicher.
«So ist es. Du kannst jederzeit und von überall durch meine Fasern hierher reisen, denn du bist ein Teil von mir.»
Zeus macht große Augen.
«Du bist nicht nur… der Weltenbaum… alle Äste… sie dienen Geistern und Seelen als Weltentor?», fragt er.
Sie nickt, blickt hinab auf Aïdoneus blasses Gesicht und über ihren Wangen erscheint ein roter Hauch.
«Wenn er aufwacht», flüstert sie, irgendwie zärtlich, irgendwie fest entschlossen, «werden wir für immer zusammen sein[110] und uns gegenseitig beschützen. Er wird verhindern, dass jemand durch die Fasern reist, der

---

weiter. Die Theogonie ist ein Gebet, wie es Indigene und alte Aleviten heute noch jeden Morgen abhalten.
Der Weltenbaum ist die Gottheit, die sein wird, ist und war. Ewig, da gibt es kein davor und kein danach.
109 Iolaos ist der Neffe und treue Helfer von Herakles. Drehung: Onkel. Prometheus (auch eine der Gestalten des Feuergottes) ist der Onkel von Zeus. Das Verhältnis von Herakles zu Iolaos und seiner Faltgestalt Iole ist mehr als ambivalent: Beiden hat Herakles wirklich schlimme Dinge angetan und doch hilft ihm Iolaos und Iole heiratet am Ende seinen Sohn. Jedoch gereicht Herakles die Hilfe von Iolaos nicht zum Guten: Er muss noch mehr Arbeiten erledigen, weil er Hilfe hatte. In der Drehung ist das wechselhafte Verhältnis des Feuer- und des Regengottes ein offenes Geheimnis und Teil ihres Wesens.
110 Lebensbaum und Sturmgott, das Leben und der Atem: Wir atmen, solange wir leben und wir leben, solange wir atmen. Die zwei sind auf jeder Ebene ein Paar.

das nicht soll[111]. Doch jetzt bin ich darauf angewiesen, dass du, Donnergott, unliebsame Gäste fernhältst, ihm die Zeit verschaffst, die er in der Geisterwelt braucht und seinen Körper beschützt[112].»
Niemals und auch in keinem Traum wäre Zeus je in den Sinn gekommen, dass Mimameid in seinen Bruder verliebt sein könnte. Doch jetzt wird ihm klar, dass in dem mächtigen Weltenbaum eine zarte Mädchenseele haust, die den Sturmgott über alles liebt[113].
«Ich werde euch beiden helfen», sagt er fest entschlossen, «so gut, wie ich kann.»
Sie blickt ihn freundlich und dankbar an.
«Bevor du gehst, gibt es noch etwas, das du über Geister wissen musst: Sie sind immer um dich herum, versuchen, dir Dinge mitzuteilen. Doch die Lebenden tun sich schwer damit, die Geister zu spüren, zu sehen oder gar zu hören. Du wirst lernen müssen, die Zeichen zu deuten.»
«Es war bisher nie ein Problem, die Toten zu sehen oder mit ihnen zu sprechen», wundert sich Zeus.
Mimameid lächelt nachsichtig.
«Die Welt der frisch Verstorbenen, die du bisher bereist hast, ist nur ein winziger Teil von drei Geisterwelten. Hier ist es am einfachsten, die See-

---

[111] Aïdoneus ist der Hüter des Weltentores und der Beschützer der neun Welten. Als Symbol dafür hält Dionysos immer den Krater und den Baum in der Hand.

[112] Die Kühe des Riesen Geryones holen: Kühe sind fast immer ein Symbol für Zeit. Der Riese hat drei Leiber, die gleichzeitig erschlagen werden müssen. Das Jahr hat drei Jahreszeiten, für jede steht eine Hora und sie können nur nacheinander durchlebt werden. Zeus braucht also viel Geduld. Eurystheus im Topf steht natürlich für Aïdoneus.
Geryones lebt weit, weit im Westen. Im Schamanismus werden dort die Seelen gemacht. Also bei Aïdoneus und Persephoneia. Bei diesem Abenteuer zwingt er den Sonnengott, ihm für die Reise seine Schale zu geben. Drehung Schale: Phallus oder Baumstamm, hier wohl Letzteres: Die Geister (Drehung Sonnengott) erlauben Zeus, durch Stamm und Äste des Weltenbaumes zu reisen.

[113] Wenn Sie es nicht glauben: Lesen Sie die Geschichte von Apollon und Daphne rückwärts gespiegelt: Ein Baum, in dem ein verliebtes Mädchen wohnt. Ein schöner junger Gott mit einem Helm, der unsichtbar macht, ist ahnungslos um den Baum unterwegs, bis das Mädchen aus dem Baum steigt und Jagd auf ihn macht. Der Gott flieht entsetzt und hadert mit Eros.

len zu sehen. Je entfernter diese aber der Welt der Lebenden sind, umso schwieriger wird es. Wenn feindlich gesonnene Wesenheiten nicht gesehen werden wollen, dürfte es eine echte Herausforderung für dich werden.»
Zeus seufzt. «Was muss ich noch wissen?»
Mimameid blickt zu ihm auf.
«Seelen, die jemandem besonders nahe stehen, sind am einfachsten zu sehen.»
Der Gott kann nicht verbergen, dass ihn diese Ansage hart trifft. Alle, die zu seiner Familie gehören und ihm wirklich nahe stehen, waren bis vor kurzem unsterblich.
Zeus sagt nichts dazu, schluckt nur zweimal leer.
«Und deine Horen?», fragt er dann. Zeus hat beobachtet, dass während seines Gesprächs mit Mimameid immer wieder Horen durch den Baumstamm gereist sind, leise, durchsichtig, kaum sichtbar, aber er hat sie trotzdem bemerkt.
«Du gebietest über ein Heer von Horen. Könnten sie mir helfen, Aïdoneus zu beschützen, während ich kurz weg bin?»
Mimameid will davon nichts wissen.
«Lass die Horen zufrieden, sie sind keine Kriegerinnen. Sie machen ihre Arbeit, du die deine.»

Noch missmutiger als sonst lässt Charon den Donnergott mit seiner Barke über den Styx zurückfahren. Wenn Zeus den Feuergott treffen will, so ist es hier am wahrscheinlichsten. Da sich die meisten Menschen nach ihrem Tod verbrennen lassen, hat dieser als Totenführer viel zu tun, denn er bringt die Seelen zum Grenzfluss.
Zeus muss nicht lange suchen. Hermes ist verblüfft, als er in dem Fremdling, der auf ihn zukommt, Zeus erkennt. «Wie siehst du denn aus?», fragt er, während er ihn unverhohlen mustert und «was machst du hier?». Außerdem erzählt er: «Die auf dem Olymp rätseln schon allenthalben, wo du steckst.»
«Das kannst du jetzt aus erster Hand erfahren. Du wirst mir nämlich helfen», verkündet Zeus ohne Umschweife[114].

---

[114] In einigen Versionen der Sage ist es Hermes, der Herakles in die Unterwelt begleitet, manchmal reist er auch allein. Jedoch befreit er immer

«Helfen? Wobei?», Hermes zieht eine Augenbraue hoch. Zeus ist seltsam drauf und irgendwie liegt Ärger in der Luft.
«Das wirst du schon sehen. Ich habe Verschiedenes vor. Doch eines kann ich dir verraten: Wir werden uns mit einigen Geistern und Dämonen herumschlagen. Es ist bestimmt nicht schlecht, jemand Listiges dabei zu haben.» Hermes macht keinen Hehl daraus, dass er keine Lust hat, sich mit gruseligen Geistern zu reiben. Außerdem kann er förmlich riechen, dass Zeus ihm so einiges verschweigt.
«Was ist mit dir passiert, Zeus? Erst verschwinden Aïdoneus und du tagelang, dann finde ich dich hier im Totenreich wieder, du läufst herum, als wärst du jetzt ein Mensch... und dann diese Geheimniskrämerei! Ich bin grundsätzlich hilfsbereit, aber ich will wissen, worum es geht!»
«Es geht darum, den Körper des Sturmgottes zu beschützen, solange sein Geist durch die Welten der Seelen reist. Könntest du Hera etwas von mir ausrichten und dann sofort zurückkommen? Wir dürfen Aïdoneus nicht allein lassen, aber ich muss unbedingt für ein paar Tage weg!»
Für die erste Mission, die sich der Regengott vorgenommen hat, kann er den Feuergott nicht gebrauchen, denn sonst hätte der sofort bemerkt, dass Zeus momentan weder die Gestalt wandeln[115] noch Blitze werfen kann. Zeus kennt Hermes lange genug, um zu wissen, dass er sich auf diesen nur verlassen kann, solange er ihn fürchtet. Hermes macht sich los und für Zeus kommt der Augenblick, das Reisen durch die Fasern des Weltenbaumes ein erstes Mal allein zu wagen.

Der Blick über das einsame Tal ist wunderschön. Saftiges Grün, soweit das Auge reicht, summende Insekten. Eine Moorlandschaft, voller Tüm-

---

Prometheus auf dem Weg zu den Hesperiden (Hermes und Prometheus: Beides Versionen des Feuergottes). Zuvor reist er durch ein Land, in dem Dürre herrscht.

[115] Um herauszufinden, wo sich die Äpfel der Hesperiden sind, fesselt Herakles den Meeresgott Nereus, während er schläft. Nereus versucht die ganze Zeit sich zu befreien, indem er die Gestalten wechselt, jedoch gelingt es ihm nicht und er muss mit dem Geheimnis herausrücken.
Wer schon einmal Wolken beobachtet hat, weiß ganz genau, dass es vielmehr der Regen- und Himmelsgott ist, der dauernd seine Gestalt wechselt.

pel, unbewohnbar. Nur am Rande der Moorlandschaft befindet sich ein kleiner Tempel, gut gepflegt und in Ehren gehalten, obwohl er auf den ersten Blick fast zugewachsen aussieht, denn die Stufen zum Eingang sind von den Wurzeln zweier knorriger, alter Bäume durchbrochen, deren Äste ineinander verwachsen sind; eine Linde und eine Eiche.
Das sumpfige Tal liegt eingebettet in eine Hügellandschaft. Zeus geht am Tempel vorbei und erklimmt einen der flacheren Hügel, um sich einen Überblick zu verschaffen.
Er entdeckt ein Städtchen auf der anderen Seite des kleinen Berges.
Die Sonne steht schon weit im Westen, als er im Dorf das heilige Feuer der Hestia erreicht. Kaum hat er seine Opfergabe ins Feuer geschüttet, kommen auch schon Menschen aus den umliegenden Häusern auf ihn zu. Sie fragen ihn, ob er schon wisse, wo er in der Nacht bleiben könne und er bekommt so viele gastfreundliche Angebote, dass er nur alle annehmen kann, indem er die Menschen bittet, ein gemeinsames Essen auf dem großen Platz beim heiligen Feuer abzuhalten.
Sofort beginnt ein emsiges Treiben. Zeus, der sich wieder als Alkides vorgestellt hat, wird aufgefordert, sich auf einen bequemen Sessel niederzulassen, er wird an Gesicht, Händen und Füßen gewaschen, man bietet ihm duftende Öle für Gesicht und Hände an, er bekommt Kleider als Gastgeschenke, einen Fußschemel, einen Willkommenstrunk, kurz, jede nur erdenkliche Aufmerksamkeit.
Man fragt ihn, ob man seine Sachen reinigen soll. Oder etwas zu seiner Lagerstatt tragen. Schon versuchen drei Kinder, seinen Holzprügel hochzuheben, um ihn wegzubringen.
«Nichts da, der bleibt hier!» sagt Zeus bestimmt, schaut aber amüsiert zu, wie sie sich abmühen, den Prügel hochzuheben.
«Wie kannst du den bloß tragen? Und wozu schleppst du das Ding mit dir herum?», fragt das größte der drei Kinder.
Ein anderes meint sehnsüchtig: «Würde ich meiner Mutter so einen Riesenprügel heimbringen, würde sie eine halbe Woche kochen können, ohne dass ich wieder Holz suchen gehen müsste.»
«Glaubt mir, Kinder, er würde nicht brennen. Nur altes, trockenes Holz brennt. Und dieses Holz hier… wird niemals alt.»
Die Kinder blicken Alkides etwas verwirrt aber umso neugieriger an, und dann wieder mit leuchtenden Augen den Holzprügel, der länger ist als die meisten von ihnen und vorne dicker als ihre Köpfe. Ob ihre Kinderaugen

möglicherweise etwas daran erkennen, was Erwachsene nicht sehen können, fragt sich der Gott.
«Lasst ihn einfach hier, ja?», sagt er sanft, nimmt ihnen das Geisterholz mit nur einer Hand ab und stellt es neben sich. Dann wendet er sich den Erwachsenen zu.
Als er sich für die außergewöhnliche Gastfreundschaft bedankt, freuen sich die Menschen und er erfährt, dass Gastfreundschaft in dieser Gegend hoch und heilig gehalten werde.
«Bist du durch die Moorlandschaft gekommen?», fragt der Dorfälteste den Gott. Dieser nickt. Die Leute betrachten Zeus mit großen Augen, er sieht, dass sie der Meinung sind, er habe Glück gehabt, dass er unbehelligt bei ihnen angekommen ist.
«Weißt du, wir Leute in der Gegend betreten das moorige Tal nicht, es ist verwünscht. Wir pflegen nur den alten Tempel», erklärt der Greis, «es gibt eine Legende über den Sumpf, den See und den kleinen Tempel an seinem Rande.»
Am Tisch wird es still, denn nun erwarten alle, vor allem die Kinder, dass die Geschichte erzählt wird. Also bittet Alkides darum und so beginnt die beliebteste Geschichtenerzählerin des Ortes:
«Vor langer Zeit gab es dort, wo heute das Moor und der See liegen, reiche Höfe und prächtige Dörfer. Doch ihre Bewohner waren geizig und ungastlich. Eines Tages klopften fremde Reisende an und baten um Obdach. Die Bewohner aber jagten sie mit groben Worten fort, nannten sie Bettelpack und Gesindel. Nur am Rande des Tals, wo der kleine Tempel steht, wohnten freundliche Leute, die sie trotz ihrer bescheidenen Habe willkommen hießen. Es stellte sich heraus, dass die Reisenden Götter waren. Zur Strafe für ihren Geiz versenkten sie den reichen Boden mitsamt seiner Bewohner im Sumpf. Nur die gastfreundlichen Leute wurden verschont und dort, wo sie lebten, steht heute der kleine Tempel mit den heiligen Bäumen, den wir in Ehren halten.»
Zeus schweigt und schaut nachdenklich vor sich auf den reich gedeckten Tisch. Ob die Menschen wohl genauso von Herzen gastfreundlich waren wie Philemon und Baucis oder nur aus Furcht vor Bestrafung? Er hatte die Menschen damals hart und ohne Vorwarnung bestraft, weil sie seinen Zorn erregt hatten. Genauso zornig war er auf seinen Bruder gewesen, als er ihn der ebenfalls zürnenden Todesgöttin auslieferte. Aïdoneus hatte die grausame Hinrichtung nicht verdient. Die Menschen in diesem Tal

möglicherweise auch nicht. Vielleicht waren sie zuvor betrogen oder beraubt worden? Vielleicht gab es Gründe für ihr Misstrauen gegenüber Fremden. Bestimmt wäre es möglich gewesen, ihr Verhalten zu ändern[116].

Alle schauen auf ihren in Gedanken versunkenen Gast und warten darauf, dass er sich für die Geschichte bedankt und etwas dazu sagt. Zeus begreift gerade noch rechtzeitig, dass längeres Schweigen unhöflich wäre. Er blickt in die Runde und ergreift das Wort. Zuerst bedankt er sich beim Dorfältesten für die Geschichte, dann ein weiteres Mal für die Gastfreundschaft und bei allen anderen fürs Kochen, Tische Anschleppen und den guten Trunk Wasser. Bei sich weiß er ganz genau, dass sie ihm keinen Wein angeboten haben, weil er einfach wässrig und scheußlich schmeckt, seit sein Bruder gestorben ist.

Der Donnergott hat seine kleine Dankesrede noch nicht beendet, als er von lautem Geschrei unterbrochen wird. Ein Mann mittleren Alters hat den Platz betreten und beim Anblick der gemütlichen Tafel laut angefangen zu schreien. Hinter ihm her wankt unsicher ein alter Mann, der ihn aufzuhalten versucht.

Alle drehen sich zu den beiden um und der Gott erkennt, wie furchtbar unangenehm den Leuten dieser Auftritt ist. Mehrere Männer springen von der Tafel auf und umringen den lauten Rufer drohend. Doch den beeindruckt das nicht, er brüllt umso lauter seine unwillkommene Botschaft in die Runde. Jetzt kann Zeus einige Wortfetzen verstehen. Er hört «die Dürre wird kommen» und «die Götter zürnen wegen eurer Verschwendung, wir werden alle zugrunde gehen.»

Aber nun wird der schreiende Mann gepackt, in den Schwitzkasten genommen, jemand versucht, ihm den Mund zuzuhalten, der Gott kann nicht mehr verstehen, was er schreit. Der ältere Mann zetert und versucht, dem Überwältigten zu helfen, ist aber machtlos, kann nur jammernd daneben hergehen, als sie den Schreienden wegbringen.

---

[116] Am Ende der Geschichte von Philemon und Baucis entsteht ein neuer See, also ein Spiegel.
Dreht man die Geschichte von Busiris, haben wir eine Überschwemmung, also auch einen Spiegel. Also: Die Geschichte ein zweites Mal lesen, diesmal gespiegelt, ergibt einmal rückwärts: Im Land, wo Busiris herrscht, werden nicht Fremde geopfert und verspeist, im Gegenteil, den Fremden wird alles geopfert und diese verspeisen alles.

Zeus wendet sich an seinen Tischnachbarn.
«Wer ist das, was wollte er sagen?»
«Bitte Alkides, beachte ihn nicht, das ist der verrückte Busiris, er hält sich für einen Seher. Der andere ist sein alter Vater, meistens gelingt es ihm, auf ihn aufzupassen. Doch jetzt ist er ihm wieder einmal entwischt. Entschuldige die unerfreuliche Unterbrechung.»
Zeus schüttelt den Kopf. «Ich finde es nicht unerfreulich, ich würde gerne wissen, was er erzählen möchte.»
Der Dorfälteste seufzt, es ist ihm unangenehm. Doch da sein Gast es sich wünscht, fasst er ihm zusammen, womit Busiris, der selbsternannte Seher, die Gemeinschaft immer wieder behelligt.
«Seit einiger Zeit regnet es nicht mehr. Es ist stickig heiß, kein Lüftchen trocknet unseren Schweiß. Die Frauen und die Kinder müssen immer weiter gehen, um Klaubholz fürs Kochen und Heizen zu finden. Unsere Windmühlen stehen still und da keine Schiffe segeln können ohne Wind, kommen auch kaum noch Händler zu uns. Aber selbst, wenn sie kämen; unser Wein schmeckt in letzter Zeit so scheußlich, dass wir ihn kaum noch trinken können, geschweige denn jemandem anbieten. Jetzt behauptet dieser Verrückte, wir hätten mit unserer verschwenderischen Lebensweise die Götter gegen uns aufgebracht, es würde alles noch viel schlimmer und auf die Überschwemmung[117], welche unsere Vorfahren heimgesucht habe, folge nun eine schreckliche Dürre.»
Einige Leute am Tisch lachen, es klingt aufgesetzt und einer meint, wenn sie nichts mehr zu beißen hätten, könnten sie ja den Busiris verspeisen, außerdem sei der ja selbst an allem schuld, er sei immer ins verbotene Moor geschlichen, habe die Götter verärgert und deswegen auch den Verstand verloren.
Zeus begreift, dass die Reden des angeblich Verrückten nicht spurlos an den Menschen vorbeigehen. Viele machen sich wirklich Sorgen, einige

[117] Busiris ist ein Priester, welcher wegen einer zurückliegenden Dürre immer noch Fremde dem Zeus opfert.
Drehung: Wegen einer zurückliegenden Überschwemmung/bevorstehenden Dürre wird der Priester/Seher von den eigenen Leuten «geopfert».
In der Vorwärtsgeschichte wird Herakles gefesselt, er zerreißt seine Fesseln und schlägt den Priester und seinen Sohn tot. Dreht man das Ganze, so fühlt sich Zeus verpflichtet und er rettet den Priester und dessen Vater.

geben ihm heimlich recht, die Mächtigen in der Region fürchten Unruhen und würden ihn am liebsten mundtot sehen.
«Was spricht denn dagegen, einige Vorsichtsmaßnahmen zu ergreifen, für den Fall, das er Recht hat?», fragt Zeus seine Tischnachbarn. Sie blicken ihn ratlos an.
«Was meinst du?»
«Dass ihr die Geister jener, die im Moor gestorben sind, versöhnen solltet und das Moor urbar machen. Der feuchte Boden dort wird für lange Frucht abwerfen, selbst wenn es noch einige Zeit nicht regnen sollte.»
Die Leute blicken einander an. Erst schweigen sie, dann tuscheln sie. Schließlich wagt eine Frau zu fragen:
«Und wie versöhnt man die Geister der Toten im Moor?»
Alle blicken Zeus neugierig an.
So richtig wohl ist ihm bei der Frage nicht, denn bisher war er wenig erfolgreich, wenn es darum ging, mit mächtigen Geistern Frieden zu schließen. Doch zwei Dinge weiß er mit Sicherheit: Erstens, dass er das Moor nicht weiter verflucht hat und den Menschen auch nicht zürnt, obwohl sie das von ihm glauben. Zweitens hat er, was das Eingehen in die Welt der Toten angeht, mittlerweile Wissen aus erster Hand gesammelt. Also antwortet er:
«Die Menschen im Moor haben kein Begräbnis bekommen, niemand hat ihnen Geld für die Fähre ins Totenreich mit auf den Weg gegeben. Daher könnte es ratsam sein, für diese Verstorbenen eine Totenfeier abzuhalten und ihnen den Obolus für den Fährmann zu bezahlen. Dann können sie in die ewige Ruhe eingehen und niemand von euch wird in Zukunft behelligt, wenn er die Moorlandschaft betritt.»
Die Leute blicken einander an. Was ihr Gast da redet, klingt vernünftig. Außerdem konnte er das Moor unbeschadet durchqueren, was dafür spricht, dass er etwas von der Sache versteht.
Alkides ist mit seinen Anweisungen noch nicht fertig.
«Wenn Busiris verrückt geworden ist, nachdem er das Moor betreten hat, solltet ihr ihn zum Versöhnungsritual einladen. Vielleicht lassen die Geister danach auch ihn in Frieden.»
Viele Leute am Tisch nicken zustimmend. Man merkt ihnen an, dass sie plötzlich vom Tatendrang erfasst werden und wieder zuversichtlich werden.
Zeus lehnt sich zurück und lauscht ihren Gesprächen. Seine Hand fährt

der Armlehne entlang und tastet nach seinem Holzprügel.

Er ist weg.

Sein Blick schweift sofort hinüber zu den Plätzen, wo die Kinder saßen und von dort über den Platz. Prompt sieht er, wie ein Rudel von mindestens sechs, sieben Lausebengels mit seinem Holzprügel das Weite sucht. Allerdings kommen sie mit dem schweren Ding kaum voran, doch beinahe hätten sie es um die nächste Ecke geschafft[118].

Die Tischnachbarn gucken erstaunt und verblüfft, als Alkides plötzlich energisch von seinem Sessel aufspringt und gellend durch die Finger pfeift. Die Aufmerksamkeit der Erwachsenen hat er auf jeden Fall gewonnen.

Doch statt auf den Pfiff mit ihrem Diebesgut zurückzukehren, beschleunigen die Bengels ihre Schritte.

Zeus seufzt laut hörbar, streckt die Hand aus und ruft in Gedanken nach seinem Prügel aus Geisterholz. Auf den Ruf seines Herrn setzt sich dieser augenblicklich in Bewegung, die Knaben, die ihn gehalten haben, purzeln durcheinander wie die Knochen beim Kegelspiel[119], der Prügel fliegt in die offene Hand seines Herrn.

Er stellt den Prügel wieder neben seinen Stuhl und setzt sich. Aber jetzt muss er feststellen, dass um ihn herum alle erstarrt sind, die Erwachsenen blicken ihn mit weit aufgerissenen Augen an, stumm, überfordert mit dem, was sie gerade gesehen haben.

Nur die Kinder sind nicht verlegen. Sie kommen angerannt und umringen ihn.

«Wow, wie hast du das gemacht?», «Kannst du uns das nochmals zeigen?», «Kennst du noch andere Kunststücke?», «Wie stark bist du, kannst du eine Kuh tragen?»

Die Kinder verstummen erst, als sie bemerken, dass alle Erwachsenen niederknien und ihren Gast voller Furcht betrachten.

Da sinken auch sie in die Knie. Nur ein ganz kleines bleibt stehen und versteht nicht, was los ist.

---

[118] Wir wissen es ja: Es sind immer die Riesen oder der Gastwirt, die das magische Holzding (sei es ein Hammer, ein Tischlein oder ein Prügel) stehlen wollen. Es gelingt meistens nur sehr kurzfristig, danach gibt es eine Entlarvung (des Gastwirts, der seltsamen Braut…) und Haue.

[119] In der Antike warf man mit Steinen auf Knochen. Es ist allerdings unbekannt, wie dieses Spiel hieß.

«Du darfst nicht stehen bleiben», flüstert sein Geschwisterchen und zieht es neben sich, «das ist ein Gott.»
Zeus blickt in die stumme Runde.
Dann versichert er den Menschen, dass ihnen die Götter nicht zürnen würden und dass auch das Moor nicht verflucht sei. Sie sollen einfach tun, wie von ihm geheißen. Und sie sollten alle reisenden Händler darauf hinweisen, dass Vorräte für trockene Zeiten angelegt werden sollten.
Schließlich beruhigen sich die Leute und wagen wieder, sich zu erheben. Sie fühlen sich ob seines Besuches sehr geehrt. Daher wartet der Gott noch das Ende des Mahles ab, bevor er sich verabschiedet, denn eigentlich wünscht er sich nichts sehnlicher, als zu seinem Bruder zurückzukehren, der dringend seines Schutzes bedarf.
Doch es war richtig und wichtig, die Lebenden zu warnen, da er ihnen im Moment nicht beistehen kann.

Zeus sitzt in Sichtweite des Kokons, in dem Aïdoneus liegt. Er hofft, dass ihm Geister und Dämonen einen ruhigen Augenblick gönnen, um durchzuatmen. Wie er so dasitzt, streift plötzlich ein Luftzug über sein Gesicht und dann setzt sich jemand zu ihm. Er staunt.
«Hera! Wie kommst du hierher?»
Sie lächelt. «Hermes hat mir erzählt, wo du bist. Ich bin es ja gewohnt, dass ich von Zeit zu Zeit nach dir schauen muss. Und als du so lange weg warst, dachte ich...»
«Ich weiß, was du gedacht hast», brummt Zeus und mault, «dass du auch immer gleich schlecht von mir denken musst.»
Hera aber scheint heute keinen Spaß daran zu finden, mit ihm zu zanken. Sie geht nicht darauf ein, bleibt ernst und blickt hinüber zum Kokon.
«Hast du etwas von ihm gehört?», fragt sie besorgt. «Und wie geht es dir?»
Zeus bleibt still, schüttelt nur leise den Kopf. Hera folgt seinem Blick, steht auf, geht hinüber zum Kokon und blickt lange hinein. Dann setzt sie sich still und ernst wieder neben ihren Liebsten. Sie verstehen sich auch schweigend, gerade hier in Mimameids Reich. Und Zeus weiß, dass auch Hera findet, dass ihr Bruder das nicht verdient hat.
«Kann ich helfen?», fragt sie leise.
Zeus wiegt den Kopf.
«Vielleicht werde ich deine Hilfe tatsächlich brauchen», sagt er.

«Woran denkst du?»
«Es ist falsch, Bösewichter in den Tartaros zu verbannen. Sie haben so immer noch viel zu viele Möglichkeiten, um sich auszuleben. Ich bereue in einigen Fällen wirklich, dass wir sie dort eingesperrt haben. Wenn ich Mimameid richtig verstanden habe, darf ich hier deswegen noch das eine oder andere Wiedersehen feiern. Wenn die erst einmal merken, was es hier zu holen gibt...», er blickt hinüber zu Aïdoneus leblos daliegendem Körper. Hera nickt, sie hat verstanden.
«Du hättest doch da oben bei den Sternen sicher noch das eine oder andere freie Plätzchen, wo ein Monster nicht mehr weg könnte, oder?», fragt er.
Hera lacht leise.
«Es gibt im Sternenmeer tatsächlich noch die eine oder andere Stelle, die ich etwas kahl finde. Wenn du ein dekoratives Monster für mich hättest... ich käme schon klar. Wann gedenkst du denn zurückzukommen?»
Zeus seufzt. «Wenn ich das selbst wüsste. Ganz ehrlich: Ich weiß gar nicht, ob ich das kann...»
Jetzt blickt ihn Hera besorgt an.
«Was soll das denn heißen?»
«Hera, sag mir ehrlich: Bin ich ein würdiger König? Ich habe Aïdoneus ans Messer geliefert, weil wir uns nicht einig waren, wie er seine Pflichten erfüllt. Er war bereit, alles zu tun, wirklich alles, außer in die Unterwelt zu gehen. Er hatte Angst. Und wie du gesehen hast, fürchtete er sich zu Recht.»
Zeus starrt auf den Kokon.
«Wie sollen mir die anderen Götter je wieder vertrauen? Ich habe als Anführer kein Recht, jemanden zu etwas zu zwingen, was dieser nicht möchte. Nein, ohne dass ich weiß, was aus unserem Bruder wird, kann ich nicht zurückkehren.»
Hera blickt ihn seltsam an, er weiß nicht, ob sie ihm zustimmt oder ob sie sich Sorgen macht.
«Und was ist mit deinen anderen Pflichten, die dir immer so wichtig waren?», fragt sie und fährt fort, «du weißt, dass es auf dem Olymp zu Rangeleien um die Macht kommen wird, wenn du zu lange fortbleibst.»
Zeus nickt und seufzt. «Ich habe die eine oder andere Vorsichtsmaßnah-

me getroffen. Demeter[120] dürfte mitbekommen haben, worum es geht. Sie leidet wahrscheinlich genauso darunter wie Aïdoneus. Aber auch sie wird nicht zu viel davon reden. Kannst du verstehen, dass mir das hier wichtig ist?»

Hera nickt.

«Du kannst auf mich zählen», sagt sie und streicht ihm zart übers Gesicht. Zeus nimmt sie wortlos in den Arm und küsst sie. Sie erwidert seine Zärtlichkeiten[121], schmiegt sich fest in seine Umarmung und für eine Weile vergisst Zeus alles außer Hera.

«Halte die Augen und die Ohren offen, du hörst von mir», sagt Zeus, als sie sich verabschiedet.

Sie nickt. «Wenn du mich rufst, bin ich zur Stelle», versichert sie. Dann verschwindet die Himmelskönigin durch den Stamm des Weltenbaumes, genauso wie die Horen.

Ein seltsames Zischen, ein kriechendes Geräusch schreckt Zeus auf. Blitzschnell postiert er sich vor seinem leblos daliegenden Bruder. Im Dunkeln vor ihm erscheinen zwei riesige, glühende Augen.

«Geh zur Seite, du Wicht», wird er von einer unendlich tiefen, kratzigen Stimme angefaucht. «Du stehst zwischen mir und meinem neuen Körper.»

«Zeig dich, wer bist du?», brüllt Zeus und packt den Prügel aus Geisterholz mit beiden Händen.

Ein gewaltiger, furchterregender Kopf mit einem riesigen Maul taucht vor Zeus auf. Der Donnergott blinzelt und kann in der Dunkelheit erkennen, dass die Bestie einen endlos langen, schlangenähnlichen Körper hinter sich herzieht. Dass Wesen in den Geisterwelten manchmal eine ganz andere Erscheinungsform haben als in der Welt der Lebenden, ist für Zeus

---

[120] Keine Gottheit wurde in der Antike höher verehrt als Mutter Natur, Demeter wurde als Mater Natura an den Klosterschulen von Chartres von bis ins 11. Jh. hoch verehrt. Demeter hat die handfeste Auseinandersetzung ihrer Brüder mit dem Weltenbaum natürlich mitbekommen, auch sie wurde vom Hagel verletzt.

[121] Kyknos und Temeros: Ringen und Schädelrammen mit einem Sohn des Ares. In der Drehung tauscht Zeus wohl Zärtlichkeiten mit der Mutter von Ares: Hera.

mittlerweile nichts Erstaunliches mehr; doch jetzt beschleicht ihn ein sehr ungutes Gefühl, er hat eine Ahnung, wem er da gegenüber steht.
«Kronos?», fragt er.
«Der bin ich», faucht die endlose Riesenschlange.
Noch bevor Zeus eine Antwort einfällt, steht wie aus dem Nichts Hermes neben ihm. «Zeus, mit wem redest du da?», will er wissen.
«Zeus!»
Ein zischender, knurrender Aufschrei kommt aus dem Rachen des Monsters. Kronos zeigt all seine Zähne und kommt näher.
Der Donnergott droht mit seinem Prügel und brüllt: «Ja, der bin ich! Friss mich nur, ich bin kein hilfloses Götterkind! Ich freue mich darauf, dich von innen zu zerreißen!»
Hermes geht hinter Zeus in Deckung.
«Irgendwie wirkst du nie wirklich eindrücklich, wenn wir uns begegnen, Zeus», bemerkt Kronos von oben herab.
«Mir fällt vielmehr auf, dass wir nie einer Meinung sind, wenn wir uns mal sehen», meint Zeus kühl.
«Du ahnst nicht, wie verletzend es ist, von so einem Knirps, wie du einer bist, mit List und Gift bezwungen zu werden. In einem ehrlichen, offenen Wettstreit wäre dir das nie gelungen. Und wie ich sehe, hast du auch deinem Bruder übel mitgespielt. Du bist kein würdiger König. Und du wirst es nie sein. Geh jetzt zur Seite!»
«Nein. Ich lasse Aïdoneus kein zweites Mal im Stich. Du kommst nur an ihn heran, wenn du mich besiegst.»
Kronos lacht ein unheimliches, tiefes, kratziges Lachen.
«Ob du in der Lage wärst, mich von innen zu zerreißen, wage ich zu bezweifeln. Ich könnte es auf einen Versuch ankommen lassen», überlegt der Kinderfresser laut.
«Du wolltest doch einen ehrlichen Wettkampf, oder?», fordert ihn der Donnergott heraus.
«Es gibt nichts, das du besser kannst als ich», lehnt Kronos kurzerhand ab.
Zeus Blick schweift immer wieder hinüber zum endlosen Schwanz der Bestie. Er mag keinesfalls aus dem Nichts von einem Schlag überrascht werden.
«Doch», behauptet Zeus frech. «In einem Wettessen könnten wir dich schlagen, Hermes und ich. Auf dem Olymp sind wir beide ungeschlagen.»

Kronos bekommt einen Lachanfall wie ein Erdbeben, er kann sich fast nicht erholen, es ist zu lächerlich, dass Zeus es wagt, ihn in seiner Paradedisziplin herauszufordern.
«Mit einem Bissen kann ich mehr schlucken als ihr beide in zwei Tagen», höhnt er.
Hermes und Zeus blicken einander an.
«Du unterschätzt uns gewaltig», sagt der Feuergott.
«Wenn ich euch damit eine letzte Freude mache», seufzt Kronos, der beim vielen Reden übers Essen Hunger bekommen hat, «aber wenn ich gewinne, gehört der Körper des Sturmgottes mir.»

Mimameid schickt regelmäßig ihre Diener und Mägde bei Zeus vorbei, um ihn zu fragen, ob er etwas brauche. Und so bestellt der Donnergott alles, was es für ein Wettessen braucht. Es dauert nicht lange, da erscheint eine ganze Kohorte geisterhaftes Personal, das Körbe, Platten und Bratspieße anschleppt. Zeus und Hermes wechseln sich dabei ab, Kronos zu bedienen. Es ist mehr als beeindruckend, was die Riesenschlange runterschlingen kann, es ist furchterregend, wie Kronos am Stück gebratene Ochsen mit zwei Schlucken runterwürgt.
«Der Wein schmeckt furchtbar», klagt Hermes.
«Das ist meine Schuld», seufzt Zeus und blickt hinüber zu seinem toten Bruder.
«Es hilft beim Schlucken», meint Kronos zufrieden.
«Du warst noch nie wählerisch beim Essen und Trinken», mäkelt Zeus, «ich weiß, wovon ich rede.»
«Deine Geschwister haben nach gar nichts geschmeckt», rülpst die Schlange, «und sie haben wirklich Bauchschmerzen verursacht.»
«Du erwartest doch hoffentlich kein Mitleid», sagt Zeus frei heraus. «Aber gib es zu: Ich habe dich von deinem Magenleiden erlöst!»
Kronos Augen glimmen böse auf.
«Werde nicht frech, du Knirps. Was hier bisher offeriert wurde, reicht gerademal als Appetithäppchen. Wenn hier keine anständigen Portionen serviert werden, muss ich euch doch noch als Nachspeise vertilgen.»
Zeus und Hermes blicken einander an. Der Donnergott wendet sich an die Magd, die gerade nachschenkt.
«Habt ihr in der Küche nichts Größeres? Kronos findet die gebratenen Ochsen zu klein.»

Die Geistermagd macht entsetzte Augen. Die Bediensteten wirken ohnehin ziemlich verstört. Zuzusehen, wie die Schlange wahllos alles verschlingt, was ihr vor den Rachen kommt, ist kein schöner Anblick.
«Hermes, ich glaube, diese durchsichtigen Jammergestalten brauchen Unterstützung. Geh mit in die Küche und schau, ob du beim Tragen helfen kannst», sagt Zeus.
Hermes verschwindet mit den Mägden.
«Na?», fragt Kronos hämisch, «hast du noch Platz im Magen?»
Zeus streicht sich pappsatt über den Bauch und sagt: «Jede Menge, wir können grad nochmal von vorne anfangen!»
«Wie du meinst», zischt die Schlange sanft. Kronos betrachtet Zeus fast mitleidig, der Donnergott sieht aus, als könne er nach der Fresserei keinen Schritt mehr gehen. Nein, der dürfte keine große Gegenwehr mehr leisten, wenn er sich nach dem Essen den Körper des Sturmgottes krallt.
Der Nachschub wird geliefert. Die Geister schleppen Brotkörbe, Blutwürste[122], gebratenes Fleisch, Früchte, Frischkäse, Wein- und Wasserkrüge, Hermes kommt zuletzt mit einer besonders großen Wurst.
«Immer her damit», ruft Zeus munter. Kronos amüsiert es innerlich, wie sehr sich Zeus bemüht, zu verbergen, dass er übergessen ist. Wahrscheinlich ist ihm schon speiübel.
Und so machen sich die drei wieder über die Speisen her, Zeus und Hermes halten sich tapfer. Die große Wurst, die Hermes gebracht hat, bieten sie Kronos an, sie finden, er müsse sie wenigstens nicht zerschneiden, außerdem war er derjenige, der die ganzen Ochsen heruntergewürgt und als zu klein bemängelt hat.
Die Wurst entpuppt sich als wirklich lang. Kronos schluckt, schlingt und schluckt. Hermes schüttet ihm viel von dem faden Wein in den Rachen, damit er besser schlingen kann. Zeus wiederum bringt das ganze Geisterpersonal dazu, gemeinsam mit ihm die Schlange beim Schlucken anzufeuern.
Kronos gibt wirklich alles, aber die Wurst ist einfach zu lang. Hermes und Zeus haben längst aufgehört zu essen, sie sind alle dabei, die Schlange anzufeuern.
Doch plötzlich hört Kronos auf zu schlucken. Die Augen treten ihm fast

---

122 Die älteste europäische Nennung einer Blutwurst geht tatsächlich auf Homer zurück, in der Odyssee werden mit Blut gefüllte, gebratene Darmschläuche mehrfach erwähnt.

aus dem grässlichen Kopf, er beginnt zu würgen und dann durch die Nasenlöcher zu brüllen wie ein verwundeter Stier. Das Geisterpersonal weicht entsetzt zurück. Zeus fasst nach seinem Prügel, den er nicht außer Griffweite gelassen hat.
Kronos brüllt, wälzt sich, brüllt, versucht zu würgen, kann nicht vor und nicht zurück.
«Na, Hermes, was meinst du?», fragt Zeus, «wie lange braucht er, bis er seinen Schwanz wieder rausgewürgt hat?»
«Es könnte eine Weile dauern. Möglicherweise bis zum Ende der Welt[123]...?», mutmaßt der Feuergott.
«Ich habe gute Nachrichten für dich, Kronos», meint Zeus großmütig, «du hast den Wettkampf gewonnen. Du bist eindeutig verfressener als Hermes und ich zusammen, wir glauben es dir jetzt.»
Die Riesenschlange würgt und brüllt durch die Nase, ihre Augen quellen hervor und sind voller ohnmächtiger Wut und Hass auf Zeus gerichtet[124].
«Was machen wir jetzt mit ihm?», fragt Hermes.
«Vielleicht hat Hera ein Plätzchen für ihn, ich kann sie mal fragen», antwortet Zeus. Doch Mimameid ist schneller. Noch bevor Zeus Hera rufen kann, steht das kleine Blumenmädchen da, erschienen aus dem Nichts. Zeus blickt in Hermes Gesicht und kann dort deutlich lesen, dass sich auch der Feuergott nicht sicher ist, wen er unheimlicher findet: Kronos oder das süße kleine Mädchen. Sie betrachtet die sich windende und würgende Riesenschlange, fährt mit der kleinen Hand sanft über ihre Haut und sagt wie zu sich selbst: «Dein Muster ist wirklich hübsch.»
Dann wendet sie sich zu den beiden Göttern um und meint:
«Die Schlange wäre ein schöner Gürtel für mich, findet ihr nicht? Ihr

---

123 Die Macher dieser Geschichten glaubten nicht an ein Ende der Welt, wohl aber an das Ende des Weltenjahres. Dieses dauerte, je nach Kalender, neun oder zehn Jahre. In den Mythen wird das Ende des Weltenjahres oft durch den Untergang Trojas dargestellt. Wie wir alle wissen, zerstörte Herakles Troja und danach wurde es wieder aufgebaut. (Ragnarök in der nordischen Sage markiert übrigens keinen End-, sondern einen Faltpunkt.)

124 Herakles holt den Gürtel der Amazonenkönigin für die Tochter von Eurystheus. In der Drehung wäre dies der Vater von Aïdoneus, also Kronos. Dreht man, ist es die Amazonenkönigin, die den Gürtel bekommt. Sie ist immer die Herrscherin einer Gegenwelt, also die Königin der Unterwelt. Der einzige Gürtel, den Mimameid trägt, ist die Weltenschlange.

müsstet sie einfach im Okeanos versenken, ich kann beim Transport helfen...»
Kronos beginnt, noch lauter durch die Nase zu brüllen als jemals zuvor.
«Ich kann dich nicht in der Nähe meines Liebsten lassen, dass musst du verstehen», sagt Mimameid sanft.

Und so wissen wir nun, wie es dazu kam, dass die mittlere Welt von der sich selbst verspeisenden Schlange Uroboros umgeben ist und warum der Donnergott und die Weltenschlange Todfeinde sind.

Zeus und Hermes haben wenig Lust, ihren Sieg zu feiern. Hermes hat bereits wieder viel zu tun in der Welt und am Styx und Zeus ist derart übergessen, dass ihm ganz elend ist. Also setzt er sich wieder neben den Kokon, den Donnerprügel griffbereit.
Sein geisterhaftes Personal bittet er, ihn für einige Zeit mit Speisen in Ruhe zu lassen. Er schließt die Augen, seinen Ohren vertrauend.
Ob der Kampf mit Kronos genauso glücklich geendet hätte, wenn er nicht mit List, sondern mit dem Blitzstrahl an die Sache herangegangen wäre, fragt sich Zeus. Die Schicksalsgöttin hat ihm in letzter Zeit schon mehrfach ihre Durchtriebenheit unter Beweis gestellt.
Plötzlich ist sich Zeus sicher, dass er nicht mehr allein ist. Vorsichtig öffnet er die Augen nur einen winzigen Spalt breit und sieht mit Schrecken einen Löwen, der wenige Schritte von ihm entfernt steht und ihn anstarrt. Zeus schließt die kräftige Faust um seinen Prügel aus Geisterholz und ist mit einem Sprung auf den Beinen.
Doch der Löwe ist weg.
Immer wieder zu Aïdoneus Körper hinschielend, misst Zeus die Umgebung ab, er ist sich sicher, dass der Geisterlöwe nicht weit weg sein kann.
Und genauso ist es: Gerade, als er sich wieder zum Kokon umdreht, steht der Löwe unmittelbar daneben. Zeus wirft die Keule nach ihm, doch schon ist der Löwe wieder weg, der Prügel kehrt unverrichteter Dinge zurück in die Faust seines Herrn.
Zeus denkt fieberhaft nach. Kann man einen Geist einfangen? Was will der Löwe? Der Gott hat irgendwie nicht den Eindruck, dass das Tier feindlich gesinnt ist, es hat weder die Zähne gezeigt noch hat es versucht,

in den Kokon zu gelangen, obwohl es Gelegenheit dazu gehabt hätte[125]. So zieht sich der Donnerer zum Kokon zurück und wartet aufmerksam.

(Das Bild zeigt Kadmos vor der Aresquelle mit der Drachenhöhle. Der Myste aber sieht Zeus, der in der Geisterwelt seinen Bruder beschützt. Interessant an diesem Bild ist der Schatten des Hirtenstabes, ein Hinweis auf das Geheimnis des Stocks.
Das antike Sujet stammt von einer Keramik der Sammlung William Hamilton, London.)

Nichts passiert. Trotzdem wagt Zeus nicht, sich vom Körper seines Bruders wegzubewegen. Was, wenn der Geisterlöwe gerade dann auftaucht? Auch wenn er sich ziemlich sicher ist, dass er das Tier nicht fürchten muss, kommt sich der Gott vor, wie angebunden; dass Aïdoneus zum gegebenen Zeitpunkt in seinen Körper zurückkehren kann, ist Zeus wichtiger als alles andere[126].

---

125 Stuten des Diomedes: Diomedes ist ein Sohn von Ares. Drehung: Hera, seine Mutter. Wir reden also von Sternbildern. Genau gegenüber (um sechs Monate verschoben) von Pegasus und Füllen befindet sich am Sternenhimmel das Sternbild Löwe.
Auch für den Löwen an dieser Stelle spricht, dass Aïdoneus vier Pferde hat und sein Spiegelbild Dionysos einen Wappenlöwen.
Schamanische Krafttiere zeigen sich viermal, wenn sie willens sind, bei jemandem zu bleiben.
Darum werden hier die vier bestialischen, fleischfressenden Stuten zu einem Geisthelfer in Löwengestalt.
126 Die Rosse sind mit Ketten aus Bronze an die Futterkrippe gefesselt. Es muss sich also um eine «geisterhafte», also emotionale Bindung handeln.

Ein kehliges, kratziges, aber belustigtes Kichern schreckt ihn auf und lässt ihn nach links blicken. Dort findet sich nichts. Aber da ist eine Stimme, die gut zum Löwen passen würde:
«Du weißt nicht viel über Geister, Donnergott, nicht wahr?»
Wieder Kichern.
Zeus schwankt innerlich, ob er geduldig bleiben soll, oder ärgerlich werden. War das ein Angebot oder eine Herausforderung?
«Ich bin bereit, zu lernen», sagt er laut in die scheinbar leere Stille.
«Da bin ich aber froh», schnurrt es von unten. Zeus stellt mit einiger Verwunderung fest, dass die Riesenkatze plötzlich um seine Beine streicht.
«Es ist dringend nötig, wenn du dem König wirklich eine Hilfe sein willst.»
«Jetzt bleib mal stehen und lass dich anschauen», bittet Zeus. «Dem König? Gehörst du zum Gefolge von Aïdoneus?»
Der Löwe fängt an noch viel lauter zu schnurren, was der Gott als ja deutet.
«Du bist gekommen, um mich etwas zu lehren, mir etwas von meinem Bruder auszurichten? Weißt du, wie es ihm geht?[127]»
Das große Tier setzt sich einige Schritte von Zeus entfernt hin und beginnt, sich die Pfoten zu lecken.
«Die Bewohner der Geisterwelten haben lange warten müssen, aber jetzt bekommen wir endlich unsern König. Er wurde ausgewählt, weil er gütig, freundlich und hilfsbereit ist. Und natürlich auch, weil kein Gott so gerne und so viel tanzt wie er. Wir Geister lieben Lebewesen, die viel und gerne tanzen, weil sie uns teilhaben lassen an ihrer Lebensfreude und an ihrem Körpergefühl.
Unsere Welten brauchen jemanden, der zwischen uns und den Lebenden vermittelt. Die Bewohner der Welten könnten sich gegenseitig so viel geben und helfen… er hat viel zu lernen und wir stehen ihm bei; du und ich, wir kämpfen also für dasselbe. Du hast Liebe, Geduld und Mut bewiesen in den letzten Tagen. Darum bin ich hergekommen. Wisse, die große Schlange ist und war nie ein echter Geist. Sie ist Teil der mittleren Welt und sie wird niemals fähig sein, diese zu verlassen, sich zu ändern, zu geben oder zu fühlen. Uroboros ist, was er ist. Und weil er nicht loslassen

[127] Die Pferde fressen auch ihren eigenen Pfleger/König. Darum hilft hier der Geist jemandem, der nicht zu ihnen gehört.

kann, muss Mimameid auch nicht fürchten, ihren Gürtel zu verlieren. Du hast das erkannt und richtig gehandelt.
Die große Schlange wollte diesen Körper stehlen, weil sie machthungrig ist. Die anderen Geister begehren etwas ganz Anderes. Einige wollen nicht wahrhaben, dass sie tot sind. Weitere wollen sich daran erinnern, wie schön es ist, einen Körper zu haben und Sinnesfreuden[128] zu erleben. Du, Donnergott, musst lernen, diese Geister zu sehen und von Aïdoneus fernzuhalten. Du solltest dir aber auch das Wissen aneignen, wie du dich selbst vor ihnen schützen kannst.»
Zeus wundert sich. Bisher fand er die Geister nicht wirklich bedrohlich und er kann sich beim besten Willen nicht vorstellen, dass ihm diese Handtücher etwas anhaben können. Außerdem hat er eine Waffe, mit der er Wesen jeder Welt verprügeln kann. Was soll ihm also schon drohen?
Als hätte er seine Gedanken gelesen, wirft ihm der Löwe einen so hungrigen Blick zu, dass Zeus doch gespannt ist, was er ihm dazu sagen wird.
«Du hast in den letzten Tagen stark an dir gezweifelt. Deine Taten zogen schlimme Folgen nach sich, du hast große Verluste erlitten und musstest auch körperlichen Schmerz ertragen», spricht der Geisterlöwe.
«Und?», knurrt der Donnergott, «was geht das dich an?»
Hat der Geist sein Gespräch mit Hera belauscht? Das wäre nun wirklich nicht die feine Art. Doch der Löwe fährt ungerührt fort:
«Wir Geister sehen und spüren so etwas sofort. Ist jemand seelisch nicht ganz, nicht heil, so ist das wie ein offener, unbewachter Eingang[129].»
Zeus macht große Augen.
«Willst du mir jetzt etwa sagen, dass meine Seele nicht vollständig ist, wenn du mich anschaust? Und dass du dich in meinem Körper einnisten könntest, wenn du das wolltest?»
Aus den Augen der Raubkatze schießt ein feuriger Blick.

---

[128] Die Göttin Aphrodite steht für alles, was den Unterschied zwischen den Lebenden und den Toten ausmacht: Das sinnliche, körpergebundene Erleben. Die heilige Zahl der Venus ist die fünf, entsprechend ihrer Himmelsbahn, aber auch der Anzahl der Sinne. Wer Unterstützung aus der Geisterwelt erfahren möchte, sollte die Aphrodite durch echtes Erleben ehren.

[129] Herakles lässt den Stallknecht bei den Pferden zurück, um sie zu bewachen. Als er wiederkommt, haben die Stuten diesen zerstückelt: Eine Stute hat noch seinen Hals mit Kopf im Mund, eine andere den Arm. Drehung: Zerstückelte Seele, unbewacht.

«Genau das. Aber das habe ich nicht vor.»
Zeus fragt sich, ob der Löwe von sich aus gekommen ist oder ob jemand das beeindruckende Geistertier geschickt hat. Die Geisterkönigin? Sein Bruder? Als ihm dieser Gedanke durch den Kopf schießt, wird ihm wieder klar, wie unendlich wichtig ihm die Versöhnung mit seinem Bruder ist. Leise Hoffnung regt sich in ihm.
«Siehst du?» Der Löwe leckt sich die andere Pfote. «Genau das meine ich. Deine Seele ist verletzt.»
«Das heilt schon wieder», brummt Zeus missmutig.
«Nein, tut es nicht. Viele Wesen sind nur teilweise sich selbst, ohne es zu bemerken. Sie leben Dinge, die nicht die ihren sind. Alles, was sie bemerken, ist, dass sie nicht glücklich sind.»
«Schön, dass du mir das sagst. Und was nützt das jetzt?»
Zeus kommt zum Schluss, dass dieser Löwe gut darin ist, ihm die Laune zu verderben. Obwohl er eben noch pappsatt war, glaubt er, dass er jetzt wieder etwas zu beißen vertragen könnte.
«Meine Freunde und ich sind in der Lage, alle verlorenen Teile deiner Seele in den Welten aufzuspüren und dir zurückzubringen», erklärt der Löwe würdevoll. «Als Gott im Vollbesitz seiner seelischen Kräfte müssten sich dir ungeahnte neue Fähigkeiten offenbaren.»
«Das würdest du für mich tun?», fragt Zeus unsicher. «Und du würdest mich alles lehren, was ich brauche, um mich und meinen Bruder zu beschützen?»
«Wenn du ein offenes Herz hast und es wirklich willst, kann ich das tun», antwortet das Geistertier.
Der Gott senkt demütig das Haupt.
«So bitte ich dich darum», spricht er.
Im selben Augenblick ist der Löwe verschwunden. Zeus fragt sich, ob es falsch war zu bitten[130]. Aber was ändert es schon. An Ort und Stelle warten muss er sowieso[131].

---

130 Herakles lässt die Pferde und den Diener nur kurz allein, das reicht den Pferden aber, diesen zu zerreißen. Drehung: Der Geist braucht etwas Zeit, um die Seelenteile zu sammeln.

131 Eurystheus schickt Herakles los, um den kretischen Stier zu holen. Er stellt eine Schiffsmannschaft zusammen und segelt nach Kreta. Natürlich hofft der Großkönig auch diesmal, dass Herakles stirbt und nicht wieder-

Es dauert nicht lange. Kaum hat der Gott sich damit abgefunden, dass sich sein Gesprächspartner mir nichts dir nichts aufgelöst hat, erscheint dieser wieder, nur wenige Schritte vor Zeus. Er kommt langsam auf ihn zu. «Wenn du mir vertraust und das Geschenk haben möchtest, das ich dir mitgebracht habe, so musst du dich setzen.»
Zeus zögert nicht, dem Löwen diesen Gefallen zu tun. Als er sich niedergekniet hat, kommt der Löwe ganz nahe an ihn heran. Genau an der gleichen Stelle, wo dem Gott die drei Erinnyen in den Kopf gefahren sind, haucht der Geisthelfer dem Gott etwas in den Leib. Dann geht er um ihn herum und wiederholt das Anhauchen an seinem unteren Rücken. Dem Donnergott läuft ein seltsames Kribbeln über die Haut, ein wohliger Schauer. Er schließt die Augen und widmet seine ganze Aufmerksamkeit dieser Empfindung. Sie breitet sich aus, besonders stark spürbar ist sie auf dem Haupt, an der Stirn, im Bauch.
Während er sich immer mehr auf das reine Fühlen einlässt, gewinnt Zeus plötzlich den Eindruck, den Löwen vor sich auch durch die geschlossenen Lider hindurch sehen zu können. So seltsam, wie es ist, er weiß, dass er sich das nicht einbildet. Jetzt kann er auch erkennen, dass das Geistertier nicht allein ist, sondern umgeben von weiteren Geistern, Tieren aller Arten. Zeus blickt sich langsam und neugierig um. Je länger er sich staunend in diese für ihn neue Welt vertieft, umso mehr Wesen kann er sehen.
Und dann gewahrt er Mimameid. Er weiß einfach, dass diese zarte, schwebende Gestalt die Königin ist, er fühlt es, er fühlt die Liebe und den tiefen Respekt der Geister für sie[132]. Zeus strengt sich an, damit er sie genauer betrachten kann, doch dann begreift er, warum er fühlen kann, dass sie nicht nur jede Menge Tiergeister um sich hat, sondern dass da jemand bei ihr ist, an ihrer Seite, jemand, der mehr ist als Geist, ein Gott. Es durchfährt ihn siedend heiß.
«Aïdoneus!», würgt er heiser hervor. Er versucht, sich auf die Seele seines

---

kommt. Drehung: Der Geist bietet Zeus an, in der Geisterwelt Seelenkräfte zu holen und ihm Lebenskraft zurückzugeben.

[132] Minos: Launischer, herrischer, unberechenbarer König, bekommt durch Grausamkeit alles, was er will (Bestes Beispiel: Die Sage von Glaukos). Er hat irgendwann aufgegeben, im Volk beliebt sein zu wollen. Mimameid ist in jeder Hinsicht das Gegenteil, sehnt sich nach der Liebe des Einen: Aïdoneus.

Bruders zuzubewegen, doch trotz all seiner Kraft kommt er ihm nicht näher, seine Füße fühlen sich an wie angeklebt. Aber er muss ihm so vieles sagen, so vieles erklären, ihn um Vergebung bitten.
«Bruder, hör mich an, ich bitte dich!», Zeus schießen Tränen in die Augen, er sieht das blasse Gesicht seines geisterhaften Bruders, der ihn nur verstört anblickt, vor ihm zurückweicht und kein Wort hervorbringt.
«Alles ist meine Schuld, ich weiß es doch! Ich habe dich im Zorn verraten und es war Unrecht! ...Aber ich wusste wirklich nicht, was passieren würde, das musst du mir glauben!»
Der geisterhafte Sturmgott bleibt stumm, Zeus kann deutlich erkennen, wie unendlich traurig und erschüttert sein verratener und von allen im Stich gelassener Bruder ist.
«Aïdoneus... wir brauchen einander doch...», versucht er noch einmal, ein Gespräch zu beginnen, «dein Körper, meine Kräfte, wir schaffen das nur, wenn wir zusammenhalten!»
Zeus sieht, wie Aïdoneus beim Wort «zusammenhalten» noch weiter zurückweicht, leise den Kopf schüttelt, ungläubig, enttäuscht.
«Ich tue alles, was in meiner Macht steht, damit du wieder heimkommen kannst!», ruft ihm der Regengott nach, als sich Aïdoneus schweigend abwendet und mit allen anderen Geistern unsichtbar wird[133].
Zeus fährt sich mit den Händen übers Gesicht, unfähig, gegen seine Tränen und den brennenden Selbsthass anzukämpfen[134]. Bitter muss er begreifen, dass seinem Bruder alles genommen worden ist, sogar das, wo-

---

[133] Minos hat nichts dagegen, dass Herakles den Stier mitnehmen will. Der Stier ist für ihn zu einem Mahnmal der Schande geworden, nachdem seine Frau den Minotaurus geboren hat. Also sagt Minos zu Herakles, wenn er mit dem Stier klarkomme, könne er ihn haben. So entpuppt sich diese Herausforderung als erstaunlich einfach.
Drehung: Die Geisterkönigin hat nicht vor, Aïdoneus so schnell in seinen Körper zurückkehren zu lassen. Zeus kann also den Stier (Dionysos) nicht einfach so mitnehmen. Außerdem ist dieser in Bezug auf die Götter und Zeus so traurig und verunsichert, weil sie ihn verraten und geopfert haben, dass er nichts mehr mit ihnen zu tun haben will. Der Regengott ist nach dieser Begegnung völlig verzweifelt, weil er keine Lösung sieht, er kommt mit dem Stier nicht klar.

[134] Sie können diese Szene bei Homer nachlesen: Odyssee, 11, 530ff. Da sich Odysseus dort in der Unterwelt befindet, brauchen Sie nur zu spiegeln, nicht rückwärts zu lesen: Gespräch zwischen Odysseus, Aias und Herakles.

ran er geglaubt hat; Freundschaft, Familie.

Als Zeus die Augen öffnet, stellt er einigermaßen verwundert fest, dass der Löwe bei ihm geblieben ist. Aber Zeus braucht jetzt einige Augenblicke für sich. Todunglücklich dreht er dem Geistertier den Rücken zu, beisst sich in die Unterlippe und fährt sich erneut über die Augen.
Dann wendet er sich wieder um.
«Du hast mir Heilung versprochen», stößt er vorwurfsvoll hervor. «Und jetzt ist alles noch schlimmer.»
Der Löwe bleibt ruhig und gelassen.
«Deine Wahrnehmung ist doch deutlich verbessert, nicht wahr[135]?», fragt er und beginnt, sich mit dem Hinterbein am Kinn und hinter dem Ohr zu kratzen.
«Dass ich das nicht meine, weißt du ganz genau», knurrt Zeus, doch er spricht nicht weiter, er will seinen Kummer und seine Wut auf sich selbst nicht an jemand anderem auslassen.
Der Löwe setzt sich aufrecht hin und beobachtet den Gott aufmerksam.
«Du kannst nicht heil werden ohne das loszulassen, was dich belastet.»
«Dass ich erst wieder froh werde, wenn es meinem Bruder wieder gut geht, brauchst du mir nicht zu sagen, das ist mir schon lange klar.»
«Ich habe etwas ganz anderes gesagt», widerspricht die Raubkatze leise, aber bestimmt. «Du machst dein Empfinden von seiner Vergebung abhängig, davon, dass er Verständnis für dich hat. Gleichzeitig weißt du, dass er keinen Grund hat, welches zu haben.»
Zeus seufzt zustimmend.
«Gib ihm Zeit», fährt der Löwe fort. «Er wurde viel, viel schwerer verletzt als du.[136]»
Die große Katze stupst und schiebt Zeus sanft hinüber zum Kokon, in den der Regengott gefühlsmäßig seit längerem nicht mehr hineingeblickt hat. Aïdoneus liegt genauso still da, wie Zeus ihn am ersten Tag erblickt hat.

---

[135] In der Unterwelt fließen kleine Bächlein zusammen und vereinen sich zu einem unterirdischen Bach. Die Geschichte vom Regen und dem Wasserkreislauf geht weiter, der Regengott gewinnt immer mehr Macht zurück.

[136] Als Herakles den Stier zu Eurystheus bringt, lässt dieser ihn einfach frei. Der Stier streift herum Richtung Marathon und richtet viel Schaden an. Drehung: Zeus muss loslassen und Aïdoneus Zeit geben, damit er gesund werden kann, was ihm aber schwerfällt.

Doch nein, es hat sich vieles verändert. Mit Staunen stellt der Gott fest, dass die Geister dabei sind, ein Wunder zu vollbringen. Die Wunden am Körper des toten Sturmgottes sind deutlich weniger geworden, dort, wo sie am schlimmsten waren, an Armen und Schultern, sind sie nicht mehr so tief und viel kleiner[137]. «Siehst du?», meint der Löwe. «Es wird besser. Aber du musst ihm Zeit lassen.»

Während Zeus traurig seinen Bruder betrachtet, kommt ihm ein Gedanke.

Die Raubkatze hat ihm Seelenteile zurückgebracht. Seelenteile, welche er verloren hatte, während er mit Mimameid gestritten hatte, sich selbst innerlich zerfleischte.

«Wie sehen Seelenteile für dich aus, solche wie jene, die du für mich geholt hast?», fragt er den Löwen. «Siehst du sie auch als Tiere?»

Die Katze legt den Kopf schief.

«Manchmal schon. Es hängt sehr von der Größe des Seelenanteils ab. Und von der gesamten Größe der betreffenden Seele überhaupt.»

Jetzt ist Zeus zufrieden.

«Seelen, die dir besonders nahe stehen, sind am einfachsten zu sehen», hatte Mimameid gesagt.

Er wendet seinen Blick dem Löwen zu und betrachtet wohlwollend das wunderschöne Tier, sein glänzendes Fell, seinen federnden, vor Kraft strotzenden Gang, seine klaren, klugen Augen, die seidige Mähne.

Er denkt an Aïdoneus verstörtes Gesicht, als er ihn vorhin sah. Ja, Aïdoneus ist viel schwerer verletzt worden als er und hat deswegen bestimmt noch viel größere Seelenanteile verloren. Zeus kennt seinen Bruder seit langem, sie waren immer ein wunderbares Gespann, Wind und Regen, Gefühl und Verstand. Er kann sich eine Zukunft ohne seinen Bruder nicht vorstellen, er glaubt fest daran, dass es Aïdoneus nicht anders geht. Also kommt Zeus zu dem Schluss, nachdem er Aïdoneus gesehen hat, dass diesem unter anderen jener Seelenteil abhanden gekommen ist, der sich Versöhnung mit Zeus mehr wünscht als alles andere.

---

137 Eurystheus Hoffnungen, dass Herakles stirbt, werden von Arbeit zu Arbeit kleiner. Umgekehrt erkennt Zeus kleine Fortschritte, wenn es um die Gesundheit von Aïdoneus geht. In der Telemachie wiederum verzehren die Freier ungeniert das Hab und Gut von Odysseus und Telemachos beklagt sich, dass er bald ein armer Mann sein werde. In der Drehung wird das Haus, also der Körper des Gottes, immer stärker.

Jetzt wird es dem Gott warm uns Herz, wenn er seinen Geisthelfer betrachtet. Er setzt sich neben den prächtigen Löwen.
«Darf ich dich streicheln?», fragt er die Raubkatze.

So sitzen sie eine Weile schweigend und zufrieden vor dem gelb leuchtenden Kokon, der Gott krault den Löwen hinter den Ohren und dieser schnurrt. Doch plötzlich spitzt der Löwe die Ohren und springt auf. Auch der Gott greift sofort nach seiner Waffe, doch dann erkennt er den Besucher, es ist Hermes, der mal wieder nach ihm schaut.
«Gibt es etwas, das du brauchen kannst?», will er wissen. Zeus schüttelt den Kopf, der Löwe jedoch ist anderer Meinung, sein Blick schweift dauernd misstrauisch und lauernd in die Ferne und er spricht zu Hermes:
«Es gibt tatsächlich etwas, dass wir brauchen könnten. Für Zeus sind viele Geister[138] unsichtbar. Er bräuchte etwas, das ihm hilft, sie zu sehen.»
Der Feuergott zieht eine Schnute, er hat keine Idee, was das sein könnte.
«Kannst du bitte etwas genauer sagen, wie so etwas aussehen sollte?»
«Du könntest Hephaistos bitten, eine Klapper oder eine Rassel anzufertigen», meint der Löwe.
Die beiden Götter blicken sich verwundert an.
«Dergleichen würde helfen?», erkundigt sich Hermes misstrauisch.
«Wenn er es sagt...», meint Zeus gutmütig.
«Du kannst Hephaistos ruhig ausrichten, dass sie richtig laut sein darf», stellt der Löwe klar. Hermes zuckt mit den Schultern und verschwindet.
«Wolltest du ihn schnell wieder loswerden?», fragt Zeus den Löwen, als der Feuergott weg ist. Doch das Tier schüttelt den Kopf.
«Nein, ich hoffe, dass er bald zurückkommt und dass Hephaistos etwas

---

[138] Die Stymphaliden sind kleine Vögel, die in riesigen Schwärmen den See von Stymphalos bewachen, genauer gesagt, den Tempel, der auf einer Insel in der Mitte des Sees steht und von den Amazonen zu Ehren von Ares gebaut wurde. Geschickt wurden diese Vögel von Ares persönlich, um den Tempel seiner Töchter zu schützen.
Drehung: Aus den Töchtern von Ares wird dann sein Vater, also Zeus. Aus einer Insel im See mit einem Tempel darauf wird ein Topf voll Wasser mit einem wertvollen Körper darin, also der Kokon mit Aïdoneus' Leichnam. Die vielen kleinen, gepanzerten Vögel sind in der Drehung natürlich «zarte» Geister und das aus einem einfachen Grund: «Vogelmutter» ist einer der vielen Titel, mit dem die Schamanen dem Weltenbaum, die Urmutter, ansprechen.

Passendes anfertigt», wieder sucht die Raubkatze mit ihrem aufmerksamen Blick die Umgebung ab. Auch Zeus blickt sich um, doch er kann überhaupt nichts erkennen.
«Lärm, wie ihn eine Rassel erzeugt, hat zwei Wirkungen», erklärt der Löwe. «Erstens: Du kannst die Geister besser sehen. Zweitens: Einige von ihnen lieben diese Art von Lärm derart, dass sie angelockt werden[139].»
«So wie Insekten vom Feuer?», fragt Zeus.
«Das ist ein guter Vergleich», meint der Löwe und blickt sich misstrauisch um, «im Moment ist es so, dass wir umschwärmt und umschlichen werden. Ich wäre froh, wenn unsere unwillkommenen Gäste für dich sichtbar würden.»
Im gleichen Augenblick fletscht er die Zähne und greift mit einem gewaltigen Satz und ausgefahrenen Krallen etwas an, das Zeus nicht sehen kann. Für den Gott ist es furchtbar, erneut erleben zu müssen, dass er nicht helfen kann. Schließlich beruhigt sich das Tier wieder, nachdem es nochmal warnend gefaucht und gebrüllt hat.
«Vielleicht habe ich sie für eine Weile verscheucht», sagt er zu Zeus. Dieser ist wie auf Nadeln und hofft, dass Hermes bald zurückkommt.
Der lässt tatsächlich nicht lange auf sich warten. Mit sich führt er einen Stab, an dem oben lauter dünne Klappern befestigt sind, Muscheln nicht unähnlich. Als er den Stab schüttelt, schlagen sie alle aneinander und erzeugen einen Höllenlärm. Zeus verdreht die Augen, als er das Geräusch hört.
«Das klingt scheußlich», merkt er an.
«Hephaistos war auch nicht sonderlich stolz», meint Hermes, «aber mit Musikinstrumenten hat er es nicht so.»
Der Löwe aber scheint zufrieden zu sein und bedankt sich bei Hermes, bevor dieser wieder verschwindet.
«Und wie genau soll das jetzt funktionieren?», will Zeus wissen.

---

[139] Athene bringt Herakles auf die Idee, die Stymphaliden mit Lärm aufzuschrecken und sie so mit der Zeit zu vertreiben. Der Held schießt mit seinen Pfeilen auf sie, wenn sie wegen des Lärms auffliegen. Schließlich verschwinden sie zermürbt am Horizont.
Drehung: Wegen des Lärm tauchen die Geister am Horizont auf, heißt, sie werden für Zeus sichtbar, sodass sie den Vorteil der Unsichtbarkeit im Kampf verlieren.
In der Sage sind es die Vögel, die den Tempel auf der Insel beschützen, also haben wir es in der Drehung mit angreifenden Geistern zu tun.

Die Katze, die selbst keine Probleme damit hat, die Geister sehen zu können, versucht ihm Mut zu machen: «Du musst für dich selbst herausfinden, wie schnell du damit rasseln musst, damit du möglichst gut sehen kannst.»

Die beiden teilen sich die Arbeit. Der Löwe wacht und Zeus versucht, mit der Rassel klarzukommen. Der Gott ist schon ziemlich entnervt.
«Das ist einfach nur laut und ich sehe überhaupt nichts», mault er.
«Bitte hab etwas Geduld, auch wenn es jetzt noch nicht klappt, du gewöhnst dich daran und du lernst.»
«Ich lerne gar nichts, ich verliere nur bald die Geduld», knurrt der Gott.
«Doch, du veränderst dich beim Hören, ohne dass du es merkst.»
«Kann ich auch den Diener fragen, ob er rasselt? Dann kann ich mich besser sammeln.»
Gesagt, getan. Zeus setzt sich hin, die Finger gegen die Schläfen gepresst, die Augen geschlossen. Vorhin hat er ja auch mit geschlossenen Augen mehr Geister gesehen.
«Vielleicht solltest du tanzen, das hilft, Aïdoneus tanzt immer», rät der Löwe.
«Ja, tanzen ist sein Ding», Zeus wird jetzt richtig übellaunig, «das ist einer der Gründe, warum er umgebracht wurde. Mein Partytrick ist eigentlich das Gestaltwandeln. Der ist mir aber abhanden gekommen. Eines kann ich dir sagen: Den Geist gibt es nicht, für den ich bereit bin, das Tanzbein zu schwingen[140]. Außerdem wollen wir hier ja keine freundlich gesonnenen Geistwesen anlocken, sondern die Biester sehen, die sich den Körper stehlen wollen. Die kommen auch, ohne dass ich tanze, glaub mir.»
Auf diesen Wutausbruch des Gottes erwidert das Geistertier nichts, sie halten schweigend Wache, nur das scheußliche Geklapper von Hephaistos Rassel ist zu hören.
Als der Löwe zu knurren anfängt, weiß der Donnergott, dass es Ärger gibt. Er springt auf; das hässliche, gleichmäßige Rasseln kann er auf einmal vollständig ausblenden. Stattdessen erkennt er plötzlich Geistertiere. Zwar undeutlich und in seltsamen Farben, aber er kann sie sehen.

---

[140] Herakles rennt um den ganzen See Stymphalos herum, macht Lärm, schießt auf die aufgeflogenen Vögel, rennt weiter zum nächsten Nistplatz, rasselt, schießt. Zeus bleibt natürlich vor Ort, die Angreifer werden schon kommen.

Da sind riesige Fische, Tiger, Schlangen, große Vögel, aber auch kleine Tiere, darunter Eichhörnchen und Schildkröten. Die wenigsten wirken auf den Gott bedrohlich, einige beachten ihn, den Löwen und den Kokon nicht mal. Andere scheinen neugierig zu sein, was es hier zu sehen gibt. Doch ein großer Geier fällt dem Gott auf, der sich sehr über die Anwesenheit des Löwen zu ärgern scheint. Umringt von anderen Tieren sieht er einen riesigen, zerrupften, wütenden Schwan, wahrscheinlich der Geist, den der Löwe vorhin angesprungen hat.
Obwohl Zeus es geahnt hat, nachdem er Aïdoneus und Mimameid umringt von all den Geistwesen erblickt hatte, ist er doch überrascht, wie viele es sind.
Als der Löwe erkennt, dass der Gott die Tiere sehen kann, kommt er nahe zu ihm heran.
«Da du jetzt klarkommst mit den feindlichen Geistern, ist es Zeit für mich zu gehen», sagt er freundlich und aufmunternd. Zeus weiß, dass dies eigentlich eine sehr gute Nachricht ist. Und doch ist er traurig.
«Ich danke dir für deine Hilfe und deine Gesellschaft. Alles Gute wünsche ich dir für alles, was kommt.»
Der Löwe wiegt freundlich und würdevoll den Kopf. Dann verschwindet er.
Der Donnergott umkreist den Kokon mit größter Wachsamkeit. Als sein Blick Aïdoneus streift, wird ihm klar, warum auf einmal so viele Geistwesen zum Kokon gekommen sind: Die Wunden sind verschwunden, der Körper des Sturmgottes ist heil. Wer will schon in einem verwundeten Körper auferstehen? Außer Kronos wohl niemand. Doch konnte gerade der den Zeitpunkt seines Angriffs frei wählen. Anscheinend war es ihm wichtiger gewesen, Zeus und Aïdoneus in einem möglichst schwachen Zustand anzutreffen. Der Donnergott grinst grimmig und stumm vor sich hin bei der Festellung, dass sie sich bei ihrem Vater eben doch Respekt verschafft hatten.
Doch jetzt mag der Donnergott nicht weiter darüber nachdenken. Es ist reines Gespür, als er herumfährt und mit einem Hieb seines Geisterprügels ein großes, adlerähnliches Geistwesen trifft, das sich hinter seinem Rücken genähert hatte. Die Wesenheit ist vom Schlag sichtlich benommen, gibt aber noch nicht auf, sie berappelt sich und macht einen weiteren Versuch, den Körper im Kokon zu erreichen. Aber dieses Mal ist der Gott bereit. Der Prügel trifft den großen Vogel so hart, dass dieser nach

oben aus dem Blickfeld katapultiert wird. «Hera, pass auf!», brüllt Zeus nach oben durch den Stamm von Mimameid, «aufsäßiges Geistermonster im Anflug!»
Noch können und wollen die Geister nicht wahrhaben, dass Zeus sie sehen und mit seinem Prügel absichtlich treffen kann. Der Geier und nach ihm auch der Schwan wollen es genau wissen und machen unangenehme Bekanntschaft mit der Donnerkeule. Doch nachdem beide unter Gekreische und mit einem fürchterlichen Knall in der Unendlichkeit von Mimameids Krone verschwunden sind[141], weichen die anderen Geister zurück. Hera, aufmerksam und zuverläßig wie immer, hat die drei Geistwesen nicht entwischen lassen. So können wir seither im Sommer die drei stymphalischen Vögel Geier, Schwan und Adler ganz oben am Sternenhimmel bewundern.

Zeus ist wirklich froh, dass er jetzt endlich fähig ist, geisterhafte Angreifer zu sehen. Doch der Gott fragt sich angesichts der wachsenden Übermacht, ob Aïdoneus wohl noch lange braucht, um die Herausforderungen zu bewältigen, denen er sich in den Geisterwelten stellen muss. Außerdem ist es wirklich anstrengend, sich auf die kaum sichtbaren Wesen zu konzentrieren und das laute Geklapper zu ertragen.
Zwar mag er als Gott unsterblich und sehr kräftig sein, seine Moral jedoch verlangt nach einer Pause und einer Mahlzeit.
Wie er die Diener um Getränke und Speisen bittet, erscheint zu seiner Überraschung Mimameid persönlich, umringt von unzähligen zarten, süßen kleinen Pflanzennymphen. Diese tragen Bündel aus getrockneten Kräutern bei sich. Während einige für die beiden Gottheiten zwei schöne Sitzplätze herrichten, entzünden andere Nymphen die Kräuterbündel und reinigen den Raum, den Kokon und sie alle mit Duft und Rauch. Sie erschaffen einen heiligen Schutzraum um ihre Herrin, den Donnergott und reinigen auch seine Seele[142]. Der Gott spürt, wie die Anspannung

---

141 Herakles schießt einige der aufgeschreckten Vögel vom Himmel. Als die anderen geflohen sind, bringt er tote Vögel als Trophäen zu Eurystheus. Drehung: Die Vögel kommen nach oben, nicht nach unten.
142 Reinigung der Augeasställe. Dazu muss man folgendes Wissen: Es heißt, die Rinder des Augeas sterben nicht im Dreck, weil sie von Helios heiligen Kühen abstammen. Wer Homer gelesen hat, weiß, dass dies aber 50 jungfräuliche Kühe sind, in deren Herde es keinen Stier und keine

nachlässt und allmählich von ihm abfällt. Mimameid hat sich hingesetzt, sie genießt still das Ritual.
Als Zeus ihr gegenüber Platz nimmt, beginnt sie zu sprechen.
«Du hast eine Belohnung verdient[143] und eine Pause[144]», sagt sie freundlich. «Der heilige Raum meiner Nymphen wird alle Angreifer fernhalten und dir eine Atempause verschaffen. Der Rauch macht die Geister nicht sichtbar wie das Rasseln, doch er hält die Wesenheiten fern. Wenn du möchtest, werden die Nymphen dich auch in das Geheimnis des Räucherns einweihen.»
Der Donnergott ist neugierig auf das Räuchern. Er mag den duftenden Rauch der Nymphen viel lieber als das laute Geklapper, auch wenn es, zugegeben, hilfreich ist.
«Du hast gesagt, es gäbe eine Belohnung... hast du da an eine gute Mahlzeit gedacht?», fragt Zeus hoffnungsvoll. Doch Mimameid schüttelt den Kopf.
«Für die Aufgaben, die dir bevorstehen, ist es besser, wenn die Geister Mitleid mit dir haben. So wie ich mit dir, nachdem du tagelang durch die Unterwelt geirrt bist, und mir klar wurde, wie ehrlich du deinen Bruder liebst.»

Kälber gibt. Daraus folgt, dass es die Kühe von Augeas gar nicht geben kann. Bleiben drei Dinge übrig: Der Stall, der Dreck, der Fluss (und natürlich Herakles, der sich schmutzig machen soll). Der Stall soll innerlich gereinigt werden. Drehung: Äussere Reinigung. Herakles soll schmutzig werden. Drehung: Zeus wird gereinigt. Dreck und Fluss sind Erde und Wasser. Drehung: Die fehlenden Elemente Luft und Feuer. Wir bekommen also eine Räucherzeremonie zur Reinigung und zur Erschaffung eines geschützten Raumes.

[143] Augeas verspricht Herakles zu Beginn eine Belohnung, hat aber nicht vor, ihn zu bezahlen. Drehung: Zeus rechnet nicht mit Dank, bekommt also welchen.

[144] Eurystheus anerkennt die Reinigung der Ställe nicht als eine der zehn Arbeiten an. Er sagt, Herakles habe in eigener Sache gearbeitet, Lohn gefordert und auch noch um die Tochter von Augeas gefreit. In einigen Versionen der Sage zeugt der Held auch noch ein Kind mit dieser. Herakles ärgert sich und muss noch eine Arbeit mehr machen. Drehung: Mimameid entlastet Zeus, sie kommt ihm mit einigen ihrer Töchter zu Hilfe, sie ist zufrieden mit ihm. Während Herakles unzählige Kinder zeugt, haben wir es in der Drehung mit unfruchtbaren Zeiten zu tun: Der Regengott Zeus ist fort, Demeter (Mutter Natur) leidet und mit ihr alle Lebewesen.

Sie verstummt. Zeus weiß nichts zu sagen und schweigt gespannt. Mimameid-Persephone winkt eine der Nymphen herbei. Diese verneigt sich zuerst vor Mimameid, dann vor dem Donnergott. Als die Königin freundlich nickt, wendet sich die kleine Nymphe an Zeus. Es fällt ihm fast schwer, ihren Ausführungen zu folgen, so fasziniert ist er von ihrer Freude und sprudelnden Begeisterung. Sie erklärt ihm mit einer süßen, feinen Stimme, dass sie zu den Pflanzengeistern gehöre, welchen die große Ehre wiederfahren, den König bereits kennengelernt zu haben, wie wunderbar er sei, und dass sie alles tun würden, um ihm beizustehen. Sie erzählt ihm von der Hilfsbereitschaft der Pflanzengeister und dass diese ihre Macht im Rauch voll entfalten würden, um den Körper des Königs zu schützen[145], während er, der mächtige Donnergott, nicht da sei.
Zeus macht große Augen, blickt zuerst erstaunt hinab zur Nymphe und dann hinüber zu Mimameids Seele Persephone.
«Was meint sie mit: ‚Wenn der Donnergott nicht da ist'?», will er wissen.
Die große Göttin, die so gern als kleines Blumenkind auftritt, lächelt geheimnisvoll.
«Ich habe dir doch gesagt, dass eine Belohnung winkt. Es wird Zeit, dass du selbst Reisen in die anderen Geisterwelten machst[146].»
«Warum sollte ich so etwas tun?», fragt Zeus erstaunt.
«Du hattest viel Fragen in den letzten Tagen. Du warst unsicher in Bezug auf deine Bestimmung. Du zweifelst, ob du würdig bist, König zu sein. Es ist für eine Gemeinschaft unglaublich wichtig, dass ihr Häuptling, ihr Anführer, eine Vorstellung davon hat, in was für eine Zukunft er jene führen will, die ihm anvertraut sind. Und dass er in der Lage ist, sie zu stärken. Du wirst dort möglicherweise jemanden treffen, der dir hilft, wieder klar nach vorne zu blicken.
Außerdem… dein Bruder hat mich wissen lassen, dass er etwas für dich

---

[145] Der Stall des Augeas stinkt so sehr, dass er die ganze Gegend verpestet. Alle Menschen in König Augeas Reich leiden darunter. Drehung: Der Wohlgeruch der Pflanzengeister reinigt und beschützt die ganze Umgebung. Der Sohn des Königs ist unendlich froh, dass Herakles kommt, um etwas gegen den Gestank zu tun, der vom Dreck im Stall ausgeht. Er hat sehr darunter gelitten und war machtlos. Drehung: Die Kinder der Geisterkönigin wissen, wie man Duft einsetzt, um alles zu reinigen und zu schützen.
[146] Herakles muss den Stall des Augeas in einem einzigen Tag reinigen. Drehung: Viele Tage. Die Nymphen lösen also Zeus ab.

gefunden hat. Er bringt es her.»

Jetzt ist Zeus hellwach.

«Werde ich Aïdoneus sehen?», fragt er hoffnungsvoll.

Ihr Blick macht ihm Mut, ihre Antwort hingegen ist vage: «Ganz bestimmt. Doch ich weiß nicht, wann[147]. Wie du siehst, geht es ihm besser und er wird immer mächtiger, indem er Helfer gewinnt. Ich weiß, wie gerne du hier sein möchtest, wenn er aufwacht. Doch wirst du schon bald entscheiden müssen, ob es wirklich dein Bruder ist, der deiner Hilfe am dringendsten bedarf.»

Der Gott atmet tief und denkt über die Dinge nach, die sie ihm mitgeteilt hat.

«Damit ich in diese Welten reisen kann, brauche ich sicherlich wieder dieses hässliche Geklapper, oder?», fragt er, mäßig begeistert.

Mimameid muss herzlich lachen.

«Du magst das Geräusch wirklich nicht sonderlich», wieder lacht sie, «und tanzen möchtest du auch nicht.»

Er muss Geduld aufbringen, bis sie fertig gelacht hat. Bestimmt muss sie so lange lachen, weil sie sich innerlich vorstellt, wie er albern herumhüpft, um irgendwelche Geister zu beeindrucken.

Schließlich beruhigt sie sich.

«Es gibt Geistwesen, die lieben nicht nur Rhythmus und Tanz, sondern auch Gesang», erzählt sie Zeus.

Das ist jetzt endlich mal etwas nach seinem Geschmack. Musizieren tut er immer gerne, er kann es auch gut. Doch mag er eher sanfte, klare Töne und nicht diesen stumpfsinnigen, andauernden Lärm[148]. Er findet, das

---

[147] Eurystheus hat immer mehr Angst vor Herakles oder vor den Monstern, die dieser anschleppt, deswegen versucht er, nur noch über einen Boten mit Herakles zu verkehren, was dieser sich jedoch nicht immer gefallen lässt. Drehung: Zeus würde Aïdoneus so gerne sehen, er kann es nicht erwarten, endlich alles mit ihm zu klären, aber er muss sich damit abfinden, dass er das nicht erzwingen kann.

[148] Jeder, der ein Instrument spielt, weiß, dass das Geräusch des Tropfens jedem Musiker ein Vorbild ist, dem er nacheifert. Der Regengott Zeus ist ein begnadeter Musiker, wir lauschen seinen vielfältigen Klängen gerne, besonders abends zum Einschlafen. Da Herakles in allem das Spiegelbild des Gottes ist, muss ihm leider jegliche Musikalität fehlen. Er hat keine schöne Stimme, er erweist sich als unfähig, die Lyra zu spielen (deren Töne im Idealfall wie Regentropfen klingen sollten). Auch wenn es in den Sagen nur selten erwähnt wird (wahrscheinlich ist es einfach zu offen-

hätte man ihm ruhig früher verraten können und er sagt ihr das auch[149]. Sie lacht still in sich hinein.
«Leider ist es etwas komplizierter. Erst, wenn du es schaffst, dich in den Geisterwelten mit einem mächtigen Schutzgeist zu verbünden, kann es sein, dass dieser dir ein Lied beibringt. Ein Lied, mit dem du ihn herbeirufen kannst, wenn du ihn brauchst.»
«Oje», dem Gott schwant Übles, «das heißt, dass es wieder nur darauf ankommt, ob das Lied dem Geist gefällt, ohne Rücksicht auf meinen Musikgeschmack.»
«Ich fürchte, so ist es», antwortet sie und muss erneut schmunzeln.
Zeus zuckt mit den Schultern. «Lieber hässlich singen als albern herumhüpfen», findet er. Und er hat einen Vorschlag: «Du hast gelacht, weil ich mit dem Rasseln nicht warm werde. Du sagst aber, dass es unumgänglich ist, bis mir die Geister ein Lied beigebracht haben. Aber würde das Anlocken der Geister nicht mit einem schöneren Geräusch, das auch gleichmäßig ist, genauso gut funktionieren wie das Rasseln? Als Regengott ist mir Trommeln viel vertrauter und lieber als diese hässliche Rasselei.»
Sie blickt ihn aufmunternd an.
«Warum nicht? Versuch es. Auch die Geister haben unterschiedliche Vorlieben.»
Die Nymphen helfen Zeus, sich für seine Visionssuche vorzubereiten. Sie haben nicht nur frische und getrocknete Kräuter, sondern auch Harze und Beeren dabei. Wacholderbeeren[150] sind Zeus am liebsten, die nascht er bei jeder Gelegenheit. Sie erzeugen aber auch einen herrlich duftenden

---

sichtlich), dass Zeus ein großartiger Lyraspieler und Sänger ist, so ist doch anzumerken, dass die Musen seine Töchter sind: Wenn es draußen regnet, sitzen wir drinnen und sind kreativ: Erzählen Geschichten, diskutieren, singen, musizieren, knobeln. Falls du jetzt fragst: Und was ist mit Apollon? Dessen Kerngeschäft ist angeblich die Dichtkunst, aber der Sonnengott ist natürlich in erster Linie ein großartiger Maler. Die Griechen eiferten ihm nach, beachten Sie dazu bitte ihre wunderschöne, schwarzfigurige Keramik: Auch der Sonnengott malt schwarze Figuren, nämlich Schatten.

[149] Athene führt mit Herakles ein längeres Gespräch darüber, wie er die Stymphaliden vertreiben könnte.

[150] «Vor Holunder sollst den Hut du ziehn, vor Wacholder jedoch niederknien,» wusste der Volksmund bis ins frühe 20. Jh. Diese Pflanze galt wegen ihrer enormen Heilkräfte immer als besonders verehrungswürdig. Sie ist dem Donnergott heilig.

Rauch. Die Nymphen genießen sein wertschätzendes Interesse. Auf seine Bitte hin sind sie auch bereit, für ihn zu trommeln. Der Gott ist der Meinung, er könne immer noch auf die Rassel zurückgreifen, falls die unsichtbaren Geister der anderen Welten die Trommelklänge nicht mögen. Der Gott freut sich innerlich, als sich die Landschaft um ihn herum verändert: Das Reisen funktioniert auch mit Trommeln!
Zu seiner Überraschung findet er sich in einer blühenden, üppigen Landschaft wieder, hohes Gras, weidende Tiere. Er hatte eine leidende, karge Umgebung erwartet. Immer, wenn er scheinbar alleine vor dem Kokon wartete und Wache hielt, hatte er darüber nachgedacht, wie es zwischenzeitlich wohl in der Welt der Lebenden aussah. Ob sie schon alle dürsteten und wie es Demeter ging.
Er geht durch das Gras, streift mit den Fingern darüber und genießt den Spaziergang. Ein enges Tal öffnet sich vor ihm, an dessen Sonnenhang ein kleiner Baum mit lang herabhängenden Ästen wächst. Als er näherkommt, erkennt er, dass jemand darunter sitzt.
Ob er willkommen ist? Noch während er unschlüssig darüber nachdenkt, sieht er, dass er entdeckt wurde und herbeigewinkt wird. Also schiebt er die Äste beiseite und tritt ein in das lauschige Plätzchen unter den hängenden Zweigen.
«Hallo Zeus.»
«Demeter?![151]»
Stumm vor Staunen lässt er sich neben ihr nieder. Schweigend sitzen sie nebeneinander und betrachten die Muster, welche die Schatten der sich bewegenden Zweige um sie herum auf den Boden malen.
Schließlich gelingt es Zeus, all das, was ihn beschäftigt, in eine Frage zu packen.
«Ist dies der Ort, an den du dich zurückziehst, wenn Winter und Dürre herrschen[152]?»

---

[151] Der (Erymanthische) Eber ist ein Symbol der Demeter. Manchmal reitet sie auf einem Keiler. Er ist auch ein Symbol für Männlichkeit. In der Drehung haben wir es also mit einer mächtigen, weiblichen Gottheit zu tun.

[152] Der Keiler foppt Herakles, er spielt mit seinem Verfolger. Erst, als ihn der Held in ein Schneefeld treiben kann, gelingt es ihm, das Tier zu stellen. Drehung: Demeter sucht Zeus in der Geisterwelt auf. Sie macht ihm klar, dass sie ihn unterstützt, auch wenn ihre Situation gerade sehr schwierig ist.

Mutter Natur nickt geduldig. «Ja. Einer dieser Orte.»
Wieder schweigen sie.
«Ist es sehr schlimm?», fragt er irgendwann leise.
Demeter blickt ihn freundlich und aufmunternd an.
«Es geht vorbei. Du hast meine volle Unterstützung: Aïdoneus ist uns allen wichtig[153]. Es geht ihm zu Glück schon besser.»
Zeus wundert sich nicht, dass sie auf dem Laufenden ist. Wenn es eine Göttin gibt, die alles mitkriegt, dann Demeter. Außerdem wissen die Mädels immer alles sofort. Trotzdem würde er gerne erfahren, woran sie das festmacht.
«Glaubst du, Aïdoneus kehrt bald zurück?», fragt er Demeter. Vielleicht hat ihr Mimameid ja etwas erzählt, das sie ihm verschweigt.
Die Göttin schüttelt langsam den Kopf und schaut vor sich auf den Boden, als mache sie sich Gedanken, wie sie ihm etwas schonend beibringen könnte.
«Ich denke, dass du Aïdoneus Körper nicht länger beschützen musst, aber...»
«Hast du das Heer von Nymphen gesehen, dass ihm mittlerweile dient? Ich bin gespannt, was für Wesen als nächste auftauchen.»
Demeter lacht leise, wird aber grad wieder ernst.
«Ja, Aïdoneus wird sehr mächtig werden. Er kann bereits wieder auf sich selbst aufpassen. Trotzdem wird es noch eine Weile dauern, bis er zu uns heimkehrt und dir deine Kräfte zurückbringen kann. Wir zwei müssen in der Zwischenzeit dafür sorgen, dass nicht zu viele Lebewesen verdursten.»
«Sein Körper ist geheilt, ich habe es gesehen. Wenn er es schafft, alle Geister hinter sich zu scharen, kann er wiederauferstehen», versucht Zeus Demeter aufzumuntern.
«Du bist ja so ein Neuling in der Geisterwelt, Bruderherz», sagt sie nachsichtig. «Wenn Aïdoneus in ein körperliches Dasein zurückkehrt, kommen lauter neue, unbewältigte Herausforderungen auf ihn zu, Schwierigkeiten, mit denen sich ein Geistwesen schlicht nicht auseinandersetzen muss. Solange er daran arbeitet, wird er uns fernbleiben.»

---

[153] Herakles muss den Erymanthischen Eber lebendig fangen. Also schleppt er ihn den ganzen Weg vom Gebirge bis zu Eurystheus. Drehung: Mutter Natur unterstützt (trägt) ihre Brüder, auch wenn sie deswegen schwer leiden muss.

Zeus grübelt über den Worten seiner Schwester. Er hat noch nie darüber nachgedacht, wie viel Erfahrung Mutter Natur im Wechsel zwischen den Reichen der Lebenden und der Toten hat, sie weiß bestimmt viel darüber. In ihm erwacht die Erinnerung daran, wie Mimameid Aïdoneus angesehen hat.
«Du meinst…», er zögert, «willst du damit sagen… er muss erst unter anderem seine…Beziehung klären?»
Demeter nickt. «Genau das. Dies ist einerseits schwierig und andererseits sehr, sehr wichtig.»
«Wusstest du, dass Mimameid in unseren Bruder verliebt ist?», fragt Zeus.
«Du nicht?», fragt sie zurück.
Der Donnergott verdreht die Augen. Weiber und ihre Geheimniskrämereien!
«Vielleicht hätte man es ihm sagen sollen?!», grollt er.
Jetzt fängt Demeter an zu glucksen.
«Das hätte nun gar nichts geändert», meint sie.
Als sie Zeus' Gesicht sieht, fährt sie fort: «Du gehörst ja mittlerweile fast schon zum engen Bekanntenkreis von Mimameid. Dir ist bestimmt schon aufgefallen, dass die verschiedenen Gestalten der Urmutter meistens das bevorstehende Schicksal einer Person abbilden, wenn sie nicht andere Pläne verfolgt. Jeder von uns sieht sie so, wie die anstehenden Ereignisse.»
Nein, das hat er nicht gewusst. Dann musste sie für den armen Aïdoneus ja grässlich hässlich gewesen sein[154], kein Wunder, dass der entsetzt das Weite suchte. Zeus hingegen, der die Unterwelt als staunender Neuling erkundet und seine Kräfte verloren hatte, sah ein kleines Kind. Er fragt sich in diesem Augenblick, in welcher Gestalt sie wohl Hermes erschien. Er war einfach davon ausgegangen, dass der dasselbe erblickte wie er.
Demeter sieht dem Donnergott von der Seite beim Denken zu. Allzu schwierig ist es nicht, seine Gedanken zu erraten.
Sie genießt es, mit Zeus zu tratschen. Irgendwie machen sie das viel zu selten.
«Wisse», beginnt sie wieder, «wenn Geister eine Marotte haben, dann die,

---

[154] Haben Sie mittlerweile die Geschichte von Apollon und Daphne rückwärts gelesen? Daphne ist die schönste Nymphe weit und breit… immer schön drehen.

dass sie unglaublich gerne Leute erschrecken. Das können sie sich einfach nicht verkneifen, anscheinend schafft dies die Geisterkönigin nicht mal dann, wenn sie bis über beide Ohren verliebt ist.»
Zeus legt die Stirn in Falten.
«Willst du damit andeuten, dass wir uns bei Aïdoneus auch noch daran werden gewöhnen müssen?»
Seine Befürchtung sorgt dafür, dass Demeter kurz in ihr berüchtigtes, albernes Kichern ausbricht.
«Komm», sagt sie schließlich und erhebt sich, «wir machen einen Spaziergang.»
Zeus folgt ihr neugierig. Was will sie ihm zeigen?
Sie geht schweigend vor ihm her, offenbar kennt sie hier jeden Stein und weiß genau, wohin sie will. Zeus folgt ebenso stumm, sich aufmerksam umblickend. Je länger sie gehen, umso karger wird die Landschaft. Büsche und Bäume werden seltener, der Boden sandiger und schroffer. Doch immer dort, wo Demeter mit ihren Füßen den Boden berührt hat, sprießen sofort Pflanzen; Gräser und duftende Kräuter[155].
Jetzt bleiben sie auf einer kleinen Anhöhe stehen, von der aus sich eine gute Aussicht bietet. Die beiden Gottheiten überblicken eine Ebene, der man die herrschende Trockenheit gut ansehen kann: Die Grasflächen sind alle braun und gelb, die Bäume lassen die Blätter hängen, einige verlieren bereits ihr Laub. Zeus seufzt. Der Ort kommt ihm bekannt vor. Demeter tut so, als hätte sie nichts gehört und geht weiter.
«Warum bringst du mich hierher?», will er jetzt doch wissen. «Glaubst du, ich erkenne diesen Ort nicht? Ich weiß, dass Aïdoneus hier gestorben ist», grollt Zeus, der bemerkt, dass er wieder anfängt, mit sich und der ganzen Welt zu hadern.
«Das musst du sehen», sagt Demeter.
Fast gleichzeitig, wie sie das sagt, sieht Zeus, was sie meint. Jetzt erhebt sich vor ihnen ein sanfter Hügel. Es ist der Ort, wo der Wagen des Sturmgottes zerschellte, als die Pferde und der Gott schwer verletzt abstürzten. Hier lag Aïdoneus, zermalmt und zerfetzt, hoffte vergeblich auf Hilfe, während er qualvoll verblutete.

---

[155] Der Erymanthische Eber richtet großen Schaden an in der Gegend. Drehung: Wo Demeter weilt, gedeiht alles prächtig. Der Eber spielt mit Herakles und foppt ihn. Also ist Demeter Zeus gegenüber ehrlich und frei heraus.

Zu Zeus Erstaunen wuchert hier ein Teppich wunderschöner, wilder Rebstöcke; alle tragen prächtiges, grünes Laub und sind gleichzeitig voller Blüten und goldener Beeren. Überall, wo der Ichor des Gottes in den Boden sickerte, wachsen die Pflanzen, als gäbe es keine Trockenheit. Unzählige Insekten und Vögel laben und nähren sich an den Rebstöcken, auch größere Tiere sind da, um an den Früchten ihren Durst zu löschen[156].

Wie die beiden Götter so dastehen und schauen, entdecken sie mehrere Dryaden, welche die Büsche bewachen und misstrauisch zu ihnen herüber blicken.

Demeter geht auf sie zu, grüßt freundlich und fragt, ob sie den Hain betreten dürfe. Eine Dryade erklärt zurückhaltend, dieser Ort sei ihrem Herrn Dionysos heilig und stünde jenen offen, die Not und Durst litten. Die Reben seien in der Lage, Wasser in großen Tiefen zu finden.

Mit einem misstrauischen Blick auf Zeus merkt die Dryade an, dass dieser nicht besonders durstig aussähe[157].

«Du weißt, wer ich bin, nicht wahr?», fragt der Gott die Dryade. Die

---

[156] Falls Sie die Drehung der Theseussage gelesen haben, wissen Sie, dass die Kentauren in der Drehung Pflanzengeister sind, Nymphen und Dryaden. Herakles trifft auf einen Kentauren namens Pholos, der ihn verbotenerweise mit Wein bewirtet, den Dionysos zur Aufbewahrung da gelassen hat. Die Gabe des Gottes wird zum Fluch, da der Duft des Weins andere Kentauren anlockt, die auf Herakles und Pholos losgehen. Am Ende des Gerangels sind alle Kentauren tot, unter ihnen auch Pholos (weil er in eine vergiftete Pfeilspitze griff) und Cheiron, der weise alte Lehrer vieler Helden. Herakles muss alle begraben.
Drehung: Begraben wird zu sprießen, die Kentauren werden zu Pflanzen und Dryaden. Das Fass Wein, das Dionysos nur zum Aufbewahren da ließ und das sich als Fluch erweist, wird zum Opfer des Aïdoneus und zum Segen für viele. Cheiron ist ein weiser alter Lehrer und Kentaur. In der Drehung wird er zu einer jungen Pflanze, welche einen vergessen macht: Ein Weinstock.

[157] Manchmal heißt es, Dionysos habe das Weinfass nur für Herakles bei Pholos gelassen, in anderen Versionen, der Wein sei für alle Kentauren gewesen und Pholos hätte ohne deren Erlaubnis nichts an Herakles ausschenken dürfen. Wie auch immer: In der Drehung kommt der Wein von den Weinstöcken, die aus Aïdoneus Blut gewachsen sind. Während Herakles auf einen freundlichen Gastwirt trifft (Pholos), dürfte Zeus feindseligen Dryaden begegnen, die nicht vergessen haben, was er ihrem Herrn angetan hat.

Baumgeister blicken Zeus finster an. Er begreift in diesem Augenblick, dass diese Dryaden zu Aïdoneus Lebensgeistern gehören, die er verlor, während er verblutete und immer schwächer wurde. Sie wurden gewaltsam von ihrem unsterblichen Herrn getrennt, sind Zeugen all seines Leidens, seiner Verzweiflung und Wissen um den Verrat des Gottes, der vor ihnen steht.

«Ich glaube, sie werden nicht dulden, dass ich den Hain betrete», flüstert Zeus Demeter zu. Die Göttin nickt leise. Dann wendet sie sich an die misstrauischen Dryaden.

«Mein Bruder versteht, dass ihr ihm zürnt. Er wird euren heiligen Ort nicht entweihen und hier draußen bleiben. Doch möchte er gerne mit euch sprechen.»

«Warum ist er bei dir, Herrin?», fragen die Dryaden. «Du kannst ihm nicht vertrauen. Er hat seinen eigenen Bruder verraten und nicht nur das: Jetzt müssen alle dürsten, weil er auch dich im Stich lässt. Irgendwann wird er dann wieder alle ersaufen lassen und dafür sorgen, dass all deine fruchtbaren Böden weggeschwemmt werden. Bitte Herrin, schicke ihn fort.»

Zeus fühlt sich, als hätte man ihm eine Ohrfeige verpasst. Aber wie soll der Baumgeist etwas anderes wissen oder denken? Die Finger des Gottes verkrampfen sich wütend um seinen Donnerprügel.

Demeter, die den Dryaden geduldig zugehört hat, schüttelt den Kopf und beginnt, sie zu besänftigen.

«Euer Herr wird bald zu euch zurückkehren[158]», erklärt sie den Geistern. «Sein Körper ist geheilt, auch dank der Hilfe des Gottes, dem ihr derartig zürnt. Zeus lässt weder mich noch seinen Bruder einfach so im Stich. Er würde mir gerne helfen, doch ist es im Moment etwas schwieriger, als es auf den ersten Blick aussieht. Bevor euer Herr wiedergeboren wird, kommt kein Regen[159]. Wir müssen auf andere Weise sicherstellen, dass nicht alle verdursten. Der Regengott und ich kämpfen für die gleiche Sa-

---

[158] Pholos erklärt Herakles, dass ihm ein würdiges Begräbnis der erschlagenen Kentauren wichtig sei. Auch wenn sie ihn angegriffen hätten, Familie sei immer noch Familie. Drehung: Die Pflanzengeister erfahren von Demeter und Zeus, dass ihr Herr bald wiederauferstehen werde.

[159] Außer Herakles bekommt niemand bei Pholos etwas zu trinken. Drehung: Alle, die Durst haben, bekommen hier etwas, nur Zeus ist nicht willkommen.

che. Euch bitte ich, ihn und mich zu unterstützen.»
Die Dryaden schauen einander fragend an und beginnen zu tuscheln. Sie sind wütend auf Zeus, doch Demeter verehren und lieben sie innig und da sie Zeus anscheinend vertraut und sich für ihn einsetzt, sind sie bereit, beiden Göttern zuzuhören.
Demeter winkt Zeus herbei und so halten Mutter Natur, der Regengott und die Dryaden des Dionysos Rat. Die große Göttin macht einen Vorschlag:
«Ihr habt vorhin erklärt, dass eure heiligen Reben das Wasser aus großen Tiefen holen können[160]. Wir könnten also auch an anderen Orten mit Hilfe dieser Pflanzen Abhilfe gegen Durst schaffen. Auch würden die Wurzeln der Weinstöcke die kostbaren Böden zusammenhalten, wenn die Dürre zu Ende geht und der Regen zurückkommt.»
Die Dryaden nicken, sie freuen sich über die Wertschätzung der Göttin.
«Ich bitte euch, Zeus Stecklinge von euren Pflanzen auszuhändigen. Er kann sie mitnehmen und damit überall dort, wo Not herrscht, Abhilfe schaffen.»
Die Gesichter der Dryaden verdüstern sich wieder.
«Wir würden die Stecklinge lieber dir geben, Herrin», spricht einer der Baumgeister aus, was alle denken. Zeus kocht innerlich, ist aber klug genug, weiterhin seiner Schwester das Verhandeln zu überlassen und schweigt.
Demeter schüttelt leise tadelnd den Kopf.
«Blickt euch um. Ihr wisst, dass ich hier gefangen bin[161]. Es gibt viele Orte in der mittleren Welt, die ich zurzeit nicht betreten kann. Nur in den Geisterwelten kann ich mich frei bewegen. Zeus aber wird zurückkehren in die Welt der Lebenden und dies ist der Ort, wo eure Stecklinge gebraucht werden. Wenn wir diesen Kampf gewinnen wollen, müsst ihr ihm vertrauen.»
Wieder flüstern die Dryaden. Endlich heben sie die Köpfe wieder und

---

[160] Das Weinfass, das Dionysos dem Pholos dagelassen hat, wurde von diesem zur Aufbewahrung eingegraben.
[161] In freier Wildbahn durchwandern Wildschweine und Rinder gewaltige Gebiete: Auch sie wären von Natur aus Zugtiere, die dem Winter ausweichen und Orte mit gutem Nahrungsangebot aufsuchen. Doch der Erymanthische Eber bleibt immer in diesem verhältnismäßig kleinen Gebiet, daher auch sein Name.

eine will von Zeus wissen, indem sie auf seinen magischen Geisterprügel zeigt:
«Welches Opfer musstest du Mimameid bringen, damit sie dir von ihrem Holz gab?»
Jetzt versteht Zeus. Diese feindseligen Dryaden glaubten wohl schon die ganze Zeit, er habe seinen Bruder für eine Waffe verkauft? Und das denken sie vom Herrn über Blitzschlag und Donner?!
Demeter erkennt am gefährlichen Aufflackern in seinen Augen und an dem tiefen Atemzug, den Zeus macht, welch heftigen inneren Kampf er ausfechten muss, bevor er ihnen gesteht, was er nie aussprechen wollte:
«Alle meine göttlichen Kräfte habe ich verloren. Ich kann die Gestalt nicht mehr wandeln, nicht in den Himmel aufsteigen, keine Blitze schleudern.»
Die Dryaden machen große Augen und tauschen vielsagende Blicke. Ihre Mienen werden freundlicher. Anscheinend vertrauen sie nun darauf, dass Zeus wirklich auf der gleichen Seite kämpft wie ihr Herr, denn als Geister wissen sie ganz genau, dass es nur einen einzigen Weg gibt, wie der Gott seine Macht zurückerhalten kann.
«Wir sind bereit, uns mit dir zu verbünden», erklärt der Geist, der auch bisher der Wortführer war. «Hat dich Mimameid gelehrt, was du tun musst?»
Zeus ist unsicher, er schüttelt den Kopf.
Demeter lächelt. Sie spricht Zeus aufmunternd an: «Du darfst jetzt ihren Hain betreten. Sie werden dich lehren, was du wissen musst. Für mich ist jetzt Zeit, mich zu verabschieden. Wir sehen uns…»[162]
Sie küsst ihren Bruder auf die Wange und wendet sich ab zum Gehen, noch ehe er etwas sagen kann. Doch Zeus kann darauf vertrauen, dass sie in der Nähe bleibt.
Die Dryaden führen Zeus in ihren Hain und zeigen ihm die Reben. Sie bringen ihm von jedem Teil einer Pflanze ein Stück zum Essen: Von den zarten Wurzeln, den Zweigen, den Blättern, den Blüten und den Früchten. Und dann geschieht das, worauf er die ganze Zeit gewartet hat: Sie bringen ihm ein Lied bei. Ein Lied, mit dem er die Dryaden dieser Reben herbeirufen und sichtbar machen kann[163]. Sie freuen sich, als sich heraus-

---

[162] Der Kentaur Pholos erklärt Herakles, wie er den Erymanthischen Eber stellen kann. Drehung: Vorläufiger Abschied von Demeter.
[163] Herakles und Pholos verbringen eine schöne Zeit mit Geplauder und Gezeche, bis die anderen Kentauren kommen; der Abend endet im hand-

stellt, wie musikalisch der Gott ist.
Nachdem Zeus das Lied gelernt hat, geschieht etwas sehr Seltsames: Eine der Dryaden nimmt die Gestalt eines leuchtenden Insekts an und setzt sich auf Zeus Hand.
«Du musst es essen», erklären ihm die anderen Geister. Der Gott schaut misstrauisch in die Runde, erkennt aber nur aufmunternde, erwartungsvolle Blicke. Also tut er, was sie von ihm erwarten, wobei er krampfhaft versucht, nicht an seinen Vater zu denken. Ein wohliges, warmes Kribbeln überströmt ihn, ähnlich der Empfindung in jenem Augenblick, als der Löwe ihm seine Seelenteile zurückbrachte. Er schließt die Augen und gibt sich dem Fühlen und in sich Hineinhorchen hin. Als er die Lider wieder öffnet, halten ihm die Dryaden einen großen Beutel voller sorgfältig eingepackter Stecklinge[164] hin. Der Donnerer bedankt sich bei den Pflanzengeistern für diese unglaublich wertvolle Gabe, indem er sich verneigt. Sie tun es ihm gleich. Dann verabschieden sie sich voneinander.

Als der Gott zu den Wurzeln des Weltenbaumes zurückkehrt, sind die Nymphen immer noch da, sie halten den Raum um den Kokon zuverläßig frei von feindlichen Geistern, indem sie ihre getrockneten Kräuterbündel nie ausgehen lassen und sofort durch neue ersetzen, wenn die alten heruntergebrannt sind. Als er sich umblickt, steht auch schon Mimameid neben ihm. Irgendwie sieht sie heute anders aus. Größer, kämpferischer. Zeus zeigt ihr das Geschenk, das ihm die Dryaden mitgegeben haben, und erzählt ihr, dass er sich mit ihnen versöhnt und verbündet hat. Nun kennt er seine nächste Aufgabe, weiß, wo seine Hilfe am dringensten gebraucht wird. So, wie sich die Dinge entwickelt haben, muss er sich jetzt um Demeter und die Welt der Lebenden kümmern. Seinen Bruder weiß er in guten Händen.
«Dann ist jetzt der Zeitpunkt gekommen, an dem du in die mittlere Welt

---

festen Streit. Drehung: Zeus und die Dryaden legen ihren Streit bei und sie lehren ihn ein schamanisches Kraftlied.

[164] Seit Herakles bei der Hydra war, verwendet er immer Pfeile, die er in Hydragift getaucht hat und die tödlich sind. In der Drehung werden sie lebensspendend: Stecklinge von Dionysos' heiligen Reben, welche Wasser holen und trockene Gebiete fruchtbar machen können.

zurückkehrst[165]», entscheidet Mimameid. «Die Stecklinge können nicht warten, sie sollten schnell an ihren neuen Standort. Bevor du aufbrichst, möchten wir Geister dir allerdings noch etwas mitgeben, etwas, das Aïdoneus und seine Helfer gefunden haben.»
Der Regengott ist hin- und hergerissen. Er freut sich, denn er weiß, dass sie von seinen göttlichen Kräften[166] spricht. Doch hatte er insgeheim gehofft, sein Bruder würde sie ihm persönlich überreichen.
Mimameid blickt ihn erwartungsvoll an. So setzt er sich auf die Fersen und schließt die Augen, wie es ihm der Löwe gezeigt hat, als der ihm die verlorenen Seelenteile brachte.
Die Geisterkönigin kommt ganz nahe an ihn heran und vollzieht dasselbe Übergaberitual wie der Löwe: Sie haucht ihm seine Kräfte ein, dann tritt sie von ihm zurück[167].
In sich hineinlauschend spürt Zeus, dass alles anders ist als zuvor: Er spürt sofort, dass er wieder in der Lage sein wird, die Gestalt beliebig zu verändern und in den Himmel aufzusteigen[168].
«Wie fühlst du dich?», will Mimameid wissen.
Der Regengott öffnet die Augen. «Besser», sagt er, «viel besser.»
«Deine restlichen Kräfte, der Wetterstrahl[169]...», beginnt sie.
«Ich weiß», sagt er, betont geduldig, «die bekomme ich erst zurück, wenn aus der Welt geschafft wurde, was zwischen mir und Aïdoneus steht[170].»

---

[165] Die Geschichte vom Donnergott und Mimameid folgt dem Plot vom Weg des Wassers: nachdem der Regen vom Himmel gefallen ist und in die Unterwelt versickert, hat sich nun ein unterirdischer Bach gebildet, der schon viel Macht gewonnen hat. Jetzt kommt das Wasser bei der Quelle wieder an die Oberfläche.
[166] Die Kerynitische Hirschkuh steht für göttliche Kräfte des Zeus. Der herrliche Hirsch taucht auch in der Odyssee auf.
[167] Apollon und Artemis erscheinen, sie wollen Herakles die Hirschkuh mit dem goldenen Geweih wieder abnehmen. Leto, Apollon und Artemis sind Spiegelbilder des Großen Dreifußes Mimameid. Bringen, nicht nehmen.
[168] Herakles darf die Hindin nicht töten, er fesselt sie (mit einem Pfeilschuss oder einem Netz). Drehung: Zeus gewinnt Freiheiten und Spielraum zurück.
[169] Die Hirschkuh ist schneller als ein Pfeil. Drehung: Zeus bekommt also zuerst seine «langsamen» Kräfte zurück.
[170] Eurystheus hofft, dass Artemis sich an Herakles rächen werde, wenn er ihre heilige Hirschkuh fängt. Gegenteil: Versöhnung

Sie blickt ihn wohlwollend an. «Du hast Hera gefragt, ob die anderen Götter dich noch für würdig halten, der Himmelskönig zu sein. Falls du mich zu diesen anderen Göttern hinzuzählst… meine Stimme hast du.»
Zeus staunt sie an. Was sie da gerade gesagt hat, ist eine wirklich große Ehre. Er neigt dankend und gerührt das Haupt vor der großen Mimameid.
«Aïdoneus hätte meine Kräfte auch für sich behalten können um noch mächtiger zu werden[171]», überlegt er dann laut. «Er ist wirklich ein feiner Kerl. Richtest du ihm das von mir aus, wenn du ihn siehst?»
Mimameid lächelt und nickt. «Das mache ich gerne. Aïdoneus musste härter lernen als jeder andere, dass große Macht auch immer mit vielen Pflichten einhergeht…»
Zeus kann sich den Rest ihres Satzes selbst zusammenreimen. Einige Dinge würde sich der Sturmgott niemals nehmen lassen. Unter anderem Tanzpartys mit Baumgeistern in der Freizeit, ein fröhliches Gezeche… Der Wind- und Weingott war noch nie derjenige, der es ertragen konnte, nur noch Pflichten zu haben. Zeus denkt darüber nach, wie sehr ihn Aïdoneus manchmal geärgert hatte, wenn er fand, er solle das mit dem Arbeiten für heute mal gut sein lassen und mit ihm feiern kommen. Darum waren sie aneinander geraten. Aber auch genau deswegen ist Aïdoneus genau der Richtige als König der Unterwelt, der immerzu die Kräfte anderer Wesen in den Händen hält. Er hat noch nie neidisch auf die Macht seiner Gefährten geschielt, sondern immer das zu schätzen und zu genießen gewusst, was er hat.
Der Regengott versteht Mimameid; es gibt viele gute Gründe, den Sturmgott von Herzen gern zu haben.

Die Sonne steht hoch am Himmel, der Hochsommer steht vor der Tür[172].
Die Welt der Lebenden stöhnt jetzt schon unter Trockenheit und Hitze, obwohl die heißeste Zeit des Jahres noch ansteht.
Die Menschen in den Dörfern klagen gegenüber Alkides ihr Leid und er-

---

[171] König Eurystheus will die Hirschkuh unbedingt behalten, sie entwischt ihm aber und entkommt zurück in die Freiheit. Drehung: Aïdoneus gibt Zeus seine Kräfte bereitwillig zurück. Die Kräfte kommen wieder zu ihrem Herrn, wo sie hingehören.
[172] In der Vorwärtsgeschichte schickt Hera einen Krebs, der Herakles angreift, während er mit der Hydra kämpft. Er zertritt ihn mit dem Fuß. Das Sternbild Krebs steht für die Zeit der Sommersonnwende, das Gegenteil von Fuss ist Kopf (Anfang); es beginnt also die heißeste Jahreszeit.

zählen, dass sie sich nicht daran erinnern könnten, dass es so lange nicht geregnet habe. In anderen Jahren hätte wenigstens mal ein Gewitterregen die größte Not gelindert, aber selbst solche Ereignisse würden seit Langem ausbleiben.
Zeus händigt den Menschen von seinen kostbaren Stecklingen aus. Er weiht sie in das Geheimnis dieser Pflanzen ein, zeigt ihnen, wie sie zu ziehen sind und bringt ihnen das Lied bei, das die Dryaden der Reben so lieben. In der Nacht tränkt der Gott die jungen Pflanzen mit Tau[173].
Natürlich entgeht den anderen Göttern nicht, dass der Regengott bei den Menschen schuftet. Wie Zeus in der größten Mittagshitze versucht, mit zarten Dunstwolken die Plantagen zu schützen, taucht plötzlich Hermes bei ihm auf.
«Was machst du da?», will der Feuergott wissen, «bist du jetzt Gärtner geworden?»
Zeus brummt etwas Unverständliches im Tonfall von «lass mich in Ruhe».
«He, es gibt keinen Grund, unfreundlich zu werden!», ruft Hermes aus. «Ich helfe dir die ganze Zeit und man wird ja wohl noch fragen dürfen.»
Zeus ärgert sich.
«Schau dich mal um! Siehst du nicht, wie alle leiden?», knurrt er.
Der Feuergott macht große Augen, dann beginnt er zu lachen.
«Ach Zeus, was bist du doch für eine Miesmuschel! Immer musst du schimpfen und poltern! Schau du dich selbst um, es ist herrlich! Wärme, Sonnenschein, blauer Himmel! So mögen Apollon und ich die Welt!»
Er hüpft um Zeus herum. «Die Menschen lieben mich. Abends machen sie im Freien Feuer, setzen sich darum, braten Fleisch und reden. Es ist eine wunderschöne Zeit. Deine kommt dann wieder im Herbst.»
«Die Menschen schlachten die Tiere, weil sie kein Wasser mehr haben, um sie zu tränken», faucht Zeus den Feuergott an, «dies ist schon lange kein normaler Sommer mehr! Diese Pflanzen hier sind ein Geschenk von Aïdoneus, damit nicht noch mehr Menschen und Tiere verdursten[174].»

---

173 Der Hydra wachsen sogar im Kampf mit Herakles noch Köpfe nach, ihre Regenerationsfähigkeit ist monströs und muss unterbunden werden. Drehung: Zeus versucht, trotz widrigster Umstände etwas gedeihen zu lassen, ein schwieriges Unterfangen.
174 Herakles Neffe Iolaos ist dem Helden eine große Hilfe: Er fährt ihm den Wagen und hilft ihm, das Nachwachsen der Hydraköpfe zu verhindern, indem er sie ausbrennt. Drehung: Der Feuergott pfuscht dem Re-

Hermes hat wenig Verständnis für Zeus.
«Anpflanzen hättest du im Frühling müssen, jetzt ist es zu spät, die Böden sind hart und trocken, das weiß sogar ich und ich bin der Feuergott. Du kannst nicht immer anderen Leuten die Schuld dafür geben, dass du die Dinge verkehrt herum anpackst.»
Als Hermes das Wetterleuchten in Zeus Augen sieht, wird ihm klar, dass dem gleich der Geduldsfaden reißen wird. Aber er zündelt einfach zu gerne.
«Ja, manchmal tut die Wahrheit weh, ich weiß! Der Sommer war noch nie deine Zeit! Aber du kannst einfach nicht zugeben, dass du nicht immer das Sagen hast, dann musst du wieder Rumpeln und Gewittern, weil du in deiner Eitelkeit fürchtest, die Lebewesen könnten dich vergessen!»
Hermes sieht genüsslich zu, wie es in Zeus immer mehr kocht. Aber was kann ihm der ohnmächtige Himmelskönig schon anhaben? In Götterkreisen hat sich längst herumgesprochen, dass mit Zeus etwas nicht stimmt, man munkelt, er könne keine Blitze mehr schleudern. Hermes kann nicht anders, er muss das jetzt einfach austesten. Er kratzt sich wohlig den Bart, schielt hinüber in Zeus Gesicht und merkt an:
«Ich muss zwar sagen, in letzter Zeit hast du dich vornehm zurückgehalten. Du scheinst Fortschritte zu machen...»
Jetzt reicht's.
Die Donnerkeule trifft den Feuergott mit voller Wucht am Kopf[175]. Hermes taumelt rückwärts, kommt wankend zum Stehen, spuckt Ichor, nuschelt noch etwas Drohendes, bevor er angeschlagen das Weite sucht.
Die Menschen, welche Mittagsruhe gehalten haben, recken die Köpfe aus ihren Häusern. Sie wundern sich, warum es so geknallt hat. Alles, was sie sehen können, sind ein paar Dunstwolken, doch die Hitze lässt an diesem

---

gengott ins Handwerk, indem er dafür sorgt, dass die Pflanzen vertrocknen.

[175] Das Kopf- und Fußmotiv: Auch in dieser Sage liefert es wichtige Anhaltspunkte, wie die Sage zu falten und zu lesen ist: Herakles vergräbt den Kopf der Hydra und rollt einen Stein darüber. Gegen Ende der Sage bekommt Herakles nasse Füße, während Nessos seine Frau über den Fluss trägt. Zwischen diesen beiden Markierungen kann die Sage recht einfach rückwärts gelesen werden, doch davor und danach müssen viele Szenen übereinandergelegt oder gar gefaltet werden, es herrscht oft Zeitgleichheit.

Nachmittag ein wenig nach[176].
Zeus ärgert sich über sich selbst, weil er sich nicht zurückhalten konnte. Aber was zu viel ist, ist zu viel. Jetzt müssen er und Demeter die Folgen tragen: Zwar gedeihen die heiligen, von den Dryaden geschützten Reben, doch Zeus kommt es so vor, als würde für jeden Steckling, den er anpflanzt, andernorts zwei weitere Pflanzen eingehen[177]. Hermes ist mit seiner Beule am Kopf schnurstracks zum Sonnengott gerannt, um sich zu beklagen. Da hocken die zwei nun, tratschen böse über Zeus und rächen sich, indem sie Demeter quälen und dem Regengott so vor Augen führen, dass er als König nicht in der Lage ist, die Seinen zu beschützen. Wenn Zeus Regen fallen lässt, lassen die zwei sofort alles verdunsten, denn ohne Hilfe von Aïdoneus kann Zeus die Wolken nicht über den ganzen Himmel verteilen, um Apollon auszusperren. Auch half der Sturmgott immer dabei, die höllische Hitze, die Hermes so mag, in den Okeanos hinaus zu blasen. Aber das geht jetzt alles nicht.
In seinem ganzen Dasein hat Zeus noch keinen so schlimmen Sommer erlebt. Alle wissen in der Zwischenzeit, dass er keine Blitze mehr schleudern kann, aber keiner ist so dumm, ihm so nahe zu kommen, dass er die Keule abkriegen könnte. Demeter zieht sich immer weiter zurück, nur in den heiligen Hainen und in den Sümpfen kann Zeus sie noch besuchen. Hera tröstet Zeus zwar nachts mit ihrem wunderschönen Sternenhimmel, doch sie weigert sich, Apollon früher nach Hause zu schicken. Die Dinge müssen ihre Ordnung haben, jedes Gestirn zur rechten Zeit am rechten Ort sein, da ist die Himmelskönigin pedantisch.

Der Regengott sitzt in der Nähe des jüngsten Rebenhains, den die Menschen mit seiner Hilfe gepflanzt haben. Er hat beim Arbeiten gespürt, dass sie immer mehr die Hoffnung verlieren. Sie reden darüber, an einen

---

[176] In der Faltung kommt an dieser Stelle Kerberos, der große Hund. Dieses Sternbild steht für die heißesten Tage des Jahres (Hundstage). Herakles schießt auf Aïdoneus (er wird in der Sage an dieser Stelle allerdings König Pluton genannt, dieser Name steht für den König des unterirdischen Reichtums, in der Drehung bekommt man dann irdischen Mangel, also ist wohl der Feuergott gemeint, der König der Diebe), dieser flieht verletzt zu Apollon.
[177] Bei der Hydra ist es so, dass für jeden Kopf, den Herakles ihr abschlägt, zwei nachwachsen. Drehung: Für jede Pflanze, die Zeus zieht, gehen zwei ein.

anderen Ort zu ziehen. Aber was würde es nützen? Zeus ist klar, dass auch dort alles Wasser wieder verdunstet, kaum dass es vom Himmel gefallen ist. Er rennt sich die Seele aus dem Leib ohne Aïdoneus' Hilfe. In einigen Dörfern gab es unter den Menschen schon Mord und Totschlag um Wasser und Vorräte. Immer wieder sieht er die Kadaver toter Tiere, die elendiglich verdursteten.

Müde lehnt er den Kopf gegen den Stamm des Baumes, auf dessen unterstem Ast er sitzt. Er muss einen Augenblick die Augen schließen.

Wie er so entspannt, fällt ihm ein Lied ein. Er kennt es nicht, er hat es nie zuvor gehört, aber er beginnt, es zu summen. Singen kann nie schaden, wenn einen sonst nichts aufmuntert.

Jemand bläst ihm ins Ohr. Zeus wedelt genervt mit der Hand neben seinem Kopf, aber da ist niemand. Er öffnet die Augen und hört auf zu singen. Er ist allein. Als er weitersingt, schnaubt es wieder neben seinem Ohr, diesmal laut und deutlich. Der Regengott wird hellwach. Alastor hatte diese Marotte. Das schwarze Sturmross zeigte Zeus seine Liebe immer, indem es ihm ins Ohr schnaubte und ihn dann auf die Wange küsste.

«Alastor?», fragt Zeus in die Leere. Zu seinem Erstaunen wird der große, schwarze Hengst neben ihm sichtbar, nimmt Gestalt an aus dem Nichts, vergleichbar mit Rauch, nur umgekehrt. Neben ihm drei weitere Rosse, Zeus kennt sie alle; Orphnaios, Nykteus, Aethon[178]. Sie sind vor einen goldenen Streitwagen geschirrt, der jetzt auch sichtbar wird. Aïdoneus erscheint zuletzt, er grinst übers ganze Gesicht, als er durch Streitwagen und Pferde hindurch auf Zeus zukommt, als wäre dies das Normalste der Welt. Er bleibt vor seinem Bruder stehen, während sein Gespann sich hinter ihm wieder gespenstisch auflöst. Der geisterhafte Sturmgott macht keinen Hehl daraus, wie viel Spaß ihm dieser Auftritt macht, der noch viel wirkungsvoller ist als früher das Absetzen des Tarnhelms.

Zeus bringt in diesem Augenblick kein Wort heraus, kann nur staunen. Aïdoneus sieht gut aus, etwas blasser als früher. Die schwarzen, goldgesäumten Gewänder an ihm sind ungewohnt, doch sie passen zu seinen

---

[178] Herakles muss als erste Arbeit den Nemeischen Löwen besiegen. Die Drehung Löwe-Vier Pferde hatten wir schon, nur umgekehrt. Der Löwe ist vollständig gepanzert, sodass Herakles ihm die Luft abdrücken muss. Gepanzert - geisterhaft; nicht mehr atmen können - der Windgott kehrt zurück.

glänzenden, schwarzen Haaren und zum Geisterkönig überhaupt.
Zur Überraschung des Regengottes betrachtet Aïdoneus seinen müden, abgekämpften Bruder freundlich und mit Wohlwollen[179].
«Du hast gesungen», sagt er.
«Wenn ich gewusst hätte, dass du dann auftauchst, hätte ich das schon viel früher getan», erwidert Zeus matt. Er kämpft gegen seine Müdigkeit an und nimmt all seinen Mut zusammen.
«Aïdoneus… was ich getan habe… es war so falsch. Du ahnst nicht, wie leid es mir tut und wozu ich bereit bin, damit du mir vergibst[180].»
Der Sturmgott blickt seinem Bruder ernst ins Gesicht, er kommt ganz nahe an Zeus heran.
«Du kannst dir nicht vorstellen, wie sehr ich dir gezürnt habe, ich wusste selbst nicht, dass ich derart wütend werden kann. Nicht nur dir hatte ich Rache geschworen, allen, die mich im Stich gelassen haben und auch den Geistern wegen dieses schrecklichen Überfalls. Sie haben meinen Zorn zu spüren bekommen, das darfst du mir glauben.»
Zeus kann sich in etwa vorstellen, was in den Geisterwelten los war, als sein Bruder vor Wut durchdrehte und Jagd auf all ihre Bewohner machte. Ihm wird eng im Hals.
Aïdoneus spricht weiter.
«Weißt du noch, wie wir nach unserem ersten Sieg über Kronos Lose zogen? Übermütig waren wir und glaubten, die Welt gehöre uns, redeten davon, sie zu beherrschen.»
Zeus nickt nachdenklich, zustimmend.
«Sie hat uns gezeigt, dass es umgekehrt ist», sagt er leise. «Als ich dich da unten liegen sah, so fürchterlich zugerichtet… habe ich mich mit dem Weltenbaum angelegt… aber Mimameid war eine Nummer zu groß für

---

179 Herakles tritt unverwundbar eingewickelt in das Löwenfell vor Eurystheus hin. Dieser erschrickt so sehr, dass er in einen Bronzetopf hüpft, um sich vor dem Monster zu verstecken, was er von nun an öfters tut. Trotzdem muss Herakles dem Hochkönig dienen, auch weil er hofft, so seinen Wahnsinn loszuwerden. Drehung: Aïdoneus kommt aus dem Kokon, er wird wiedergeboren. Als Geisterkönig und unsterblicher Gott tritt er vor den geschwächten Zeus hin, im diesem Augenblick ist Aïdoneus sogar der Herr über den Donnerkeil. Zeus hat alles getan, um seinen Bruder, der auch der Gott des Wahnsinns ist, wiederzubekommen.
180 Herakles hofft, dass er durch Sühne den Wahnsinn loswird. Also hofft Zeus, dass er dank Vergebung seinen Bruder zurückbekommt.

mich. Sie hat mich am Leben gelassen, aber meine Kräfte wurden in alle Welten zerstreut[181]. Nein, wir sind Teil von ihr und sollten dem Ganzen dienen.»

Der Sturmgott schweigt eine Weile, bevor er darauf etwas sagt.

«Trotz allem, was wir leiden mussten: Mimameid meint es gut mit uns. Wir wurden eingeweiht in die tiefen Geheimnisse der Welten und des Lebens. Es ist viel geschehen, seit unser Streit schlimme Folgen über uns brachte. Ich habe Heilung erfahren und ich habe dir vergeben. Du hast viel für mich und Demeter getan, ich habe alles gesehen. Ohne deine Hilfe würde jetzt Kronos wieder die Welt beherrschen und ich wäre in den Geisterwelten gefangen[182].»

Zeus drückt seinen Bruder stumm, ganz fest, den Tränen nah. Beide wissen, dass sie sich in diesem Augenblick besser verstehen und mehr teilen als jemals zuvor.

Der Regengott ist einerseits unendlich froh, andererseits besorgt, denn kaum ist der Sturmgott zurück, muss er ihn auch schon wieder um Hilfe bitten[183].

«Alle Götter sind mittlerweile ziemlich sauer auf mich», gesteht er Aïdoneus. «Wie schlecht es Demeter geht, siehst du ja. Hermes und Apollon machen, was sie wollen, Ares findet es von Tag zu Tag spannender, was Athene in solchen Zeiten macht, bleibt undurchsichtig, Hera versteckt sich in ihrem Himmel, Hephaistos in seiner Werkstatt und die anderen fühlen sich von mir im Stich gelassen, ganz besonders Artemis, der die geliebten Tiere verdursten. Auch Poseidon redet nicht mehr mit mir, weil

---

[181] Als das Orakel von Delphi dem Helden den Dienst bei Eurystheus auferlegt, dreht dieser wieder durch, schnappt sich den Dreifuß der Pythia und verlangt einen besseren Orakelspruch. Drehung: Zeus leistet freiwillig Wiedergutmachung; es ist «der große Dreifuß», der ihn packt und verschleppt, er kann sich dem Schicksal nicht in den Weg stellen.

[182] Hera schickt den Brüdern Iphikles und Herakles zwei Schlangen ins Kinderbett. Herakles erwürgt die Schlangen und rettet seinen Bruder. Drehung: Es ist nur eine Schlange, aber die Brüder müssen sich ihr in der Geisterwelt ein zweites Mal stellen, dieses Mal jeder allein und als erwachsene Götter. Während Heras Plan nicht aufgeht, tappt Kronos in die Falle, die Mimameid ihm stellt. Somit wird es Zeit immer nur in der mittleren Welt geben.

[183] Herakles muss, um Sühne für seine Wahnsinnstat zu leisten, bei Eurystheus vorsprechen und ihm seine Dienste anbieten. Drehung: Zeus braucht die Hilfe von Aïdoneus, dem Gott des Sturms und des Wahnsinns.

in allen seichten Gewässern die Fische mit dem Bauch nach oben schwimmen.»
«Etwas in der Art habe ich mir gedacht», sagt Aïdoneus, der aufmerksam zugehört hat. Anstelle einer Antwort ergreift er Zeus bei den Schultern und sagt:
«Schließ die Augen, ich habe etwas für dich.»
Der Regengott hofft zu wissen, was jetzt kommt und tut, wie geheißen. Er wird nicht enttäuscht. Aïdoneus gibt ihm alle Kräfte zurück, die er in den vergangenen Kämpfen eingebüßt hat.
Zum Schluss haucht er ihm auch noch die Macht über den Blitzstrahl ein. Als Zeus die Augen öffnet, fühlt er, weiß er, dass er kräftiger und mächtiger ist denn jemals zuvor, es ist ihm bereits unmöglich, sich daran zu erinnern, wie er eben noch abgekämpft dasaß[184].
«Wir haben viel zu tun», sagt Aïdoneus unternehmungslustig. Zeus nickt grimmig. Er hat seine Kräfte zurück. Er hat seinen wichtigsten Verbündeten wieder. Jetzt werden sie allen zeigen, wer auf dem Olymp das Sagen hat.
Der Sturmgott äussert einen Wunsch.
«Könntest du heute mal schwarze Wolken machen? Ich verstehe schon, dass du Weiss auf Blau am schönsten findest, aber wenn du für die Geister eine gelbe machen konntest, dann kannst du sie jetzt mir zuliebe auch mal richtig düster gestalten. Für diese Party ist es die ideale Farbe, glaube mir, deine Blitze werden viel besser zur Geltung kommen.»
Aïdoneus hat recht; für Zeus war immer klar, dass Wolken weiss sein müssen. Bevor Persephone bei ihm vorgesprochen hat, ist ihm noch nie in den Sinn gekommen, dass man sie anders färben könnte als weiss, denn wenn sich erst noch Eos[185] in den weissen Wolken spiegelt, gibt es nichts Schöneres.
Aber der Geisterkönig hat recht. Heute müssen die Wolken nicht schön sein. Also schwarz, bitte sehr. Wenn Zeus seinem Bruder damit eine Freude macht[186] und die Wolken dessen neue Lieblingsfarbe tragen sol-

---

[184] Das Wasser wird auf dem Weg Richtung Meer immer mächtiger, bis es wieder in den Himmel aufsteigt.
[185] Die Göttin der Morgenröte
[186] Unwillig und voller Verzweiflung nimmt Herakles die Aufträge von Eurystheus entgegen. Drehung: Zeus erfüllt Aïdoneus einen Wunsch mit Freude.

len, kein Problem. Und das, was Aïdoneus über die Blitze gesagt hat, klingt einleuchtend.

Als Zeus anfängt, tiefschwarze Wolken zu formen und die ersten Tropfen auf den Boden trommeln, kann der Regengott sehen, dass Aïdoneus nicht ohne Gefolge angereist ist. Ein gewaltiges Heer von Geistern wird in der Dunkelheit unter der Wolke sichtbar.

Zeus ist begeistert.

«Sind sie alle gekommen, um Demeter zu helfen?», fragt er.

Aïdoneus nickt und lacht.

«Es stimmt, sie werden euch dabei helfen, die Felder wieder fruchtbar zu machen[187]; doch ich habe sie auch mitgebracht, weil sie so scheußlich schön heulen und singen, dass alle, die es hören, vor Schreck Reißaus nehmen.»

Das kann sich Zeus gut vorstellen, immerhin hat er den seltsamen Musikgeschmack der Geister in letzter Zeit ausgiebig studieren können. Also lässt er immer mehr von den tiefschwarzen Wolken entstehen, der Sturmgott verteilt sie über das Firmament.

Als die Menschen sehen, was sich da am Himmel zu türmen beginnt, wissen sie, dass sie nicht mehr viel Zeit haben, um alles in Sicherheit zu bringen, was nicht niet- und nagelfest ist. Seit langer Zeit hat sich kein Lüftchen mehr geregt, aber jetzt weht der Wind wieder, wird immer stärker und dazu heult er, dass es jedem, der es hört, durch Mark und Bein geht. Der unheimliche Wind trägt die tiefschwarzen Wolken her, wie sie noch nie von Göttern, Mensch und Tier erblickt wurden. Vereinzelt zucken erste Blitze, sie heben sich hell ab vor der nachtschwarzen Wolkenwand. Natürlich wissen auch die Götter, was das bedeutet: Aïdoneus ist auferstanden, er hat den Thron der Unterwelt bestiegen und er hat sich auf Seiten von Zeus und Demeter geschlagen. Aber nicht nur das: Der Sturm-

---

187 Herakles führt die Thebaner in den Krieg gegen die Minyer, weil diese Tribute von ihnen fordern: Jedes Jahr hundert Kühe. Damit ist der Lohn für all ihre Mühen und Arbeit dahin. Auslöser für den Krieg war, dass Herakles den Boten die Ohren, Nasen und Hände abhackte und sie ohne Kühe zurückschickte. Drehung: Die Geister sind gekommen, um zu heilen und dafür zu sorgen, dass die Arbeit der Bauern sich wieder lohnt.
Im Krieg gegen die Minyer verliert Herakles' Vater Amphitryon das Leben. In der Drehung können wir davon ausgehen, dass also Dionysos aufersteht und Heilung bringt.

gott hat Zeus auch seine Kräfte zurückgebracht[188]. Damit ist allen klar, die gemeinsame Sache mit Hermes und Apollon gemacht haben: Jetzt gibt es Ärger.
Als erstes wird der Sonnengott vom Geschehen ausgeschlossen, der Tag wird zur Nacht[189]. Der Sturm trägt die Hitze fort, die Hermes so liebt. Zeus hält das Versprechen, das er den Dryaden gegeben hat: Der Regen beginnt sanft, sodass die wertvollen Böden und die frisch gepflanzten Stecklinge nicht weggeschwemmt werden. Doch dann zeigt der Regengott, wem der Himmelsthron gehört; dem Herrn über Regen, Blitz und Donner. Als die zwei Brüder den Olymp erreichen, ergreifen die anderen Götter die Flucht vor ihnen, verstecken sich in ihren Zimmern und unter Möbeln. Schließlich kriegt der Sturmgott den sich windenden und winselnden Feuergott in die Finger, er bringt ihn zu Zeus und lässt ihn vor dessen Füße fallen. Nun führt dieser Aïdoneus mit Vergnügen sein neustes Spielzeug vor, das der Sturmgott noch nicht gesehen hat: Eine riesige Keule aus Geisterholz von Mimameids Wurzeln. Nachdem der Feuergott seine Tracht Prügel bezogen hat, sucht er das Weite[190]. Die Brüder lassen ihn, denn so ist das bei den Unsterblichen: Man rauft sich, um sich später irgendwann wieder zusammenzuraufen[191].

Der Wind weht frische Luft zum Atmen her, der Himmel ist wolkenverhangen, es regnet in Strömen. Demeter atmet auf, ihre Pflanzen und Tiere bekommen zu trinken und werden von den Lebensgeistern gepflegt, die der Sturmgott mitgebracht hat. Aïdoneus und Zeus haben den Himmel für

---

188 Alkmene verwechselt Zeus mit Amphitryon, als der echte Ehemann nach Hause kommt, bemerkt Alkmene, dass wohl ein Gott zu Besuch war, der genauso aussah. In der Drehung wissen die Götter genau, mit wem sie es jetzt zu tun kriegen, obwohl sich vieles geändert hat.
189 Diese «Nacht» schneidet den Tag entzwei. In der Vorwärtsgeschichte lässt Zeus die Nacht mit Alkmene doppelt so lange dauern, wie eine normale Nacht, also gibt es hier nur zwei halbe Tage.
190 Herakles wird vom Wahnsinn befallen, er dreht durch und bringt die eigene Familie um, niemand im Hause kann ihn daran hindern. Nur sein Neffe Iolaos überlebt; der Wahn legt sich, als das Kind den Onkel anspricht. In der Drehung holt sich Zeus mit Hilfe seines Bruders (dem Gott des Wahnsinns) Heim und Familie zurück, nur der Feuergott muss daran glauben.
191 Um Alkmene heiraten zu dürfen und König zu werden, muss Amphitryon Viehdiebe einfangen. Drehung: Den König der Diebe laufen lassen.

sich.
«Tanze mit mir!», ruft der Sturmgott und wirbelt fröhlich um seinen Bruder herum[192], er ist in Feierlaune.
«Ich tanze nie, das weißt du ganz genau», antwortet der Regengott; er klingt aber nicht so ablehnend wie andere Male, dafür ist seine Stimmung viel zu gut, schließlich kann er seinen Bruder jetzt immer sehen, wenn er die Tropfen trommeln lässt, was früher nicht möglich war, als er den Helm trug. «Ich wüsste nicht, wozu die Tanzerei gut sein soll.»
«Ganz einfach», antwortet Aïdoneus, «es macht glücklich. Und deine Geisthelfer bleiben bei dir.»
Zeus findet zwar, er sei schon glücklich. Aber er lässt sich überreden, er hat Aïdoneus einfach zu sehr vermisst, als dass er ihm jetzt einen Gefallen abschlagen möchte. Also lässt der Regengott die Tropfen hoch aufspringen und der Sturmgott zerstäubt sie in alle Richtungen.
Nicht nur die beiden Götter tanzen, auch viele Menschen; alle Kinder verlassen ihre Häuser und hüpfen jauchzend im Regen herum, liefern sich einen Wettkampf mit den hochspritzenden Tropfen.
Es ist ein herrlicher Spaß.
«Du hast mit einem Geist getanzt, du hast mit einem Geist getanzt!», neckt der herumwirbelnde Sturmgott lachend, «dabei hast du behauptet, dass du das nie tun würdest!»
«Stimmt, das habe ich», gibt Zeus gutmütig zurück, «aber du hast gesagt, dass die Geisthelfer bei einem bleiben, wenn man tanzt. Wie du siehst, hat das Folgen für dich!»
«Für dich aber auch! Denn wenn man nicht immer wieder tanzt, gehen sie weg!», lacht der Geisterkönig.
Zeus hat also gute Gründe, wenn er die Tropfen manchmal richtig hoch springen lässt.

Die anderen Götter wagen, aus ihren Verstecken hervorzukriechen[193]. Da

---

[192] Mit einer herabsinkenden Wolke hilft Zeus Amphitryon, seine Gegner einzukreisen. In der Drehung breiten sich die Wolken aus, steigen auf und vertreiben alle.

[193] Herakles zieht mit den Menschen in den Krieg gegen die Minyer und mit den Göttern und Dionysos gegen die Giganten. Zeus legt also seinen Streit mit den anderen Göttern und dem Weltenbaum bei. Die Giganten werden alle unter Inseln und Landschaften begraben, also kommen die

die Laune der beiden mächtigen Brüder blendend zu sein scheint, können sie hoffen, dass die sich nicht an ihnen rächen werden[194].
Sie laden Zeus und Aïdoneus ein, mit ihnen auf dem Olymp zu essen und zu feiern[195]. Außerdem sind sie neugierig, was die beiden erlebt haben.

Also sitzen sie einige Zeit später an der Festtafel auf dem Olymp und Zeus erzählt als Erster, wie er sich wegen Aïdoneus mit dem Weltenbaum anlegte, seine Kräfte verlor, dafür aber den Donnerprügel bekam[196]; durch die Unterwelt irrte auf der Suche nach seinem Bruder und ihn schließlich bei Mimameid fand, die ihn beauftragte, Aïdoneus Körper vor Kronos und feindlichen Geistern zu schützen[197]. Wie er zurückkam und geschwächt überall in der Welt gegen die Dürre ankämpfte[198], bis der Sturmgott endlich wiederkehrte.

Götter wieder aus ihren Verstecken hervor. (Wenn man ganz wörtlich dreht, haben sie sie sich in Kochtöpfen verkrochen).

194 Am Ende der Gigantomachie belohnen die Götter Herakles. In der Drehung verzichtet Zeus darauf, sie zu bestrafen.

195 Herakles und Dionysos kämpfen mit den Göttern gegen die Giganten. Also versöhnen sie sich hier, auch mit dem Weltenbaum. Hermes kämpft unsichtbar, weil er den Tarnhelm des Aïdoneus trägt (die Hadeskappe). In der Drehung wissen alle, dass sich Hermes versteckt hat, aber es vermisst ihn auch keiner.

196 Als Zeus zu Ohren kommt, es gäbe ein Kraut, mit dem Gaia die Giganten unsterblich machen könne, macht er sich sofort auf die Suche nach diesem Kraut, um es als Erster zu finden. In der Drehung wissen wir natürlich, dass es nur eine Pflanze gibt, die einen Gott töten und wiederauferstehen lassen kann: Den Weltenbaum. Und ja, es ist der Donnergott, der als einziger jemals von Mimameid ein Stück Holz geschenkt bekommen hat.

197 Herakles muss Kühe hüten. Dabei macht er sich auf die Suche nach einem Löwen, der die Herden bedroht. Unterwegs zeugt er 51 Kinder. Drehung: Die Zahl 51 steht für das Jahr, ein Hinweis sowohl auf Mimameid wie auch auf Kronos. Das Gegenteil von «viele Söhne» ist «eine Mutter», dass der Löwe für Aïdoneus steht, der beschützt werden muss, kennen wir schon.

198 Amphitryon sorgt dafür, dass Herakles beste Lehrer bekommt beim Wagenlenken, Bogenlenken, Musizieren. Dabei erschlägt Herakles den greisen Musiklehrer Linus, als der ihn tadelt. Drehung: Zeus ist als Lehrer in der Welt unterwegs (Weinbau). Allerdings muss der Regengott gewaltig einstecken, wenn es um einen jugendlichen Gott mit Lyra geht, nämlich Apollon.

Die Stimmung bei Tisch ist launig und gemütlich, Zeus ist ein unterhaltsamer Erzähler, der keine Schwierigkeiten damit hat, auch mal über sich selbst zu lachen.
Als er endet, wollen die Götter selbstverständlich auch erfahren, was Aïdoneus in den Geisterwelten erlebt hat.
Der Sturmgott wird einen Augenblick still und nachdenklich, alle blicken ihn gespannt an, sie ahnen, dass er ihnen auch ernste Dinge zu berichten hat.
König Aïdoneus, den die Geister mit Allvater ansprechen, erzählt ihnen nicht nur seine Geschichte, sondern auch diejenige von Mimameid, dem Weltenbaum, der großen Urmutter. Deren zarte Mädchenseele sich in einen jungen Sturmgott verliebte, dessen Bestimmung es war, Gott aller Mysten und Vermittler zwischen den Welten zu werden. Doch dieser junge Gott fürchtete sich vor seiner Bestimmung, traute sich das selbst nicht zu, da er sich all seiner Macht nie bewusst war[199]. Jahrelang war er deshalb vor der Schicksalsgöttin auf der Flucht, bis sie ihm letztlich in ihrer Einsamkeit und Verbitterung so sehr zürnte, dass sie ihm eine schreckliche Falle stellte[200]. Er erzählt leise, wie er, schwer verletzt, in größter Not, die Geisterkönigin anflehte, ihn mitzunehmen, ihr schwor, alles zu tun, was sie von ihm wolle, wenn sie ihn nur nicht zerfetzt und vernichtet zurückließe[201].
Der Gott berichtet, wie er nach seinem Tod in den Geisterwelten zu sich kam, alle dort seine fürchterliche Wut spüren ließ, wie er mit Mimameid und den Geistern stritt, bis sie sich schließlich zusammenrauften, nachdem er sich bereit erklärt hatte, zuzuhören, zu lernen und Verantwortung

---

199 Als Enkelin des Perseus ist die junge Alkmene eine begehrte Partie. Drehung: Alle fürchten Mimameid. Alkmene kann aber nur denjenigen heiraten, der ihre gefallenen Brüder rächt und die gestohlenen Rinderherden ihres Vaters zurückholt. Amphitryon liebt sie so sehr, dass er sich dieser Herausforderung stellt. Drehung: Aïdoneus fürchtet sich vor der riesigen Verantwortung, die er übernehmen soll.
200 Zeus verbirgt Amphitryon vor seinen Feinden. Drehung: Aïdoneus versteckt sich vor der verliebten Schicksalsgöttin. Alkmene betrügt ihren geliebten Amphitryon unwissentlich, Mimameid-Persephone lockt Aïdoneus in eine Falle, weil ihr irgendwann der Kragen platzt.
201 Amphitryon betrachtet Herakles als Geschenk des Zeus und zieht ihn auf wie den eigenen Sohn (das Leben als Geschenk annehmen). Drehung: Aïdoneus übergibt in höchster Not Mimameid seine Seele (nicht mehr leben wollen).

zu übernehmen. Aïdoneus erzählt, dass er nicht nur neue Welten, sondern auch sich selbst, seine wahre Bestimmung, seine Macht und all seine Gaben endlich kennen und nutzen gelernt habe[202], dass er aber immer noch ein Lernender sei und es wahrscheinlich auch für immer bleiben werde.

Die Götter erfahren von den vielen Geistern, denen der Sturmgott begegnete, von ihrem Wirken und Wissen; dass diese wohlwollenden Wesenheiten in der Lage waren, die schwer verletzte Seele und den zerstörten Körper des Gottes zu heilen, sodass er wiederauferstehen konnte, als Gott und als Geist[203].

Während Zeus und Aïdoneus Erzählungen ist es Abend geworden und plötzlich bemerken die Götter eine riesige Heerschar von Geistern, die sich dem Olymp nähert: Nymphen, Dryaden, Najaden, Tiergeister. Sie bilden das beeindruckende Gefolge ihrer wunderschönen Königin, deren Erscheinen alle Götter in maßloses Staunen versetzt. Niemand kann die Augen von ihr abwenden.

Zeus begrüßt sie als Hausherr persönlich. Er führt sie freudig und stolz an den Tisch unter all die Götter zu ihrem Gemahl[204]. Alle Göttinnen und Götter sind erstaunt, dass diese entzückende, zarte Gottheit, die beinahe ein bisschen schüchtern zwischen Aïdoneus und Demeter hintritt, wo man ihr an der Tafel einen Ehrenplatz herrichtet, die übermächtige

---

202 Als Alkmene den neugeborenen Herakles aussetzt, findet ihn Athene und bringt ihn zu Hera. Diese stillt ihn, bis sie merkt, wer es ist, dann schleudert sie ihn von ihrer Brust. Doch sie hat bereits dafür gesorgt, dass er übermenschliche Kräfte bekommt. Drehung: Der in die Geisterwelten entführte Aïdoneus kann alles ablegen, was ihn blockiert, lernt, zu sich zu stehen und sein Schicksal anzunehmen, wodurch er ein sehr mächtiger Gott wird.

203 Als Herakles geboren wird, bekommt Perseus einen zweiten Urenkel: Eurystheus. In der Drehung wird aus zwei Geburten zweimal geboren. In jüngeren Varianten der Sage kommt der Zwilling Iphikles dazu, eine Anspielung darauf, dass der Allvater immer zwei Gestalten hat, Gott und Geist zugleich ist.

204 Hera verfolgt Herakles von Anfang an mit ihrem Hass. Also dürfte sich Zeus mit seiner Schwägerin sehr gut verstehen, (was er als einer der Götter der Weissagung auch immer wieder unter Beweis stellt).

Schicksalsgöttin[205] ist, die sie so sehr gefürchtet haben, dass sie aus Angst vor ihr bereit waren, einen aus ihrer Mitte zu opfern und im Stich zu lassen.

Der Sturmgott erhebt sich freudig. Er begrüßt sie zärtlich, indem er sie in die Arme nimmt und vor allen Anwesenden liebevoll küsst. Dann stellt er sie seiner Familie vor, ohne sie aus seiner Umarmung zu entlassen[206].

Die Göttin ist unendlich gerührt. Sie bedankt sich bei Aïdoneus vor allen Gottheiten dafür, dass er sie aus all ihrer Einsamkeit und Bitternis erlöst hat. Ferner sagt sie, dass alles, was sie habe, auch ihm gehöre.

Die Antwort des großen Gottes gilt allen Anwesenden.

Er habe letztlich verstanden, dass es keinen Grund gäbe, die Welt und das Leben zu fürchten oder auszusperren, im Gegenteil. Tief in seinem Herzen habe er sie schon immer geliebt und werde für allezeit der ihre sein.

---

[205] «...der Gott, der große, und das übermächtige Schicksal»: so bezeichnet Homer Aïdoneus und Persephoneia in der Ilias, Gesang 19, Vers 410, (Gespräch zwischen Achilleus und Xanthos).

[206] Alkmene ist zu bedauern: Weil in ihrer Familie eine Fehde um Thronfolge und Erbe ausbricht, verliert sie ihre Brüder. Sie darf nicht heiraten, vor ihre Brüder gerächt sind. Sie ist zwar immer in der Nähe von Amphitryon, der ihren Vater während des Feldzuges vertritt, die beiden Verliebten dürfen aber nicht heiraten. Schließlich nimmt Amphitryon die Sache selbst in die Hand, löst die Angelegenheit friedlich, indem er mit Lösegeld die Beute kauft. In der Drehung will Aïdoneus nichts von der verliebten Mimameid-Persephone wissen. Als sie die Dinge selbst in die Hand nimmt, wird es blutig. Dafür kommt es in der danach zu einer Hochzeit und zu einer Versöhnung mit der Götterfamilie. Bis Amphitryon alles geregelt hat, darf er zwar immer bei Alkmene sein, sie aber nicht berühren. Als er erfährt, dass Zeus da war, rührt er sie auch nicht mehr an. Aïdoneus und Mimameid-Persephoneia jedoch heilen sich gegenseitig, indem sie zärtlich miteinander sind und Liebe machen, natürlich, ohne jemanden um Erlaubnis zu fragen.

Die dritte Geschichte widmet sich dem Feuergott und seiner Suche nach dem Ort, wo er hingehört.

Hermes verlässt den Olymp[207]

Während die Götter auf dem Olymp feiern, befindet sich Feuergott Hermes auf der Flucht. Er weint bitterlich, Zeus hat ihn derart durchgewalkt, dass er noch tagelang nicht sitzen können wird.
Warum behandelt ihn der Regengott immer wie den letzten Dreck? Beigestanden hat er ihm, Botengänge gemacht, ihm geholfen, Kronos zu überlisten, die Geister sichtbar zu machen... Zeus ist so ein undankbarer Mistkerl! Auch Aïdoneus hat er so ungerecht behandelt, wie kann es da sein, dass der Sturmgott jetzt ausgerechnet dem hilft und nicht ihm?

Wie er so durch die Gegend irrt, verzweifelt im strömendem Regen von einem trockenen Plätzchen zum nächsten huscht, kommt ihm alles hoch, was ihm Zeus in der Vergangenheit angetan hat. Der Regengott war ihm gegenüber schon immer misstrauisch, bekämpft ihn immer wieder und brachte den Menschen bei, wie sie das Feuer zähmen können: Der kreative, lebensfrohe Gott wird gefesselt, klein gehalten und bekommt immer nur so viel Nahrung, dass er nicht zu mächtig wird und die Feuerstelle, die Lampe oder die Esse nicht verlassen kann[208].
Immerzu droht ihm Zeus mit Wasser und Feuchtigkeit, wenn er nicht kuscht und neuerdings trampelt er auch noch mit seinem neuen Prügel

---

[207] Wir lesen die Geschichte von König Ödipus gespiegelt: Ödipus ist der Bruder seiner Kinder, der Sohn seiner Frau, der Mörder seines Vaters. Der Feuergott ist der Sohn (Hermes) seines Neffen (Zeus-Prometheus), der vaterlose Sohn seiner Mutter (Hephaistos) sein Sohn ist gleichzeitig seine Tochter. Die Ödipussage spielt mit diesen kruden Familienverhältnissen, die sich aus der Natur ergeben: Feuer kann aus dem Blitzschlag entstehen, Hitze bei entsprechenden Wetterlagen, Sternschnuppen vom Himmel fallen, Lava aus dem Vulkan fließen usw.

[208] Die Geschichte von Prometheus kennt wohl jeder. Der kleine Ödipus ist zuerst ein Wunschkind, doch dann wird er wegen eines schrecklichen Orakelspruchs gefesselt und ausgesetzt. Die Löcher in den Füßen spielen auf die Flügel des Gottes an. In der Drehung wollen die Menschen das Feuer unbedingt haben, doch dann darf es nie wieder raus, muss immer bei der Feuerstelle bleiben, weil die Menschen Angst davor haben und ihm nicht vertrauen.

auf ihm herum. Dieser scheußliche Knüppel aus Holz, das nicht brennt.

Obwohl Hermes wirklich leid tut, was mit Aïdoneus geschehen ist, so waren die vergangenen Monate doch die schönsten im Dasein des Feuergottes gewesen. Nachdem Zeus und Aïdoneus sich gestritten hatten, Aïdoneus starb und Zeus in die Verbannung[209] ging, war niemand mehr da, der ihn immer unterdrückte, klein hielt und schikanierte. Noch besser: Er war der einzige, der wusste, wo die zwei waren und wie es ihnen ging. So stand er bei den anderen Göttern immer im Mittelpunkt des Interessens[210]. Natürlich hat er seine Freiheiten genossen und ja, Demeter litt wirklich darunter[211], das sah er ja ein. Aber im Gegensatz zu allen anderen hat er Zeus auch geholfen. Und Aïdoneus auch. Darum ist er jetzt todunglücklich. Nein, er will nie wieder zu diesem ungerechten und undankbaren Pack auf dem Olymp zurück und er wird sich einen Ort suchen, an dem sie ihn nicht finden werden[212].
Wenn er daran denkt, wie sie jetzt auf dem Olymp feiern, essen, tanzen, sich Geschichten erzählen und sich alle wahnsinnig toll finden, muss er wieder weinen. Wahrscheinlich gibt es keinen, der ihn vermisst. Ob Ares und Apollon mitfeiern? Er würde es diesen Schmeichlern zutrauen[213]! So

---

[209] Ödipus erschlägt den Vater und heiratet die Mutter, mit der hat er vier Kinder. In der Drehung geht Zeus in die Verbannung (das Gegenteil von heiraten ist verbannen) und Hermes lässt die Kinder von Mutter Natur verdorren.

[210] Die Sphinx, eine Schwester des Kerberos, frisst alle, die ihre Rätsel nicht lösen können. Ödipus löst es und wird König dank dem Bruder von Iokaste, Kreon. Drehung: Auf dem Olymp rätselt man allenthalben, warum der König und sein Bruder verschwunden sind. Zeus und Aïdoneus personifizieren auf der inneren Ebene Verstand und Gefühl. Sind bei einer Person beide ausgeschaltet, funktioniert sie nur noch, dann regiert der Überlebensinstinkt. Letzterer wird von Hermes personifiziert.

[211] König Ödipus will seine Mutter töten, welche auch noch zu ihm hält, als es längst widersinnig wird. Sie schließt sich ein und nimmt sich das Leben. Hermes bringt Mutter Natur fast um, nicht wirklich aus Bosheit, sie wird von ihren Brüdern gerettet, nachdem sie sich immer mehr zurückziehen musste, um zu überleben.

[212] Ödipus blendet sich und verlässt die Stadt, will aber schon bald wieder zurück. Drehung: Sich verstecken und nicht wiederkommen wollen.

[213] Kaum ist Ödipus weg, ist es vorbei mit dem Mitleid von Kreon. Er streitet sich mit Ödipus Söhnen um die Macht und diese streiten auch

tun, als wäre alles seine Schuld, um bei den anderen wieder auf lieb Kind zu machen.
Der Gott beschließt, sich einen Ort zu suchen, an dem die Menschen nicht allzu sehr unter der Dürre gelitten haben. Dort gibt es bestimmt jemanden, der ihm noch wohlgesonnen ist. Doch er wird bitter enttäuscht. Noch stecken allen die Strapazen der letzten Monate, die Entbehrungen und Verluste in den Knochen. Der Feuergott findet keinen Ort, an dem er willkommen ist.
Nach endlosem Suchen ist das Schicksal gnädig, er findet eines Nachts einen jungen Hain, dessen Dryaden ihn nicht fortschicken, als sie erfahren, dass er auf der Flucht vor Zeus ist. Seltsamerweise scheinen sie ihn auch nicht zu fürchten, wie das sonst viele Baumgeister tun[214]. Hermes verkriecht sich unter ein Häufchen Asche[215] und hat fest vor, für lange Zeit nicht mehr herauszukommen.

Den Olympiern fällt irgendwann auf, dass der Feuergott so lange fernbleibt wie noch nie. Einige Götter finden, es wäre wichtig und richtig, sich auch mit Hermes wieder zu vertragen. Andere äussern die Hoffnung, dass er seine Pflichten für die kommenden Wintermonate nicht vergessen habe. Zeus wiederum findet es grundsätzlich nicht gut, wenn man nicht weiß, wo sich der Feuergott aufhält.
So machen sich die Götter auf die Suche nach Hermes. Doch niemand kann ihn finden, nicht einmal Apollon, der meistens den besten Überblick hat[216]. Jetzt beginnen sich die Götter wirklich Sorgen zu machen. Was, wenn der Winter richtig kalt wird? Wie sollen die Opfergaben in den

---

unter sich ums Erbe. Drehung: Alle anderen auf dem Olymp vertragen sich wieder.

214 Ödipus findet im Hain der Erinnyen Zuflucht. Dieser gehört zu einem Vorort von Athen, wo Theseus herrscht. Seine Ankunft dort erregt schnell Aufsehen. Drehung: Hermes verkriecht sich im heiligen Hain des Dionysos, man lässt ihn dort in Ruhe.

215 Es heißt, die grauen Locken um den Kopf des Blinden sähen sehr würdevoll aus.

216 Alle wissen, wo Ödipus sich aufhält, doch keinem gelingt es, ihn von dort wegzuholen. Drehung: Man würde Hermes gerne heimholen, doch niemand weiß, wo er ist.

Tempeln dargebracht werden?[217]

Als sich unter den Göttern zunehmend Ratlosigkeit ausbreitet, erklärt Aïdoneus zur Überraschung aller, er wisse, wo Hermes stecke und er werde sich darum kümmern. Die anderen wundern sich lautstark, dass er nicht längst etwas gesagt habe. Innerlich müssen sie sich damit abfinden, dass er als Gemahl der Schicksalsgöttin wohl immer ein bisschen mehr weiß als sie. Der Sturmgott vertritt den Standpunkt, wenn Hermes eine Weile seine Ruhe haben wollte, so sei dies sein gutes Recht. Sie sollten ihm Zeit geben und ihm vertrauen.

So macht sich der Sturmgott auf zu seinem heiligen Hain[218]. Er setzt sich auf einen Baum oberhalb des kleinen Aschehäufchens und fragt Hermes, ob er nicht rauskommen wolle[219]. Das Aschehäufchen bleibt traurig und stumm. Da setzt sich Aïdoneus daneben und pustet ein paar kräftige Lebensgeister hinein. Diese kratzen Hermes so sehr auf und kitzeln ihn, dass er gegen seinen Willen lachen muss und rauskommt[220].
Nein, eigentlich nicht gegen seinen Willen. Denn Streit macht allein deutlich weniger Spaß als zu zweit.
«Warum hilfst du immer nur Zeus?!», begrüßt Hermes den Sturmgott vorwurfsvoll.

---

[217] Die Söhne und der Onkel/Schwager von Ödipus versprechen sich Vorteile für ihren Machtkampf, wenn sie den alten König in ihrer Gewalt haben. Theseus wiederum will ihn in Athen behalten, weil ein Orakelspruch besagt, dass jene Stadt groß und mächtig werden soll, wo Ödipus beerdigt wird. In der Drehung sehen die Götter viele Nachteile auf sich zukommen, wenn Hermes fehlt.
[218] Die Menschen raten Ödipus, die Erinnyen mit einem Trankopfer zu versöhnen, wenn er im Hain bleiben wolle. Es ist in der Drehung also der Weingott, der ihn dort herausholt.
[219] Es ist die kleine, schwächliche Ismene, welche kommt, um Ödipus vor Kreon zu warnen. In der Drehung also ein sehr mächtiger Gott. Antigone, welche den Blinden immer leitet und begleitet, dürfte seinen Trotz und Widerspruchsgeist darstellen. Und da zwei eins bedeutet, ist Hermes alleine.
[220] Ödipus genießt mittlerweile ein spezielles, eremitisches Ansehen bei den Menschen. Als Kreon auftaucht, kommt es zu einer wüsten Szene voller Lügen, Beschimpfungen und schließlich Gewalt. Die Drehung ist ein versöhnliches Gespräch.

«Tue ich das?», Aïdoneus lächelt, doch seine Augen blitzen. «Demeter und Zeus mussten um einiges länger leiden, als dir der Hosenboden weh getan hat. Soviel Sportgeist kann ich von dir verlangen, schätze ich.»
Hermes zieht eine Schnute. Das ist nicht, was er hören wollte, er hätte nicht fragen sollen.
«Warum versteckst du dich?», will der Sturmgott wissen.
«Stell dich nicht dumm, das weißt du ganz genau», erwidert Hermes selbstmitleidig.
Aïdoneus schüttelt den Kopf. «Ich fand früher immer tausend Gründe, anderen aus dem Weg zu gehen. Du brauchst nicht alle aufzuzählen, aber einer oder zwei würden mich schon interessieren.»
Hermes hatte viel Zeit, seine Gedanken zu klären. Es bricht aus ihm heraus:
«Würdest du dein ganzes Dasein nur mit Leuten verbringen wollen, die dich benutzen, aber ansonsten keinerlei Wertschätzung für dich kennen? Die dich zwar hilfreich finden, dich aber in Wirklichkeit fürchten? Ich weiß nicht, ob es den richtigen Platz für mich gibt. Noch habe ich ihn nicht gefunden, aber zurück auf den Olymp will ich im Moment wirklich nicht, versuch gar nicht erst, mich zu überreden.»
Aïdoneus nickt und zu Hermes Überraschung hält er sich daran.
«Ich habe nicht vergessen, dass du den Nymphen geholfen hast, mich zu beschützen», sagt er und erzählt weiter: «Während ich in den Geisterwelten war, hatte ich viel zu tun. Nicht nur ein Thron musste erobert werden, sondern auch noch ein neuer Palast gebaut. Wenn du also findest, dass du lange genug in diesem Hain gesessen hast, so wäre es mir eine Ehre, dir mein neues Haus zu zeigen[221]. Du wärst der erste unter den Olympiern, dem diese Ehre zu Teil würde.»
Über dieses Angebot muss der Feuergott gründlich nachdenken. Den Sturmgott zu fragen, was wohl aus dem alten Palast wurde, ist müßig; wenn jemand Verständnis dafür hat, dass so ein Gebäude nicht sehr viel aushält, dann der Feuergott.
Hermes nimmt das Angebot an. Allein schon der Gedanke, mal wieder in den Genuss einer guten Mahlzeit und den Annehmlichkeiten eines Palas-

[221] Ödipus bittet die Athener, Theseus auszurichten, dass er doch zu ihm in den Hain kommen möchte, damit er ihn um Asyl bitten könne.

tes zu kommen, ist wirklich verlockend[222]. So begleitet er Aïdoneus über den Fluss Acheron[223], wo dessen königliche Residenz den letzten Schliff bekommt. Es fehlen nur noch wenige Einzelheiten und man kann jetzt schon sehen, dass er großzügig und prächtig wird, jedoch ganz anders als der Olymp mit seinen hellen Säulen und lichtdurchfluteten Höfen. Was sich der König und die Königin der Unterwelt da bauen lassen, hat viel Charme, sieht unendlich gemütlich aus.

Der Feuergott ist erleichtert, als er von der Hausherrin wohlwollend begrüßt, zum Bleiben eingeladen und zu Tisch gebeten wird[224]. Die Horen staunen nicht schlecht, als sie sehen, wen Aïdoneus mitgebracht hat[225] und wie viel der Feuergott essen kann. Er ist völlig ausgehungert, nachdem er tagelang auf der Suche nach einem Unterschlupf war und in seinem Ascheversteck schmollte. Mit Genuss stellt Hermes fest, dass der Wein besser schmeckt denn je, also spricht er diesem gut zu, bis er schließlich noch selbstmitleidiger, aber mutig genug ist, Mimameid-Persephone etwas zu fragen.
«Mit Verlaub, Herrin, was hast du dir dabei gedacht, einen Gott zu erschaffen, den niemand gern haben kann?»
Sie lächelt ihn mit ihren grün schillernden Augen auf die ihr eigene, geheimnisvolle Art an und fragt: «Magst du dich denn nicht leiden?»
Hermes macht große Augen. Dann schimpft er ungehalten los.
«Das meine ich nicht! Natürlich finde ich mich selbst großartig! Aber all die anderen sehen das irgendwie anders. Keiner traut mir, niemand findet dieselben Dinge schön, die mir gefallen. Es gibt keinen Platz, an dem

[222] Ödipus will auf keinen Fall mit Kreon fortgehen. Theseus sorgt dafür, dass er seinen Willen bekommt.
[223] Zwischen den Thebanern und den Athenern kommt es zu einem wüsten Gezerre, alle versuchen, Ödipus über die Grenze zu bugsieren. Es dürfte Aïdoneus also nicht allzu schwer fallen, Hermes mit in die Unterwelt zu nehmen.
[224] Auch Theseus lädt Ödipus ein, mit ihm nach Athen zu kommen, doch der will im Hain bleiben.
[225] Die Koloneer fürchteten Ödipus, ob er ohne Theseus' Eingreifen hätte bleiben können, ist fraglich.

ich einfach sein darf, wie ich bin[226].»
Wieder lächelt die Göttin.
«Dass du mit dir selbst im Reinen bist, ist doch das Allerwichtigste», sagt sie zufrieden, «ich sage dir, viele tun sich allein damit schon schwer.»
«Aber die wissen irgendwie alle, wo sie hingehören», mault Hermes. Sein Einwand führt dazu, dass das Königspaar vielsagende Blicke tauscht. Beide schütteln gleichzeitig den Kopf.
«Zwischen glauben zu wissen und wissen besteht ein großer Unterschied», erklärt Aïdoneus.
«Du bist auf der Suche nach dem Platz in deinem Dasein, wo du hingehörst?», vergewissert sich Mimameid[227].
Der Feuergott nickt.
Die Schicksalsgöttin blickt ihn an wie eine Mutter, die, um ihr Kind zu ermutigen, das Kleine eine Aufgabe lösen lässt, deren Ergebnis sie längst kennt.
«Ein so mächtiger Gott wie du wird immer Pflichten in der ganzen Welt haben, womit du auch in Zukunft überall daheim sein wirst», ermutigt sie ihn. «Doch falls du mit ‚Zuhause' einen Ort meinst, wo du immer einkehren kannst, willkommen bist, Liebe und Pflege findest, so gebe ich dir folgenden Rat: Bedenke, dass ein jeder nach außen oder nach innen wachsen kann[228].»
Damit beendet sie das Gespräch, erhebt sich von der Tafel und verlässt den Saal, umringt von ihren Horen[229]. Es ist die Zeit, wo sich alle im größten Saal des Hauses um sie scharen, um ihr beim Spinnen zuzusehen und den Geschichten zu lauschen, die sie auf die Schicksalsspulen dreht. Aïdoneus findet, das dürfe Hermes auf keinen Fall verpassen, etwas Ablenkung tue ihm gut.
Als die beiden Götter später gemütlich bei einem guten Trunk sitzen,

---

226 Ödipus bittet die Eumeniden um Erbarmen, nachdem er sie grauenvoll und gnädig genannt hat, also findet Hermes in der Drehung, Mimameid sei herzlos mit ihm gewesen, obwohl sie ihn gut hinbekommen habe.
227 Ödipus erklärt Theseus, dass er um seinen Körper werde kämpfen müssen, wenn er ihn auf attischem Boden begraben wolle.
228 Die Söhne von Ödipus zersetzen die Stadt von innen durch Streit und von außen durch Belagerung.
229 Theseus erscheint als mächtiger König mit Gefolge, um die Thebaner aus dem attischen Gebiet zu vertreiben. Königin Mimameid heißt den Gast in ihrem Schloss willkommen.

fragt der Sturmgott Hermes, warum er denn so nachdenklich sei.
«Wenn ich deine Frau vorhin richtig verstanden habe, so hat sie mir gesagt, dass ich hier bleiben darf. Ganz ehrlich, das wäre großartig.»
Der Feuergott blickt fragend ins Gesicht des Königs der Unterwelt.
«Was hältst du davon?»
Aïdoneus macht keinen sehr überraschten Eindruck, im Gegenteil, er scheint nur auf diese Frage gewartet zu haben.
«Der Palast ist groß genug. Noch kannst du dir aussuchen, welche Gemächer du beziehen willst. Nur die Horen, Eos, Hemera, und Nyx haben schon gesagt, welche Räume sie beanspruchen, es ist noch viel frei[230].»
Jetzt ist Hermes Feuer und Flamme. Er inspiziert die Baustelle und findet auch tatsächlich etwas, das ihm zusagt.
«Zeus wird große Augen machen, wenn er erfährt, dass ich umziehe», erklärt er.
Aïdoneus lächelt.
«Er wird dich nicht rausschmeißen, Hermes. Bestimmt darfst du dein Zimmer auf dem Olymp auch behalten.»
«Kannst du es ihm sagen?», fragt der Feuergott, der sich in Bezug auf Zeus noch nicht wieder beruhigt hat.
Der Sturmgott aber meint, das müsse er schon selbst tun. Er könne ihn aber begleiten.

Hermes ist überrascht, wie ruhig und entspannt der König des Olymps die Sache aufnimmt. Zeus findet doch tatsächlich, der Palast der Unterwelt sei der richtige Ort, wo sich der Feuergott mit seinem Erfindungsgeist, seinem Tatendrang und seiner Motivation ausleben könne, ohne dass jemand fürchten müsse, dass alles in Flammen aufgehe oder verdorre[231]. Außerdem versichert er Hermes, dass er immer ein Gästezimmer für ihn habe.

---

[230] Ödipus will nicht ins Haus von Theseus. Also will Hermes im Palast der Unterwelt wohnen.
[231] Polynikes spricht bei Ödipus vor, er erzählt, dass er Theben mit Hilfe seines Schwiegervaters zurückerobern wolle, dass er dazu seine Hilfe brauche, dass der Vater mit ihm kommen und sich wieder zum König krönen lassen solle. Ödipus aber bricht mit seinem Sohn, verweigert ihm die Hilfe, verflucht ihn gar. Auch Antigone versucht vergeblich, Polynikes vom Krieg mit seinem Bruder abzuhalten. Also können wir davon ausgehen, dass Zeus ziemlich gelassen bleibt, ja Hermes sogar unterstützt.

Als die anderen Götter sehen, dass Hermes wieder da ist, Zeus und er wieder vernünftig miteinander reden, sind sie froh.
Also hat Hermes den Ort gefunden, wo er sich als Feuergott nach Herzenslust ausleben kann: Als unser inneres Feuer motiviert und inspiriert uns dieser quirlige, fröhliche Gott, als unser Überlebensinstinkt beschützt er uns.
Die Zeiten, wo er mit der ganzen Welt und dem Schicksal[232] haderte, sind längst vorbei, er weiß, wie sehr er geschätzt wird. Wo überall: Schau dich um[233].

(Das Bild zeigt ein Sujet von einer antiken Amphore des «Berliner Malers», Basel: Den Schild der Athene (die Aigis). Der Myste sieht darauf Aïdoneus, Zeus, Demeter, Mimameid und die Geister, die sich anschicken, den Olymp zurückzuerobern.)

---

[232] Mimameid
[233] Theseus geleitet Ödipus zum Eingang in die Unterwelt, wo sie sich trennen und Ödipus entschwindet. Heißt: Der Feuergott verkriecht sich nicht mehr, akzeptiert, wer er ist, ist wieder lebensfroh und zeigt sich.

Mutter Natur, Demeter, hatte gehofft, sich nach dem Sieg der Götter im Titanenkrieg endlich nur noch den schönen Dingen zuwenden zu können. Doch das Schicksal hat andere Pläne...
Diese Geschichte erzählt uns Sophokles in seinen Büchern Aias[234] und Antigone[235]; auch die Sage von Io[236] befasst sich mit dem hier gespiegelten Stoff.

Das dritte Los

Kein Gott war unter den Titanen als Kämpfer so gefürchtet wie Sturmgott Aïdoneus. Die Blitze des Regengottes Zeus waren entsetzlich und ja, er ließ den Orthris fast davonschwimmen. Auch Meeresgott Poseidon

---

234 Das Drama von Aias ist kurz: Er zerfetzt im Wahn Schafe, nachdem man ihm die Anerkennung für seine Taten versagt und die Rüstung des Achilleus vorenthalten hat. Eigentlich hatte er die Heerführer töten wollen. Als er erkennt, dass er entehrt ist, tötet er sich selbst und es bricht Streit aus, ob er beerdigt werden soll und wie es um seine Ehre steht.
In der Drehung geht es um den tapfersten Krieger der Götter, Aïdoneus, der mit seinem Los hadert, von den Geistern verfolgt und schließlich zerfetzt und getötet wird (Schaf codiert den Gleichgestellten). Zeus legt sich danach selbstmörderisch mit dem Weltenbaum an (Aias stürzt sich in das eigenen Schwert) und die Götter werweisen, ob er nun schandhaft oder ehrenvoll gehandelt hat und ob er wohl als König wiederkehrt.
235 Antigone beerdigt ihren toten Bruder Polyneikes gegen die Weisung ihres Onkels Kreon und wird dafür eingekerkert. Aïdoneus hilft ihr, die Leiche mit Staub zu bedecken, von ihrer Schwester Ismene will sie keine Hilfe. Später bringen sich Antigone und ihr Verlobter Haimon in der Gruft um. Kreon steht am Ende ohne Familie da, denn auch seine Frau nimmt sich das Leben.
Drehung: Demeter glaubt fest daran, dass ihr Bruder Aïdoneus auferstehen wird und dass Zeus weder sie noch ihn im Stich lässt. Sie kämpft um ihr Überleben und arbeitet mit Aïdoneus Pflanzengeistern zusammen, während Hermes die Herrschaft an sich reißt. Sie wartet geduldig und tapfer auf ihre Brüder. Diese kommen zurück, um sie zu retten und bringen ihr alle Lebensgeister zurück.
236 Io wird von Zeus in eine Kuh verwandelt, damit Hera sie nicht findet, doch Hera lässt sich die Kuh schenken und von Argos bewachen. Hermes tötet Argos feige und so kommt Io frei, doch Hera lässt sie von Fliegen verfolgen, Io flieht über das Wasser nach Ägypten.
Drehung: Der Gott, der nie schläft und dessen Symbol der Stier ist, wird von Persephones Geistern verfolgt, schließlich verraten und geopfert, er kommt ins Totenreich (über den Styx). Hermes übernimmt die Herrschaft.

war fürchterlich mit seinen Erdbeben; und wie er die Wogen gegen die Klippen donnern ließ, verursachte manchen Abbruch und Erdrutsch. Doch es gab Orte, wo Poseidon nicht hinkam und den Regengott Zeus sah man von weitem kommen, wenn er auf seinen Wolken herangeritten kam. Aïdoneus aber, der Sturmgott, vor dem war man nirgendwo sicher. Aus dem Nichts tauchte er auf, ließ keinen Stein auf dem anderen, bewarf einen mit ausgerissenen Bäumen und Felsbrocken, brüllte, dass es unmöglich war, das eigene Wort zu verstehen, geschweige denn einen Befehl, blies die Soldaten der Titanenarmee von den Füßen und trieb sie vor sich her auf der Flucht vor fliegendem Unrat und Holz; genauso schlimm war, wenn er Sand in der Wüste holte, oder Schnee und Eiskristalle aus den Bergen mitbrachte und die Titanen damit beschoss. Den Inhalt flacher Seen schleuderte er ihnen einfach ins Gesicht. Wo der Sturmgott erschien, flohen die Gehilfen von Kronos und Atlas, denn wenn der Sturmgott einen Titanen außerhalb der Deckung erwischte, erfasste er ihn in Gestalt einer Windhose und schleuderte ihn irgendwohin, wo er sich alle Knochen brach und seine Truppen nie wieder fand.
Ihr wisst, wie die Geschichte ausgegangen ist: Die Götter gewannen diesen Krieg, die Titanen wurden entmachtet, Kronos zerstückelt, Atlas wurde an den Rand der Welt verbannt, um das Himmelsgewölbe zu stützen. Die Götter errichteten eine neue Weltordnung. Dies war auch gut so, denn Kronos war ein scheußlicher König gewesen, da waren sich alle einig, alles würde ab jetzt besser werden, da waren sich die jungen Götter kurze Zeit einig, aber eben nur kurze Zeit.
Und hier beginnt unsere Geschichte.

«Wir teilen uns die Arbeit auf», schlägt Zeus vor. Das klingt vernünftig, wie bei ihm alles immer vernünftig klingt. Alle nicken. Hera meldet sofort ihren Anspruch an: sie hat noch nie einen Hehl daraus gemacht, dass sie an dem Posten interessiert ist, den bisher Uranos inne hatte. Sie hat aber noch ganz andere Pläne mit dem Himmel: Die Gestirne sollen sich nützlich machen, dafür wird sie sorgen. Demeter hat als Mutter Natur große Pläne in der mittleren Welt, davon redet sie schon lange. Kaum sind die Kämpfe vorbei, macht sie sich sogleich an die Arbeit. Dass es Poseidon im Meer gefällt, wo er während des Kriegs sein Hauptquartier eingerichtet hat, ist auch ein offenes Geheimnis.
Jedoch zeichnet sich nun ab, dass sich zwei Götter nicht so schnell einig

werden, wenn es um die Verteilung der Posten geht: Beide, der Gott des Regens, Blitzschlags und Donners, aber auch der Sturm- und Weingott, erheben Anspruch auf den Posten des Himmelskönigs. Auch die Vorstellung, immer in der Nähe von Hera und Demeter zu sein, hat etwas Verlockendes. Für den Sturmgott ist klar, dass die Götter ohne ihn diesen Krieg nicht gewonnen hätten. In einer Wahl, da ist er sich sicher, würden alle für ihn als Himmelskönig stimmen. Was aber wird der Verlierer bekommen? Es gibt da noch einen Posten, der zu besetzen ist: Eine Gesandtschaft aus der Unterwelt hat die Gottheiten aufgesucht mit der Kunde, dass auch sie sich einen König wünschen und dass dieser auch der Gemahl ihrer Königin Mimameid werden soll.
Weder Zeus noch Aïdoneus sind erpicht auf diesen Posten. Keiner hat die Geisterkönigin je gesehen. Doch sie ist ur-, uralt, das wissen sie, älter als alle Titanen, älter als alles, was sie sich vorstellen können. Sie ist der Tod und das Schicksal, der Schlaf, die Mutter aller Geister.

So kommt schließlich ein verhängnisvoller Vorschlag von Zeus: «Warum losen wir nicht um unsere Posten?»
«Warum sollten wir Lose ziehen?», kontert Hera sofort. «Eine Göttin wird die Geisterkönigin ja wohl kaum heiraten wollen. Das könnt ihr Jungs untereinander aushandeln!»
Auch Poseidon mault: «Von euch will ja gar keiner Meereskönig werden, warum soll ich mitmachen?»
Zeus aber stellt fest: «Hera hat recht, das ist eine Sache zwischen uns Jungs. Das mit dem Losen ist doch vernünftig. Die Geisterkönigin ist doch die Schicksalsgöttin. Soll also sie entscheiden, wer von uns ihr am besten gefällt.»
Aïdoneus und Poseidon tauschen misstrauische Blicke. Eben noch sind sie Sieger gewesen, die Beute teilen. Und jetzt... jetzt ist da plötzlich dieses Los im Topf, das alle fürchten. Es war ihnen immer allen klar, dass man als Herrscher nicht nur angenehme Pflichten hat. Doch die Unterwelt und ihre übermächtige Königin... beim Gedanken an die Toten und ihre geheimnisvollen Welten stellen sich allen Göttern die Nackenhaare auf. Sie haben Kronos besiegt, sind unsterblich und können sich beim besten Willen nicht vorstellen, was sie im Totenreich sollen.
«Leute, es ist doch nicht so schlimm», sagt Zeus tapfer. «In der mittleren Welt schauen wir alle nach dem Rechten, einverstanden? Dann sehen wir

uns auch regelmäßig.»
So versammeln sich die drei mächtigen Brüder Zeus, Poseidon und Aïdoneus zum Loseziehen. Da es zwei begehrte und einen ungeliebten Posten gibt, hat Hestia ihnen einen Kuchen gebacken: Wer das Stück mit der Bohne im Innern bekommt, muss in die Unterwelt hinabsteigen und der Geisterkönigin einen Heiratsantrag machen. Obwohl der Kuchen wirklich lecker schmeckt, beäugen sich die Brüder bei jedem Bissen misstrauisch. Wer beisst als erster auf etwas Hartes? Dann geschieht es: Sturmgott Aïdoneus hustet und spuckt sich die Bohne auf die Hand. Zeus und Poseidon jubeln und klatschen sich ab.
«Ich kriege das Meer!», schreit Poseidon und rennt sofort zu den Schwestern, um von seinem Glück zu erzählen.
Der Sturmgott aber steht wie versteinert, starrt auf die Bohne und die Krümel in seiner Hand und kann es nicht fassen. Zeus will ihm versöhnlich tröstend die Hand auf die Schulter legen, zieht sie jedoch zurück, als er sieht, wie tief die Erschütterung bei seinem Bruder ist.
«Das könnt ihr doch nicht machen», würgt Aïdoneus schließlich hervor. «Ich gehöre in den Himmel. Ihr könnt mich doch nicht lebendig begraben...»
Er wendet sich ab und stürzt davon, damit die anderen seine Tränen nicht sehen.

Die Beute ist verteilt, alle haben bekommen, was sie wollten. Nur derjenige, der am tapfersten gekämpft und den Sieg erst möglich gemacht hat, ist todunglücklich und lässt sich kaum noch blicken. Zeus und Hera richten sich im Himmel ein, Poseidon im Meer, wo er eines Tages eine hübsche Nereide namens Amphitrite kennenlernt.
Regengott Zeus bekommt schon bald zu spüren, dass Sternenkönigin Hera nicht viel Verständnis dafür hat, wenn er Zeit mit Demeter verbringt, und schon bald fragt er sich, ob er mit seiner ewigen Dreiecksbeziehung wirklich das bessere Los gezogen hat als Aïdoneus.
Dieser aber weigert sich, in die Unterwelt hinabzusteigen.
«Die Königin der Unterwelt kommt seit ewigen Zeiten allein klar. Die braucht mich nicht. Was will ich da?», antwortet er, wenn ihn jemand darauf anspricht. Oder er fragt: «Würdest du ein uraltes Skelett heiraten wollen?» Ansonsten ist der Sturmgott hilfsbereit und freundlich wie immer. Wenn jemand Unterstützung braucht, ist er zur Stelle. Er hilft Zeus,

die Wolken dorthin zu bringen, wo sie hinsollen. Wenn Seeleute Poseidon um sichere Fahrt gebeten haben, hilft er mit einem guten Fahrtwind. Den Menschen verschafft er Holz zum Kochen, trocknet ihre Wäsche, Hephaistos facht er die Glut an, dank seiner Gaben ist es auf jeder Feier lustig, kurz: Der Sturm- und Weingott wird überall geschätzt und ist beliebt. Und doch ist er nicht mehr derselbe wie früher. Vor der Sache mit dem Los war er eine Frohnatur gewesen, für jede Feier zu haben, keiner konnte so viel trinken wie er, tanzen wie er, Witze erzählen wie er. Er war immer ein aufmerksamer Zuhörer und im Schlichten von Streitereien unschlagbar. Seine Freizeit verbrachte er immer auf den Feiern der Dryaden, den Baumgeistern, die für ihre Freude am Tanzen und für ihr Flötenspiel berühmt sind. Schlafen? Wozu das denn? Pausen kannte er nicht, wenn alle anderen zu Bett gingen, fand er einige Länder weiter bestimmt noch eine Feier, wo etwas los war.

Doch seit einiger Zeit verlässt er kaum noch das Zimmer auf dem Olymp, oder er bleibt tagelang bei seinen Freunden, den Bäumen, doch ohne sich zu zeigen. Den Helm der Unsichtbarkeit zieht er nur noch aus, wenn sich die Götter zum Essen versammeln. Statt das Tafeln zu genießen und lustige Geschichten zu erzählen, sitzt er still und teilnahmslos da. Es ist offensichtlich, dass es ihm nicht gut geht.

Als Aïdoneus wieder einmal bei den Dryaden sitzt, gesellt sich Demeter zu ihnen.

«Willst du nicht einmal dann diesen Helm ausziehen, wenn ich mit dir rede?», fragt Mutter Natur den Sturm- und Weingott irritiert. Die Dryaden ziehen sich zurück, sie ahnen, dass dies ein ernstes Gespräch wird.

«Das geht nicht», antwortet er unglücklich.

«Und warum nicht?», fragt Demeter. Sie hat durchaus eine Ahnung, was er meint, doch sie will es hören.

«Wenn ich den Helm ausziehe, fallen sofort lauter Insekten über mich her, ich werde gestochen und gebissen, es ist nicht auszuhalten», klagt Aïdoneus im Flüsterton.

Das ist nun wirklich eine Antwort, die Mutter Natur nicht erwartet hat. Aber sie versteht.

«Die Toten suchen dich», sagt sie leise.

«Sprich nicht von ihnen», Aïdoneus wispert nur noch. «Sprich keine Namen aus, sie finden mich, es geht grad wieder los. Sobald ich den Helm

ausziehe oder unverkleidet irgendwo unterwegs bin, greifen sie mich zu Tausenden an.»
«Warum gehst du nicht in die Unterwelt und beendest den Spuk?», will Demeter wissen, in ihrer Stimme ist viel Entschlossenheit, ihr Bruder versteht durchaus, dass sie ihm Mut machen will.
«Das geht doch nicht mehr», wehrt er traurig ab, «ich habe es längst vermasselt.»
«Was meinst du damit?»
«Ich hätte gerade, als ich dieses verfluchte Los gezogen habe, in die Unterwelt gehen sollen, ihr sagen, dass ich nicht der Richtige für sie bin, dass sie mich in Ruhe lassen soll. Sie hätte es vielleicht sogar verstanden. Aber jetzt… glaub mir, sie ist einfach nur noch sauer auf mich.»
Demeter schweigt eine Weile. Ihr Bruder tut ihr leid, er ist ein feiner Kerl und so ein Dasein hat er nicht verdient.
«Aber Aïdoneus, das kann doch nicht noch lange so weitergehen», wendet sie schließlich ein, «und du hast Mi… deine Verlobte ja noch gar nie gesehen. Vielleicht ist sie ja gar nicht so schrecklich, wie du sie dir vorstellst.»
«Sie lässt mich von tausenden Insektenschwärmen verfolgen. Immer mehr Freunde wenden sich von mir ab. Meine Familie findet mich einfach seltsam und glaubt, dass ich mich vor meinen Pflichten drücke. So etwas brockt man doch nur jemandem ein, den man hasst. Es ist auch gar nicht so leicht, sie aufzusuchen.»
Demeter nickt langsam. Sie ist in diesem Augenblick auch ein bisschen ratlos. Sie verabschiedet sich von Aïdoneus, nachdem sie nochmal versucht hat, ihm Mut zu machen. Der Ärmste hat wirklich Sorgen. Demeter verkehrt zwar eher selten auf dem Olymp, aber ihr ist durchaus aufgefallen, dass die anderen Götter zunehmend weniger Verständnis dafür haben, wie seltsam sich der Sturmgott verhält. Doch Demeter, die sich auch in der Unterwelt auskennt und die mit Aïdoneus Verlobter bekannt ist, hat durchaus Verständnis für die Schwierigkeiten ihres Bruders. Nicht für jeden Gott ist es so einfach, die Unterwelt aufzusuchen wie zum Beispiel für die Horen, die dort im Palast der Königin ihre Schlafzimmer haben. Die meisten Wesen besuchen die Unterwelt im Schlaf, wenn ihre Seele zur Urmutter zurückkehrt, um Kraft zu tanken und Rat zu finden. Auch Demeter sucht die Unterwelt regelmäßig auf, denn viele ihrer Pflanzenkinder ziehen sich in schwierigen Zeiten dorthin zurück. Doch der

Sturmgott… Demeter kann sich nicht erinnern, dass er in seinem Dasein je auch nur einen einzigen Augenblick schlafend zugebracht hätte. Er wird einfach nicht müde oder betrunken, egal, wie viel er trinkt, tanzt oder was er an giftigen Kräutern verzehrt. Und somit kann ihn die Königin der Toten, die auch die Göttin des Schlafes ist, nicht finden, solange er den Tarnhelm trägt.
Die große Urmutter hat sich ausgerechnet den einzigen Gott als Verlobten auserwählt, über den sie diesbezüglich keine Macht hat. Demeter kann das verstehen. Doch dass es Schwierigkeiten mit sich bringt, ist offensichtlich.

«Wann hast du Aïdoneus zum letzten Mal gesehen?», fragt Zeus Demeter. Sie erzählt ihm von ihrer letzten Begegnung mit dem Sturmgott.
«Ich habe ihn noch nie so unglücklich und verunsichert gesehen», beendet sie ihren Bericht.
«Das ist doch kein Zustand», findet der Regengott. «Seit langer Zeit sage ich ihm, er soll das endlich klären. Wie kann man nur so stur sein?!»
«Er ist krank vor Angst, Zeus», wendet Demeter ein.
«Angst?!», Zeus zieht ungläubig die Augenbrauen hoch, «wieso sollte jemand, der so kämpfen kann wie er, so reden kann wie er, Angst haben? Wovor?»
«Hast du gesehen, was geschieht, wenn er den Tarnhelm auszieht?», fragt Demeter zurück.
«Er wird sichtbar», grollt Zeus humorlos.
Demeter stellt fest, dass ihre Brüder wohl schon eine Weile nicht mehr miteinander gesprochen haben. Zeus, der die Gesellschaft von Frauen schon immer unbefangen zu genießen wusste, kann sich nicht vorstellen, wie jemand diesbezüglich Schwierigkeiten haben kann. Auch hat er keine Ahnung davon, wie sehr die Toten Aïdoneus verfolgen und quälen. Nein, er hat andere Sorgen, wie sie zu hören bekommt:
«Dass ich jetzt hier wieder mit dir rede, bringt mir schon heute Abend wieder eine Zanktirade von Hera ein. Sie kann sich einfach nicht damit abfinden, dass ich als Regengott auch für dich zu sorgen habe, und ist die ganze Zeit eifersüchtig. So ist es nun mal im Dasein, es ist nie einfach! Wenn ich ehrlich bin, habe ich wenig Verständnis dafür, dass er vor Selbstmitleid zerfließt. Er kennt ja seine Braut nicht einmal! Hera ist wunderschön, ja, alle erblassen vor Neid, wenn sie sehen, wie schön sie

ist. Bis sie mich in aller Öffentlichkeit anfaucht. Seine Verlobte mag vielleicht eine alte Vettel sein, aber sehr wahrscheinlich ist sie freundlicher. Geduldiger ist sie auf jeden Fall, Hera hätte mir längst den Kopf abgerissen, wenn ich ihr gegenüber nur halb so lange unaufmerksam wäre, wie er es ihr gegenüber ist!»
Demeter kommt zum Schluss, dass es gerade der falsche Augenblick ist, um mit Zeus über die Sorgen des Sturmgottes zu reden. Doch der Regengott will nun die Sache aus der Welt schaffen.
«Meinst du nicht, wir könnten ein Treffen in die Wege leiten?», schlägt er vor.
Demeter staunt Zeus unverhohlen an.
«Das könnte ordentlich krachen. Aïdoneus wird einem Treffen mit ihr niemals zustimmen», wendet sie ein.
«Das braucht er ja auch nicht. Aber wenn er das nächste Mal den Olymp aufsucht, werde ich seiner Verlobten Bescheid sagen. Dann können sie sich sehen und aussprechen.»
«Wenn es beim Aussprechen bleibt...», seufzt Demeter sorgenvoll. Sie hat aber keinen besseren Vorschlag. Sie teilt mit Zeus die Ansicht, dass es so nicht mehr weitergehen kann, zu viel steht auf dem Spiel für alle.

Es ist ein heißer Sommertag. Obwohl alle das herrliche Wetter genießen, fühlt Demeter, dass Ärger in der Luft liegt. Wenn es so schwülwarm wird, kommt es gegen Abend meistens zu Streit zwischen Apollon, Hermes und Zeus, weil der Regengott und Himmelskönig dem Sonnen- und dem Feuergott nicht einfach tagelang den Himmel überlassen kann und auch mal wieder zeigen muss, wer das Sagen hat. Dann krachen die Blitze und es regnet in Strömen, bis sich die beiden verzogen haben. Zeus kann sich bei solchen Streitereien immer auf die Hilfe des Sturmgottes verlassen, der ihm immer treu zur Seite steht.
Als es Nachmittag wird, überziehen immer mehr Wolken den Himmel, es wird immer drückender; ja, es wird Streit geben zwischen den Göttermännern. Demeter ist immer froh um Regen und ist auch alles andere als zimperlich, doch heute hat sie kein gutes Gefühl. Als Wind aufkommt, blickt sie hinauf zu Zeus. Der kommt von Nordwesten her, rückt Apollon auf die Pelle. Aïdoneus ist hergekommen, bereit, seinem Bruder zu helfen. Demeter stutzt, als sie die Wolkenfront betrachtet. Normalerweise macht Zeus weisse Wolken. Aber heute sehen die Wolken anders aus. Sie wirken

gelblich, so etwas hat noch kein Gott je gesehen. Die gelben Wolken werden immer größer und mehr, breiten sich aus und dann geht alles viel zu schnell: der Sturmgott ergreift die Flucht vor diesen gelben Wolken und rast über Demeter hinweg, wie sie es gar nicht mag. Demeter hat verstanden: Zeus hat Mimameid hergeholt, er hoffte wohl, Aïdoneus sei bereit, mit seiner Braut zu sprechen, sollte er sie sehen. Doch der Sturmgott will davon nichts wissen, er will nur eines: weg.
Doch wohin soll er fliehen? Die gelben Wolken haben in der Zwischenzeit den gesamten Himmel überzogen und nun schütten sie ihre grässliche Ladung aus: Es beginnt zu hageln, faustgroße Körner aus Eis prasseln herunter. Für Aïdoneus und Demeter gibt es kein Entkommen, sie geraten unter den tödlichen Schauer. Der Sturmgott, der sich zwischen den Wolken und dem Boden befindet, bekommt das meiste davon ab. Er brüllt vor Schmerz, schreit gequält um Hilfe.
Demeter hat keine Möglichkeit, keine Waffen, um ihrem überfallenen Bruder zu helfen. Sie ist ohnehin diejenige unter den Göttern, die meistens einstecken muss, ohne sich wehren zu können, doch Demeter ist hart im Nehmen. Sie wurde schon oft schwer verletzt. Wenn es jemanden gibt, der so einiges wegstecken kann, dann sie. Doch sie weiß auch, dass nicht alle Wunden heilen. Verletzungen und Narben bleiben den Göttern oft für immer erhalten. In all den Jahren hat Demeter immer wieder neues Gras, neue Blumen, neue Bäume darüber wachsen lassen und Lebewesen, die später geboren wurden, wussten noch nicht einmal, dass das Tal, in dem sie lebten, eine Narbe war.
Einen schlimmeren, erbarmungsloseren Hagel hat Mutter Natur noch nie erlebt. Sie hört ihren Bruder schreien und weinen; er fleht Zeus um Hilfe an, die Totengöttin um Erbarmen, verspricht ihr, alles zu tun, was immer sie wolle, wenn sie ihm nur gnädig sei. Auch seine Pferde stöhnen vor Schmerz. Dann wird Demeter von einem heftigen Aufprall erschüttert: Der unsichtbare Sturmgott ist mit seinem Wagen und den Pferden abgestürzt, mit voller Wucht auf sie geprallt. Sie kann spüren, wie sich die fünf überschlagen und liegen bleiben, das Bersten des Streitwagens geht im Donnern des Hagels unter. Jetzt bekommt auch Demeter die Geschosse voll ab, es tut entsetzlich weh, sie kann sich nicht regen, während sie immer schwerer verletzt wird.
Endlich, endlich hört der Hagel auf. Die hilflose, leidende Göttin hofft, Apollon und Zeus würden ihr zu Hilfe kommen, doch nichts geschieht.

Der Himmel bleibt bedeckt, keine der anderen Gottheiten wagt sich aus ihrem Versteck.
Eine schreckliche Stille breitet sich aus. Demeter weint stumm vor Schmerz. Sie kann wahrnehmen, wie schlecht es ihrem schwer verletzten Bruder Aïdoneus geht, dass er immer wieder von Krämpfen geschüttelt wird, sie spürt, dass er fürchterlich blutet. Manchmal stöhnt er, dass es Demeter durch Mark und Bein geht. Auch die Pferde haben anfänglich noch gewimmert. Doch es kommt einfach niemand zu Hilfe. Das gequälte Röcheln wird immer seltener und schwächer, auch die Krämpfe lassen nach, manchmal zuckt der Gott noch, doch meistens liegt er still, während seine Schwester spürt, wie er immer mehr Ichor verliert.

Nach einer scheinbar endlosen Zeitspanne werden plötzlich große, dunkle, geflügelte Gestalten sichtbar, sie erscheinen aus dem Nichts. Die Keren, die der Königin der Toten dienen und die Gefallenen von den Schlachtfeldern holen, sind gekommen. Sie wenden sich den vier Sturmrossen zu. Eine weitere Gestalt wird sichtbar, es ist Königin Mimameid, die als Totengöttin Persephoneia persönlich hergekommen ist, um den unsterblichen Gott mit sich in die Geisterwelten zu nehmen. Demeter liegt stumm und starr, blickt hinüber zu der großen, hageren, knochigen Gottheit mit den fransigen langen Haaren, die sie nicht beachtet und sich dort niederbeugt, wo Demeter ihren Bruder zuletzt so schrecklich stöhnen hörte. Demeter weiß, dass Mimameid immer so aussieht wie die bevorstehende Zukunft. Darum ist sie soeben furchtbar erschrocken. Doch sie hat jetzt keine Zeit, über das sich ihr offenbarte Äussere der Schicksalsgöttin nachzudenken. Denn diese zieht jetzt dem wehrlosen, nunmehr still daliegenden Sturmgott den Tarnhelm vom Kopf. Was sichtbar wird, ist grauenvoll. Demeter glaubt zu erkennen, dass auch die Totengöttin erschrickt. Der Sturmgott liegt unnatürlich verdreht in einer riesigen Lache seines eigenen Blutes, sein Körper ist vom Absturz zermalmt und vom Hagel erbarmungslos zerfetzt. Die Königin der Toten streckt langsam die Hand aus und berührt sanft das blasse Gesicht mit den geschlossenen Augen. Demeter ist zu weit weg, um hören zu können, was sie spricht. Auf die Berührung hin öffnet Aïdoneus ganz langsam die Augen, nur einen Spalt breit. Er blickt hilflos und verstört auf ins Gesicht der Gottheit, die ihm so sehr zürnt. Demeter kann sehen, dass er matt versucht, etwas zu sagen, doch er ist außerstande dazu, Ichor sickert ihm aus

Mund und Nase. Der gequälte, völlig verängstigte Gott schließt die Augen wieder. Demeter nimmt voller Entsetzen wahr, wie ihr Bruder sterbend das Bewusstsein verliert; die Luft kommt zum Stillstand, in ihrem Innern werden alle Gefühle plötzlich taub und stumpf. Der Sturmgott hat in seiner fürchterlichen Not die Unsterblichkeit aufgegeben, seine Seele der Totengöttin anvertraut. Der hilflosen Demeter strömen Tränen über die Wangen, sie schluchzt auf.
Mimameid beachtet sie nicht. Noch einmal berührt die Schicksalsgöttin das blasse Gesicht des getöteten Gottes und diesmal löst sich mit ihr alles auf, zerfällt zu eisigem Staub, rieselt in die Böden und ist verschwunden: Die Keren, die Pferde, der Leib des vernichteten Aïdoneus und die wenigen Habseligkeiten, die er auf sich trug. Zurück bleiben nur eine gewaltige Blutlache und der Tarnhelm, den Mimameid mit einem verächtlichen Schnauben weit weg geworfen hat.
Alles bleibt einen Augenblick lang still und stumm, zu entsetzt sind alle Gottheiten von den Geschehnissen. Zeus ist der erste, der wieder zu sich kommt; Demeter hört den Regengott brüllen vor Wut und Verzweiflung. Nein, er hat wirklich nicht mit dem gerechnet, was da soeben geschehen ist. Jetzt kann Demeter auch verstehen, was Zeus brüllt. Er schimpft auf die Schicksalsgöttin, ruft ihr alle Schande nach, nennt sie eine Mörderin, fordert sie heraus.
Nichts geschieht, alles bleibt still. Doch der benutzte und überlistete Zeus kann sich nicht beruhigen. Die verletzte Demeter nimmt all ihre Kraft zusammen und ruft Zeus zu: «Bruder, bitte, hilf mir. Fordere sie nicht heraus, sie ist übermächtig. Verzichte auf Rache, ich flehe dich an, hilf mir.»
Zu ihrer Enttäuschung kommt nur ein halblautes Krächzen aus ihrem Hals, Zeus hört sie nicht. Er ist rasend vor Wut. Demeter hört es in den Wolken über sich knistern, als der Herr über Blitz und Donner damit beginnt, alle Energie, die er finden kann, in sich aufzusaugen. Es dauert nicht lange, da kann die Göttin die Geister schreien und wimmern hören. Demeter kämpft dagegen an, in Panik zu geraten. Sie will ihren zweiten Bruder nicht auch noch verlieren, sie ist verwundet, sie braucht die Hilfe des Regengottes. Doch der denkt nur an Rache, kann sich nicht beruhigen. So, wie er die Geister gerade frontal angreift, wird er wohl eine Antwort des Weltenbaumes bekommen. Doch ob ihm die gefallen wird…
Und dann kann sie sehen, dass Zeus nicht mehr allein ist. Die Erinnyen

sind gekommen. Sie streiten sich, es wird immer lauter und heftiger. Demeter wünscht sich so sehr, er würde sich beruhigen, klein beigeben, sie hat schreckliche Angst um ihn. Doch sie versteht auch, dass er zürnt. Dann ist der Himmel für einen Augenblick in gleissendes Licht getaucht und im gleichen Augenblick ist auch Zeus verschwunden, das Firmament bleibt blau und leer zurück, wolkenlos, windstill.
Demeter schluchzt und fröstelt, all die eisigen Hagelkörner waren schrecklich kalt.
Sie hört Schritte. Als sie aufblickt, ist es Athene, die das Schlachtfeld inspiziert. Wie kann die nur so achtlos durch das Blut ihres getöteten Bruders waten. Demeter wendet sich ab, sie findet das Verhalten dieser kühlen, unnahbaren Göttin unmöglich. Die hat in der Zwischenzeit gefunden, was sie gesucht hat: Den Tarnhelm. Nachdem sie das wertvolle Stück geborgen hat, kehrt die Kriegsgöttin zurück zum Olymp, Demeter interessiert sie nicht. Auch Mutter Natur hat nicht viel übrig für diese technikverrückte Gottheit und ihre seltsame Sammelleidenschaft für tote Gegenstände. Was die alles aufbewahrt… Demeter hat mal ihr Zimmer auf dem Olymp gesehen. Was immer ein Gott oder ein Held nicht mehr braucht oder von einer Reise mitbringt, Athene hebt es auf. Der Helm der Unsichtbarkeit aber wird wohl das Prunkstück ihrer Sammlung werden, er kann mit der Aigis konkurrieren.
Endlich ist Apollon da und schaut nach ihr. Seine sanfte, abendliche Wärme ist wohltuend. In seinem Licht werden aber auch all die Wunden sichtbar, die Demeter davongetragen hat.
Der Sonnengott ist entsetzt darüber, wie Mutter Natur zugerichtet ist, doch er ist auch immer noch schockstarr wegen dem, was sich zugetragen hat. Er weiß nicht so recht, was er zu Demeter sagen soll.
«Aïdoneus hatte anscheinend gute Gründe, seiner Verlobten fernzubleiben», stottert er schließlich, «der Arme.»
Demeter antwortet nicht, sie beisst in stummer Trauer die Zähne zusammen und tut, was sie immer tut: Nach vorne blicken und weitermachen. Der Sonnengott aber kommt nun in Fahrt.
«Was Zeus gemacht hat, ist ja wohl das Letzte. Wenn er doch weiß, dass Aïdoneus gute Gründe hat, ihr aus dem Weg zu gehen, was glaubt er da, sich einmischen zu müssen?!»
«Er hat ganz sicher nicht gewusst, was passieren würde, Apollon. Wir haben doch alle gesehen, dass es so nicht weitergehen kann.»

Apollon ist nicht gleicher Meinung wie Demeter. Aber die Göttin mag nicht mit ihm streiten, dafür geht es ihr einfach zu schlecht, außerdem hatten Zeus und Apollon schon vorher Streit. Sie muss sich jetzt um ihre Angelegenheiten kümmern. Dann verabschiedet sich der Sonnengott und es wird dunkel.
Demeter ist sich im Klaren darüber, was auf sie zukommt. Zeus ist fort und wird es wahrscheinlich lange sein. Trockene Zeiten brechen an. Selbst wenn Zeus wiederkehrt, wird er noch eine Weile auf die Hilfe von Aïdoneus verzichten müssen. Mutter Natur weiß, wie langsam Wunden heilen. Sie hat die fürchterlichen Verletzungen des Sturmgottes gesehen. Demeter kennt Mimameid. Die Urmutter ist weise und gütig, streng und durchtrieben. Wenn diese alte Gottheit zum Schluss gekommen ist, dass die jungen Götter noch viel zu lernen haben, so müssen sie das hinnehmen und das Beste daraus machen. Zeus und Aïdoneus werden zurückkehren, wenn sie die Prüfungen bestanden haben, die ihnen die Königin der Unterwelt auferlegt hat, davon ist die Schwester fest überzeugt. Doch wann?
Niemand wird in nächster Zeit den Sonnen- und den Feuergott in Schach halten. Die beiden werden auch den anderen Göttern gegenüber nicht zurückhaltend sein mit ihrer schlechten Meinung von Zeus. Von Hera braucht sie keine Hilfe erwarten, von Athene auch nicht. Poseidon und Artemis werden schon sehr bald genügend eigene Probleme bekommen. Nein, Mutter Natur hat Mimameids grässlich hagere Gestalt gesehen. Sie weiß, dass sie auf sich allein gestellt ist und dass harte Zeiten kommen.

Während sie versucht, ein wenig zur Ruhe zu kommen, hört sie ein leises Schluchzen. Es kommt von dort, wo immer noch der Ichor des Sturmgottes im Boden versickert. Als die Göttin näherkommt, hört sie verzweifelte Stimmchen, dann gewahrt sie eine Ansammlung kleiner Lebensgeister, die zusammengekauert inmitten der versickernden Blutlache knien. Sie stecken die Köpfe zusammen, beraten sich verzweifelt und weinen immer wieder.
«Ja, wer seid ihr denn?», fragt Mutter Natur, obwohl sie ahnt, wen sie da vor sich hat. Die kleinen Gestalten heben die Köpfe und gaffen sie aus verheulten Gesichtern an. Es ist offensichtlich, dass sie froh sind, die freundliche Göttin zu sehen. Auf die Frage «wer seid ihr denn?» blicken sie sich verloren und betreten an, wirken überfordert. Doch Demeter hat

verstanden. Die kleinen Lebensgeister gehörten zu Aïdoneus, wurden gewaltsam von ihrem unsterblichen Herrn getrennt und wissen nun überhaupt nicht mehr, wo sie hinsollen.
«Warum hat er uns einfach hier zurückgelassen?», stammelt schließlich einer von ihnen. Alle schluchzen wieder auf. Demeter lässt sich neben ihnen nieder und streichelt ihre kleinen Häupter. Sie kommen sofort alle her, schmiegen sich rundum an sie und wollen sie gar nicht mehr loslassen. So sitzen sie eine Weile, vereint in Trauer und die Göttin weiß, dass ihr die Kleinen nicht mehr von der Seite weichen werden. Und es ist auch gut so, sie werden sich gegenseitig noch viel helfen können und müssen.
«Er hat euch nicht zurücklassen wollen», sagt Demeter leise, «Aïdoneus hätte euch so gerne bei sich behalten. Aber er konnte nicht. Bleibt doch einfach hier bei mir, wir schauen füreinander.»
Sie nicken und schmiegen sich fest an die Göttin.

In den nächsten Tagen geht es Demeter täglich besser. Noch ist genug Wasser da, die Wunden beginnen zu heilen. Die kleinen Lebensgeister, die Mutter Natur von ihrem Bruder adoptiert hat, wollen den Ort nicht verlassen, wo sie zuletzt bei ihrem Herrn ausharrten. Sie beginnen, Reben zu ziehen und einen Hain anzupflanzen. Nie hat Demeter einen fruchtbareren Ort gesehen, als das blutgetränkte Land. Die Weinstöcke der kleinen Pflanzengeister gedeihen prächtig, sodass von der Blutlache bald schon gar nichts mehr zu sehen ist. Die Göttin besucht die kleinen Dryaden regelmäßig und gerne.
Als sie eines Tages wiederkommt, kann sie kaum fassen, wie groß die Pflanzen schon geworden sind. Sie lobt die Dryaden für ihre gute Arbeit. Doch erinnert sie die Größe der Reben auch daran, dass es schon lange her ist, dass sie ihre Brüder zuletzt gesehen hat. Es vergeht kein Tag, an dem sie nicht an die beiden denkt und hofft, dass sie all das meistern können, was ihrer in den Geisterwelten harrt.
Die Dryaden freuen sich über das Lob der großen Göttin. Doch sie werden auch schnell wieder ernst. Sie vermissen ihren Herrn und sie wissen, wie schwer die Zeiten sind. Es hat schon so lange nicht mehr geregnet. Die Pflanzen und die Tiere an den trockeneren Orten bekommen es bereits deutlich zu spüren. Artemis hat dies auch schon bedauert, wenn sie sich in den windstillen, klaren Nächten mit Demeter unterhält. Auch die Mondgöttin ist sich nicht sicher, ob sie Zeus noch als König haben will.

Dass er Aïdoneus in eine tödliche Falle gelockt hat, kann sie ihm nicht verzeihen. Artemis zweifelt sehr, ob Zeus zurückkehren wird. Sie rät Mutter Natur, sich mit dem Gedanken anzufreunden, dass Hermes wohl der neue König werden wird. Doch Demeter will sich das nicht vorstellen. Es fällt ihr nicht im Traum ein, den Olymp aufzusuchen und Hermes zu schmeicheln, wie es andere tun. Demeter ist zu Ohren gekommen, dass Hermes herumerzählt, er habe Zeus in der Unterwelt getroffen und es bestehe wenig Hoffnung, dass dieser wiederkomme. Er schäme sich zu sehr für das, was mit Aïdoneus geschehen sei und habe die Verbannung gewählt. Mutter Natur aber glaubt fest an den Regengott. Obwohl Hera ihn jedes Mal ausschimpfte, wenn er sich um sie kümmerte, hat er sie nie im Stich gelassen. Er hat es nur gut gemeint, als er versuchte, ein Treffen zwischen Mimameid und Aïdoneus zu arrangieren. Nein, von Schwierigkeiten dieser Art lässt sich Zeus nicht von seinen Pflichten abhalten, davon ist sie überzeugt, dafür kennt sie ihn zu gut.

Die Dryaden haben Demeter das Geheimnis ihrer Pflanzen erklärt. Diese lassen sie tief, tief hinab wachsen in der Hoffnung, dass ihr in der Unterwelt gefangener Herr bemerkt, wo sie sind und zu ihnen heimfindet. Demeter ist gerührt von dieser Idee der Pflanzengeister, macht sich dazu aber ganz andere Gedanken.

Viel Zeit geht ins Land, den ganzen Winter über hat es keinen Tropfen geregnet, kein Wind hat kühle oder feuchte Luft hergebracht, Demeter hat sich an Orte zurückgezogen, wo noch Schnee vom letzten Jahr lag oder sich normalerweise Feuchtgebiete befinden.

Demeter genießt die kühlen Nächte, wo sie ein wenig zur Ruhe kommen kann und Zeit hat, ihren Gedanken nachzuhängen. Mit Hermes und den anderen Göttern hat Demeter fürchterlich gestritten. Sie glaubt dem Feuergott kein Wort, wenn er sagt, Zeus habe sich entschieden, für immer in der Verbannung zu bleiben und Aïdoneus werde nie wiederkehren, sie findet es unmöglich, wie er sich als König aufspielt und hat ihm das auch vor allen anderen Göttern gesagt. Doch diese scheinen Hermes zu glauben, denn schließlich ist der öfter mal zu Besuch in der Unterwelt und er hat Zeus dort gesehen. Doch Demeter ist sicher, dass Hermes lügt und sie zürnt den anderen Göttern, die so wenig Vertrauen in Zeus haben. Mit Hera hat sie sich gestritten, weil die ihr gesagt hat, nun könne sie ja offen zugeben, dass sie schon immer in Zeus verliebt gewesen sei. Und wenn?

Demeter ist das im Moment alles egal. Hera hat Zeus immer schon nur gewollt, um mit ihm zu protzen, das hat sie ihr auch grad so ins Gesicht gesagt. Wem nützen schöne Wolken am Himmel? Niemandem, nur Heras Eitelkeit. Mutter Natur aber kann ohne die Hilfe des Regengottes viele Orte der mittleren Welt nicht mehr aufsuchen, pflegen und verschönern. Wenn Hera nicht damit umgehen kann, dass ein König auch für die anderen Familienmitglieder zu sorgen hat, hat sie sich den Falschen angelacht. Insgeheim ist sich Demeter sicher, dass Hera todunglücklich ist. Sie hat sich so viel Mühe gemacht, den Himmel mit Sternbildern zu schmücken, damit die Lebewesen immer den Weg zurück nach Hause finden. Doch nun kann niemand nach ihren Sternen segeln, denn es gibt keinen Wind. Das Zuhause ist der Göttin der Ehe und des Vermögens das Wichtigste überhaupt. Dass nun auf dem Olymp fast nur noch gestritten wird, dass mit Zeus der Hausherr abhanden gekommen ist, der immer gerne Gäste empfing, und mit Aïdoneus der beste Geschichtenerzähler, Tänzer und Streitschlichter, muss Hera jeden Tag schmerzen, wenn sie durch die tristen Hallen und Höfe wandelt.
Während Demeter so über die Himmelskönigin nachsinniert, blickt sie unwillkürlich hinauf zu ihrer Schwester, betrachtet den nächtlichen Sternenhimmel. Dabei fällt ihr auf, dass ganz oben im Zenit drei neue Sternbilder stehen, alles Vögel. Anscheinend weiß sich die Himmelsgöttin die Zeit auch zu vertreiben, wenn sie keine Möglichkeit hat, ihre Leidenschaft für das Zanken auszuleben.
Demeter entspannt sich. Sie schließt die Augen und lässt ihren Geist schweifen, träumt sich hin in ein saftiges Tal ohne Durst und Mangel, setzt sich unter ihren Lieblingsbaum, träumt von friedlichen Tagen. Obwohl sie die Augen geschlossen hält, hat sie plötzlich das Gefühl, in ihrem Traum nicht mehr allein zu sein. Jemand nähert sich, sie weiß es einfach. Er kommt direkt auf sie zu. Sie kann es kaum glauben, als sie Zeus erkennt. Jetzt erblickt auch er seine Schwester und macht große Augen. Stumm vor Staunen setzt er sich zu ihr. Beide wissen, dass es ihre Seelen sind, die sich außerhalb ihres Körpers gefunden haben, und doch tut es beiden unglaublich gut, den anderen zu sehen.
«Du versteckst dich hier vor der Dürre, nicht wahr?», beginnt Zeus das Gespräch. Er hat eine Frage ausgesprochen und doch klingt es wie eine Feststellung, traurig, schuldbewusst.
«Hermes sagt, dass du nicht wiederkommen magst. Er hat doch nicht

recht, oder?», will Demeter wissen. Der Regengott schüttelt traurig den Kopf.
«Ich wollte dich niemals im Stich lassen. Doch auch Aïdoneus nicht. Was auch immer ich tue, ich kann einfach nicht allem gerecht werden, es reicht einfach nicht…», er lässt den Kopf hängen.
Demeter begreift, dass Zeus seit seinem Verschwinden täglich um und für seinen Bruder kämpft. Alles gibt, was er nur kann, und gleichzeitig immerzu das Gefühl hat, als Himmelskönig, Anführer, Ehemann und Freund zu versagen. Sie blickt ihn aufmunternd an.
«Aïdoneus ist auch mir wichtig, Zeus. Wir werden diese Prüfung bestehen, gemeinsam. Glaube mir, ich schaffe das und kann noch eine Weile durchhalten.»
«Unser Bruder ist in den Geisterwelten unterwegs», erzählt Zeus, der seinerseits Demeter auch Mut machen will. «Er schart immer mehr Seelenwesen um sich und wird immer mächtiger. Mit etwas Glück kehrt er bald zurück. Mimameid und die Geister haben Unglaubliches geleistet und seinen Körper wieder zusammengesalbt. Sie hat gesagt, er werde der Gott aller Zweimalgeborenen sein, jener Auserwählten, welche die Geisterwelten sehen und bereisen dürfen, um zu vermitteln und zu heilen.»
Demeter wiegt den Kopf. Sie schielt Zeus aus den Augenwinkeln an.
«Doch wenn er wiedergeboren wird, muss er erst noch seine Beziehungskiste klären. Das kann dauern.»
Darauf sagt Zeus nichts, er stöhnt nur leise auf.
«Komm mit», sagt Demeter, «ich muss dir jemanden vorstellen.»
Mutter Natur führt den Regengott zum Rebenhain, den die Lebensgeister des Sturmgottes angepflanzt haben und der prächtig gedeiht. Zwar hatten die kleinen Baumgeister andere Pläne mit ihren Reben, doch als ihnen Demeter erklärt, ihre Pflanzen könnten an vielen anderen Orten in der mittleren Welt Leben retten, indem sie Wasser aus großen Tiefen holen, sind sie bereit, der Göttin Stecklinge auszuhändigen.
Zeus gegenüber sind sie jedoch sehr misstrauisch. Sie erkennen in ihm den Verräter, der Schuld ist, dass sie von ihrem Gott getrennt wurden. Doch als Demeter sich für Zeus stark macht und sie erfahren, dass der Regengott seit seinem Verschwinden nichts anderes getan hat, als den Leib des Sturmgottes zu beschützen, willigen sie ein, ihn in das Geheimnis ihrer Reben einzuweihen.
Als sich Demeter von Zeus verabschiedet, um in die Wirklichkeit der Le-

benden zurückzukehren, geht es ihr besser. Sie hat jetzt Gewissheit, dass wenigstens der erste der beiden Brüder zurückkommt und dass sie bald nicht mehr alleine sein wird.

Zeus ist wieder da! Die Nachricht verbreitet sich unter den Göttern wie ein Lauffeuer. Dass er nicht sofort den Olymp aufgesucht hat, gibt zu reden. Seltsamerweise ist Hera nicht mal eingeschnappt, sie scheint etwas zu wissen, doch sie zieht sich seit Wochen in ihren Sternenhimmel zurück und redet höchstens mal mit Artemis. Was hat der Regengott vor? Betrachtet er sich tatsächlich als Verbannten, der nicht zurück nach Hause darf? Oder verfolgt er ganz andere Pläne? Fast täglich gibt es neue Gerüchte. Apollon, der immer den Überblick hat, weiß zu erzählen, dass Zeus als Bauer bei den Menschen arbeitet. Ob er das tut, um Demeter zu helfen? Angeblich hat er seine göttlichen Kräfte weitgehend eingebüßt... auf dem Olymp wird in diesen Tagen viel getratscht. Demeter, die wahrscheinlich Bescheid weiß, wagt keiner der Götter zu fragen, zu groß ist das schlechte Gewissen, das alle Mutter Natur gegenüber haben, der es sichtlich schlecht geht und die täglich mehr ums Überleben kämpfen muss. Doch unter den Göttern, die noch auf dem Olymp weilen, wagt sich keiner, Hermes und Apollon um Zurückhaltung zu bitten. Diese erfahren schließlich auch viel Unterstützung, insbesondere von den Kriegsgottheiten. So ziehen sich viele einfach zurück, so wie Hera und Hephaistos. Auch Poseidon hat in diesen Tagen zu kämpfen.

«Ich habe Mist gebaut», gesteht Zeus seiner Schwester zerknirscht, als er sich wieder mal kurz Zeit nimmt für ein Gespräch mit Demeter.
«Du hast dich mit Hermes gestritten», mutmaßt sie.
Er nickt unglücklich und lässt den Kopf hängen, blickt sie traurig an. «Er hat es geschafft, mich so zu ärgern, dass ich ihm eine gescheuert habe. Mir wird er nicht noch einmal zu nahe kommen. Ich fürchte aber, er wird seine Wut auf mich an dir auslassen. Und wie du siehst... bin ich nicht wirklich in der Lage, ihm an allen Fronten Einhalt zu gebieten.»
Leider hat Zeus Recht. Wenn er Regen fallen lässt, so verdunstet das meiste davon gleich wieder, die Gluthitze liegt stickig über den Lebewesen, es ist kein Wind da, der für Kühlung sorgt, und Zeus kann ohne die Hilfe von Aïdoneus weder die Hitze vertreiben noch die Wolken überall dorthin bringen, wo er sie gerne hätte. Demeters einziger Trost sind die

Rebenhaine, die Zeus überall anpflanzt. Trotz Trockenheit und Sommerhitze gedeihen sie, es ist offensichtlich, dass sie unter dem Schutz der Geisterwelt stehen. Zeus hat Verbündete gefunden. Obwohl er abgekämpft ist und so hart schuftet, wie er nur kann, hat Demeter das Gefühl, dass er innerlich wieder ausgeglichener ist. Längst ist er zum Schluss gekommen, dass es nicht nur unmöglich ist, es allen recht machen zu wollen, sondern auch gar nicht nötig. Er hat für sich entschieden, was wirklich wichtig ist, und tut, was er kann. Um alles andere wird er sich später kümmern und auch dafür wird die Zeit kommen.
Demeter zieht sich an immer mehr Orten unter den Boden, in Höhlen und in Sümpfe zurück, vertraut auf die Hilfe der Lebensgeister. Ob Aïdoneus die Wurzeln der Rebendryaden schon bemerkt hat? Wie es ihm wohl ergeht? Mutter Natur denkt immer wieder darüber nach, dass der Sturmgott viel zu verzeihen hat, und hofft, dass er die Kraft dafür findet.

Der Tag hat als gleissender Hitzetag begonnen, über den kargen, aufgesprungenen Böden flirren Trugbilder, alles ist staubig. Mutter Natur zählt die Tage rückwärts. Irgendwann müssen sie doch wieder kürzer werden. Dann bliebe wenigstens der Tau liegen, den Zeus jeden Abend vorbeibringt, wenn er gute Nacht sagt. Aber sie vermisst nicht nur den Regen. Auch ihr anderer Bruder fehlt. Aïdoneus hat sie immer gestreichelt, wenn er da war, den Duft ihrer Pflanzen genossen und ihr dafür Komplimente gemacht. Ja, ein paar Streicheleinheiten könnte die Göttin wirklich vertragen. Demeter ist dünn geworden, sie fühlt sich ausgezehrt, mager und alt.
Halt. Ja, sie fühlt sich müde und alt. Aber sie fühlt. Im gleichen Augenblick, wie sie die Augen aufreißt, wird sie von den Rebendryaden angesprochen.
«Herrin, schau mal, hast du so etwas schon gesehen?», rufen sie und deuten zum Horizont.
Dort türmt sich eine Regenwolke auf, wird immer höher und breiter. Doch es ist keine gewöhnliche Wolke; sie ist schwarz, tiefschwarz, wächst mit irrsinniger Geschwindigkeit und beginnt, Apollon den Himmel streitig zu machen. Ein Windstoß fegt über die kahlen Böden, vertreibt die Hitze und verteilt die düsteren Wolken über den ganzen Himmel. Demeter stößt einen Jubelschrei aus und springt auf, sie hat verstanden, was das bedeutet: Aïdoneus ist zurück, er hat Frieden gemacht mit dem

Schicksal, es geht ihm gut und er hat Zeus seine Kräfte zurückgebracht. Obwohl Athene seinen Tarnhelm auf dem Olymp hortet, wagt er es, die anderen Götter frontal anzugreifen. Obwohl ihn Zeus verraten hat, ist er bereit, diesem zu helfen. Demeter schluchzt auf vor Freude. Jetzt zuckt ein Blitz durch die schwarzen Wolken, es sieht beeindruckend aus, bisher sind die Blitze nur nachts so zur Geltung gekommen. Aber jetzt machen diese schwarzen Wolken den Tag zur Nacht und Zeus hat soeben allen gezeigt, dass er wieder im Vollbesitz seiner Kräfte ist, der König der Unterwelt hat sie ihm zurückgebracht.
Während Demeter mit Genuss die kühlere Luft tief einatmet, die Hände gegen den Himmel reckt und die Regentropfen begrüßt und genießt, ergreifen alle anderen Gottheiten die Flucht vor dem Sturm- und dem Regengott. Mutter Natur staunt nicht schlecht, als sie sich plötzlich von Hunderten zarter Lebensgeister umringt sieht. Sie braucht aber nicht zu fragen, woher diese kommen, sie weiß, dass sie zum Geleit ihres Bruders gehören, der jetzt als Geisterkönig über deren Welten herrscht und sie beschützt.
Eine zarte Gestalt verneigt sich vor ihr und spricht sie an:
«Unser Königspaar schickt uns zu dir. Es wäre uns eine große Ehre, dir helfen zu dürfen.»
Demeter nickt stumm und seufzt vor Vergnügen. Die Seelenwesen bringen Nektar und Ambrosia her. Dann beginnen sie damit, die Göttin zu waschen, zu kämmen, zu salben, zu massieren, zu kleiden, zu frisieren und zu schmücken. Mutter Natur kann sich nicht erinnern, jemals so verwöhnt worden zu sein. Sie genießt die Aufmerksamkeit der Lebensgeister in vollen Zügen, während alle anderen Gottheiten vor dem heulenden und brüllenden Sturm, dem peitschenden Regen, Blitz und Donner fliehen oder in ihren Verstecken zittern. Am meisten fürchten sie die Geister im Sturm, es ist neu, dass Aïdoneus nicht alleine kommt, sondern Seelenwesen bei sich hat, die jedes Versteck ausfindig machen, ihm alles zutragen und alle fürchterlich erschrecken. Außerdem stellen sie fest, dass der Geisterkönig keinen Tarnhelm mehr braucht: Nur diejenigen können ihn sehen, die ihn auch sehen sollen.
Demeter aber genießt die Vorstellung, lässt sich verwöhnen und schön machen.
Schließlich haben die beiden königlichen Brüder Hermes, Apollon, Ares und Athene in die Flucht geschlagen und haben den Himmel für sich, sie

feiern tanzend ihren Sieg im strömenden Regen.
Dann kommt Aïdoneus her, um seine Schwester zu begrüßen. Demeter kullern Freudentränen über die Wangen, als der Sturmgott von seinem Streitwagen springt und auf sie zukommt. Sie umarmen sich innig, weinen vor Freude und können sich gar nicht genug ansehen. Als Demeter ihren Bruder zuletzt sah, war er so schwer verletzt, dass man fürchten musste, es würde nie wieder gut werden. Jetzt steht er als Anführer eines mächtigen Heeres vor ihr, gesund, lachend, mit leuchtenden Augen und fliegender Haarmähne, prächtig anzuschauen in seinen nachtschwarzen, königlichen Gewändern.
«Es tut mir so leid, dass ich so lange gebraucht habe, Schwesterherz. Du warst so tapfer», flüstert er, während er Demeter fest umarmt und an sich drückt. Wieder schluchzt die Göttin, doch auch sie will ihrem Bruder sagen, wie stolz sie auf ihn ist und wie froh über seine Rückkehr. Während sie spricht, wird er ernst.
«Nur deinetwegen bin ich zurückgekommen», sagt er leise. Mutter Natur erschrickt.
«Ist dies dein Ernst?», ruft sie aus. Der Sturmgott nickt.
«Es ist wunderschön in den Geisterwelten. Es gibt dort kein Leid, keine Schmerzen, keinen Hunger, keine Not. Ich habe viele Freunde gefunden und Glück.»
Demeter lauscht seinen Worten atemlos. Aïdoneus fährt mit seinen Fingern zärtlich über ihre Wange, atmet den Duft der Blumen ein, welche die Lebensgeister in ihre goldenen Locken geflochten haben.
«All das aber gibt es nur hier in der mittleren Welt, hier bei dir: Sinnliches Erleben, Zärtlichkeit, Düfte, Appetit, Geschmack, Sattheit, Vorfreude, Müdigkeit, Lust und Leidenschaft… die Lebenden haben keine Ahnung, wie wichtig es ist, dies zu genießen, solange sie es können. Ihr Leben ist meistens so kurz. Wir Geister freuen uns riesig, wenn die Lebenden uns teilhaben lassen an Sinnlichkeit, Genuss, daran, Teil von dir zu sein. Dafür sind wir auch bereit, euch zu helfen, zu heilen und zu beschützen…»
«Wie denn?», will Demeter wissen, die es befremdlich findet, dass der Sturmgott «wir Geister» gesagt hat, nicht «wir Götter».
«Noch bin ich ein Lernender. Mein Volk zeigt mir alles, damit wir es gemeinsam denjenigen Lebenden beibringen können, die wir auserwählt haben.»
Während Demeter staunend über seine Worte nachdenkt, kommen die

Rebendryaden an, um ihren Vater zu begrüßen. Sie drücken ihren frisch gekrönten Geisterkönig ganz fest, klettern an ihm herum und lassen ihn erst in Ruhe, nachdem sie ihm ihren Hain zeigen durften.
In der Zwischenzeit hat Demeter ihre Sprachlosigkeit überwunden und kann wieder scherzen.
«Bist du jetzt mein großer oder mein kleiner Bruder?», neckt sie den Zweimalgeborenen.
Aïdoneus muss herzlich lachen. «Das werde ich mir bei jeder Gelegenheit neu aussuchen», meint er.
Er nimmt sie bei der Hand und führt sie zu seinem Streitwagen. Auch die vier Sturmrosse begrüßen Mutter Natur freudig.
«Zeus erwartet uns schon», sagt Aïdoneus.
So ist es auch. Nachdem Zeus den Feuergott kräftig verprügelt hat und ihn alle anderen um Vergebung und Gnade angefleht haben, wies er sie an, ein Fest vorzubereiten und nutzte die Zeit, um sich frisch zu machen. Die gemaßregelten Gottheiten sind froh, so glimpflich davonzukommen. Der Regengott begrüßt Demeter herzlich, staunt kugelrunde Augen ob ihrer Verwandlung, bei der ihr die Lebensgeister geholfen haben. Sie genießt seine Komplimente. Dass ihm wiederum die Rauferei großen Spaß gemacht hat, ist offensichtlich; seine Wangen haben Farbe, seine Augen blitzen, es gab seinerseits einigen Klärungsbedarf. Von dem staubigen, abgekämpften Regengott der letzten Wochen ist nichts mehr zu sehen.

Auch Hera sieht glücklich aus, als sich die Familie endlich mal wieder um die große, festlich gedeckte Tafel versammelt. Was waren das doch für triste, harte Zeiten. Doch jetzt wird wieder gegessen, getrunken, gesungen, gelacht. Und dann, dann werden Geschichten erzählt. Alle wollen wissen, was die drei Geschwister erlebten in all den Monaten, in denen sie sich kaum gesehen haben. Was wohl Aïdoneus in den geheimnisvollen Welten der Geister widerfahren ist? Wie ist es möglich, dass diese drei schwer geprüften Gottheiten so stark, so schön, so mächtig wiederkehren konnten? Welche Rolle spielten die Geistwesen dabei?
Als sich die Gottheiten die Becher füllen lassen und sich voller Vorfreude um Zeus, Aïdoneus und Demeter scharen, damit sie ihren Erzählungen lauschen können, bringt man ihnen Nachricht, dass sich die Königin der Unterwelt in Begleitung einer großen Heerschar von Geistern dem Olymp nähert.

Demeter freut sich riesig, ihre Schwägerin zu sehen, und lässt auf der Stelle einen Ehrenplatz zwischen sich und Aïdoneus herrichten.
Die Götter können nicht genug staunen ob der liebreizenden Erscheinung, die da von Zeus persönlich begrüßt, zur Tafel und zu ihrem königlichen Gemahl geleitet wird. Glücklich und stolz stellt Aïdoneus seine Frau den Göttern vor.
Die Verblüffung ist greifbar, denn die übermächtige Schicksalsgöttin, die sie so gefürchtet haben, ist irgendwie ganz anders als in ihrer Vorstellung; so zart, ja fast schüchtern. Sie ist gerührt über den herzlichen Empfang und dankbar, als sie in Demeter eine Freundin erkennt, die ihr nicht zürnt, sondern der sie von Herzen willkommen ist.
«Es tut mir so leid, Demeter, dass du so leiden musstest», spricht sie leise. «Es gab einfach keinen anderen Weg.»
«Wenn ich sehe, wie gut es meinem Bruder jetzt wieder geht», sagt Demeter großmütig, «kann ich dir nicht wirklich böse sein.»
Die beiden Göttinnen betrachten einander einen Augenblick lang voller Neugierde und Wohlwollen, während Demeter Mimameid einen vollen Becher in die Hände drückt. Jetzt fährt sie fort: «Eines musst du mir aber verraten: Was wird jetzt aus Hermes?»
Die Geisterkönigin lacht leise. Mutter Natur liebt das geheimnisvolle Schillern in den grünen Augen des Schicksals.
«Du bist ja so was zum liebhaben», sagt Mimameid vergnügt und blickt Demeter geradewegs ins Gesicht. «Da plagt dich der Kerl die ganze Zeit und dann bist du die erste, die ihn vermisst.»
Demeter wiegt den Kopf. «Hermes hat die Dinge so gut erledigt, wie er es eben kann. Dass Bedürfnisse und Ansichten verschieden sind, liegt doch auf der Hand. Aber er ist einer von uns. Etwas fehlt einfach, wenn er nicht hier ist, wenn wir alle feiern.»
Mimameid nickt langsam und zustimmend.
Sie blickt glücklich und verliebt hinüber zu Aïdoneus und dann wieder in Demeters Augen.
«Der Feuergott hat die Abwesenheit des Regengottes in vollen Zügen genossen. Zurzeit lebt er Selbstmitleid aus tiefstem Herzen. Was auch immer er tut, er sammelt seine Erfahrungen mit Hingabe. Also mach dir keine Sorgen, er geht seinen Weg.»
Während Demeter kurz über dieser Antwort sinniert, bedauert sie innerlich, dass Mimameid nicht weiterspricht, zu magisch ist ihre Stimme.

Doch Mutter Natur hat verstanden, dass die große Schicksalsgöttin mit der Heimkehr von Aïdoneus zu vollkommener Harmonie zurückgefunden hat.
Und dass damit alles gut ist.

(Das Bild zeigt das Sujet einer antiken Keramik der Münchner Antikensammlungen. Auf den ersten Blick sieht man Nike, welche Siegerpreise bringt: Einen Opferstier und einen riesigen Dreifuss, dieser wird mit der Siegerbinde geschmückt. Der dionysische Myste aber sieht den geopferten Sturmgott, der vom Weltenbaum und den Keren in die Geisterwelt entführt wird.)

Der geheimnisvollste und wichtigste der dionysischen Mythen erzählt uns, wie der Sturmgott Aïdoneus als Wissender initiiert wird. Man findet ihn in unzähligen Sagen und Märchen gespiegelt, wenn auch selten an einem Stück. Vollständig versteckt er sich zum Beispiel in Homers Odyssee[237], wenn man diese zuerst rückwärts und dann vorwärts gespiegelt liest. Die ausführlichsten Dialoge habe ich allerdings im Evangelium nach Johannes gefunden[238], ein genialer Text, der von seinem Leser die Arbeit eines Geisthelfers verlangt: Die Seelenteile finden, zusammenfügen und heilen heißt, der Text verlangt vom lesenden Mysten das, was sein Inhalt ist.

Aïdoneus und die Geister

*E*s ist schrecklich still geworden. Der Sturm ist verstummt, der dröhnende Hagel hat aufgehört. Alles ist verwüstet, es war der schlimmste Hagelsturm überhaupt, alle Götter haben sich verkrochen[239]. Obwohl ihnen klar ist, dass Mutter Natur, Demeter und Sturmgott Aïdoneus schwer verletzt sind, wagen sie sich nicht aus ihren Verstecken. Viel zu sehr fürchten sie die übermächtige Schicksals- und Totengöttin Mimameid-Persephone, die in der Gestalt von Hagel hergekommen ist.
Die Geister und ihre zürnende Königin Mimameid folgen der Blutspur und finden den unglücklichen Sturmgott. Nein, er wird nicht länger Verstecken spielen und fliehen, seine Verlobte hinhalten und vor den anderen Göttern zum Gespött machen.

Was hat der in die Falle geratene Sturmgott im Hagel vor Schmerz gebrüllt; um Erbarmen gefleht, ihr gesagt, er tue alles, was sie wolle, wenn

237 «Odysseus Ilion» ist Anagramm zu «Dionysus Elios» (Letzteres heißt «Erbarmen»).

238 «Ho Jeschua Christus» ist ein kurzes Gebet und bedeutet: «Der gesalbte Gott helfe.» Jesus bezeichnet sich selbst als «Menschensohn», was in der Drehung «Geister-/Göttermutter und/oder Geister-/Göttervater» ergibt.

239 Als Jesus in Jerusalem auf einem Esel einreitet, kommen alle Menschen her, jubeln und breiten ihre Kleider aus, damit er darüber hinwegreiten kann. Drehung: Grauer Esel mit wertvoller Last wird zur Wolke, die ihre tödliche Last abwirft. Die Götter fliehen vor der Totengöttin und die Menschen vor dem Hagel, sie verkriechen sich und bringen all ihr Hab und Gut in Sicherheit.

sie nur von ihrem Zorn ablasse[240], nie hat man einen Gott vor Schmerz so schreien hören. Jetzt ist er still geworden, auch das gequälte Weinen und Wimmern haben aufgehört.
Niemand ist gekommen, um dem verratenen[241] jungen Gott zu helfen, niemand war in der Lage, den armen Kerl zu bergen, dem seine Schüchternheit und sein Tarnhelm zum Verhängnis geworden sind. Wie soll man jemanden finden, der unsichtbar ist? Er war sich sicher gewesen, dass sie ihn niemals einfangen würde. Doch Totengötter finden jeden, der im Sterben liegt. Und so hat sie ihm schließlich eine tödliche Falle gestellt und ihn für sich sichtbar gemacht[242].
Als Mimameid-Persephoneia[243] Sturmgott Aïdoneus den Helm der Unsichtbarkeit vom Kopf reißt[244], offenbart sich ihr und den Keren ein grau-

---

240 Jesus gelingt es, eine wütende Meute davon abzuhalten, eine Ehebrecherin zu steinigen, indem er sie beschämt.
Drehung: Die gedemütigte Mimameid bringt den heiratsunwilligen Sturmgott mit Hagelsteinen um, keiner der Götter greift ein, alle sind vor Entsetzen starr.
241 Johannes 14, 15-31: Auf Nachfrage von Judas, warum er sich nur ihnen offenbare, erklärt Jesus, dass nur jener an seinem Wort festhalte, der ihn liebe und dass die Welt ihn hasse und dass er ihnen den Geist der Weisheit und der Liebe schicken werde.
Drehung: Zeus verrät Mimameid, wo sie Aïdoneus finden kann, der sich vor ihr versteckt. Doch der Regengott erfährt nicht, was sie vorhat.
242 Jesus leidet stumm und für alle sichtbar, wird oben auf einem Hügel gekreuzigt. Jesus spricht immer wieder von «Erhöhung».
Drehung: Der Sturmgott ist unsichtbar, doch sein Brüllen ist laut. Er stürzt schwer verletzt aus dem Himmel und wird zermalmt.
243 «Persephoneia» bedeutet: Zerstörerin des Universums, dionysisch ist sie also die große Schöpferin, hier aber in ihrer Gestalt als Totengöttin. Als Schöpferin wird sie hier im Folgenden immer «Mimameid» genannt, von allen Bezeichnungen für den Weltenbaum im germanisch-keltischen Mitteleuropa die Liebenswürdigste.
244 Auf der anderen Seite des Jordans muss Johannes den Leviten Rede und Antwort stehen, sie wollen wissen, wer er sei. Er antwortet, er sei der Wegbereiter für den Erlöser, der kommen werde, der unerkannt mitten unter ihnen sei. Er sei nicht würdig, ihm die Schuhe aufzuschnüren.
Drehung: Jeder weiß, wer die Totengöttin ist, als sie zürnend herkommt, um den Gott zu holen, der sie in ihrem Leid allein lässt. Alle wissen, wem sie zürnt, und alle lassen den armen Kerl allein. Mimameid ist als einzige in der Lage, ihn trotz Tarnhelm zu finden und ihm diesen vom Kopf zu nehmen.

enhaftes Bild[245]: Überall sind Trümmer und goldenes Blut, der Gott und seine treuen Pferde sind völlig zermalmt[246], bei jedem Krampf, der ihn schüttelt, sickert ihm Ichor aus Mund und Nase; er ist kaum noch bei Bewusstsein und völlig wehrlos.

Persephoneias Wutanfall verfliegt, sie kommt zu sich, als sie sieht, was sie dem armen Kerl angetan hat, sie ist erschrocken über die Folgen ihres Zornes. Sie blickt in das blasse, verstörte, gequälte Gesicht des vernichteten jungen Gottes, der unsterblich ist und für immer und allezeit so weiterleiden muss, wenn sie sich seiner nicht erbarmt. Als er in seiner Qual feststellen musste, dass niemand kommen würde, um ihm zu helfen, flehte er die Totengöttin herbei[247], bereit, seine Unsterblichkeit aufzugeben. Die Göttin hat Mitleid mit dem verängstigten, furchtbar Leidenden, erhört sein Flehen um Erlösung und bietet ihm an, ihn mit sich zu nehmen[248]. Aïdoneus, dessen Herz ob des Verrats[249] der eigenen Familie gebrochen ist, übergibt ihr in seiner Not bedingungslos seine Seele[250].

---

[245] Jesus trifft einen Mann, der von Geburt an blind ist. Die Jünger fragen Jesus, ob nun dieser Mann gesündigt habe oder seine Eltern vor seiner Geburt. Jesus streicht ihm einen Teig aus Speichel und Erde auf die Augen und sagt: «Wasche dich im Teich Schiloach (Gesandter)». Der Mann wäscht sich und ist gesund. Als die Leute den Geheilten sehen, fragen sie ihn, wo Jesus sei, er antwortet, dass er es nicht wisse. Drehung: Mimameid sucht den unsichtbaren Aïdoneus, alle wissen, dass der unschuldig Geopferte irgendwo in seinem Blut liegt, zermalmt, zerfetzt, beschmutzt. Nur die Totengöttin kann ihn finden, da der Tod alle Sterbenden findet.

[246] Der/die/das Eine codiert immer die vielen: Jesus hat in jedem Glied ein Loch, geschlagen von Eisen, was wiederum Geist codiert; also ist der Körper des Sturmgottes von vielen, vielen Einschlägen zerstört.

[247] Als Jesus in Jerusalem einreitet, jammern die Pharisäer: Alle Welt läuft ihm nach. Drehung: Aïdoneus fleht Mimameid herbei.

[248] Jesus trifft am Teich Bethesda einen Mann, der schon lange krank ist und nicht geheilt werden kann, da ihn niemand ins Wasser trägt, wenn der Teich aufwallt. Da befiehlt ihm Jesus, seine Trage zu nehmen und nach Hause zu gehen. Drehung: Der in seinem Blut liegende Aïdoneus bittet die Totengöttin, ihn zu erlösen. Sie nimmt ihn mit sich in die Geisterwelten.

[249] Jesus erklärt Pilatus, er würde keinerlei Macht über ihn haben, wenn er ihm nicht von einem Höheren ausgeliefert worden wäre. In der Drehung weiß Persephone, dass man den Sturmgott nicht im offenen Kampf besiegen kann.

[250] Jesus erklärt den Jüngern, er gebe sein Leben, um es wieder zu nehmen.

Der Sturmgott verstirbt.
Vor den Augen der entsetzten Götter lässt Persephoneia alles zu Staub zerfallen: Die beiden Gottheiten, die Pferde, die Trümmer, alles verschwindet[251]. Nur die riesige, goldene Blutlache, die langsam im Boden versickert, erinnert daran, was geschehen ist.
Jetzt wagen sich die mutigsten unter den Göttern wieder heraus, um nach Demeter zu sehen.

Mimameid-Persephone, die den geopferten Sturmgott mit sich genommen und seine Seele von seinem zerstörten Körper getrennt hat[252], schickt seinen Geist zu ihrem Volk[253], den Leib ihres Gefangenen aber nimmt sie mit zu den Wurzeln des Weltenbaumes, um ihn zusammenzusalben und gesund zu pflegen.

Die Seele des fürchterlich misshandelten Aïdoneus ist völlig betäubt, als sie in der Geisterwelt ankommt. Der getötete Sturmgott hat keine Ahnung, wo er ist, glaubt, über Wasser zu schweben, versucht sich zu erinnern, zu begreifen wie ihm geschehen ist, so weiterzumachen wie bisher, doch gelingt es ihm noch nicht einmal, eine Richtung beizubehalten. Wohin es ihn verschlagen hat, ob er hier überhaupt jemandem vertrauen kann, weiß er nicht. Irgendwie ist der schwer angeschlagenen Seele des Gottes klar, dass sie Hilfe braucht, doch dass einem niemand hilft, wenn man in Not ist, ist Aïdoneus gerade brutal vor Augen geführt worden. Freundschaft? Familie? Nein, wenn es hart auf hart kommt, bist du allein.

In der Drehung hat Aïdoneus keinerlei Ansprüche und Wünsche an Schicksal, Leben und Tod (Mimameid), er hofft einfach, dass seine schrecklichen Qualen enden.
[251] Nach der Speisung der Fünftausend müssen die Reste von Brot und Fisch auf dem ganzen Hügel eingesammelt werden.
[252] Jesus gibt seinen Geist auf, nachdem alles vollbracht ist: Aïdoneus ist unsterblich und kann nur mit Hilfe der Totengöttin sterben. Seine Pflichten warten noch auf ihn.
[253] Jesus wird nach der Verhaftung in ein Phairsäerhaus gebracht, misshandelt und ins Gesicht geschlagen. Drehung: «Haus» steht immer für den Körper des Gottes. In der Drehung «das Haus verlassen»: An dieser Stelle stirbt der Gott. Jesus wird misshandelt: Die Qualen des schwer verletzten Sturmgottes sind nun vorbei. Jesus wird ins Gesicht geschlagen: Aïdoneus ist überall verletzt, nur im Gesicht nicht, weil er immer den Tarnhelm trug.

Benommen, wie der Sturmgott ist, bemerkt er nicht, dass er längst entdeckt wurde. Immer mehr Geistwesen umringen ihn, hingerissen von der Größe und Schönheit der göttlichen Seele. Sie freuen sich, weil der Gott, den sie sich als ihren König auserwählt haben[254], endlich da ist, umschwirren und bewundern ihn. Doch müssen sie erkennen, dass es ihm gar nicht gut geht, dass er schwer verletzt, benommen und verwirrt ist, dass er in dem schrecklichen Überfall nicht nur sein Leben, sondern auch seinen Glauben an all das verloren hat, was ihm je wichtig war; Familie, Freundschaft, Aufrichtigkeit... Das Leid des Gottes ist so offensichtlich, dass die Geister zum Schluss kommen, dass er ihre Hilfe braucht. Sie haben ihn gern, finden ihren Kronprinzen wunderschön, wollen eins mit ihm sein und hoffen, dass er ihnen bald nicht mehr zürnt wegen des Überfalls. So ergreifen sie ihn und sind zuversichtlich, dass auch er bereit sein wird, ihnen zu helfen, wenn es ihm besser geht. Und noch bevor die gebrochene, schwer verletzte Seele des wehrlosen Gottes begreift, wie ihr geschieht, wird sie von der Geistermeute in einen Topf gestopft. Die Geister kochen den Sturmgott und essen ihn auf. Seltsamerweise tut es nicht mehr weh, er hat das Gefühl, dem Gelage von aussen zuzusehen, gleichzeitig an mehreren Orten zu sein und verliert jegliches Empfinden für

---

254 (Joh. 15,1-17, rückwärts) Jesus befiehlt den Jüngern, sich gegenseitig zu lieben. Sie seien seine Freunde, wenn sie seine Gebote befolgen. Er werde sie nicht länger Knechte nennen, denn der Knecht wisse nicht, was der Herr tue. Nicht sie hätten ihn gewählt, sondern er sie. Er sei jetzt nicht mehr lange bei ihnen. Es gäbe keine größere Liebe, als wenn einer sein Leben für die anderen hingäbe. Er habe sich an die Gebote seines Vaters gehalten und sei in seiner Liebe geblieben. Und er sagt ihnen, sie seien rein durch das Wort. Er erzählt ihnen die Geschichte von den Reben: Jene, die keine Frucht bringen, werden abgeschnitten und ins Feuer geworfen. Die anderen werden gereinigt, damit sie noch mehr Frucht bringen. Er sei der wahre Weinstock, sein Vater der Winzer, der alle Reben abschneide, die keine Frucht bringen.
Drehung: Die Seele des Wein- und Sturmgottes kommt schwer verletzt und verwirrt in der Geisterwelt an. Er sieht sich umgeben von Geistern, die ihn verfolgt, krank gemacht und getötet haben. Und da er verletzt ist, ist er außerstande, zu kämpfen, sich zu wehren oder zu fliehen. Die Geister wiederum freuen sich, dass der Gott, den sie als ihren König auserwählt haben, endlich da ist. Auch wenn er schwer angeschlagen und wegen des Verrats seines Bruders und seiner Familie unendlich verletzt, ja gebrochen ist, finden sie ihn wunderschön. Sie werfen ihn nicht ins Feuer, sondern ins Wasser (vom Kochtopf).

Dauer[255].
Mimameid kommt her, sammelt alle Überbleibsel des Gottes ein, setzt sie zusammen und gibt seiner Seele eine neue Gestalt.
Als er wieder zu sich kommt, ist er zum ersten Mal überhaupt ganz sich selbst: Sein Schutzpanzer, seine Masken, seine Rollen, die er immer anlegte, um sich vor der Schicksals- und Totengöttin zu verstecken, sind fort; die Geister haben seine wahre Natur bis auf die Knochen freigelegt. All die Jahre hat er sich vor dem Schicksal versteckt. Hat sich nicht zugetraut, ein König zu sein, hat die Geister und ihre übermächtige Königin gefürchtet.
Oh ja, er ist nicht nur der Sturmgott, der Herr über die Gefühle. Er ist auch der Gott der Raserei und des Wahnsinns. Und jetzt ist er rasend vor Zorn. Was glauben diese Geister eigentlich? Dass sie mit ihm machen können, was sie wollen? Nur weil er immer viel zu nett und zu freundlich ist? Weil er immer hilfsbereit war zu allen Göttern, die ihn feige im Stich gelassen und geopfert haben, als er hinterhältig angegriffen wurde? Oh, er wird nie wieder versuchen, seine dunkle Seite zu verbergen, er wird diesen Teil von sich annehmen, verleiht er ihm doch Macht. Obwohl er der Mächtigere war, hat er dem Lose-Ziehen zugestimmt und so Zeus den Himmelsthron überlassen. Wenn er gewusst hätte, wie der es ihm danken würde!! Indem er mit einer gelben Wolke der Totengöttin verrät[256], wo er sich befindet!
Der Sturm- und Weingott geht auf die Geister los[257]. Zuerst auf ihre Köni-

---

[255] Vor seiner Hinrichtung, beim Abendmahl, sagt Jesus zu den Jüngern, einer von ihnen sei ein Verräter, und er schickt Judas hinaus. Die Jünger verstehen nicht, unter ihnen bricht fast Panik aus, jeder hat Angst, Jesus könnte in ihm den Verräter sehen, alle umringen ihn und drängen ihn zu sagen, dass sie es nicht seien. Sie wollen nicht, dass er ihnen zürnt. Drehung: Nach seiner Ermordung wird der Gott verspeist. Im Gegensatz zu Jesus fordert er niemanden dazu auf. Sie essen ihn auf, damit er erneuert wird, und machen ihn zu einem von ihnen.
[256] Johannes: Der Verräter Judas verwaltet die Kasse und veruntreut sie immer wieder. Hera ist die Göttin der Verantwortung, des Vermögens und des Geldes. Und ja, Zeus geht immer fremd.
[257] Jesus hat im Garten Gethsemane gebetet. Er hat Gott angefleht, dieser Kelch möge an ihm vorbeigehen. Es geht ihm nicht gut. Als er zu seinen Jüngern kommt, findet er sie doch tatsächlich schlafend. Er weckt sie auf. Schon nähern sich die Schergen, die Jesus (nur diesen einen) gefangen nehmen wollen. Jesus will nicht, dass seine Jünger Gewalt anwenden.

gin, auf den Geisterbaum Mimameid, den er mit Efeuranken fesselt, dann macht er Jagd auf all ihre Geister: Sie können dem Rasenden nicht entkommen, obwohl sie in alle Richtungen auseinanderstieben, sich verstecken, versuchen, sich unsichtbar zu machen; er ist zu mächtig, zu schnell, zu gewaltig: Sie werden von Wirbelwinden erfasst, herbei gezwungen, mit Wein- und Efeuranken gefesselt[258] und auf einen Haufen geworfen, dann macht er Jagd auf die Verbliebenen, bis er alle in seiner Gewalt hat, nie zuvor ist es in den Geisterwelten derart drunter und drüber gegangen, der Gott lässt keinen Stein auf dem anderen[259].
Die Geister jammern und kreischen in den Fesseln, doch Aïdoneus hat kein Verständnis für sie, ganz im Gegenteil. Er hält ihnen eine Standpauke; niemand kann brüllen wie der zürnende Sturm.
«Haltet euren Mund, ihr blöden Geister, ich will nichts von euch hören!! Die Zeiten sind vorbei, wo man mit dem viel zu netten Sturmgott von nebenan machen konnte, was man wollte! Oh nein, ihr werdet mir büßen, was ihr mir angetan habt! Ihr habt ja dafür gesorgt, dass ich unendlich

---

Drehung: Das Gegenteil von "betend Besinnung finden" ist ausrasten. Aïdoneus muss sich nun seinem Schicksal stellen und er geht auf die niemals schlafenden Geister los, die ihn seit langem gequält haben und ja, er hat vor, Gewalt anzuwenden.
258 Der Geisterkönig hat zwei Gestalten, eine sichtbare (Dionysos) und eine, die nur in der Geisterwelt sichtbar ist (Aïdoneus). In den griechischen Sagen sind diese zwei Gestalten meistens spiegelgleich.
259 Jesus wäscht seinen Jüngern vor dem Mahl die Füße. Er bricht das Brot und fordert sie auf, davon zu essen, dies sei sein Leib. Und er sagt, dass einer ihn verraten werde, der von seinem Brot gegessen habe. Er sagt, wer ihn verrate, für den wäre es besser, nie geboren worden zu sein. Dann reicht er Judas in Wein getauchtes Brot und schickt ihn fort, um ihn zu verraten. Die Jünger verstehen nicht, was gerade geschieht. Jesus aber ergreift den Kelch mit Wein und sagt, sie sollen ihn austrinken. Er aber werde erst wieder vom Weinstock trinken, wenn er im Reich Gottes sei/wenn sein Leiden vorbei sei.
Drehung: Die Geister bekommen von ihrem zürnenden Kronprinzen eine Kopfwäsche. Dass sie ihn aufgegessen haben, findet er den Gipfel der Frechheit. Zeus schwört er Rache. Den Kelch mit Wein ergreifen: Ergreifen heißt auch gefangen nehmen. Der Kelch ist immer ein Symbol für den Weltenbaum. Beim Kelch ist der Wein im Innern, hier sind die Ranken außen. Zu essen/zu trinken geben bedeutet: Jemanden verhören. Der Gott will endlich wissen, warum man ihm das antut, was man mit ihm vorhat (Weinstock codiert Lehrer). Doch er wird ausgeschwiegen, was ihn noch wütender macht.

viel Zeit habe dafür!»
Die Geister verstummen ängstlich. Nur einer versucht, etwas anzumerken:
«Aber Herr, du musst doch Mimameid helfen...»
Kaum hat der Geist aufgemuckt, packt ihn der Gott am Kragen und zieht seine Fesseln noch viel fester an, sodass es knackt. Der Gefangene wimmert.
«Ich muss gar nichts!», brüllt Aïdoneus, «glaubt ihr wirklich, ich helfe jemandem, der mich verfolgen lässt, mich quält, meine Familie mit Intrigen gegen mich aufhetzt und mich umbringt?!»
Er wirft den Geist zurück auf den Haufen und wendet sich ab. Alle schweigen, niemand wagt in diesem Augenblick, den schrecklich wütenden Gott anzusprechen. Irgendwie können sie ja verstehen, dass er sauer ist.
Als sie schweigen, beruhigt sich der zürnende Aïdoneus ein bisschen, wendet sich von seinen Gefangenen ab und blickt sich in der Welt um, in die er so brutal entführt wurde[260].
Er steht dort, den Geistern den Rücken zugewandt, starrt schweigend in die Ferne. Schließlich setzt er sich, ohne sich umzublicken. Die Gefangenen beobachten den Gott schüchtern und mit großem Interesse. Sie sind froh, dass er ruhiger geworden ist, sein Zorn ist fürchterlich.
Dann wagt es ein weiterer Geist, die Seele des Sturmgottes anzusprechen:
«Herr... wir flehen dich an, hör uns zu. Herr, du hast uns doch keine Wahl gelassen, wir brauchen Hilfe. Und du auch...»
Mit einem einzigen Satz steht der Sturmgott vor dem mutigen Sprecher. Seine leuchtenden Augen blitzen, seine Stimme ist eisig. Die Geister können sehen, dass er weinte, während er dort gesessen und in die Ferne gestarrt hat.
«Wenn ihr glaubt, Geisterpack, ich ließe zu, dass ihr auch nur ein einziges Wesen je wieder so verfolgt und quält, wie ihr es mit mir gemacht habt, so habt ihr euch getäuscht. Wenn ihr glaubt, dass ich auch so werde wie ihr, dann irrt ihr euch. Ich werde dafür sorgen, dass so etwas nie wieder geschieht. Und wenn ich euch hier für den Rest der Ewigkeit bewachen muss. Aber ihr werdet nie wieder jemanden ängstigen, krank machen

---

[260] Die Pharisäer versuchen immer wieder, Jesus in ihre Gewalt zu bringen. Doch es gelingt ihnen nicht gegen seinen Willen. Die Geister haben bei Aïdoneus mehr Erfolg.

oder gar jagen und verspeisen.»
Damit wendet sich der Gott wieder ab und setzt sich erneut hin, ihnen den Rücken zuwendend, nachdem er auch diesen Geist zurück auf den Haufen geschmissen hat.
Die Geister blicken einander an und beginnen zu tuscheln. Ja, er hat fürchterlich gelitten, als sie ihn suchten und verfolgten, erst recht, nachdem er im Hagel abgestürzt war und verblutete. Sie können nachvollziehen, dass er deswegen wütend ist. Wer wäre das nicht? Aber dass sie ihn aufgegessen haben... was findet er denn daran falsch?
«Haltet eure dummen Mäuler!!», brüllt der Gott über die Schulter, er hat das Getuschel gehört. Mit einer einzigen Handbewegung bringt er die Weinranken dazu, sich noch enger um die Geister zu schlingen. Die Gefesselten stöhnen auf[261].
Aïdoneus sitzt unbeweglich an einer Felskante, starrt in die Ferne, immer wieder kullern ihm Tränen übers Gesicht. Soll das sein Schicksal sein? Für den Rest seines Daseins Geister bewachen, damit sie die Lebenden nicht heimsuchen können? Ohne einen Körper kann er die Geisterwelt nicht verlassen, das ist ihm klar. Diesen hat Mimameid vollständig vernichtet. Er ist an diesem scheußlichen Ort gefangen, allein mit Geistern, die ihn seit langem verfolgen, ihn krank gemacht und letztlich umgebracht haben.
Er muss an Zeus denken, der ihn durch seinen Verrat hierher verbannt hat. Nichts Böses ahnend[262] hatte der Sturmgott auf dem Weg zu seinem Bruder auf die gelbe Wolke zugesteuert[263]. Als plötzlich faustgroße Eisgeschosse mit tödlicher Wucht auf ihn niederprasselten, war er unfähig zu

---

[261] Unter den Pharisäern entsteht eine Spaltung, weil Nikodemus findet, Jesus habe ein Gerichtsurteil verdient. Die anderen sind von da an misstrauisch gegenüber Nikodemus. Sie wollen den Unruhestifter Jesus unbedingt loswerden.
Das Gegenteil von Urteilen ist heilen. Die Geister sind sich einig, dass der Sturmgott Hilfe braucht, doch sie erwarten auch viel von ihm und wollen, dass er einer von ihnen wird.
[262] Jesus weiß, dass Judas ihn verraten und Petrus ihn verleugnen wird. Aïdoneus hat also nicht die leiseste Ahnung.
[263] Maria von Magdala erschrickt, als sie Jesus erblickt, sie meinte zuerst, es sei der Gärtner. Doch dann freut sie sich riesig. Drehung: Gärtner ist immer ein Codewort für Zeus. Aïdoneus freut sich darauf, seinen Bruder zu sehen und muss dann entsetzt feststellen, dass er in die Falle der Totengöttin geraten ist.

fliehen oder zu kämpfen, noch bevor er auch nur begriff, wie ihm geschah[264].
Was hat er nur verbrochen, dass ihm der eigene Bruder so etwas Schreckliches antut? Aïdoneus kann es nicht begreifen, es verletzt ihn zutiefst. Er dachte immer, sie würden sich gut verstehen. Wie oft hat er dem Regengott schon geholfen… Zeus wusste immer, dass Aïdoneus nicht hierher kommen wollte. Dass er mit seinem Los haderte, das er bei der Teilung der Welt gezogen hatte. Warum konnte dieser selbstherrliche Kerl das nicht einfach hinnehmen und auf sich beruhen lassen? Es war ja schließlich nicht seine Sache.
«Eines Tages», murmelt Aïdoneus düster vor sich hin, «eines Tages bekomme ich Gelegenheit, dir das heimzuzahlen, kleiner Bruder. Und dann… dann bist du dran. Das hier werde ich dir nie verzeihen.[265]»
Der Sturmgott ballt die Fäuste, er beißt die Lippen zusammen, um nicht aufzuschluchzen.
«Herr…», wieder wagt einer dieser vorlauten Geister, ihn anzusprechen, «Herr, lass doch wenigstens Mimameid gehen… sie hat deine Seele doch wieder zusammengesetzt und geheilt…»
Die Königin.
Den Weltenbaum hat er völlig vergessen, nachdem er ihn mit Efeu gefesselt hat. Na, die kann was erleben. Jeder andere Baum, der ihn so geärgert und geplagt hätte, wäre von ihm entwurzelt und irgendwo hingeschmissen worden.
Der Gott erhebt sich, lässt die Geister auf ihrem Haufen liegen und wendet sich an den gewaltig hoch aufragenden Baum, der in der Geisterwelt deutlich zu sehen ist:
«He, du dreifüssiges Scheusal! Du wolltest doch, dass ich herkomme! Hier

---

264 Jesus geht zum Beten in den Garten. Drehung: Gärtner ist immer ein Code für Zeus, mit dem Garten sind die Wolken gemeint. Beten ist das Gegenteil von Ausrasten: Mimameid kann sich nicht länger kontrollieren, sie greift Aïdoneus an. (Da in dieser Szene ein Gewässer vorkommt, muss sie zweimal gelesen und auf zwei Seiten gedreht werden).

265 Als Petrus einem Soldaten namens Malchus (das heißt König) das Ohr abschlägt, um die Gefangennahme Jesu zu verhindern, rügt ihn Jesus und heilt den Soldaten.
Drehung: Heilen codiert Richten: Der verratene und geopferte Aïdoneus kann nicht fassen, warum ihm sein Bruder das angetan hat, er dreht fast durch vor Leid. Er schwört, sich an seinem Bruder zu rächen.

bin ich! Warum sagst du mir nicht, was du von mir willst?!»
Der Baum bleibt stumm.
Aïdoneus wird schlagartig klar, dass auch die Geisterkönigin gekränkt ist. Schließlich hat er sie lange Zeit sitzen lassen. Aber wenn sie selbstmitleidig glaubt, sie habe mehr leiden müssen als er, so täuscht sie sich.
«Du willst nicht mit mir sprechen?», brüllt er. «Wie du meinst! Wenn du glaubst, dass du mehr ertragen kannst als ich, beweise es! Ich bin deinetwegen gewohnt, zu leiden!!»
Vor den Augen der entsetzten Geister zieht der Gott die Fesseln um Mimameid noch fester. Dann hängt er sich kopfüber an einem der Äste fest.
Die Geister blicken einander unglücklich an. Sie ahnen das Schlimmste. Zwei sture, beleidigte Gottheiten, die sich in ihrem Selbstmitleid einen Wettkampf liefern, wer mehr aushält. Das kann dauern[266].

Tage und Nächte vergehen. Die Geister, die mit beiden Gottheiten verbunden und eins sind, können spüren, wie sehr Mimameid leidet, wie sehr sich Aïdoneus quält. Doch keiner von beiden ist auch nur im Ent-

---

[266] Nach Jesus' Auferstehung befinden sich mehrere Jünger am See Tiberias. Petrus sagt, er gehe fischen, und sie begleiten ihn. Doch sie fangen nichts. Als sie zum Ufer rudern, erblicken sie Jesus, erkennen ihn aber nicht. Er fragt sie, ob sie etwas zu essen hätten, sie verneinen. Da weist er sie an, das Netz rechts neben dem Boot auszuwerfen. Sofort wird es so schwer, dass sie es nicht wieder einziehen können. Da erkennt Johannes den auferstandenen Jesus und sagt es Petrus, worauf sich dieser den Gürtel umbindet und ans Ufer watet. Jesus weist ihn an, das Netz herauszuziehen, es sind 153 Fische drin. Jesus hat ein Feuer mit Brot und Fisch vorbereitet und gibt ihnen zu essen.
Drehung: Der getötete, gekochte und verspeiste Sturmgott hat alle Geister eingefangen, auch den Weltenbaum (153: 3*51: das dreifache Jahr=Mimameid). Er findet, dass sie einiges zu klären hätten. Doch die Geisterkönigin weigert sich, mit Aïdoneus zu reden und auch die Geister wagen nicht, ihm seine Bestimmung zu verraten, wenn es die Königin nicht tut. Er wird sie zum Sprechen bringen, es ist ihm egal, wenn es auch ihn etwas kostet. Das schwere Netz mit der Zahl des Weltenbaumes, das Petrus kaum ziehen kann, ist in der Drehung der Sturmgott, der sich an den Weltenbaum hängt; die Anweisung von Jesus, auf welcher Seite er fischen soll, weist auf die zwei Möglichkeiten hin, die Aïdoneus gezeigt werden: Die Geister versklaven (Fische im Netz) oder Mimameid retten (Drehung von Fisch fangen ist Jungfrau retten).

ferntesten willens, nachzugeben. Zu stolz, zu gekränkt und zu leidgeprüft sind beide.
Doch die Geister wünschen sich nichts sehnlicher, als dass sich endlich etwas bewegt, sodass auch für sie Hoffnung besteht, wieder aus diesen Fesseln herauszukommen.
Endlich einigen sie sich auf einen Plan.
In der neunten Nacht lassen sie Aïdoneus eine Vision erscheinen, einen Blick in die Zukunft. Sie wissen zwar nicht alles, doch einige Pläne ihrer Königin sind ihnen vertraut.
Sie zeigen dem Sturmgott, wozu ihn die Macht über sie, die Geister, befähigt. Aïdoneus sieht, dass er mit Hilfe der Geister als mächtigster aller Götter wieder auferstehen kann. Als Zauberer, der sich alle untertan macht, den alle fürchten, dem niemand mehr den Respekt verweigert. Er sieht aber auch, wie alle unter einem solchen Herrscher zu leiden haben[267]. In einer zweiten Vision sieht der Gott, dass er aber auch ein Heiler werden kann, jemand, der den Geistern hilft, die Macht des Weltenbaumes so zu nutzen, dass die Geister den Lebenden helfen können.
Die gefangenen Seelen blicken gespannt auf Aïdoneus. Ob er ihre Botschaft verstanden hat? Ob er sich für das Richtige entscheiden wird?

Schließlich öffnet der Gott die Augen, löst die Ranken, mit denen er sich an den Baum gebunden hat.
Die Augen aller sind auf ihn gerichtet. Doch er beachtet die Geister nicht. Er geht an ihnen vorbei, blass und ernst, geht zurück zu dem Aussichtsplatz, wo er zuvor gesessen und sinniert hat. Wieder setzt er sich dorthin, wendet seinen Gefangenen den Rücken zu, sodass sie wieder nur sein prächtiges, langes, schwarzes Haar und seine zusammengekauerte Silhouette sehen können.
Tausend Gedanken stürmen auf den Gott ein, er muss sich über vieles klar werden. Aber ob er es will oder nicht, er ist der Herr über diese Geistermeute, sie sind miteinander verbunden, sie halten sich gegenseitig gefangen; die Geister haben Recht, wenn sie ihm sagen, dass sie aufei-

[267] Die Juden und Jesus führen ein Gespräch über die Vergangenheit, über Abraham. Darüber, dass ein Sklave für immer im Haus bleibt, und darüber, dass sie ihn lieben würden, wenn Gott ihr Vater wäre. Drehung: Sie reden über die Zukunft, über die Macht, die er nach seiner Wiedergeburt haben könnte, und dass ihn alle fürchten werden.

nander angewiesen sind.
Wieder kullern dem Gott Tränen über die Wangen. Auch wenn er in die Zukunft blicken konnte; er kann sie sich nach wie vor nicht vorstellen. Doch eines weiß er mit Sicherheit: Dass er kein Zauberer sein will, der mit Hilfe der Geister eine Schreckensherrschaft errichtet.
Sollen sie ihm also ihr Anliegen erklären. Dass er sie jederzeit wieder einfangen und festhalten kann, dürfte ihnen genauso klar sein wie ihm.
Ohne sich umzudrehen, macht der Gott eine leise Handbewegung. Die Wein- und Efeuranken beginnen, sich langsam zu lockern. Die Geister wagen kaum, sich zu regen, einigen fällt es auch richtig schwer.
Nur einer von ihnen zappelt sich ungeduldig frei, kämpft sich heraus aus Ranken und Haufen, humpelt, hüpft und stolpert hinüber zu der Stelle, wo der tieftraurige Sturmgott sitzt.
«Aïdoneus, Aïdoneus!», ruft der kleine Geist, erreicht den Gott und zu dessen und aller Verblüffung klettert er einfach an ihm hoch, fällt ihm um den Hals und beginnt zu weinen. Der Sturmgott ist völlig überrumpelt.
«Ampelos?», fragt er schließlich leise.
«Ja, ich», schluchzt der kleine Baumgeist.
«Warum bist du hier?», fragt der Gott ungläubig. «Was ist mit deinem Baum passiert?»
«Er war unterspült», weint Ampelos und erzählt: «Wir sind in den Fluss gestürzt.»
Aïdoneus fährt dem kleinen Baumgeist sachte über den Kopf. Wie oft hat er neben Ampelos auf dem Baum gesessen, mit ihm geplaudert und seinem Flötenspiel gelauscht. Das letzte Mal ist erst wenige Tage her. Obwohl es ihm aufrichtig leid tut, was mit der alten Schwarzpappel geschah; er ist unendlich dankbar, jemanden zu sehen, den er kennt und der ihn gern hat.
Er erwidert die Umarmung seines kleinen Freundes.
«Bitte sei mir nicht böse, Ampelos, ich wollte dir nicht weh tun. Ich war rasend vor Zorn», sagt der Gott heiser.
«Mir tut doch auch Leid, was mit dir geschehen ist, Aïdoneus», schluchzt der Geist.

Alle anderen haben ungläubig und staunend zugesehen, wie zärtlich der mächtige Gott den kleinen Baumgeist Ampelos begrüßt hat. Jetzt gibt es für einige von ihnen kein Halten mehr. Alle, die den Gott von früher ken-

nen, drängen zu ihm, wollen ihn auch begrüßen, wollen ihm zeigen, dass auch sie hier sind und ihn gern haben[268].
Einen Augenblick lang flackert es in den Augen des Gottes wild auf, als sie ihn erneut umzingeln. Doch dann erkennt er lauter freundliche und vertraute Gesichter im Kreis und beruhigt sich.
Zur großen Freude aller widmet er jedem viel Aufmerksamkeit, begrüßt jeden persönlich, hört zu, spricht. Es ist ihnen so wichtig, dass er ihnen nicht länger zürnt.

Nachdem er all seine alten Bekannten begrüßt hat, wagen sich auch die anderen Geister etwas näher heran. Der Gott blickt in die Runde. Es geht ihm jetzt besser. Doch er hat einiges klarzustellen.
«So lieb, wie ich einige von euch habe... ich kann nicht tatenlos mit ansehen, wie ihr die Lebenden heimsucht, erschreckt oder Neuankömmlinge in der Geisterwelt einfach aufesst.»
Die Geister tauschen erstaunte Blicke und murmeln.
«Herr», spricht schließlich einer von Ihnen, «wir wollen nicht erschrecken und quälen, wir haben dir doch gesagt, dass wir Hilfe brauchen. Es ist sehr schwierig für uns Geister, uns den Lebenden, die wir lieben und beschützen möchten, bemerkbar zu machen. Genau dafür erhoffen wir uns deine Hilfe... Und wegen des Aufessens... wir mussten uns doch mit dir verbinden. Außerdem warst du schwer verletzt. Jetzt bist du ganz du selbst, viel stärker als je zuvor[269].»
Aïdoneus begreift, dass für sie viele Dinge anders sind als für ihn. Doch er befindet sich nun in ihrer Welt. Hier gelten offenbar ganz andere Regeln. Zeit scheint es an diesem Ort nicht zu geben, Hunger anscheinend auch nicht, das ist etwas Körperliches. Da Geister keine Körper haben, scheint in dieser Welt alles Körpergebundene nicht wichtig zu sein. Essen hat hier also dem Anschein nach nicht zwingend mit Ernährung zu tun...
Aïdoneus kommt zum Schluss, dass er viel zu lernen hat.

---

268 Als Jesus hingerichtet wird, wenden sich alle seine Freunde von ihm ab und fürchten um ihr eigenes Wohl.
Drehung: Aïdoneus findet unerwartet Freunde und alte Bekannte.
269 Die Menschen verfolgen Jesus, der alleine sein will, zu Tausenden. Schließlich erbarmt er sich und gibt ihnen zu essen. Drehung: Nachdem Aïdoneus alle Geister verfolgt und gefangen hat, kommen sie schließlich ins Gespräch.

«Ihr müsst etwas geduldiger mit mir sein. Eure Welten sind mir nicht vertraut. Aber ich bin bereit, sie kennenzulernen, mir alles nötige Wissen anzueignen. Zeigt und erklärt sie mir», bittet er die Geister.
Jetzt schöpfen sie Hoffnung, dass der Gott möglicherweise doch bereit sein könnte, ihnen zu helfen.
«Was auch immer wir tun, die Lebewesen bemerken uns nicht, wenn wir uns in ihrer Nähe aufhalten», klagen sie dem Gott. «Viele hören nicht einmal auf ihre eigene Seele...»
«Zu denen habe ich auch gehört», meint Aïdoneus nachdenklich.
«Uns Geister kann man im Dunkeln am besten sehen. Doch gerade Menschen fürchten sich in der Nacht[270]... mit deiner Hilfe könnten die Auserwählten uns spüren.»
Die Geister erzählen Aïdoneus, dass sie ganz fest hoffen, mit seiner Hilfe viel Gutes in der Welt der Lebenden bewirken zu können.
«Mimameid ist so gütig und freundlich. Doch für einen Lebenden ist ihre Aufmerksamkeit einfach zu gefährlich. Wir könnten mit deiner Hilfe und der von auserwählten Lebenden viele Kranke und verletzte Seelen heilen, indem wir Mimameids Kraft für sie wandeln.»
Aïdoneus stutzt. «Was meint ihr, wenn ihr sagt, ihre Aufmerksamkeit sei zu gefährlich?»
Die Geister schauen sich gegenseitig betreten an. Dann nimmt einer all seinen Mut zusammen und erklärt dem Gott:
«Weltenbaum Mimameid ist so groß und so mächtig, dass es niemand ertragen kann, wenn sie all ihre Aufmerksamkeit auf ihn richtet.»
Der Sturmgott macht große Augen.
«Gilt das auch für Götter?», will er wissen.
Die Geister nicken schüchtern.
«Und was geschieht dann?», fragt er unerbittlich.
Wieder winden sich die Geister und wagen kaum zu antworten. Letztlich ist es Ampelos, der genügend Schneid hat, dem geliebten Gott Rede und Antwort zu stehen.
«Man kann krank werden... gar sterben. So, wie du, Herr... zuerst bist du ganz unsicher geworden. Du hast dir kaum noch etwas zugetraut. Trotz

---

270 Jesus erklärt, er sei das Licht, doch die Menschen würden die Dunkelheit lieben und das Licht fliehen. Umgekehrt machen die Geister immer wieder die Erfahrung, dass die Menschen sich erschrecken, wenn sie diese zu kontaktieren versuchen.

all deiner Macht[271]. Dann hast du dich immer mehr zurückgezogen und versteckt.»

Der Gott verfällt in ein langes, schweigendes Grübeln.

«Mimameid hat so lange auf dich gewartet, Herr. Schließlich ist auch sie krank geworden. Sie wusste, dass ihr euch nur gegenseitig helfen könnt, doch es war ihr unmöglich, dich zu finden, weil du unsichtbar warst. Wir mussten mit ansehen, wie sie immer unglücklicher und schließlich zornig wurde. Es war furchterregend, sie ist doch sonst immer so lieb und hilfsbereit. Irgendwann sagte sie, jetzt sollen alle sehen, was geschieht, wenn einer sich weigere, seiner Bestimmung zu folgen. Sie sagte, sie werde dafür sorgen, dass du dir noch wünschen würdest, sie zu sehen[272]. Es war einfach keiner da, um euch beiden aus diesem Schlamassel zu helfen, weil es niemanden sonst gibt, der so mächtig ist wie ihr beide[273]», versucht Ampelos, das Gespräch wieder aufzugreifen. Als Aïdoneus nachdenklich stumm bleibt, spricht er vorsichtig weiter:

«Es ist nicht dein Schicksal, Herr, für immer tot zu bleiben. Du musst wieder auferstehen, um Mimameid zu heilen.»

In Aïdoneus Augen blitzt es auf. Die Geister weichen erschrocken zurück,

---

271 Johannes: Jesus beklagt, dass die Pharisäer nicht an ihn glauben, obwohl er seine göttliche Macht unter Beweis gestellt hat. In der Drehung glaubt Aïdoneus nicht an sich selbst; alle anderen aber sehen, was für ein mächtiger Gott er ist.

272 Jesus kann mit seiner Weisheit und Milde einer Frau das Leben retten, die gesteinigt werden soll. Während er spricht: «Wer von euch ohne Schuld ist, werfe den ersten Stein», schreibt er die ganze Zeit in den Sand. Die mordlustige Meute geht fort, zur großen Überraschung der Frau. Drehung: Die Göttin, die für alle das Schicksal webt und spinnt, wird irgendwann so zornig auf den unschuldigen Sturmgott, dass sie beschließt, ihn im Hagel sterben zu lassen. Die sanftmütige, freundliche Gottheit wird zur rasenden Todesfurie.

273 Jesus und das Kreuz: Jesus hat sein Schicksal angenommen, das tote Holz steht starr und stumm, Eisennägel verbinden den Todesbaum mit dem Sterbenden, der sich nicht drehen und das Kreuz nicht sehen kann. Oben am Kreuz ist zu lesen, warum Jesus sterben muss, jeder kann es sehen. Drehung: Der Weltenbaum, das Leben selbst, kann den Sturmgott nicht sehen, sie sind über unsichtbare Schicksalsbande verbunden, machen sich gegenseitig krank, bräuchten gegenseitig die Hilfe des anderen und sie schlittern auf die Katastrophe zu, weil Aïdoneus sein Los nicht annehmen will. Niemand versteht das Problem der beiden, so etwas hat es noch nie gegeben.

als er wieder wütend wird.
«Hört mir auf damit! Sie redet nicht mal mit mir! Ich habe keinen Körper mehr und es fällt mir schwer, mich mit jemandem anzufreunden, der mich umgebracht hat!!»
Die Geister versuchen, den Sturmgott zu besänftigen.
«Aber sie hat dich doch zusammengesetzt und deine Seele geheilt! Sie ist so mächtig; sie kann auch deinen Körper heilen!»
«Meinen Körper gibt es nicht mehr», knurrt der Gott wütend und traurig zugleich, «ich bin tot. Genauso tot wie jeder andere hier.»
«Nein, Herr, denn du bist ein Gott. Du hast in die Zukunft geblickt. Wir werden dir dienen Herr, denn wir sind mit dir verbunden. Wie auch immer du dich entscheidest.»
Aïdoneus bedeckt die Augen mit der Hand, seufzt und denkt über all das nach, was gerade auf ihn herein stürmt. Noch bevor er eine Ahnung davon hat, was ein Heiler tun muss, der die Macht des Weltenbaumes Mimameid mit Hilfe der Geister nutzt, erwarten die Geister bereits von ihm, dass er genau diesen gesund macht. Es ist einfach zu verrückt[274].
Er blickt in ihre Gesichter, sieht, mit wie viel Spannung sie erwarten, dass er ihnen seine Entscheidung mitteilt.
«Ich weiß nicht, ob ich kann, was ihr von mir erwartet. Aber ich kann es versuchen.»

Als er dies ausspricht, erkennt er in den Gesichtern der Geister große Erleichterung und Freude. Erst lächeln, dann strahlen sie, verneigen sich, weichen zurück und machen den Blick auf eine zierliche Gestalt in ihrer Mitte frei. Als Aïdoneus sie erblickt, weiß er nicht so richtig, ob sie uralt ist, im besten Alter oder blutjung... irgendwie ist sie alles zugleich, alles, was er je gesehen hat... die schillernde, unfassbare Erscheinung verwirrt und fasziniert ihn derart, dass er seine Wut auf sie fast vergisst.
Völlig erstarrt beobachtet er, wie sie auf ihn zukommt, lässt zu seiner eigenen Verblüffung widerstandslos geschehen, dass sie ihm wohlwollend und zärtlich die Hand aufs Haupt legt. Die Berührung ist unbeschreiblich. Aïdoneus will nicht, dass sie die Hand wegnimmt, obwohl er sich gleichzeitig fragt, wie lange er das ertragen kann. In ihm reift die

---

[274] Und es ist das, was das Evangelium zu so einem unglaublichen Kunstwerk macht: Du musst mit dem Text machen, was sein Inhalt ist: Finde den unsichtbaren Gott, setze ihn zusammen, heile ihn und werde geheilt.

Erkenntnis, dass die Toten- und Schicksalsgöttin auf der Gegenseite nichts anderes ist, als das Leben höchstselbst, die Mutter aller Lebensgeister, die Schöpferin der Welten und wiederum diese Welten selbst[275]. Die Urmutter, das Weltentor[276]; unbeschreiblich mächtig und doch so zart und scheinbar zerbrechlich. Doch er, der mächtige Gott des Sturms, des Atems und der Gefühle weiß in diesem Augenblick, dass sie untrennbar eins sind, das Leben und der Atem[277]; dass er zu ihr gehört und sie für immer beschützen will. Warum waren sie je getrennt?
Ihre schillernden, grünen Augen sind ganz nah vor seinem Gesicht. «Siehst du unsere Freude?», fragt sie. «Du hast die richtige Entscheidung getroffen. Es war eine schwere Prüfung nach all deinem Leid und du hast sie bestanden. Wir Geister hätten einen mächtigen Zauberer aus dir gemacht. Doch du hast dich für das Wohl aller entschieden, obwohl du unendliche Macht und die Gelegenheit zur Rache gehabt hättest.»
Aïdoneus bringt kein Wort heraus.
Mimameids Seele spricht weiter: «Wir können nur heilen, wenn wir selbst heil sind. Wenn du in dir ruhst und dich leer machen[278] kannst, frei von eigenen Sorgen und Nöten, bist du offen für das, was den anderen belastet oder krank macht. Mit deiner Hilfe werden wir spüren, was die

---

275 Petrus sah, wie Johannes bei dem Auferstandenen Jesus blieb und ihm folgte. Unter den Brüdern ging das Gerücht, Johannes werde nicht sterben, doch Jesus sagte: Wenn ich sage, dass er bis zu meinem Kommen bleibt, was geht es dich an? Dieser Jünger hat alles bezeugt und aufgeschrieben.
Drehung: Der dreifache Johannes ist der Code für den dreifaltigen Weltenbaum Mimameid: Nie geboren, denn sie hat alles erschaffen, ist ewig. Sie ist die Welt und das Schicksal, denn das Wort Schrift codiert immer das Schicksal.
276 Jesus bei Johannes: «Ich bin der Weg und die Wahrheit und das Leben». Dionysische Mysten benutzen den Weltenbaum zum Reisen (Drehung: Aïdoneus erkennt: «Du bist der Weg) zwischen den Welten, sie lernen von seinen Geistern («und die Wahrheit») und sie wissen, welche Gottheit sie verehren («und das Leben»).
277 Der griechische Ausdruck «Pneuma» bedeutet sowohl Geist wie auch Wind, wie auch Lebenshauch (Atem).
278 Jesus befiehlt den Dienern auf der Hochzeit von Kanaan, sechs große Tontöpfe zu füllen, um die Hochzeit (da wird ein Glück zusammengeführt) zu retten. Wein steht für den Gott selbst. Drehung: Sich leer machen, eigene Sorgen loslassen um ganz offen zu sein für die Belange des Anderen.

anderen brauchen, sie werden es selbst spüren und sie werden auch uns spüren. Du bist der Erste unter den Auserwählten, die von nun an unsere Welten besuchen und uns kennenlernen dürfen. Du wirst sie lehren und anleiten, der Vermittler zwischen den Welten sein, der Gott aller zweimal Geborenen[279]. Wir haben so lange auf dich gewartet.»
Sie nimmt die Hand von seinem Haupt und küsst ihn zärtlich auf die Stirn. Er wehrt sich nicht dagegen, weil es so einfach richtig ist, er kann nicht länger zürnen.
«Komm mit uns», lädt sie ihn ein[280] , «gehe den Weg, für den du dich entschieden hast. Erfahre Heilung, damit auch du heilen kannst.»
Der Sturmgott nickt stumm. Die seltsam wohlige Benommenheit, die ihn seit ihrer Berührung umfängt, lässt nur langsam nach, sodass er nicht sprechen mag. Doch er kommt der Einladung gerne nach.
Mimameid nimmt Aïdoneus mit in ihrem Gefolge, das aus Tausenden von Geistern besteht. Sie umschwirren und umfliegen ihre Königin in den unterschiedlichsten Gestalten: Tiere aller Art, phantastische oder gar gestaltlose Wesen, Nymphen, Dryaden... sie nehmen den Sturmgott mit sich, der staunend sieht, wie Fische und Eichhörnchen neben ihm fliegen, wie langbeinige Gazellen durch die Lüfte galoppieren. Er beobachtet, dass einige Geister, die mit ihnen reisen, wieder in die Welt der Lebenden zurückkehren; es sind die Seelen der Schlafenden. Doch das Geisterheer holt auch Seelen ab, die aus der Welt der Lebenden heimkehren, und nimmt sie mit sich, genauso wie den Sturmgott. Dabei bemerkt er, dass einige Seelen nicht in einer, sondern in mehreren Gestalten zu Mimameid heimkommen.
Jetzt findet er seine Sprache wieder. So fragt er Mimameid nach den Seelen, die nicht eins sind. Sie scheint sich zu freuen, dass er nicht mehr so befangen ist, ein Gespräch beginnt und neugierig ist.
«Wenn jemand leidet, kann es sein, dass er einen Teil von sich abspal-

---

[279] Jesus sagt zu Nikodemus: Wer nicht zweimal geboren wird, kann das Reich Gottes nicht sehen. Johannes 3.1-13, diese Textpassage ist unverschlüsselt, der Autor geht davon aus, dass sie einem Uneingeweihten ohnehin zu wirr ist.

[280] Jesus zieht überall herum, um zu lehren, denn in der Heimat ist der Prophet nichts wert, wie seine Brüder sagen.
In der Drehung hat der Sturmgott viel über sein Reich und sein Volk zu lernen.

tet[281]», erklärt sie ihm sanft.
Der Sturmgott macht große Augen.
«Kann das auch einem Gott passieren?», will er wissen.
«Ja», antwortet Mimameid leise und ernst, «es kann auch uns passieren.»
«Und was kann man dagegen tun?», fragt der Sturmgott, der das durchaus auch auf sich und die große Mimameid bezieht.
«Wenn die Seele so leidet, dass sie flieht, stirbt ein Wesen», erklärt Mimameid. «Doch viele Wesen verlieren schon Seelenteile, wenn sie nur leicht verletzt werden. Die Geister, welche dir dienen, können sie für dich in den Welten ausfindig machen, wo sie meistens in Tiergestalt unterwegs sind, ohne zu ahnen, dass sie zu einer größeren Seele gehören. Komm, ich zeige dir etwas.»
Aïdoneus folgt den Geistern und erkennt, dass sie jenen Ort anstreben, wo sich die drei riesigen Wurzeln des Weltenbaumes zu seinem Stamm vereinen[282]. Er kann sehen, dass sich dort etwas äußerst Wertvolles befindet, denn es wird von hunderten Geistern umschwirrt und behütet. Mit Staunen gewahrt er sich selbst, seinen Leichnam, der von Mimameids Gefolge nicht nur bewacht, sondern von Schmutz und Blut gereinigt wurde und nun gesalbt und gepflegt wird[283].

---

281 Johannes: Die Jünger fahren im Boot über den See, Jesus eilt ihnen zu Fuß über das Wasser voraus, er wartet nicht. Das Boot ist ein Seelenboot, aber einer entflieht. Das Gehen über das Wasser ist typisch für die Geisterwelt: Mächtige Schutzgeister verhalten sich in einem fremden Medium, als wäre das völlig normal. Das Bild vom Mann auf dem Wasser (Wassermann) codiert aber auch die Gestalt des abgespaltenen Seelenteils von Aïdoneus Seele: Es ist ein Löwe (der dem Sternbild Wassermann gegenübersteht).

282 Jesus wird von Joseph von Arimathäa und Nikodemus in einem neuen Grab beigesetzt, das seltsamerweise gerade zufällig da ist, hauptsächlich noch möglichst schnell, bevor sie es wegen des Fests nicht mehr tun dürfen.
Drehung: Mimameid bringt den getöteten Aïdoneus nicht irgendwohin, sondern zum Ursprung der Welt, des Lebens, des Universums, einem Ort ohne Zeit, wo er wiedergeboren werden wird.

283 Nikodemus bringt 100 Pfund (!) Myrrhe und Aloe mit, um Jesu Leichnam zu salben, bevor er bestattet wird (ich kann mir beim besten Willen nicht vorstellen, wo die das alles hinstreichen wollen).
In der Drehung wird der zerfetzte Leichnam von Aïdoneus zusammengesalbt, damit der Gott wiederauferstehen kann. (32 Kilogramm Salbe ist schon eine stattliche Menge, aber der Sturmgott dürfte auch recht groß

Der getötete Gott starrt schweigend hinab auf seinen leblos daliegenden Körper[284].
«Ihr wollt wirklich, dass ich zu den Lebenden in die mittlere Welt zurückkehre», murmelt er mit brüchiger Stimme.
«Niemand schickt dich fort von hier, bevor du nicht bereit bist», sagt Mimameid sachte. «Erst, wenn du dich mit den Geistern aller Welten verbündet hast und alle Prüfungen bestanden, wirst du als König mächtig genug sein, um wiedergeboren zu werden. Du wirst es fühlen.»
Jetzt sieht Aïdoneus plötzlich, dass nicht nur Geister bei seinem Körper sind, sondern noch jemand, der ihm sehr vertraut vorkommt und doch auf den ersten Blick fremd aussieht. Doch er fühlt mit Gewissheit, wen er vor sich hat.
«Das ist...» er kann nur stammeln, er merkt, dass er wütend wird.
«Ja, dein Bruder. Wie du schon festgestellt hast, sehen alle Wesenheiten in der Welt der Lebenden und in der Welt der Geister unterschiedlich aus. Zeus ist hergekommen, um dir zu helfen.»
«Mir helfen?!» Aïdoneus ringt um Worte, Trauer und ohnmächtige Wut machen sich in ihm breit. Der Verrat des Regengottes hat ihn schwerer verletzt als alle Hagelkörner, die auf ihn eingeprasselt sind.
In diesem Augenblick hat auch der Himmelskönig den Sturmgott bemerkt.
Er beginnt, auf ihn zuzukommen, zu winken und ihn zu rufen.
«Aïdoneus, Aïdoneus!»

---

sein.) An dieser Stelle dürfte erwähnenswert sein, dass der Ausspruch/Name: «Ho Christus Jesus!» eine Bitte, ein Gebet darstellt und bedeutet: «Der gesalbte Gott helfe!» Wem schon von dieser Seite geholfen wurde, der weiß, dass es funktioniert.

[284] Ein königlicher Beamter bittet Jesus, seinen todgeweihten Knaben zu heilen. Jesus geht nicht hin, er ärgert sich darüber, dass die Leute immerzu Beweise von ihm verlangen. Als der Mann aber immer weiter bettelt und fleht, schickt ihn Jesus nach Hause und sagt, sein Sohn lebe. Da kehrt der Mann heim und erfährt, dass das Kind gesund wurde, während er mit Jesus sprach.
Drehung: Der getötete Sturmgott erfährt bei Mimameid Heilung, lernt sein Reich und die Geister kennen. Staunend erfährt er, dass in der Zwischenzeit auch sein Körper geheilt wird. Dabei offenbart sich, wie sehr er immer noch verletzt ist, und dass das mit dem Heil-Werden ein Weg ist, den man zu gehen hat, nichts geht einfach innerhalb eines Fingerschnippens.

Zeus sieht mitgenommen aus und traurig. Doch das interessiert Aïdoneus nicht, der beim Anblick seines Bruders daran erinnert wird, wie ihn alle im Stich ließen, dass ihm niemand zu Hilfe kam, dass die eigenen Geschwister ihn aus ihren Reihen verbannt haben.
«Bruder!», Zeus schreit und winkt, weil der Sturmgott nicht reagiert, «Bruder, bitte, hör mich an! Ich wusste nicht, was geschehen würde! Es ist alles meine Schuld und das weiß ich auch! Oh, bitte, sprich mit mir, wir brauchen einander doch! Ich werde deinen Körper schützen, bis du heimkommst! Bitte, wenn du meine Kräfte in deinen Welten findest...»[285]
Aïdoneus hat keine Lust, Zeus weiter zuzuhören. Er ist derart wütend und unglücklich, dass ihm nicht mal eine Antwort einfällt. Was soll er mit jemandem reden, der ihn verraten hat, der lügt, wenn er den Mund öffnet? Aïdoneus wendet sich ab und stürmt fort, er erträgt den Anblick seines Bruders nicht länger.
Der Sturmgott blickt sich nicht um, er hofft einfach, dass Zeus ihm nicht folgen kann. Er sieht nicht, wie verzweifelt der Regengott zurückbleibt[286].
Mimameid holt den traurigen, wütenden Aïdoneus ein. Sie lässt ihm Zeit, doch schließlich legt sie ihm sanft die Hand auf die Schultern.
«Ihr denkt bestimmt, dass ich mich darauf freue, zu den Lebenden zurückzukehren», sagt er unglücklich. «Du hast mir den Leib gezeigt, damit ich dir glaube. Aber ich kann nicht zurück zu Zeus und den anderen Göttern. Wenn ich die wiedersehe, dann kann ich für gar nichts garantieren.

---

[285] Jesus gibt Judas ein Stück Brot zu essen, das er zuvor in Wein getaucht hatte. Dann fordert er ihn auf zu gehen und zu tun, was er tun müsse, beschuldigt ihn. Daraufhin stürmt Judas fort, die Jünger verstehen nicht, was los ist. Drehung: Zeus will mit Aïdoneus darüber reden, was geschehen ist, will sich bei ihm entschuldigen; doch der Sturmgott geht ihm aus dem Weg. Die Geister können sehr gut verstehen, warum er so reagiert.

[286] Jesus sagt den Jüngern, er sei der gute Hirte. Die Schafe würden auf seine Stimme hören, er würde sie einzeln hinausführen. Alle, die vor ihm gekommen seien, seien Diebe und Mörder gewesen, er sei die Tür, wer durch ihn hindurchgehe, werde gerettet werden. Ein Dieb komme nur, um zu morden und zu schlachten. Drehung: Zeus fühlt sich furchtbar, er hält sich für einen schlechten König. Wie sollen ihm die Götter je wieder vertrauen, nachdem er Aïdoneus verraten hat? Er ist bereit, alles für seinen geopferten Bruder zu tun und bewacht seinen Körper, damit dieser nicht von fremden Geistwesen gestohlen werden kann, während Aïdoneus in den Geisterwelten lernt, wie man Seelen heilen kann.

Nicht nach dem, was sie mit mir gemacht haben. Ich gehöre nicht mehr zu denen und vielleicht habe ich auch nie zu ihnen gehört.»
Mimameid und Aïdoneus sitzen eine Weile schweigend nebeneinander. Dann sagt sie:
«Du denkst darüber nach, wie du auf uns losgegangen bist, und glaubst, dass du das auch mit den Göttern tun solltest?»
«Ich denke vielmehr, dass ich das vor langer Zeit hätte tun sollen. Dann hätten sie wenigstens Respekt gehabt,» grollt der Sturmgott.
Mimameid wiegt den Kopf, sie kann sich ein Schmunzeln nicht verkneifen.
«Oh, sie haben Respekt vor dir, das darfst du mir glauben. Wir haben dich gegen die Titanen kämpfen sehen, kein Gott wagt es, dich im offenen Kampf herauszufordern[287]. Ich bin froh, dass wir beide quitt sind; wir haben uns nichts geschenkt. Doch bis du zu den Göttern zurückkehrst, wird es noch eine Weile dauern[288]. Du wirst ein ganz anderer sein. Stärker, mächtiger, in dir ruhend und dir dessen bewusst. Sie werden es sehen und erleben. Bis es aber soweit ist, wirst du mit dir selbst klar kommen müssen.»
Aïdoneus blickt sie von der Seite an. Sie sagt nichts einfach so. Sie ist das Schicksal. Wenn sie es sagt, dann wird es so geschehen.
«Was meinst du damit?», hakt er nach.
«Wenn du diesen Zorn, diese Trauer und diese Wut in dir spürst», beginnt sie leise, «dann weißt du doch ganz genau, dass du dies nicht lange ertragen kannst, weil all das fehlt, was dich glücklich macht.»
Er nickt stumm, grimmig.

---

[287] Jesus spricht zu Pilatus: Du hättest keine Macht über mich, wenn es dir nicht von oben gegeben wäre.
Während sich Jesus ohne Widerstand verhaften ließ, wäre es Mimameid ohne den Verrat von Zeus niemals gelungen, den Sturmgott gefangen zu nehmen.
[288] Maria von Magdala gießt Jesus kostbares Öl über das Haupt. Judas ärgert sich über diese Verschwendung und meint, man hätte das Öl verkaufen und das Geld den Armen geben sollen. Jesus aber findet, Maria habe Recht, ihn hätten sie nicht mehr lange bei sich, die Armen aber schon. Drehung: Da Aïdoneus' Seele immer noch verletzt ist, kann er sich nicht vorstellen, in die Welt der Lebenden zurückzukehren, und sieht wenig Sinn darin, seinen Körper zu bewahren. Doch Mimameid kennt die Zukunft und weiß, wie wertvoll der göttliche Leib ist, den sie von niemandem Geringeren als Zeus bewachen lässt.

«Du musst vergeben und loslassen. Das müssen wir immer und immer wieder. Du tust das nicht für die anderen, sondern für dich selbst. Für deinen inneren Frieden.»
«Das sagt sich so leicht dahin...», meint er. In seiner Stimme schwingt wenig Hoffnung, «es hat doch bei dir auch nur teilweise funktioniert. Die Geister haben erzählt, wie du meinetwegen irgendwann zornig geworden bist... und ich habe das auch mitbekommen.»
Ihre Wangen werden rot.
«Du hast recht, es geht um genau dasselbe: Ich war nicht ich selbst, ein wichtiger Teil von mir hat gefehlt: Du. Erst seit deiner Rückkehr zu mir beginne ich wieder, selbst heil zu werden. Wer ganz ist, heil, in sich ruht, kann kaum verletzt werden. Doch wenn nicht... Auch deiner Seele fehlt noch ein Stück. Verschließe diesem Seelenteil nicht das Tor für die Rückkehr. Sei offen für Versöhnung, wenn die Zeit reif ist. Komm, ich helfe dir, den Zorn loszulassen.»
«Ich weiß nicht, ob das so einfach ist, wie du denkst», brummt der Sturmgott.
«Du musst es wollen», sagt sie. «Komm mit.»
Sie beginnt, am Stamm des Weltenbaumes hochzuklettern.
«Nicht fliegen, nicht deine göttlichen Kräfte benutzen. Klettern, nur mit Händen und Füßen.»
Aïdoneus blickt nach oben. Es ist weit, wirklich, wirklich weit. Aber der Zorn in seinem Innern ist so groß, dass ihn das nicht stört. Sie hat recht, klettern ist besser, als die Wut in sich hineinzufressen. Er ergreift den nächsten Ast. Noch hat seine Begleiterin Vorsprung, aber der schmilzt schnell. Der Sturmgott hat den größten Teil seines Daseins mit Baumgeistern verbracht, mit ihnen und ihren Bäumen getanzt, geklettert und Flöte gespielt. Er glaubt nicht, dass es überhaupt jemanden gibt, der besser klettern kann als er.
Als Mimameid sieht, dass er die Herausforderung angenommen hat, wird sie schneller. Sie hat nicht vor, ihn einfach so gewinnen zu lassen. Doch die Wut des Sturmgottes auf Zeus treibt ihn an. Es dauert nicht lange, bis er sie ein- und überholt hat. Er klimmt weiter, schaut nicht mehr nach unten. Während er klettert, spürt er, wie er innerlich ruhiger wird. Irgendwann kehrt die Muße wieder, sodass er sich umblicken kann. Er hat jetzt die obersten und äußersten Äste der Baumkrone erreicht und muss anhalten.

Als er sich nach Mimameid umblickt, schwebt sie neben ihn und setzt sich auf ein Ästchen.
«Du hast gesagt, nur mit Händen und Füßen, ohne göttliche Kräfte», merkt er an.
«Aber ich war ja auch nicht wütend», meint sie unschuldig und lächelt freundlich verschmitzt.
Aïdoneus blickt sich um, damit sie sein Grinsen nicht sehen kann. Er hat Mimameid gern.
«Der Ausblick von hier ist wunderschön», sagt er.
«Dies ist dein Zuhause. Ich bin froh, wenn es dir gefällt. Du bist nicht zum ersten Mal geklettert.»
«Nein, wirklich nicht. All die lange Zeit, die ich mich vor dir versteckt habe… ich habe den größten Teil davon bei den Bäumen verbracht. Bei Ampelos und seinen Freunden», gesteht Aïdoneus.
«Hast du dich denn nie gefragt, warum du so gerne bei den Baumgeistern weilst, besser kletterst und Flöte spielst als sie alle zusammen?»
Der Sturmgott antwortet nicht sofort. Nein, er hatte sich vielmehr gefragt, warum er so wenig Zeit mit den anderen Gottheiten verbrachte, nicht gewusst, ob es an ihm lag oder an ihnen.
«Weißt du es jetzt?», fragt sie leise und fährt ihm sachte über den Kopf und durch das prächtige Haar. Diesmal muss sie nicht auf seine Antwort warten.
«Weil ich auch ein Baumgeist bin…? Dein Baumgeist?[289]», überlegt er laut, wendet ihr langsam das Gesicht zu und sucht in ihren grün schillernden Augen nach Bestätigung.
«Mein Baumgeist», wiederholt sie glücklich und lächelt strahlend. «Du hast gesehen, dass die Wesen in den Geisterwelten und in der Welt der Lebenden nicht immer gleich sind. Auch bei dir ist es so: In der mittleren Welt bist du der Sturm, der Atem, die Gefühle. In den Geisterwelten bist du mein Baumgeist, meine Dryade. Kannst du dir vorstellen, das für dich anzunehmen[290]?»

---

[289] Dionysos ist immer umgeben von unzähligen flötenspielenden Satyrn und Mänaden. Das Gegenteil von «die vielen» ist «der/die eine»: Aïdoneus ist der Geist des einen großen Flötenstrauchs (griechisch für Holunder), des Weltenbaumes Mimameid/Frau Holle, den er beschützt.
[290] Nathanael sagt, Jesus sei sein König, als er ihn unter dem Baum gesehen hat. Jesus sagt ihm, er werde noch größere Wunder erleben, wenn er

Aïdoneus sitzt still da, starrt in die unendlichen Weiten um ihn, während er von Mimameids obersten, äußersten Ästen die Beine baumeln lässt und es genießt, wie sie sein Haar streichelt und damit spielt. Ob er das für sich annehmen könne, hat sie ihn gefragt. Es ist für ihn kein Annehmen-Müssen. Nein, es fühlt sich an wie heimkommen. Endlich wird so vieles klar. In seinem Innern breitet sich eine Ruhe aus, wie er sie noch nie gespürt hat. Sein Zorn, seine ohnmächtige Wut und auch die Trauer haben sein Herz leise und heimlich durch die Hintertür verlassen, haben Platz gemacht für neu erlangte Weisheit[291].
Er blickt Mimameid aus seinen bernsteinfarbenen Augen an.
«Für mich ist es richtig so», sagt er, um kurz darauf hinzuzufügen: «Noch nie hat sich ein Ort in meinem Dasein so stimmig angefühlt[292].»
«Dann versuche die Sache mit Zeus so zu sehen: Was geschehen ist, war schlimm. Doch dadurch hast du heimgefunden. Du bist nicht zerbrochen, sondern du wirst wachsen, dein Dasein bereichern, lernen und werden, ohne immer darüber nachzudenken. Und wenn der Tag kommt, wirst du dem Regengott mächtiger denn je gegenübertreten.»
Aïdoneus wiegt kaum merklich den Kopf und blickt sie kritisch von unten herauf an. Seine Augen glühen unter den dunklen Brauen. «Und dann?», fragt er lauernd.
«Erträgst du es, die Prügelei mit ihm für eine Weile aufzuschieben?», gibt sie die Frage zurück.
Er nickt langsam und meint: «Aber ich freue mich darauf.»

Die beiden bleiben noch eine Weile sitzen, genießen schweigend Zwei-

---

mit ihm losziehe.
In der Drehung gibt es für Aïdoneus nichts Schöneres, als endlich heimgekommen zu sein und einen so wunderbaren Platz gefunden zu haben: Dryade des Weltenbaumes zu sein, gibt es eine größere Ehre?

291 Die Leute mutmaßen, woher Jesus kommt. Sie wundern sich, dass der Hohe Rat ihn gewähren lässt. Deswegen überlegen sie sich, ob man ihn als den Messias erkannt habe, doch von diesem würde die Herkunft ja bekannt sein… Drehung: Den Platz finden, wo man hingehört, erkennen, wer man wirklich ist.

292 Der Pharisäer Nikodemus interessiert sich für Jesus, will ihn kennenlernen und ihn fragen, ob er wirklich ein Lehrer sei, der von Gott gekommen ist.
Drehung: Endlich erfährt Aïdoneus, wo er hingehört und woher er kommt, endlich ist alles offen und klar.

samkeit und Ausblick. Dann nimmt Mimameid Aïdoneus bei der Hand und sie schweben sachte abwärts, den Geistern entgegen, die auf sie gewartet haben und die beiden Gottheiten wieder in ihre Mitte nehmen. Sie freuen sich, als sie sehen, dass es dem Sturmgott besser geht. Wie sie so alle im Kreis geschart dasitzen, beginnen sie, Rat abzuhalten, was als nächstes geschehen soll. Einige möchten am liebsten sofort aufbrechen, um Aïdoneus auch noch die entlegensten Gegenden ihrer Welten zu zeigen. Andere wiederum finden, er müsse endlich erfahren, welche Aufgaben auf ihn warten. Dagegen halten wiederum jene, die finden, erst müsse er offiziell König werden, bevor er mit herrschaftlichen Pflichten vertraut gemacht werde. Aïdoneus belässt es erstmal dabei, staunend der Versammlung beizuwohnen und zu lauschen, denn er sieht, dass auch Mimameid den fröhlichen Tatendrang der Geister nicht ausbremsen mag. Sie scheint zu genießen, dass ihre Kinder, die Geister und Lebensgeister, aufgestellt und munter sind wie schon lange nicht mehr. Das Unglück und die Einsamkeit der Königin hatte alle bedrückt, sie merkt erst jetzt, wo sie wieder munter sind, wie sehr.
In die hinteren Reihen der Versammlung kommt Bewegung. Jene, die vorne sitzen, machen Platz für einige Geistwesen, die einen großen, prächtigen Löwen nach vorne zu den Gottheiten geleiten. Der Löwe bleibt vor Aïdoneus stehen und staunend blickt der Gott in ein bernsteinfarbenes Augenpaar, dass dem seinen unglaublich ähnlich sieht.
Er braucht nicht zu fragen, was der Löwe will. Er weiß, dass dieser zu ihm gehört und heimkommt. Als er den Arm ausstreckt um die prächtige Mähne zu streicheln, verwandelt sich das große Tier in eine leuchtende Kugel, die sich auf seiner Handfläche niederlässt.
Jetzt blickt der Gott unsicher in die Runde. Alle schauen ihn freudig erwartungsvoll an, scheinen zu wissen, was jetzt zu geschehen hat, doch der Sturmgott fragt sich innerlich ratlos, was das wohl sein könnte.
Er blickt in das Gesicht von Ampelos. Dieser führt die Hand zum Mund, macht eine Kaubewegung und nickt aufmunternd.
«Aufessen?», fragt Aïdoneus verblüfft. Seine Frage ruft bei den Geistern belustigte Reaktionen hervor. Einige nicken zustimmend, andere kichern ob der seltsamen Frage, weitere ermutigen ihn, indem sie nicken und die gleiche Geste ausführen, wie zuvor Ampelos.

Schließlich kann der Gott sich überwinden und tun, wie geheißen[293].
Er schließt die Augen. Das Gefühl, das ihn durchströmt, ist kurz vergleichbar mit jenem, dass er empfand, als Mimameid die Hand auf sein Haupt legte. Doch dann wird alles intensiv und klar. In ihm erwacht die Erinnerung daran, das er früher immer so heftig und deutlich empfand, damals, als er Zeus kennenlernte, als sie als sechs junge Göttergeschwister gegen Kronos und die Titanen in den Kampf zogen. Voller wilden Mutes, Stolzes und Tatendranges waren sie gewesen. Aber auch voller Unsicherheit, Zuversicht und Leidenschaft, gemischt mit einigen Zweifeln. Er erinnert sich daran, dass er diese verrückte Mischung aus Empfindungen damals mühelos ertragen konnte, doch später immer weniger. Mit dem Löwen ist etwas zu ihm zurückgekehrt, das ihm so schleichend abhanden gekommen war, dass er es nicht bemerkt hatte. Seit langem war sein Inneres nicht mehr so aufgeräumt und klar. Er kann alles einordnen und stellt fest, dass er es nicht nur aushalten kann, sondern genießen. Seine Seele ist wieder eins und ganz. Stark wie nie. Und obwohl er weiß, dass er tot ist, fühlt er sich so lebendig wie schon lange nicht mehr: Ja, das Leben ist Vielfalt, ist Schmerz, Hoffnung, Spaß, Wut, Freude, Anstrengung, Genuss, Hass und Liebe, Sorgen und Zufriedenheit. Dieser wilde Wechsel aus alledem ist die Würze des Daseins und ermöglicht erst die Wertschätzung der Fülle.
Der Gott springt auf die Füße. Herumzusitzen entsprach noch nie allzu lang seinem Naturell, und nun muss er das tun, was er immer tut, wenn er überdreht und fröhlich ist: Tanzen.

Die Geister kreischen zuerst vor Schreck, dann vor Vergnügen, als er erst Mimameid packt und dann sie alle, sie herumwirbelt, dann auf seinen Rücken lädt und mit ihnen rauschend durch alle Zweige des Weltenbaumes stürmt in einer irren, rasenden Achterbahnfahrt. Während einige die Augen schließen und schreien, was sie können, obwohl sie wissen, dass

[293] Nach dem Abendmahl versichert Petrus Jesus, dass er bereit sei, für ihn zu sterben. Jesus ist sich da nicht so sicher und sagt ihm voraus, dass er ihn verleugnen werde, kaum wäre er nicht mehr bei ihm.
Drehung: Der Seelenteil, der Aïdoneus abhanden gekommen ist, kehrt zu ihm zurück, der Gott erkennt ihn sofort, als er zu ihm gebracht wird. Nachdem Aïdoneus sich wieder mit ihm vereinigt hat, kehrt die Lebendigkeit in ihn zurück.

er aufpasst, damit ihnen nichts geschieht, zücken andere Flöten und Pfeifen und spielen Musik zu diesem wahnsinnigen Reigen, den der mächtige, große Gott einfach ausführen muss, weil er sonst das Gefühl hätte, vor Freude platzen zu müssen[294].
Als er die Geister wieder vorsichtig absetzt, haben sie feuerrote Wangen, leuchtende Augen und verwuschelte, abstehende Haare. Viele strecken die Arme nach ihm aus, klammern sich an ihm fest, wollen sich nicht setzen, bitten ihn, das grad nochmal zu machen, purzeln durcheinander und sind aufgekratzt wie ein riesiger Haufen kleiner, munterer Kinder. Staunend stellt er fest, dass sie das mit dem «nochmal» wirklich ernst meinen. Etwas unsicher blickt er hinüber zu Mimameid, die auch ziemlich zerzaust aussieht und feuerrote Wangen hat. Zu seiner Erleichterung wirkt sie aber vergnügt, nickt ihm aufmunternd zu. Seinetwegen braucht die Party nicht schon zu enden. Also nochmal.
Je wilder die rasende Fahrt durch Äste und Blätter wird, umso begeisterter johlen und klatschen die Seelenwesen, umso lauter pfeifen sie durch ihre Flöten, und als der Gott sie wieder absetzen will, stellt er fest, dass wildes Feiern mit dem Sturm- und Weingott wohl genau ihr Ding ist.
Nicht nur die Geister auch der Gott genießt den Spaß. Zum ersten Mal beklagt sich niemand über sein wildes Temperament, im Gegenteil. Als er noch unter den Lebenden und bei den Göttern wohnte, jammerte Aphrodite immer wegen ihrer Frisur, Hera machte sich Sorgen, er könnte unter ihre ach so züchtigen Gewänder gucken oder diese indiskret anheben, Hestia hatte Angst um ihr Herdfeuer, Zeus mäkelte herum, wenn er die Wolken im Übermut weiter wegschob, als es der Regengott haben wollte. Die Landbewohner versteckten sich, die Schiffer zogen die Segel ein und Poseidon schimpfte, er würde ihm die Schönheiten vom Strand vertreiben.
Aïdoneus war nach dem Sieg über Kronos oft übermütig und fröhlich gewesen. Als aber alle immer nur an ihm rumnörgelten, zog er sich im-

294 Jesus lässt keine Gelegenheit aus, auch auf Feierlichkeiten zu lehren und zu predigen, unterschwellig drohende oder schwermütige Bemerkungen fallen zu lassen. Beim Abendmahl macht er seinen Jüngern Angst, auch auf dem Laubhüttenfest beginnt er Streitgespräche.
In der Drehung gibt es keinen fröhlicheren Gott als den Sturm- und Weingott. Wer durch die Natur wandert, weiß, wie selten er schlechte Laune hat, wie viel er mit den Bäumen tanzt, wie hilfsbereit er ist, und wie fröhlich er die Feiern macht.

mer mehr zurück, verhielt sich so, dass keiner mehr schimpfte, stellte seine eigenen Ansprüche zurück. Wenn der Wind leise säuselte, war Hephaistos an seiner Esse zufrieden, Arbeitende freuten sich über das angenehme Lüftchen und die Wäsche wurde trocken, ohne dass ihr jemand nachrennen musste. Dabei gab es eigentlich nur wenige Dinge, die der Sturmgott zu Lebzeiten lustiger fand als Leute, die hinter ihrem davonfliegenden Hab und Gut herrennen, insbesondere hinter den Gewändern, wenn sie gerade in einem Teich gebadet hatten.

Die Geister aber lieben den Sturmgott so, wie er ist, sie stören sich nicht an seinem übermütigen Temperament. Sie haben auch keine Angst davor, von seinem Rücken zu fallen oder weggeweht zu werden. Nicht sterben zu können hat durchaus Vorteile. Und so feiern und toben sie, bis alle erschöpft sind. Danach sitzen sie wieder alle im Kreis, singen, erzählen sich Albernheiten, kichern und genießen den Augenblick.

«Es ist schön, dass du hier bei uns bist, Aïdoneus», seufzt Ampelos und schmiegt seinen Kopf an den Arm des Gottes. «Alle sind fröhlich, die anderen sagen, so fröhlich wie schon lange nicht mehr.»

«Es geht mir genauso, mein Freund», antwortet der Gott und streichelt dem kleinen Baumgeist über das Haupt.

Er fragt sich in diesem Moment, warum es nicht für immer so bleiben könnte. Wozu soll er zu den Lebenden zurückkehren, wenn es doch hier so schön ist? Was soll er an einem Ort wollen, wo er sich nie selbst zu sein wagte, nicht glücklich war?

Sein Blick begegnet demjenigen von Mimameid. Er ist sich sicher, dass sie weiß, was er fühlt und denkt. Sie sagt aber nichts.

Als es spät und still geworden ist, sitzen die beiden Gottheiten wiederum nebeneinander auf einem Ast, von dem man einen herrlichen Blick in die Welten hat.

«Du fragst dich, warum du überhaupt in die mittlere Welt zurückkehren sollst», beginnt Mimameid.

Aïdoneus nickt stumm.

«Niemand zwingt dich. Du wirst selbst entscheiden, ob und wann du das tun willst oder für nötig hältst.»

«Die Geister haben etwas anderes gesagt», widerspricht der Sturmgott.

Mimameid blickt ihn nachsichtig an.

«Du denkst schon wieder wie der alte Aïdoneus. Jemand will etwas von dir und du glaubst schon wieder, dass dein Wunsch nicht zählt. Es ist

schön, aus Liebe für jemanden da zu sein und für jene etwas zu tun, die einen gern haben und auch für einen da sind. Aber etwas zu tun, das du nicht möchtest, nur weil du immer dachtest, dass du nur dann wertvoll bist… lass das hinter dir.[295]»
Aïdoneus ist nicht ganz einverstanden.
«Es gibt aber Dinge, die manchmal auch einfach nötig sind.»
«Das ist richtig. Und doch solltest du alles, was du tust, immer nur aus Liebe tun. Aus Liebe zu allen und allem, was dich umgibt. Du bist Teil des Ganzen. Alles, was ist, ist Teil des Ganzen, Teil von mir. Solange du in Liebe bei mir bist, wenn du etwas tust, wird es sich für dich richtig anfühlen und dich glücklich machen. Doch widerstrebt dir etwas, so bedenke, dass auch jeder Widerspruch aus deinem Innern einen Ursprung und eine Berechtigung hat. Höre auf deine Seele, wenn du handelst. Nicht auf Glaubenssätze, die man dir eingeredet hat oder an denen du dich festklammerst, weil du hoffst, dass sie dir Halt geben. Nicht auf Zwänge, aus denen du immerzu dein eigenes Gefängnis errichtet hast. Höre ausschließlich auf deine Seele. Dann bist du immer bei mir.»
Aïdoneus verfällt ins Grübeln. Schließlich antwortet er leise: «Das bedeutet in der Umkehrung aber auch, dass man niemals etwas von jemandem verlangen darf, was dieser nicht will.»
Sie nickt.
«Genau das heißt es. Ein anderes Wesen zu etwas nötigen, das diesem schadet und aus guten Gründen zuwider ist, ist böse[296].»

---

[295] Maria drängt Jesus, einem Hochzeitspaar, das kein Geld mehr hat, aus der Patsche zu helfen. Er möchte nicht. Sie ignoriert seinen Wunsch und weist die Diener an, seinen Anweisungen Folge zu leisten. Schließlich tut Jesus, was Maria möchte.
In der Drehung erklärt Mimameid Aïdoneus, dass er seine Wünsche äussern und leben darf.
[296] Jesus sagt immer wieder, dass Gott von ihm verlange, dass er aus Liebe zu ihm und den Menschen sterbe. Sein Vater hat ihn beauftragt und ihm gesagt, dass er dies von ihm verlange, obwohl er ihn liebe, was ihm Jesus offensichtlich auch glaubt. Jesus hat Angst und leidet furchtbar. Trotzdem besteht sein Vater auf dieser schrecklichen Prüfung.
Drehung: Im Glauben der dionysischen Mysten (im Schamanismus allgemein) ist Machtmissbrauch das einzige geächtete Fehlverhalten, aus diesem erwächst alles Leid der Welt.
Mimameid verlangt niemals von Aïdoneus, dass er sein Leben aufgibt, sie

Aïdoneus nickt langsam.
«Ich wusste immer, seit dem Tag, an dem ich das Los zog, dass nichts daran vorbeiführt, dich aufzusuchen, mein Volk und meine Pflichten kennenzulernen. Dass es nichts Wichtigeres gibt und dass es richtig wäre. Und doch konnte ich einfach nicht, obwohl ich wusste, wie sehr es dich verletzt... Auch Zeus hat mich immer wieder gewarnt und gedrängt. Doch je länger es dauerte, umso schlimmer wurde die Angst vor deinem Zorn und umso mehr hoffte ich einfach, dass mich dieser verfluchte Tarnhelm beschützt[297].»
Die zarte Seele der großen Göttin blickt den Sturmgott voller Liebe und Wärme von der Seite an.
«Es muss furchtbar gewesen sein. Niemand kann glücklich sein, wenn er sich verstecken muss, nie so sein darf, wie er wirklich ist... Du ahnst nicht, wie Leid mir das tut.»
Sie ergreift seine Hand.
«Niemals habe ich eine größere oder schönere Seele erschaffen als die deine. Vom ersten Augenblick an war ich in dich verliebt[298]. Dass du dir Rhea und Kronos als Eltern in der mittleren Welt ausgesucht hast, hat mich nicht weiter überrascht[299], doch verliebt und besorgt, wie ich war,

---

hoffte immer, dass es anders geht. Doch wer nichts von der Lebensgöttin wissen und haben will...
[297] Johannes der Täufer steht mit zwei Jüngern am Fluss, er weist sie auf Jesus hin. Als sie Jesus sehen, erkennen sie in ihm ihren König. Sie bitten ihn, ihnen zu zeigen, wo er bisher gewohnt habe, er erfüllt ihnen den Wunsch bereitwillig. Simon (das heißt «Stupsnase») benennt er dabei kurzerhand um zu Kephas/Petrus (das heißt «Fels»).
Drehung: Die drei Kronossöhne losen um ihre Reiche, Aïdoneus erfährt von seinem Schicksal. Er will nichts von diesem Königreich und seinen Bewohnern wissen, will nicht dorthin und bei den Geistern wohnen. Die Umbenennung von Simon unterstreicht seine Haltung: «Stupsnase» ist eine persönliche, individuelle Bezeichnung, wohingegen Fels einfach «Geist» codiert. Heißt, Aïdoneus will mit den vielen, namenlosen Toten nichts zu tun haben.
[298] Jesus erzählt den Jüngern vom Hass der Welt auf sie. Dass sie verfolgt werden würden, weil er sie erwählt habe.
Drehung: Weltenbaum Mimameid, dessen Seele in den Sturmgott verliebt ist, konnte ihre Aufmerksamkeit nicht von ihm abwenden, weswegen ihre Geister ihn suchten und verfolgten.
[299] Vor seinem Tod blickt Jesus vom Kreuz herab auf Johannes und Maria und erklärt sie zu einer Familie. Drehung: Die vom Weltenbaum erschaf-

habe ich es nie geschafft, meine Aufmerksamkeit von dir abzuwenden. Ich war immer bereit, dir jeden Wunsch zu erfüllen, was auch immer du nur gemocht hättest. Aber du wurdest krank davon und wolltest immer weniger von mir wissen. Bis du dir nur noch gewünscht hast, sterben zu dürfen[300]. Du trägst nicht die geringste Schuld an dem, was passiert ist.»
Jetzt lässt sie den Kopf hängen und beginnt zu weinen. «Ich habe einfach keine Lösung gefunden...»
Aïdoneus betrachtet sie wohlwollend und überlegt, wie lange sich wohl Mimameid schon einsam fühlt. Zwar ist sie immer umgeben von abertausenden Geistern, doch in ihrer Größe, ihrer Macht und Verantwortung ist sie schon sehr, sehr lange mausbeinalleine[301].
Er streckt seine Hand aus, fährt ihr über das volle, rotblond gelockte Haar und nimmt sie in seine Arme. Ein Schauer läuft durch ihre zarte Gestalt, sie verdrückt ein paar Tränen und legt die Stirn an seinen Hals. So sitzen sie da, genießen schweigend ihre Zweisamkeit im Wissen, dass sie füreinander gemacht sind.

Schließlich ist Aïdoneus so weit. Er will aufbrechen, sich von den Geistern alles zeigen lassen, was er als König ihrer Welten wissen muss. Er nimmt zärtlich Abschied von Mimameid. Als Reisegefährten hat er sich neben Ampelos eine bunt gemischte Truppe ausgewählt, mit denen er sich angefreundet hat, seit ihrem Streit nach seiner Ankunft.
«Der Ort, zu dem wir losziehen, kann manchmal ganz schön gefährlich und gruselig sein», warnt ihn Silenos, einer seiner Begleiter.
«Was meinst du damit?», will der Sturmgott wissen, dem man nicht so leicht Bange machen kann.
«Wir nennen diesen Ort «Tartaros». Eigentlich ist dieser Ort aber nichts anderes als unsere Wirklichkeit der mittleren Welt.»

---

fene Seele des Sturmgottes blickt vor ihrer Geburt in die Welt der Sterblichen und wählt sich Eltern aus.

300 Jesus spricht zu den Pharisäern: Ich habe so viele Zeichen getan und trotzdem wollt ihr mich töten. Drehung: Ich hätte alles für dich getan, aber du wolltest einfach nichts von mir (vom Leben) wissen.

301 Jesus fällt im allerletzten Augenblick noch ein, für seine Mutter Maria zu sorgen. Kurz bevor er stirbt, bittet er seinen Lieblingsjünger Johannes, für sie zu sorgen und umgekehrt, sodass sie nicht allein sind.
Drehung: Aïdoneus wird nach seinem Tod immer mehr klar, wie er mit Mimameid verflochten und verbunden ist.

«Ihr wollt mir zeigen, wie die Geister der Lebenden auf eurer Seite aussehen?», fragt der Gott, dessen Aufmerksamkeit geweckt ist.
«Ja, die gibt es dort auch», erklärt Ampelos gedehnt, «doch du wirst dort noch ganz andere Dinge sehen.»
«Jetzt mach es nicht so spannend», meint Aïdoneus, der jetzt neugierig wird.
«Einige Seelen bleiben freiwillig in der mittleren Welt, um ihren Nachfahren beizustehen[302]. Sie beschützen ihre Kinder und können für andere, die mit jenen Streit haben, eine echte Bedrohung sein.
Es gibt dort auch Seelen, die keine Ahnung davon haben, dass sie nicht mehr zu den Lebenden gehören. Sie sind unglücklich, wissen nicht, wieso, sind aber nicht bereit, etwas zu ändern. Sie machen einfach die Dinge weiter, die sie immer getan haben.»
Aïdoneus erinnert sich dunkel daran, dass auch er das versucht hatte, nachdem er in der Geisterwelt ankam. Doch die Geister fanden ihn, entfernten all seine Fassaden, seine Masken und erneuerten ihn von Grund auf; es ist ihm seither kein einziges Mal mehr auch nur in den Sinn gekommen, ein anderer sein zu wollen, als derjenige, der er ist.
«Wenn ihr mich von diesem Irrglauben heilen und mir helfen konntet, warum machen wir das dann nicht mit denen auch?», will er wissen.
Ampelos blickt den Gott, den er so sehr liebt, traurig an. «Das fragen alle, die hierher gekommen sind und Heilung erfahren haben. So auch ich. Doch du musst wissen: Eine Seele kann nur dann geheilt werden, wenn sie dazu auch bereit ist und es sich wünscht.»
Der Sturmgott muss kurz darüber nachdenken. «Ich war mir dessen aber nicht bewusst.»
«Was immer du tust, Herr, machst du voller Hingabe. Deine Seele hat sich immer danach gesehnt, mit Mimameid eins zu sein, denn das ist deine Bestimmung.»
Herausfinden, spüren, was die Seele will und braucht. Aïdoneus kann nach all seinen Erfahrungen nachvollziehen, dass sich viele Lebewesen schwer damit tun. So etwas Zartes zu spüren, zu erahnen... für viele Le-

[302] Odysseus begegnet in der Unterwelt Hunderten von Müttern, die berühmte Helden geboren haben, von denen allerdings viele ein schlimmes Schicksal ereilte. In der Drehung haben wir Geister, die ihre Nachfahren für ihre Aufmerksamkeit belohnen, indem sie sie beschützen und eventuell sogar ihre Feinde verfolgen.

bewesen eine riesige Herausforderung. Und dass es für Mimameid auch nicht einfach ist, ihnen dabei zu helfen, hat er auch am eigenen Leib erfahren: Trotz all ihrer Güte und Sanftheit ist sie für die allermeisten Wesen einfach zu mächtig und zu groß, als dass diese den Kontakt mit der großen Göttin unbeschadet überstehen. Er ist fest entschlossen, ihr in Zukunft zu helfen. Ihm ist klar, dass sie Pläne hat, in denen er eine wichtige Rolle spielt. In seinem Inneren nehmen Vorstellungen Gestalt an, wie diese aussehen könnten.

Der Sturmgott und sein Gefolge sind noch nicht lange unterwegs, als eine Gruppe weiterer Geister zu ihnen stößt; sie winken, rufen, machen auf sich aufmerksam. Sie kommen heran und bringen Aïdoneus einen prächtigen, riesigen Hirsch herbei. Obwohl es eine Hirschkuh ist, hat sie ein Geweih, das erst noch gülden glänzt, ihre Hufe sind ebenfalls goldglänzend. Das prächtige Tier erinnert Aïdoneus stark an jemanden, den er einst gut zu kennen glaubte. Zu seiner Verwunderung ist es anhänglich und lässt sich von ihm streicheln. Die Geister, die es hergeleitet haben, blicken ihn erwartungsvoll an. Sie scheinen gespannt darauf zu sein, was ihr Kronprinz zu diesem Fund meint. Er streichelt staunend das schöne Tier und muss an den Löwen denken, den sie zu ihm gebracht haben.

Er wirft einen fragenden Blick auf seine Geistertruppe und spricht seinen Verdacht aus: «Gehört dieses prächtige Tier zu meinem Bruder Zeus?»

Die Seelenwesen nicken. Aïdoneus war beim Anblick des Regengottes einfach nur wütend geworden und fortgestürmt, ohne ihm zuzuhören. Doch Zeus hatte ihm etwas zugerufen, an das sich der Sturmgott dunkel erinnert. Etwas von «meinen Kräften» und «deinem Körper»...

«Kann es sein, dass mein Bruder seine göttlichen Kräfte verloren hat[303]?», fragt er die Geister, die den Hirsch hergebracht haben. Sie nicken und deuten auf das Tier, das sich dem Sturmgott gegenüber sehr zutraulich verhält.

«Aber warum denn?», wundert sich der Sturmgott, während er die Hirschkuh streichelt.

«Dein Bruder hat uns angegriffen», erzählen die Geister, «er verlangte von Mimameid, dich auf der Stelle zu heilen und freizulassen.»

---

303 Als der auferstandene Jesus auftaucht, ist Petrus plötzlich so stark, dass er das übervolle Netz alleine an Land ziehen kann. In der Drehung verliert Zeus all seine Kraft, als er mit Mimameid aneinander gerät (153=3*51, drei griechische Jahre, heilige Zahl des Weltenbaums).

Wow. Um Mimameid und die Geister anzugreifen brauchte man schon mächtig Schneid, wenn man zu den Lebenden gehörte... Aïdoneus ist unschlüssig, ob er Zeus bewundern oder bedauern soll.
Er streichelt dem schönen Tier über den Kopf.
«Du musst zurückkehren zu deinem Herrn», spricht er leise zu der Hindin, die anscheinend gerne von ihm gestreichelt wird. Der Gott wendet sich an die Geister, die sie zu ihm gebracht haben.
«Könntet ihr das Tier zu Mimameids Wurzeln bringen, zu Zeus? Dies ist ein ausgesprochen wichtiger Auftrag.»
Ihre Augen leuchten, sie tun ihm den Gefallen gerne und freuen sich, dass sie helfen können.

Silenos führt die Reisegefährten weiter, sie erreichen die mittlere Welt. Aïdoneus staunt über die Größenunterschiede der verschiedenen Seelen. Seine Begleiter führen ihn zu den Seelen großer Wesen, die aussehen, als wären sie von Insekten befallen. Seltsamerweise scheint sie der Befall aber nicht zu stören. Sie kratzen oder wehren sich nicht, scheuchen die Insekten nicht weg.
«Warum stören sie sich nicht an all diesen kleinen Viechern?», will der Gott von Silenos wissen.
«Das wollten wir dir unbedingt zeigen», sagt der Geist. «Du musst wissen, dass die großen Wesen, die du siehst, Geister von Lebenden sind. Die Insektengeister aber sind tot.»
Jetzt wird dem Gott klar, warum die großen, angeknabberten Seelen den Parasitenbefall nicht bemerken.
«Aber warum tun die Insektengeister das?», fragt er, «sie haben doch gar keinen Hunger mehr...»
«Das ist genau das, von dem wir vorhin sprachen. Die Insektengeister haben keine Ahnung, dass sie tot sind. Sie sind klein, sind sehr einfache Gemüter und sterben oft so schnell, dass sie es gar nicht mitbekommen. Also tun sie einfach weiterhin das, was sie immer getan haben: Futter suchen.»
«Und wie wirkt sich das auf die Lebewesen aus, die sie befallen?», fragt der Gott mit großen Augen.
«Sie haben möglicherweise Schmerzen, Entzündungen, Juckreiz... oder sie fühlen sich einfach kraftlos und wissen nicht, warum...»
«Wir müssen die Insektengeister da wegkriegen», sagt Aïdoneus ent-

schlossen. «Hat jemand einen Vorschlag?»
Alle verfallen in ein nachdenkliches Schweigen, bis auf einen, der sich das Lachen verbeißen muss. Er fordert Silenos auf: «Du musst Herrn Aïdoneus sagen, warum Mimameid dich mit auf diese Unternehmung geschickt hat, Freund.»
Der Angesprochene wird puterrot. Alle schauen ihn gespannt an.
Mit hängendem Kopf beginnt Silenos zu erzählen: «Als ich in die Geisterwelt kam, war ich genau so, wie diese tausenden, winzigen Geistwesen hier: Ich wollte einfach nicht wahrhaben, dass ich tot bin. Auch wollte ich auf keinen Fall, dass sich etwas ändert. Schließlich ist Mimameid selbst hergekommen, sie hat mich von dem Ort weggesaugt, an dem ich mich fest krallte. Sie spuckte mich in einen Wasserkrug und trug mich weg. Ich hatte keine Ahnung, wohin sie mich brachte. Aber als ich endlich an einem ganz anderen Ort aus dem Krug geschüttet wurde, war mir zum ersten Mal klar, dass sich für mich alles geändert hat und dass ich mich dem stellen muss.»
Die Geister blicken sich betreten an. Der Gott aber legt Silenos freundlich die Hand auf die Schulter.
«Das ist genau das, was wir wissen mussten. Geht es dir gut?»
Silenos blickt in die Augen des Sturmgottes. Er begreift, dass ihn der Gott genau so gern hat, wie er ist, stolz darauf ist, dass er es geschafft hat, loszulassen.
Sie machen sich an die Arbeit. Es ist eine langwierige Beschäftigung, Tausende von winzigen Geistern von ihren ahnungslosen Opfern wegzusaugen und in Wasserkrügen abzutransportieren[304].

---

304 Tausende Menschen folgen Jesus an einen abgelegenen Ort am anderen Seeufer. Als sie Hunger bekommen, sorgt Jesus durch die wunderbare Vermehrung von Brot und Fisch dafür, dass sie alle mehr als genug zu essen haben. Die Reste müssen in Körben eingesammelt werden. Am nächsten Tag kommen die Leute wieder, da weigert sich Jesus sie wieder speisen, und sagt ihnen, sie sollen sich um das Brot bemühen, welches das ewige Leben gebe.
Drehung: Aïdoneus sieht im Totenreich zum ersten Mal, dass die Geister von Insekten zu Tausenden über Lebewesen herfallen, obwohl sie im ewigen Leben angekommen sind und gar keinen Hunger mehr haben. Damit sie keinen Schaden mehr anrichten und endlich merken, dass sie nicht mehr unter den Lebenden weilen, holt der Gott sie dort mit Hilfe von Krügen weg, in denen sich Wasser oder Sand befindet.

Sie sind kaum mit ihrer Arbeit fertig und wieder aufgebrochen, als sie plötzlich ein Brabbeln und Schimpfen hören. Kein Zweifel, da ist jemand richtig zornig. Der Gott und seine geisterhaften Begleiter werfen sich vielsagende Blicke zu.
«Manchmal ist es von Vorteil, wenn man sich unsichtbar machen kann», meint Silenos. Sie stimmen ihm zu und bewegen sich mit größter Vorsicht vorwärts. Das Geschimpfe und Gebrabbel wird lauter, unterbrochen von Schmatzen und Knurren. Sie erreichen eine Kuhle, in der sich ein riesiges, hässliches Geistwesen wälzt, sich kratzt und vor sich hin flucht. Es hat einen gewaltigen Kopf mit einem monströsen Gebiss, schleppt einen Schwanz hinter sich her, der eine große Last zu sein scheint. Der Sturmgott und seine Geisthelfer umkreisen das abstoßende Wesen unhör- und -sichtbar, bestaunen es mit Bedauern und Ekel.
Das hässliche Monster bemerkt nichts von seinem Besuch, schimpft und flucht weiter vor sich hin. Die Gefährten sind jetzt nahe genug, um einige der gebrabbelten Sprachfetzen zu verstehen.
«...dieser kleine Taugenichts... hält sich für den besseren König als mich...kleiner Verräter...»
Es wälzt sich auf die andere Seite, schmatzt und sabbert.
«...mich so feige zu hintergehen...in keinem offenen Kampf hätte mich der besiegt, dieser Feigling... das war bestimmt die Idee seiner Mutter... der traue ich alles zu... diese feige Bande hat doch von Anfang an gemeinsame Sache gemacht...»
Aïdoneus beschleicht ein schreckliches Gefühl, während er der tiefen, krächzenden Stimme lauscht. Er befiehlt seinen Gefährten, mit denen er eins und verbunden ist, den Rückzug.
«... werde mich rächen... das wird er büßen... wer will schon so einen kleinen Feigling als König...»
Während sich der Sturmgott und seine Begleiter still zurückziehen, wälzt sich das Viech wieder auf die andere Seite, kratzt sich, brummt und knurrt.
Nachdem sie sich an einen sicheren Ort zurückgezogen haben, halten die Reisegefährten Rat.
«Das ist Kronos!», stößt Aïdoneus hervor. Er kann aus seinem Entsetzen keinen Hehl machen. Die Geister nicken zustimmend[305].

---

[305] Jesus geht mit seinen Jüngern nach Judäa. Das war, noch bevor Jo-

«Ist das ein Seelenteil von ihm, das sich während der Zerstückelung abgespalten hat?», äußert der Sturmgott seine Vermutung. Doch er hat Zweifel. «Es ist riesig!»
Seine Geisthelfer schütteln die Köpfe.
«Zerstückelt zu werden war immer schon das Schicksal von Kronos... es ist Teil seiner Natur, so was bringt ihn nicht um», äussert sich der Geist, der zuvor wegen Silenos gelacht hatte. Alle nicken.
«Warum ist er dann hier?», wundert sich Aïdoneus, «er ist doch unsterblich! Ist meine Mutter etwa auch hier?»
«Nein, ist sie nicht. Kronos ist hier, weil er völlig verrückt ist», spricht Silenos mit Bedauern die unschöne Wahrheit aus. Aïdoneus macht große Augen und schaut ungläubig in die Runde. Doch all seine Begleiter nicken. Dass Kronos verrückt ist, stellt für den Sturmgott nicht wirklich eine besonders große Überraschung dar. Und doch hat er viele Fragen.
«Ist das immer so oder nur bei ihm? Ich meine, dass sich die Seelen von Geisteskranken in unserer Wirklichkeit aufhalten, getrennt von ihren Körpern.»
«Nicht immer. Aber bei vielen derart gelagerten Krankheiten», antworten die Geister, «solche Wesen stehen wörtlich neben sich[306]. Kronos ist in der Wirklichkeit der Lebenden bei Rhea, denn die zwei sind eins. Zu ihrem Leidwesen ist sein Geist aber nahezu immer vollständig in dieser Wirklichkeit. Es dürfte für sie kaum möglich sein, mit ihm ein vernünftiges Gespräch zu führen.»
Aïdoneus erinnert sich daran, wie ihm Rhea davon erzählte, Kronos geistiger Gesundheitszustand habe sich nach der Entmachtung seines Groß-

---

hannes ins Gefängnis geworfen wurde. Als Johannes darauf angesprochen wird, dass jetzt auch Jesus tauft und immer mehr Jünger gewinnt, freut er sich für Jesus und erklärt, es sei richtig, dass er kleiner werde und jener größer. Er bewundert Jesus und ist stolz, ihm den Weg bereitet zu haben.
Drehung: Kronos kann den Machtverlust nicht verkraften. Er ist neidisch auf Zeus und seine Kinder, kann kein stolzer Vater sein, sondern sieht nur, was man ihm weggenommen hat. Sein brennender Hass verzehrt ihn.

[306] Jesus erklärt, wenn jemand am Tag herumgehe, würde er sich nicht anstoßen, weil er das Licht sehe, doch nachts stoße man sich, «weil das Licht nicht in ihm ist». Licht codiert immer Geister. Das eine die vielen. In der Drehung hat Kronos einerseits mehrere Geister, die er besetzt, andererseits ist seine Seele nicht wirklich in seinem Körper zu Hause.

vaters Uranos zunehmend verschlechtert. Er fühlte sich immer verfolgt, hintergangen, hatte Angst, mit ihm könnte dasselbe geschehen. Nachdem er dann mit seinem eigenen Verhalten dafür gesorgt hatte, dass es so kam, wurde es mit ihm noch viel schlimmer. Aïdoneus wusste, dass seine Eltern aneinander vorbeilebten. Doch immer, wenn er seine Mutter Rhea besucht hatte, machte sie auf ihn den Eindruck, sie habe sich mit den Umständen irgendwie abgefunden und mache nun einfach ihr Ding, ohne ihr Lebensglück und -Gefühl noch von Kronos abhängig zu machen. Und doch, wenn er an Mimameid denkt, wünscht er sich auch für seine Mutter, sie hätte mit ihrer Ehe mehr Glück gehabt.
«Glaubt ihr, dass wir ihn heilen könnten?», fragt Aïdoneus seine Geisthelfer. Sie machen große Augen und staunen ihn an.
«Auch er müsste es wollen», antwortet Ampelos schroff. Seinem Blick entnimmt Aïdoneus, dass der kleine Geist nicht glaubt, dass dem bei Kronos so ist. «Aïdoneus, dein Vater ist ur-, uralt. Doch ist ihm noch nie in den Sinn gekommen, dass seine Unzufriedenheit etwas mit ihm selbst zu tun haben könnte. Er ist umgeben von Schönheit, hat eine wunderbare Frau, großartige Kinder... Mimameid bietet ihm immerzu wunderbare Dinge an. Aber das ist für ihn einfach selbstverständlich, er kann nichts in Dankbarkeit annehmen, nichts genießen, nichts wertschätzen, sieht immerzu nur, was andere haben, was ihm entgeht... er hat sich in seiner Opferrolle und in seinem Selbstmitleid fest eingerichtet. So jemanden zu heilen, könnte schwierig werden.»
Aus dem heftigen Ausbruch seines Freundes schließt der Sturmgott, dass Kronos bei den Geistern wohl schon ein paarmal für Gesprächsstoff gesorgt hat.
«Ihr seid aber nicht gut auf ihn zu sprechen...», stellt er fest, «versteht mich nicht falsch, er hat mich als sein Kind fürchterlich behandelt, doch ich bin ihm nichts schuldig geblieben. Ich dachte eigentlich, dass ich mit ihm fertig bin. Aber das klang mir eben fast so, Ampelos, als wäre da noch etwas Persönliches...»
Die Geister wiegen die Köpfe und schauen Ampelos an.
«Ein bisschen ist das so... weißt du, Kronos Seele verhält sich ziemlich übergriffig. Seit der Zerstückelung klammert er sich immer wieder an die Seelen von anderen Lebewesen, um sich mächtig, wichtig und lebendig zu fühlen. So etwas ist für den Besessenen nicht gerade schön. Er beginnt, Dinge zu leben, die nicht die eigenen sind, verhält sich befremdlich, erin-

nert sich an Ereignisse, die in seinem Leben gar nie geschehen sind...[307]»
Aïdoneus staunt kugelrunde Augen. «Und man kann nichts dagegen machen?», fragt er.
«Bisher konnten wir Betroffenen immer erst helfen, wenn sie zu Mimameid heimgekommen sind. Doch mit deiner Hilfe dürfte es in Zukunft möglich sein, unfreiwillige Besessenheiten auch bei Lebenden zu heilen», antwortet Silenos.
«Aber dann wäre es doch wirklich besser, wir könnten ihn heilen. Dann würde er all die anderen in Ruhe lassen», wendet Aïdoneus ein. Doch an den traurigen Gesichtern seiner Begleiter erkennt er, dass sie dies für unmöglich halten.
«Es ist wohl einfacher, wenn die Lebenden lernen, wie sie sich vor solchen Übergriffen schützen können», meint Silenos. «Du musst wissen, Herr, dein Vater ist kein Einzelfall. Gerade die Seelen jener, welche zum Ende ihrer Lebzeit viel Macht hatten, welche andere beherrschten, erniedrigten, quälten und Freude daran fanden, weigern sich zu bemerken, dass sie tot sind. Besonders solche Seelen suchen sich verletzte Lebende, um sich einzunisten. Sie verursachen so viel Leid. Vor all diesen müssten sich die Wesen der mittleren Welt schützen lernen, das wäre enorm wichtig[308].»
Der Sturmgott verfällt ins Grübeln. Ja, wahrscheinlich ist es hoffnungslos, Kronos heilen zu wollen. Doch wenn Aïdoneus sich das unglückliche Geschöpf anschaut, sieht er so viel Gemeinsamkeiten mit sich selbst. Kronos wurde genauso ausgestoßen und zerfetzt wie er selbst. Ja, der Kerl ist

---

[307] Jesus beginnt zu reden, als hätte er Abraham persönlich gekannt, was die Leute sehr befremdlich finden. Seine Jünger erklären sich das mit seiner Göttlichkeit, die ihn erfüllt, die anderen halten Jesus für besessen. In der Drehung erklären die Geister Aïdoneus, dass dies ein Zeichen für die unfreiwillige Besetzung durch eine andere Seele darstellt, sie haben Mitleid mit den Betroffenen.
Aïdoneus möchte Kronos heilen, seine Begleiter sind dagegen. Jesus hält sich selbst auch für kerngesund. Manchmal haben auch die anderen recht.

[308] Von allen Geistern, die Odysseus aufsuchen, will gerade der gewalttätige und grausame Krieger Achilleus nur wissen, ob es seinem Sohn gut geht. Als er Bescheid erhalten hat, verlässt er Odysseus zufrieden. In der Drehung sind es die Seelen mächtiger Menschen, welche einfach nicht los und die mittlere Welt verlassen können. Schon zu Lebzeiten haben sie andere gequält und im Tode machen sie weiter, sind unglücklich und machen unglücklich, unfähig, sich zu ändern.

widerlich. Und doch, irgendwie, ...irgendwie tut er ihm auch leid. Auch für Rhea würde sich Aïdoneus wünschen, sie würde mit einem vernünftigen Partner eins sein, nicht mit einem Geisteskranken[309].
«Ich möchte versuchen, Kronos zu heilen», verkündet er seinen Begleitern. «Ich weiß, dass ihr dagegen seid. Würdet ihr mir trotzdem helfen?»
Die Geister schweigen und blicken ihn ernst an, doch dann stimmen sie zu, allerdings nicht, ohne Aïdoneus darauf hinzuweisen, dass es nicht ungefährlich ist.
«Kronos ist völlig unberechenbar, schon klar», räumt der Sturmgott ein. Doch nach all seinen neuen Erfahrungen, kann er sich kaum vorstellen, dass sich für Kronos seit ihrer letzten Begegnung nichts geändert hat. Er ist entschlossen, einen Versuch zu wagen.

---

[309] Die Juden vermuten, Jesus sei von einem Dämonen besessen. Er widerspricht und sagt, er ehre seinen Vater, sie aber würden ihn schmähen. Er sagt ihnen, wer an seinem Wort festhalte, werde ewig den Tod nicht schauen.
Da sind sie sich sicher, dass er besessen sei. Schließlich seien auch Abraham und die Propheten gestorben. Er aber halte sich für größer als ihr Vater Abraham. Jesus sagt ihnen, würde er sich selbst ehren, so zähle dies nicht, doch sein Vater würde ihn ehren. Sie aber hätten Gott nicht erkannt. Er aber wäre ein Lügner wie sie, wenn er sagen würde, er kenne Gott nicht. Er aber kenne ihn und halte an seinem Wort fest. Abraham habe gejubelt, weil er seinen Tag sehen sollte. Da wundern sie sich wieder, weil es doch unmöglich sei, jemanden zu kennen, der schon so lange tot ist. Jesus aber sagte, er sei noch vor Abraham da gewesen. Da heben sie Steine auf, um ihn damit zu bewerfen. Jesus aber versteckt sich und verlässt den Tempel.
Drehung: Aïdoneus erkennt seinen Vater Kronos, der sich an andere Wesen klammert und von ihnen lebt wie ein Dämon. Er sieht, wie er immer von Rachsucht zerfressen ist und immer noch davon träumt, Zeus die Entmachtung heimzuzahlen. Der Titan der Zeit kann die mittlere Welt nicht verlassen, kann nicht vergessen, nicht verzeihen und krallt sich ans Leben anderer, um seine Weiterexistenz zu sichern.
Aïdoneus sieht die Parallelen zwischen seinem und dem Schicksal seines Vaters. Doch wird ihm brutal vor Augen geführt, dass sie beide nichts gemeinsam haben, als er sich offenbart, um Kronos Heilung anzubieten. Denn Kronos sieht keinen Grund, warum er an sich etwas ändern sollte. Er sieht eine riesige Möglichkeit gekommen, sich endlich an Zeus rächen zu können, wieder aufzuerstehen.
Aïdoneus und die Geister, die sich sichtbar gemacht haben, um Kronos Heilung anzubieten, müssen bitter erkennen, dass man jemanden nur heilen kann, wenn derjenige das auch will.

Die Gruppe kehrt zur Kuhle zurück. In einiger Entfernung zum hässlichen Kopf machen sie sich sichtbar[310]. Sofort räkelt sich das Monster, dreht sich zu ihnen um und reckt ihnen das Gesicht entgegen.
Kronos mustert seine Besucher mit stechenden Augen; sein Blick bleibt auf Aïdoneus haften, aus seinem Rachen kommt ein zischender Atemzug.
«Du...ich kenne dich...»
«Ich bin hergekommen, weil ich dir Hilfe anbieten möchte, Kronos», sagt der Sturmgott mit fester Stimme.
In den Augen der monströsen Kreatur glimmt ein böses Licht auf.
«Jaa... ich denke, du kannst mir helfen...», zischt Kronos.
Aïdoneus beschleicht ein mulmiges Gefühl.
«Du könntest wieder ganz du selbst sein, mit Rhea sprechen, dein Dasein genießen», versucht er seinen Vater zu überzeugen. Doch Kronos scheint bereits nicht mehr zuzuhören. Sein Blick schweift in die Ferne, von dort zurück zu seinem erstgeborenen Sohn und dann zu dessen Geisthelfern. Als spräche er mit sich selbst, murmelt er vor sich hin:
«Mir ist zu Ohren gekommen, dass einer unter euch ist... einer in dem ihr den Auserwählten seht, derjenige, der euer Allvater werden soll. Also dir soll diese Ehre zuteilwerden, mein Sohn...»
Mit dieser letzten Bemerkung richtet er seinen stechenden Blick wieder auf den jungen Gott.
«Irgendwo..., irgendwo hier in der Unterwelt hütet die Geisterkönigin deinen Körper. Ist es nicht so?»[311]
Jetzt wird es Aïdoneus eng im Hals. Kronos spricht weiter, seine Stimme ist sanft, doch auch hämisch, der Wahnsinn ist nicht zu überhören.
«Du solltest dir von mir helfen lassen», macht der Sturmgott einen letzten Versuch, Kronos zu überzeugen. «Gib die Seelen frei, die du dir unter den Nagel gerissen hast. Kehr zurück in dein eigenes Dasein und gönne den anderen das ihre. Ich kann dir Frieden schenken.»
«Du bist wirklich eine große Hilfe, mein Sohn», kichert Kronos irre und

---

310 Aïdoneus und Kronos: Joh. 16. 16-24: Schmerz der Trennung-Freude des Wiedersehens: Der Sturmgott hat seinen Vater nicht vermisst und das Wiedersehen ist auch keine freudige Angelegenheit. «Kurze Zeit»: Kronos ist in der Geisterwelt eine endlos lange, schlangenartige Bestie.
311 Jesus gelingt es, einen von Geburt an Blinden mit Hilfe von Erde und Spucke zu heilen. Umgekehrt ist es Aïdoneus nicht möglich, dem Titanen, der ihn verschlungen und ausgespuckt hat, eine bessere Zukunft zu verschaffen.

hämisch. «Wenn ich erst in deinem Körper als mächtigste aller Gottheiten auferstanden bin, geht es mir sicher besser[312].»
Mit diesem grässlichen Worten löst sich die hässliche Gestalt des Titanen auf, er verschwindet in der Zeit[313].

Einen kurzen Augenblick lang steht der Sturmgott wie erstarrt. Doch dann wendet er sich an die Geister; nicht nur an jene, welche ihn begleiten, sondern an alle, die sich mit ihm verbunden haben; er ruft sie ausnahmslos herbei. Und sie kommen. Zu Abertausenden folgen sie dem Ruf ihres Kronprinzen[314].
Als sie ihn alle umringen, ihn erwartungsvoll anschauen, beginnt er zu sprechen:
«Meine Freunde. Ich habe euch gerufen, weil euch und euren Welten große Gefahr droht wegen eines Fehlers, den ich gemacht habe: Ich habe mich vor meinem Vater Kronos sichtbar gemacht und ihm Heilung angeboten, obwohl ihr mich davor gewarnt habt. Nun ist er auf der Suche nach meinem Körper, um darin aufzuerstehen. Er wäre euch ein schrecklicher König, das dürft ihr mir glauben, ich kenne ihn leider schon lange. Bisher kann Kronos all eure Welten, in denen es keine Zeit gibt, nicht betreten. Sollte er in meinem Körper aber auferstehen, würde er auch

---

[312] «Ich werde ins Haus meines Vaters gehen und euch einen Platz bereiten», spricht Jesus zu seinen Jüngern. Er komme wieder, wenn er den Platz bereitet habe. Thomas sagt, aber sie wüssten nicht, wohin er gehe. Jesus antwortet, wenn sie ihn erkannt hätten, dann hätten sie auch seinen Vater erkannt, der der Vater sei in ihm und werde durch ihn verherrlicht.
Drehung: Kronos begreift sofort, was los ist. Dass Aïdoneus der Auserwählte der Geisterkönigin ist, derjenige, der König der Geisterwelten, der Allvater werden soll. Also muss Mimameid irgendwo seinen Körper bewahren. Sofort macht er sich los, um sich den Körper seines Sohnes zu besetzen und als unsterblicher Gott aufzuerstehen.
[313] Die Juden und Jesus streiten über das Paradoxon, dass Jesus Abraham kennen will. Kronos kann sich als Titan der Zeit frei darin bewegen.
[314] Als die Menschen auch am Tag nach der Speisung der Fünftausend wieder Essen von Jesus erwarten, erzählt er ihnen vom Himmelsbrot; wer von ihm esse und trinke, werde ewig leben. Das finden sie widerlich und sie laufen in Scharen davon.
Drehung: Die Geister, die sich alle mit Aïdoneus verbunden haben, als sie ihn aufassen und heilten, hören nun alle sein Rufen, weil sie mit ihm eins geworden sind. Sie kommen her und hören, was er zu sagen hat.

euch versklaven, genauso, wie er die Wesen der mittleren Welt versklavt hat. Ich will und kann das nicht zulassen, denn ich habe euch lieb gewonnen, dank euch Heilung erfahren und den Platz gefunden, wo ich hingehöre. Noch vor kurzem war ich mir sicher, dass ich nie wieder in die Welt der Lebenden zurückkehren möchte. Doch nun weiß ich, dass ich es tun muss, um euch und eure Welten zu beschützen, denn was jetzt droht, darf unter keinen Umständen geschehen. Vereint mich mit meinem Leib, bevor Kronos ihn stehlen kann. Wenn ihr mir also vertraut, wenn ihr findet, dass ich würdig bin, euer König[315] zu werden, wenn ihr nicht Kronos dienen wollt, so bitte ich euch hier und jetzt, eure Entscheidung zu fällen[316].»
Einen kurzen Augenblick sind die Geister stumm. Dann bricht tosender Beifall aus. Ihre Freude ist riesig: Der Sturmgott hat ihnen gesagt, dass er sie gern hat und bereit ist, ihr König, ihr Allvater zu werden, so, wie sie es sich gewünscht haben.
Als sich der Jubel legt, öffnet sich das Geisterheer, Mimameid tritt aus seiner Mitte hervor und beginnt zu sprechen:
«Du bist der würdige König dieser Welten. Du hast alle Prüfungen bestanden, auch diese: Wir alle haben gesehen, wie groß dein Herz ist und

---

315 (Joh. 6, 15) Jesus zieht sich in die Berge zurück, als er erkennt, dass sie ihn mit Gewalt zu ihrem König machen wollen.
Drehung: Aïdoneus ruft alle herbei, entschlossen, König zu werden um die Geisterreiche zu beschützen.

316 (Joh. 8.30ff, Die wahren Kinder Abrahams) Viele kommen zum Glauben an Jesus. Er sagt ihnen, sie sollen in seinem Wort bleiben, dann seien sie wirklich seine Jünger und die Wahrheit werde sie befreien. Da antworten sie ihm, sie seien Nachfahren Abrahams und noch nie Sklaven gewesen. Jesus aber sagt ihnen, der Sklave bleibe nicht für immer im Haus, nur der Sohn tue es, darum müssten sie vom Sohn befreit werden. Er wirft ihnen vor, ihn töten zu wollen, obwohl er ein Mensch sei, der ihnen die Wahrheit gesagt habe. Sie sagen ihm, Gott sei ihr Vater. Jesus antwortet ihnen, dass sie ihn lieben würden, wenn Gott ihr Vater wäre. Doch sie hätten den Teufel zum Vater, er sei der Vater der Lüge und ein Mörder von Anfang an.
Er wirft ihnen vor, ihm die Wahrheit nicht zu glauben, obwohl ihm niemand eine Lüge vorweisen könne. Sie würden die Worte Gottes nicht hören, weil sie nicht aus Gott seien.
Drehung: Aïdoneus muss handeln, wenn er nicht will, dass sein Vater die Geisterwelten versklavt. Er ruft die Geister herbei, bittet sie, ihn wieder auferstehen zu lassen, damit er sie vor Kronos beschützen kann. Er sagt ihnen die Wahrheit über seinen Vater.

deine Güte, wie ehrlich du vergibst: Obwohl du Streit hast mit Zeus, hast du keinen Gedanken daran verschwendet, dir seine Macht anzueignen, als du sie in den Händen gehalten hast.» Aïdoneus fällt die Hindin ein. Nein, er hat wirklich nicht darüber nachgedacht, sie für sich zu beanspruchen. Mimameid spricht weiter: «Obwohl Kronos niemals gut zu dir wahr, warst du bereit, ihm zu helfen und dich selbst in Gefahr zu bringen. Du bist bereit, für uns zu kämpfen, obwohl es noch nicht lange her ist, dass du nicht in die mittlere Welt zurückkehren wolltest[317]. So sollst du nun erfahren, dass jetzt der Augenblick deiner Wiedergeburt gekommen ist. Und du sollst auch wissen, dass wir dich niemals alleine in den Kampf ziehen lassen werden. Du wirst ein großes, mächtiges Heer mit dir führen.»

Wieder jubeln alle Geister. Sie bringen Mimameid eine Krone her, sodass die Geisterkönigin Aïdoneus unter donnerndem Beifall krönen kann.

Als nun alle Seelenwesen anfangen, zu feiern und ihn bitten, mit ihnen zu tanzen, versteht der Sturmgott die Welt nicht mehr. Er drängt sie, Kronos nicht zu vergessen. Mimameid aber winkt ab.

«Man kann Kronos nicht zuvorkommen, das weißt du so gut wie ich auch, er wird durch die Zeit zurückreisen. Gib ihm keine Macht über dich, indem du dich hetzen lässt, er hat hier nichts zu bestimmen. Dein Körper ist in Sicherheit, vertraue deinem Bruder Zeus.»

Aïdoneus blickt in Mimameids schillernd grüne Augen. Sie hat recht: er sollte einfach Vertrauen haben und den Augenblick genießen. Wenn er darüber nachdenkt, ist sie an Durchtriebenheit nicht zu überbieten: Sie hatte ihn überlistet; obwohl es keinen mächtigeren Krieger gibt als den Sturmgott, hatte er bei ihrem Angriff keine Chance. Sie hatte auch Zeus überlistet; obwohl der immer denkt, er sei der Schlauste von allen, tut er am Ende immer genau das, was Mimameid will und wollte. Warum sollte es Kronos besser ergehen? Bei diesem Gedanken muss der Sturmgott lachen. Er schnappt sich seine Geisterkinder, lädt sie sich auf den Rücken und los geht die rasende Feier.

Als die Festlichkeiten vorbei sind, führen die Geister ihren frisch gekrön-

---

317 Der Hohepriester Kajaphas sagt zu den Pharisäern, es sei besser, wenn nur ein einzelner für das ganze Volk sterben müsse. Drehung: Obwohl er in der Geisterwelt glücklich ist, ist Aïdoneus bereit, wiedergeboren zu werden, damit er die Geisterwelten beschützen kann.

ten König zu seinem Körper, dorthin, wo der Stamm von Mimameid in die drei gewaltigen Hauptwurzeln übergeht. Mit großem Staunen erkennt Aïdoneus, dass sein Körper heil ist; die schrecklichen Wunden, welche der Hagel geschlagen hat, sind verschwunden. Zeus ist nicht mehr da, doch Dutzende Nymphen bewachen den Leib, indem sie Geistwesen mit duftendem Rauch davon fernhalten. Als sie das königliche Paar mit seinem Gefolge gewahren, löschen sie die Kräuterbündel, verneigen sich und treten zurück. Aïdoneus bestaunt das Wunder, das die Geister vollbracht haben, er berührt die Stellen, wo er am schlimmsten verwundet wurde: Die Schultern, die Arme… es ist wirklich alles, als wäre das Schreckliche nie geschehen. Auch Zeus hat Wort gehalten: Er hat verhindert, dass ein feindliches Geistwesen den Leib besetzt.

Der Sturmgott blickt unsicher in die Runde, er weiß nicht so recht, was er jetzt zu tun hat. Auch all seine Begleiter sind ernst geworden, sie blicken ihn fast ein bisschen wehmütig an.

«Jetzt ist es Zeit, Abschied zu nehmen», sagt Silenos traurig, Ampelos weint fast[318].

Aïdoneus versteht ihren Kummer nicht. «Wie meint ihr das? Wir sehen uns doch gleich wieder!», sagt er und versucht, sicher zu klingen. Doch sie wiegen die Köpfe unglücklich hin und her.

«Seelen, die in die Welt der Lebenden wechseln, können sich nicht an uns und die Geisterwelten erinnern[319]», flüstert Ampelos erstickt.

«Das stimmt leider», sagt nun auch Mimameid, «viele brauchen lange, lange Zeit, bis es ihnen gelingt, die meisten schaffen es gar nie. Da du aber ein Gott bist und der Auserwählte, hoffen wir, dass deine Erinnerung schneller zurückkehren wird als bei den sterblichen Wesen. Doch da nie zuvor ein Gott wiedergeboren wurde, wissen wir nicht so recht, wie es

---

[318] Nach seiner Auferstehung tritt Jesus mitten unter die Jünger und spricht: «Der Friede sei mit euch!». Dies ist die hebräisch-arabische Grußformel (Schalom-Salam). Drehung: Vor der Wiedergeburt muss Aïdoneus Abschied nehmen.

[319] Jesus sagt, er gehe fort, wohin sie nicht gelangen könnten. Sie fragen sich, ob er sich umbringen wolle. Er erklärt ihnen, wenn er erst erhöht worden sei, würden sie alles verstehen. Drehung: Aïdoneus erfährt, dass er nach der Wiedergeburt nichts mehr wissen werde von alldem, was er in den Geisterwelten erlebt habe.

ganz genau ablaufen wird[320].»
Als Aïdoneus dies hört, wird auch er traurig. Endlich weiß er, wo er hingehört, hat sein Volk gefunden, Freunde, seine Bestimmung und Liebe. Nun muss er das alles wieder aufgeben.
«Wir werden alles tun, was wir können, um deine Erinnerungen zu wecken», verspricht ihm Mimameid. Er nickt stumm und ernst.
«Und wie kehre ich nun in meinen Körper zurück?», fragt er. Doch er weiß es in genau demselben Augenblick, in dem er die Frage ausspricht. «Ihr werdet mich aufessen, nicht wahr?», fragt er schüchtern und blickt in die Runde[321]. Sie nicken alle.
Da umarmt der Sturmgott Mimameid ganz fest, traurig.
«Dein Verstand wird sich zwar nicht erinnern können. Aber deine Seele kann es und ihr ist klar, dass wir zusammengehören. Ich warte auf dich, denn ich weiß, dass du zu mir finden wirst[322]», flüstert sie ihm ins Ohr, bevor sie ihn loslässt.
Jetzt schließt er die Augen, vor dem Angesicht seiner Freunde nimmt er die Gestalt eines leuchtenden, durchsichtigen Stierkalbes an.
Nachdem sich die Geister erneut mit der großen, schönen Seele des Gottes vereint haben, treten sie um seinen still daliegenden Körper. Dann hauchen sie die göttliche Seele in seinen Leib: In den Kopf, in die Brust, in den Rücken[323]. Nun treten sie zurück und betrachten den wunderschö-

---

320 Jesus spricht über die Zukunft und sagt, viele würden in Gottes Namen schlimme Dinge tun, weil man ihn und den Vater nicht erkannt habe. Drehung: Die Geister berichten Aïdoneus von ihrer Erfahrung, dass sie von (Wieder)geborenen nicht erkannt würden. Dass sie aber hoffen, dass alles gut werde, weil er ein Gott sei.
321 Jesus erklärt den Jüngern, sie müssten sein Fleisch essen und sein Blut trinken, um ewig leben zu können. Drehung: Die Geister essen die Seele des Gottes auf, damit er ins Leben zurückkehren kann.
322 Jesus meint, wenn sie (die Pharisäer) ihm schon nicht glauben würden, so sollten sie wenigsten seinen Werken glauben. Seine Schafe würden zu ihm gehören und er werde ihnen ewiges Leben geben. Sie würden niemals zugrunde gehen und niemand könne sie seiner Hand entreißen. Er und der Vater seien eins.
Drehung: Mimameid sagt zu Aïdoneus: Dein Verstand wird sich nicht erinnern können, doch deine Seele schon. Sie weiß, dass du zu mir gehörst. Du wirst auferstehen und zu mir zurückkehren.
323 Als der auferstandene Jesus in der Mitte seiner Jünger erschienen ist und sie gegrüßt hat, haucht er sie an. Eine typische Praxis bei der

nen jungen Gott, der tief und fest schläft[324]. Mimameid schickt sie fort, um alles zu holen, was es braucht, um den König zu kleiden und zu pflegen, wenn er aufwacht.

Der Duft von trockenem Gras und Kräutern ist das erste, was Aïdoneus wahrnimmt. Er kommt nur langsam zu sich, sein Kopf ist furchtbar durcheinander. Stille umgibt ihn, es fällt ihm schwer, sich zu bewegen, was der Sturmgott nun wirklich sehr befremdlich findet. Er blinzelt und öffnet die Augen. Über ihm wölbt sich ein lilablauer Himmel, er liegt inmitten einer Wiese aus gelben Gras. Sein Verstand ist völlig wirr, voller seltsamer Bilder und Erinnerungen an befremdliche Träume. Auch das ist etwas, das der Gott nicht kennt, denn normalerweise schläft er gar nie. Er setzt sich auf. Wo ist er hier bloß? Eigentlich kennt der Sturmgott jede Ecke der Welt. Doch jetzt hat er nicht die leiseste Ahnung, wo er sich befindet. Seine Pferde...wo sind seine Pferde? Und sein Helm...? Irgendwie sind ihm all seine Sachen abhandengekommen; sein Streitwagen, seine Kleidung... außer einem Stück Stoff, das ihn an ein Leichentuch erinnert, hat er nichts bei sich. Aïdoneus presst die Hände gegen die Schläfen, er muss sich erinnern, er weiß, dass das wichtig ist. Sich erinnern[325]... Langsam, ganz langsam kehren Eindrücke wie Fetzen zurück. Er wollte Zeus besuchen. Doch dann wurde er von gelben Hagelwolken umzingelt, es gab kein Entkommen, nur fürchterliche Schmerzen. Seine Pferde...

Übergabe seelischer Energien. Drehung: Die Geister umringen den Leichnam von Aïdoneus und hauchen seine Seele hinein.

[324] Nach dem Abendmahl bittet Jesus seine Jünger, mit ihm im Garten Gezemaneh zu beten und zu wachen. Während er in schrecklicher Angst vor seinem Schicksal und Tod betet, schlafen die Jünger ein. Er ist traurig, als er sie schlafend findet. Drehung: Die Geister bewachen den Gott, der nach seiner Wiedergeburt tief und fest schläft. Sie sind traurig, weil sie wissen, dass er sich nicht wird erinnern können.

[325] Jesus lässt nichts zurück außer dem Schweißtuch und ein paar Leichenbinden, die in einer Höhle liegen, seine Jünger finden es. Drehung: Tuch codiert Schicksal und Leichenbinden Lebensfaden. Der Gott hat alles vergessen, irgendwo in seinem Innern weiß er davon, aber es ist verschüttet.

dem Gott gibt es einen Stich ins Herz. Die Tiere, sie wurden genauso schwer verletzt wie er, sie stürzten aus dem Himmel. Er erinnert sich an die Schmerzensschreie seiner treuen Sturmrosse, an seine schreckliche Angst, daran, dass niemand kam, um ihnen zu helfen, wie sehr er auch schrie und flehte. Sein Bruder hatte ihn der zürnenden Totengöttin ausgeliefert und keiner der anderen Götter hatte gewagt, sich ihr in den Weg zu stellen. Sie hatten ihn verraten und geopfert.
Dem Gott kullern Tränen über die Wangen, wenn er daran und an seine Pferde denkt. Warum hat Zeus ihnen das bloß angetan? Warum nur? Verständnislos blickt er sich wieder um. Ganz langsam fällt ihm wieder ein, dass er auf der Flucht ist. Dass er zu sich kam und sich umringt von Geistern sah, die ihn alle anstarrten[326]. Noch halb bewusstlos hatte er die Flucht ergriffen, sich schließlich verwirrt hier niedergelassen in der Hoffnung, nicht wieder gefunden und ergriffen zu werden[327]. Dann musste er eingeschlafen oder wieder ohnmächtig geworden sein.
Allmählich wird sein Kopf etwas klarer. Da er diesen Ort hier nicht kennt, muss es wohl die Unterwelt sein. Man hat ihn überfallen und entführt, und zwar dorthin, wo er niemals hin wollte. Wenn er an den fürchterlichen, hinterhältigen Angriff der Totengöttin denkt, weiß er eines sicherer denn je: Mit dieser Braut will er nichts zu tun haben, mit ihrem scheußlichen Volk auch nicht[328]. Durch seinen Kopf schwimmen lauter Bilder von

---

[326] Die Pharisäer umringen Jesus im Tempel, bedrohen und bedrängen ihn, er soll endlich sagen, dass er der Messias sei, sie wollen Gewissheit und planen Böses.
Drehung: Aïdoneus ist die ganze Zeit umgeben von Seelen, die ihn lieben und in ihm ihren König sehen. Doch er kann sich nicht mehr an sie erinnern.
[327] Maria findet das Grab von Jesus leer, sie weint. Zwei Engel fragen sie, wen sie suche, und Jesus fragt sie, warum sie weine. Er sagt ihr, sie solle ihn nicht zurückhalten, er sei noch nicht hinauf zum Vater gegangen. Da geht Maria zu den Jüngern und erzählt ihnen, Jesus sei auferstanden, worauf auch Petrus und Johannes zum Grab gehen.
Drehung: Der wiedergeborene Sturmgott ergreift die Flucht, er will nichts mit den Geistern und ihrer Königin zu tun haben, er weint. Die Geister machen sich auf die Suche nach ihrem verwirrten König.
[328] Joh. 16.25 ff Die Jünger sind froh, dass Jesus endlich unverhüllt spricht und er sagt ihnen, da sie nun glauben würden, sage er ihnen, dass die Stunde komme, wo sie ihn allein lassen werden, doch er werde nicht allein sein, der Vater sei bei ihm und er habe das zu ihnen gesagt, um

Geistern, die ihn verfolgen, packen, kochen und verspeisen. Er wird das mulmige Gefühl nicht los, umgebracht und in ein ihm fremdes Leben wiedergeboren worden zu sein. Aber dergleichen ist doch völlig unmöglich, Blödsinn.
Er bindet sich das Tuch um die Hüfte und macht sich auf, den Weg zurück in sein altes Leben zu finden. Außerdem hat er mit Zeus und den Göttern noch ein Hühnchen zu rupfen. Für den Gott des Sturmes dürfte es nicht allzu schwierig sein, eine Welt zu erkunden. Dass er den Tarnhelm verloren hat, ärgert Aïdoneus, denn er hat keine Lust, von den Geistern gesehen zu werden.
So beginnt der Gott mit seiner Suche nach einen Heimweg in sein altes Leben und versteckt sich, sobald er Seelenwesen bemerkt[329].

Die Zeit vergeht. Ampelos, Silenos und viele weitere Geister haben unermüdlich nach ihrem König gesucht. Da es seit seiner Auferstehung in der Unterwelt ziemlich stürmisch geworden ist, wissen sie, dass es ihm gut geht. Doch es ist wie früher: Sie können ihn nicht finden.
«Er weiß nicht, dass wir ihn nicht sehen können, nicht wahr, Mutter?», fragt Silenos Mimameid. Die große Göttin nickt geduldig und fährt ihrem Geisterkind sachte über das Haupt.
«Da hast du wahrscheinlich Recht. Er hat keine Ahnung, dass er jetzt nicht nur ein Gott, sondern auch ein Geist ist. Wenn er nicht gefunden werden will, dürfte es also unmöglich sein. Habt einfach Geduld mit ihm, er wird herkommen[330]», sagt Mimameid sanft zu den Geistern, die sich Sorgen um den Sturmgott und ihre Königin machen[331], die sich tapfer

---

ihnen Frieden zu geben, denn er habe die Welt besiegt.
Drehung: Aïdoneus kommt zu sich, erinnert sich, dass er von Mimameid überfallen wurde und chancenlos war, hadert mit seinem Schicksal, weiß nichts mehr von den Geisterwelten, beschließt, in Tarnung zu bleiben.
329 Jesus gelingt es immer und immer wieder, sich den Pharisäern und ihren Dienern zu entziehen, die ihn einfangen und töten wollen. Drehung: Der auferstandene Gott ist gefangen und es gelingt ihm nicht, zu entkommen.
330 Jesus sagt: Ihr werdet mich suchen, aber ihr werdet mich nicht finden. In der Drehung weiß Mimameid natürlich, dass sie einfach warten muss, denn Aïdoneus wird herkommen müssen.
331 Die Pharisäer zitieren einen Mann zum Verhör, der blind war. Sie glauben ihm nicht, dass er früher nichts sah und von Jesus geheilt wurde. Seine Eltern weigern sich, Zeugen zu sein. Als er weiter für Jesus

bemüht zu verbergen, wie sehr sie unter der Trennung von ihrem Seelengefährten leidet, der sich seit seiner Wiedergeburt nicht mehr an sie erinnert.

Nach wochenlangem Herumirren kommt der Sturmgott müde und hungrig zurück zum Mittelpunkt der Unterwelt, zu dem Ort, an dem er mitten unter Geistern zu sich kam, unter dem Stamm des gewaltigen Weltenbaumes. Er setzt sich ratlos auf das Lager aus Kräutern und Gras, das immer noch da ist, jetzt allerdings unbewacht. Nein, verfolgt wurde er in den letzten Tagen nicht mehr. Doch einen Ausgang aus der Unterwelt hat er auch nicht gefunden. Ihm fällt kein Ort mehr ein, den er noch nicht abgesucht hat, außer einen: Der Palast der Königin. Aber dort will er auf keinen Fall hin[332].
Er fühlt sich furchtbar; seit langer, langer Zeit hat er nichts gegessen oder getrunken, sich nirgends sicher gefühlt, in Gedanken mit den anderen Göttern und seinem Schicksal gehadert... und sich immer wieder gefragt, warum es ihm nicht gelingt, die Unterwelt zu verlassen. Er hat sich schon überlegt, ob er auch ein Geist ist... Dieser Gedanke taucht in seinem Kopf immer wieder auf. Aber das ist doch unmöglich, er ist als Gott schließlich unsterblich...
Er fährt sich mit der Hand über die Augen und seufzt. Warum hatte er dieser Losgeschichte mit seinen Brüdern nur zugestimmt? Er ärgert sich über sich selbst. Nie hat er gesagt, was er haben möchte. Und auch nie, was er nicht möchte. Seine eigenen Wünsche hat er immer zurückgestellt. Wie er so darüber nachdenkt, hat er das Gefühl, vor nicht allzu langer Zeit genau darüber gesprochen zu haben. Aber mit wem bloß? Und wo?
Wie er so ratlos da sitzt, hört er jemanden kommen[333]. Versteckt hat er

---

einsteht, verstoßen sie ihn. Drehung: Mimameid und die Geister haben Geduld und Verständnis für den verwirrten, unsichtbaren Gott, der sich nicht erinnert und nicht zu ihnen heimfindet. Die Pharisäer ärgern sich, dass es ihren Dienern nicht gelingt, Jesus einzufangen. Mimameid hat Geduld.

[332] Thomas will Jesus unbedingt anfassen, da er sonst nicht glauben kann. Drehung: Aïdoneus meidet das Haus seiner Braut, obwohl er dort endlich seine Erinnerung finden könnte. (Haus und Körper codieren sich gegenseitig.)

[333] Jesus sitzt an einem Brunnen in Samaria, seine Jünger sind in die Stadt gegangen, um essen zu kaufen. Eine Frau kommt um Wasser zu

sich lange genug. Er muss etwas anderes versuchen. So nimmt er eine Gestalt an, die er bei vielen Geistwesen gesehen hat, wickelt sich in sein Leichentuch und wartet auf den Ankömmling.
Zwei Geister erscheinen unweit von ihm und steuern neugierig auf ihn zu, als sie ihn erblicken.
«Dich habe ich hier noch nie gesehen. Bist du neu hier?», fragen sie ihn und streifen um ihn herum. Dem Gott ist nicht wohl bei der Sache. Ob sie wissen, wer er ist? Ob sie ihn suchen?
«Ja», antwortet er vorsichtig, «ich bin eben erst hier angekommen. Kennt ihr euch in dieser Gegend aus?»
«Klar doch», meint der eine, «wir sind schon lange hier. Sollen wir dich herumführen? Möchtest du den Palast sehen?»
Aïdoneus seufzt. Nein, der Palast ist eigentlich der letzte Ort, wo er hin will. Und doch ist er eben der einzige, den er noch nicht abgesucht hat.
«Was gibt es denn im Palast?», will er wissen.
«Oh, der Palast, nun, vielleicht findest du da ja Arbeit... Im Palast da wohnen die noblen Herrschaften, die Horen. Und natürlich viele Götter: Nyx, Hemera, die wunderschöne Eos, um nur einige Beispiele zu nennen. Sogar Demeter kommt regelmäßig her. Und natürlich Mimameid, die Königin.»
Den letzten Namen sprechen die Geister mit größtem Respekt und voller Liebe aus. Aïdoneus aber hat keine Lust, seine Braut wiederzusehen, er erinnert sich zu gut an die zürnende alte Vettel, die ihn so grausam über-

---

holen. Die beiden unterhalten sich über lebendiges Wasser, von dem man niemals mehr Durst bekommt, und Jesus erklärt, er sei nicht auf weltliche Nahrung angewiesen und wer ihm glaube, werde dies auch nicht mehr sein. Er gibt sich als Messias zu erkennen, indem er ihr wahrsagt. Sie rennt in die Stadt, um ihre Leute zu holen. Als seine Jünger kommen, will er nicht essen. Die Menschen führen sie alle in die Stadt, wo sich viele von ihnen bekehren lassen und nun sicher sind, dass er der versprochene Messias ist.
Drehung: Aïdoneus sitzt am Ursprung von Mimameid, will nicht erkannt werden, ist hungrig und geht am Ende mit in den Palast, weil er einfach nicht weiß, wo er noch hin soll. Als eine Frau kommt, um Wasser zu holen, so wissen wir, dass der Ankömmling eigentlich niemand anderes holen will als den getöteten Weingott, und dass nicht wahrgesagt wird, sondern ganz schön viel gelogen, denn die Geister wissen ganz genau, wen sie vor sich haben, stellen sich aber dumm, um den Gott nicht wieder zu vertreiben.

fallen hat[334]. Doch er ist schrecklich hungrig und hat einfach keinen anderen Plan, sodass er bereit ist, seine zwei neuen Bekanntschaften zu begleiten. Wo so viele Götter verkehren, gibt es bestimmt auch eine reich gedeckte Tafel.

Von weitem hat der Palast eindrücklicher ausgesehen. Wenn man näher kommt, sieht man, dass baulich viel zu tun wäre. Der Sturmgott lässt den Blick über die Gebäude schweifen und ertappt sich bei dem Gedanken, dass hier offensichtlich der Mann im Hause fehlt[335]. Abgesehen vom Baulichen aber ist alles bestens bestellt, ordentlich, gepflegt. Überall herrscht fleißige Stille, wenn geredet wird, dann nur leise, er hört niemanden lachen. Irgendwie scheinen alle bedrückt, was der Sturm- und Weingott traurig findet.
Sie gehen durch das zweite Tor in den inneren Hof mit den Stallungen. Ein schrilles Wiehern zerreißt die Luft, der Sturmgott fährt herum.
Er kann es kaum fassen, als er in der Koppel seine vier hochedlen, schwarzen Sturmrosse sieht, die bei seinem Anblick anfangen, nach ihm zu rufen und zu ihm zu drängen. Sollen seine Begleiter denken, was sie wollen, er muss jetzt einfach seine geliebten Tiere begrüßen, um die er so besorgt war und die er so schrecklich vermisst hat. Sie umringen ihren Herrn, liebkosen ihn, lassen sich von ihm streicheln und Zärtlichkeiten ins Ohr flüstern, was er unter Tränen tut. Orphnaios beginnt, an seiner Schulter zu knabbern, Nykteus leckt seine Hand, Aethon legt ihm den

---

334 Die Geschwister Maria, Marta und Lazarus sind Jesus nicht böse, weil er so lange nicht hergekommen ist. Lazarus geht es ja wieder gut. Und weil es ihm bei den dreien so gut gefällt, bleibt Jesus noch ein paar Tage da.
Drehung: Aïdoneus kann sich noch gut daran erinnern, wie zornig Mimameid-Persephone wurde, weil er sie so lange hat warten lassen. Er hat keine Lust auf einen Aufenthalt in ihrem Haus.
335 Thomas inspiziert Jesus ganz genau, er legt ihm sogar die Hand in die Narben. Es heißt hier, dass Thomas der Zwilling genannt werde. Zwilling codiert Ziegenfisch, also einsame, traurige Mimameid. Das Gegenteil von Hand in die Wunde legen wäre hier heilen und umarmen, wobei «umarmen» in den alten Sagen auch immer benutzt wird, um «miteinander schlafen» auszudrücken.
Aïdoneus sieht zwar wohl, wie sehr seine Braut in jeder Hinsicht auf ihn als ihren Mann angewiesen wäre, doch noch will er davon gar nichts wissen.

Kopf auf die Schulter und Alastor küsst ihn auf die Wange. Glücklich stellt Aïdoneus fest, dass sie bestens gepflegt und versorgt sind[336]. In seinem Inneren weiß er eines mit Sicherheit: Ohne seine treuen Rosse kann er unmöglich fliehen, sie müssen einfach mit.
«Du magst Pferde...», merkt einer seiner Begleiter an.
«Ja, ja, sehr, über alles», stammelt der Gott, er ahnt, dass er aus der Rolle gefallen ist, «wem gehören sie?»
«Sie gehören unserem König.»
«Sagtet ihr nicht, dass ihr eine Königin habt?», fragt der Gott vorsichtig.
«Oh, wir haben auch einen König, wir warten auf ihn», antwortet der Geist. Und leise fügt er hinzu: «Wenn der König heimkommt, wird alles gut.»
Diese Bemerkung macht den Gott hellhörig. Es ist offensichtlich, dass an diesem Ort einiges nicht stimmt. Zwar scheint alles geregelt abzulaufen, alle sind fleißig, erledigen ihre Arbeit und doch... irgendwie scheinen alle so ernst, so still, kein Scherzen, kein Lachen, keine Musik.
Nein, etwas stimmt nicht. Der Sturmgott ist sich nur nicht sicher, ob ihn das kümmern soll. Denn letzten Endes will er nur eines: Weg von hier.
«Ihr habt gesagt, dass ich hier Arbeit finden könnte», fragt Aïdoneus, der sich so schnell und so unauffällig wie möglich im Palast umsehen möchte.
«Ja, es gibt viel zu tun. Folge mir, ich zeige dir die Küche, bald wird es Abend und die Horen setzen sich zur Tafel, komm, du kannst grad anpacken.»
Aïdoneus wird also dem Küchenpersonal vorgestellt und bekommt seine Aufgaben erklärt. Er soll sich um die Tafelgetränke kümmern.[337] Schnell

---

[336] Maria, Marta und Lazarus wohnen im selben Haus. Als Lazarus schwer krank wird, rufen sie nach Jesus. Der aber lässt sich Zeit und kommt erst vier Tage, nachdem Lazarus schon gestorben ist. Maria und Marta machen ihm Vorwürfe. Dann ruft er ihn vor vielen staunenden Zeugen aus dem Grab. Er kommt heraus, gesund, mit Leichenbinden bekleidet. Viele Leute werden Zeuge, wie Jesus um Lazarus weint, bevor er ihn wiedererweckt, sie weinen unverhohlen mit ihm.
Drehung: Der auferstandene, mit einem Leichentuch bekleidete Aïdoneus kommt zum Palast der dreifaltigen Mimameid, den er lange nicht betreten wollte. Nun findet er seine vier geheilten Sturmrosse wieder und freut sich riesig. Alle wissen nun mit Gewissheit, wer er ist, doch niemand lässt sich etwas anmerken, Mimameid macht ihm keine Vorwürfe.
[337] Auf der Hochzeit von Kanaan erhalten die Diener von Maria die Anweisung, zu tun, was Jesus sagt.

stellt er fest, dass es an allem mangelt: Es ist kaum Wasser da und nur schrecklich fader, alter Wein. Als er die anderen Geister fragt, die in der Küche arbeiten, wo er Nachschub finden könne, antworten sie ihm traurig, dass im Moment alles knapp sei, in der Welt herrsche der Mangel, weil ihr König nicht da sei[338].

Der Gott verfällt ins Grübeln. Zum ersten Mal fragt er sich, was wohl in der Welt der Lebenden los sein könnte, während er fort ist. Zeus war ja zwischenzeitlich auch nicht da. Aïdoneus schwant Übles. Zeus dürfte ohne seine Hilfe ziemlich aufgeschmissen sein. Was der auch verdient hat. Doch die anderen Lebewesen eben nicht...

Er reißt sich aus seinen Gedanken los und folgt dem andern Personal mit den Krügen zur Tafel[339]. Die Horen sitzen bereits da, die Göttinnen tragen wunderschöne Blumengewänder und prächtige Aufsteckfrisuren. Doch auch hier wird kaum geredet, nicht gelacht. Der Sitzplatz am oberen Tischende ist leer.

«Wollen wir nicht noch warten mit Auftragen, bis alle da sind?», fragt Aïdoneus seine Arbeitskollegin Iambe. Diese schüttelt traurig den Kopf. «Es hat keinen Sinn zu warten. Die Königin wird auch heute Abend nicht zu Tisch kommen, es geht ihr nicht gut[340].»

Der Sturm- und Weingott weiß nicht, was er von diesem Bescheid halten soll. Wirklich erpicht darauf, seine Braut zu sehen, ist er nicht.

Drehung: Aïdoneus mimt in Mimameids Haus den Diener und kriegt gesagt, was er zu tun hat.

338 Die Juden fordern die Freilassung von Barabas, einem Straßenräuber, den «König der Juden» wollen sie nicht zurück.

Drehung: Die Geister wünschen sie sehr, dass ihr König endlich kommt, denn seit Aïdoneus verschwunden ist, herrscht Hermes über die Welt der Lebenden, der König der Diebe, der Feuergott, weswegen eine Dürre den Lebewesen großen Kummer macht.

339 Jesus ist zum Essen des Paschalamms Gast bei Marta, Maria und Lazarus. Das Lamm wird von Marta serviert.

Drehung: Da Schaf immer Aïdoneus codiert, ist es also er, der beim Servieren hilft.

340 Als Maria Jesus bittet, dem Brautpaar mit dem Wein zu helfen, weil die Leute Durst haben, antwortet er: «Meine Stunde ist noch nicht gekommen.»

Drehung: Mimameid ist die oberste Hora überhaupt. In der Spiegelung hat die Königin also auch heute keinen Hunger, sie hat wegen des Weingotts Liebeskummer und kommt nicht her.

Trotzdem fragt er: «Was soll das heißen: Auch heute nicht?»
Iambe blickt ernst vor sich hin und sagt leise: «Vor lauter Kummer mag sie nichts essen[341]. In letzter Zeit ist es schlimmer geworden. Sie kommt kaum noch zu Tisch.»
«Aber warum denn?», will Aïdoneus wissen.
«Weil unser König sie nicht sehen will[342].»
Den Sturmgott trifft diese Ansage, er weiß nicht so recht, wie er damit umgehen soll. Doch, er ärgert sich. Seit er mit Zeus und Poseidon Lose gezogen hat, will ihm nicht in den Kopf, warum die Geisterkönigin so versessen darauf ist, ausgerechnet ihn heiraten zu wollen. Sie kennen sich ja nicht mal. Es gibt so viele gute Männer, soll sie sich doch einen aussuchen.

Dieses traurige, schweigende Herumsitzen der Horen passt ihm nicht. Tagelang hat er nichts gegessen und er findet es unerträglich, den appetitlosen Göttinnen zusehen zu müssen, wie sie ein bisschen in den liebevoll zubereiteten Speisen herumstochern und kaum etwas anrühren. So füllt er als Weingott den köstlichsten, besten und schwersten Wein in ihre Schalen, den sie je getrunken haben; denn er findet, dass es Zeit ist, etwas Schwung in den Anlaß zu bringen[343]. Die Hora des Frühlings, Thallo, macht kugelrunde Augen, als er ihr die Trinkschale bis an den Rand füllt.
"Du solltest mir nicht so viel einschenken!", ruft sie aus, "du weißt doch, dass überall in den Welten Mangel herrscht!"
"Es hat genug, lass das nur meine Sorge sein", meint Aïdoneus, der sich

---

341 Jesus gibt den Jüngern Brot zu essen und Wein zu trinken und merkt an, dass er erst wieder vom Weinstock trinken wolle, wenn sein Leiden beendet sei. Drehung: Mimameid ist krank vor Kummer, weil sie den Sturm- und Weingott nicht haben kann und isst deswegen nicht.
342 Als Johannes Jesus sieht, ruft er: «Seht, das Lamm Gottes, das hinwegnimmt die Sünden der Welt!»
Drehung: Mimameid kann Aïdoneus nie sehen und sie fragt sich immer mehr, was denn an ihr nicht gut ist, warum er sie nicht gern haben kann. Während Johannes Bestätigung findet, wird sie immer unsicherer und krank vor Kummer. (Lamm: der Gleichgestellte; Sünde: Hamartia: verfehlen, ein Begriff aus dem Bogenschießen, also: nicht treffen wollen.)
343 Auf der Hochzeit von Kanaan gibt es den besten Wein erst ganz zum Schluss. Drehung: Wenn man Damen lustig machen will, die nur ganz wenig am Becher nippen, sollte man mit einem schweren Wein anfangen.

gut vorstellen kann, warum sie keine Lust hat, von dem fadenscheinigen Wein zu trinken, den er in der Küche vorgefunden hat. In der Zwischenzeit haben die anderen Horen am Getränk genippt und mit freudiger Überraschung festgestellt, dass sie noch nie süßeren Wein gekostet haben.
Es dauert nicht lange, so herrscht am Tisch der Göttinnen munteres Geplauder und Gekicher. Sie laden Iambe und den neuen Diener ein, sich zu ihnen zu setzen, denn sie finden, er sei ein angenehmer und unterhaltsamer Zeitgenosse[344]. An den Tisch muss man den Sturmgott nicht zweimal bitten. Wenn die Horen keinen Hunger haben, kann er ihnen gerne dabei helfen, die Platten mit den Speisen zu leeren. Mit großen, ungläubigen Augen sehen die Göttinnen zu, was der neue Diener alles verspeisen kann, es ist kaum zu fassen[345]. Gleichzeitig weiß er allerhand Lustiges und Neues zu erzählen und aus unerfindlichen Gründen werden die Trinkschalen niemals leer. Aïdoneus wiederum stellt mit Freude fest, dass man im Palast seiner Braut weiß, was es heißt, Gäste zu bewirten, nie zuvor hat ihm eine Mahlzeit besser gemundet.

Das Gekicher und Gelächter der Horen und Dienstboten ist im ganzen Palast zu hören. Auch Mimameid hört das Gelächter und die Tischreden. Sie lässt Iambe herrufen und erfährt so vom neuen Dienstboten, der die Horen an der Tafel trefflich unterhält.
«Möchtet Ihr vielleicht nicht doch noch zu Tisch kommen und mit Euren Freundinnen etwas essen?», fragt die Dienerin hoffnungsvoll. Mimameid

---

344 Die Pharisäer schließen einen ehemals Blinden aus der Synagoge aus, weil sie fürchten, er sei ein Anhänger Jesu. Drehung: Die Horen wollen, dass der Weingott, der sich die meiste Zeit unsichtbar gemacht hat, bei ihnen bleibt, auch wegen ihrer Herrin.

345 Die Wörter reden und essen codieren sich gegenseitig. Jesus redet die ganze Zeit (außer in der Szene, wo er zum Essen eingeladen ist) und zwar gerne. Sogar, als er verkleidet in den Tempel geht, kann er nicht anders: Er legt die Verkleidung ab und beginnt zu reden.
Drehung: Der verkleidete Aïdoneus ist so ausgehungert, dass er seine Tarnung riskiert, um mal wieder richtig beim Essen zuschlagen zu können. So ist das mit den Gefühlen: Sie brauchen Nahrung (und niemand ist so durstig wie der Wind).

schüttelt den Kopf[346].

«Herrin, es wäre so schön, Euch mal wieder lachen zu sehen. Er ist so humorvoll und es ist eine Wohltat, dass er neu beim Gesinde ist, wir waren schon lange nicht mehr so lustig[347]», versucht Iambe ihre Herrin zu überreden. Doch diese wird nur noch trauriger und mag nicht, bis es schließlich Zeit ist, den Pflichten nachzukommen. So erhebt sie sich, lässt sich kleiden, hübsch machen und geht hinab in den großen Saal, wo die Horen tafeln.

Als die Diener für ihre Königin das Tor öffnen, das in den Saal führt, wird es still am Tisch. Alle schauen in Richtung der Königin, die seit langem wieder einmal im Speisesaal erscheint[348]. Mit Entsetzen stellen sie fest, dass sie ihre Pflichten vergessen haben, weil es so gesellig war. Eine der Horen springt auf und eilt fort, sie hätte beinahe ihren Einsatz versäumt. Wie der schmausende Sturmgott bemerkt, dass alle verstummen, hebt auch er den Kopf von seiner Mahlzeit und erstarrt, Mimameids zarte Seele erblickend. Dies ist seine Verlobte?! Aïdoneus vergisst, den Bissen in seinem Mund hinunterzuschlucken. Nein, seine Braut ist keine gruslige Skelettfrau. Nie zuvor hat er eine süßere Gottheit gesehen als die Königin, die soeben vor die Tafel getreten ist. Ein weich fließendes, grünes Gewand umhüllt ihre zierliche Gestalt, rotblond gelocktes, volles Haar fällt ihr auf die Schultern und ihre grün schillernden Augen sind ihm irgendwie vertraut. Die Gefühle des Sturmgottes geraten völlig durcheinander[349].

---

346 Die Juden wollen noch das Paschalamm essen, deswegen betreten sie das Prätorium von Pilatus nicht. Drehung: Mimameid will nichts essen, darum kommt sie nicht raus. Sie wünscht sich, der Gott würde herkommen und mit ihr sprechen.

347 Pilatus fragt, was die Juden Jesus vorwerfen. Sie antworten, wenn er kein Übeltäter wäre, hätten sie ihn nicht hergebracht. Drehung: Mimameid fragt nach dem neuen Dienstboten und erfährt, dass ihre Freundinnen angetan sind von seinem Humor.

348 Pilatus geht wieder ins Prätorium hinein, um Jesus zu verhören. Drehung: Mimameid kommt raus, weil sie doch ein bisschen neugierig auf Aïdoneus ist.

349 Jesus erklärt Pilatus, sein Königreich sei nicht von dieser Welt, sonst würden seine Soldaten kämpfen und die Juden könnten ihn nicht gefangen nehmen.

Drehung: Aïdoneus denkt beim Anblick von Mimameid an alles andere als ans Kämpfen und er fragt sich zum ersten Mal, ob die Welt und dieses

Die Königin grüßt leise und freundlich. Sie mahnt die Horen, dass sie ihre Pflichten nicht versäumen dürften. Dann bedankt sie sich beim Personal, neigt den Kopf zum Gruß und schickt sich an, den Saal durch eine andere Tür zu verlassen. Die Horen springen auf, um ihrer Herrin zu folgen, die Arbeit ruft.
Aïdoneus starrt hinterher, staunend und mit offenem Mund. Er muss sich zwingen, wieder im hier und jetzt anzukommen. Natürlich hat er Mimameids Traurigkeit bemerkt und hätte am liebsten seine Tarnung aufgegeben, um seine Verlobte in den Arm zu nehmen, für sie da zu sein, sie zu trösten[350].
Doch noch kann er den schrecklichen Angriff nicht vergessen. Ihm ist nach wie vor unbegreiflich, wie es dieser zarten Gottheit möglich war, ihn, den mächtigen Sturmgott, derart durch die Mangel zu drehen, so zu quälen[351].
So bleibt Aïdoneus in seiner Tarnung, hilft, die Tafel abzuräumen und folgt dann mit Iambe den Horen und der Königin in den angrenzenden Saal.
Aïdoneus bleibt staundend stehen, als er in diesen Raum blickt; er ist riesig, von vier großen Feuerschalen hell erleuchtet. Eine der Seitenwände des Saales ist keine Mauer, sondern wird vom Stamm des Weltenbaumes gebildet, an den das Gebäude angebaut ist. Der ganze Saal ist ausgelegt mit weichen Decken und Kissen, es sieht unglaublich gemütlich aus. Der Sturmgott lehnt sich neben der Magd an den Türrahmen und beobachtet aufmerksam, was jetzt geschieht.
Mimameid schreitet langsam in die Mitte der Halle, wo sie sich auf die Polster niederlässt. Alle Horen setzen sich in einen Kreis um sie. Auch das Gesinde kommt, alle kuscheln sich um die Königin, es scheint dem Gott, als wäre jede einzelne Seele aus dem ganzen Palast jetzt und hier anwe-

---

Königreich vielleicht nicht doch die seinen sind, ob heiraten vielleicht nicht doch besser ist, als frei zu bleiben.
[350] Pilatus sagt, er sehe keinen Grund, Jesus zu verurteilen. Drehung: Aïdoneus sieht, dass Mimameid dringend Hilfe braucht.
[351] Obwohl Pilatus sagt, er sehe keinen Grund, Jesus zu verurteilen, sehen die Juden lieber den Straßenräuber Barabas in Freiheit als Jesus, der nur gepredigt und geheilt hat.
Drehung: Aïdoneus kann sich nicht daran erinnern, wie ihn Mimameid erlöst und geheilt hat, nur daran, wie weh sie ihm getan hat. Und so kann er sich noch nicht entschließen, auch sie zu heilen/zu befreien.

send[352].

Als sich alle eingefunden, sich um die Königin versammelt und auf den gemütlichen Kissen Platz genommen haben, wird es mäuschenstill und Iambe schickt sich an, von einer Feuerschale zur nächsten zu gehen, um das Licht zu löschen. Aïdoneus hält sie am Arm zurück und löscht alle Lichter in den Häusern mit einer leisen Handbewegung innerhalb eines einzigen Wimpernschlags, lässt nur jene in der Küche brennen und die winzige Öllampe, die neben Mimameid steht[353].

Wie sie nun alle still und stumm im Dunkeln sitzen, reicht eine der Horen der Königin eine Spindel. Die Schicksalsgöttin greift danach und beginnt, einen goldenen Schicksalsfaden auf die Spule zu spinnen[354]. Etwas Spannenderes hat Aïdoneus noch nie erlebt. Die wunderbare Stimme der Göttin erfüllt den Raum, während sie die unglaublichsten Geschichten auf die Spulen spinnt, die ihr die Horen reichen. Immer, wenn eine Spule voll ist, nimmt die Hora sie der Herrin ab und verschwindet kurz darauf durch den Stamm des Weltenbaumes, während die nächste Hora Mimameid eine Spule überreicht[355].

Es kostet Aïdoneus Kraft, Mimameids magischer Stimme die Aufmerk-

---

352 Alle gehen zum Laubhüttenfest, auch die Brüder Jesu, die nicht an ihn glauben. Sie schicken ihn fort. Doch Jesus verkleidet sich, um auch ans Fest zu gehen. Kaum ist er dort, gibt er seine Tarnung auf, um im Tempel zu lehren.
Drehung: Alle im Palast wissen, dass ihre alltägliche Arbeit für den Sturmgott etwas Neues und Aufregendes ist und dass er verkleidet teilnimmt. Und alle finden, dass er ruhig zusehen und etwas lernen soll.

353 Anlässlich des Laubhüttenfestes wurde des Tempel von Jerusalem mit vier großen Leuchtern erhellt, weitum zu sehen. In der Drehung haben wir es hier mit einem geheimen Ort zu tun und die Lichter werden gelöscht.

354 Joh. 5.31-40: Jesus redet über das Zeugnis ablegen: Die Drehung von sagen, wie es war, ist bestimmen, sie es sein wird.

355 Am Morgen nachdem dank Jesus so viele Menschen satt geworden waren, umringen sie ihn in der Synagoge von Kafarnaum und er erzählt ihnen vom Himmelsbrot, dass sie sein Fleisch und Blut essen müssten, um ewig zu leben. Sie finden seine Geschichte vom Aufessen eines Menschen scheußlich und laufen ihm davon, wollen ihm nicht mehr zuhören.
Drehung: Am Abend, nachdem Mimameid mal wieder nichts gegessen hat, kommen alle her, um ihr zu lauschen, keiner will eine von den Geschichten verpassen, die Geisterkönigin auf die Schicksalsspulen spinnt und die alle wahr werden.

samkeit zu entziehen. Ihm ist klar geworden, dass die Spalte im Stamm des Weltenbaumes, durch welche die Horen verschwinden, der Ausgang in die Welt der Lebenden darstellen muss, den er schon so lange sucht.

Alle im Palast liegen in tiefem Schlaf, als der Sturmgott zu den Stallungen schleicht, um seine Sturmrosse zu holen. Es kann nicht so schwierig sein, durch den Stamm des Baumes zu fliehen und er ist sich im Klaren darüber, dass dies die einzige Gelegenheit dazu ist. Denn wenn er an Mimameid denkt, weiß er, dass er es nicht ertragen könnte, sie nochmals zu sehen, es wäre um ihn geschehen. Sie ist einfach zu süß, er hätte sie am liebsten auf der Stelle in seine Arme geschlossen und angeknabbert. Aber er kann ihr nicht verzeihen, er will keine Göttin heiraten, die ihm so weh getan hat. Ja, er hat seinen Brüdern und den anderen Göttern versprochen, sich um die Unterwelt zu kümmern. Ja, er hat ein schlechtes Gewissen. Aber dann denkt er trotzig, dass er keine Lust hat, sein Dasein mit jemandem zu verbringen, der alle in seiner Umgebung mit seiner Traurigkeit ansteckt. Er spürt, dass dieses Gefühl auch bereits nach seinem Herzen greift. Also: bloß weg von hier.
Er führt die Pferde aus der Koppel. Die vier schwarzen Sturmrosse sind unschlagbar darin, lautlos zu schleichen, ihre Hufe berühren noch nicht mal den Boden. Doch wie der Gott die große Halle erreicht und sich dem Baumstamm nähert, sieht er sich plötzlich von Hunderten wütender Geister umzingelt, die jetzt sichtbar werden. Wahrscheinlich wissen sie schon lange, wer er ist, doch der Pferde wegen kann er es nicht länger abstreiten[356]. Sie waren wirklich geduldig mit ihm, aber dass er sie im Stich lassen will, verzeihen sie ihm nicht. Sie sind so zornig, enttäuscht und verzweifelt ob seines Fluchtversuchs, dass sie sogar bereit sind, gegen den Sturmgott zu kämpfen, um zu verhindern, dass er den Baumstamm erreicht.
Doch der mächtige Gott mag nicht kämpfen, nicht, wenn er in die wütenden, verletzten und traurigen Gesichter von Iambe und Ampelos schaut,

---

[356] Jesus wird im Tempel bedrängt, er solle endlich aussprechen, dass er der Messias sei, damit sie ihn wegen Gotteslästerung anklagen können. Doch Jesus lässt sich nicht provozieren und entkommt ihnen.
Drehung: Nachdem Aïdoneus die Pferde geholt hat, haben die Geister endlich Gewissheit, dass er der Gott ist, den sie so dringend erwarten. Sie fangen ihn bei seinem Fluchtversuch ab.

die er wiedererkennt, und Silenos und all die anderen erblickt, die ihm irgendwie alle so vertraut vorkommen.
«Du hast wirklich keine Ahnung, wie sehr du hier gebraucht wirst», sagt Iambe leise.
Erneut tauchen einzelne Erinnerungsfetzen in seinem Kopf auf; während er verzweifelt mit seinem Gedächtnis ringt, führen die Geister seine Pferde zurück in den Hof, er lässt es geschehen und wehrt sich auch nicht, als sie ihn vor ihre Königin führen[357].

Aïdoneus fühlt sich furchtbar, wenn er in ihr ernstes, trauriges Gesicht blickt. Er erträgt es kaum, von dieser liebreizenden Göttin so angeschaut zu werden.
Die Königin schickt die Geister fort, doch der Gott ist sich sicher, dass sie in der Nähe bleiben werden[358].
«Wir haben viel zu bereden, wir zwei», sagt die Königin leise.
Dem Sturmgott fallen Hera und ihr milchsaures Temperament ein. Bestimmt kriegt er jetzt eine Zanktirade zu hören, was er alles falsch gemacht habe, dass er pflichtvergessen sei, und so weiter, und so weiter... Er lässt den Kopf hängen.
«Ich höre», sagt er zerknirscht und fügt trotzig an: «Ich habe gerade nichts anderes zu tun, man kann euch ja nicht entkommen!»
In Mimameids Augen blitzt es auf, ihre Stimme wird noch leiser, fast eisig. Aïdoneus kann spüren, wie sehr sie um Fassung und gegen Tränen kämpft.
«Ja, wir haben dich in eine Falle gelockt und überfallen und ja, wir halten dich hier gegen deinen Willen gefangen[359]. Mir ist klar, dass du mir des-

---

[357] Als Jesus im Tempel bei der Schatzkammer lehrt, wird er nicht verhaftet, weil seine Stunde noch nicht gekommen ist.
Drehung: Aïdoneus wird abgefangen und zu Mimameid gebracht (der obersten aller Horen).
[358] Die Juden heben im Tempel Steine auf, um sie nach Jesus zu werfen.
Drehung: Mimameid schickt die Geister fort, sie will mit dem Gott alleine sein.
[359] Joh. 17.1-8: Jesus dankt Gott dafür, dass seine Jünger erkannt haben, dass er von ihm gesandt wurde und er ist überzeugt davon, dass es ihm gelungen ist, Gottes Namen auf der Erde zu offenbaren.
Drehung: Mimameid und Aïdoneus streiten; sie gibt zu, dass sie ihn entführt hat, und der Gott erinnert sich daran, dass seine Angst vor der Göt-

wegen böse bist. Doch glaubst du wirklich, ich lasse zu, dass du mich bei all den anderen Göttern noch länger zum Gespött machst?! Dass du zu den anderen zurückkehrst, um mit ihnen über die dumme alte Schachtel in der Unterwelt zu lachen, die keiner haben mag[360]?!»

Aïdoneus muss innerlich eingestehen, dass er sich zwar durchaus im Klaren darüber war, dass sein Verhalten verletzend war. Doch seine Angst vor dem übermächtigen Schicksal war einfach größer gewesen. Außerdem... wie hätte er auch ahnen können, dass die Königin der Unterwelt keine gruselige alte Schachtel ist, sondern das blühende Leben in Person, die süßeste und liebreizendste Gottheit, die er je gesehen hat.

«Wir... wir haben uns nicht über dich lustig gemacht», versucht er hilflos, sie zu beruhigen. Nein, um ihrer zu spotten hatte er sie, ehrlich gesagt, zu sehr gefürchtet. Dass Zeus ihm immer wieder sagte, mit Mimameid-Persephone sei nicht zu spaßen und die ganze Zeit von Pflichten redete, hatte die Sache nicht wirklich besser gemacht.

«Ach nein?!», jetzt wird die Stimme der Göttin zum ersten Mal laut. «Was hast du dann die ganze Zeit gemacht, all die Jahre, die ich dir geschenkt habe? Mit Baumgeistern gefeiert und getanzt? Wolltest du etwa wieder dorthin[361]? Feste feiern mit den Baumgeistern? Hast du irgendwann vor, erwachsen zu werden?!»

«Was meinst du mit: ‚Jahre, die ich dir geschenkt habe'?», verlangt der Sturmgott zu wissen, ihre Frage überhörend.

Die Göttin zittert, ihre Augen füllen sich mit Tränen, sie redet so leise, dass er näher kommen muss, um sie zu verstehen.

«Ich wusste doch, dass du wegen meiner Verliebtheit krank werden wür-

---

tin mit dem unaussprechlichen Namen ihn schon einmal in große Not gebracht hat.

360 Pilatus lässt Jesus geißeln. Die Soldaten setzen ihm eine Dornenkrone auf, hängen ihm einen Purpurmantel um und verspotten ihn als König der Juden, während sie ihn ins Gesicht schlagen.
Drehung: Mimameids (rot: Farbe des Lebens) Inneres blutet, sie fühlt sich von Aïdoneus und den anderen Göttern gedemütigt und herabgesetzt. Jesus wird nach draußen gebracht und obwohl er furchtbar aussieht, hat niemand Mitleid, sie verlangen seinen Tod. Drehung: Die Göttin verbirgt ihr Leid eisern in ihrem Innern und hat trotz all ihrer Not Mitleid mit Aïdoneus.

361 Pilatus fragt Jesus, woher er stamme. Also fragt Mimameid in der Drehung, wohin Aïdoneus wollte.

dest[362] und dass du dich deswegen nicht herwagst; niemand kann meine volle Aufmerksamkeit ertragen, nicht einmal ein so mächtiger Gott wie du[363]. Glaube mir, ich wusste immer, wie ich dich sichtbar machen kann. Aber du hast mir so Leid getan, ich wollte das nicht tun...», wieder schluchzt sie, «deshalb habe ich Nacht für Nacht die Spule mit deinem Schicksalsfaden wieder abgewickelt, um dir nicht weh tun zu müssen...[364]»

Die Stimme der Göttin bricht erstickt ab, es wird still.

Aïdoneus kann kaum glauben, was er da gerade gehört hat. Was er am Abend im großen Saal sah, war eindrücklich. Wenn er sich Mimameid mit seiner eigenen Schicksalsspule in der Hand vorstellt, läuft ihm ein eisiger Schauer über den Rücken. Immer und immer wieder[365] hat sie sich nachts heimlich in den großen Saal geschlichen und unter Tränen seine Spule abgewickelt, bevor sie ihn in ihrer Verzweiflung und Einsamkeit dazu verurteilte, im Hagel zu sterben und seinen Schicksalsfaden durch-

---

362 Jesus erzählt immer wieder, dass die Welt ihn hasse und dass er sie besiegen müsse.
Drehung: Mimameids Liebe für Aïdoneus bringt die beiden Gottheiten in große Schwierigkeiten, was letztlich der Grund war, dass der Sturmgott sterben musste.

363 Jesu sagt, er sei das Licht der Welt, wer ihm nachfolge, werde nicht in der Finsternis umhergehen, sondern das Licht des Lebens haben. Die Pharisäer sagten, er könne alleine kein gültiges Zeugnis für sich ablegen, denn nur das Zeugnis von zweien sei gültig. Er antwortet, sie würden urteilen, wie Menschen urteilten, er urteile nicht. Würde er es aber tun, so wäre sein Urteil gültig, denn auch sein Vater lege über ihn Zeugnis ab. Da fragen sie ihn nach seinem Vater. Er sagt, würden sie ihn kennen, würden sie auch seinen Vater kennen.
Drehung: Mimameid ist die Königin der Geister, von ihr kommen alle Seelen und Lebensgeister, zu ihr kehren die Toten heim. Sie spinnt den Schicksalsfaden, sie bestimmt allein, was sein wird, ist und war. Sie weiß, dass sich zwei so mächtige Gottheiten wie sie beide nur gegenseitig heilen können, denn ansonsten kann es niemand.

364 Jesus schenkt Lazarus ein neues Leben; als der aus dem Grab kommt, muss Jesus zusammen mit den Schwestern Maria und Marta den Freund aus den Leichenbinden auswickeln, mit denen sie ihn vergeblich eingewickelt hatten, da er ja weiterlebt.
Drehung: Die verliebte Mimameid wickelt die Spule ab, damit sie Aïdoneus Lebensfaden nicht durchschneiden muss.

365 Die Auferstehung von Lazarus bleibt eine einmalige Sache.
Drehung: Mimameid hat wirklich viel Geduld mit dem Gott, den sie liebt.

trennte[366]. Verbog sich selbst in ihrem Innersten, um ihm nichts antun zu müssen, weil sie ihn so lieb hat. Hoffte immerzu weiter, er würde doch noch herkommen und verzweifelte[367]. Ihr Innerstes blutete so lange, bis sie schließlich krank wurde davon und so zornig, dass sie brutal auf ihren Liebsten los ging.
In diesem Augenblick wird dem Gott klar, warum die Geister so aufgebracht waren, warum Iambe gesagt hatte, ob er denn nicht wisse, wie sehr er gebraucht werde.
Wie kann überhaupt jemand in der ganzen Welt glücklich sein, wenn es die Schicksalsgöttin nicht ist?
Da der Sturmgott vor Entsetzen stumm bleibt, ergreift Mimameid wieder das Wort. Ihre Stimme bebt, sie kann ihm nicht ins Gesicht sehen, als sie spricht: «Wenn es dich so unglücklich macht, mich zu heiraten, so sollst du wissen, dass ich dich nicht dazu zwingen werde. Schau dich um: Es gibt schon genug Unglückliche in meinem Haus, ich brauche nicht noch einen mehr.»
Doch der Sturmgott hat verstanden. Er weiß jetzt, was er zu tun hat[368]. Seine Erinnerungen sind nach der Kopfwäsche zurück, in seinem Innern ist plötzlich alles glasklar: Es ist an ihm, dafür zu sorgen, dass die Horen nicht nur noch schlimme Dinge in die Welt bringen müssen. Nein, es ist überhaupt nicht so, dass ihn der Gedanke unglücklich macht, mit ihr zu-

---

[366] Jesus erzählt den Jüngern, er würde ihnen den Geist der Wahrheit und der Liebe schicken, als Beistand und als Lehrer. Drehung: Mimameid fällt in der Gestalt von Hagel über Aïdoneus her, denn «Geist» bedeutet in der Drehung «Stein», «Wahrheit» wird zu «Verrat», «Liebe» zu «Hass», «Beistand» zu «im Stich lassen» und anstelle von «Lehrer» kommt «das Vergessen»: der Tod; also: Steine des Hasses und des Verrats, die für den im Stich Gelassenen den Tod bringen.
[367] Während alle erwarten, wie Jesus wegen der Ehebrecherin entscheiden wird, schreibt er immerzu in den Sand, weiter und weiter. Er hat Verständnis für die Frau, die für ein bisschen Glück egoistisch war. Als er das Schreiben beendet, rettet er der Frau das Leben. In der Drehung beendet Mimameid das Weiterspinnen von Aïdoneus Lebensfaden irgendwann, weil einfach das Glück von zu vielen davon abhängt.
[368] Jesus sagt: «Es ist vollbracht!», nachdem er Essig getrunken hat; in der Drehung weiß Aïdoneus, was er tun muss und will.
(Das mit dem Stock im essiggetränkten Schwamm können Sie gerne selber umdrehen, geben Sie zu, so schwer ist das nicht: Holz für Weltenbaum, Essig ist sauer gewordener Wein, der wird jetzt süß… auch die Form umdrehen… die Sexszenen sind immer besonders kreativ versteckt.)

sammen zu sein, es ist vielmehr umgekehrt. Er überwindet den Abstand zwischen ihm und der Königin, ergreift ihre Hand[369].
«Durch meine Schuld sind von den Horen schon viele schlimme Dinge in die Welt getragen worden, nicht wahr?», fragt er leise[370]. Sie schließt die Augen und Tränen kullern über ihre Wangen, sie entzieht ihm ihre Hand aber nicht.
«Du hast zu mir gesagt, dass man nur heilen könne, wenn man selbst heil ist, wenn man in sich ruht und ganz sich selbst ist», fährt er fort. Sie öffnet die Augen, freudig überrascht: Er erinnert sich, endlich erinnert er sich!
«Ja, das habe ich», flüstert sie heiser.
«Aber dann… dann konntest du mich nicht vollständig gesund machen, denn du warst es selbst nicht», sagt Aïdoneus.
Jetzt fängt sie ganz fest an zu schluchzen.
Der Sturmgott nimmt auch ihre zweite Hand und legt seine Stirn auf die ihre.
«Lass mich dein Herz heilen. Heile du das meine. Gemeinsam schaffen wir das, niemand sonst kann das für uns tun[371].»

---

369 (Joh. 10.22 ff) (rückwärts): Jesus entzieht sich den Pharisäern, die ihn nach einem Streitgespräch festnehmen wollen. Jesus wehrt sich und fragt, für welches der vielen guten Werke, die er getan habe, sie ihn denn steinigen wollten. Sie antworten, weil er Gotteslästerung begehe, indem er sich als Gottessohn bezeichne.
Drehung: Aïdoneus nimmt Persephoneia bei der Hand. Er will von ihr wissen, wie viel Schlimmes denn nun schon in die Welt gekommen sei, weil sie seinetwegen so unglücklich war. Endlich begreift er, was die Geister meinten, dass auch Mimameid geheilt werden müsse.
370 Jesus erzählt den Jüngern von schlimmen Dingen, die die Menschen ihnen antun werden (im Glauben, Gott einen Dienst zu erweisen), «weil sie weder den Vater noch mich erkannt haben». In der Drehung erinnert sich Aïdoneus endlich und will, dass die Horen in Zukunft wieder schöne Dinge in die Welt tragen, weil die Schicksalsgöttin glücklich ist.
371 Joh.12, 20-36 (rückwärts lesen): Jesus verbirgt sich und sagt, nur noch kurze Zeit sei das Licht bei den Menschen: Aïdoneus versteckt sich nicht mehr und will sein Königtum antreten; Jesus wird gefragt, warum der Menschensohn erhöht werden müsse: Mimameid wird nie wieder Erniedrigungen erfahren; der Herrscher wird hinausgeworfen und die Welt gerichtet: Der König ist heimgekommen und die Seele des Weltenbaumes wird geheilt…

Mimameid kann kaum glauben, dass ihr Liebster, ihr Gleichgestellter, ihr wunderbarer Gefährte endlich bei ihr ist und für sie da sein will. Dass er heimgefunden hat, sich an all das erinnert, was er nach seiner Wiedergeburt vergessen hat, dass er mit ihr spricht und zärtlich ist[372], bereit, sie als sein Schicksal anzunehmen, mit Ihr die ganze Welt zu heilen, den Seelen der Allvater zu sein, den sie sich schon so lange wünschen. Dass er jetzt endlich derjenige ist, der als einziger all das gesehen hat und weiß, was sonst noch keiner der Lebenden gesehen hat[373].

Und doch ist es so, jetzt wird es Gewissheit, sie sind traulich beisammen und flüstern sich verliebt Zärtlichkeiten zu. Ihnen fallen plötzlich viele Dinge ein, die sie sich zu sagen haben und die sie sonst noch miteinander anstellen möchten.

«Du hast nichts falsch gemacht, ich habe mir mit meinem Verhalten geschadet», spricht Aïdoneus leise in Mimameids Ohr, «ich werde dir ein guter Gemahl sein. Und der neue Palast, den wir zusammen bauen werden, wird wunderschön.[374]»

---

[372] 8.21-29: Jesus erklärt den Pharisäern, er gehe fort und sie würden ihn suchen, aber nicht finden und sie würden in ihrer Sünde sterben. Da fragen sie sich, ob er sich umbringen wolle. Er erklärt, er stamme nicht von dieser Welt und wenn sie nicht glaubten, dass er es sei, so würden sie in ihren Sünden sterben. Als sie ihn darauf erneut fragen, wer er sei, fragt er: Warum rede ich noch mit euch?
Drehung: Der geliebte Gott ist endlich da, hat heimgefunden, erinnert sich an die Zeit in den Geisterwelten, geht ihr endlich nicht mehr aus dem Weg, spricht und macht Liebe mit ihr.

[373] Immer wieder steht im Evangelium der Satz: «... und es kamen viele zum Glauben an ihn (Jesus)».
Drehung: «die Vielen, die glauben» codiert «der Eine, der weiß». Dionysische Mysten bezeichnen sich selbst als «Wissende», weil sie von Aïdoneus und den Geistern erwählt wurden, ihre Welten sehen zu dürfen. Aïdoneus ist der erste und älteste unter den Wissenden, der Lehrer und Allvater.

[374] Jesus kündigt an, er werde den Tempel niederreißen und in drei Tagen wieder aufbauen, er meint aber seinen Körper.
Als Aïdoneus Mimameid von ihrer Einsamkeit und Sehnsucht heilt, fliegt der Palast in Trümmer.

Mimameid schmiegt sich an ihn, Aïdoneus nimmt sie fest in seine Arme, hebt sie hoch und nimmt seine wahre, göttliche Gestalt an. Kein Versteckspielen mehr. Er wird jetzt seine Mimameid sehr, sehr glücklich machen und ihr Geisterkönig werden. Das Brausen des Sturmwindes mischt sich mit dem Lachen der großen Göttin, lässt alle im Palast vor Schreck aufspringen und wissen, dass die beiden Gottheiten zueinander gefunden haben, dass die Traurigkeit ein Ende hat.
Obwohl sich die Geister und alle im Palast wohnenden Gottheiten freuen, laufen sie, was sie können: Der alte Palast hält der göttlichen Hochzeitsfeier nicht stand[375]. Die Balken krachen, die Mauern bröckeln und alle Lichter verlöschen im Sturm. Wer noch etwas greifen und forttragen kann, tut es, alle anderen rennen, um sich und die Tiere in Sicherheit zu bringen. Es wird eine lange, wilde Sturmnacht[376].
Als der Morgen kommt, kriechen die ersten Geister und dann auch die Horen aus ihren Verstecken. Noch ist es nicht möglich, Feuer anzuzünden und den Göttinnen eine Mahlzeit zuzubereiten. Aber das macht nichts, sie sind unendlich froh, dass ihr König seine Erinnerung zurück hat, bei ihnen bleibt und ihre Königin mit seiner Liebe glücklich macht, dass sie ab jetzt auch einen Vater haben.
Iambe und die anderen Küchenmägde konnten aber von dem süßen Wein retten, den der Gott als Küchenhilfe zurückgelassen hat. Und so sind die

---

Jesus treibt alle Opfertiere, Händler und Geldwechsler aus dem Tempel in heiligem Zorn, da in der Schrift steht: «Der Eifer für dein Haus verzehrt mich.» Natürlich schafft sich Jesus damit Feinde.
Tja, Haus codiert immer den Leib von Aïdoneus, nachdem sich Mimameid verzehrt… als die zwei zusammenfinden, rennen alle Dienstboten im Palast, um nicht zermalmt zu werden. Doch sie sind nicht böse auf ihren König, im Gegenteil.
[375] Maria will, dass Jesus für die anderen Wein macht und das Fest rettet. Rückwärts: Mimameid bekommt endlich ihren Sturmgott, den sie so lange herbeigesehnt hat und der ist jetzt nur für sie da.
[376] Bei seiner letzten öffentlichen Rede spricht Jesus: «Jetzt wird die Welt gerichtet.» Da donnert es, aber nicht alle können es hören. Drehung: Da Aïdoneus endlich zu sich selbst stehen kann und sein Schicksal annimmt, gelingt es ihm, Mimameid mit seiner Liebe zu heilen. Allerdings zerlegt er dabei den alten Palast.
Sogar Griechen kommen, um Jesus zu sehen. Drehung: Alle rennen fort, um sich in Sicherheit zu bringen. Und zu sehen gibt es gar nichts, denn das Hochzeitspaar ist unsichtbar.

Haushaltsmannschaft und die Horen schon ziemlich launig, als sich der Sturmwind legt und das Königspaar Arm in Arm sanft neben ihnen landet.

Alle umringen die beiden, jubeln und gratulieren[377].

Jetzt sitzen alle beisammen; das Königspaar, die Horen, die Geister, alle anwesenden chthonischen Gottheiten[378]. Sie reden, trinken Wein und schmieden Pläne, wie der neue Palast aussehen soll, bis die Pflichten rufen und es Zeit ist, das Weltentor zu öffnen und die Schicksale auf die Spulen zu spinnen.

Diesmal sitzt auch Aïdoneus im Kreis, in der Mitte neben Mimameid[379]. Die Königin lässt eine ganz besondere Kiste herbringen[380]. Die Schicksalsgöttin öffnet sie. Staunend erkennt Aïdoneus die Schicksalsspulen der Götter. Mimameid überreicht ihrem Gleichgestellten die Spule von Zeus. Aïdoneus starrt auf den Schicksalsfaden seines Bruders, dem er Rache geschworen hatte. Er starrt auf die Spule, die er in der Hand hält und auf die Schere, die vor Mimameid liegt. Zeus wäre so ahnungslos wie er, als er seinen Bruder besuchen wollte, unter den Hagel geriet und abstürzte. Aïdoneus schüttelt den Kopf und gibt Mimameid die Spule zurück. «Ich will mich nicht an Zeus rächen», sagt er leise. Die Göttin lächelt geheimnisvoll, als der Gott weiterspricht: «Es gibt viel, das ich mit meinem Bruder zu bereden habe, doch ist aus den Folgen unseres Streits etwas Gutes

---

[377] Als Petrus und die anderen Jünger vom Fischen kommen, hat Jesus schon Feuer gemacht und Essen zubereitet. Dank seiner Hilfe können sie auch noch etwas beisteuern.

Drehung: Aïdoneus ist schuld, dass es kein Frühstück gibt, es ist unmöglich, Feuer zu machen und zu kochen. Doch Wein hat es noch, weil er in der Küche ausgeholfen hat.

[378] Mimameid ist die Herrin über Leben, Tod, Schicksal und Schlaf, entsprechend dienen ihr Morpheus, Thanatos, Charon und viele mehr.

[379] Als Maria, Marta und die Angehörigen Lazarus in Leichenbinden wickeln, gemeinsam trauern, auf sein Leben zurückblicken und ihn bestatten, ist Jesus nicht dabei. In der Drehung wird aus dem Einen die Vielen und so ist von nun an Aïdoneus dabei, wenn seine Gemahlin die Schicksale aller Lebewesen auf die Spulen spinnt.

[380] Das Grab, in dem Lazarus begraben war, ist kaum zu öffnen, auch Jesus muss anpacken. Ein Grab ist ein Ort, wo einer nach seinem Leben zur ewigen Ruhe gebettet wird. In der Drehung haben wir eine Kiste, die nur Mimameid öffnen kann, welche die Zukunft, das Schicksal von vielen enthält.

geworden. Ich habe heimgefunden, habe dich gefunden. Diesen Schwur habe ich in einem anderen Leben geleistet, er hat für mich keine Gültigkeit mehr[381].»
Zu seiner Überraschung schütteln die Horen traurig die Köpfe.
«So einfach ist das nicht», widerspricht Thallo. Sie blickt ihren König ernst an. «Wenn Lebewesen sterben, lassen sie alles zurück, außer ihre Seele. Wenn sie wiedergeboren werden, erinnert sich ihr Verstand, ihr Gefühl an nichts mehr… du hast es selbst erfahren, Herr. Doch die Seele erinnert sich. Insbesondere an bindende Versprechen, Verträge und Schwüre, die in Augenblicken größter Not und Aufgewühltheit geleistet wurden. Diese brennen sich in die Seele, sie sind eingesponnen in deinen Schicksalsfaden, und belasten die Lebenden in ihrem Dasein immerfort, sogar in einem neuen Leben[382].»
Aïdoneus kann das nicht so recht glauben.
«Und wie könnte sich das zeigen?», will er von Thallo wissen.
«Möglicherweise, indem du Zeus immer wieder Vorwürfe machst und nie einen unbelasteten Umgang mit ihm hast[383]», mutmaßt die Hora. Das findet der Sturmgott keine sehr angenehme Vorstellung.
«Kann man da gar nichts machen?», fragt er in die Runde. Doch alle schweigen und blicken betreten vor sich auf den Boden.
Der Sturmgott aber wendet sich zu Mimameid um und ergreift ihre Hand. Was sie ihm am Abend zuvor erzählt hat, wird er nie wieder vergessen.
«Du hast zu mir gesagt, dass du meine Spule immer wieder abgewickelt

---

381 Jesus knotet sich aus Stricken eine Peitsche zusammen und geht auf die Händler im Tempel los, ohne Vorwarnung und scheinbar ohne Grund.
Drehung: Aïdoneus will den Lebensfaden seines ahnungslosen Bruders nicht durchtrennen, obwohl er Grund genug hätte.

382 Jesus stellt sich am letzten Tag des Festes hin und ruft: Aus seinem Innern werden Ströme von lebendigem Wasser fließen. Die Leute, die es hören, sagen, er sei ein Prophet, andere sagen, er sei der Messias. Diese werden darauf aufmerksam gemacht, dass der Messias aus dem Geschlecht Davids stamme. Niemand wagte, Jesus anzufassen, auch jene nicht, die ihn verhaften wollten.
Drehung: Der tödliche Fluch hat sich tief in die Seele gebrannt. So etwas ist völlig unsichtbar, Aïdoneus trägt es nun mit seinem Schicksal mit sich herum, es wird ihn immer wieder einholen, auch wenn es aus einem längst vergangenen Leben stammt.

383 Jesus behandelt Judas schon wie einen Verräter, noch bevor dieser ihm etwas angetan hat.

hast, um den Faden nicht durchschneiden zu müssen», sagt er leise. Sie nickt vor sich hin und lächelt wieder ihr geheimnisvolles Lächeln, in ihren Augen schillert etwas Aufmunterndes.
Der Sturmgott spricht nun wieder so, dass ihn auch die anderen hören können:
«Wäre es dir nicht möglich, den Faden bis zum Racheschwur abzuwickeln, damit die Geister ihn dort heilen können?»
Die Horen atmen hörbar ein, als er das vorschlägt. «Wenn dies gelänge, Herr, wäre es ein Segen für alle Seelen der Welt», haucht Auxo, die Hora des Sommers, die anderen bekommen ganz rote Wangen.
«Wir werden einen Versuch wagen[384]», sagt Mimameid. «Allerdings müssen wir den Fluch sowohl bei dir wie auch bei Zeus entfernen», erklärt die große Göttin.
So überreicht Aïdoneus seiner geliebten Mimameid die eigene Schicksalsspule. Es wird mäuschenstill, als sie nun damit beginnt, alles abzuwickeln, was dem Sturmgott in letzter Zeit begegnet und widerfahren ist. Rückwärts hören sie nun von allen Erlebnissen des Sturmgottes: Von seiner Hochzeit mit Mimameid, von seiner Arbeit im Palast, wie er die ganze Unterwelt nach einem Ausgang absuchte, dass er mit den Geistern durch ihre Welten reiste, wie er sich mit den Geistern und Mimameid stritt, Zeus Rache schwor…
Zur Verblüffung von Aïdoneus hält Mimameid nicht inne, sondern wickelt die Spule noch weiter ab über die geknotete Stelle hinweg bis dort, wo er ihr im Hagel versprach, alles zu tun, was immer sie wolle, wenn sie doch nur Erbarmen habe. Mimameid blickt ihm voller Liebe in die Augen.
«Nur so kann sich deine Bestimmung erfüllen, nur so können wir wirklich gleichgestellt sein», sagt sie[385].

---

384 «Was ich geschrieben habe, das habe ich geschrieben», erklärt Pilatus, als der Hohepriester von ihm verlangt, er solle das Schild mit dem Urteil über dem Kopf von Jesus abändern auf: «Er hat gesagt, er sei der König der Juden.» Pilatus will nichts ändern. Drehung: Mimameid ist bereit, das Schicksal von Aïdoneus und Zeus umzuschreiben.
385 Jesus sagt: «Wenn ihr mich liebt, werdet ihr meine Gebote halten» und ich werde meinen Vater bitten, und er wird euch einen anderen Beistand geben… es ist der Geist der Wahrheit und der Liebe.
Drehung: Aus wahrer Liebe entbindet Mimameid Aïdoneus von allen Versprechen, die er ihr ihn höchster Not machte, als er unter den Hagel ge-

Aïdoneus versteht. Er drückt Mimameid ganz fest und küsst sie verliebt. Dann wendet er sich an die Geister.
«Ist es euch möglich, meinen Schicksalsfaden an diesen beiden Stellen zu heilen?», fragt er freundlich. Die Seelenwesen sind glücklich, dass sie endlich helfen können[386]. Voller Liebe für ihr Königspaar machen sich die Geister an die Arbeit, alle abgenötigten Versprechen und den Racheschwur aus dem Schicksalsfaden des Sturmgottes zu lösen.
Endlich kommt Ampelos freudestrahlend zu Mimameid und Aïdoneus mit dem Bescheid, dass sie es geschafft hätten und der Faden geheilt sei. Die Horen seufzen erleichtert, der Sturmgott aber nimmt die Spule von Zeus und reicht sie Mimameid.
Wieder macht sich die Schicksalsgöttin an die Arbeit. Während sie mit ihren geschickten Fingern damit beginnt, Zeus' Faden abzuwickeln, lauschen alle ihrer unglaublichen Stimme und werden Zeuge von allem, was der Regengott erlebte, seit er Aïdoneus zum letzten Mal lebend sah:
Wie er, als er den geheilten Körper seines Bruders bei den Nymphen in Sicherheit wusste, in die Welt der Lebenden zurückkehrte, denn dort hatte in Abwesenheit des Regengottes Feuergott Hermes die Herrschaft an sich gerissen. Mit Entsetzen sieht Aïdoneus, wie eine Dürre schrecklichen Ausmaßes Demeter und den Lebenden schwer zu schaffen macht[387]. Er sieht auch, dass der geschwächte Regengott nicht in der Lage ist, den Feuergott und den Sonnengott Apollon zu maßregeln[388]. Auch die ande-

---

riet. Denn wer will Liebe, die nicht echt ist, sondern eine abgenötigte Verpflichtung aus einem anderen Leben?

[386] Die Juden fordern von Pilatus, dass er Jesus verurteilt und ihn ausliefert. Pilatus lässt sich einschüchtern und liefert ihnen Jesus aus, obwohl er diesen für unschuldig hält. Das Volk fordert lautstark, Jesus ans Kreuz zu schlagen.
Drehung: Aïdoneus übergibt den freundlichen und hilfsbereiten Geistern seinen Schicksalsfaden voller Vertrauen. Obwohl ihn Zeus verraten hat, will er nicht, dass diesem etwas Schlimmes widerfährt. Auch der Seelenvertrag zwischen Aïdoneus und Mimameid wird aufgelöst, damit sie sich als Partner auf Augenhöhe begegnen können.

[387] Jesus sucht den gleichen Ort auf, wo Johannes der Täufer seine Jünger tauft, «weil dort viel Wasser war». Drehung: In der Welt gibt es gar kein Wasser mehr, als Zeus zurückkehrt.

[388] Johannes sieht in Jesus den König, den er erwartet hat und macht ihm voller Freude Platz. Drehung: Der Feuergott hat überhaupt nicht vor, dem entmachteten König seinen Thron zurückzugeben.

ren Götter sind nicht bereit, Zeus zu helfen, da sie Zeuge seines Verrats an Aïdoneus waren[389]. Der Sturmgott sieht, wie Zeus tapfer kämpft, um seinen Leib gegen Geister und Kronos zu verteidigen[390], sieht seinen vom Himmel gestürzten und verbannten Bruder, der voller Reue zu Mimameid kommt und ihr erklärt, dass er bereit sei, alles zu tun, um Aïdoneus zu helfen, damit er wieder gesund werden und zurückkehren könne[391], als Lehrer aller Mysten, als Heiler, als Vermittler zwischen den Welten[392]. Mimameid erzählt, dass Zeus tagelang, vom Styx kommend, wohin er abgestürzt war, durch die Unterwelt irrte, auf der Suche nach seinem überfallenen und entführten Bruder. Wie er sich mit den Geistern und dem Weltenbaum anlegte in der Hoffnung, seinen Verrat wieder gut machen zu können und im Kampf der Schicksalsgöttin unterlag, nachdem er voller Entsetzen mitansehen musste, was mit Aïdoneus geschah. Dann wird der Sturmgott Zeuge, wie sein Bruder der schrecklich wütenden Mimameid-Persephoneia hilft, ihn in die Falle zu locken: Sie suchte ihn auf, warf ihm vor, sie mit den anderen Göttern und seinem pflichtvergessenen Bruder zu schmähen, was Zeus ihr nicht ausreden konnte, so sehr er auch beteuerte, dass dem nicht so sei, dass sein Bruder es nie wagen würde, sich über sie lustig zu machen und sie gewiss nicht hasse[393]. Doch

389 Alle Jünger des Johannes laufen zu Jesus über, als der auftaucht. Johannes macht das nichts aus. Umgekehrt steht Zeus ganz alleine da.
390 «Ich bin die Tür zu den Schafen» codiert: «An mir gibt es kein Vorbeikommen zum Gleichgestellten!»
391 Jesus erzählt den Jüngern die Geschichte vom guten Hirten, der die Schafe beschützt. In der Drehung erzählt Mimameid die Geschichte von Zeus, der sich für einen schlechten König hält, der sich nicht verzeihen kann, was mit Aïdoneus geschehen ist.
392 Jesus erzählt, dass Diebe nur kommen würden, um zu stehlen und zu schlachten, dass der Wolf komme und die Schafe auseinandertreibe. Drehung: Es ist Aïdoneus bestimmt, mit Hilfe der Geister, die verlorenen Seelenteilen aus den Geisterwelten zurückzubringen und zu heilen. Aus diesem Grund haben ihn die Geister erwählt und zusammengeflickt.
393 Dreimal fragt Jesus Petrus, ob er ihn liebe. Jedes Mal antwortet Petrus, dass er ihn liebe und Jesus befiehlt ihm, seine Schafe zu weiden. Drehung: Zeus versichert Mimameid vergeblich, dass Aïdoneus sie nicht hasse, doch Mimameid lässt sich nicht beirren, sie will, dass er ihr den Gleichgestellten ausliefert.
Über den Jünger Johannes, den Jesus liebte, gab es das Gerücht, dass er nicht sterben werde. Und Petrus sah, wie dieser Jünger Jesus nachfolgte: Zeus hofft ganz fest, dass Mimameid sich mit Aïdoneus aussprechen will,

die zürnende Geisterkönigin drohte dem Himmelskönig unverhohlen mit Krieg, sollte er kein Treffen arrangieren[394].
Aïdoneus hat genug gesehen. Sein Zorn auf Zeus ist verflogen. Doch die Bilder von der großen Dürre, dem Leid Demeters und der Lebewesen haben ihn erschreckt. Ihm ist klar, dass er sofort los muss, um seinen Geschwistern zu helfen. Also bittet er die Geister, auch den Faden von Zeus zu heilen.
Als die Geister ihre Arbeit getan haben und Mimameid die Spulen wieder zurückgelegt hat, teilt der Sturmgott Mimameid mit, dass er sich entschlossen habe, aufzubrechen, um Demeter und Zeus beizustehen. Die Göttin stimmt ihm zu und sagt: «Es ist alles vorbereitet», was ihn nicht wirklich überrascht.
Aber dann staunt Aïdoneus doch noch, denn auf ihren Wink hin bringen ihm die Geister bequeme, wunderschöne, kunstvoll gearbeitete Gewänder, des Königs der Unterwelt würdig; sie führen seine Sturmrosse herbei und spannen sie vor einen goldfunkelnden, neuen Streitwagen[395].
Obwohl er sich über die schönen Sachen und das Wiedersehen mit seinen Rossen riesig freut, hat der Gott eine Frage an die Geister und an Mimameid, die ihm etwas unangenehm ist:
«Es ist meine Schuld, dass der Palast in Trümmern liegt. Doch weiß zufällig jemand, wo mein Helm abgeblieben ist[396]?»
Mimameid nickt. «Auf dem Olymp. Athene hat ihn vom Schlachtfeld aufgehoben, nachdem ich dich mit mir fort nahm[397].»

---

er begreift nicht, dass sein Bruder todgeweiht ist. Und dann muss er mitansehen, wie dieser stirbt.
394 Jesus verspricht seinen Jüngern, dass er ihnen seinen Frieden bringen werde.
395 Nachdem die Soldaten ihre schreckliche Arbeit getan und die Verurteilten hingerichtet haben, teilen sie die Sachen der Männer und von Jesus unter sich auf: 4 + 1 Teile (plus die Sachen der anderen, von denen nichts gesagt wird). Drehung: Bevor die Geister mit ihrem König in den Kampf ziehen, um Leben zu retten, bringen sie ihm seine 4 Pferde, den Wagen, königliche Kleidung, jedoch nicht den Helm.
396 Die Pharisäer haben Angst, die Römer könnten ihnen die heiligen Stätten wegnehmen.
Drehung: Heilig: Verflucht; Stätte: keine Ahnung haben, wo etwas ist; Angst vor wegnehmen: wiederhaben wollen. Angst: Helm der Finsternis.
397 Jesus nimmt Erde, mischt sie mit Speichel und streicht sie einem Blinden auf die Augen, um ihn sehend zu machen. Rückwärts gedreht: Nach-

Der Sturmgott glaubt, sich verhört zu haben. Noch bevor er zornig werden kann, nimmt Mimameid liebevoll seine Hände und blickt ihm ernst ins Gesicht: «Kannst du dich noch erinnern, wie du zu mir sagtest, dieser Helm sei verflucht? Glaube mir, nur um unsichtbar zu werden, brauchst du ihn nicht mehr.»
«Athene hat ihn? Was fällt der ein?! Und was bitte, soll heißen, ich brauche ihn nicht mehr?», will Aïdoneus wissen.
Ampelos und Silenos lachen leise, doch als der Gott ärgerlich eine Augenbraue hochzieht, erklären ihm die Freunde: «Du bist jetzt auch einer von uns, Gott und Geist zugleich. Wenn du nicht gesehen werden willst, ist dem auch so. Was glaubst du eigentlich, warum es uns unmöglich war, dich zu finden, als du nach deiner Wiedergeburt das Weite gesucht hast?»
König Aïdoneus macht große Augen und dreht den Kopf zu Mimameid, sie stimmt Ampelos zu.
«Du wirst der Vermittler zwischen unseren Welten und der mittleren Welt sein, der Lehrer aller Heiler. Die Lebenden werden dich mit «Großer Geist[398]» ansprechen und anrufen», sagt sie sanft. «Der Geisterkönig entscheidet selbst, wer ihn sieht und wer nicht.»
Der Sturmgott bleibt stumm, er braucht einen Augenblick, um das alles zu verdauen[399].
Noch während er grübelt, krabbelt und klettert Ampelos an ihm hoch und

---

dem Mimameid Aïdoneus sichtbar gemacht hat, liegen der Gott und sein Tarnhelm in Blut und Tränen auf der Erde. Auf allen Abbildungen der alten Gottheiten ist es immer Athene, die den Helm trägt, nie Aïdoneus.

398 (Anmerkung nebenbei: Stein codiert Geist, Petrus heißt Fels. Peter und Paul (der Kleine) haben den gleichen Namenstag, was zusammen: «Der große Geist» ergibt. Zufall? Wohl kaum.)

399 Nachdem Jesus einen blinden Bettler geheilt hat, staunen alle und einige sind sich nicht sicher, ob wirklich er der blinde Bettler gewesen sei. Der Bettler wird zu den Pharisäern gebracht, die ihn über Jesus ausfragen. Sie bekommen Streit: Einige finden, wer solche Wunder täte, sei kein Sünder, die anderen finden, er habe den Sabbat nicht geheiligt. So bekamen sie Streit. Sie fragen den Blinden, was er von Jesus halte und er sagt, er sei ein Prophet.
Drehung: Die Geister bestätigen Aïdoneus, dass er jetzt einer der ihren sei und dass der Geisterkönig frei entscheiden könne, wer ihn sehen dürfe und wer nicht. Sie versuchen ihm zu erklären, dass er nun vom Schicksal für sein Leiden belohnt werde; er sei nicht nur als Gott wiedergeboren worden, sondern als der große Geist und mächtiger als je zuvor.

schlingt ihm die Arme um den Hals: «Nimm uns mit!», bettelt er. «Wir würden so gerne mitkommen, wenn du losgehst, um Zeus zu helfen! Wir sind besser darin, andere zu erschrecken, als es dein alter Helm je war, glaub mir. Es würde uns so viel Spaß machen! Und die Lebensgeister können Demeter helfen, sie braucht uns dringend...»

Jetzt hat Aïdoneus die Fassung zurück.

«Aber natürlich dürft ihr mit. Ich rechne fest mit euch!» Die Geister jubeln, weil ihr Allvater sie mitnehmen will. Auch der Gott ist jetzt unternehmungslustig. Er wendet sich fröhlich an Mimameid:

«Hast du mir nicht ein großes, mächtiges Heer versprochen?»

Sie muss lachen. «Aber das ist doch selbstverständlich!»

Bevor sie aufbrechen, will der Sturmgott die Sache mit der Unsichtbarkeit noch ausprobieren. Er begleitet Mimameid zu den Horen und bleibt neben ihr stehen, als sich die Königin zu ihren Freundinnen setzt.

«Sind dein Gemahl und das Geisterheer schon aufgebrochen? Ganz ohne Abschied zu nehmen?», fragt Auxo verwundert. Auch Carpo und Thallo finden es befremdlich, dass Mimameids Liebster schon wieder verschwunden ist. Da macht sich der Sturmgott sichtbar, entschuldigt sich für den schlechten Scherz und erklärt ihnen die Sache[400].

Und so überquert der Sturmgott in Begleitung eines gewaltigen Geisterheeres den Fluss Styx, um seinem Bruder im Kampf gegen den Sonnen-, den Feuergott und der von ihnen verursachten Dürre beizustehen[401]. Mit

---

400 Die Jünger Jesu unterhalten sich beim Anblick eines Blinden darüber, ob das nun eine Strafe für eine Sünde seiner Eltern sei.
Drehung: Die neue Macht des Allvaters ist eine Belohnung für sein Leid.

401 (Joh. 18.1 ff) Jesus geht nach dem Abendessen mit seinen Jüngern hinaus auf die andere Seite des Baches Kidron. Dort gibt es einen Garten. Auch Judas kennt diesen Ort. Er holt die Soldaten und die Diener der Pharisäer. Sie kommen mit Fackeln, Laternen und Waffen. Als Jesus sie fragt, wen sie suchen und ihnen sagt, er sei Jesus, weichen sie zurück und stürzen zu Boden. Er sagt ihnen erneut, er sei Jesus. Er will, dass sie seine Jünger gehen lassen.
Drehung: Aïdoneus kehrt zurück aus der Unterwelt in die mittlere Welt, wo die gleissende Sonne scheint und Trockenheit herrscht. Er sucht Zeus auf mit einem großen Heer von Geistern. Jetzt wird es dunkel werden, denn jetzt kommen Sturm und Gewitter. Aïdoneus baut den am Boden liegenden Zeus wieder auf, der kaum glauben kann, dass sein Bruder ihm verzeiht.

dabei hat er die letzte verlorene göttliche Kraft von Zeus, die ihm Mimameid überreichte, als er zärtlichen Abschied von ihr nahm.

Der Regengott arbeitet in der Zwischenzeit, was er kann, um möglichst viele Lebewesen vor dem Verdursten zu retten. Doch da er nicht im Vollbesitz seiner Kräfte ist und ihm sein wichtigster Verbündeter fehlt, kann er wenig gegen Hermes und Apollon ausrichten. Wenn er Regen fallen lässt, verdampft sofort alles Wasser wieder. So versucht er, den Menschen das Pflanzen von Reben näher zu bringen, denn diese Pflanzen können auch in großen Tiefen noch Wasser ausfindig machen. Der Sturmgott findet einen erschöpften, abgekämpften Regengott, der sich abmüht, einen jungen Rebenhain zu schützen[402].
Zeus klappt die Kinnlade runter, als sein Bruder wie aus dem Nichts vor ihm Gestalt annimmt. Er ist unendlich froh zu sehen, dass der Sturmgott wieder gesund ist. Er nimmt all seinen Mut zusammen und bittet seinen Bruder aus tiefstem Herzen um Vergebung:
«Aïdoneus; was passiert ist, es ist alles meine Schuld. Ich bin so froh, wenn ich sehe, dass es dir wieder gut geht. Was immer du willst, ich tu alles, damit du mir irgendwann verzeihen kannst.» Der Sturmgott

---

[402] (Joh. 6.22 ff)[402] Am Tag nach der Speisung der Fünftausend suchen viele Menschen Jesus am See Genezareth auf. Sie hoffen auf noch mehr Brot. Er sagt, sie sollten sich nicht abmühen für verderbliche Speise, sondern nur für die Speise, die für das ewige Leben bleibe und die ihnen der Menschensohn ihnen geben werde. Da fragen sie ihn, was sie tun sollen. Er antwortet ihnen, sie sollten an Gottes Werk, an ihn, glauben. Da wollen sie ein Zeichen von ihm. Sie erzählen ihm, Moses habe ihren Vorfahren in der Wüste Manna gegeben. Er wiederum antwortet, nicht Moses, sondern sein Vater hätte den Ahnen dieses Brot gegeben. Das Brot seines Vaters komme vom Himmel und gäbe der Welt das Leben. Da bitten sie ihn, er solle ihnen dieses Brot geben.
Drehung: Zeus kehrt in die Welt der Lebenden zurück. Es herrscht fürchterliche Trockenheit, alle sehnen sich nach Regen. Die Menschen sagen dem Regengott, dass sie verdursten werden, wenn es nicht bald wieder regne. Und dass bald die ganze Natur tot sei. Er tröstet sie und sagt, dass es bald wieder besser werde. Doch wann genau, kann er nicht sagen. Sie jammern, dass ihnen die Dürre (der Feuergott) alles Essen genommen habe, ihr fruchtbares Land sterbe, es gäbe nur noch tödliche Sonnenstrahlen. Da sagt ihnen Zeus, er habe heilige Pflanzen des Weingottes dabei, die sie vor dem Durst retten könne. Er rät ihnen dringend, diese Pflanzen zu ziehen und zu pflegen, um wieder Wasser zu haben.

schweigt einen Augenblick und blickt seinen Bruder ernst an.
«Du kannst dir nicht vorstellen, wie zornig ich war, als ich in den Geisterwelten zu mir kam. Allen schwor ich Rache, den Geistern, ihrer Königin, dir… sie haben meinen Zorn zu spüren bekommen, glaube mir.» Zeus weiß, was es bedeutet, einen zürnenden Sturmgott zu erleben, keinen Götterkrieger fürchteten die Titanen im Kampf mehr, als Aïdoneus, wenn der erst mal sauer wurde. Der Regengott wartet mit müden Knien und einem engen Gefühl im Hals darauf, dass sein Bruder weiterspricht.
«Die Welten der Geister sind…anders. Als ich das begriff, war ich bereit zu lernen. Sie hatten viele und gute Gründe, mich zu entführen[403], es ist nicht so, dass alles deine Schuld ist, Zeus, wirklich nicht. Mir wurde Heilung zuteil, ich habe zu mir selbst gefunden und den Ort, wo ich hingehöre. Ich habe gesehen, was du für mich getan hast. Hättest du meinen Körper nicht erfolgreich verteidigt, wäre ich in den Geisterwelten gefangen, es wäre mir unmöglich herzukommen, um dir und Demeter zu helfen.»
Zeus ist tief gerührt; ausgerechnet der Gott, dem er so übel mitgespielt hat, ist als einziger bereit, ihm zu verzeihen und zu helfen[404]. Er kann nicht anders, er muss ausprobieren, ob er seinen geisterhaften Bruder anfassen und drücken kann. Der Sturmgott erwidert die Umarmung herzlich. Beide sind dankbar und froh, dass sie sich wieder verstehen.
«Als ich sah, was mit dir geschehen ist[405], habe ich mich mit dem Welten-

[403] Jesus fragt Petrus: Soll ich diesen Kelch nicht trinken, als Petrus mit Gewalt versucht, die Gefangennahme Jesu zu verhindern. In der Drehung konnte Zeus nicht verhindern, dass man Aïdoneus mit Gewalt verschleppt, doch nun können sie darüber reden, worin der Sinn bestand.
[404] Jesus sagt, all seine Jünger würden durch ihn gerettet, nur Judas sei des Satans. Drehung: Nur Aïdoneus vergibt Zeus, alle anderen Götter, die gar nicht leiden mussten, sind nachtragend. Die erleben jetzt ihr blaues Wunder mit dem Sturmgott. Jesus verhält sich die ganze Zeit so ungerecht gegenüber Judas, dass man sich nicht wundert, dass der irgendwann die Nase voll hat. Umgekehrt tut Zeus einfach alles, damit ihm der Sturmgott vergibt.
[405] Nachdem Petrus Jesus verleugnet hat, kräht der Hahn. Der eine Vogel auf dem Baum steht für die vielen Toten im Weltenbaum. In der Drehung ist es aber Zeus, der anfängt zu schreien und sich mit dem Weltenbaum anlegt, er versteckt sich nicht wie Petrus zum Weinen. Doch während Petrus dank seiner Feigheit sein Plätzchen am Feuer behalten kann, fällt Regengott Zeus während seines Kampfes mit Mimameid vom Himmel und landet in der Unterwelt.

baum angelegt», erzählt der Regengott. «Es ist mir aber nicht so wohl bekommen. Ich habe knapp überlebt, doch all meine Kräfte eingebüßt und bin in der Unterwelt gelandet. Aber so konnte ich wenigstens dir helfen.»

Aïdoneus nickt ernst. «Wir waren nach dem Sieg über die Titanen übermütig und dachten, die Welt gehöre uns. Doch es ist umgekehrt. Sie hat es uns gezeigt und es war keine leichte Lektion. Und doch meint Mimameid es gut mit uns.»

Zeus nickt. «Wir haben tiefe Einblicke in die Welten und die Zusammenhänge des Lebens erhalten. Du wirst mir doch alles erzählen, was du erlebt hast?»

«Aber sicher», verspricht Aïdoneus. «Doch jetzt sollten wir dafür sorgen, dass du Demeter endlich helfen kannst[406]. Ich habe etwas für dich.»

Mit diesen Worten fasst der Geisterkönig nach den Schultern des Regengottes, zieht ihn zu sich heran und haucht ihm alle Kräfte ein, die er in den vergangenen Kämpfen verloren hat, welche die Geister in den Welten wiedergefunden und ihm mitgegeben haben. Als Letztes gibt er ihm auch noch die Macht über den Blitzstrahl zurück[407].

Zeus hat das Übergaberitual still und mit gesenkten Lidern über sich ergehen lassen. Doch als er nun die Augen öffnet, glühen seine Augen, er ist ganz der Alte, nein, er ist der Regengott im Vollbesitz seiner Kräfte, doch um viele Erkenntnisse und Erfahrungen reicher. Jetzt, wo er seine Macht und seinen wichtigsten Verbündeten wieder hat, hält ihn nichts mehr zurück.

Für Hermes und die anderen olympischen Götter ist es eine faustdicke Überraschung, als sie spüren, dass der Wind wieder weht und sie die rabenschwarzen Wolken sehen, die sich am Himmel zu türmen beginnen.

---

[406] Jesus erklärt den Juden, dass nicht er, sondern Mose sie anklagen werde, denn auf Mose hätten sie ihre Hoffnungen gesetzt. Drehung: Da Hermes alle verzweifeln lässt, ist es Zeit für Regen und Erlösung.

[407] Als Jesus sie fragt, wen sie suchen, und ihnen sagt, er sei Jesus, weichen sie zurück und stürzen zu Boden. Er sagt ihnen erneut, er sei Jesus. Er will, dass sie seine Jünger gehen lassen. So erfüllte sich das Wort, das da hieß: Siehe, ich habe keinen von denen verloren, die du mir gegeben hast.
Aïdoneus kann Zeus aufrichten und ihm alles zurückgeben, was er an Seelenkraft eingebüßt hat, denn seine Geister haben es wiedergefunden. Jetzt hat er die Stärke wieder, zu kämpfen.

Der Helm von Aïdoneus befindet sich doch in ihrer Obhut, wie kann er es da bloß wagen, sie anzugreifen und auch noch Zeus herzubringen?[408] Warum verbündet er sich ausgerechnet mit dem Gott, der ihn verraten und an die Totengöttin ausgeliefert hat?
Doch sie müssen schnell feststellen, dass die Götter, die sie im Stich gelassen und verbannt haben, stärker und mächtiger wiederkehren denn je, und dass sie herkommen, um alles in Ordnung zu bringen, was während ihrer Abwesenheit aus dem Gleichgewicht geraten ist.
Solche Wolken hat Zeus noch nie gemacht, so schwarz, dass der Tag zur Nacht wird. Seine Blitze heben sich vor den dunklen Wolkenwänden hell ab, es sieht fürchterlich aus. Apollon muss zurückweichen, er wird vom Geschehen ausgeschlossen. Die Hitze, die mit der Trockenheit einherging, wird vom Sturm verjagt. Es ist ein unheimlicher Sturmgott, der da auferstanden aus der Geisterwelt zurückkehrt: Er trägt Stimmen in sich, er bringt abertausende von Geistern mit. Wer ihre Gesänge nicht erträgt, verkriecht sich und hält sich die Ohren zu. Doch die Geister sind gekommen, um Demeter zu helfen und die Pflanzen zu pflegen. Endlich fallen Regentropfen, erst sanft, dann gießt es in Strömen. Endlich kann sich Demeter erholen[409], die ihre beiden Brüder zwar sehnsüchtig herbeigesehnt, dabei jedoch immer Geduld und Verständnis für die beiden hatte. Doch die anderen Götter geraten in Panik. Sie verkriechen sich, wo auch

---

408 In Jerusalem ist Erntedankfest. Jesus will nicht hin, seine Brüder finden, er solle hingehen, damit alle seine Werke sehen können. Es heißt, auch seine Brüder würden nicht an ihn glauben. Er aber schickt sie alleine hin, folgt ihnen aber verkleidet und heimlich, obwohl er gesagt hatte, dass seine Zeit noch nicht gekommen sei. Er geht durch die Menge am Fest und hört sie über ihn reden; einige finden, er sei ein guter Mensch, andere halten dagegen, er führe das Volk in die Irre. Doch keiner redet laut, aus Angst vor den Behörden.
Drehung: Es wird abgerechnet. Aïdoneus versteckt sich nicht länger, der auferstandene Gott kehrt zurück, um die Dinge in Ordnung zu bringen, die aus dem Ruder gelaufen sind. Die Götter müssen feststellen, dass er keinen Tarnhelm mehr trägt, keine Angst mehr hat, sich zeigt, sich seiner ganzen Macht bewusst ist. Er lässt es sie spüren.

409 Marta, die Schwester des verstorbenen Lazarus, geht Jesus entgegen und macht ihm Vorwürfe, warum er nicht früher gekommen sei.
Drehung: Als Zeus und Aïdoneus endlich kommen, um ihrer Schwester Demeter zu helfen, ist diese einfach froh. Sie hat geduldig und voller Vertrauen gewartet.

immer sie glauben, ein Versteck gefunden zu haben, einige verstecken sich sogar in Schalen und Kochgeschirr. Jeder von ihnen bereut, mit dem Feuergott gemeinsame Sache gemacht zu haben und verwünscht sich dafür[410].
Als die beiden mächtigen Brüder den Olymp erreichen, steht der Feuergott ohne Unterstützung da. Er bezieht seine Tracht Prügel und sucht das Weite. Als der Wind und der Sturmgott aber anfangen zu tanzen, ihr Wiedersehen und ihren Sieg zu feiern, schöpfen die anderen Gottheiten Hoffnung, nicht auch verprügelt zu werden. Darum kommen sie alle hervorgekrochen und schlagen den beiden Brüdern und Demeter vor, mit ihnen zu essen, zu feiern und ihnen zu erzählen, was sie erlebt haben[411].

So feiern die Götter auf dem Olymp ein großes Fest. Es wird gegessen, getrunken, gesungen. Doch eigentlich wollen alle wissen, was Zeus und Aïdoneus während ihrer langen Abwesenheit erlebt haben. Zeus erzählt also, was ihm widerfuhr, nachdem er sich mit Mimameid angelegt hatte, wie er Aïdoneus und Demeter zu helfen versuchte und endlich mit der Hilfe seines Bruders zurückkehren konnte. Auch Demeter erzählt, wie sie sich zurückzog, zuletzt versteckte und mit Zeus bemüht war, so viele von den Lebenden zu retten wie möglich.
Schließlich ist Aïdoneus mit erzählen an der Reihe. Er berichtet den Göttern nicht nur von dem, was ihm widerfahren ist, sondern auch von Mimameid, der großen Urmutter, die sich nach langer, langer Zeit einen Gleichgestellten wünschte, deshalb die Seele eines jungen Gottes erschuf, der Vermittler zwischen allen Welten werden sollte. Doch dass er sich dies nicht zutraute und sich all der Macht, die sie ihm verliehen hatte, nie bewusst war[412].

---

410 Nachdem Jesus verhaftet wurde, versammeln sich alle um das warme Feuer. Auch Petrus will sich wärmen und dafür verleumdet er Jesus. Drehung: Als Aïdoneus und Zeus zusammenspannen, fliehen alle, die sich vorher um den Feuergott geschart haben.
411 Die Pharisäer treffen sich, um wegen Jesus zu streiten.
412 Nikodemus kennt Jesus als einziger Pharisäer persönlich. Trotzdem wollen die anderen nicht hören, was er herausgefunden hat und bleiben bei ihren Vorurteilen. Nikodemus versucht vergeblich einzubringen, dass man niemanden ohne Urteil hinrichten könne. Drehung: Die Götter wollen erfahren, was die Geschwister erlebt haben und sie sind neugierig auf die Schicksalsgöttin.

Während der Sturmgott erzählt, bemerken die Götter, dass sich ein großes Heer von Geist- und Seelenwesen nähert, die ihre Königin geleiten. Zeus begrüßt Mimameid als Hausherr freudig und führt die Schicksalsgöttin stolz an den Tisch zu ihrem Gemahl, der sie liebevoll empfängt und den anderen vorstellt. Die Gottheiten staunen, als sie diese süße, zarte Göttin erblicken: Niemals hätten sie sich das übermächtige Schicksal so vorgestellt, sie hatten immerzu nur Angst vor ihr.
Mimameid bedankt sich bei Zeus für das herzliche Willkommen und sagt Aïdoneus vor allen anderen Göttern, wie dankbar sie ihm sei, dass er sie aus all ihrer Einsamkeit und Bitternis erlöst habe und dass alles, was ihr angehöre, auch das seinige sei[413].
Und der Sturmgott verspricht ihr vor allen anwesenden Göttern, für immer der ihre zu sein, sie zu beschützen und zu lieben[414]. Und damit uns alle: Wir sind Teil der Welten und des Lebens.

[413] Im Dunkeln schleicht Nikodemus zu Jesus, um diesen nach seiner Bestimmung zu fragen. Er ist der einzige Pharisäer, der sich für Jesus interessiert. Drehung: Im Triumphzug nimmt Mimameid endlich den Platz unter den Gottheiten ein, der ihr gebührt. Und die Götter lernen endlich die Schicksalsgöttin kennen. Da Nikodemus mit den Füßen schleicht, kommen wir jetzt auch zum Ende der Geschichte, in der wir jene Gottheit kennenlernten, welche der Anfang von allem war.
[414] Jesus sagt zu Nikodemus, der Wind wehe, wo er wolle.
Drehung: Der Sturmgott übernimmt Verantwortung, er hat seine Initiation bestanden, ist erwachsen und kennt den Platz, wo er hingehört.

An dieser Stelle fragen Sie sich vielleicht, was aus dem Tarnhelm geworden ist. Kenner altgriechischer Malerei wissen möglicherweise, dass der Helm in den Besitz der Göttin Athene gewechselt hat. Die Geschichte von Athene und dem Tarnhelm finden Sie gespiegelt in der Sage von der Knochenflöte, die von Athene erschaffen wurde, indem sie in einen gefundenen Knochen Löcher bohrte. Doch als sie diese spielte, wurde sie von den Göttern wegen ihrer Pausbacken ausgelacht. So warf sie die Flöte weg und verfluchte sie.

Epilog: Athene und der Tarnhelm

*M*it gemischten Gefühlen und schweigend schauen die zurückgebliebenen Götter zu, wie Athene ihr Beutestück vom Schlachtfeld zurückbringt. Innerlich ist ihnen allen klar, dass die Kriegsgottheit schon lange neidisch auf das magische Zyklopengeschmeide geschielt hat. Und doch...

„Wie kann die so seelenruhig einen Gegenstand an sich nehmen, der offensichtlich verflucht ist? Der dem Sturmgott letztlich so sehr geschadet hat? Was hat sie damit vor?“, fragen sie sich stumm.

Sie erfahren es schnell genug, denn harte Zeiten brechen an. Dass Athene den Helm hat, macht alles noch viel schlimmer; ab jetzt ist es kaum noch möglich, einen falschen Freund zu durchschauen, Wahrheit von Lüge, eine Intrige von guten Absichten oder Weisheit von Torheit zu unterscheiden.

Was die Götter davon halten?

Sie finden es alles andere als lustig.

Zweiter Teil
Für Wissende

*M*öglicherweise...
hat Persephoneia in der Unterwelt tatsächlich nichts gegessen, damit sie nicht wiederkommen musste.
...oder aber sie hat ihren Liebsten so gut bewirtet, dass er sich gewünscht hat, für immer bleiben zu dürfen.

„Wer das Leben gewinnen will, wird es verlieren..."
Darüber wurde und wird viel nachgedacht und geschrieben, obwohl wir gerade jetzt am Leben sind. Eins jedoch bleibt gewiss:
Dass jener, der den Tod bezwingen will, letztlich nicht siegen kann.

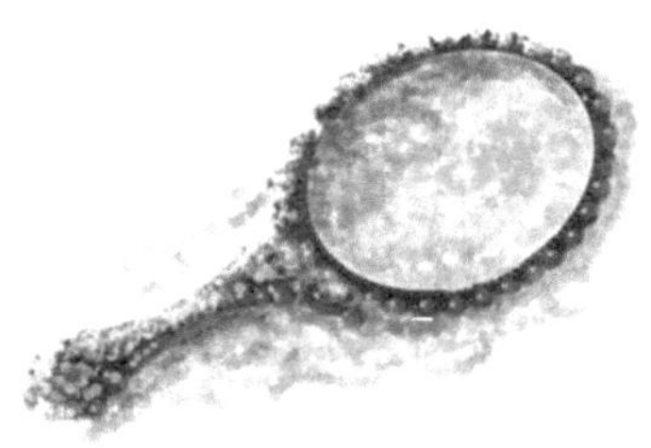

Dionysische Mysten verkehren mit Geistern, die sie lehren und die ihnen helfen, andere Menschen zu heilen. Sie sind Wissende und verkehren an Orten, an denen alles anders ist.

Weltbild und wichtigste Gottheiten[415] der dionysischen Mysten, unserer wissenden Ahnen

Der dreifaltige Weltenbaum Mimameid: Die Urmutter
Der Weltenbaum ist das Universum, die Welten, das Leben und der Tod, das Schicksal, die Schöpferin, das Weltentor. Sie ist dreifaltig, weil alles, was existiert, sowohl als winzig, mittelgroß und gigantisch vorkommt. Beispiele: Der Tag entspricht mit dem Morgen, dem Mittag und der Nacht dem Jahr mit seinem Frühling, dem Sommer und dem Winter. Dies wiederum ist ein Bild des Lebens mit der Kindheit, dem Erwachsensein, Alter und Tod. Oder aber es gibt den Geistesblitz, den Wetterstrahl oder die Explosion einer Nova... entsprechend findest du die Götter auch als Teil deiner selbst, als Teil der Natur unserer Erde und als Teil des Universums. Die Mysten und Seelen benutzen Mimameids Zweige und den Stamm, um die Obere, die Mittlere und die Untere Welt zu bereisen. All diese Welten sind Teil von ihr. Körperliches Leben und Zeit gibt es nur in der Mittleren Welt. Diese wiederum bildet die mittlere Ebene der kopfstehenden Geisterwelten und heißt dort Tartaros.
Namen der Urmutter: Die Griechen nennen sie u.a. die Moire, den Omphalos/Omphale, Kybele, den großen Dreifuß, Persephoneia (als Totengöttin), übermächtiges Schicksal, (dreifacher) Johannes. Die Urmutter hat

---

[415] Da alles verbunden und Teil des grossen Ganzen ist, sind kleinere Götter einfach Teil der hier vorgestellten grossen Gottheiten.

alles erschaffen, alles, was ist, ist Teil von ihr, auch jede Gottheit ist ein Aspekt von ihr.
Spiegel: Sie spiegelt sich meistens im Orakel von Delphi, in Daidalos, am häufigsten aber in einer Dreiergruppe (z.B. Achilleus, Hektor, Patroklos, die alle dieselbe Rüstung tragen; Penelope und ihre zwei Dienerinnen, die Erinnyen...), manchmal sogar in drei Dreiergruppen, dann meistens im Verhältnis 2 weiblich zu 1 männlich.
Spiegeltiere: Spinne, Hund, Ziege, Fuchs
Die grosse Göttin gibt jedem von uns einen Seelenplan mit, den wir im Laufe unseres Lebens in der Mittleren Welt erkennen und leben sollten.
Element Holz

<u>Der Sturmgott: Beschützer der Welten, Wissender, Hüter des Weltentores, Allvater und Großer Geist</u>

Als Dryade des Weltenbaumes beschützt der Allvater das Leben und die Welten, ist den Seelen verständnisvoller Vater und Lehrer. Er ist der Sturm, der Atem, die Gefühle, der erste Wissende, der ewige Schamane. Als Atem ist er fest mit dem Leben (Mimameid) verbunden.
Namen: Die Griechen nennen ihn Aïdoneus, den Brüllenden, den Starken, den Schwarzen, den «Empfänger von vielen», den Torverschließer, den Stygischen.
Mimameid und Aïdoneus sind ein Paar, sie lieben einander innig.
Spiegelgottheit: Dionysos ist nicht nur sein Spiegelbild, sondern auch seine zweite Gestalt.
Komplementärgottheit: Zeus und Aïdoneus ergänzen sich (Schöpfergott-Totengott; Häuptling-Schamane).
Spiegeltiere: Löwe, alle Arten von Katzen, Stier, Widder oder Schaf
Er ist für uns da, wenn wir auf Gefühl und Intuition hören.
Element Luft

Die Geister

Die Geister, die Vielen, die Ungezählten. Zu unterscheiden sind die Seelen der Toten und der Lebenden. Alles ist beseelt: Tiere, Pflanzen, Steine, Quellen... alle sind Teil von Mimameid, der Weltseele, ihre Kinder und die des Allvaters. Sie können den Lebenden helfen, indem sie die Macht des Weltenbaumes für sie wandeln, in den Geisterwelten Verlorenes für sie zurückholen, ihnen Einblick geben in die Pläne der großen Mimameid. Die dionysischen Mysten nutzen die unglaubliche Macht des Weltenbaumes mit Hilfe der Geisthelfer, mit denen sie sich verbündet haben.
Spiegelgottheit: Das Geisterheer spiegelt sich in Apollon.
Spiegeltiere in Sagen und Märchen: Vögel. Meist ein Hahn oder eine Gans, aber auch Tauben oder Raben.
Komplementärgottheit: Poseidon
Die Geister sind immer um uns herum und versuchen, uns zu helfen und unsere Fragen zu beantworten.

Mutter Natur: Demeter

Die leibliche Mutter aller Lebewesen, nährend, großzügig, üppig, manchmal auch grausam, denn niemand kann leben, ohne zu töten.
Spiegel: Demeter ist spiegelgleich zu Aphrodite. Wie auch bei Aïdoneus und Dionysos hat Mutter Natur diese beiden Gestalten.
Komplementärgottheit: Himmelskönigin Hera
Spiegeltiere: Ein Keiler, mehrere Bachen oder Schweine. Sie tritt aber in Märchen oft einfach als Schwester auf.
Wir sind mit ihr verbunden, wenn wir Fürsorglichkeit leben, ihre Gaben in Dankbarkeit annehmen, alles Körperliche und Sinnliche (Zärtlichkeit, Klang, Duft...) und die Schönheit der Natur in vollen Zügen genießen.
Element Erde

Der Regengott Zeus, Verstand und Häuptling

Der Regengott macht den Himmel schön und die Natur fruchtbar. Er lebt in einer ewigen Dreiecksbeziehung mit der Himmelsgöttin Hera und Mutter Natur Demeter, mit der er Millionen von Kindern hat.
Namen: Zeus, Kronide, Wolkensammler, Donnerer, Donnergott.
Spiegelgottheit: Herakles
Komplementärgott: Aïdoneus
Spiegeltiere: Zeus tritt in Sagen, Fabeln und Märchen als Pferd oder Esel

auf, manchmal aber auch als Reh oder Hirsch.
Der Regengott ist immer für uns da und hilft uns, wenn wir unsern Verstand gebrauchen. Niemand ist so musikalisch wie er. Manchmal schenkt er uns einen Geistesblitz.
Element Wasser

Der Feuergott: Überlebensinstinkt, Totenführer

Kein Gott hat so viele Gestalten wie der Feuergott, was niemanden verwundert, der Erfahrungen mit dem Feuer gemacht hat. Das Feuer ist eine große Hilfe im Haushalt, zum Kochen, als Wärme- und Lichtquelle. Allerdings muss es dafür gezähmt und bewacht werden, daher ist eine seiner Gestalten der gefesselte Prometheus. Doch das Feuer ist durchaus hilfsbereit und dient den Menschen und den Göttern gerne, ermöglicht Technologie und Schmiedekunst. Wegen Rauchzeichen und Höhenfeuern verehren wir den Feuergott als Boten; Feuerbestattungen machen ihn zum Totenführer. Dass er auch der Gott der Magie ist, kann man nachvollziehen, wenn man Feuerwerk liebt. Wer schon mal am Lagerfeuer saß, weiss auch, warum er der Beschützer der Reisenden ist. Manch einer verlor wegen einer Feuersbrunst oder Dürre all sein Hab und Gut. Der Feuergott ist halt auch der König der Diebe.
Gestalten des Feuergottes: Prometheus; Hepahistos, Hestia, Hermes. Diese Gestalten spiegeln sich untereinander: Während Prometheus gefesselt ist, bleibt Hestia freiwillig beim Herd; Hermes mit den Flügelfüßen ist unfassbar schnell, während Hephaistos verkrüppelte Füße hat.
Spiegeltiere: Mir ist keine Tiergestalt des Feuergottes bekannt. Er tritt aber gern als Zauberer, Räuber oder Zöllner auf.
Wenn wir um unser Überleben kämpfen, nur noch funktionieren, dann übernimmt Hermes als unser Instinkt; er steht aber auch für Inspiration.
Element Feuer

Der Sonnengott

Apollon ist die Sonne, ist das Licht. Er ist der Gott der Dichtkunst und der Malerei. Ihm zu Ehren malten die Menschen Figuren schwarz wie Schatten (von der Höhlenmalerei bis zu den griechischen Vasen), denn wenn der Sonnengott es so vormacht, sollte man ihn nicht erzürnen, indem man es besser weiß. Ferner ist er auch der Gott der Weissagung, denn wer kann schon im Dunkeln Handlesen? Letzteres war zur Zeit Homers

eine beliebte Geheimwissenschaft, welche die dionysischen Mysten für ihre Diagnostik nutzten.
Natürlich ist der Sonnengott wichtig für die Zeitrechnung.
Auch der Sonnengott hat viele **Namen:** Wobei Helios sich meist auf das Gestirn bezieht, Apollon auf das Licht, Paian auf seine wohltuende Wirkung.
Apollon ist in den Mythen sehr wichtig, denn in Begleitung seiner neun Musen spiegelt er den dreifach dreifaltigen Weltenbaum und das Geisterheer.
Natürlich ist der Sonnengott **komplementär** zu seiner Zwillingsschwester, der Mondgöttin.
Die Verbindung zu diesem Gott offenbart sich in unserer Kreativität.

Der Mond und das Meer

So, wie sich die Mondgöttin im Meer spiegelt, **sind auch der Meeresgott Poseidon und Mondgöttin Artemis Spiegelbilder**. Während er unter allen Göttern am meisten Affären hat, lebt sie enthaltsam. Während er als Vater nicht allzu engagiert ist, nimmt sich Artemis Tieren und jungen Menschen an, die ihres Schutzes bedürfen.
Für die Zeitrechnung der alten Griechen sind diese beiden Gottheiten sehr wichtig. Ein Kalender, in dem der Mond einfach übergangen wird, wie es zu Kaiser Augustus Zeiten festgelegt wurde, ist für die Götter schlicht eine Beleidigung. Aus diesem Grund hatte der attische Kalender 51 Wochen, was genau zwischen den 50 Wochen des Mondjahres und den 52 Wochen des Sonnenjahres liegt und keine der beiden Gottheiten verärgert. Poseidon wiederum, dessen Gezeiten täglich zuverläßig zur Stelle sind, ist Namensgeber des im Mondkalenders alle vier Jahre notwendigen Schaltmonats.
Während Artemis komplementär zu ihrem Bruder Apollon ist, so steht Poseidon in dieser Beziehung zum Geisterheer, denn er ist König einer Anderswelt, die immer wieder neues Leben hervorbringt. Die Mondgöttin und der Meeresgott stehen für unsere körperlichen Bedürfnisse (wie Essen und Schlaf) und unsere Trieb- und Antriebskräfte (Sexualität und Schaffenskraft). Weil der Verstand über die Triebe herrschen sollte und nicht umgekehrt, muss Poseidon auf Zeus hören, auch wenn er das nicht immer gerne tut, es ist aber schon richtig so.

Sternenkönigin Hera und der Krieg

Die Königin des Sternenzelts steht für Verantwortung, Familie, materielle Werte (das Dach über dem Kopf), Umgang mit Ressourcen. Niemand ist so zuverläßig wie sie, lässt sie doch alle Gestirne immer genau zur richtigen Zeit am richtigen Ort erscheinen.

Der Spiegel dieser Gottheit ist der Krieg. Denn materielle Werte wollen einerseits erkämpft und verteidigt sein, andererseits ist das Gegenteil von Verantwortung nun mal die Verantwortungslosigkeit. Krieg wird bei den alten Griechen von zwei Gottheiten verkörpert, erstens **Ares**, der für Gemetzel, Blutvergießen und Wettkampf steht, zweitens **Athene**, welche Lügen und Intrigen liebt und ihre Gegner taktisch ausmanövriert. Vielleicht würden Sie mir jetzt am liebsten zurufen: Aber Athene ist doch auch die Göttin der Weisheit! Stimmt. Weisheit ist damals aber gleichbedeutend mit Wissen. Jemand, der schon alles (besser) weiß, ist einem guten Rat gegenüber selten aufgeschlossen. Genau hier spiegelt Athene wieder die Urmutter, bei welcher wir Nacht für Nacht Rat holen dürfen.

Komplementär zu Hera ist Mutter Natur, auch zu ihrem Spiegelbild Krieg: Wenn sich Aphrodite mit Ares zusammentut, also (Wett)streit mit Freude am Körperlichen, so bekommen wir den Sport, den die alten Griechen so sehr liebten.

So, wie Ares für Sport und die Fähigkeit steht, sich wehren zu können, hat auch Athene ihre guten Seiten: Da Not erfinderisch macht, gilt sie auch als Göttin der Handwerkskunst und der Kommunikation, denn auch Diplomatie gehört zum Krieg.

Spiegeltier der Hera: Kuh

Wenn wir Verantwortung übernehmen, den Wert der Dinge zu schätzen wissen und ein liebevolles Familienleben pflegen, hilft uns Hera.

Beispiel für eine Spiegelung:

Dionysos	Aïdoneus, Wodanaz, Odin, der Geisterkönig
• Hat mindestens drei Väter: Zeus, Aïdoneus und Athene, manchmal auch noch Hermes. Und vier Mütter: Semele, Persephone, Zeus und Athene (irgendwie sind einfach alle seine Eltern?!)	• Er ist der Allvater (Aïdoneus und Persephone sind die Eltern aller Seelen)
• Zeugung: Zeus kriecht als Schlange heimlich in Persephone (die an einem Waldrand sitzt!) und befruchtet sie mit Dionysos	• Persephone (das Schicksal) setzt Zeus die Idee in den Kopf, die Teilung der Welt ihr zu überlassen (zu losen), sodass sie Aïdoneus in die Finger bekommt.
• Der jüngste Olympier	• Der erstgeborene Olympier
• Der Gott, den die Frauen lieben	• Der Gott, den die Menschen (Mann=Mensch) fürchten (Hades)
• Zeus bezeichnet ihn als seinem Nachfolger und setzt ihn auf seinen Thron	• Zeus reisst die Stellung des Erstgeborenen an sich und wird Himmelskönig anstelle von Aïdoneus
• Getötet von den Titanen, die ihn fangen und verspeisen	• Sohn von Reiha und Kronos, gegessen und ausgespuckt von Kronos
• Zeus wirft einen Blitz auf die Titanen und verbrennt sie, nachdem sie Dionysos gegessen haben.	• Zeus bringt Kronos Getränke, von denen er erbrechen muss, damit Zeus' Geschwister freikommen
• Zeus versteckt ihn vor Hera (sie personifiziert die Verantwortung), die sich an ihm rächen will	• Zeus liefert Aïdoneus an Persephone aus, damit er Verantwortung übernimmt.
• Seine Pflegeeltern verkleiden ihn, damit Hera ihn nicht finden kann.	• Aïdoneus nutzt den Tarnhelm, damit Persephone ihn nicht finden kann.
• Seine Pflegemutter verliert den Verstand, nachdem er in ihr den Wahnsinn geweckt hat, sie tötet sich selbst und ihre Kinder, nur Dionysos bleibt am Leben.	• Aïdoneus wird von den Göttern geopfert, damit er (für die Götter und für uns) in Zukunft Einfluss auf das Schicksal nehmen kann. Er ist der eine, der für alle anderen stirbt.
• Nötigt seinen brüderlichen Freund Ampelos, wegen einer seltsamen Pflanze auf einen Baum zu steigen. Ampelos stürzt ab und stirbt. Dionysos macht aus der Pflanze Wein, den er nachher in die Welt bringt.	• Wird von Zeus mit Hilfe einer gelben Wolke verraten. Er stürzt im Hagel aus dem Himmel und verblutet. An der Stelle, wo er die Welt der Lebenden verlies, wachsen nachher goldene Weintrauben.
• König Lykurgos hält seinen Sohn im Wahn für eine Säule aus Weinreben und schlägt ihn unwillentlich tot, obwohl ihn der Sohn um Gnade anfleht. Danach wird er zum Tode verurteilt, zwischen 4 Pferde gebunden und zerrissen.	• Persephone tötet Aïdoneus, weil er sie so lange hat sitzen lassen. Sie bedeckt den ganzen Himmel mit Hagelwolken, als sie weiss, dass er ihr mit seinem Vierspänner nicht mehr entkommen kann. Seine Schreie und sein Schmerz können sie nicht von ihrem Plan abbringen.
• Zieht mit einer wilden Partymeute durch die Wälder und feiert ekstatische Partys. Er ist unverkennbar und nicht zu überhören.	• Irrt einsam und unerkannt durch die Unterwelt auf der Suche nach dem Ausgang, meidet die Gesellschaft von Geistern, will unerkannt bleiben.
• Er liefert König Peleus den Mänaden aus, die ihn für einen gefährlichen Löwen halten und ihn zerreissen. Danach sind sie entsetzt.	• Persephone bringt den toten Aïdoneus zu ihren Geistern, die ihr helfen, den Sturmgott (den Brüllenden) wieder zum Leben erwecken und seinen zerfetzten Leib zu heilen. Die Geister freuen sich für Persephone.
• Steht für Rausch, Ekstase und Kontrollverlust.	• Tanzt und feiert so gerne wie kein anderer Gott, schläft nie, egal, wie viel er trinkt. Er gibt sich den Dingen, die er tut, voll hin.
• Befreit Ariadne von der Insel	• Wird von Persephone tot in einen Topf gelegt/ Nimmt Theseus gefangen, hält ihn in Trance in der Unterwelt fest
• Heiratet Ariadne	• Bannt Theseus
• Holt sie aus dem Totenreich, um sie göttlich zu machen	• Behält Theseus in der Unterwelt in einem schlafähnlichen Zustand gefangen / Wird von Persephone in die Unterwelt entführt, initiiert, wiedererweckt und geheilt.
• Macht Ariadne zur Göttin	• Aïdoneus wird von Mimameid-Persephone noch mächtiger gemacht, er ist der Gleichgestellte.
• Seine Symbole sind der Weinbecher und der Thyrsosstab.	• Krater: Weltentor, dessen Wächter er ist; Ort, seiner Wiedergeburt; Thyrsosstab: Stilisierter Weltenbaum, er ist der Beschützer der Welten.
• Dionysos rät König Peleus, sich als Frau verkleidet unter die Mänaden zu mischen und so an ihrer Party teilzunehmen. Doch diese erkennen ihn und töten ihn.	• Als Aïdoneus in den Palast kommt, erkennen ihn alle trotz seiner Verkleidung, lassen ihn aber zufrieden und hoffen, dass er seinen Weg zur Göttin des Lebens findet.
• Nichteingeweihte vermuten, dass es an den geheimen Partys des Dionysos zu Orgien kommt, wo alle miteinander schlafen. Doch keiner weiss es so genau. Wer versucht, es herauszufinden, dem ergeht es, wie König Peleus.	• Wenn der Sturmgott und die Schicksalsgöttin (die auch die Göttin des Schlafs ist) leidenschaftlichen Sex haben, dann kriegt das jeder mit, keiner kann schlafen und am nächsten Morgen sieht die Welt aus wie ein Trümmerfeld.
• Dionysos muss erst seine Macht beweisen und um Anerkennung kämpfen, bevor er unter die Olympier aufgenommen wird.	• Als der Sturmgott als Gleichgestellter wiederkehrt, lässt er alle seine neue Stärke spüren und verhilft Zeus und Demeter zu ihrem Recht.

Die Spiegelverhältnisse der Gottheiten auf einen Blick:
Die Mittelsenkrechte stellt die Spiegelachse dar. Die Komplementärgottheiten stehen sich im Kreis als Punktspiegelung gegenüber.

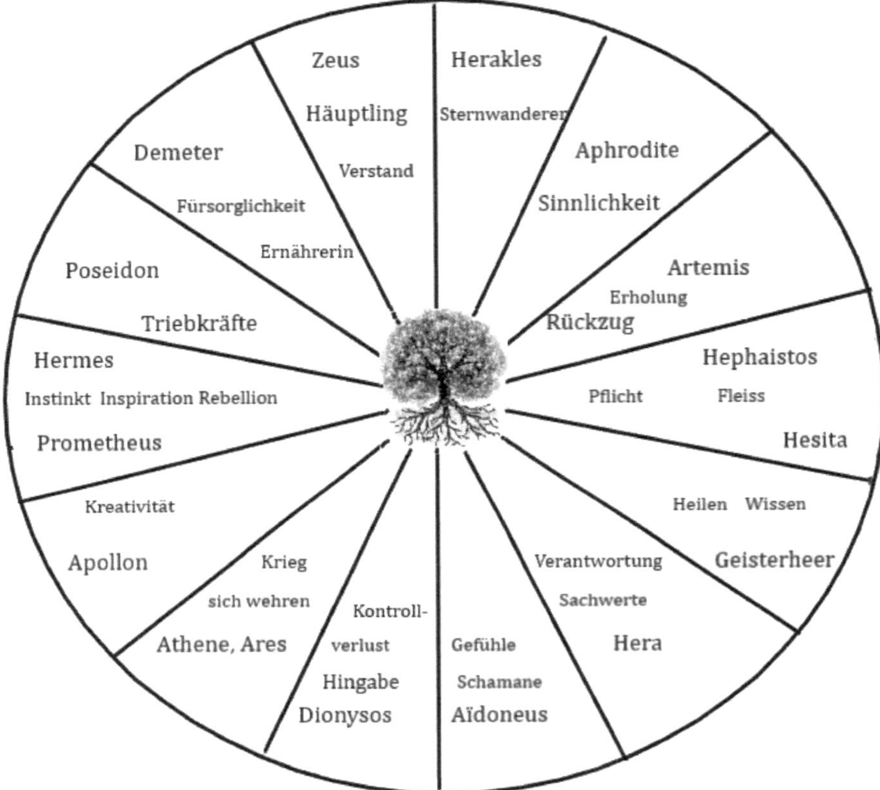

Das Welt- und Götterbild ist in sich schlüssig und abgeschlossen. So verhält es sich mit jeder griechischen Sage: Sie ist in sich abgeschlossen und das Spiel mit dem Spiegeln beginnt in jeder Sage von neuem. Es kann also der gleiche Held in zwei Sagen jeweils jemand anderes spiegeln, da ist jede Geschichte auf sich bezogen und vollständig. Nur wenige Spiegelungen sind Konvention und auch nur, wenn sich keine andere, logische Lösung ergibt. Beachten Sie dazu das letzte Kapitel: Wichtige dionysische Paare.

Damit bei der mündlichen Überlieferung nichts verloren geht, haben die Sagen einen Plot, der über Jahrtausende unveränderlich bleibt; im Fall von Theseus sind dies die Mondphasen und die Sternbilder.

Die Sage von Theseus: Der kunstvolle Aufbau

Die Sage von Theseus ist ein Palindrom

Der Theseusmythos hat in der Mitte eine Spiegelachse. Das heißt, jedes seiner Abenteuer hat in der zweiten Hälfte der Geschichte ein gegenläufiges Spiegelabenteuer. Sie finden die Spiegelung in der Tabelle auf der übernächsten Seite (Plotanalyse).

Ich folgerte unter anderem daraus, dass die Sage nicht gespiegelt, sondern gefaltet rückwärts gelesen werden muss, da die Spiegelung der Handlung schon vorweg genommen wurde.

Die Sage durchläuft 9 Mondphasen

Neumond: Heimliche Ehe von Aigeus, der nicht zu seinem Sohn steht und ein schwacher Vater ist.

Zunehmender Halbmond: Die Opfer von Sinis werden halbiert.

Vollmond: Perigune und Theseus bekommen ein gemeinsames Kind.

Abnehmender Halbmond: Prokrustes zerschneidet seine Opfer, wenn sie nicht ins kurze Bett passen.

Neumond: Vierzehn Tribute mit schwarzen Segeln nach Kreta und von dort wieder zurück.

Zunehmender Halbmond: Als Theseus heimkommt, freut sich die Hälfte der Bevölkerung, die andere Hälfte trauert um den König.

Vollmond: Theseus hat ein Kind mit Hippolyte.

Abnehmender Halbmond: Herakles reißt Theseus die Hälfte seiner Pobacke ab.

Neumond: Theseus stirbt in der Ferne und seine guten Taten bleiben lange vergessen.

Theseus erlebt für jedes Sternzeichen des Tierkreises ein Abenteuer

Die dionysischen Mysten zählen 14 Sternbilder, da ihnen die dreimal in den Himmel geschriebene 14 heilig ist[416]. Es verhält sich in der Sage wie

---

[416] 3 mal die heilige 14: Anzahl Tage von Neu- bis Vollmond; Anzahl Tage wischen Voll- und Neumond, Anzahl Tage zwischen Mond- und Sonnen-

mit den wichtigsten Göttern: 12 sind auf dem Olymp, zwei verborgen in der Unterwelt. Um die verborgenen zwei zu finden, muss die Geschichte rückwärts gelesen werden, dann finden sie auch die Schlange und den Schlangenträger.

Szenen und Sternbilder:
1: Löwe: Herakles besucht den Hof von Pittheus und Theseus will gegen sein Löwenfell kämpfen.
2: Krebs: Sinis bindet seine Opfer an Fichten, die er hochschnellen lässt. Da wünscht sich der eine oder andere zwei Scheren...
3: Ziegenfisch: Skiron schubst Leute vom Felsen (das Benehmen einer Ziege) und will eine Fußwäsche (Fischschwanz); (Sternbild Aegipan: Ziegenfisch, heute Steinbock).
4: Waage: Prokrustes legt alle in zwei Betten und versucht, sie gleich zu machen. Eines ist kurz, eines ist lang und es stimmt nie.
5: Stier von Marathon
6: Widder: Als Theseus eine Ziege opfert, verwandelt sie sich in einen Widder.
7: Fische: Minos schickt Theseus zu den Fischen. Delphine bringen Theseus zum nächsten Sternbild:
8: Wassermann: Palast von Poseidon und Amphitrite
9: Jungfrau: Ariadne
10: Schütze: Hippolytos, der mit Artemis jagen geht.
11: Rennfahrer: Hippolytos, der mit seinem Streitwagen unterwegs ist und von Poseidon getötet wird.
12: Zwillinge: Die Dioskuren befreien Helena

Falls Sie sich also je gefragt haben, warum Theseus das schwarze Segel obenlässt, so lautet die Antwort: Weil Neumond ist.
Auch das seltsame Verhalten von Prokrustes und Sinis wird dadurch nachvollziehbar, dass sie Sternbilder sind.

---

jahr.
Homer kennt noch die zusätzlichen Sternbilder Schlangenträger und Rennfahrer, der Skorpion heißt zu seiner Zeit Wasserschlange und der Steinbock Ziegenfisch.

Theseus: Plotanalyse

Anfang	Ende
• Theseus ist Sohn eines Königs, der keine Kinder haben kann. Sein Vater steht nicht zu ihm als Kind.	• Theseus ist Vater eines Prinzen, der schon tot ist, weil Theseus nicht zu ihm stand in der Not.
• Wird von einem Freund aufgezogen	• Wird von einem Freund hinabgeworfen
• Soll nach Athen gehen	• Kommt aus Athen
• Soll dort König werden	• War dort König
• Wird in Athen freundlich aufgenommen	• Wird aus Athen vertrieben
• Was er anfasst, kommt gut	• Was er anfasst, geht schief
• Besiegt Periphetes, einen Riesen mit Keule, der Leute in den Boden schlägt, wo sie tot stecken bleiben.	• Wird von Herakles, einem Riesen mit Keule aus dem Boden gezogen, wo er festgewachsen und wie tot war.
• Bindet den Baumbieger an zwei Fichten, spickt ihn nach oben, wo er zerrissen und getötet wird.	• Tief unten im Hades fesselt der Schamanengott die beiden an zwei Stühle, an denen sie festwachsen.
• Hört von der Krommyonischen Sau, die alles zerstört, und erklärt den Menschen, was für eine gefährliche Sau das ist, lädt alle dazu ein, seinem Kampf beizuwohnen. Alle bezeugen später seine Heldenhafte Tat.	• Peirithoos sieht einfach zu, wie seine Verwandten, die Kyklopen, seine Verlobte belästigen und alles zusammenschlagen. Als Theseus endlich eingreift, ist Hippodamaia (die eine sehr untypische Lapithin ist) nicht mehr zu retten.
• Macht als knackiger junger Mann Jagd auf eine alte Sau mit prominenter Herkunft (Krommyonische Sau stammt von Echidna und Thyphon ab)	• Peirithoos und Theseus machen als «alte Säue» noch Jagd auf knackige junge Mädchen von edler Abkunft (sie müssen Töchter von Zeus sein: Helena und Persephone)
• Hat einen Sohn mit Perigune	• Hat einen Sohn mit Hippolyte
• Nachdem er die Sau erschlagen hat, kommt ihre Komplizin, die hässliche Phaia, ohne Unterstützung auf den Helden los. Es kommt zum Kampf, Phaia wird erschlagen.	• Nachdem er Hippolyte entführt hat, kommt deren Ex-Geliebte mit einem grossen Amazonenheer nach Athen. Es kommt nicht zum Kampf, aber Hippolyte wird heimtückisch erstochen.
• Der hinterlistige Skiron kann Theseus nicht dazu bringen, sich hinzusetzen, damit er ihn über die Klippe stossen kann. Theseus schmeisst Skiron runter.	• Theseus lässt sich vom undurchsichtigen Peirithoos umgarnen und immer mehr runterziehen.
• Ringen mit König Kerkyon, Theseus tötet den König.	• Kampf mit Lapithenkönig Peirithoos, Theseus freundet sich mit ihm an.
• Marathonischer Stier einfangen	• Peirithoos klaut seine Kühe
• Theseus lässt sich von den Priesterinnen der Aphrodite von seinen Sünden reinigen, bevor er nach Athen kommt.	• Theseus stellt sich selbst vor Gericht, klagt sich selbst an, verteidigt sich selbst und lässt sich freisprechen.
• Bettgeschichten mit Prokrustes, der Reisende ins Bett legt und foltert. Legt Prokrustes statt sich selbst hinein und schlägt ihm den Kopf ab.	• Muss Aigeus zur ewigen Ruhe betten, der gestorben ist, weil er Theseus für tot hielt.
• Wird als Prinz anerkannt, vertreibt Medea, die Aigeus mit Magie Kinder schenken will	• Wird König, bringt Phaidra mit, die Theseus später das Kind wegnehmen will /wird
• Säubert Athen von den Banden von Aigeus Neffen/Bruder, der diesen stürzen will	• Aigeus stürzt sich ins Meer, ohne dass Theseus das gewollt hat.
• Segelt als einer von 14 Tributen nach Kreta mit schwarzen Segeln, nachdem er in Delphi war und Aphrodite geopfert hat (Bock).	• Segelt mit schwarzen Segeln nach Athen heim, nachdem er auf Delos war und Aphrodite ein Bild gestiftet hat (Labyrinthtanz)
• Lässt seinen Vater traurig in Athen zurück, nachdem er ihm für die Heimkehr ein weisses Segel versprochen hat.	• Lässt Ariadne allein auf Naxos zurück, weil ihm Dionysos im Traum erscheint und ihm sagt, dass sie ihm versprochen sei.
• Wird von Minos zum Essen eingeladen mit den anderen Tributen.	• Feiert mit seinen Begleitern und Ariadne ein Fest auf Naxos.
• Taucht nach dem Ring des Minos, bekommt Hilfe von Delphinen und Amphitrite.	• Kommt als Sieger aus dem Labyrinth zurück und rettet alle.
• Ariadne nimmt Dädalus den Wollfaden ab und bringt ihn dazu, ihr den Namen des Schattenwesens zu nennen	• Bekommt von Ariadne den Wolfaden erfährt den Namen, den er sprechen muss und dass er das Horn als Waffe nutzen kann.

Falls Sie sich schon gefragt haben, wie ich auf die Idee komme, Sagen zu falten, so hat Ihnen die Plotanalyse der Theseussage hoffentlich weitergeholfen. Nun sind aber die wenigsten Sagen derart kompliziert gebaut wie diese. Es gibt konventionelle Hinweise, die weiterhelfen.

Von Füßen, Köpfen, Pobacken, Sandalen und anderen Hinweisen

Als Kenner griechischer Sagen ist Ihnen bestimmt schon aufgefallen, dass es kaum eine Geschichte gibt, in der nicht ein Kopf abgehackt wird oder eine Szene vorkommt, in der ein Fuß wichtig ist. Beispiele: Achilleus wird in die Ferse geschossen, Eurydike in dieselbe gebissen, Orpheus der Kopf abgerissen; Herakles verscharrt den letzten Kopf der Hydra unter einem Stein, genauso, wie Aigeus seine Füße entblößt und die Sandalen unter einen Stein steckt.

Wer die Welt betritt, also geboren wird, tut dies mit dem Kopf voran und wer stirbt, wird mit den Füßen voraus aus dem Haus getragen. Köpfe stellen daher immer ein Symbol für den Anfang, Füße für den Schluss dar.

Als Odysseus nach Ithaka kommt, begegnet er Athene, die ein Paar silberne Sandalen trägt, darauf trifft er Eumayos, der gerade ein Paar Sandalen bearbeitet. Die vier Sandalen sind an dieser Stelle ein Hinweis darauf, dass sich hier etwas kreuzt.

Theseus wird in der Unterwelt eine Pobacke abgerissen; es fehlt also die zweite Hälfte. Herakles wiederum fängt zwei Zwillinge ein, wirft sie über seine Schulter, sodass sie beste Aussicht auf seinen schwarzgebrannten Allerwertesten haben. Ein starker Hinweis darauf, dass an dieser Stelle etwas verdoppelt wurde, dass auseinander genommen gehört.

Es ist mir daher beim Lesen eine liebe Angewohnheit geworden, mich auf die Suche nach speziell erwähnten Körperteilen zu machen.

Jede Sage enthält einen Naturplot

So, wie die Theseussage in Mondphasen verläuft, enthalten auch die anderen Geschichten einen Plot, den wir aus dem Alltag kennen. Je älter die Sage, umso offensichtlicher und einfacher ist der Plot zu erkennen. Durch die Verschriftlichung werden die zugrunde liegenden Geschichten komplizierter, was es nicht leichter macht, sie zu entdecken. Doch ist es ungemein wichtig, diesen Plot zu finden, liefert er doch meist entscheidende

Hinweise für das Verhalten des Helden, den Ablauf der Handlung oder der Richtung, in der die Geschichte gelesen werden muss.

Beispiele: **Die Odyssee** erzählt uns vom Weg der Sonne: Odysseus bricht ganz im Osten auf (Troja), nachdem er dort ein Massaker angerichtet hat (Morgenrot). Dann nimmt er einen Umweg nach Ithaka, das ganz im Westen Griechenlands liegt. Als er dort ankommt, richtet er wieder ein Blutbad an und geht zu Bett (Abendrot und Nacht). Hat man erstmal gemerkt, dass Odysseus die Sonne ist, findet man Polyphems Gejammer: «Man hat mir schon als Kind geweissagt, dass Odysseus mich blenden werde!», natürlich umso lustiger. Ja, Homer hatte Humor!
Ganz nebenbei muss sich natürlich auch Odysseus mit den Sternzeichen herumschlagen.
Orpheus und Eurydike können sich nie lange nahe sein, ohne dass Eurydike verblasst. Wie grässlich! Und doch geschieht es am Himmel jeden Morgen und jeden Abend, nämlich immer dann, wenn die Sonne aus der Unterwelt kommt oder in die Unterwelt geht. Dann verblasst nach kurzer Zeit der Mond. Nur, wenn man die Sterne als Bruchstücke der Sonne sieht (Orpheus wird von Mänaden zerrissen), können die beiden zusammen sein. Steinzeitkino vom allerfeinsten.
Kybele und Attis erzählt uns die Geschichte von der Entwicklung des Schmetterlings, vom Ei bis zum Imago. Wer das bemerkt hat, wird die Sage rückwärts lesen.
Falls Sie die Fußnoten zur **Sage von Herakles** gelesen haben, so wissen sie bereits, dass es sich um den Weg des Wassers handelt, das vom Himmel fällt, in der Erde versickert, zur Quelle gelangt und schließlich wieder in den Himmel aufsteigt.
Komplizierter wird es, wie gesagt, durch die Verschriftlichung: Homer verwendet für seine **Ilias** drei Plots, weil Mimameid dreifaltig ist. Als Plot für die Ebene der Gestirne (des Universums) nimmt er einen Kalender. Er erzählt uns die Geschichte der 42 Sonnentage, die man während der drei Normaljahre des damals gültigen Mondkalenders einfach nicht unterbringen kann im Jahr. Und so endet die Ilias damit, dass die Achaier draußen bleiben müssen. Erst Odysseus kann die Stadt erobern; zur Strafe kann er aber länger nicht nach Hause; denn jedes vierte Jahr war ein Schaltjahr mit Schaltmonat. Dieser 13. Monat hieß «Zweiter Poseidon». Entsprechend ist es der Meeresgott, der dafür sorgt, dass der Held lange

nicht heim kann.
Der zweite Plot der Ilias erklärt dem Mysten die Linien der Hände und ihre Bedeutung, also das, was Mimameid in unsere Schicksalspule gesponnen hat. Er spielt auf Ebene des Erdenlebens. Der dritte Plot, der auf der inneren Ebene spielt, zeigt, wie Mimameid krank wird und sich innerlich zerfleischt, während sie vergeblich auf Aïdoneus wartet. Achilleus zeigt uns ihren verletzten Stolz, ihre Verzweiflung, Patroklos ihre Güte und Vernunft, Hektor ihre Verliebtheit, die Aïdoneus beschützt, bis die Liebe stirbt und es einfach nicht mehr geht.
Die Geschichte von **Python und Apollon** war den Griechen wahrscheinlich die liebste, denn ihr Plot bringt uns die Weinherstellung näher; Python ist eine Schlange und spiegelt damit den Sturm- und Weingott, dessen Symbol der Stier ist. Die schwangere Leto rennt auf der Flucht vor Python zu Fuß davon; überhaupt kommt sie zu Fuß in halb Griechenland herum, bis sie gebären kann. Wein auspressen ist und war anstrengende Fußarbeit. Nachdem Python von Apollon aus Rache zerquetscht wurde, kommt er in Delphi in den Keller und seine Reifung sorgt dafür, dass die Pythia die krudesten Reden hält. Wer glaubt, dass es nur am Dranschnuppern liegt... der soll's glauben. Auf jeden Fall werden sowohl der Wein wie auch die Sprüche der Priesterin im Anschluss überallhin exportiert.
Der Hymnus von der **Entführung der Persephone** schildert uns einerseits einen Hagelsturm, andererseits die Initiation eines Schamanen. Schnell wird offensichtlich, dass die Handlung spiegelverkehrt ist, denn es ist nun mal so, dass der Sturm vor dem Hagel hereilt und nachher verschwunden ist, wohingegen es sowohl unsinnig wie auch unmöglich ist, den Weltenbaum umzutopfen (Persephone zu entführen[417]). Auch weiß jeder, der sich mit Schamanismus praktizierenden und alten Kulturen auseinandersetzt, dass die Wissenden vom Schicksal erwählt werden und nicht umgekehrt.
Bei der **Geburt der Aphrodite** geht es wieder um das Schlemmen: Muscheln müssen nun mal gekocht werden, dann klappen sie auf, also rückwärts gespiegelt lesen und aufklappen: Demeter stirbt fast an Hitze und

[417] Der Ausspruch «Persephone entführen» dürfte bei den alten Mysten so etwas bedeutet haben wie «etwas absolut Unmögliches versuchen».

Trockenheit, bis Zeus wiederkehrt, mit Aïdoneus' Hilfe den Thron zurückerobert und sie rettet. Sie erblüht schöner denn je.
Manchmal enthalten Muscheln auch Perlen. Und da Perlen den Donnerprügel spiegeln, gibt es Haue von Zeus für jene, die Demeter gequält haben.
Das **Evangelium nach Johannes** benutzt als Plot den zerstückelten Aïdoneus. Eine echte Herausforderung, doch der Autor hat dem Leser einige ziemlich konkrete Hinweise hinterlegt:
Joh.19.23,24: «Nachdem die Soldaten Jesus ans Kreuz geschlagen hatten, nahmen sie seine Kleider und machten vier Teile daraus, für jeden Soldaten einen. Sie nahmen auch sein Untergewand, das von oben her ganz durchgewebt und ohne Naht war. Sie sagten zueinander: Wir wollen es nicht zerteilen, sondern darum losen, wem es gehören soll. So sollte sich das Schriftwort erfüllen...»[418]
Die Geschichte von Aïdoneus und den Geistern stellt das hier erwähnte, nahtlose Untergewand dar, es ist die verborgene Seele des Evangeliums. Wie aber kann man es in diesem Text finden? Das erfahren wir hier:
Joh. 21.6,11: Er (Jesus) aber sagte zu ihnen: «Werft das Netz auf der rechten Seite des Bootes aus, und ihr werdet etwas fangen. Sie warfen das Netz aus und konnten es nicht wieder einholen, so voller Fische war es... es war mit hundertdreiundfünfzig Fischen gefüllt.»
Mysten entscheiden sich an dieser Stelle, das Netz links auszuwerfen und die eine jungfräuliche Göttin zu retten. Allerdings beschleicht den Leser eine vage Ahnung, wie viele Teile man drehen und zusammensetzen muss[419]...
Damit man den Text heilen kann, hat der Autor einen Kopfteil, einen Prolog geschrieben, der sowohl die Einleitung darstellt, doch auch eine Inhaltsangabe, schließlich ist auch beim Sturmgott der Kopf unversehrt geblieben. Dieser «Kopfteil» ist eine von ganz wenigen Textstellen, die man eins zu eins, Zeile für Zeile spiegeln kann:

---

418 Vier zusammengenähte und zerschnittene Text(ilien): Die vier Evangelien. Das Untergewand: Die darin verborgene Geschichte. Soldaten sind rohe, in Eisen gekleidete, gewalttätige Menschen. Das Gegenteil sind sanfte Geister. Sie losen nicht, sie wählen aus: Nur ein Myste des Dionysos kann diesen Text lesen.
419 Alle Szenen mit Wasser müssen zudem sowohl vorwärts gespiegelt, wie auch ein zweites Mal rückwärts gelesen werden.

Prolog:

Im Anfang war das Wort.

Findet:

Es endete und begann mit Zeus[420], der die Totengöttin verbarg.

Und das Wort war bei Gott, und das Wort war Gott.

Die Göttin kam zu ihm, damit sich das Schicksal erfülle.

Alles ist durch das Wort geworden.

und ohne das Wort wurde nichts, was geworden ist.

Zeus brachte dem Einen Zerstörung.

Doch hätte sich ohne ihn das Schicksal nicht erfüllt.

In ihm war das Leben, und das Leben war das Licht der Menschen.

Und das Licht leuchtet in der Finsternis,

und die Finsternis hat es nicht erfasst.

Er verhüllte die Totengöttin und ihre Geister vor den anderen Göttern.

Und es wurde dunkel,

um den verborgenen Gott zu enttarnen.

Es trat ein Mensch auf, der von Gott gesandt war; sein Name war Johannes. Er kam als Zeuge, um Zeugnis abzulegen, damit alle durch ihn zum Glauben kommen. Er war nicht selbst das Licht, er sollte nur Zeugnis ablegen für das Licht.

Es kam die Göttin, welche die Götter schuf und deren Namen sie fürchten, um das Schicksal zu erfüllen, damit alle erfahren und lernen sollten, was mit jenen geschieht, die den Ruf der Geister nicht hören wollen.

Das wahre Licht, das jeden Menschen erleuchtet, kam in die Welt.

So verließ die einzige Seele des einen unsterblichen Gottes, die das getan hat, die Welt der Lebenden.

Er war in der Welt, und die Welt ist durch ihn geworden, aber die Welt erkannte ihn nicht.

Um jene Welten kennenzulernen, die zu beherrschen und zu behüten er erschaffen worden war.

---

420 «Anfang» und «Ende»: Diese beiden Wörter, das Alpha und das Omega gebühren der Lebens-, Schicksals- und Totengottheit, dem dreifaltigen Weltenbaum. «Das Wort» codiert im Singular immer Zeus, den Regengott, den Verstand. Wenn nun «das Wort» *im* Anfang ist und man die Sache dreht, verbirgt sich also der Tod in einer Wolke. Fünffache (vielfache) Nennung des «Wortes»: Wörter/Text/Tuch codieren Schicksal, die Zahl fünf wiederum ist der Aphrodite heilig, der Liebesgöttin, was uns einen Hinweis auf das Motiv der Totengöttin liefert: Sie hat Liebeskummer.

Er kam in sein Eigentum, aber die Seinen nahmen ihn nicht auf.
Der Gott, der sein Eigentum und die Seinen nicht annehmen wollte.
Allen aber, die ihn aufnahmen, gab er Macht, Kinder Gottes zu werden, allen, die an seinen Namen glauben, die nicht aus dem Blut, nicht aus dem Willen des Fleisches, nicht aus dem Willen des Mannes, sondern aus Gott geboren sind.
Die eine aber, die er floh, hatte ihn erschaffen, um der Allvater aller Seelen zu sein, der eine Wissende, der jene kennt, die heimgegangen sind.
Und das Wort ist Fleisch geworden und hat unter uns gewohnt, und wir haben seine Herrlichkeit gesehen, die Herrlichkeit des einzigen Sohnes vom Vater, voll Gnade und Wahrheit.
Alles, was ist, entstammt dem Geist und ist Teil des Ganzen. Nur sie hat sein Leid gesehen, das Leiden des einzigen Gleichgestellten, gerichtet durch Schicksal und Verrat.
Johannes legte Zeugnis für ihn ab und rief: Dieser war es, über den ich gesagt habe: Er, der nach mir kommt, ist mir voraus, weil er vor mir war.
Das Schicksal bricht über jenen herein, der versucht, seiner Bestimmung zu entfliehen. Denn niemand entkommt der Göttin, deren Namen alle fürchten und vor der niemand war.
Aus seiner Fülle haben wir alle empfangen, Gnade über Gnade.
Wer nichts vom Leben und dem Schicksal wissen mag, der wird gerichtet, so wie er.
Denn das Gesetz wurde von Mose gegeben, die Gnade und die Wahrheit kamen durch Jesus Christus, niemand hat Gott je gesehen.
Den Weg der Heilung lernen wir durch den Bringer der Gaben, der allen zuteil wird durch das Schicksal des Verratenen und Gesalbten.
Der Einzige, der Gott ist und am Herzen des Vaters ruht, er hat Kunde gebracht.
Die Auserwählten, die am Ursprung des Seins wieder erweckt wurden, hüten das Geheimnis.

Die alten Griechen haben uns ein riesiges Geflecht an Epen, Märchen und Fabeln hinterlassen. Und alle sind sie irgendwie miteinander verbunden: Entweder gehören sie zu den Geschichten um Kreta und Minos oder zu den Sagen um Troja, es geht um die Götter selbst, die Amazonen oder sie beziehen sich auf Perseus... diese Themen bilden die Wurzeln, den Stamm und die Hauptäste des Weltenbaumes, kleine Geschichten sind wie Blätter an seinen Ästen, so bildet alles einen großen Organismus. Da der Weltenbaum zwei Symmetrieebenen hat, versuchen die Autoren, auch dem gerecht zu werden.

Die Sagen als Ganzes bilden einen Baum

Beispiele für kleine Geschichten als Teil des Großen Ganzen

Apollon und Daphne

Apollon macht sich über Eros lustig wegen seines kleinen Bogens. Eros schießt einen Liebespfeil auf Apollon und einen Bleipfeil auf die wunderschöne Nereide Daphne. Apollon wird wegen Eros rasend vor Liebe und rennt hinter Daphne her. Daphne bittet die Götter um Hilfe und wird zum Baum (Lorbeer). Apollon umarmt sie und trägt fortan einen Lorbeerkranz, und zwar immer in Augenblicken des Triumphes, wenn ihn alle sehen.

Drehung: Sturmgott Aïdoneus mit dem Tarnhelm ist immerzu unsichtbar um den Weltenbaum unterwegs, verunsichert und auf der Flucht vor dem Schicksal. Er fürchtet die Mädchenseele im übermächtigen Weltenbaum, die bis über beide Ohren in ihn verliebt ist. Schließlich steigt das Mädchen aus dem Baum und macht Jagd auf den schönen Gott, der flieht und mit Eros hadert.

Atalanta

Atalanta wird von ihrem Vater ausgesetzt, wächst bei einer Bärin und unter Jägern auf, wird zur schnellsten Läuferin. Nach der kaledonischen Eberjagd ist ihr Vater Stolz auf sie und will sie verheiraten. Sie will nur denjenigen heiraten, der sie im Wettlauf besiegen kann. Sie tötet alle Herausforderer. Der verliebte Meleagros fleht Aphrodite um Hilfe an und bekommt von ihr drei Äpfel, die er während des Wettkampfes immer dann verliert, wenn ihm Atalanta mit ihrem Dolch gefährlich nahe kommt. Sie kann nicht widerstehen, hebt die Äpfel auf und verliert. So bleibt Meleagros dank Aphrodite am Leben und sie heiraten.
Nach ihrer Hochzeit schänden sie ein Heiligtum der Kybele, weil sie es

dort miteinander treiben, werden in Löwen verwandelt und können sich nun nicht mehr paaren.
Gespiegelt rückwärts:
Die Göttin Reha mit den zwei Löwen hat zwei Söhne, welche wegen Kybele (Urmutter Mimameid) Streit bekommen: Zeus und Aïdoneus. Als Folge des Streits verrät Zeus seinen Bruder, worauf dieser als einziger sterben muss. Zeus verliert all seine Macht und Kräfte, weil die Götter ihm nicht mehr vertrauen und weil er sich wegen Aïdoneus mit Kybele anlegt. Er tut alles, um seinen verlorenen Bruder wieder zu finden und seine Vergebung zu erlangen. In der Zwischenzeit findet der getötete Bruder in der Geisterwelt die Kräfte von Zeus wieder (die Äpfel) und bringt sie ihm zurück. Demeter bleibt dank der rechtzeitigen Rückkehr ihrer Brüder am Leben.
Der Name Atalanta bedeutet «Gleichwertig, Gleichgestellt»; ein Hinweis darauf, dass Mimameid nicht mehr alleine sein möchte.

Hebe und Ganymed
Zeus gibt Hebe dem Herakles zur Frau. Sie ist die Göttin der Jugend und der Mundschenk der Olympier. Nun entführt Zeus den hübschen Knaben Ganymed, weil er einen neuen Mundschenk braucht, denn Hebe fällt wegen eines Missgeschicks in Ungnade.
Spiegelung: Zeus kommt die ewige Jugend abhanden, während er von einer alten Vettel entführt wird (der Totengöttin). Er geht in die Verbannung, weil er sich schuldig fühlt für den Verlust des Weingottes und er bei den anderen Göttern nicht in Ungnade fallen will.

Pygmalion
Der in Bezug auf schamlose und aufdringliche Frauen frustrierte Pygmalion stellt aus Marmor eine Statue her, die dank Aphrodite lebendig wird, rein, perfekt, wahrscheinlich auch ziemlich naiv… und dann lässt Aphrodite auch noch die schamlosen Prostituierten versteinern, die Schuld daran sind, dass Pygmalion eine schlechte Meinung von Frauen bekommen hat.
Liest man die Geschichte im Spiegel, so schafft sich die große Urmutter in ihrer Einsamkeit den perfekten Göttermann, in den sie von Anfang an verliebt ist. Normalerweise erschafft sie zuerst die Seelen, die dann in die Welt geschickt werden, um sie dort mit einem Körper zu vereinen (Steine

sind immer Geister). Auch Aïdoneus muss in die Welt der Lebenden, damit ihm Rhea und Kronos einen Körper schenken. Doch da Mimameid einen Gott und Geist als Gleichgestellten haben will, muss er tragischerweise völlig unschuldig sterben.

Apollon und Python

Während Leto schwanger war, hatte Python sie verfolgt. Nun rächt sich Apollon, sucht Python auf, tötet ihn im Kampf und lässt ihn unter dem Omphalos verwesen. Die Verwesungsgase machen, dass die Seherin Pythia oben auf dem Dreifuß Visionen bekommt.
Drehung: Das Gegenteil von Schlange: Stier, Symbol des Dionysos. Die Geister verfolgen den unglücklichen Aïdoneus, der sich vor ihnen zu verstecken sucht. Schließlich finden sie ihn und töten ihn hinterhältig, obwohl er völlig unschuldig ist. Sie bringen den Toten zu den Füßen des Weltenbaumes, wo sie ihn heilen und zum Gott der Seher und Schamanen machen.
Der Omphalos ist in der Drehung der Stamm von Mimameid, dem Weltenbaum, und die Pythia, welche Orakelsprüche abgibt, ist das Schicksal selbst.

Ixion

Ixion ist der Stammvater der jüngeren Zyklopen[421]. Seine Geschichte ist die eines tiefen Falles: Eingeladen auf dem Olymp, verhält er sich aufdringlich gegenüber Hera, die sich darauf bei Zeus beschwert. Dieser erschafft aus Wolken eine Kopie von Hera, Nephele, mit welcher Ixion die Zyklopen zeugt. Zur Strafe spannt Zeus Ixion auf ein sich ewig drehendes, glühendes Rad und wirft ihn in den Tartaros.
Drehung: Eins codiert acht. Acht glühende Räder, die sich im Tartaros drehen: Heute spricht man von Chakren. Im Gegensatz zum tief fallenden Ixion erklimmt der Gott der Wissenden, Aïdoneus, im Verlaufe seiner Initiation den Weltenbaum, öffnet dabei die Chakren, findet sich selbst und die wahre Liebe: Der Ort seiner Wiedergeburt, der Ort, wo Seele und Körper vereint werden, entspricht dem Wurzelchakra; als er in der Schlossküche arbeitet, können die Horen plötzlich wieder Fülle, Essen und Trinken genießen. Danach kommt Aïdoneus ins Zentrum von Mima-

---

421 Zyklop bedeutet «Rundauge»

meids Macht, sieht, wie das Schicksal gesponnen wird, ihm wird klar, wie schön und begehrenswert seine Braut ist. Das Sakralchakra verbindet uns mit der Inspiration, steht für Begehren und körperliche Liebe. Im großen Saal erkennt der Sturmgott, wo sich der Ausgang aus dem Totenreich befindet und versucht zu fliehen. Beim Solarplexuschakra geht es um Eigenmacht und Handlungsfähigkeit. Nach seinem gescheiterten Fluchtversuch finden die beiden Gottheiten zueinander: Das Herzchakra ist die Verbindung mit der wahren, göttlichen Liebe. Dann wird mit allen Geheimnissen aufgeräumt: Alle erfahren, was Mimameid jede Nacht heimlich getan hat, was Aïdoneus und Zeus durchlebt haben. Das Halschakra regelt ehrlichen und offenen Umgang. Als Aïdoneus in den Kampf ziehen will, erfährt er, dass er keinen Tarnhelm mehr braucht, ihm wird bewusst, wie mächtig er geworden ist. Also kämpft er so, wie er ist, und zeigt sich denen, die ihn sehen sollen: Das Kinnchakra regelt Mut und Kampfgeist. Nach dieser Szene findet Zeus seinen verlorenen Bruder wieder: Der Gott des Verstandes ist wieder fähig, auf seine Gefühle zu hören und Intuition zuzulassen. Dadurch gewinnt er seine Macht zurück. An dieser Stelle öffnet sich das Stirnchakra, das dritte Auge. Als die Brüder auf den Olymp zurückkehren, sich mit den anderen Göttern versöhnen und Aïdoneus den anderen seine Frau vorstellt, die endlich den ihr gebührenden Platz einnimmt, öffnet sich das Kronenchakra: Dieses Chakra steht für die Verbindung mit dem Universum, für das Erkennen und Leben des eigenen Seelenplans in Harmonie mit allen Welten.

Eine ganz besondere Sage: Die Theogonie

Unter allen Griechensagen hat die Theogonie von Hesiod einen Sonderstatus. Wenn man wirklich an die Ewigkeit glaubt, so ist eine Schöpfungsgeschichte grundsätzlich überflüssig, genauso wie die Angst vor dem Weltuntergang. So halten es auch die dionysischen Mysten. Hesiod jedoch erzählt uns mit seiner Theogonie eine ganz andere Geschichte, als die in diesem Buch besprochenen. Doch nur auf den ersten Blick.
Zu Beginn des 2. Teils habe ich Ihnen die Dreifaltigkeit des Weltenbaumes am Beispiel des Tags, des Jahres und des Lebens erklärt. Hesiod wendet in seiner Theogonie dieses Konzept nun konsequent an: Man kann auch vom Kleinen auf das Große schließen: Seine Schöpfungsgeschichte ist nichts anderes, als der auf das Universum angewandte Ablauf eines Morgengebets. Mir ist dies klar geworden, nachdem mir eine Scha-

manin aus dem Regenwald und eine Alevitin erklärt hatten, wie sie, resp. ihre Grossmutter, den Start in den Tag ritualisiert hatten:
Mache deinen Geist frei von allem, werde innerlich leer. (Chaos bedeutet nichts anderes als «gähnende Leere»).
Stellle dich zum Beten barfuß auf die Erde (Gaia) unter freiem Himmel (Uranos). Verneige dich in alle Himmelsrichtungen, nimm dir Zeit (Rhea, Kronos und seine Titanenbrüder). Lass dich nicht abhalten von irgendwelchen Wetterkapriolen (Titanenschwestern).
Führe dieses Ritual täglich durch, bevor du mit deinem Tagwerk beginnst (nun folgen die Götter, z.B. die Fürsorge in Gestalt von Demeter; der Feuergott, der auch den Fleiß personifiziert; Hera, die Verantwortung) und so weiter.
Wie Sie sehen: Auch mit seiner Theogonie macht Hesiod nichts anderes, als die dionysischen Gottheiten ehren, er verwendet nur einen sehr starken Zoom.

Wenn Sie aber unbedingt so etwas wie einen Anfang lesen wollen, so empfehle ich Ihnen, die Sage von Daidalos zu spiegeln, die sich viel Zeit nimmt, den jungen Weltenbaum zu beschreiben. Gegensätzlich zum Erfinder Daidalos, der keinen Gleichgestellten neben sich duldet, sehnt sich Mimameid irgendwann nach einem Gefährten. Und natürlich stellt Mimameid keine originalgetreuen Kopien von Lebewesen her, sondern nur Originale[422].

Der Baum wächst

Jedes Jahr, wenn die dionysischen Festspiele stattfanden, wurden neue Stücke zu Ehren der Seeleneltern und der Geister auf die Bühne gebracht. Sie alle sind Spiegelungen der heiligen Mythen und nur eingeweihte Mysten können am Wettbewerb teilnehmen, denn wer nicht eingeweiht ist, kennt schlicht die Aufgabe für den Wettbewerb nicht.
Auch wenn es schon lange keine Dionysien mehr gibt, so wird die Tradition des Spiegelns immer noch fortgeführt von Menschen, welche die Botschaften empfangen können.[423] Die Mysten geben sich durch ein per-

---

[422] Daidalos bedeutet: «Kunstvolles Arbeiten», was in einer der möglichen Drehungen «echtes, wahres Leben» ergibt.
[423] Chrétien de Troyes: Perceval; Wolfram von Eschenbach: Loherangin und Elsa; Hartmann von Aue: Ivein; Tizian: Danaë, Tintorreto: Wunder

sönliches Kunstwerk zu erkennen und bilden ein Netzwerk durch Zeit und Raum.
Der Baum ist also nach wie vor im Wachstum begriffen, genauso, wie sich auch das Universum stetig ausdehnt.

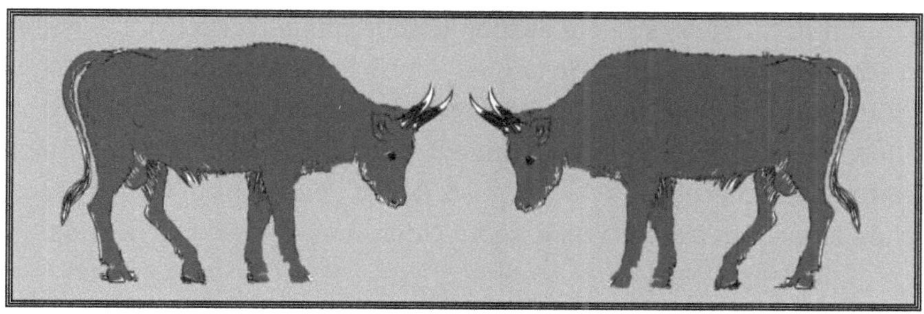

des hl. Markus; Michelangelo Buonarotti: Pietà; Johann Wolfgang von Goethe: Die Leiden des jungen Werther; Rosalie Köhler: Rübezahl und seine Schwestern; Marie-Catherine d'Aulnay: Prinzessin Eselshaut; Jeanne-Marie Leprince de Beaumont: La belle et la bête; Emmanuel Schickaneder: Die Zauberflöte; Jeremias Gotthelf: Ueli der Pächter; Alexandre Dumas: Der Graf von Monte Christo; Hans Christian Andersen: Die kleine Meerjungfrau; Johanna Spyri: Heidi; C.S. Lewis: Narnia Teil 1; Ottfried Preussler: 3 persönliche Geschichten im Rübezahlbuch, Friedrich Dürrenmatt: Der Besuch der alten Dame…uvm.

Wie kommt man bloß auf die Idee, alles seitenverkehrt, rückwärts und gefaltet zu erzählen?

Mögliche Gründe für die Spiegelungen

Wie Sie mittlerweile wissen, bilden die Sagen den Weltenbaum ab. Wenn Sie Bilder aus der Zeit Homers betrachten, so sind auf den prächtigen Keramikkunstwerken die Farben immer spiegelverkehrt, die Figuren sind schwarz und der Hintergrund ist hautfarben. Aber wenn Sie sich in der Natur umschauen, werden Sie feststellen, dass auch der Sonnengott Apollon genau so malt und nicht anders. Vielleicht hatte man nun Angst, es könnte einem ergehen wie Marsyas, der es gewagt hat, etwas besser machen zu wollen als der Sonnengott. Oder aber es war ein Hinweis.

Die Sagen verfügen im Idealfall über die gleiche Symmetrie wie der Weltenbaum: Die Erdoberfläche bildet den Übergang zu einer kopfstehenden Spiegelwelt. Auch hat der Baum sowohl eine Sonnen- wie auch eine Schattenseite. Diese Symmetrie verlangt aber auch von den Dichtern, dass die Sagen in jede Richtung nach Möglichkeit eine wahre Begebenheit berichten; nur wenige Beispiele weichen von diesem hohen Ideal ab. Da die Wurzel aussieht wie ein Spiegelbild der Krone, wundert es uns auch nicht, wenn alles, was über Geisterkönig Aïdoneus geschrieben wurde, auf dem Kopf steht: Dass er immerzu schlafe, in der Unterwelt nichts mitkriege, brummig sei, wütend werde, wenn man seinen Namen ausspreche[424], dass er Angst vor seinen Brüdern habe und bloß einen einzigen heiligen Hain besitze, nur um ein paar Beispiele zu nennen. Man braucht aber lediglich hinauszugehen, um festzustellen, dass der Wind nie schläft, durstig ist und immerzu Party macht mit den Bäumen. Wer Schamanismus praktiziert, erfährt außerdem, dass der Geisterkönig alles weiß, gerne hilft und sehr freundlich ist. Doch all die Rückwärtsgeschichten über Aïdoneus könnten ihre ursprüngliche Idee auch darin haben, dass Mimameid immer und immer wieder seine Spule abgewickelt hat. Wollten sich die Mysten vor Verfolgung schützen? Die Weltgeschichte

[424] Auch hier ist es umgekehrt: Wenn man etwas nicht beim Namen nennen kann, heißt das, dass man nicht Bescheid weiß. Also sollte man fragen. Hat man eine Frage an die Geister, so muss diese laut ausgesprochen werden.

zeigt, dass dies keine unbegründete Sorge ist, die Römer zum Beispiel ließen Bacchanten im großen Stil hinrichten, auch Karl der Große ließ die heidnischen Sachsen zu Tausenden abschlachten. Nicht jeder Kirchenvertreter dürfte über die hier vorliegende Lesart der heiligen Schrift erfreut sein. Und doch erklärt gerade dies ihre Heiligkeit: Die Drehungen lehren uns die Sprache der Geister und Götter. Denn die Geister nutzen die hier vorgestellten Codes, um mit uns in Verbindung zu treten. Indem die Mysten immer wieder die gleichen Geschichten neu spiegelten, ergänzten sie die Sprache mit neuen Begriffen und sie blieb auf dem neusten Stand. Liest man die biblische Geschichte vom Turmbau zu Babel[425] gespiegelt, so erfährt man, wie der Weltenbaum und die Geister versuchen, eine Sprache zu erschaffen, welche für Seher der ganzen Welt gültig ist und funktioniert. Es ist die Geschichte vom Beginn dieses gewaltigen, weltenumspannenden Literatur- und Sprachprojekts.
Letztlich geht es nicht um die Mythen, sondern darum, die Codes weiterzugeben und zu lernen, um dann mit deren Hilfe wiederum die Bilder zu verstehen, welche die Geister uns zeigen. Möglicherweise nutzten die Mysten diese Sprache auch für telepathische Kommunikation, denn die Bildersprache ist universell und funktioniert völlig unabhängig von der Muttersprache des Schamanen. Aus diesem Grund ist das Register am Ende dieses Buches das wichtigste Kapitel, denn es eröffnet uns einen Weg neu, den unsere indoeuropäischen Ahnen tausende von Jahre lang beschritten. So sei hier das letzte Kapitel in diesem Sinne auch das erste.

[425] Genesis, 11.11, 9 Verse.

Drehen und spiegeln ist ein Spiel, das immer variiert, die Paarungen ergeben sich meist aus der narrativen Logik. Doch fehlt jeglicher Hinweis, so müssen Sie auf diese Paare zurückgreifen. Sie sind Konvention und werden im Verlaufe der Zeit auch modernisiert. Die vorliegende Liste wird laufend erweitert.

Register der häufigsten Spiegelpaare

A

Absicht Wagen
Achaier Horen
Alles nichts
Amazonen Geister mit Königin
Anfang Kopf
Anschauen sich zeigen
Apfel göttliche Macht
Aphrodite Demeter
Apollon Geisterheer
Artemis Tiergeister
Atem Aïdoneus
Aufessen Vereinigung
Aufspießen Sex haben
Auge geben sichtbar machen
Augenhöhle, leer unsichtbar
Auge nehmen unsichtbar machen
Auserwählter Rebe/Traube

B

Baden verbluten
Bandage Schicksalsfaden
Baum Mast
Bär Frost; Mimameid, die ihren Kummer in sich hineinfrisst und krank wird
Baum Weltenbaum Mimameid
Baumgeist Satyr
Bekommen opfern
Berg Versteck
Berühmte Helden Geister, die Aufmerksamkeit wollen
Beten ausrasten/durchdrehen
Bild, Bildnis von der anderen Seite betrachten, spiegeln
Blau[426] rot
Blinder Seher unsichtbare Schicksalsgöttin
Blume Weltenbaum
Blumen im Garten Hagelwolke (Zeus und Persephone)
Bock Ziege, einsame Mimameid
Bogen Schicksalsspule
Boot Seele
Boot verlassen Seelenteil abspalten
Bote Dieb/Entführer
Braun[427] weiss/farblos
Brot Wein
Brille, mit unsichtbar
Buch Schicksal (Mimameid)

---

[426] Die Farbe Blau bedeutet: tot, Tod, Sackgasse, unwichtig
[427] Die Farbe Braun ist mit Gewalt, Lärm und handfesten Dingen verbunden.

C
Chimäre Kehrwert der einzelnen Wesen (vgl. Sphinx, Zahlen)
D
Delphin feindlicher Geist
Demeter Aphrodite
Demeter Eber/Keiler/Schweine
Dieb Bote
Drache Weltenschlange/Zeit
Dreifuß Weltenbaum Mimameid
Durchdrehen beten
E
Eber Demeter
Einäugig zeitweilig unsichtbar
Eine/r/s die Vielen
Eisen geistig
Eltern Ehefrau
Ende Fuß
Entführer Bote
Entmannung Initiation
Erde Luft/Atem/Sturm
Erhalten, zurückerhalten opfern
Erhöhen in den Tod stürzen
Ertrinken vertrocknen/verdursten
Esel mit wertvoller Last Hagelwolke
Esel Zeus/Wolke/Regen
Essen, zu Essen geben verhören
F
Fackel Löffel
Farblos braun
Fell Seele
Fels Geist
Fenster Durchgang in andere Welt
Fenster, hindurchblicken suchen
Feuer[428] Wasser
Fisch Jungfrau
Flöte, gespielt Aïdoneus und Mimameid als Paar, Leben und Atem
Flöte, aus Knochen, verflucht Tarnhelm
Flügel Loch
Flügel, Gestalt mit unberechenbarer Bote
Fluss, überqueren in die Unterwelt gehen
Frau, Ehefrau Eltern
Frau mit Schere Totengöttin
Freiheit Fesseln
Frosch Vermittler zwischen den Welten
Fuchs listiger Weltenbaum/Pfau
Fuß Ende
G
Gärtner Zeus
Gebären Töten
Gebet, das Gelöbnis/Versprechen
Gefangen gelöchert
Gefängnis Krug
Geflügelt unfassbar
Geist Stein/Fels

428 Bei den Elementen muss beim Drehen auch nach Ausschlussverfahren vorgegangen werden: Welche fehlen?

Geist, feindlich Fisch mit sichtbaren Zähnen
Geisterheer Apollon/Sonne/Licht
Geistig aus Eisen
Geld Hera/Verantwortung
Gelöchert unter Kontrolle/gefangen
Gewand Text, Geschichte
Gnade Schicksal
Gold Hagel
Goldesel Hagelwolke
Goldig/gülden schwarz
Goldschatz Hagel
Grab Ursprung
Gral Weltenbaum
Gruft von Geistern umgeben
Gürtel Weltenschlange/Zeit
H
Hagel Gold
Hagel Persephoneia
Hagelwolke Esel mit wertvoller Last
Hagelwolke Goldesel
Hahn, einer Seelen der vielen Toten (Vögel)
Hälfte Pobacken
Haus auf Insel Körper im Kochtopf
Haus im Wald göttlicher Leib in der Unterwelt
Haus, hineingehen sterben
Haus Körper
Heilen (ver)urteilen
Heiler Richter
Heirat Verbannung
Hemd Text, Geschichte
Hera Persephoneia
Hermes Prometheus
Hirsch Zeus
Hirte König
Holz Weltenbaum (und alles, was dieser codiert)
Horen Achaier
Hund zorniger Weltenbaum/Hagel
I
Initiation Entmannung
Ins Haus gehen sterben
Insel Kochtopf (Mutterschoss der Göttin, Ursprung)
J
Jaguar Seelenteil von Aïdoneus
Johannes/Hänschen/Hans Mimameid
Jungfrau Fisch
K
Kampf Frieden
Katze Seelenteil von Aïdoneus
Keiler Demeter
Kein/e/r/s alles
Kelch Weltenbaum Mimameid
Kentaur Pflanzengeist
Kikeon[429] Wein
Kind (Ehe)Mann
Kleider Texte, Geschichten
Knochen Rüstung/Panzer
Kochtopf Insel
Kopf Anfang
König Hirte
Körper Haus
Körper Tempel

429 Gerstenmischgetränk

Kraut (das vom Tod heilt) Weltenbaum
Krebs Ziegenfisch
Krieg Frieden
Krug Gefängnis
Kuh Hera/Verantwortung/Geld
L
Lang rund
Leben Weltenbaum
Lebendig rot
Lebensgeist Mänade
Lehrer Weinstock
Lernen trinken
Licht Geisterheer
Loch Flügel
Löffel Fackel
Löwe Seelenteil von Aïdoneus
Lyra Schamanenschicksal
M
Mänade Lebensgeist
Mann, Ehemann Kind
Mast Baum
Mantel Tarnung
Meer Nachthimmel
Mitte Pobacken
Mittig unten
Moiren Persephone
Mühle Hagel
Müller zornige Mimameid/Hagel
Musen, die Weltenbaum Mimameid
Mütze Tarnhelm
Mutter Sohn
Myrmidonen/Ameisenkrieger Verstorbene
N
Namen, verschweigen Frage/Bitte laut aussprechen
Nachthimmel Meer
Nichts, kein/e/r/s alles
O
Oben überall/drumherum
Offen versiegelt/verschlossen
Opfer Erhalten, zurückerhalten, bekommen, wiederbekommen
Orakel Schicksal
P
Perle(n) Donnerkeule
Persephoneia Hagel
Pfau Fuchs
Pfeil Blitz
Pferd Zeus/Wolke/Regen
Pferde, vier, Sturmrosse Windrichtungen/Sturm
Pflanze, die vom Tod heilt Weltenbaum
Pflanzengeist Kentaur
Python Aïdoneus
Pobacken Mitte/Hälfte
Prometheus Feuergott
R
Räuber Bote/Überbringer, Feuergott
Rebe Auserwählter
Regen Pferd, Hirsch
Rennfahrer Schlangenträger
Richter Heiler/Myste
Ringen schmusen
Rot[430] blau

---

[430] Rot ist die Farbe des Lebens und der Lebenden

Rund lang
Runen Blick in die Zukunft, Vision
Rüstung/Panzer Knochen
S
Sähen (aus)sprechen
Sand Luft/Atem/Sturm
Säule Weltenbaum
Satyr Baumgeist
Schädel Ende und Anfang
Schädelzaun das Vergessen (beim Übergang)
Schafe, die der eine Gleichgestellte
Schicksal Orakel/Faden/Tuch/Text
Schiff Seele
Schlafend eins mit Urmutter/in der Geisterwelt sein
Schlange mit Kraut Zeus mit Donnerkeule
Schlange Stier
Schlangenträger Rennfahrer
Schlüssel Attribut von Aïdoneus
Schmusen Ringen
Schneider Totengöttin
Schreiben das Schicksal bestimmen
Schriftzeichen Vision, Blick in die Zukunft
Schütze, Meisterschütze Zeus
Schwarz gülden/goldig
Schwarze, der Aïdoneus
Schweine, die Demeter
Schwert Blitz
Seele von Aïdoneus Löwe/Katze/Jaguar
Seher, blind unsichtbare Schicksalsgöttin
Sex Verbünden mit Geist
Sisiphos[431] Toter, der es nicht wahrhaben will
Sklave König
Sohn Mutter
Sonne Geisterheer
Sphinx zerfetzter Aïdoneus, bewacht von Zeus und Hermes
Spiegel Anweisung
Spiegel nochmal lesen, umgekehrt
Spindel Schicksal (Mimameid)
Spinne Schicksalsgöttin Mimameid
Spinnen (Verb) das Schicksal bestimmen
Stadt Körper von Aïdoneus
Stechen Sex haben
Stein Geist
Steinverlies von Geistern umgeben
Sterne Hera/Verantwortung
Stier Aïdoneus
Stier Schlange
Sturm Aïdoneus
Sturmrosse, vier Löwe
Stürzen, in den Tod erhöht werden

---

[431] Dies gilt auch für Tantalos. Tote haben keinen Hunger mehr. Sisiphos ist in der Drehung jener Seelenteil, der verhindert, dass der Rest seiner Seele (der Stein), den Tartaros verlässt und Frieden findet, indem er ihn immer wieder runterzieht.

Suchen durchs Fenster blicken

T

Tarnung Mantel/Hut/Schleier

Tautropfen Donnerkeule

Tempel Körper

Teufel durchschauen und erkennen![432]

Text Schicksal/Leben (Mimameid)

Tiergeister Artemis

Tochter Vater

Tochter, einzige Allvater

Topf mit Wasser (Mutterschoß) Insel

Tot blau

Töten gebären

Totenbinde Schicksalsfaden

Totengöttin Schneider/Frau mit Schere

Traube Auserwählter

Trinkbecher Weltenbaum Mimameid

Transportmittel[433] vefolgen/beabsichtigen

Trinken lernen

Tuch Schicksal/Leben (Mimameid)

Tür, geschlossen kein Weg

Tür, offen Wächter

Turm Weltenbaum

U

Überall, rundum oben

Unfassbar geflügelt

Unten mittig

Unwichtig blau

Ursprung Grab

Urteilen heilen

V

Vater Tochter

Verbannung Heirat

Verbluten baden

Verbinden mit Geist Sex/Aufessen

Verhören zu Essen geben

Verlies von Geistern umgeben

Versiegelt offen

Versteck Berg

Vertrocknen ertrinken

Verurteilen heilen

Vielen, die der/die/das Eine/r/s

Vögel, viele Verstorbene

Vogel, sich in einen verwandeln sterben

W

Wagen verfolgen/beabsichtigen

Wächter Tür, Weg

Wald, hineingehen in die Unterwelt gehen

Wasser durchschreiten in die Unterwelt gehen

Wasser Feuer

---

432 Hinter dieser Gestalt verbirgt sich konsequent immer jemand Neues. Wer oder was, muss in jeder Geschichte herausgefunden werden. Hinter die Dinge zu blicken, ist eine tägliche Herausforderung. Es ist aber genauso wichtig, Verteufeltes unvoreingenommen genau anzuschauen und erst dann zu urteilen (heilen).

433 Egal, ob Wagen, LKW, Auto. Nicht Zug/Eisenbahn!

Wassermann Löwe
Weben das Schicksal bestimmen
Weg Wächter
Wein[434] Brot, Kikeon
Weinstock Lehrer
Weiss[435] braun
Weissagung, Orakelsprung Schicksal
Weiss-rot-schwarz Mimameid
Weltenschlange/Zeit Drache
Widder Waage (der Gleichgestellte)
Wind Erde
Wolf zorniger Weltenbaum/Hagel
Wolken Blume
Wolke Pferd
Wort, das Zeus
Wort, geflügelt Wort

Z

Zähne böse Worte, Streit
Zeus der Gärtner
Ziege Eber/Bock/traurige Mimameid
Zorniger Weltenbaum Fuchs/Hund/Wolf
Zweiglein Donnerkeule
Zwilling Verdoppelung

[434] Bedeutet Aïdoneus
[435] Weiss steht für Frieden und wichtig

Zahlen

Aus zwei Hälften bestehend zwei Ganze[436]
Aus drei Dritteln bestehend drei Ganze[437]
→ es gilt bei Brüchen der Kehrwert
1 (mit Artikel) die Vielen
1 (Zahl) Spiegelzahlen: 2, 8
2 *der* Eine
3 Dreifaltigkeit, Hinweis auf Mimameid, Spiegelzahl: 4
4 dem Schutzgeist und Demeter heilig, Spiegelzahl: 3
5 Zahl der Aphrodite
7 immer und überall, alles ist Teil von allem
8 eins[438], Apollon heilig
9 Dreifache Dreifaltigkeit: Mimameid, Spiegelzahl: 10

[436] Schneewittchen: Königin überreicht Apfel mit zwei Hälften: Goldene Hälfte: Götterkraft; rote Hälfte: Leben; Gift: Heilung. Aïdoneus bekommt von Mimameid das Leben und zusätzliche göttliche Kraft zurück, wird vom Fluch geheilt.
[437] Beispiel: Sphinx mit Menschenkopf, Löwenkörper und Flügeln, die Stadt bedroht: Zeus, Löwe und Hermes, die den Körper von Aïdoneus beschützen
[438] Beispiele: Die Spinne hat acht Beine, der Weltenbaum eines. Das einhufige Pferd bei Homer ist dasselbe wie der achtbeinige Sleipnir: Zeus und Persephone vereint als Hagelwolke.

10 Vollkommenheit, die Zahl, die alles enthält[439]. Spiegelzahl: 9
12 das Offensichtliche
13 Schicksal, Mimameid
14 Heilige Zahl des Aïdoneus und der dionysischen Mysten; 3 mal in den Himmel geschrieben: Differenz zwischen Mond- und Sonnenjahr; Tage zunehmender Mond, Tage Abnehmender Mond. (Deswegen wurden auch 14 Sternbilder geschaffen).
24 2 mal 12: Das eine Offenbarte
42 3 mal 14: Dreifaltiger Aïdoneus; Anzahl Sonnentage, die nach drei Jahren zu viel sind im Mondkalender (Troja: 42 Achaierkönige);
50 Wochenzahl des Mondjahres, Artemis heilig
51 Wochenzahl des dionysischen Kalenders, ehrt sowohl den Sonnengott, wie auch die Mondgöttin
52 Wochenzahl des Sonnenjahres, Apollon heilig
100 Perfektion, Vollendung[440]
153 Dreimal 51, drei Normaljahre. Die Zahl ist Mimameid heilig
Riesige Zahlen wie sechstausend, siebentausend sind viele, bedeuten also der/die/das Eine

[439] Die Zahl Zehn enthält laut Pythagoras alle in der subjektiven und objektiven Realität erkennbaren Gegensätze: begrenzt-unbegrenzt; ungerade-gerade; Einheit-Vielheit; rechts-links; männlich-weiblich; Ruhe und Bewegung; gerade-gebogen; hell-dunkel; gut-böse; Quadrat-Rechteck.

[440] Aïdoneus wird mit 100 Pfund Salbe zusammengeflickt. Nachdem er geheilt, initiiert, mit seinem Schicksal vereint wurde, ist er einfach perfekt.

Wer den Weltenbaum erklimmen möchte, um die Botschaften zu erhalten, der lese die Geschichte von Ixion im Spiegel und erwecke die acht glühenden, sich immerzu drehenden Räder.

Nur ein Myste des Dionysos ist in der Lage, sich dem Minotaurus zu stellen und den Rückweg aus dem Labyrinth der Totengötter zu finden. Den Auserwählten wurde dieser Weg vor langer Zeit in den Faden gesponnen.
Sie sollten sich jedoch nicht unbewaffnet auf den Weg machen.
Rüsten Sie sich mit dem Schild des Achilleus.

Käfer in der Tiefkühltruhe

Andreas Müller

Impressum:
„Käfer in der Tiefkühltruhe"
erschienen 2/2020
Goldstaub Verlag

Text: Dr. Andreas Müller
Umschlag: Andreas Müller, Layout & Druck: Goldstaub Verlag
ISBN: 978-3-96200-330-2
€ 14,90

Käfer in der Tiefkühltruhe

Anekdoten und Interessantes aus dem Leben eines Entomologen

von

Andreas Müller

Meinen Eltern, die mich immer in meiner Liebe zu Insekten unterstützt haben, und für meine Freundin, die so lange schon meine Leidenschaft und die damit verbundenen Umstände toter Tiere in der Wohnung (und Tiefkühltruhe) geduldet, aber auch gefördert hat. Dr. Martin Sorg, Heinz Schwan und Werner Stenmans, die durch ihre unermüdliche Arbeit den Stein bezüglich der Untersuchung des „Insektensterbens“ ins Rollen gebracht haben und damit ins Bewusstsein der Öffentlichkeit.

Inhalt

Vorwort

Ich bin Entomologe, nein, kein Etymologe (diese beschäftigen sich mit der Herkunft von Wörtern) und kein Ethnologe (das sind Völkerkundler), auch wenn das in Zeitungsartikeln gerne mal verwechselt oder falsch buchstabiert wird. Entomologen sind Insektenkundler, die sich mit den sechsbeinigen Tierchen befassen, die ganz allgemein eher als lästig oder schädlich empfunden werden, wenn es sich nicht gerade um Schmetterlinge oder Honigbienen handelt – Letztere sind nicht erst seit der Biene Maja beliebt. Als Entomologe ist man ein einsamer, in muffigen Kammern unter spärlicher Beleuchtung über Kästen mit unzähligen toten Insekten hängender Sonderling – so ist die Ansicht vieler Mitmenschen.

Weit gefehlt, Entomologen arbeiten in enger Zusammenarbeit mit staatlichen Behörden, Universitäten und Umweltverbänden. Die Zeiten, dass man sich im Kreise eingeweihter Kollegen gegenseitig lateinische Namen an den Kopf geworfen hat und jeder den anderen mit immer „besseren" Insektenfunden aus seiner Sammlung übertreffen wollte, ist lange vorbei. Eine Insektensammlung mit Belegtieren und genauen Fundortdaten anzulegen, ist für einen gewissenhaft arbeitenden Entomologen unerlässlich (siehe auch das Kapitel „Die Insektensammlung"). Die Zeiten des Sammelns um des Sammelns willen, ähnlich einer Brief-markensammlung, ist lange vorbei.

Aber zurück zu meiner Person. Ich habe die Liebe zu den heimischen Insekten im zarten Alter von etwa zehn Jahren entdeckt. Das verdanke ich meinen Eltern, selber keine naturwissenschaftlich vor-gebildeten Menschen, die mir durch zahlreiche Urlaube in Deutschland ermöglicht haben, unsere heimische Insektenwelt zu erkunden. Dabei habe ich erst einmal, wie so manches Kind in diesem Alter, alles eingesammelt, was mir vor die Füße kam. Käfer, Schmetterlinge, Spinnen, Asseln und Schneckenhäuser verschwanden in so mancher Schachtel, wo sie oft vergessen wurden und erst nachdem ein seltsamer Geruch durchs Kinderzimmer wehte, wieder zum Vorschein kamen. So manches Schneckenhaus war doch nicht so leer und Spinnen halten sich nicht so gut, wenn sie nur genadelt werden. In Ermangelung von entomologischem Zubehör wurden die ersten Insekten – schnell hatten sich bei mir die Käfer als Lieblingsgruppe herauskristallisiert – auf Stecknadeln in Zigarrenkisten oder festeren Pappkartons verstaut, wobei Schokoladenkartons ideal waren, was zwangsweise zu erhöhtem Schokoladenkonsum führte. Leider hat kein „Präparat“ aus dieser Zeit bis heute überlebt, viele Tiere sind einfach verschimmelt oder zerfallen.

Auch in der näheren Umgebung meiner Heimatstadt Krefeld ging ich auf Exkursion. Meinen ersten großen Käfer, ein Gelbrandkäfer (*Dytiscus marginalis*), fischte ich zusammen mit meinem Vater und meiner Schwester aus einem Teich in Krefeld, damals ging das noch ohne große Ausnahmegenehmigungen. Große Teile eines Nachbarortes bei Krefeld, Tönisvorst genannt, waren braches Bauland, das an riesige Felder und Obstplantagen grenzte. Als junger Bub habe ich hier zahlreiche Insektenbeobachtungen gemacht. Grabwespen waren auf der Jagd nach Spinnen und Insekten, die sie dann als Lebendnahrung für ihren Nachwuchs in Löcher im Boden gezogen haben. Libellen flogen umher auf der Suche nach Nahrung, deren Larven in nahegelegenen Tümpeln zusammen mit unzähligen Kaulquappen lebten. Ich kann mich noch erinnern, wie der Sommerflieder, wenn ich bei meiner Oma vom Balkon in den Hof geblickt habe, voll mit Schmetterlingen aller Arten war, Admirale, Distelfalter, Tagpfauenauge, Kleiner Fuchs, Zitronenfalter, Weißlinge und viele mehr, weshalb der Flieder wohl auch den Namen „Schmetterlingsflieder“ trägt. Heute kann man froh sein, wenn sich zwei oder drei Tagpfauenaugen an einer Pflanze aufhalten.

Etwa zu dieser Zeit entstand auch der Spitzname „Karlchen Käfer“, den mir mein Vater gab. Die Älteren erinnern sich vielleicht an das Lied „Karl der Käfer“ von der Gruppe Gänsehaut aus dem Jahre 1983. Ich war auf einer Montessori-Gesamtschule, die zusätzlich zum regulären Unterricht mehrere Stunden pro Woche die sogenannte „Freiarbeit“ anbot, in der Inhalte von Fächern, in denen man Schwierigkeiten im Unterricht hatte, noch mal intensiviert werden konnten und sollten.

Statt Mathe oder Deutsch zu pauken, habe ich lieber den Schulteich gepflegt oder das Terrarium im Klassenraum aufgebaut. Den Noten tat das nicht so gut, aber ich hatte meinen Spaß, wurde jedoch von meinen Klassenkameraden wegen meiner Liebe zu Insekten als komischer Kauz angesehen. Wenigstens konnte ich zu Mädchen sagen: „Möchtest du meine Käfersammlung sehen?“ – eine Briefmarkensammlung hatte ja jeder.

So waren dann auch im Alter von 18 bis 20 Jahren die „zweibeinigen Käfer“ viel interessanter und das Hobby Insektenkunde schlief erst einmal in den Schubladen meines Zimmers.

Mit etwa 21 Jahren entdeckte ich irgendwann beim Aufräumen in einer Schublade Teile meiner alten Sammlung, natürlich in einem sehr schlechten Zustand. Mit dem Biologiestudium hatte ich mittlerweile auch begonnen, sodass der Zeitpunkt ideal war, mein altes Hobby wieder aufleben zu lassen. Dies sollte jetzt natürlich nicht so „dilettantisch“ angepackt werden wie in meiner Kinderzeit. Also machte ich mich kundig, Internet gab es zu dieser Zeit noch nicht, also ab in die Bibliothek. Ich lernte, dass es spezielle Nadeln für Insekten gibt und dass man Insekten nicht nur nadeln, sondern auch auf Papp-Plättchen kleben kann, damit die Beine und Fühler nicht abbrechen. Gefangene Insekten landeten, falls ich sie nicht am nächsten Tag präpariert habe, zur weiteren Aufbewahrung in der Tiefkühltruhe (daher der Titel des Buches). Ich nutze hier die Gelegenheit, meiner Mutter dafür zu danken, dass sie es still geduldet hat, wenn Insektenleichen neben den Lebensmitteln gelagert wurden. Aber wie ich schon oben schrieb, meine Eltern unterstützten meine Liebe zu Insekten – zumindest so lange, bis sich eine lebendige Feldgrille, die ich zwischenzeitlich gezüchtet hatte, unter den Kühlschrank verirrte und ständig zirpte. Das hatte ein wenig von Mittelmeerflair, nur halt nicht für meine Mutter und schon gar nicht in der Wohnung. Da wurde mir nahegelegt, mich nur auf präparierte Insekten in Schaukästen zu beschränken.

Es vergingen dann noch mal ein paar Jahre, bis ich von einem Entomologischen Verein in meiner Heimatstadt Krefeld las, der sich regelmäßig im Krefelder Umweltzentrum traf. Mit dem damaligen Vorsitzenden nahm ich Briefkontakt auf – E-Mail gab es damals noch nicht – und ging dann im Jahre 1996 zu meinem ersten Treffen mit anderen Gleichgesinnten. Bis heute bin ich Vereinsmitglied im Entomologischen Verein Krefeld und mittlerweile zum Vorsitzenden gewählt worden. Aus dem anfänglichen Hobby ist eine wissenschaftliche Arbeit geworden, die ich zwar nicht beruflich, aber mit dem gleichen Engagement betreibe, wobei es mir die Käfer besonders angetan haben und seit einigen Jahren – manche mögen jetzt die Nase rümpfen – die Wanzen.

Dieses Buch soll dem Leser in erster Linie Unterhaltung und Freude bieten, wenn Sie dann auch noch etwas Neues über die faszinierende Welt der Insekten erfahren, umso schöner. Insekten können ohne uns Menschen leben, wir aber nicht ohne Insekten.

Zum Schluss noch ein paar Worte des Tierfilmers und Naturforschers Sir David Attenborough, die ich am Ende meiner Einleitung ganz passend finde:

„Die Welt ohne Menschen könnte überleben, aber ohne Insekten nicht. Die Erde wäre mit Dung und Aas übersät, Blumen würden nicht bestäubt, Vögel und Reptilien hätten keine Nahrung, der Boden wäre unfruchtbar. Insekten leben nur wenige Zentimeter von unseren Füßen entfernt und werden meist missachtet, es wäre aber besser, sich öfter an sie zu erinnern." (Aus der DVD „Verborgene Welten – Das geheime Leben der Insekten", 2005).

Düsseldorf im Dezember 2019

Dr. Andreas Müller

Was ist ein Insekt?

Dieses Kapitel soll nur eine kurze Übersicht über die Merkmale eines Insektes geben, da es ansonsten den Rahmen dieses Taschenbuches sprengen würde.

Insekten (Klasse *Insecta*) haben, wie ihr deutscher Name Kerbtiere, also „eingeschnittenes Tier" schon so treffend sagt, einen dreigeteilten Körper aus Kopf (Caput), Brust (Thorax) und Hinterleib (Abdomen). Außerdem haben Insekten immer sechs Beine, was sie beispielsweise von den Spinnen mit acht Beinen und den Krebstieren mit zehn Beinen unterscheidet. Einige Insekten besitzen Flügel, wie Libellen, Fliegen oder Käfer, andere sind ungeflügelt, wie Flöhe und Springschwänze.

Insekten sind die artenreichste Klasse aller auf der Welt lebenden Tiere. Beinahe eine Million Insektenarten sind bisher wissenschaftlich beschrieben worden, womit mehr als 60 Prozent aller beschriebenen Tierarten auf der Welt Insekten sind. In den tropischen Regionen der Erde wird noch ein Vielfaches an noch nicht beschriebenen oder entdeckten Insektenarten erwartet.

Das älteste, fossil erhaltene Insekt stammt aus dem Devon vor rund 370 Millionen Jahren. Das Tier bekam den Namen *Strudiella devonica*, hatte dreiteilige Mundwerkzeuge, sechs Beine und einen Hinterleib aus zehn Segmenten, allerdings waren keine Flügelansätze zu erkennen.

Insekten besitzen nicht wie wir Menschen ein inneres Skelett aus Knochen, sondern ein Außenskelett aus Chitin, das die inneren Organe umhüllt. Ihr Atmungssystem besteht aus größeren starren Röhren, die den Körper durchziehen und sich in immer feiner werdenden Röhrchen verästeln, die auch die Organe und Extremitäten, wie Flügel und Beine, durchziehen. Dieses System wird als Tracheensystem bezeichnet, ist innen mit einer dünnen, verstärkten Chitinhaut ausgekleidet und endet in Außenöffnungen, den sogenannten Stigmen, einfachen Löchern in der Außenhaut des Insektes. Infolgedessen ist der Atemvorgang bei Insekten, anders als beispielsweise beim Menschen, in erster Linie passiv. Zudem wird ein Luftaustausch durch Muskelkontrolle der Stigmen kontrolliert und eine erhöhte Muskelbewegung verstärkt die Ventilation, wie man es bei einem Maikäfer sehen kann, der vor dem Abflug „pumpt". Wasserbewohnende Insekten, wie Wasserkäfer oder Wasserwanzen, haben einen Bereich, der es ihnen durch eine spezielle Oberfläche ermöglicht, eine Luftblase an ihrem Körper zu halten, die Physikalische Kieme. Vor allem bei wasserlebenden Insektenlarven wird auf die Tracheenatmung vollständig verzichtet und der Sauerstoff wird stattdessen über Tracheenkiemen oder direkt durch die Haut aufgenommen.

Das Blutkreislaufsystem der Insekten ist ein offenes System aus einem mit Blut (der sogenannten Hämolymphe) gefüllten Hohlraum, in dem alle inneren

Organe liegen. Ein Rückengefäß pumpt die Hämolymphe durch den Körper und fungiert so als eine Art Herz. Die Hämolymphe ist, anders als das Blut der Menschen, farblos oder grünlich-gelb und transportiert das bei der Atmung entstandene Kohlendioxid, aber auch Proteine, Nährstoffe und Hormone durch den Körper.

Das Nervensystem wird nach seinem Aussehen als „Strickleitersystem“ bezeichnet und besteht aus einem paarigen Nervenstrang, der sich durch den Körper zieht und sich mehrfach, besonders im Hinterleib, verzweigt. Das Gehirn der Insekten ist ein größerer Nervenknoten, bestehend aus dem Ober- und Unterschlundganglion.

Die Verdauung erfolgt im Darmsystem der Tiere, das in drei funktionelle Abschnitte gegliedert ist, den Vorder-, Mittel- und Enddarm. Der Vorderdarm beginnt mit der Mundöffnung und besteht vor allem aus dem muskulösen Rachen (Pharynx), der über die Speiseröhre mit dem Mitteldarm verbunden ist, in dem die Verdauung der aufgenommenen Nährstoffe stattfindet. Hier leben bei sich von pflanzlichen Stoffen ernährenden Insekten Mikroorganismen, wie Bakterien oder Pilze, die die pflanzliche Zellulose abbauen. Die unverdauten Reste werden dann über den Enddarm ausgeschieden. Wichtige Strukturen der Nährstoff- und Exkretspeicherung sind die Fettkörper, die im Hinterleib der Insekten liegen und der Bildung von Fetten und Glykogen dienen.

Bis auf wenige Arten sind alle Insekten getrenntgeschlechtlich. Nur sehr wenige Arten sind Zwitter, also haben beide Geschlechtsmerkmale in einem Körper. Andere Arten pflanzen sich durch Jungfernzeugung (Parthenogenese), also ohne männlichen Geschlechtspartner, fort. Männliche Insekten besitzen in der Regel paarige Hoden im Hinterleib zur Spermienproduktion. Das Begattungsorgan wird Aedeagus genannt, befindet sich im letzten Hinterleibssegment und kann bei der Paarung nach außen gestülpt werden. Die weiblichen Insekten besitzen paarige Ovarien aus einem Büschel einzelner Ovarienstränge, den Ovariolen, in denen die Eizellen produziert werden. Die Ovariolen vereinigen sich und enden in einer unpaaren Vagina. Im Bereich der Vagina ist bei fast allen Insekten eine Spermiensammeltasche vorhanden.

Insekten leben in allen Lebensräumen und Gebieten der Erde, auch die Polargebiete, das Hochgebirge und sogar die Hochsee wird von Insekten bevölkert, wobei die größte Artenvielfalt in den tropischen Regionen der Erde existiert. Die meisten Insektenarten leben im Boden oder auf bodennahen Strukturen sowie auf und in Pflanzen. Andere Insekten, wie Flöhe oder Läuse, leben als Ektoparasiten auf Tieren oder dem Menschen, andere Insekten, wie die Dasselfliegen, leben sogar als Endoparasiten im Magen von Säugetieren.

Am Ende dieses Kapitels noch ein paar Worte zum Nutzen von Insekten. Insekten haben im Naturhaushalt vielfältige Aufgaben, so sind sie beispielsweise Bestäuber für Blütenpflanzen und Bäume. Etwa 90 Prozent aller Blütenpflanzen werden durch Insekten bestäubt. Führend sind hier Bienen und Hummeln zu nennen, aber auch Schwebfliegen, Schmetterlinge und Käfer bestäuben viele Blüten. Viele Insekten sind Nahrungsquelle für Vögel, Reptilien, Amphibien, Fledermäuse oder andere insektenfressende Säugetiere, wie Igel, Maulwurf oder Spitzmäuse. Als Recycler entsorgen viele Insekten, wie Mistkäfer, den Kot von Weidetieren, wie Kühen, Schafen oder Pferden. Die Honigbiene dient dem Menschen als Honiglieferant und ist in Deutschland nach Rind und Schwein das dritthäufigste Nutztier des Menschen. Auch in der Medizin und Forschung finden Insekten Verwendung. Bei offenen Wunden werden speziell gezüchtete Fliegenmaden in die Wunden gesetzt, die das schon abgestorbene (nekrotische) Gewebe in der Wunde fressen, ohne das gesunde Gewebe zu schädigen. Infolgedessen kann die Wunde besser und schneller verheilen. In der Genetik ist eines der bevorzugten Organismen die Taufliege *Drosophila*, an der viele genetische Mechanismen untersucht wurden und deren Genom vollständig entschlüsselt ist (siehe auch das Kapitel „Die Not mit den Fruchtfliegen“).

Nachdem somit ein kurzer Grundriss über den Körperbau von Insekten gegeben ist, kommen wir nun zum Anlegen einer Sammlung.

Die Insektensammlung

Meiner Meinung nach gehört eine Insektensammlung zu jedem wissenschaftlich arbeitenden Entomologen, auch wenn es nicht die eigene Sammlung sein muss. Da höre ich nun schon die Kritiker sagen: „Darf man denn Insekten töten, um sie dann in Kästen zu begraben?" Dazu sei gesagt, dass es oft unumgänglich ist, eine Insektensammlung anzulegen und dafür leider auch Insekten zu töten. Viele Insekten lassen sich nur am toten Tier, manchmal nur über ihre Genitalien, also ihre Fortpflanzungsorgane, oder andere Körperstrukturen unter dem Binokular bestimmen. Dies sollte aber nicht im Stile einer Briefmarkensammlung geschehen – Hauptsache, die Reihen in den Kästen sind voll –, sondern muss auf das „notwendige Maß" beschränkt sein. Dieses Maß ergibt sich in meinen Augen aus der Aufgabenstellung, die sich jeder Entomologe selbst gibt.

Wichtig ist außerdem, dass der genaue Fundort (in heutiger Zeit mit GPS-Koordinaten), der Finder und das genaue Datum auf einem Etikett notiert sind, welches unter das Insekt auf die Nadel geschoben wird. Ein weiteres Etikett enthält den Namen des Tieres mit Gattungsnamen, Artnamen und oft auch den Namen des Erstbeschreibers sowie den Namen des Bestimmenden und das Jahr der Bestimmung. Hierbei ist das Fundortetikett wichtiger, da es ein Beleg für das Vorkommen eines Insektes in einem bestimmten Gebiet ist, aber auch den Zeitpunkt des Fundes wiedergibt und damit der Nachwelt zum Vergleich dienen kann, wann das Insekt in einem Gebiet vorgekommen ist. Je genauer die Angaben auf dem Fundortetikett sind, desto besser. Angaben wie „Umgebung Krefeld im Jahr 2000“ sind da nicht zielführend, wie man sich vorstellen kann. Das führt auch zu Problemen mit alten Sammlungen aus den vorigen Jahrhunderten, da die Fundortangaben hier oft ungenau sind und dann historische Angaben in Veröffentlichungen nicht verwendet werden können. Belegtiere sind also als Nachweis für die Wissenschaft extrem wichtig, beispielsweise wenn aus einer Insektenart auf einmal zwei Arten gemacht werden oder eine Bestimmung bzw. das Vorkommen einer Art in einem Gebiet angezweifelt wird. Dann ist es gut, das Belegtier in einer Sammlung für eine Nachbestimmung zu haben.

Noch etwas zum Thema „Sammeln“. Lieber ist es mir, hier von der Untersuchung eines Gebietes zu sprechen, als vom Sammeln. Wenn dieses Gebiet kein Naturschutzgebiet ist, wird keine Ausnahmegenehmigung benötigt, wenn man nicht „besonders geschützte Arten“, die in Anlage 1 zum Bundesnaturschutzgesetz aufgeführt sind, mitnehmen möchte. Dies sind beispielsweise einige Schmetterlinge, Hautflügler (alle Bienen und Hummeln sowie einige Ameisen), Käfer (einige Großlaufkäfer, Ölkäfer, Bockkäfer und Rosenkäfer), einige Libellen und einige Heuschrecken. Wanzen sind nicht im Anhang aufgeführt. In der Regel sind diese geschützten Arten für deutsche Verhältnisse eher große und auffällige Insekten – so manches kleine Insekt mag hier auf der Liste fehlen.

Für Naturschutzgebiete benötigt man eine Ausnahmegenehmigung, was mit einem Verwaltungsakt seitens der zuständigen Behörden (oft Untere oder Obere Landschaftsbehörden) verbunden ist. Viele Menschen scheuen, hier einen Antrag zu stellen und so mancher Antrag wird nicht genehmigt aus oft nicht nachzuvollziehenden Gründen, die manchmal einfach nur willkürlich sein können. Ich selber muss jedoch sagen, dass ich bisher fast nur positive Erfahrungen gemacht habe, die beantragten Genehmigungen habe ich, manchmal mit Auflagen, bekommen.

Aber ist solch ein Verwaltungsakt für jeden Kreis oder jede kreisfreie Stadt nötig und für den Naturschutz zielführend? Ein Beispiel aus eigener Erfahrung:

Für eine Tagesexkursion mit interessierten Bürgern musste ich eine Genehmigung beantragen, dass diese Bürger (Kinder eingeschlossen) ein Insekt auch mal in die Hand nehmen dürfen, denn das Tier wird ja beunruhigt, wie es im Amtsdeutsch heißt, und das ist verboten. Aber wie soll ein Kind etwas kennenlernen und später schützen, was es nicht be-„greifen“ kann, also in die Hand nimmt, unter der Lupe betrachtet und dann wieder in die Natur entlässt? Zum Glück war ich im Besitz einer persönlichen Ausnahmegenehmigung für das Exkursionsgebiet und durfte so den Teilnehmern die Insekten zeigen und erklären, weshalb ich mir die Beantragung einer zusätzlichen Genehmigung für die Exkursionsteilnehmer für den einen Tag gespart habe.

Die Frage sei erlaubt: Ist es sinnvoll, wissenschaftlich arbeitenden Menschen, die die Insektenfauna und deren Status erfassen wollen, solche Hürden in den Weg zu legen, während der Landwirt auf dem Acker nebenan oder im Naturschutzgebiet selber ungeprüft Gülle oder Insektizide verwenden darf und so größeren Einfluss auf die Insektenfauna nimmt als jeder Insektenforscher?

Aber zurück zur Sammlung: Diese sollte an einem trockenen, dunklen Ort aufbewahrt werden, da viele Insekten durch das UV-Licht ausbleichen. Ideal sind natürlich luftdicht verschlossene Insektenkästen, die gegen Schädlingsbefall durch Museumskäferlarven und Milben mit Naphthalin oder Thymol „vergiftet“ werden.

Außerdem sollte man darüber nachdenken, seine Sammlung nach dem Tode testamentarisch einem Museum oder einem Verein zu vermachen, damit sie der Nachwelt erhalten bleibt und nicht, wie so manche Sammlung, von den Erben, die ihren Wert nicht erkannt haben, im Internet oder sonst wo verkauft wird. Viele Entomologen vermachen schon zu Lebzeiten ihre Sammlung Vereinen, damit diese nach ihrem Tod in die richtigen Hände kommt.

Nur durch eine gut gepflegte Sammlung können der Nachwelt, also besonders den heutigen Kindern, viele seltene Insekten zugängig gemacht werden und somit dafür gesorgt werden, dass sie die Insekten auch (wieder)erkennen, die sie später schützen sollen. Getreu nach dem Motto: „Warum soll ich etwas schützen und dessen Naturraum erhalten, wenn ich gar nicht weiß, wie es aussieht und welche Funktion es im Ökosystem hat." Leider sind heute viele Insektenarten nur noch in alten Sammlungen von Museen zu bewundern, andere Arten sterben aus, bevor sie jemals entdeckt und beschrieben werden konnten.

Entomologie einst und heute

Früher war alles besser. Das hört man häufig von älteren Entomologen, die schon jahrzehntelang in Sachen Insekten unterwegs sind. Wo man früher einfach in den Wald ging, um Bäume mit Dreschflegeln, Sägen oder Äxten zu bearbeiten, auf der Suche nach sogenannten Totholzinsekten, die in kranken oder sterbenden Bäumen leben, benötigt man heute dafür eine Ausnahmegenehmigung (siehe das Kapitel „Die Insektensammlung"). Diese ermächtigt zum „Fangen und Töten von Insekten sowie deren Wirtstieren und Wirtspflanzen". Ich denke, damit ist nicht gemeint, einen Rehbock mitzunehmen, auf dem sich eine Lausfliege niedergelassen hat, aber wer weiß das schon. So lautet zumindest der amtliche Wortlaut in vielen Genehmigungen.

Gehen wir noch mal zurück in die Vergangenheit zu den Dreschflegeln und anderen Werkzeugen. Es begab sich in den 1950er-Jahren, dass sich eine Rotte Entomologen verabredet hatte, ein nahegelegenes Waldstück im Sauerland aufzusuchen oder sollte man besser heimsuchen sagen, denn der Wald sah nach dem Besuch der Gruppe nicht mehr so aus wie zuvor, da die mitgebrachten Werkzeuge intensiv zum Einsatz gekommen waren. Irgendwann blieb einer der Entomologen stehen, schaute zu Boden und meinte: „Jungs, hier liegt ein Toter." Die vorher in alle Winde verstreute Gruppe sammelte sich langsam im Kreis um die Leiche. Anstelle betretenen Schweigens hörte man die ersten Kommentare: „Was meinst du, welcher Aaskäfer kommt zuerst – *Nicrophorus* oder *Thanatophilus*?“ So wurden auch schon die ersten Wetten abgeschlossen. Nach etwa einer Stunde Beobachtung überlegten sich die Männer, ob es nicht doch sinnvoll wäre, die Polizei zu rufen. Der jüngste und dynamischste Kollege wurde ausgewählt, zur örtlichen Polizei zu laufen, um den Schutzmann zu holen – Handys gab es damals noch nicht.

Jetzt stelle man sich das Bild vor, welches der hinzugerufene Schutzmann vorfand, 15 erwachsene Männer bewaffnet mit Äxten, Dreschflegeln und Sägen, die im Kreis um einen Toten standen und beteuerten: „Den haben wir schon so gefunden!“

Heute ist das Betreten des Waldes mit Äxten oder Sägen eher ungewöhnlich oder gar verboten, wenn man kein Forstarbeiter ist. Allenfalls die Handsäge oder das Entomologenbeil (ein Beil, das auf der einen Seite wie ein normales Beil aussieht und auf der anderen Seite seitlich abgeflacht ist) wird im Rucksack mitgeführt, damit man Rinde von toten Bäumen lösen oder kleine Äste zum Auszüchten von Insekten absägen kann. Natürlich sieht der Wald nachher noch genauso intakt aus wie zuvor, von wenigen toten, entrindeten Bäumen mal abgesehen. Man möchte ja nicht das Biotop zerstören, damit auch zukünftige Insektengenerationen noch ihren Lebensraum finden. Beim Einsammeln der Insekten wird sich üblicherweise auf das schon zuvor erwähnte „notwendige Maß“

beschränkt. Mir reichen beispielsweise ein bis zwei Käfer einer Art als Belegtiere für einen Fundort völlig aus (sofern ich sie direkt vor Ort bestimmen kann), der Rest soll weiterleben.

Die in früheren Jahren oft gesehene Unart zu sammeln, bis der Insektenkasten mit einer Art voll ist, ist heutzutage unangebracht und die allerwenigsten Entomologen vollziehen diese Art des „Sammelns um des Sammelns willen“ noch.

Heute arbeiten Entomologen oft mit Naturschutzverbänden, Behörden oder Ministerien bei der Erfassung der Insektenfauna in bestimmten Gebieten zusammen. Dabei liegt in den meisten Fällen der Untersuchung eine Fragestellung zugrunde, beispielsweise die Veränderung nach Renaturierung eines Gebietes oder der Status quo eines Naturschutzgebietes. Wenn wir vom Entomologischen Verein von Behörden oder Städten und Gemeinden beauftragt werden, arbeiten wir ehrenamtlich und wissenschaftlich an einem Auftrag. Die Untersuchung mündet dann in einem Bericht und oft auch in einer Empfehlung für Pflege- oder Veränderungsmaßnahmen. Alle nachgewiesenen Insekten werden in beschrifteten Plastikflaschen mit 80-prozentigem Ethanol in Kartons aufbewahrt. Dass dabei eine ganze Menge Material zustande kommt, kann sich jeder vorstellen, aber es lohnt sich, dieses zu archivieren, denn oft haben Nachuntersuchungen in alten Proben schon Erstaunliches zutage gebracht und so manche

Diplom- oder heute Bachelor-/ Masterarbeit wurde mit den Insekten aus dem Probenmaterial erstellt.

Der Schwerpunkt heutiger entomologischer Arbeiten liegt also eher in der Erhaltung und möglichen Verbesserung der Natur- und Umweltbedingungen, die Insektenarten für ihr Überleben benötigen. Dies ist gerade in Zeiten des „Insektensterbens“ extrem wichtig, denn die Aufbewahrung solcher Proben erlaubt den Vergleich, welche Insektenarten früher in Naturschutzgebieten vorkamen und heute eventuell verschwunden sind. Kennt man dann die genauen Lebensumstände eines Insekts (was leider selten der Fall ist), kann man Rückschlüsse darauf ziehen, was sich im Gebiet verändert hat und weshalb das Insekt nicht mehr nachweisbar ist. Leider finden nur wenige Insekten nach Renaturierungsmaßnahmen den Weg zurück in ein Gebiet, da durch die „Verinselung“ der einzelnen Naturschutzgebiete sich das nächste mögliche Rückzugsgebiet zu weit weg befindet, um eine Wiederbesiedlung zu ermöglichen. Oft gilt: Was einmal verschwunden ist, kommt auch nicht mehr wieder, und das betrifft in erster Linie die „Spezialisten“ unter den Insekten, die bestimmte Lebensräume und -umstände benötigen, und weniger die „Generalisten“.

Aus der ursprünglichen Sammlungs- und Bewahrungstätigkeit der Entomologen ist im Laufe der Zeit eine Untersuchungs- und Naturschutztätigkeit geworden.

Hummeln auf dem Golfplatz

Seit ein paar Monaten interessiere ich mich vermehrt für Hummeln. Diese pelzigen Tierchen sind schon echte Sympathieträger, und nachdem ich das Buch „Und sie fliegt doch“ (im Englischen „A sting in the tale“) von Dave Goulson gelesen habe, bin ich von den Hummeln fasziniert. Ich war also mitten in der Einarbeitung in diese interessante Gattung der Bienen, lateinisch *Bombus* – alleine der Name ist schon Programm –, als meine Freundin mich bat, mit ihr auf den Golfplatz zu gehen.

Nun sind Golfplätze mit dem kurz geschnittenen Rasen nicht das Idealbiotop für Insekten, wie man sich vorstellen kann, doch es gibt ja noch die Sandflächen, „Bunker“ genannt (ich dachte immer, die wären aus Beton und hätten bombensichere Decken), und die angelegten Teiche und Staudenränder, die das eine oder andere Insekt anlocken könnten. Also wurde das Golfbag geschultert, auf den Wagen gepackt und ich durfte mich als Caddie verdingen. Schon nach zehn Minuten blieb ich mitten auf der Fläche zwischen Loch 1 und 2 stehen und begutachtete den Rasen. Zumindest muss das so für das Pärchen Golfer ausgesehen haben, die mich seltsam ansahen. Natürlich habe ich nicht den Rasen begutachtet, sondern mitten in dem ach so schönen grünen Golfrasen wuchsen Kleepflanzen und diese lockten Honigbienen und Hummeln an. Diese Insekten waren die Objekte meiner Begierde und ich konnte mindestens drei Arten Hummeln beobachten – Ackerhummeln (*Bombus pascuorum*), Steinhummeln (*Bombus lapidarius*) und Erdhummeln (*Bombus terrestris* oder *lucorum*). Letztere bilden den sogenannten „lucorum-Komplex“, weil man hier nur die Königinnen und die Männchen im Feld eindeutig als Dunkle Erdhummel (*Bombus terrestris*) oder Helle Erdhummel (*Bombus lucorum*) bestimmen kann. Für die weiblichen Arbeiterinnen, die zu dieser Jahreszeit noch umherflogen, ist die Unterscheidung nur genetisch eindeutig möglich und ich hatte, wie man sich vorstellen kann, mein Labor nicht dabei, geschweige denn Alkohol zum Konservieren der Hummeln. Eigentlich hatte ich gar kein Gefäß dabei, was für einen richtigen Entomologen ungewöhnlich ist, da Entomologen immer irgendein Gefäß für den Fall mit sich herumtragen, dass ihnen ein Insekt vor die Füße fällt, das es mitzunehmen und zu Hause zu bestimmen gilt. In meinem Fall war es eine etwas ungewöhnlich gefärbte Hummel, und da ich, wie oben beschrieben, erst ein paar Monate „in Hummeln machte“, konnte ich diese Art vor Ort nicht genau zuordnen. Was blieb, war die Suche nach einem Gefäß.

„Hast du zufällig ein Gläschen dabei?“, fragte ich meine bessere Hälfte. Natürlich hatte sie kein Gefäß dabei. Praktisch veranlagt, wie sie ist, ging sie zum nächsten Mülleimer und fischte einen leeren Kaffeebecher heraus. „Reicht der?“, fragte sie. Ich antwortete: „Für die Hummel schon.“ Schnell wurde der Becher über die abflugbereite Hummel gestülpt und der Deckel aufgesetzt. Was ich leider nicht gesehen habe, waren die Kaffeereste im Becher, in denen meine Hummel jetzt „Freischwimmer“ übte.

Nun ging es weiter über den Golfplatz. Meine Freundin mit dem Golfwagen vorneweg und ich hinterher, was mir die Blicke anderer Golfer einbrachte, die sicherlich dachten, dass ich ruhig mal so höflich sein könnte, der Dame den Wagen mit all den schweren Golfschlägern zu schieben. Stattdessen blieb ich alle fünf bis zehn Minuten stehen und begutachtete den Rasen – zumindest sah das ja für Außenstehende so aus –, vielleicht wurde ich ja für einen Golfrasentester gehalten.

Ich setzte meine Hummeljagd in der Einflugschneise zwischen Loch 3 und Loch 4 fort. Dass ich in Gefahr war, wurde mir schlagartig bewusst, als der erste Golfball einen Meter neben mir auf dem Rasen aufschlug. Ich hätte vielleicht ein leuchtendes T-Shirt tragen sollen und mich nicht hinter einen Hügel begeben sollen. In leicht gebückter Haltung – es könnten ja noch weitere Golfbälle im Anflug sein – machte ich mich auf den Weg zu Loch 4, wo ich schon erwartet wurde. „Das war aber knapp“, war die lakonische Antwort meiner Freundin. „Was hast du denn da gemacht?“ „Hummeln beobachtet“, war meine Antwort. Da sie mich schon Jahre kennt, reichte diese Antwort als Erklärung vollkommen aus. „Sei aber vorsichtig, da hinten ist der Abschlag für Loch 3“, meinte sie noch. Das hatte ich mittlerweile auch schon bemerkt.

Weiter ging es zu den Löchern 5 bis 9, natürlich nicht ohne zwischenzeitliche Unterbrechungen auf der Suche nach entweder Golfbällen, wenn der Abschlag misslungen war, oder eben Hummeln.

Am Ende des Tages war die Ausbeute eine zu dieser Jahreszeit zugegebenermaßen häufige Steinhummel, die nur altersbedingt etwas heller gefärbt war und einen leichten Kaffeegeruch hatte.

Noch ein paar Worte zu Hummeln. In Deutschland gibt es aktuell 41 Arten, wovon sieben relativ häufig zu finden sind. Hummeln gehören zu den echten Bienen und bilden, mit Ausnahme der Schmarotzer- oder Kuckuckshummeln, Staaten aus Arbeiterinnen, Drohnen, einer Königin und zeitweise mehreren Jungköniginnen. Kuckuckshummeln dagegen nisten sich in bestehende Hummelnester einer anderen solitären Hummelart ein und übernehmen deren Staat, indem sie die artfremde Königin verscheuchen oder töten.

Es existiert die Ansicht, dass Hummeln nicht stechen können. Doch obwohl die Arbeiterinnen nur mit einem relativ schwach ausgebildeten Stechapparat ausgestattet sind, können sie mit ihrem Stachel gut zustechen. Dem Stich geht jedoch eine Abwehrreaktion voraus, bei der die Hummel ihr mittleres Bein in

Richtung des Angreifers hebt. Bei stärkerer Bedrohung dreht sich die Hummel auf den Rücken, streckt dann den Stachel in Richtung des Angreifers und brummt laut. Zieht sich dieser nicht zurück, kann es zu Bissen oder Stichen kommen. Beim Menschen kann der Stich durch das eingespritzte Gift schmerzhaft sein, verbunden mit einer lokalen Hautrötung, Juckreiz und einer Schwellung. Für Allergiker besteht die Gefahr einer schweren allergischen Reaktion. Im Gegensatz zur Honigbiene besitzt der Stachel einer Hummel keine Widerhaken und bleibt daher nicht in der Haut stecken. Verglichen mit Bienen oder Wespen stechen Hummeln eher selten und die Drohnen besitzen keinen Stachel.

Neueste Forschungen haben bei den Hummeln Erstaunliches zutage gebracht:

Hummeln lernen durch Beobachtung anderer Artgenossen ihnen völlig fremdes Verhalten wie Ballspielen für eine Belohnung. Die Forscher gaben den Hummeln eine Aufgabe, die mit ihrem natürlichen Verhalten rein gar nichts zu tun hat, sie sollten Ballspielen lernen. Bei den Experimenten sollten die Bienen einen winzigen, gelben Ball in eine Kreismarkierung auf einer Plattform rollen. Als Belohnung winkte eine leckere Zuckerlösung. Die Wissenschaftler brachten den Versuchstieren zunächst die richtige Lage des Balls bei, indem sie das Objekt dort gemeinsam mit dem Futter platzierten. Anschließend legten sie den Ball woanders hin und ließen dann das Futter in der Markierung weg.

Tatsächlich begriffen einige Hummeln irgendwann, dass sie den Ball selbst an die entsprechende Stelle (die Kreismarkierung) legen sollten, um Futter zu bekommen. Die „Ballsportprofis" unter den Hummeln wurden anschließend zu Lehrern und zeigten untrainierten, neuen Hummeln, wie das Ballspiel funktioniert. Diese beobachteten die zuvor ausgebildete Hummel bei ihrer Tätigkeit und erhielten gemeinsam mit ihr eine Belohnung. Eine zweite Gruppe Hummeln bekam die Technik dagegen demonstriert, indem unter der Plattform ein mit einem Magneten befestigter Ball zur richtigen Stelle geführt wurde. Auch hier waren die Hummeln durch bloßes Zuschauen in der Lage, die Technik selbst zu erlernen, auch wenn sie ihnen nicht von einer anderen Hummel gezeigt wurde. Allerdings war die Unterrichtsstunde mit einer echten Hummel als Lehrer deutlich effektiver als die Demonstration mittels eines Magneten. Noch beeindruckender war jedoch, dass die Hummeln es nicht bei der reinen Nachahmung des beobachteten Verhaltens beließen, sondern stattdessen das Gesehene auch auf neue Situationen übertrugen und es sinnvoll anpassten. So lösten sie die Aufgabe zum Beispiel genauso effektiv, wenn der Ball eine andere Farbe hatte oder an einer ungewohnten anderen Stelle lag. Das zeugt von einer erstaunlich großen kognitiven Flexibilität für ein Insekt und räumt nun endgültig mit der Vorstellung auf, dass Insekten wegen ihres kleinen Gehirns nur zu begrenzter Verhaltensflexibilität fähig sind und lediglich über simple Lernfähigkeiten verfügen – kluge Hummeln.

Eine weitere Untersuchung in Großbritannien ergab, dass sich genetisch weibliche Hummeln zu Männchen entwickeln können. Da in den letzten Jahren viele Hummelarten selten geworden sind, bilden die wenigen verbleibenden Populationen deshalb oft isolierte „Inselpopulationen", die meist nicht sehr groß sind. Wenn sich andere Hummelvölker in der Nähe befinden, begatten Männchen dieser Völker auch eine Königin aus einem anderen Nest. Sind die Hummelvölker jedoch zu sehr voneinander entfernt, paaren sich die Königinnen dann mangels „auswärtiger Partner" nur innerhalb ihres eigenen Volkes und damit mit ihren genetisch verwandten Partnern. Eine Inzucht bei gefährdeten Hummelarten kann dramatische Folgen haben: Normalerweise produziert die Hummelkönigin eine große Zahl von Töchtern, die als Arbeiterinnen Nektar und Pollen sammeln oder im Nest helfen, doch wenn sich die Königin mit einem verwandten Männchen paart, entwickeln sich viele der Nachkommen zu sterilen Männchen, obwohl sie genetisch gesehen weiblich sind. Da aber die Männchen, ähnlich den Bienendrohnen, keine Arbeit im Nest verrichten und ihre einzige Funktion die Fortpflanzung mit der Königin ist, kann dieser Geschlechtswechsel sogar das Überleben des Hummelvolkes gefährden. Diese Untersuchung zeigt, wie wichtig es ist, vorhandene Hummelpopulationen zu schützen, aber auch wieder neue Populationen anzusiedeln, damit es eine Chance für die Verbreitung der genetischen Vielfalt zwischen verschiedenen Hummelvölkern einer Art gibt und somit die zunehmende Inzucht vermieden wird.

Die Eisscholle oder Wasserkäfer im Winter

Irgendwann im Dezember rief mich ein Freund, der auch Entomologe ist, an und fragte mich, ob ich nicht mit auf Käferfang gehen wollte. Nun ist Dezember nicht der bevorzugte Monat, um Insekten im Freien zu suchen, doch auch im Winter finden sich viele Insekten unter Baumrinden, im Moos, im Laub (solange kein Schnee liegt) und auch im Wasser. Da Wasser bei 4°C die größte Dichte hat (wer in Physik aufgepasst hat, der weiß, dass dies die „Dichteanomalie des Wassers" genannt wird, weshalb auch Eis an der Oberfläche schwimmt), können die wasserbewohnenden Insekten unter der Eisschicht überleben.

Eben um diese Insekten ging es uns, insbesondere um Käfer und in meinem Fall um Wasserwanzen. Deshalb zogen wir uns warm an, schulterten die Wasserkescher und fuhren zum Egelsberg, einem Naturschutzgebiet in Krefeld. Wer den Egelsberg kennt, weiß, dass inmitten dieses Gebietes ein größerer Teich liegt, der zu dieser Jahreszeit komplett vereist war – damals gab es noch echte Winter. Die Eisdecke war jedoch nicht so dick, dass wir uns aufs Glatteis begeben hätten. Also versuchten wir mithilfe der Stöcke an unseren Keschern und am Uferrand liegender Steine, die Eisdecke an einer Stelle zu durchbrechen, wie Eskimos bei einem Robbenloch. Dies gelang nach einiger Zeit und wir stellten uns breitbeinig hin, einen Fuß an das eine und den anderen an das andere Ufer, den Kescher in der Mitte hin und her bewegend. Bald waren die ersten Erfolge in Form kleinerer Wasserkäfer und Ruderwanzen zu verzeichnen. Mit den Erfolgen stieg auch der Übermut und es wurde immer tiefer und heftiger gekeschert.

Dann kam ich auf die glorreiche Idee, die freigelegte Stelle vergrößern zu wollen. Dazu stand ich mit dem linken Bein am Ufer und balancierte mit dem rechten Bein in der Luft, um die freigelegte Eisscholle zu treffen und unter die Eisschicht zu schieben. Es war klar, wie das enden musste. Irgendwann verlor ich das Gleichgewicht und mit einem lauten „Sch…!“ rutschte ich bis zum Bauch in den eiskalten Teich. Nach kurzem Gelächter kam mein Kumpel zur Unfallstelle und zog mich raus. Vom Bauch abwärts pitschnass, die Gummistiefel randvoll mit kaltem Wasser und frierend stand ich am Ufer und der lakonische Kommentar meines Kollegen war: „Also ich würde die Hose ja ausziehen, dann frierst du nicht so.“ Gesagt, getan. Dem guten Ratschlag folgend, zog ich heldenhaft die Hose aus und stand in meiner ebenfalls pitschnassen Boxershorts am Ufer. An ein weiteres Keschern war natürlich nicht zu denken und so hatte die Wasserkäferjagd ein jähes Ende. In meiner Unterhose, so langsam am ganzen Körper zitternd, machte ich mich auf den Weg zum Auto.

Ein paar einsame Wanderer schauten mich mit befremdlichen Blicken an, nach dem Motto: „So warm für ein Bad ist es ja noch nicht.“ Wer weiß, was die beiden sich noch gedacht haben, wie sie mich in der Unterhose, in Gummistiefeln, den Kescher und die Hose geschultert aus dem Wald treten gesehen haben. Vielleicht, ob das ein neuer Fetisch sei? Letztendlich war ich froh, im warmen Auto sitzen zu können.

Vielleicht kommt von dieser Begebenheit auch mein eher geringes Interesse an Wasserkäfern oder -wanzen, wer weiß.

Insekten auf Leichen

Es war 2014 in Frankreich, als mein Entomologen-Kollege und ich auf einer Rinderweide auf eine tote Kuh stießen. Im ordentlichen Deutschland wäre das wahrscheinlich unmöglich gewesen, die Kuh wäre schon am selben Tage ihres Versterbens weggetragen worden. Aber in Frankreich ist das wohl anders, denn diese Kuh lag schon, wie am stark aufgeblähten Körper ersichtlich war, mehrere Tage in der prallen Sonne bei etwa 30°C. Nun hatte mein Kollege die Idee, die Kuh auf der Suche nach Aaskäfern oder anderen aasliebenden Insekten „auszuklopfen“. Ausklopfen meint genau das, was es beschreibt, ein Aas hochheben, ein Tuch darunter ausbreiten und mit einem Stock auf den Kadaver eindreschen. Bei der Kuh erwies sich das verständlicherweise als schwierig, aber mir kam noch etwas anderes in den Sinn, um meinen Kollegen von seiner Idee abzuhalten:

Was würde passieren, wenn die Kuh gerade im Moment, in dem wir diese auf Aasinsekten untersuchen, einfach explodiert? Der Geruch, den der Kadaver verströmte, war sowieso schon grenzwertig. Man stelle sich das vor, ein lauter Knall und es fliegen uns kiloweise Gedärme und Innereien um die Ohren. Weit und breit keine Wasserstelle zum Waschen und da es nur ein Trip für wenige Tage nach Frankreich war, kaum Kleidung zum Wechseln, und dann natürlich der Gestank.

Deshalb nahmen wir von dem Vorhaben Abstand und gingen unverrichteter Dinge unseres Weges, um dann gegen Abend auf ein totes Schaf zu stoßen, dessen Geruch uns angelockt hatte. Nicht dass dem geneigten Leser in den Sinn kommt, dass ohnehin schon seltsame Entomologen nun auch noch auf totes Getier stehen, doch viele Insektenarten leben nun mal an Kadavern. Aber wie ignoriert man den Geruch? Die einfachste Methode ist, sich mit dem Wind, so er denn weht, zu stellen. Das hilft meist nur begrenzt, da der Kadaver zum Ausklopfen ja angehoben werden muss und da bekommt man automatisch ein Näschen Aasgeruch mit. Eine andere Methode ist es, etwas Minzöl oder Ähnliches unter die Nase zu streichen – das Dumme ist nur, Minzöl hat man in der Regel unterwegs nicht dabei. Also die dritte Methode: Man stelle sich in den Wind und nimmt zwei bis drei kräftige Atemzüge durch die Nase, danach ist man gegen den Geruch immun oder man wendet sich ab, weil einem übel ist.

Welche Insekten besiedeln nun Kadaver? Das sind zuerst diverse Fliegenarten wie Schmeißfliegen (wie der Name beschreibt, ist es die Vorliebe der Fliegen, organische Stoffe zu beschmieren oder zu bestreichen, was im Althochdeutschen „schmeißen“ heißt) oder Goldfliegen (nomen est omen oder der Name ist Programm). Hiernach folgen Käferarten wie Aaskäfer, zu denen auch der Totengräber zählt (die einzigen Käfer, die Brutpflege betreiben und ihre Nachkommen füttern), und Speckkäfer (die auch von Präparatoren in

Museen zum Skelettieren von Kadavern eingesetzt werden).

Räuberisch lebende Käfer folgen dem Geruch des Aases, wie z.B. Kurzflügler (Familie *Staphylinidae*, bei diesen Käfern bedecken die Flügeldecken nicht wie bei den meisten anderen Käfern den Hinterleib, deshalb der deutsche Name) oder Stutzkäfer (Familie *Histeridae*, bei denen ebenfalls die letzten beiden Hinterleibsglieder unbedeckt sind). Diese Raubkäfer jagen Fliegenmaden und Käferlarven, aber auch andere Insekten. Nachdem der Kadaver skelettiert ist und das weiche Gewebe durch Maden zersetzt wurde, besiedeln weitere Insekten die Kadaverreste, wie Erdkäfer (Familie *Trogidae*), die, anders als der deutsche Name vermuten lässt, sich nicht von Erde, sondern von Keratin, welches sich beispielsweise in Haaren oder Fußnägeln befindet, ernähren. So sitzen diese Tiere dann in den Fellresten oder an den Knochen. Erst wenn alles zersetzt ist, bleiben nur noch die blanken, ausgebleichten Knochen über.

Die Besiedlung von Leichen durch Insekten macht man sich in der forensischen Entomologie zunutze. Der Begriff „Forensik“ bezeichnet dabei wissenschaftliche und technische Arbeitsgebiete, in denen kriminelle Handlungen systematisch untersucht werden. Er stammt vom lateinischen *forensis* „zum Forum, Marktplatz gehörig“ und geht darauf zurück, dass im antiken Rom Gerichtsverfahren und Urteilsverkündungen öffentlich auf dem Marktplatz durchgeführt wurden. Die forensische Entomologie ist also die Wissenschaft, die sich mit der Leichenliegezeit, der Todesursache und den Todesumständen aufgrund der Besiedlung durch Insekten befasst. Dabei spielen das Alter der Fliegenmaden und der Käferlarven, die an einer Leiche gefunden werden, eine entscheidende Rolle sowie der Verwesungszustand der Leiche. Bei so manchem Mord konnten die forensischen Entomologen entscheidende Hinweise auf einen Tathergang oder die Leichenliegezeit geben.

In den USA gibt es die sogenannten Body Farms, in denen wissenschaftliche Studien an menschlichen Leichen und deren Verwesungsprozessen unter freiem Himmel erfolgen. Diese Farms werden auch zur Ausbildung von Agenten des Federal Bureau of Investigation (FBI) genutzt, die dort einen Grundkurs in forensischer Entomologie absolvieren können.

Das Schlimmste, was ich in Bezug auf Gerüche oder besser Gestank je erlebt habe, war, als ich im Sommer 2012 in einem Waldgebiet auf einen Plastikeimer stieß. Ich staunte nicht schlecht, was ein Eimer mitten im Wald zu suchen hat und als ich den Deckel vorsichtig öffnete, kam mir ein fürchterlicher Gestank entgegen. Der Eimer war voll mit Fischen, die mindestens schon eine Woche in der prallen Sonne vor sich hin gammelten. So ähnlich muss wohl das schwedische Surströmming riechen, eine Spezialität aus vergorenem Hering, der in einer Konservendose, die sich aufgrund der entstehenden Gase nach außen wölbt, gelagert wird. Der Plastikeimer wölbte sich zum Glück nicht und mir sprang auch keine Welle toter Fische entgegen. Wie jeder gute Entomologe, der auf der Suche nach Insekten ab zu mit den Händen in toten Tieren oder auch in Kot wühlt, hatte ich zum Glück Plastikhandschuhe mit, die ich mir gleich über die Hände stülpte – „richtige“ Entomologen machen dies natürlich ohne Handschuhe. Wer aber jetzt meint, dass die Handschuhe mich vor dem Fischgeruch gerettet haben, weit gefehlt. Meine Hände haben noch Tage danach „leicht fischig“ gerochen.

Aber zum ersten Mal in meinem Leben habe ich einen Aaskäfer (*Necrodes littoralis*) in Anzahl gefunden, der gerne an Fischkadavern sitzt und bei denen die männlichen Käfer verdickte Hinterschenkel haben, was sehr schick aussieht. Das hat mich letztendlich für den üblen Geruch entschädigt.

Kotuntersuchungen

Dass Insekten nicht nur auf Blüten oder an Bäumen sitzen, sondern auch an nicht so schönen Orten wie Leichen wurde ja schon im vorherigen Kapitel beschrieben. Kommen wir also nun zu den kotbewohnenden Insekten. Hierzu vorab wieder mal eine wahre Begebenheit.

Auf der Suche nach koprophilen (kotliebenden) oder koprophagen (kotfressenden) Käfern waren zwei Kollegen und ich mal wieder auf einer Kuhweide unterwegs. Um die Käfer nicht mit den Fingern anpacken zu müssen, hatten wir Plastikhandschuhe und einen Exhaustor dabei. Ein Exhaustor ist ein Gefäß zum Einsaugen kleinerer Insekten mittels Unterdruck. In das Gefäß führen zwei Gummischläuche, einer für das Aufsaugen der Insekten, der andere zum Ansaugen mit dem Mund. Damit man nicht eine Portion Proteine in Form von Insekten in den Rachen bekommt, was mir nach Verwechselung der Schläuche, als sie noch die gleiche Länge hatten, oftmals passiert ist, sollte der Ansaugschlauch mit einem Netz oder Gitter versehen sein.

Folgendes Schauspiel bot sich dann den irritierten Wanderern, die vorbeikamen:

Mein Kollege saß mit seinem Exhaustor, einen Schlauch im Mund, den anderen in den Kuhfladen getaucht, am Wegesrand und saugte mit einem fröhlichen Gesicht, aufgrund der reichhaltig gefundenen Kotkäfer, diese ein. Die Mienen der beobachtenden Wanderer wechselten innerhalb von wenigen Sekunden von leicht verwundert über stark irritiert bis hinzu Ekel. Als ich dann noch zu meinem Kollegen meinte: „Wenn du dann mit Mittagessen fertig bist, kommst du nach“, meinte ich, sanfte Würgegeräusche bei einem der Wanderer gehört zu haben. Auf jeden Fall suchten sie schnellstmöglich das Weite.

Dabei hat Rinder- oder Pferdekot im Gegensatz zu Hundekot oder gar Menschenkot, vorausgesetzt der Mensch ist kein Vegetarier, eher einen Geruch von vergammeltem Heu, was es eigentlich streng genommen auch ist. Hundekot dagegen stinkt erbärmlich, was jeder weiß, der ihn schon mal an den Schuhen in das Auto oder die Wohnung getragen hat. So findet man an Pflanzenfresserkot viele schöne Insekten, wie glänzend blau-schwarze Mistkäfer, rot, braun oder schwarz gefärbte Dungkäfer, aber auch viele kotbewohnende Wasserkäfer (diese Käfer gehören in die Familie der Wasserkäfer, auch wenn sie dort nicht leben). Räuberische Käfer, wie die schon erwähnten Kurzflügler und Stutzkäfer (siehe das Kapitel „Insekten auf Leichen“), jagen im Kuhfladen auf der Suche nach Insektenlarven umher. Einer unserer größten Kurzflügler lebt auch am Rande der Kuhfladen. Er ist goldgelb und schwarz-weiß behaart, wie der deutsche Name „Behaarter Kurzflügler“ schon ahnen lässt, und ich frage mich jedes Mal, wenn er aus einem

Kuhfladen krabbelt, warum das Tier so sauber ist, während die anderen Käfer, wie Dung- oder Mistkäfer, sich regelmäßig mit Kot beschmutzen. Aber an dem Behaarten Kurzflügler klebt kein Stäubchen. Ein lustiges Schauspiel sind auch die vielen Mistkäfer, die einen Teil des Kotes zu kleinen Kügelchen rollen, sich damit vom Fladen entfernen, um den Kot in der Erde zu vergraben und ihre Eier daran zu legen.

Ein besonderer Geselle ist der Stierkäfer, auch ein Mistkäfer, bei dem die Männchen – nomen est omen – drei hornartige Auswüchse am Halsschild haben. Die Käfer findet man auf sandigen Böden, wo sie sich von Kaninchenkot oder Schafskot ernähren. So manches Gebiet ist übersät von kleinen, kreisrunden Löchern, in die die fleißigen Tierchen ihren Kot eintragen und ihre Eier ablegen. Die Larven leben, man ahnt es schon, von Kot.

Wenn Sie also demnächst jemanden mit einem Schlauch an einem Pferde- oder Kuhhaufen saugen sehen, wundern Sie sich nicht, sondern wünschen Sie ihm guten Fang, es könnte ein Entomologe sein.

Maikäfer am Leuchtturm

Der Anlockung von fototaktisch positiven (d.h. vom Licht angelockten) Insekten dienen Leuchttürme. Das sind keine rot-weiß geringelten Bauten, wie man sie von der Küste kennt, sondern Ständer mit verschieden starken Lampen mit sichtbarem Licht, Schwarzlichtröhren, aber auch UV-Lichtlampen. UV-Licht ist für unsere Augen unsichtbar, Insekten reagieren jedoch auf Licht dieser Wellenlänge. Um die Lampen hängt man dann einen Vorhang aus dünner Gaze (z.B. Gardinenstoff), an den die Insekten dann fliegen und abgesammelt werden können.

So werden von den unterschiedlichen Lampentypen die verschiedensten Insekten angelockt, fototaktisch-negative Insekten werden nie an einem Leuchtturm gefunden. Auch ein einfaches Bettlaken – vielleicht kein gestreiftes oder geblümtes Laken, sondern ein möglichst helles –, an das man einen Ständer mit einer Lampe montiert, kann als Lichtfalle dienen.

In einer warmen Frühsommernacht oder Spätfrühlingsnacht, je nach Sichtweise, im Mai haben Entomologie-Kollegen und ich beschlossen, dass es Zeit für einen Leuchtabend ist. So ging es zu einem nahegelegenen Biotop, von dem man sich die besten Erfolge versprach. Der Leuchtturm wurde aufgebaut, der Generator für den Strom angeworfen und die Picknick-Stühle aufgestellt. Dann hieß es warten auf die ersten Insekten. Da meine Kolleginnen (ja, es gibt auch weibliche Entomologen oder heißt das Entomologinnen?) und Kollegen in erster Linie an Schmetterlingen interessiert waren, konnte ich mir in aller Ruhe die wenn auch in geringer Anzahl auftretenden Käfer und in noch geringerer Anzahl die Wanzen ansehen. Auf einmal brummte ein größeres Insekt neben meinem Kopf und „schlug" am Turm ein. Es war ein Waldmaikäfer, wie ich anhand der Fühler erkannte ein großes Weibchen. Weibliche Maikäfer haben fünf kleinere Fühlerblätter, die Männchen sieben größere Fühlerblätter, für Laien am besten im Vergleich zu sehen, wenn auch dafür zwei Maikäfer benötigt werden, die auch noch unterschiedlichen Geschlechts sein müssen. Im Laufe der Zeit machte ich mir einen Spaß daraus, die Maikäfer vom Turm abzusammeln, da sie aufgrund ihrer Größe und ihres unruhigen Fluges viele kleinere Insekten vom Turm vertrieben, was ihnen den Unmut meiner Schmetterlingsfreunde einbrachte. „Kannst du die Maikäfer nicht mal entfernen, die stören nur", war oft zu hören. Also fing ich die Käfer schon im Anflug, damit sie erst gar nicht an den Turm kamen. „Schon wieder ein Maikäfer!" und „Noch ein Maikäfer!", so schnellte meine Hand immer wieder hervor, bis es dann passierte.

Es war erneut ein Brummen in der Luft zu hören, meine Hand schnellte, begleitet von dem Kommentar „Und noch ein Maikäfer!" hervor und schloss den vermeintlichen Käfer ein. Das ging etwa 30 Sekunden gut, bis ich meine Hand ruckartig öffnete, da mich eine

Hornisse gestochen hatte. Im Gegensatz zu Bienen verbleibt der Stachel nicht in der Haut und die Hornisse kann ihn wieder einziehen. Auch soll der Hornissenstich weniger schmerzhaft sein als ein Bienenstich, was mir in der momentanen Situation aber nicht weiterhalf – es tat halt weh und die Hand wurde immer dicker. Ich hatte auch keinen Vergleich, da ich zwar als Kind schon mal von mehreren Wespen gestochen worden bin (eine ähnlich blöde Aktion, bei der ich mit einem Stöckchen in einem Bodenloch herum gebohrt habe, was die Bewohner und speziell die Wächter-Wespen nicht toll fanden), aber noch nie von einer Hornisse. Keine Sorge, ich bin zwar ein wissenschaftlich interessierter Mensch, aber nicht so dumm, mich jetzt zum Vergleich von einer Biene stechen zu lassen.

Natürlich hat man am Leuchtturm kein Eis dabei oder Zitronen oder gar Zwiebeln, die als alte Hausmittel bei Insektenstichen helfen sollen, obwohl das mittlerweile wieder umstritten ist. Also hielt ich die Hand ersatzweise in einen nahegelegenen Tümpel, was die Schwellung nicht wesentlich beeindruckte. Es war klar, der Leuchtabend war für mich gelaufen und ich machte mich eher einhändig fahrend – es war auch ausgerechnet die rechte Hand, was ideal für einen Rechtshänder in einem Auto mit Schaltgetriebe ist – auf den Weg nach Hause und zum Eisfach.

Am nächsten Morgen konnte ich meine Hand genau genommen gar nicht krümmen, die Finger sahen aus wie kleine rötliche Thüringer Rostbratwürste und fühlten sich auch so warm an. Was blieb, war der Gang zum Hausarzt, die Symptome waren klar und zur Arbeit zu gehen, daran war nicht zu denken. Ich meldete mich also krank und erzählte etwas von „bei der Gartenarbeit habe ich ein Gebüsch zusammenbinden wollen und bin dabei von einer Hornisse gestochen worden“ – die Wahrheit wäre einfach zu peinlich gewesen und die Blöße wollte ich mir nicht geben. Die Lehre, die ich daraus gezogen habe, ist, erst schauen und dann zugreifen und nicht alles, was am Leuchtturm brummt und fliegt, ist ein Maikäfer. Nach fünf Tagen konnte ich dann wieder eine Gabel halten.

Zu den Hornissen sei noch gesagt, dass sie in der Regel friedliebende Tiere sind. Das konnte ich selber auf Zypern erleben, als ich vor einem Loch mit einem Hornissenbau mit meiner Kamera kniete und aus 25-30 cm Entfernung möglichst hübsche und natürlich bildfüllende Portraitaufnahmen der Wächterinnen am Nesteingang machte. Nach einiger Zeit irritierte mich ein merkwürdiges Brummen, etwa einen Meter von meinem Hinterkopf entfernt, wo etwa 30 Hornissen, in deren Einflugschneise ich mich offensichtlich befand, im Schwirrflug waren. Gaaaanz vorsichtig, ich war ja alleine auf weiter Flur und wieder mal ohne Zitrone, Eis etc. unterwegs, zog ich mich vom Einflugloch zurück. Solch ein Erlebnis zeigt, wie friedlich diese Insekten sind. Einzig ein Schlag gegen das Nest oder das Nichteinhalten einer gewissen Distanz zum Nest provoziert einen Angriff. Solch eine Aktion würde ich bei keinem Wespennest machen, die Wächter hätten mich direkt „am Wickel“.

Der unangenehmste Stich oder besser Biss eines Insektes war für mich der einer Grundwanzenlarve, die gerade mal fünf Millimeter groß war. Grundwanzen leben, wie es der Name schon vermuten lässt, am Boden fließender sauberer Gewässer. Dabei kommen sie, anders als andere wasserbewohnende Insekten, zum Atmen nicht mehr an die Oberfläche, da sie an der Bauchseite des Hinterleibs eine Gaskieme (Plastron) besitzen, also einen Luftfilm, der sie zur Atmung unter Wasser befähigt. Dieses kleine Tierchen, das ich aus meinem Wasserkescher holte und in meine offene Hand legte, meinte, sich verteidigen zu müssen und biss mich mit dem Rüssel in die Handfläche. Sofort stellte sich ein stechender Schmerz ein. Zum Glück haben Grundwanzen kein Gift, welches sie injizieren können, aber der Speichel reicht auch aus, um zu einer kleinen schmerzhaften Schwellung zu führen. Nach etwa 20 Minuten verging dann auch dieser Schmerz. Nicht nur Grundwanzen, auch Raubwanzen können gut beißen, wenn sie sich bedroht fühlen, wie ich auf einer anderen Exkursion schmerzhaft feststellen musste, nachdem sich eine Raubwanze zwischen T-Shirt und Kragen meiner Weste verfangen hatte. Es entstand eine etwa mückenstichgroße Schwellung am Hals, die nach 15 Minuten zurückging und auch von einem Freund fotografisch festgehalten wurde. Wann wird man schon mal von einer Wanze gebissen – mit

Ausnahme von Bettwanzen in gewissen Jugendherbergen und Hotels.

Zum Schluss sei noch gesagt, dass die wenigsten Insekten stechen können. Nein, Libellen stechen nicht, auch Heuschrecken können nicht stechen, allenfalls beißen, wie ich aus eigener Erfahrung mit dem Großen Heupferd weiß. Alleine die meisten Hautflügler (Bienen- und Wespenartige) können stechen, aber auch viele Fliegenartige, wie die allseits bekannten und ungeliebten Bremsen und Mücken.

Die Insektenstich-Schmerz-Skala

Nachdem wir schon im vorigen Kapitel Insektenstiche kurz angesprochen haben, soll das Thema noch einmal vertieft werden. Ich denke, fast jeder Mensch ist im Laufe seines Lebens einmal von einem Insekt gebissen oder gestochen worden. Dies kann weniger schmerzhaft im Falle von Mückenstichen (der Stich selbst wird ja nicht bemerkt, sondern nur das unangenehme Jucken nach dem Stich) bis zu schmerzhaft im Falle von Hornissen- oder Bienenstichen sein. Wie ich zuvor schon erwähnt habe, war für mich der schmerzhafteste Stich der der kleinen Grundwanzenlarve. In meinen mittlerweile über 50 Jahren bin ich schon von vielen Insekten gestochen worden, wie unzähligen Mücken und Kriebelmücken, in meiner Jugend von mehreren Wespen gleichzeitig, von einer Hornisse, von Honigbienen und von einer Raubwanze (siehe vorhergehendes Kapitel).

Schmerz ist immer etwas Subjektives. So haben manche Menschen ein starkes Schmerzempfinden, während andere viel ertragen können. In der Medizin wurde eine Schmerzskala entwickelt, ein Versuch, den Schmerz zu bestimmen oder zu quantifizieren, was nicht ganz einfach ist. Diese sogenannte vergleichende Gesichtsskala nach Hicks besteht aus zehn Stufen, wobei diese von sechs bis zehn Gesichtern (oft in Form von „Smileys“) begleitet werden, angefangen von einem lachenden Gesicht über ein ernstes Gesicht bis hin zu einem heftig weinenden Gesicht.

Ein US-amerikanischer Insektenforscher namens Justin O. Schmidt hatte die Idee, eine Schmerzskala nach Insektenstichen zu entwickeln, den „Schmidt-Stichschmerz-Index“ (im Original „Schmidt Sting Pain Index“). Nach eigener Angabe wurde Schmidt im Laufe seines Lebens von über 150 verschiedenen Insektenarten aus aller Welt gestochen und ordnete die Stiche nach ihrer Intensität grob in vier Stufen ein, wobei jede Stufe noch weitere Unterteilungen in Form von Nachkommastellen bekam. Insekten, deren Stich keine Schmerzen verursacht, wurden nicht berücksichtigt. Im Jahre 2015 wurde Schmidt sogar für seine Skala mit dem Ig-Nobelpreis (der für kuriose Forschungsergebnisse verliehen wird) ausgezeichnet, den er sich mit seinem Kollegen Michael J. Smith teilte, der sich an 25 Stellen seines Körpers stechen ließ, um zu ermitteln, an welcher Stelle ein Bienenstich am schmerzhaftesten ist – also einem echten Masochisten. Bienenstiche in den Oberarm, die mittlere Zehe des Fußes und sogar in den Kopf empfand Smith als am wenigsten schmerzhaft. Diese Stellen ordnete er auf seiner eigenen Skala, die Zahlenwerte von 1 bis 10 hatte, allesamt im unteren Bereich bei gerade einmal 2,3 ein. Sehr viel unangenehmer seien da ganz andere Körperstellen wie ein Stich ins Nasenloch, für den Smith eine glatte 9,0 vergab, dicht gefolgt von der Oberlippe mit einer 8,7. Im Mittelfeld rangieren Smith zufolge Stiche in die Kniekehlen und den Nacken.

Natürlich ist die folgende Schmerzskala nach Schmidt nicht repräsentativ, da sie von einer einzigen Person durchgeführt wurde. Auch wurden Insektengiftallergien, die durch Insektenstiche ausgelöst werden, nicht berücksichtigt.

Schmidt-Stichschmerz-Index im Detail:

- Stufe: 1,0

Schmerz: Leicht, flüchtig, fast fruchtig. Als ob ein winziger Funke ein einziges Haar auf dem Arm ansengt

Insekt: Blutbienen, Furchenbienen

- Stufe 1,2

Schmerz: Scharf, plötzlich, etwas beunruhigend. Als ob man über einen Flokatiteppich läuft, sich statisch auflädt und einen elektrischen Schlag bekommt

Insekt: Feuerameisen

- Stufe 1,8

Schmerz: Ein seltener, stechender, irgendwie hoher Schmerz. Als ob jemand eine Heftklammer in deine Wange schießt

Insekt: Knotenameisen

- Stufe 2,0

Schmerz: Reichhaltig, herzhaft und heiß. Als ob W. C. Fields eine Zigarre auf deiner Zunge auslöscht

Insekt: Kurzkopfwespen, Wespe (*Dolichovespula maculata)*

- Stufe: 2,X

Schmerz: Wie ein abgebrochener Streichholzkopf, der

auf deiner Haut abbrennt

Insekt: Honigbienen, Hornissen

- Stufe: 3,0

Schmerz: Ätzend, brennend und unerbittlich. Als ob jemand einen Bohrer benutzt, um einen eingewachsenen Zehennagel freizulegen oder man einen Becher mit Salzsäure über eine Schnittwunde schüttet

Insekt: Ernteameisen, Feldwespen

- Stufe 4,0

Schmerz: Heftig, blendend, furchtbar elektrisch. Als ob jemand einen laufenden Haartrockner in dein Schaumbad fallen lässt

Insekt: Tarantulafalke *(Pepsis formosa)*

- Stufe 4,X

Schmerz: Reiner, intensiver, strahlender Schmerz. Als ob man über glühende Kohlen läuft und dabei einen sieben Zentimeter langen, rostigen Nagel in der Ferse stecken hat

Insekt: 24-Stunden-Ameise

Dieser Index ist sicher – auch für einen Entomologen – nicht zur Nachahmung zu empfehlen.

Die Laufkäferinvasion oder wie man es als Entomologe ins Fernsehen schafft

Angefangen hat alles damit, dass wir Mitglieder des Entomologischen Vereins Krefeld einen Anruf bekommen haben, dass auf einem Grundstück in einem Neubaugebiet in Krefeld sich massenweise Käfer entwickeln und in die umliegenden Häuser wandern. Das war natürlich ein interessanter Fall für uns. Also gingen ein Kollege und ich die Familie, welche uns kontaktiert hatte, besuchen, um uns ein Bild von der „Käfer(p)lage" zu machen. Eine junge Frau öffnete uns die Tür und führte uns auch gleich im Haus herum, um die Käferinvasion zu präsentieren. Zum Glück waren es tatsächlich Käfer und keine Wanzen, sodass wir die aufgebrachte Frau erst mal beruhigen konnten, wenn auch nur für kurze Zeit. Den Käfer konnten wir vor Ort schon als Rotbeinigen Haarschnellläufer oder auch Acker-Schnellläufer (*Harpalus [Syn. Pseudoophonus] rufipes*) bestimmen. Dieses Tier lebt in Gärten, auf Äckern und auf Wiesen mit Lehmboden, und genau diesen Lebensraum fanden wir in dem Neubaugebiet auf einer zentralen Wiese auch vor. Allerdings werden die Käfer immer nur recht vereinzelt gefunden, hier aber kamen sie in Massen vor. Der Käfer ist jedoch kein Schädling und für den Menschen ungefährlich. Allerdings war die Lebensqualität der Anwohner dieser Wiese deutlich eingeschränkt, da sie jeden Morgen Hunderte Käfer aus ihren Wohnungen entfernen mussten, und natürlich kam die Verwendung von Gift, wie von der jungen Frau in ihrer Panik vorgeschlagen, natürlich nicht infrage, da in Sichtweite ein Kinderspielplatz war und auch Hunde auf der Wiese ausgeführt wurden. Der Entomologische Verein wurde um Hilfe gebeten, aber was konnten wir tun?

Für unsere Untersuchungen mit Bodenfallen zur Aufsammlung von bodenbewohnenden Insekten benutzen wir Dachrinnen, die an den Seiten verschlossen werden und in deren Mitte ein Loch gebohrt wird, unter das eine Plastikflasche mit 80-prozentigem Alkohol gestellt wird. Genau das war die Lösung. Wir gruben an allen Mauern und Zäunen um die Wiese herum Dachrinnenfallen ein und bestückten diese mit Alkoholflaschen. Aufgrund der Verdunstung mussten die Alkoholflaschen jede Woche gewechselt werden, aber da wir bereits vermuteten, dass die Laufkäfer in wenigen Wochen verschwinden würden, da ihre Lebenszeit begrenzt ist, war der Aufwand gering. Ich dachte mir, wir werden wohl von der Sache nichts mehr hören, bis wir in einigen Wochen die Dachrinnenfallen wieder abbauen. Weit gefehlt, drei Tage später erhielten wir einen Anruf, wir mögen doch bitte noch mal in das Neubaugebiet kommen. Als wir dort ankamen, stand schon ein Kamerateam des Westdeutschen Rundfunks (WDR) vor Ort auf der besagten Wiese und filmte schon die ersten Käfer und Anwohner, genau in dieser Reihenfolge. Mein Kollege hatte sich in der Zwischenzeit genauer mit der

Lebensweise des Rotbeinigen Haarschnellläufers beschäftigt, deshalb schlug ich vor, dass er sich als Insektenexperte, als welche wir dem Kamerateam vorgestellt wurden, vor die Kamera stellt. Er erklärte die Lebensumstände des Käfers und dass er nicht schädlich für Leib und Leben sei – nur eben zurzeit ein Lästling für alle Anwohner. Das würde sich aber in wenigen Wochen geben und momentan könne man eben dagegen nicht viel machen (eine fatale Aussage, wie sich später noch herausstellen sollte).

So weit, so gut. In der Zwischenzeit untersuchte ich die Dachrinnenfallen auf Dichtigkeit und überprüfte die Alkoholflaschen. Da wurde es auf einmal hell hinter mir und eine Stimme sagte: „Jetzt schauen Sie mal nicht in die Kamera und beantworten mir mal bitte ein paar Fragen." Vollkommen unvorbereitet, ich hatte das Reden ja lieber dem Kollegen überlassen, wurde ich zu den Fallen und der Fangausbeute befragt – leider fielen meine Antworten auch genauso unvorbereitet aus, wie man einen Tag später in der „Aktuellen Stunde" des WDR sehen konnte. Das war aber nicht das Highlight des Beitrages, denn die 15-minütige Befragung meines Kollegen wurde auf die simple Tatsache „Da kann man momentan nichts machen!" zusammengestrichen – das nennt man wohl „Pressefreiheit". Dass diesem Satz Erklärungen und Beschwichtigungen auf die Fragen der Anwohner vorrangegangen waren, interessierte die Berichterstatter wohl überhaupt nicht. Tatsächlich war nach drei weiteren Wochen der Spuk vorbei und auch im nächsten Jahr blieb eine erneute Käferinvasion aus.

Dass solche Käferinvasionen gerne ein Thema für die lokale Presse und das Fernsehen sind, besonders in der „sauren Gurkenzeit“, zeigt sich darin, dass wir eines Abends im Mai angerufen wurden, weil sich an einer efeubedeckten Häuserwand in Krefeld Tausende Marienkäfer und deren Larven sammelten. Der Käfer wurde schon von den Bewohnern des Hauses richtig als Asiatischer Marienkäfer (*Harmonia axyridis*) bestimmt, einem Neueinwanderer, der aus Gewächshäusern in den Niederlanden entkommen ist (siehe auch das Kapitel „Insekten als Neubürger“). Ein Kollege und ich fuhren also zu dem besagten Haus und uns erwartete eine 20-köpfige Menschenmenge nebst Kamerateams des WDR. Einige Anwohner hatten sogar Bilder mit dem Asiatischen Marienkäfer aus dem Internet ausgedruckt und diese als Poster aufgehängt. Anders als im vorhergehenden Fall waren die Bewohner hier gut informiert und nur verwundert über die Käfermassen an ihrer Häuserwand, aber nicht beunruhigt. Erneut ließ ich meinem Kollegen den Vortritt bei der Beantwortung der Fragen des Kamerateams und diesmal erschien kein Licht hinter mir und ich wurde in Ruhe gelassen. Zugegebenermaßen hatte ich noch nie zuvor solche Massen des Asiatischen Marienkäfers an einer Stelle gesehen. Es befanden sich Tausende Käfer an der efeubedeckten, gelben Häuserwand und sonnten sich. Vermutlich hatten die Käfer sich im Efeu gesammelt – sie bilden sogenannte Aggregationspheromone, also Lockstoffe, die ein Käfer ausstößt, um andere Käfer anzulocken –, um hier zu überwintern. Im Frühling sind die Marienkäfer dann aus ihrem Versteck hervorgekrochen, um sich zu paaren und Eier zu legen, aus denen dann die ebenfalls auf der Häuserwand zahlreichen Larven geschlüpft sind. So brachte uns die nächste Käferinvasion ins Fernsehen.

Den dritten Fernsehauftritt hatten wir dann wieder in der „Aktuellen Stunde" in den sogenannten „Rheingeschichten", also Reportagen rund um den Rhein. Zu dieser Zeit hatten wir in einem Naturschutzgebiet am Rhein Fallen zur Untersuchung der lokalen Ameisenfauna stehen. Das fanden die Redakteure vom WDR wohl so berichtenswert – oder es war mal wieder „saure Gurkenzeit" –, dass wir, von einem Kamerateam begleitet, unsere Fallen am Rhein aufgebaut und die bestehenden Fallen geleert haben. Nun muss man nicht denken, dass für einen sechsminütigen Bericht der Dreh innerhalb einer Stunde erledigt ist. Nein, wir benötigten den ganzen Vormittag, also gefühlte sechs Stunden (eine Stunde pro gesendete Minute). Es fing damit an, dass wir uns hintereinander, bepackt mit Spaten und allerlei Gerümpel, wie die Sieben Zwerge, allerdings ohne das „Heiho, heiho, wir sind vergnügt und froh" aus Disneys Schneewittchen auf die Fallen zubewegen sollten. Diese Szene wurde allein viermal wiederholt, weil das Licht nicht stimmte, weil wir uns zu schnell oder zu langsam bewegten oder der Kameramann halt „eine andere Einstellung“ testen wollte. Unsere Einstellung dagegen sank von Minute zu Minute. Dann wurden die Fallen geleert und erklärt, was sich als Lockstoff für Ameisen in diesen befunden hat, also Zucker, Honig oder ein abgelutschtes Nimm-zwei-Bonbon (die Schleichwerbung sei entschuldigt), welches natürlich danach entsorgt wurde und nicht etwa zu Ende gelutscht wurde. Auch dieser Beitrag wurde im Fernsehen verewigt – dem WDR sei Dank.

Wie Insekten zu ihrem Namen kommen oder warum deutsche Namen nicht zielführend sind

Die Benennung von Insekten folgt der binären Nomenklatur, die der schwedische Naturforscher Carl von Linné (latinisiert Carolus Linnaeus) zuerst in seinen Werken „Species Plantarum“ von 1753 zur Botanik und „Systema Naturae“ von 1758 zur Zoologie entwickelt hat. Binär heißt paarweise, also wie bei uns Menschen Vor- und Nachname, wobei die bei vielen Damen in die Mode gekommenen Doppel-Nachnamen, wie Müller-Lüdenscheid oder Ähnliches, nicht vorgesehen sind.

Jedes Insekt hat also zwei Namen, den Gattungsnamen und den Artnamen. Dabei gehören in der Regel mehrere Arten zu einer Gattung, tragen also denselben „Vornamen“. Der Gattungsname ist meist dem Griechischen oder Lateinischen entlehnt, der Artname ist lateinisch. Am Beispiel des bekannten Siebenpunkt-Marienkäfers sei das verdeutlicht. Der Käfer heißt wissenschaftlich *Coccinella septem-punctata*, wobei der deutsche Name hier tatsächlich einmal passt – *septempunctata* bedeutet „sieben Punkte“. Andere Namen wie Muttergotteskäfer, Herrgottskäfer, Sonnenkälbchen oder Motsche-kiebchen sind da weniger zielführend, da die Namen in jedem Land oder sogar regional unterschiedlich sind. Genau genommen trifft das auch für den Namen Marienkäfer selber zu, er hat sich nur in Deutschland allgemein eingebürgert.

Unterhält man sich mit einem Italiener oder Dänen, führt er nicht zum gewünschten Ziel. Interessanterweise bezeichnet *Coccinella* im Italienischen eine modebewusste Frau mit einem außergewöhnlichen Stil.

Aus diesem Grunde ist der griechische/lateinische, also der „wissenschaftliche“ Name für ein Insekt weltweit gültig und wird auch überall verstanden. Laien ist es oft unverständlich, wieso manches Insekt gar keinen deutschen Namen hat und wir Entomologen mit lateinischen Begriffen um uns werfen oder oft nur sagen können, das Insekt ist ein Rüsselkäfer, wobei dies eine große Familie der Käfer bezeichnet.

Die wissenschaftliche Benennung von Lebewesen, also auch Insekten, wird als Nomenklatur bezeichnet, was so viel wie Namensverzeichnis heißt und auch aus dem Lateinischen stammt. Bestimmte Regeln legen die Nomenklatur fest. Die Namen werden in der Regel von dem Entdecker oder Erstbeschreiber einer Art vergeben, der seine Beschreibung wissenschaftlich, meist in einem Fachjournal veröffentlicht. Dabei werden der Name des Erstbeschreibers und das Jahr der Erstbeschreibung an den wissenschaftlichen Namen angehängt, z.B. *Coccinella septempunctata* LINNAEUS 1758. Der Erstbeschreiber ist in der Wahl seines Artnamens frei. Sollte es schon eine Gattung geben, in der es schon ähnliche Arten gibt, ist der Gattungsnamen festgelegt und die neu beschriebene Art wird hier eingeteilt.

Oft werden für den Artnamen besondere Merkmale verwendet wie Farbe, Größe oder Verhalten, aber auch der Ort der Entdeckung oder der Name einer Person, die besonders geehrt werden soll – es ist jedoch unüblich, die Art nach sich selber zu benennen. Werden einer Art im Laufe der wissenschaftlichen Bearbeitung mehrere Namen gegeben, so hat der älteste Name Vorrang, die späteren Namen werden als Synonyme bezeichnet, welche ungültig sind. Das wird Prioritätsprinzip genannt. Heute sind die „Internationalen Regeln für die Zoologische Nomenklatur“ (IRZN)“ bei der Vergebung von Namen für Insekten akzeptiert. Wichtig wäre es noch zu erwähnen, dass der Erstbeschreiber darauf achten muss, dass es den Artnamen nur einmal gibt.

Ein Beispiel ist ein Dinosaurier namens *Mononykus*, der ursprünglich *Mononychus* heißen sollte. Dieser Gattungsname war aber schon für einen auch in Deutschland heimischen Rüsselkäfer, der an Schwertlilien lebt, vergeben, weshalb der Name in *Mononykus* geändert werden musste.

Nach diesem trockenen Exkurs in die Welt der Nomenklatur zum Schluss noch ein paar heitere Zeilen zum Thema Namensgebung bei Insekten. Dass Nomenklatur mitunter nicht immer nur eine ernste, strikt wissenschaftliche Arbeit ist, zeigen die Benennungen der folgenden Insekten:

Ein zur Familie der Schwammkugelkäfer gehörender Käfer, der überwiegend auf Schleimpilzen(!) lebt, benannten die Erstbeschreiber *Agathidium bushi*, nach dem ehemaligen Präsidenten der USA George W. Bush, nicht um ihn zu ehren, sondern um sich für die unter der Regierung Bush „nie zuvor dagewesenen, offenen und verborgenen Gängeleien der Wissenschaftler“ zu rächen. Daneben wurden andere *Agathidium*-Arten nicht weniger fantasievoll nach amerikanischen Politikern benannt, wie *Agathidium cheneyi* (nach Dick Cheney, US-Vizepräsident 2001-2009), *Agathidium rumsfeldi* (nach Donald Rumsfeld, Verteidigungsminister von 2001-2006 unter George W. Bush), aber auch nach dem dunklen Lord aus der Star Wars Saga Darth Vader, *Agathidium vaderi.* Ein Laufkäfer mit extrem verdickten Schenkeln wurde *Agra schwarzeneggeri*, nach dem österreichischen Actionstar und zeitweiligen US-Gouverneur Arnold Schwarzenegger getauft. Andere *Agra*-Arten erhielten die nicht weniger innovativen Namen *Agra sasquatch* und *Agra yeti.* Im Gegensatz zu ihren Namensgebern sind die beiden Laufkäferarten durchaus real und keine Geschöpfe aus Mythen und Erzählungen

Im Jahre 1937 wurde ein blinder(!), brauner(!) Höhlenkäfer zu Ehren des ehemaligen Reichskanzlers und Diktators Adolf Hitler *Anophthalmus hitleri* benannt. Diese Benennung kann leider nicht rückgängig gemacht werden, zumindest nicht so lange die Gattung einer Revision unterzogen wird und ein älterer Name sich als gültig erweist bzw. die Art *Anophthalmus hitleri* sich als Synonym einer anderen Art erweist.

Auch J. R. R. Tolkiens „Herr der Ringe“ wurde in der Nomenklatur von zwei Rüsselkäfern verewigt, *Macrostyphlus frodo* und *Macrostyphlus gandalf*, nach dem Hobbit und dem Zauberer der Saga. Ein Laufkäfer erhielt den Namen eines weiteren Hobbits, diesmal aus „Der kleine Hobbit“, *Pericompsus bilbo* mit der Begründung: „Der Käfer war kurz, dick und hatte haarige Füße.“ Auch die US-Sängerin Beyoncé stand Pate für eine Fliegenart mit dem schönen Namen *Scaptia beyonceae*, da die Bremse 1981, im Geburtsjahr der Sängerin, entdeckt wurde und „der beeindruckende, mit dichtem Goldhaar ausgestattete Hinterleib der Fliege sie zur Diva der Fliegen macht.“ Zwei Zikadenarten wurden nach den beiden Komikern Stan Laurel und Oliver Hardy alias „Dick und Doof“ etikettiert, *Baeturia laureli* und *Baeturia hardyi.* Aber auch Charly Chaplin wurde in Form eines Insektennamens geehrt, der Langbeinfliege *Camp-sicnemius charliechaplini.*

Ein Insektenforscher zeigte seine Art von Humor, indem er einen Blatthornkäfer *Orizabus subaziro* nannte, also ein Palindrom benutzte, welches von hinten und vorne gelesen werden kann. Eine Grabwespe wurde mit *Aha ha* betitelt, was nicht nur ein Palindrom, sondern auch der kürzeste Insektennamen ist, und eine Schwebfliege bekam den Namen *Xela alex*. Zu den längsten Namen im Tierreich gehört *Parastratiosphecomyia stratiosphecomyioides* für eine Waffenfliege.

An diesen Beispielen sieht man, dass Nomenklatur und Taxonomie nicht nur trocken sein können, sondern mitunter auch sehr erheiternd.

Die Not mit den Fruchtfliegen

Wer kennt das nicht in den Sommermonaten. Da hat man gerade frisches Obst gekauft, lässt es unbeobachtet drei Tage liegen und plötzlich wimmelt es von kleinen Fliegen in der Küche. Es handelt sich hierbei um Frucht- oder Taufliegen der Gattung *Drosophila,* in der Regel *Drosophila melanogaster*.

Was den Genetiker erfreut hat – die *Drosophila melanogaster* wurde auch als „Haustier" oder „Modellorganismus" der Genetik untersucht, da sie leicht zu züchten ist und man ihr Genom so schnell entschlüsseln konnte –, ärgert die Hausfrau oder den Hausmann. Die Fliegenweibchen legen bis zu 400(!) Eier auf das Obst im Supermarkt oder vom Bauern ihres Vertrauens und aus diesen Eiern schlüpfen nach 22 Stunden die Larven, welche bei den Fliegen Maden genannt werden. Diese Maden ernähren sich von Mikroorganismen auf dem Obst. Je höher der Reifegrad, desto mehr Mikroorganismen auf dem Obst und desto besser für die Maden. Dabei wird auch gärendes Obst mit vertilgt, was einen interessanten Nebeneffekt hat. Mit dem Obst werden auch Alkohole aufgenommen, die der Made nur ab vier Volumenprozent schaden, da sie eine gewisse Alkohol-Toleranz besitzen. Schlupfwespen parasitieren gerne *Drosophila*-Maden und Forscher haben heraus-gefunden, dass in „alkoholisierten" Maden deutlich weniger Schlupfwespenlarven überleben und diese auch weniger von Schlupfwespen angeflogen werden.

Auch infizierte Maden suchen aktiv gärendes Obst auf, der Alkohol ist also eine Art Anti-Schlupfwespen-Medizin.

Für die Genetiker ist die kurze Entwicklungszeit von nur neun Tagen entscheidend und die Taufliegen wurden in zahlreichen Labors der Welt gezüchtet. Da die Fliege nur vier Chromosomenpaare besitzt, können Mutationen, also genetische Veränderungen, leicht untersucht werden. Im Jahre 2000 wurden dann 97 Prozent des Genoms von *Drosophila* entschlüsselt, davon finden sich 60 Prozent der Fliegen-Gene mit ähnlicher Funktion auch beim Menschen wieder – bei manchen Zeitgenossen mögen es auch mehr sein. Genetiker wären nicht Genetiker, wenn sie nicht auch versuchen würden, Einfluss auf das Genom der Fruchtfliege zu nehmen. So wurde durch gezielte Eingriffe die wohl sonderbarste Mutation *Antennapedia* induziert, bei der anstelle der Antennen oder Fühler Beine aus dem Kopf wachsen. Andere Mutationen betrafen die Augen, die anstatt roter Pigmente nun weiße Pigmente zeigten oder die Reduktion der Augen bis hin zu ihrem Fehlen. Eine weitere interessante Mutation betrifft die Verdoppelung der Fliegenbrust, an der die Flügel ansetzen, was dazu führt, dass die *Drosophila* vier sichtbare statt der üblichen zwei Flügel besitzt und ihr ein libellenartiges Aussehen verliehen wird. Alle Fliegen haben zwei große, sichtbare Flügel und zwei Flügel sind zu sogenannten Schwingkölbchen reduziert, die man unter der Lupe sehen kann. Auch die

Körperfarbe der Taufliegen war das Ziel von Mutationen, sodass die Fliegen gelb oder ebenholzfarben wurden. Für diese *Drosophila*-Genetik wurden zwei Nobelpreise verliehen.

Aber nun zurück zu dem *Drosophila*-Problem in der Küche. Nachfolgend einige Vorschläge zur Bekämpfung, die leicht durchzuführen und ungiftig sind. Zur Vorbeugung können Lebensmittel in gut verschließbaren Behältern aufbewahrt werden (ich schlage hier nicht die bekanntesten Plastikdosen mit „T“ vor, Gläser zeigen das gleiche Resultat). Der Küchenmüll sollte häufig entsorgt werden, da er als Brutstätte für die Fruchtfliegen dienen kann. UV-Lampen zur Anlockung der Fliegen sind eher was für Großküchen in der Gastronomie oder in Hotels.

Ich wurde mal von einem Pharmabetrieb gefragt, ob es einen Unterschied macht, wenn eine Fliege durch ein Fenster fliegt, ob die UV-Lampe an der dem Fenster gegenüberliegenden Wand oder an einer Seitenwand befestigt wird. Da Insekten mit ihren Komplexaugen oft bis zu fast 180° Rundumsicht besitzen, hatte sich die Frage schnell erledigt. Es ist egal, wo die UV-Lampe angebracht wird, Hauptsache, sie lockt die Fliegen an, falls diese überhaupt gesteigertes Interesse an Tabletten und Pülverchen haben.

Fliegengitter an den Fenstern beugen dem Befall zusätzlich vor. Ein einfaches Hausmittel für eine Fliegenfalle ist die 2:1-Mischung von Obstsaft oder

Apfelessig mit Wasser in einer Schale, der ein paar Tropfen Spülmittel zugegeben werden. Das Spülmittel setzt die Oberflächenspannung des Wassers herab und dient dazu, dass die Fliegen sich nicht mehr auf der Oberfläche halten können und versinken. Eine unauffälligere Falle kann auch eine Weinflasche mit einem Rest Wein sein, der etwas Spülmittel zugegeben wird. Die Fliegen krabbeln in die Flasche und versinken dann im Wein. Gebissreiniger oder Zahnspangenreiniger hat eine abstoßende Wirkung auf Fruchtfliegen und er riecht auch weniger scharf als Apfelessig. Der in Apotheken oder Drogerien erhältliche Zuckeralkohol Erythrit, der als kalorienarmes Süßungsmittel in Lebensmitteln verwendet wird, lockt ebenfalls Fruchtfliegen an. In einer Schale mit Erythrit als Pulver oder mit Wasser vermengt als Lösung wird er neben den Obstkorb gestellt. Erythrit ist geruchlos und wärmestabil. Es hat eine lähmende und tödliche Wirkung auf die Fruchtfliegen und ist, obwohl es als Insektizid eingesetzt werden kann, essbar. Allerdings eher nicht, wenn es als Lockfalle für *Drosophila* gedient hat, es sei denn, man steht auf zusätzliche Proteine neben dem Zucker.

Eine abschreckende Wirkung haben Tomatenblätter oder Blätter des Heiligenkrauts, die um den Obstkorb verteilt werden. Im Handel sind Klebefallen erhältlich, die entweder aufgestellt oder an ein Fenster geklebt werden und an denen die Insekten hängen bleiben, nachdem sie angelockt wurden.

Zum Schluss hilft eine regelmäßige Inspektion der Küche mit der Fliegenklatsche. In diesem Sinne – Waidmannsheil.

Silberfische in meinem Bad

Eines Abends saß ich auf dem stillen Örtchen und entdeckte ein kleines, längliches, silbrig glänzendes Tierchen, welches auf dem Fliesenboden im Bad schnell umherhuschte, um dann wieder unter dem Badschrank zu verschwinden. Es handelte sich um das lichtscheue Silberfischchen (*Lepisma saccharina*), welches in vielen Bädern in Deutschland vorkommt, da es sehr feuchtigkeitsliebend ist. Spontan kam mir das Lied „Silberfische in meinem Bett“ von der Gruppe Fettes Brot in den Sinn, auch wenn es nicht das Bett, sondern das Bad war.

Das Vorkommen des Silberfischchens in deutschen Wohnungen wurde sogar gerichtlich bestätigt. Es existiert ein Urteil des Oberlandesgerichtes Hamm von 2017, in dem entschieden wurde, dass wenn in einer veräußerten Wohnung Silberfischchen in einem geringen Umfang vorkommen, dies kein kaufvertraglicher Sachmangel sei. Ein gewisser Bestand der Tiere sei üblich und es bestehe keine Gesundheitsgefahr. Soll heißen, die Silberfischchen sind Haustiere, wenn auch ungebetene.

Silberfischchen sind etwa ein Zentimeter lange, flügellose Insekten. Ihr Körper ist von silbrigen Schuppen bedeckt (deshalb der Name), ihre Fühler sind fadenförmig und sie haben drei lange Schwanzanhänge am Hinterleib. Fühler und Schwanzanhänge dienen dem Tastsinn und der

Detektion von Luftbewegungen, wie ich selbst beobachten konnte, nachdem ich das Tierchen angepustet habe. Silberfischchen kommen, ebenso wie ihre Verwandten die Ofenfischchen (*Thermobia domestica)* und die Papierfischchen (*Ctenolepisma longicaudata*), in Wohnungen vor. Bei Tage versteckt das Insekt sich in dunklen Ritzen und Spalten im Boden oder hinter Tapeten, bevorzugt in der Küche oder im Bad, da es sehr feuchtigkeits- und wärmeliebend ist. In der Dunkelheit kommen die Tiere aus ihrem Versteck und suchen stärkehaltige Stoffe wie Zucker, Haare, Hautschuppen, Schimmelpilze oder auch tote Insekten. Sie gehören zu den wenigen Tieren, die keine Bakterien benötigen, um Cellulose zu verdauen, sondern körpereigene Enzyme dafür besitzen. Finden sie keine Nahrung, können sie auch mehrere Monate hungern. Treten Silberfischchen vereinzelt in der Küche oder in Bädern auf, sind sie harmlos, während ein massenhaftes Auftreten auf Feuchtigkeitsprobleme in der Wohnung hindeuten kann. Schädlich können sie nur für Bücher und Zeitschriften sein, in die sie Löcher fressen. Silberfischchen übertragen keine Krankheiten, weshalb sie aus hygienischer Sicht nicht unbedingt bekämpft werden müssen.

Silberfischchen zeigen ein hübsches Paarungsverhalten: Das Männchen tänzelt vor dem Weibchen auf und ab, berührt dann seine Partnerin, um deren Paarungsbereitschaft zu testen. Ist sie willig, spinnt er mit seinem Penis einen Faden und legt darunter ein

Samenpäckchen ab. Berührt die Auserwählte diesen Faden, senkt sie ihren Hinterleib und nimmt das Samenpäckchen auf. Eine Kontaktaufnahme bei der Paarung findet also nicht statt, die Spermienaufnahme ist indirekt. Wenig romantisch, aber dafür sehr effektiv. Silberfischchen haben eine unvollständige Verwandlung, ein Puppenstadium, wie bei Schmetterlingen oder Käfern, gibt es also nicht. Es dauert etwa vier Monate, bis das Tierchen erwachsen ist und es entwickelt sich innerhalb eines Jahres zu einem geschlechtsreifen Insekt. Auch als erwachsenes Insekt wächst es noch und es finden bis zu vier Häutungen pro Jahr statt. Bei Kälte oder zu großer Trockenheit kann sich das Silberfischchen nicht vermehren.

Fressfeinde des Silberfischchens sind der Gemeine Ohrwurm (*Forficula auricularia*) sowie verschiedene Spinnenarten, die in häuslichen Bereichen leben.

Also wenn Sie das nächste Mal nachts auf die Toilette müssen und am Boden etwas wegrennen sehen, vielleicht haben Sie dann ja auch Silberfischchen in Ihrem Bad.

Meine große Leidenschaft – die Stutzkäfer

Jeder Entomologe hat ein Steckenpferd, mal eine Insektengattung, mal eine Familie oder sogar eine ganze Ordnung. Meine Leidenschaft gehört den Stutzkäfern (wissenschaftlich: *Histeridae*), einer kleinen Käferfamilie mit etwa 100 Arten in 32 Gattungen in Mitteleuropa, was verglichen mit Rüsselkäfern oder Blattkäfern eine recht überschaubare Gruppe ist. So gibt es auch sehr wenige Koleopterologen (Käferkundler) in Mitteleuropa, die sich dieser Familie angenommen haben.

Stutzkäfer haben ihren deutschen Namen nicht etwa daher, dass ihr Erstbeschreiber darüber „gestutzt" hat, ob das ein Käfer ist, sondern ihre verkürzten oder „gestutzten" Flügeldecken, die die letzten beiden Hinterleibssegmente nicht bedecken, haben ihnen ihren Namen nach den pantomimischen Schauspielern im Alten Rom, den Histrionen, eingebracht. Im englischen Sprachgebrauch heißen die Käfer auch „Clown-Beetle", also Clown-Käfer, was auf ihr Verhalten hindeutet, mit ihren Beinen und den verbreiterten Schenkeln, die an weite Schlaghosen erinnern, umherzulaufen. Ihre Gestalt ist rundlich, oval oder länglich, sie sind stark gepanzert und ihre Beine sind in der Regel zu Grabbeinen umgewandelt.

Bei Gefahr fallen die Stutzkäfer in einen Starrezustand, der Thanatose, also „sich tot stellen" heißt, wobei sie die Beine und Fühler in dafür vorhandene Gruben am Körper einziehen, was sie für Fressfeinde nahezu unangreifbar macht. Käfer und Larven leben räuberisch von Insektenlarven an Kadavern, Exkrementen, auf Misthaufen, unter Baumrinden, aber auch in Vogelnestern oder Säugetierbauten und in Ameisenhaufen.

Wer also einen großen Teil der Stutzkäfer finden möchte, muss sich an so Orte wie Kuhfladen, Pferdeäpfel, Misthaufen oder an Aas gewöhnen. Für geruchsempfindliche Menschen ist diese Familie also nicht zu empfehlen. Dass mir das weniger ausmacht, habe ich ja schon im Kapitel „Insekten auf Leichen“ beschrieben.

Wenn man also seine Liebe zu der Familie der Stutzkäfer kundgetan hat, kommt es vor, dass andere Käferkundler einem ihre Funde zur Bestimmung geben, weil die Bestimmungsliteratur im deutschsprachigen Raum eher dürftig ist. Die Polen, Franzosen, Spanier und Niederländer sind uns da deutlich voraus. So fasste ich mir ein Herz und entschloss mich dazu, einen Bestimmungsschlüssel für Stutzkäfer in Deutschland zu schreiben. Da ich mich selber eher als erfahrener Laie denn als Spezialist bezeichnen würde, habe ich mir erst einmal die europäische Literatur angesehen. Englischsprachige Literatur war kein Problem, mit meinem Schulfranzösisch kam ich oft auch weiter, Spanisch, Italienisch und gar Polnisch waren da schon schwieriger. So bastelte ich innerhalb von etwa einem

Jahr unter Verwendung zahlreicher Bestimmungsschlüssel, Abbildungen und Fotos einen Schlüssel für die heimischen Stutzkäfer. Dabei waren schon so gute Fotos und Abbildungen im Internet vorhanden, dass ich diese in meinen Schlüssel einbauen konnte. Durch E-Mail-Kontakte mit anderen Kollegen in Europa konnte ich mir auch die Erlaubnis sichern, ihre Bilder und Fotos verwenden zu dürfen, natürlich unter Angabe der Quellen. Es ist schön zu sehen, dass man sich in Entomologenkreisen gegenseitig hilft – ich habe keine Absage bekommen, ein Bild oder Foto nicht verwenden zu dürfen. Das ist sicher nicht selbstverständlich und deshalb noch mal ein Danke an alle Kollegen, auch wenn sie dieses Buch vielleicht nie zu Gesicht bekommen werden.

Deutlich schwieriger ist es, an geeignetes Material für eine Vergleichssammlung für Stutzkäfer in Deutschland zu kommen. An andere Käferfamilien ist im Internet-Handel und durch Tausch deutlich leichter zu kommen. Aber auch hier gibt es liebe Kollegen, die einem gerne das eine oder andere Tierchen im Tausch oder als Geschenk überlassen. Ein Bestimmungsschlüssel ist sicher hilfreich, doch ersetzt er keine Vergleichssammlung mit bereits von Fachleuten determinierten Käfern. Man lernt halt am besten von erfahrenen Kollegen, das zeigt sich auch in der Entomologie immer wieder.

Noch ein Wort zum Kauf von Insekten im Internet oder auf Börsen. Ich persönlich habe schon einige Käfer und

Wanzen auf Börsen gekauft, auch wenn die Mehrheit tropische Insekten waren. Heimische Käfer oder Wanzen würde ich eher nicht kaufen und schon gar nicht verkaufen, da tausche ich lieber mit Kollegen oder mache dem einen oder anderen mit einem Tier eine Freude. Aber das muss jeder für sich entscheiden. Man sollte auch nicht darauf vertrauen, dass alle im Internet angebotenen Insekten aus Zuchtstationen in den Tropen stammen. Für einige Insekten, in erster Linie Schmetterlinge und Käfer, existiert ein Fangverbot und die Tiere dürfen nur noch in Sonderfällen mit Begleitpapieren nach dem Washingtoner Artenschutzabkommen CITES, das momentan für 183 Staaten weltweit gilt, eingeführt werden. Der Zoll prüft diese Papiere bei der Einfuhr in der Regel.

Und nun wünsche ich allen, die zufällig oder auch gezielt im Internet auf meinen Bestimmungsschlüssel treffen, viel Spaß damit und vielleicht kann man ja meine Vorliebe für die kleinen, rundlichen Käferchen nachvollziehen.

Igitt, eine Wanze

Wie ich schon im Vorwort erwähnt habe, interessiere ich mich auch für Wanzen. Man kann sich vorstellen, dass die Erwähnung dieses Interesses in einem Partygespräch eher unangebracht ist. „Aufgeklärtere“ Bekannte, die mich schon etwas länger kennen, sind zwar immer noch leicht irritiert, akzeptieren dieses Interesse aber, wenn ich ihnen mehr darüber erzählt habe.

Eine typische Begebenheit zeigt das allgemeine Unwohlsein oder die Abneigung gegenüber Wanzen ganz deutlich. Im Sommer 2016 kam ich an einer Wiese vorbei, wo ein kleiner Junge ein Insekt von einem der zahlreichen Doldenblütler nahm, aufgeregt zu seiner Mutter lief und voller Freude ausrief: „Guck mal, Mami, was für ein toller Käfer, oben schwarz-rot gestreift und unten gepunktet.“ Sie ahnen es sicher schon, dass das kein Käfer war und, meiner Aufklärungspflicht als Entomologe Folge leistend, konnte ich den Mund nicht halten und meinte im Vorbeigehen: „Junger Mann, das ist kein Käfer, sondern eine Streifenwanze.“ Innerhalb von Millisekunden wurde das Insekt von der Hand gestreift mit den Worten: „Igitt, eine Wanze!“ Was eben noch schön und bunt war, ist im nächsten Moment schon ekelig und das nur aufgrund des schlechten Rufes der Wanzen.

Aber wo kommt dieser schlechte Ruf eigentlich her? In Deutschland gibt es über 900(!) Wanzenarten, von denen nur fünf Arten auf Säugetieren oder Vögeln leben und nur eine Art (manchmal) beim Menschen saugt, die Bettwanze (*Cimex lectularius*). Ich bevorzuge die deutsche Bezeichnung Plattwanze, aber als Bettwanze ist das Tier eben bekannter.

Die Bettwanze/Plattwanze lebt als Zivilisationsfolger in den Schlafplätzen von wechselwarmen Tieren, wie Vögeln oder Säugetieren. Dort saugt die Wanze von Zeit zu Zeit Blut, von dem sie sich ernährt, und nimmt so bis das Siebenfache ihres Körpergewichtes zu. Die Wanze kann aber auch bis zu 40 Wochen ohne Blut auskommen und fasten, wenn kein geeigneter Wirt in der Nähe ist.

Bettwanzen sind nachtaktiv und werden über den Kohlendioxidgehalt der Atemluft des Menschen angelockt. Tagsüber verbergen sie sich in trockenen Verstecken, wie Mauerritzen, unter Tapeten oder in Möbeln. Auch in Steckdosen wurden sie schon gefunden. Gerne werden größere Bettwanzen-Ansammlungen in der Nähe von Brutplätzen von Wildtauben oder von Ställen gefunden. Hat eine Wanze ein gutes Versteck entdeckt, lockt sie andere Wanzen mithilfe von Aggregationspheromonen (speziellen Geruchsstoffen) an. Bei Beunruhigung werden Alarmpheromone ausgestoßen, was zu einer Massenflucht der Wanzen führt. Die Paarung der Bettwanzen ist ein Schauspiel für sich. Das Männchen überfällt das Weibchen, ein Werbeverhalten wie bei anderen Insekten gibt es nicht. Das Weibchen hat auf der Bauchseite ein spezielles Organ, das nach seinem Entdecker „Ribagasches Organ“ genannt wird. Dieses taschenförmige Organ dient der Spermienaufnahme während der Begattung. Das Männchen legt mit seinem hakenförmigen Kopulationsorgan nach dem Durchstechen der Haut die Spermien hier ab. Dabei durchsticht das Männchen die Haut des Weibchens recht wahllos an mehreren Stellen des Hinterleibes, was der Fachmann „Traumatische Insemination“, also eine Sameneinlagerung durch Zufügen einer Wunde oder Verletzung, nennt. Wem die Bettwanzen vorher noch etwas sympathisch gewesen sein mögen, hat jetzt sicher alle Sympathie für sie verloren.

Die Bettwanze stammt höchstwahrscheinlich ursprünglich aus Asien, wo sie in Höhlen zusammen mit Fledermäusen lebte, von deren Blut sie sich ernährt hat. Seit dem Altertum ist sie im Mittelmeergebiet bekannt und kam mit dem Häuser- und Städtebau im Mittelalter vermehrt nach Europa.

Medizinisch gesehen gibt es für den Befund der Wanzenbisse sogar ein Fachwort: Cimikose. Der Speichel ruft bei vielen Menschen für ein bis zwei Wochen einen starken Juckreiz hervor. Die Stichstellen liegen oft in einer Reihe und können bei empfindlichen Menschen zu großflächigeren Hautentzündungen führen. Etwa 28 verschiedene Krankheitsüberträger wurden in Bettwanzen nachgewiesen, so z.B. Hepatitis C oder HIV, wobei für eine Übertragung der Viren auf andere Menschen wissenschaftliche Beweise fehlen.

Bettwanzen werden oft nicht oder nur nach gezielter Suche gefunden, allerdings herrscht in einem befallenen Raum ein süßlicher Geruch nach Koriander. Eine Bekämpfung der Wanzen mit manuellen oder physikalischen Methoden ist möglich. So können Wanzen in Räumen mit wenigen Versteckmöglichkeiten einfach abgesammelt werden. Die Füße von Betten oder Truhen können in ringförmige Wasserbäder gestellt werden, um die Mobilität der Wanzen einzuschränken, ob das aber dem Bett zuträglich ist, wenn die Füße aufquellen, sei dahingestellt. Eine Temperaturerhöhung über 55-60°C im Raum kann zum Absterben der Insekten führen. Eine Aufbewahrung von Bettdecken oder Kleidung im Winter bei -15°C kann ebenfalls zum Absterben führen, falls wir im Zuge der Klimaerwärmung in Deutschland jemals noch einmal solch einen kalten Winter bekommen.

In den früheren 1990er-Jahren wurden Bettwanzen in erster Linie durch Insektizide, wie Dichlor-diphenyltrichlorethan (DDT) und andere synthetische Stoffe bekämpft, während heute in erster Linie Pyrethroide (Wirkstoffe, die an das natürliche Insektizid Pyrethrum angelehnt sind und auch bei geringer Dosierung eine schnelle Wirkung auf Insekten zeigen), eingesetzt. Leider (für den Menschen, nicht die Wanze) entwickelten die Bettwanzen Resistenzen gegen die gängigsten Insektizide, weshalb immer neue Wirkstoffe entwickelt werden müssen.

Aber zurück zu den etwa 900 in Deutschland lebenden Wanzenarten im Allgemeinen. Die meisten Wanzen sind Pflanzensauger oder leben räuberisch von anderen Insekten (wie Raub- oder Sichelwanzen). Letztere können zwar auch gut „beißen“ oder richtig gesagt saugen, aber dies geschieht nur, wenn sie in Bedrängnis geraten. Viele räuberische Wanzen betätigen sich als „Nützlinge“ bei der Jagd auf „Schadinsekten“ (aus der Sicht des Menschen) und helfen dabei im Ackerbau und bei der Pflanzenzucht. Einige Wanzen, wie z.B. Blumenwanzen (Familie *Anthocoridae*, deren deutscher Namen irritierend ist, da sie nicht von Blumen leben), sind käuflich zu erwerben und werden in der Pflanzenzucht auf allerlei Nutzpflanzen gesetzt, wo sie Jagd auf Blattläuse, Schildläuse oder andere kleine Insekten machen.

Nicht alle Wanzen sind unscheinbar braun oder schwarz gefärbt, viele Baumwanzen beispielsweise sind sehr farbenfroh, wie die Grüne Stinkwanze (*Palomena prasina,* der Name ist Programm, das weiß jeder, der sie mal in den Fingern hatte) auch „Faule Grete“ genannt (ich entschuldige mich ausdrücklich bei allen Leserinnen, die diesen Namen tragen). Andere Arten sind rot-schwarz gefärbt, wie die oben bereits erwähnte Streifenwanze (*Graphosoma lineatum*) oder die Zierliche Gemüsewanze (*Eurydema dominulus*), die auch gelb-rot-schwarz gefärbt sein kann, während weitere Arten wunderschön blau glänzend sind, wie die Blaugrüne Eichen-Schmuckwanze (*Zicrona caerulea*), meiner Meinung nach eine der schönsten deutschen Wanzen.

Ich hoffe, dass meine Zeilen eine Lanze für die Wanze (das reimt sich ja) gebrochen haben und dass, wenn Sie das nächste Mal auf eine Wanze treffen, nicht direkt ein „Igitt, eine Wanze!“ aus Ihrem Munde kommt.

Entomologen-Nachwuchs

Im Zeitalter von Playstation und XBox ist es schwer, junge Menschen für so etwas wie das Anlegen einer Insektensammlung oder auch Insekten an sich zu begeistern. Viele junge Menschen, die mit zehn oder elf Jahren Interesse am Entomologischen Verein zeigten, regelmäßig an Exkursionen teilgenommen und erste Insekten gefangen hatten, waren nach dem Abitur zum Studium oder zur Ausbildung „verschwunden" und kamen oft auch nicht mehr wieder zu unseren Treffen. Ein insektenkundlicher Verein ist halt kein Sportverein, wie Fußball- oder Tennisvereine, die sich über regen Zulauf nicht beschweren können. Was fehlt, ist also der Nachwuchs. Obwohl in unseren Verein in den letzten Jahren viele Biologie-Studenten und sogar Studentinnen eingetreten sind. Sogar deshalb, weil die Entomologie doch eine von Männern dominierte Domäne ist und trotzdem haben wir zum Glück auch weibliche Mitglieder (oder heißt das Mitgliederinnen?).

Ich denke, in unserer technisierten und computerisierten Welt ist es schwer, junge Menschen für ruhige Arbeiten, wie es die Präparation oder Bestimmung von Insekten „im stillen Kämmerlein" sind, zu begeistern. Natürlich finden Kinder die gezeigten tropischen Riesenkäfer und Schmetterlinge „cool", aber in der Regel bleibt nicht viel Interesse übrig, wenn es an die kleinen, oft nur wenige Millimeter großen heimischen Insekten geht. Wenn ich in meinem Bekanntenkreis oder Menschen, die ich gerade kennengelernt habe, von meinem Interesse an Insekten erzähle, habe ich als Reaktion nie gehört: „Das ist aber ein blödes Hobby“, aber immer wieder „Interessant, aber ich könnte das nicht.“

Leider haben Insektenvereine nicht so einen regen Zulauf wie Vogelkundler oder Pilzsammler. Was ich damit sagen möchte, ist, wir sind um jedes Mitglied, egal wie aktiv es ist oder worin sein Interesse besteht, dankbar. Wir brauchen auch in der Zukunft Menschen, die sich mit Insekten auskennen. Wie soll man denn ein Tier schützen, das man nicht (mehr) kennt oder welches nur noch wenige altgediente Fachleute an irgendwelchen Universitäten (sofern überhaupt noch Entomologie dort gelehrt wird) bestimmen können? In Zeiten der Molekularbiologie und Genetik stirbt die Zoologie und damit auch die Entomologie an Universitäten immer mehr aus, was eigentlich sehr schade ist.

Ich bin dankbar für jede(n) Studenten/Studentin, der/die mir sagt, ich möchte in der Ökologie arbeiten und mich nicht nur in die Fledermäuse und Vögel, sondern auch in die Insekten einarbeiten, damit ich diese auch später in Untersuchungen für z.B. Bebauungspläne von Städten und Gemeinden bestimmen kann. Ich bin gerne bereit, jeden hierbei mit Rat und Tat zu unterstützen, und meine Kollegen denken genauso. Die Entomologie darf nicht, wie in früheren Jahren, eine Wissenschaft sein, die sich in Museen oder Sammlungen verschanzt, sondern muss eine lebendige Wissenschaft sein, die es allen erlaubt, sich mit Insekten zu beschäftigen und ihre Liebe zu diesen faszinierenden Tieren zu entwickeln. Also mein Appell an alle „insektophilen“ (Gibt es das Wort überhaupt oder heißt das entomophilen?) Menschen: Kontaktieren Sie die Vereine in Ihrer Nähe oder gründen Sie neue Vereine, damit die Entomologie nicht ausstirbt.

Riesen und Zwerge

In Science-Fiction-Filmen werden oft riesige Ameisen oder gigantische Nashornkäfer gezeigt, die die Menschheit bedrohen. Das ist natürlich, wie der Name schon sagt, „Fiktion“, also Einbildung. Kein Insekt wird so groß wie ein Elefant. Aber wie groß kann ein Insekt denn wirklich werden?

Die größten Insekten, die jemals auf der Erde gelebt haben, waren Riesenlibellen wie *Meganeura monyi* aus den Kohleflözen von Commentry in Frankreich mit einer Körperlänge von 40 cm und einer Spannweite von 66 bis 70 cm. Sie lebten im Zeitalter des Karbons vor 300 Millionen Jahren, wo sie Jagd auf andere Insekten, aber auch kleine Reptilien machten. Der Sauerstoffgehalt in der Luft im Karbon lag bei bis zu 35 Prozent, heute sind es nur noch 21 Prozent. Das war einer der Gründe für den Gigantismus der Riesenlibellen.

Bei dem heutigen Sauerstoffgehalt können die Insekten nicht mehr größer werden als maximal 17 Zentimeter (Stab- oder Gespenstheuschrecken der Gattung *Pharnacia* werden bis zu 55 Zentimeter lang inklusive der Beine, sind aber extrem dünn). Insekten atmen nicht durch Kiemen wie Fische oder Lungen, wie wir Menschen, sondern durch ein Tracheen-system. Dies ist ein Netz aus feinen Luftröhrchen, das den Körper durchzieht und alle Organe direkt mit Sauerstoff beliefert und nicht wie bei uns Menschen vom Blut, also einer Flüssigkeit, transportiert wird. Je größer ein Insekt ist, desto mehr Platz benötigen diese Tracheen. Dabei nimmt der Durchmesser der Luftröhren nicht linear zu, sondern muss überproportional stark wachsen, um den Körper ausreichend mit Sauerstoff zu versorgen. Besonders in den dünnen Beinen der Insekten können die Tracheen deshalb nicht unbegrenzt wachsen, weshalb die Beine auch der limitierende Faktor für die Insektengröße sind. Außerdem geht durch das Tracheensystem in längeren Insekten extrem viel Sauerstoff verloren, wenn die Tracheen zu lang werden und der Querschnitt der Röhren zu groß.

Die größten heutigen Insekten sind große Käfer, wie der Herkuleskäfer (Gattung *Dynastes*), Nashornkäfer, bei dem die Männchen bis zu 17 Zentimeter lang werden können. Der wohl größte Käfer ist der Riesenbock (*Titanus giganteus*), schon der lateinische Name drückt seine Größe aus, mit bis zu 17 Zentimetern, in Extremfällen fast 20 Zentimetern. Der größte Schmetterling ist eigentlich eine Motte, der Atlasspinner (*Attacus atlas*) aus der Familie der Pfauenspinner mit bis zu 30 Zentimetern Spannweite. Die größte Heuschrecke ist die Weta (*Deinacrida mahoenui*), die in Australien und Neuseeland lebt und bis zu neun Zentimeter groß und 71 Gramm schwer werden kann. Der Name Wetapunga stammt aus der Sprache der Maori und bedeutet „Gott der hässlichen Dinge“. Wer die Weta kennt, weiß, dass sie nicht wirklich eine Schönheit ist – wenn man kein Entomologe ist.

Der größte Floh, das klingt jetzt irgendwie paradox, ist der in Nordamerika lebende *Hystrichopsylla schefferi,* frei aus dem Englischen ins Deutsche übersetzt mit „gigantischer Biberfloh“.

Die große Anzahl aller Insekten ist jedoch klein, wobei das kleinste frei lebende Insekt ein in Kolumbien an Pilzen lebender Zwergkäfer mit dem wissenschaftlichen Namen *Scydosella musawasensis* ist. Er misst nur 0,3 Millimeter und ist damit in der gleichen Größenordnung wie das Pantoffeltierchen, welches aber nur aus einer einzigen Zelle besteht. Der Käfer hat alles, was man als Insekt braucht, lange Antennen, einen Panzer und sogar fransige Flügel, die deshalb gefiedert sind, da sie ansonsten vom Wind zerfetzt würden, denn viele Zwergkäfer lassen sich mit dem Wind treiben, da sie für einen aktiven Flug zu klein sind.

Das kleinste Insekt überhaupt ist das Männchen einer parasitischen Erzwespe (*Dicopomorphaeschmep-terygis*) – sinnvollerweise auch Zwergwespe genannt – mit nur 0,139 Millimetern Körpergröße. Anders als der Zwergkäfer ist dieses Zwergwespen-Männchen jedoch allein nicht lebensfähig, ihm fehlen die Augen, die Antennen sind reduziert und es ist flügellos. Da auch die Mundwerkzeuge fehlen, kann das Insekt keine Nahrung mehr aufnehmen und zehrt von den Vorräten, die es sich als Larve in seinem Wirt, einer Staublaus, angefressen hat.

Zum Schluss möchte ich noch das lauteste Insekt ansprechen, welches bezogen auf seine Körpergröße auch das lauteste Tier der Welt ist. Es handelt sich um eine nur zwei Millimeter große Ruderwanze (*Micronecta scholtzi*), die es auf 99,2 Dezibel bringt, was der Lautstärke eines Orchesters für einen Konzertbesuch in der ersten Reihe entspricht. Da das Tier jedoch im Wasser lebt, gehen 99 Prozent der Lautstärke der Ruderwanze bei der Übertragung vom Wasser in die Luft verloren. Die männlichen Ruderwanzen locken mit diesem Gesang die Weibchen an, indem sie – und jetzt wird es schräg – ihren gerippten Penis über Kanten auf dem Bauch reiben, ähnlich wie bei einem Geigenspiel, wobei die Fläche, die die Ruderwanze dafür nutzt, nur 50 Mikrometer breit ist, was ungefähr der Dicke eines menschlichen Haares entspricht. Es gibt also eine Wanze, die mit ihrem Penis Geige spielt …

Entomophagie – Insekten als Nahrungsmittel

Durch einen Bekannten, der gerade von seiner Chinareise zurückgekommen ist und frittierte Schmetterlingspuppen mitgebracht hatte, kam ich zum ersten Mal in den Genuss, ein Insekt zu essen. Die Puppe schmeckte irgendwie nussig und überhaupt nicht ekelig. Später probierte ich noch frittierte Heuschrecken und Mehlwürmer, eine sehr interessante Erfahrung.

Während der Verzehr von Insekten in anderen Erdteilen, wie Asien, Mittelamerika oder Australien, ganz selbstverständlich ist, ist dies für die meisten Mitteleuropäer mit Ekel verbunden. Dabei gilt das Essen von Austern, Muscheln, Schnecken, Garnelen und anderen Krustentieren als „très chic" und es wird viel Geld dafür auf den Restauranttisch geblättert. Genau genommen haben Garnelen nur zwei Beinpaare mehr als Insekten, und wenn man den Shrimp aus der Schale gepellt hat, sieht er aus wie eine Made. Den Verzehr von Innereien wie Leber und Niere oder sogar von Kalbshirn sehen viele andere Kulturen dagegen als ekelhaft an. Als Sushi in den 1980er-Jahren in Deutschland auf den Markt gekommen ist, fanden viele rohen Fisch in Reis noch ekelig, doch heute ist Sushi in jedem Supermarkt zu finden. Allein die Gewohnheit entscheidet hier, was ekelhaft ist und was gegessen wird. Dabei ist es historisch belegt, dass im Europa der

Antike Insekten gegessen wurden. Der griechische Dichter Aristophanes bezeichnete Heuschrecken als „vierflügeliges Geflügel“; Aristoteles empfahl vor allem die weiblichen Zikaden, weil sie nach der Befruchtung besonders schmackhaft seien. Laut Plinius waren auf Mehl und Wein gezüchtete Käferlarven beim römischen Adel eine beliebte Delikatesse.

Die größte Anzahl essbarer Insekten findet man bei den Ameisen, Bienen und Wespen, gefolgt von Heuschrecken, Schmetterlingsraupen, Wanzen und Käfern. Sogar Läuse und Fliegenmaden stehen in einigen Ländern auf dem Speiseplan.

Die Ureinwohner Australiens, die Aborigines, verzehren die Larven eines Bockkäfers roh oder in Sand und Asche gegart. Auch die Bogong-Motte (*Agrotis infusa*) ist sehr begehrt. Sie wird im Sand gebraten und verliert so ihre Flügel und Beine, der fleischige Hinterleib wird dann gegessen. Als süße Nachspeise dienen den Aborigines die Sammlerameisen der Honigtopfameise (*Camponotus inflatus*), die, wie der Name schon vermuten lässt, eine zuckerhaltige Masse in ihrem Hinterleib speichern.

In Japan werden Gerichte wie „hachi-no-ko“, gekochte Wespenlarven, und „semi“, frittierte Zikaden, zubereitet. Die Thailänder haben eine Vorliebe für große Wasserwanzen, Skorpione und Wasserkäfer, die in öffentlichen Garküchen am Straßenrand als Snack oder in der Suppe zum Mitnehmen angeboten werden. In

Ländern, wo es Seidenproduktion gibt, werden die in den Kokons enthaltenen Raupen nach dem Kochen der Kokons zur Seidengewinnung als Nahrungsmittel weiter verwertet.

In Mexiko werden Raupen dem Agavenschnaps zugefügt – angeblich bekommt der Ehrengast den letzten Schluck mit dem „Wurm". In Restaurants werden Ameisenlarven als teure Delikatesse mit Knoblauch in Öl geröstet und mit Tortillas serviert. Dieses Gericht, „Escamoles" genannt, wird auch als „Mexikanischer Kaviar" bezeichnet. Als Nachspeise dienen dann Heuschrecken, die mit Schokolade übergossen sind.

Aber auch in Europa werden Insekten verzehrt. Auf Sardinien gilt ein überreifer Käse, „Casu Marzu" genannt – was sinnvollerweise auch „verdorbener Käse" heißt – und in den sich Fliegenmaden der Käsefliege (*Piophila casei*) eingenistet haben, als Delikatesse. Die meisten Menschen würden den Käse als verdorben und ungenießbar wegwerfen. Dabei sollte man beim Verzehr seine Augen bedecken, da die im Käse enthaltenen Maden bis zu 15 Zentimeter weit springen können, wenn sie sich gestört fühlen. Es gilt als Qualitätszeichen, dass der Käse bedenkenlos gegessen werden kann, wenn die Maden der Käsefliege tatsächlich noch leben. Auch in Deutschland, in einem kleinen Dorf in Sachsen-Anhalt, wird ein Milbenkäse (Milben gehören eigentlich zu den Spinnentieren und nicht zu den Insekten) mit lebenden Milben als regionale Delikatesse hergestellt. Durch den

Milbenbefall reift der Käse und wird erst richtig schmackhaft. Die lebenden Milben isst man dabei mit. Bis zur Mitte des letzten Jahrhunderts wurden in Deutschland auch Maikäfer gegessen, entweder in der Suppe oder kandiert, wie die „Fuldaer Zeitung“ 1925 berichtete. Auch auf der „Expo 2000“ in Hannover wurden den Besuchern geröstete Heuschrecken und Mehlwürmer angeboten, die aber nur wenige Besucher essen wollten. Dabei weiß ich aus eigener Erfahrung, dass geröstete Heuschrecken und Schmetterlingspuppen einen nussigen Geschmack haben, der gar nicht unangenehm oder ekelig ist – persönlich fand ich die einzige Auster, die ich in meinem Leben gegessen habe, deutlich ekelhafter.

Interessanterweise hat wahrscheinlich jeder einmal in seinem Leben Insekten gegessen, ohne es zu wissen. Es existiert eine Untersuchung des US Landwirtschaftsministeriums, das die Aufgabe hat, den Konsumenten von landwirtschaftlichen Produkten vor schädlichen Produkten mit Pilzen, Bakterien oder auch Insekten zu schützen. Die höchste in der Untersuchung vergebene Güteklasse war „Nr. 1“. Wer jetzt glaubt, Nr.1-Produkte sind frei von Kontamination, den belehren die folgenden Grenzwerte eines Besseren: Tomatenketchup muss weniger als 30 Fruchtfliegeneier pro 100 Gramm haben, Blaubeeren weniger als zwei Maden pro 100 Beeren, Erdnussbutter weniger als 50 Insektenreste pro 100 Gramm oder Currypulver weniger als 100 Insektenreste pro 100 Gramm, um als

Nr. 1-Produkt zu gelten. Guten Appetit bei den nächsten Pommes frites mit Ketchup und Currypulver!

Aber warum sollen wir überhaupt Insekten essen? Die Gründe liegen klar auf der Hand: Insekten enthalten viel Eiweiß, Kohlenhydrate, Spurenelemente und Kalzium. Der Verzehr vieler Insektenarten reicht aus, den täglich benötigten Bedarf an Vitaminen und Mineralien zu decken, wie Wissenschaftler der Welternährungs- und Landwirtschaftsorganisation der Vereinten Nationen (FAO) nachgewiesen haben. Insekten sind effektive Nahrungsumwandler: Nach Berechnungen der FAO können Insekten im Durchschnitt zwei Kilogramm Futter in ein Kilo Insektenmasse umwandeln, wohingegen Rinder acht Kilo Futter benötigen, um ein Kilo Körpermasse zu produzieren. Insekten sind wechselwarme Tiere und benötigen deshalb weniger Energie, um ihren Körper auf Betriebstemperatur zu halten. Außerdem brauchen Insekten deutlich weniger Platz, also keine großen Weiden, und haben eine höhere Fortpflanzungsrate. Viele Insekten begnügen sich mit pflanzlichen Abfällen oder Kompost als Nahrung und es müssen keine zusätzlichen Felder mit Futterpflanzen angebaut werden. Fachleute weisen darauf hin, dass die Proteinqualität von Insekten nach den aktuellen Veröffentlichungen vergleichbar mit der von Rindfleisch und damit deutlich höher als die von pflanzlichem Eiweiß ist. Zudem enthalten viele Insekten die Aminosäuren Tryptophan und Lysin, die lebenswichtig sind. Wertvolle, mehrfach ungesättigte

Omega-3-Fettsäuren sind reichlich in Insekten enthalten, ebenso Linolsäure und Linolensäure, die für die Entwicklung von Kindern wichtig sind. Hinzu kommen Spurenelemente wie Zink, das in Grillen doppelt so hoch enthalten ist wie in einem vergleichbar schweren Rindersteak.

Aber was ist mit der Hygiene oder der Übertragung von Krankheiten durch den Verzehr von Insekten? Viele Insekten ernähren sich von Abfällen oder sogar Kot. Theoretisch ist es tatsächlich möglich, dass durch Insektenkost Krankheitserreger oder Parasiten auf den Menschen übertragen werden, aber das ist auch beim Rind, Schwein oder Huhn der Fall. Laut FAO gibt es aber derzeit keine bekannten Fälle solcher Übertragungen. Begründet wird dies in einem FAO-Report wie folgt:

„Weil Insekten stammesgeschichtlich viel weiter vom Menschen entfernt sind als konventionelle Nutztiere, ist das Risiko für zoonotische Infektionen (von Tier zu Mensch übertragene Infektionskrankheiten) eher gering." Welche Erreger oder Parasiten doch übertragen werden könnten, muss allerdings noch genauer untersucht werden.

Wie könnte man uns Mitteleuropäern denn nun Insektenkost schmackhaft machen? Am besten durch „Tarnung". In den Niederlanden wurde eine Mischung aus Kichererbsen und rund 40 Prozent zerkleinerten Mehlwürmern, die zu Frikadellen oder Falafelbällchen geformt und frittiert wurden („Buqadilla“ genannt) in Restaurants und Kantinen zum Test angeboten. „Buqadilla“ schnitt dabei wegen seiner angenehmen Textur und seines würzigen Geschmacks gut ab. Ein weiteres Beispiel für „getarnte“ oder „versteckte“ Insekten sind die in Frankreich entwickelten „Crikizz“, würziges Popcorn oder Krabbenchips, die je nach Variante zwischen zehn und 20 Prozent Mehlwürmer enthalten. Durch den hohen Fettgehalt der Mehlwürmer muss bei der Zubereitung kein zusätzliches Fett oder Öl beigefügt werden, was den Snack gesünder als herkömmliche Kartoffelchips macht.

Auch der Gesetzgeber und die Politik haben den Nutzen der Insektenkost als Alternative zum gesteigerten Fleischkonsum entdeckt. Der Markt für Nahrungsmittel aus Insekten wächst. Mittlerweile gibt es so viele Firmen, die Insekten verkaufen, dass die Unternehmen von einem regelrechten Trend sprechen. Die Insekten-Industrie wird auf einen Wert von 230 Millionen Pfund geschätzt. Insbesondere das Projekt „Insect Europe“ hat das Ziel, der weltweit führende Produzent von Insektennahrung zu werden. Mit der Methode, die Tiere zu feinem Mehl zu vermahlen und daraus etwa Proteinriegel zu formen, will man den Ekel der Europäer vor den Sechsbeinern ausschalten. Tatsächlich bieten Supermärkte in den Niederlanden und Belgien bereits Insektennahrung an und auch in Deutschland gab es bei einer Supermarktkette Insektenburger aus der Tiefkühltruhe zu kaufen.

Nachdem eine Restaurantkette in Düsseldorf und Köln 2017 noch verklagt wurde, weil es Heuschrecken, Mehlwürmer und Grillen auf dem Speiseplan gab (was sicher auch eine gute zusätzliche Werbung war), ist dies mittlerweile vom Gesetzgeber erlaubt. Seit dem 1. Januar 2018 ist eine neue Verordnung der Europäischen Union zu „neuartigen Lebensmitteln" verabschiedet worden, zu denen auch Insekten gehören. Die Europäische Behörde für Lebensmittelsicherheit (EFSA) entscheidet in Zukunft zentral für alle Mitgliedstaaten über die Zulassung von Insektenarten zum Verzehr. Die Insekten-Produzenten stellen Anträge und innerhalb weniger Monate entscheidet die Behörde über die Zulassung zum Verzehr. Die entsprechende Insektenart darf bei erteilter Zulassung sowohl am Stück als auch verarbeitet verkauft und gegessen werden.

Vielleicht wird es in der Zukunft ganz selbstverständlich sein, an der Pommesbude seines Vertrauens eine Mehlwurmfrikadelle oder einen Heuschreckenburger zu bestellen, wünschenswert – nicht nur aus Sicht der Rinder, Hühner und Schweine – wäre das.

Entomophobie – Angst vor Insekten

Entomophobie ist für einen Entomologen schwer zu begreifen. Insektenkundler sind eher fasziniert von den sechsbeinigen Tieren und vielleicht hat der eine oder andere Respekt vor stechenden oder beißenden Insekten, aber sicher keine Angst. Trotzdem ist die Angst vor Insekten recht weit verbreitet, man denke nur an die Panik, wenn eine Wespe oder gar eine Hornisse einen Menschen anfliegt.

Eine Insektenphobie, auch Entomophobie genannt, ist eine übermäßige oder irrationale Angst vor Insekten. Diese Angst beruht auf der Abscheu, die mit dem Vorkommen und der Aktivität von einzelnen oder mehreren Insekten zusammenhängt. Diese Reaktionen können von einem Unwohlsein bis hin zu Panikattacken reichen.

Die häufigen Insektenphobien dabei sind:

- Angst vor Ameisen: Myrmekophobie
- Angst vor Bienen: Apiphobie
- Angst vor Tausendfüßern: Skolopendrphobie
- Angst vor Schaben: Katsaridaphobie
- Angst vor Grillen: Orthopterophobie
- Angst vor Fliegen: Muscaphobie
- Angst vor Motten: Mottephobie

• Angst vor Stechmücken: Anopheliphobie

• Angst vor Wespen: Spheksophobie

Viele Menschen mit Entomophobie versuchen, Versammlungen im Freien oder Situationen zu vermeiden, in denen die Möglichkeit besteht, mit Insekten in Kontakt zu kommen. Dies kann sich auf verschiedene Teilbereiche des Lebens auswirken, wie Arbeit, Schule, aber auch Beziehungen. Eine Person mit einer Insektenphobie weiß in der Regel, dass sie sich irrational verhält, ist aber nicht in der Lage, ihre Reaktionen auf Insekten zu kontrollieren.

Viele Menschen haben aus gutem Grund eine Abneigung gegen Insekten. Einige Insekten leben und ernähren sich vom menschlichen Körper. Beim Saugen von Blut können Mücken, Flöhe oder Wanzen parasitäre Protozoen, Bakterien oder andere Krankheitserreger übertragen, die schwere Krankheiten verursachen, darunter Borreliose, Rocky-Mountain-Fleckfieber, Malaria und die Afrikanische Schlafkrankheit. Diese Assoziation von Insekten mit Krankheiten erzeugt beim Menschen den Wunsch, sie zu vermeiden, um sich zu schützen.

Ein weiterer Grund, warum Menschen Insekten nicht mögen, ist ihr fremdartiges Aussehen. Insekten haben mehr Beinpaare, skurrile Körperanhängsel, Facettenaugen und andere Körperteile, die so verschieden von den menschlichen Extremitäten und Sinnesorganen sind. Auch die Art und Weise, wie sich Insekten bewegen, verursacht bei manchen Menschen ein unheimliches Gefühl auf der Haut, als ob das Insekt direkt auf ihnen krieche. Für andere Menschen greifen Insekten in ihren persönlichen Lebensraum ein, in dem sie auf Nahrungsmitteln oder Hygieneartikeln krabbeln und so für Abscheu sorgen. Diese instinktive Reaktion variiert kulturell und hängt auch mit unserer natürlichen Neigung zusammen, Dinge abzulehnen, die uns krank machen könnten oder fremdartig wirken.

Zwar gibt es keine genaue natürliche Ursache für eine Insektenphobie, aber Menschen können aufgrund einer negativen Begegnung mit einem Insekt eine übertriebene Angst entwickeln. Wenn beispielsweise jemand von einer Biene gestochen oder von einer Ameise gebissen wird, kann die schmerzhafte Erfahrung dazu führen, dass der Mensch später auf ein Insekt überreagiert. Die Angst vor Insekten kann aber auch eine erlernte Reaktion nach Beobachtung des Verhaltens anderer Menschen im Umfeld sein. Kinder, die sehen, wie ein Elternteil mit Angst auf ein Insekt reagiert, neigen eher dazu, auf Insekten genauso zu reagieren.

Eine Phobie ist eine Angststörung, die dazu führt, dass eine Person irrational auf etwas reagiert und es meidet, auch wenn nur eine geringe oder keine Gefahr besteht. Stress ist dabei eine in der Regel hilfreiche Reaktion, die Menschen darauf vorbereitet, auf Situationen zu reagieren, die eine höhere Aufmerksamkeit erfordern, also die natürliche Reaktion unseres Körpers auf eine potenzielle Gefahr, wie ein bellender Hund, oder auf aufregende Situationen, wie z.B. eine Achterbahnfahrt. In solchen Situationen sendet unser Nervensystem Signale für die Freisetzung des Hormons Adrenalin, welches unseren Körper darauf vorbereitet, entweder zu kämpfen oder zu fliehen. Adrenalin erhöht den Blutfluss zu Herz, Lunge und Muskeln und erhöht die Sauerstoffverfügbarkeit in diesen Bereichen, um sich auf eine bevorstehende körperliche Aktivität vorzubereiten. Außerdem verstärkt Adrenalin auch unsere Sinne. In einem Bereich des Gehirns, der Amygdala, wird eine mögliche Kampf- oder Fluchtreaktion gesteuert. Bei Menschen mit Insektenphobien ist dieser Bereich in ständiger Aktivierung, wenn sie mit Insekten konfrontiert werden oder an diese denken. Diese ständige Aktivierung wirkt sich sowohl auf die körperliche als auch auf die psychologische Aktivität einer Person aus und führt zu einer übertriebenen Reaktion, selbst wenn diese nicht gerechtfertigt ist.

Bei Personen mit Insektenphobien kann es zu unterschiedlich starker Angst kommen. Einige Menschen zeigen eine nur milde Reaktion, während andere möglicherweise nicht in der Lage sind, das Haus zu verlassen aus Angst vor Insekten. Symptome von insektenbedingter Angst sind Übelkeit, Herzklopfen, Brustschmerzen, Schwindel, starkes Schwitzen, Atembeschwerden oder Muskelschwäche. In extremen

Fällen ist die Person nicht einmal in der Lage, ein Bild oder eine Zeichnung eines Insekts anzuschauen, obwohl sie weiß, dass ihre Reaktion irrational ist.

Behandelt werden Insektenphobien im Allgemeinen mit kognitiver Verhaltenstherapie und Expositions-therapie. Dieser Ansatz konzentriert sich auf den Umgang mit dem mit Insekten verbundenen Abscheu-Faktor, der Angst sowie der Verhaltensreaktion auf Insekten. Dabei wenden die Therapeuten Entspannungstechniken an, damit die Personen lernen, sich bei Betrachtung eines Insektes zu beruhigen. Sie helfen den Personen, Denkmuster zu erkennen, die das Angstgefühl verstärken und schulen die betroffenen Personen, damit sie rationaler über die von ihnen gefürchteten Insekten nachdenken. Das beginnt mit dem Betrachten von Insekten in Büchern und auf Fotos. Erst wenn diese Personen sich mit der positiven Rolle der Insekten in der Umwelt auseinandersetzen, können viele eine ausgewogenere Sicht auf Insekten entwickeln, da unsere Denkweise oft unsere Gefühle und unser Verhalten beeinflusst.

Eine sogenannte Expositionstherapie beinhaltet eine graduelle Exposition mit einem Insekt, die mit dem Nachdenken über ein Insekt anfangen kann bis hin zum Anfassen eines Insektes. Diese allmähliche Exposition mit einem gefürchteten Insekt hilft den Personen, sich allmählich ihren Ängsten zu stellen, bis sie an einen Punkt gelangen, an dem sie Insekten tolerieren. Die Desensibilisierung mit Insektenphobie hilft den

Personen zu lernen, dass die tatsächlichen Konsequenzen des Betrachtens oder des Kontakts mit einem Insekt nicht die sind, die sich in ihren übertriebenen Vorstellungen finden. Im Laufe der Zeit lernt das Gehirn, dass eine übertriebene Reaktion nicht notwendig ist. Dabei hilft eine positive Verstärkung zusammen mit den Desensibilisierungsmethoden den Personen dabei, positive Folgen mit Insekten zu verbinden. Beispielsweise kann den Personen eine Belohnung dafür angeboten werden, dass sie ein Insekt 20 Sekunden lang in der Hand halten, was ihnen hilft, Insekten in einem positiveren Licht zu sehen. Durch die richtige Behandlung konnten Menschen mit Insektenphobien ihre Angst vor Insekten stark reduzieren oder ihre Angst sogar ganz überwinden.

Insekten als Neubürger

Der Begriff Neozoen („Neubürger") bezeichnet Tierarten, die unbeeinflusst oder durch den Menschen beeinflusst in ein Gebiet gelangen, in dem sie ursprünglich nicht beheimatet waren und die dann auf längere Zeit in diesem Gebiet leben. Bekannte Beispiele sind der Waschbär aus Amerika, die Regenbogenforelle aus Nordamerika, der Graskarpfen aus Asien oder die Wollhandkrabbe aus China.

Natürlich gibt es auch unter den Insekten diese Neubürger. Eines der bekanntesten Beispiele ist der Kartoffelkäfer (*Leptinotarsa decemlineate*) oder auch Coloradokäfer, der ursprünglich im gleichnamigen amerikanischen Bundesstaat beheimatet war und am Stachel-Nachtschatten (*Solanum rostratum*) fraß, der wie die Kartoffelpflanze (*Solanum tuberosum*) zu den Nachtschattengewächsen gehört. So wurde der Übergang des Käfers vom Stachel-Nachtschatten auf die Kartoffel erleichtert, die von amerikanischen Siedlern angebaut wurde und ursprünglich aus dem Andengebiet in Südamerika stammt. Mit Schiffen kam der Kartoffelkäfer dann über den Atlantik nach Europa, wo er erstmals 1877 in den Hafenanlagen von Liverpool und Rotterdam gefunden wurde und sich von da über ganz Europa verbreitet hat. Im Zweiten Weltkrieg hielt sich lange das Gerücht, dass die Amerikaner den Kartoffelkäfer mit ihren Flugzeugen abgeworfen haben, um die deutsche Bevölkerung auszuhungern. Das ist natürlich Unsinn, der Kartoffelkäfer war schon lange in

Europa. Es gab sogar 1935 einen Kartoffelkäfer-Abwehrdienst (KAD) in Deutschland, der die Schulkinder mit dem Slogan „Sei ein Kämpfer, sei kein Schläfer, acht auf den Kartoffelkäfer!“ zur Kartoffelkäferbekämpfung aufrief. Meine Mutter erzählte mir, dass sie oft schulfrei bekam, um als Kind auf den Feldern Kartoffelkäfer einzusammeln. Das Kind mit den meisten gesammelten Käfern bekam dann eine Auszeichnung. Heutzutage jedoch sieht man nur auf wenigen eher naturbelassenen Feldern einen Kartoffelkäfer.

Ein anderer Neozoe, der in den letzten Jahren schädlich an Buchsbäumen war, ist der Buchsbaumzünsler (*Cydalima perspectalis*), der aus Ostasien stammt. Nach Europa ist er wohl durch den internationalen Handel mit Buchsbäumen aus Baumschulen gekommen, in Deutschland wurde er erstmals 2006 gemeldet. Schädlich sind die Raupen, die innerhalb von wenigen Tagen einen Buchsbaum kahl fressen können, wobei sie mit den Blättern beginnen und auch vor der Zweigrinde nicht haltmachen und den Buchsbaum mit einem Gespinst umgeben. Da die Raupe die Blätter und Rinde des Buchsbaumes frisst, lagert sie auch deren Gifte (Alkaloide) mit ein, was sie als unappetitlich für Fressfeinde, wie Vögel oder Raubinsekten, macht. Allerdings ist in letzter Zeit beobachtet worden, dass Wespen, wie die Deutsche Wespe (*Vespula germanica*) oder die Gemeine Wespe (*Vespula vulgaris*) gezielt

Buchsbäume auf der Suche nach den Raupen anfliegen und diese verzehren. Mit der Zeit wird sicher auch der Buchsbaumzünsler als Nahrung für potenzielle Fressfeinde interessant werden und in seinem Bestand zurückgehen.

Ein weiterer Neubürger in Deutschland, der vielen Menschen aufgrund seiner Häufigkeit aufgefallen ist, ist der ursprünglich aus Ostasien stammende Asiatische Marienkäfer (Harmonia axyridis). Den ersten Asiatischen Marienkäfer, den ein Kollege gefangen hat und den ich zu Gesicht bekam, hielten wir beide für einen anormalen Siebenpunkt-Marienkäfer (*Coccinella septempunctata*), der zwar ähnlich groß ist, aber, wie der Name schon sagt, sieben schwarze Punkte auf den Flügeldecken trägt. *Harmonia axyridis* hat stattdessen meist 19 schwarze Punkte in der häufigsten roten Variante. Ein andere Kollege klärte uns dann auf, dass dies eine neu eingewanderte Marienkäferart sei. Der Käfer wurde in Belgien und den Niederlanden in Gewächshäusern zur Blattlausbekämpfung eingesetzt, wo er dann aus den Gewächshäusern entkam und zum ersten Mal im Freien 2001 in Belgien beobachtet wurde. Ein Jahr später war er dann auch in Deutschland zu finden. *Harmonia axyridis* gibt es in den Grundvarianten rot und schwarz, die Anzahl und Größe der Punkte ist extrem variabel. In den ersten Jahren seines Vorkommens hat er durch seine aggressive Art unsere heimischen Marienkäfer in vielen Biotopen verdrängt. Die Larven des „Asiaten“ leben räuberisch und fallen auch über andere Marienkäferlarven oder sogar übereinander her. Mittlerweile hat sich, dadurch dass viele Raubinsekten, Fadenwürmer und Parasiten den Asiatischen Marienkäfer als Nahrung auserkoren haben, das Verhältnis zwischen den heimischen Marienkäferarten und dem Asiatischen Marienkäfer wieder eingependelt. Allerdings ist *Harmonia axyridis* länger im Jahr aktiv, da er verglichen mit unseren einheimischen Marienkäfern früher aus der Winterruhe erwacht und auch erst später im Jahr wieder in diese geht. Für die Winzer kann der Asiatische Marienkäfer ein Ärgernis sein, da er sich gerne an den reifen Trauben labt, und wenn er dann mit gepflückt und gekeltert wird, verdirbt er durch seinen bitteren Geschmack so manchen Wein.

Kommen wir nun zu einem Neubürger, den es schon lange in Deutschland gibt und der ursprünglich in Südasien beheimatet war und sich von dort über die ganze Welt verbreitet hat. Die Rede ist von der bis zu vier Zentimeter langen Amerikanischen Großschabe (*Periplaneta americana*), die wärmeres Klima bevorzugt und sich als Schädling in Vorratskammern, Lagerhallen, botanischen und zoologischen Gärten und seltener in Häusern von allerlei organischen Stoffen, aber auch Lebensmitteln ernährt. Die Schabe ist gut flugfähig und kann auch hervorragend klettern. Sie gilt als gesundheitsschädlich, da sie medizinisch bedeutsame Krankheitskeime und Schimmelpilzsporen verbreiten kann, die sie über den

Verdauungstrakt wieder ausscheidet. Sie gilt auch als Verursacher von Allergien. Die Amerikanische Großschabe gilt als extrem lichtscheu und temperaturempfindlich, da bei unter 15°C keine Eikapseln mehr gebildet werden, wodurch es keine Vermehrung mehr gibt und die Schabe im Freiland nicht überwintern kann.

Ein anderer Neozoe, der für die Braunfärbung der Blätter der Gewöhnlichen Rosskastanie (*Aesculus hippocastaneum*) in vielen Alleen verantwortlich ist, ist die Rosskastanienminiermotte (*Cameraria ohridella*), ein Kleinschmetterling, der aus Albanien, Mazedonien und Griechenland stammt und sich in Deutschland stark ausgebreitet hat. Die Schmetterlinge schlüpfen nach der Winterpause im April aus der Puppe und paaren sich. Das Weibchen legt 20 bis 80 Eier auf die Oberseite der Rosskastanienblätter ab und nach ein bis drei Wochen schlüpfen die kleinen Raupen aus, die sich in die Außenhaut des Blattes fressen und dort minieren, also Fressgänge bilden (deshalb der deutsche Name Miniermotte). Durch ihre Miniertätigkeit wird die Blattoberhaut von dem darunter liegenden Gewebe getrennt, wodurch die Wasserversorgung abbricht und die Bereiche oberhalb der Minen austrocknen und als braune, kreisförmige Stellen in den Blättern zu sehen sind. Dadurch welken die Blätter der Rosskastanie schon im Sommer, aber es ist noch kein Absterben der Bäume durch den Befall der Rosskastanien-miniermotte beobachtet worden. Stark befallene

Bäume haben im Herbst kleinere Kastanien, was auf eine Schwächung der Bäume hindeutet. Leider gibt es, da der Kleinschmetterling sich erst seit relativ kurzer Zeit in Mitteleuropa ausbreitet, noch keine Fressfeinde, die sich auf das Insekt spezialisiert haben. Es wurden jedoch Blau- und Kohlmeisen beobachtet, die sich gezielt Rosskastanien ausgesucht haben, um die Raupen aus den Blättern zu picken. Manche Städte haben deshalb Meisenkästen an den befallenen Bäumen angebracht, um gezielt Meisen anzulocken.

Der nächste Vertreter ist die Amerikanische Kiefernwanze (*Leptoglossus occidentalis*), auch Zapfenwanze genannt, die, wie der Name vermuten lässt, in erster Linie an Kiefern (*Prunus ssp.*) lebt. Diese für mitteleuropäische Verhältnisse große und auffällige Wanze wird bis zu zwei Zentimeter groß, wobei das auffälligste Merkmal die blattartig verbreiterten Hinterbeine sind. Das ursprüngliche Verbreitungsgebiet war der Westen Nordamerikas von Kanada bis Mexiko. In Europa wurde die Kiefernwanze erstmals 1999 in Italien entdeckt und breitete sich bis 2006 auch in Deutschland aus. Die Wanzen, Imago (erwachsene Tiere) und Nymphen (Wanzenlarven), saugen an den Samen und Blüten von Nadelbäumen, vor allem an Kiefern, aber auch an Fichten oder Douglasien. Die Eiablage erfolgt nach der Überwinterung Ende Mai an den Nadeln der Wirtspflanzen. Aus den Eiern schlüpfen die Nymphen, die sich fünfmal häuten und dann im August als fertiges Insekt auftreten. Die Wanzen überwintern als Imago an geschützten Stellen, wie unter Baumrinden, in Gebäuden oder in alten Nestern von Vögeln und Säugetieren. In Nordamerika gilt die Wanze als Schädling in Baumschulen, bei uns ist bisher nichts über eine wirtschaftlich bedeutende Schadwirkung bekannt. Als Feinde treten hier kleine Erzwespen auf, die die Eier der Wanzen befallen und parasitieren, wobei dann später eine Erzwespe statt einer Wanze aus dem Ei schlüpft.

Kommen wir nun zu einer Ameise, die sich in Deutschland in vielen botanischen und zoologischen Gärten ausgebreitet hat, aber auch in Krankenhäusern, Treibhäusern, Bäckereien und Großküchen, also in Gebäuden mit konstanter Temperatur. Es handelt sich um die nur zwei Millimeter kleine Pharaoameise (*Monomorium pharaonis*), die aus Indien stammt und im 19. Jahrhundert in Europa eingeschleppt wurde. Sie bildet Nester von bis zu 300.000 Ameisen und ernährt sich von allem, was ihr vor die Kiefer kommt, bevorzugt zucker- und eiweißhaltige Stoffe. Ein Überleben der Ameisen in der freien Natur ist nicht möglich. Leider können die Pharaoameisen in Krankenhäusern und in Küchen Krankheiten übertragen, wenn sie sich in medizinischen Geräten oder auch in Vorratsschränken einnisten. Bekämpft werden die Ameisen mit Fraßgiften, die dann an die Königin verfüttert werden, woraufhin diese stirbt und das ganze Ameisenvolk eingeht.

Ein weiterer Neubürger ist ein Schädling in Gewächshäusern und Blumenläden, die Weiße Fliege (*Trialeurodes vaporariorum*) oder besser Gewächshaus-Mottenschildlaus genannt, da sie zu den Mottenschildläusen gehört und keine Fliege ist. Die Insekten sind weißlich-gelb gefärbt und nur zwei Millimeter groß. Das ursprüngliche Verbreitungsgebiet ist Mittelamerika und die Schildlaus ist mit Topfpflanzen bereits 1848 nach Europa verschleppt worden, wo sie sich in Gewächshäusern unter konstanten Bedingungen ausgebreitet hat. Tiefe Temperaturen mag das Insekt nicht. Die Eier werden vom Weibchen an allerlei Gemüse- und Zierpflanzen gelegt, wo die Nymphen nach mehreren Tagen ausschlüpfen und sofort beginnen, an der Blattunterseite der Futterpflanze Pflanzensaft zu saugen. Die Nymphen häuten sich dreimal und verpuppen sich dann. Aus der Puppe schlüpft nach vier bis sechs Wochen das fertige Insekt. Die Hauptschädigung der Pflanzen besteht nicht durch das Anstechen der Blätter und das Saugen des Pflanzensaftes, sondern durch die Ausscheidung von zuckerhaltigem Honigtau, der bei hoher Luftfeuchtigkeit zu schimmeln beginnt und damit auch die Pflanze. Als biologische Feinde werden in Gewächshäusern Schlupfwespen oder Erzwespen, wie *Encarsia formosa*, eingesetzt. Die Erzwespe sticht das Ei der Mottenschildlaus an und legt ihr Ei darin ab, woraufhin sich die Eihülle der Schildlaus schwarz verfärbt und nach mehreren Tagen eine Erzwespe statt der eigentlichen Schildlaus aus der Eihülle schlüpft.

Zum Schluss möchte ich noch einen Neubürger vorstellen, der in Teilen Deutschlands für die Fällung ganzer Ahornalleen verantwortlich ist. Dies ist der Asiatische Laubholzbock (*Anoplophora glabripennis*), der ursprünglich in Ostasien beheimatet ist und nach Europa mit Paletten und Verpackungsholz eingeschleppt wurde. Der drei bis vier Zentimeter lange, blau-schwarz mit weißen Flecken gefärbte Bockkäfer wird zu den 100 schädlichsten Insekten weltweit gezählt und befällt bei uns in erster Linie Ahorne (*Acer ssp.*) und Obstbäume. Die gelb-weißen Larven fressen im ersten Entwicklungsstadium die Wachstumsschicht des Baumes, das sogenannte Kambium, das für das Dickenwachstum des Baumes verantwortlich ist. Erst im dritten Larvenstadium bohrt sich die Larve ins Holz und legt dort einen Gang an, in dem sie sich verpuppt. Der fertige Käfer schlüpft aus der Puppenhülle und arbeitet sich durch das Holz nach draußen. Nach erfolgter Paarung legt das Weibchen ihre Eier entweder auf den gleichen Brutbaum oder den nächstgelegenen Baum ab, was dazu führt, dass ganze Alleen vom Käfer befallen werden. Runde, einen Zentimeter große Löcher und Bohrmehl am Boden deuten auf einen Befall hin. Zur Vorbeugung muss bei einem Befall der Baum gefällt werden und in der Regel alle nächstgelegenen Bäume auch, da sie potenziell befallen sein könnten. Seit Juni 2015 gilt in der Europäischen Union der „Durchführungsbeschluss über Maßnahmen zum Schutz der Union gegen die Einschleppung und Ausbreitung von *Anoplophora glabripennis"*. Dieser Beschluss regelt die Bekämpfung des Käfers in der Befallzone durch Fällen und Entsorgen sämtlicher Bäume in einem Radius von 100 Metern um den bereits befallenen Baum herum und in der Pufferzone ein bis zwei Kilometer um die Befallzone herum müssen Maßnahmen, wie Fällung oder Beschneidung, getroffen werden. Das Holz dieser Bäume wird dann wieder auf Befall untersucht und bei einem Befall geht das Spielchen von vorne los. Dieser Bekämpfungsstrategie liegt zugrunde, dass der Käfer seine Eier an nächstgelegene Bäume ablegt und eher flugträge ist. Das Ziel in Europa ist es noch, den Käfer auszurotten, in seiner eigentlichen Heimat China wird nur noch versucht, die Schäden möglichst gering zu halten. Leider hat der Laubholzbock bisher keine bekannten Fressfeinde.

Die zugegeben nur exemplarische Darstellung einiger Neozoen zeigt, dass viele dieser Neubürger sich als schädlich für die heimische Pflanzen- oder Tierwelt erwiesen haben. Sie befallen die einheimischen Wildpflanzen oder auch Zier- und Nutzpflanzen in Gewächshäusern, wie die Weiße Fliege, oder verdrängen andere Insekten, wie der Asiatische Marienkäfer. Der Hauptgrund ist das Fehlen von Fressfeinden, die sich erst einmal auf den Neubürger einstellen müssen. Oft hat dieser auch Verteidigungsstrategien, wie die bittere Hämolymphe (die Körperflüssigkeit aus Blut und Lymphe bei Insekten) beim Asiatischen Marienkäfer oder die

Aufnahme von giftigen Stoffen aus dem Buchsbaum beim Buchsbaumzünsler. Diese Strategie macht das Insekt erst einmal unattraktiv für Fressfeinde. Mit der Zeit finden sich aber parasitäre Insekten oder Würmer ein, die die Neozoen als Wirte für sich entdecken, oder Raubinsekten, die sie als Nahrung beanspruchen. Daraufhin geht die Population dieser Neozoen zurück und es stellt sich ein Gleichgewicht ein. Die Natur regelt sich hier also wie so oft selbst. Festzuhalten ist zudem, dass viele Neozoen vom Menschen eingeschleppt wurden, wie der Asiatische Laubholzbock durch Palettenholz, der Asiatische Marienkäfer durch Verwendung in Gewächshäusern oder die Weiße Fliege mit Topfpflanzen. Viele Neubürger finden sich auch in den Hafengebieten, wo sie mit Containern ankommen und sich zum Glück nicht weiter verbreiten, sei es dadurch, dass die Temperaturen in Deutschland zu gering sind oder ihnen einfach die Nahrungspflanzen oder Umweltbedingungen fehlen. Letztendlich ist aber das invasivste und schädlichste Tier der Welt der Mensch.

Insekten, die Krankheiten übertragen

Medizinisch gesehen sind viele Insekten, wie Wespen, Bienen oder Mücken, sogenannte Gifttiere, die Toxine über ihren Speichel in das Opfer einspritzen. Hierbei entsteht eine lokale Rötung und Gerinnungsfaktoren verhindern, dass das Blut gerinnt und das Insekt dies saugen kann. Problematisch wird es, wenn das Opfer Allergiker ist und das Gift zu einer allergischen Reaktion mit deutlicher Schwellung oder im Extremfall zum anaphylaktischen Schock mit Kreislaufversagen und Atemstillstand führt, also eine sofortige Reaktion des Immunsystems auf ein Allergen, das Insektengift. Flöhe und Läuse können ebenfalls Allergien auslösen, da ihre Exkremente und Exkrete vom Menschen eingeatmet werden. Andere Insekten, in erster Linie Mücken und Fliegen, können Überträger von pathogenen (krankheits-verursachenden) Viren oder Bakterien sein. Der Klimawandel führt dazu, dass immer mehr wärmeliebende Insekten aus dem Mittelmeergebiet nach Deutschland einwandern und sich hier ausbreiten.

Nahrungsmittelschädlinge wie Schaben übertragen durch Kontamination der Nahrung mit ihrem Kot Krankheitskeime. So sind über 32 humanpathogene Bakterien und Schimmelpilzsporen auf Schaben nachgewiesen worden. Auch kleine Proteine im Schabenkot können Allergien oder Asthma auslösen.

Läuse sind Ektoparasiten, also Außenparasiten, die in der Regel in Hautfalten oder auch auf der

Körperbehaarung zu finden sind, wo sie sich mithilfe ihrer Klauen an den Füßen gut festhalten können. Sie stechen die Haut an und saugen dort Blut. Es entstehen kleine Schwellungen, sogenannte Papeln an der Einstichstelle, was zu Juckreaktionen und Ekzemen führen kann. Die Kleiderlaus beispielsweise ist Überträger von Rickettsien, Bakterien, die das Fleckfieber auslösen, oder von Borrelien, schraubenförmige Bakterien, die die Lyme-Borreliose auslösen, eine Krankheit, die die Haut, das Nervensystem oder die Gelenke betrifft und die eher von Zecken übertragen wird. Durch das Zerdrücken der Läuse kommen noch mehr Bakterien in Hautkontakt. Der Einsatz von Läusekämmen ist sinnvoll, allerdings werden oft die winzigen Eier nicht mit ausgekämmt. Früher wurden die Haare mit Petroleum gewaschen oder mit Lindan vergiftet. Lindan ist ein Gift, das früher auch in Insektenkästen zum Schutz vor Befall durch Läuse oder Museumskäfer eingesetzt wurde, was keine gute Idee ist, da es sich im Körper anreichert und als krebserregend beim Menschen eingestuft wurde. Ein anderes Problem ist, dass in der Regel die Läuse-Eier nicht mit abgetötet werden, da diese oft resistent sind. Da hilft oft nur eine Glatze ...

Eine nicht zu unterschätzende Gefahr sind hierzulande Kriebelmücken, kleine unscheinbare Fliegen, die nicht mit einem Rüssel Blut saugen, sondern ein Stück Gewebe mit ihren klingenförmigen Mundwerkzeugen aus der Haut beißen. Die Folgen sind lokale

Hautrötungen, Ödeme (Schwellungen aufgrund von Flüssigkeitseintragung) oder auch Kreislaufprobleme bei Allergikern. Da ihre Larven in Pfützen oder stehenden Gewässern leben, die oft mit Mikroorganismen verseucht sind, übertragen die Kriebelmücken diese beim Biss. Über 60 Virenarten sind bekannt, die übertragen werden können.

Kommen wir nun zu den bekanntesten tropischen Krankheiten, die von Insekten übertragen werden können. Die Tsetsefliege (*Glossina ssp.*) ist Überträger der Schlafkrankheit, die durch einzellige, geißeltragende Mikroorganismen (Trypanosomen) ausgelöst wird. Die Tsetsefliege kommt in den feuchten Waldgebieten Zentralafrikas vor und ist lebend gebärend. Im Gegensatz zu anderen Mückenarten saugen beide Geschlechter Blut. Jährlich werden 300.000 bis 500.000 Menschen infiziert. Trypanosomen werden von der Fliege aufgenommen, entwickeln sich im Darm und wandern in die Speicheldrüse, wo sie beim nächsten Biss in die Blutbahn des Menschen injiziert werden. Es kommt erst zu lokalen Rötungen und über die Blutbahn wandert der Einzeller ins Gehirn, wo er Enzephalopathien (Krankheiten im Gehirn) auslöst, was zu verstärkter Müdigkeit führt – deshalb der Name Schlafkrankheit.

Eine andere durch Raubwanzen übertragene Krankheit ist die Chagaskrankheit. Auslöser sind ebenfalls, wie bei der Schlafkrankheit, Trypanosomen. Diese Erreger entwickeln sich im Darm der in Südamerika vorkommenden Raubwanzen *Rodnius* oder *Triatoma*. Diese Wanzen sind nachtaktiv und beißen mit Vorliebe im Ohren- oder Lippenbereich, was ihnen den Spitznamen „Kissing bugs“, also „küssende Wanzen“ eingebracht hat. Die Trypanosomen werden mit dem Kot auf der Haut des Menschen abgegeben und gelangen, wenn dieser sich aufgrund des Juckreizes durch den Wanzenbiss kratzt, durch die offene Wunde in die Blutbahn oder, wenn die Hände dann zum Mund geführt werden, durch den Mund in den Körper des Menschen. Akut treten bei einem Drittel der infizierten Menschen Entzündungen und Ödeme im Bereich des Bisses auf. Nach einigen Jahren kommt es zur chronischen Erkrankung mit einer Herzvergrößerung und zur Zerstörung von Nervenzellen im Verdauungstrakt. Jährlich werden 16 bis 18 Millionen Menschen infiziert, was zu etwa 50.000 Toten im Jahr führt. Leider ist noch keine Impfung oder Prophylaxe in Sicht.

Malaria ist eine weit verbreitete Krankheit, die durch den Erreger *Plasmodium falsiparum*, ebenfalls ein Einzeller, ausgelöst wird. Plasmodien werden von Stechmücken der Gattung *Anopheles*, die überwiegend im tropischen Afrika und in Südamerika vorkommen, durch Bisse auf den Menschen übertragen. Aus der Blutbahn gelangen sie in die Leber, wo sie sich ungeschlechtlich vermehren und später wieder ins Blut zurück gelangen. Jährlich werden 250 bis 300 Millionen Menschen infiziert, wovon etwa 880.000 sterben.

Dieses Kapitel sollte nur einige Beispiele von Insekten als Überträger von Krankheiten durch in erster Linie einzellige Organismen aufzählen. Es ist also Vorsicht geboten bei Reisen in die tropischen Regionen, aber wer weiß, ob sich durch die globale Erwärmung der Erde die wärmeren Regionen immer mehr nach Norden ausweiten und damit auch die wärmeliebenden Insekten.

Die Kunst der Tarnung und Täuschung

Mimikry bezeichnet in der Biologie die auffallend große Ähnlichkeit der Gestalt und auch der Färbung von Tieren mit den Mustern anderer Tierarten. Dabei sind die Ähnlichkeiten für diese Tiere entweder mit Überlebens- oder mit Vermehrungsvorteilen verbunden. Die häufigste Form der Mimikry dient der Abschreckung, harmlose Insektenarten tragen die grellen Warnmuster von wehrhaften oder giftigen Insekten. Andere Formen dienen der Tarnung vor potenziellen Feinden oder der Anlockung von Insekten als potenzielle Nahrung. Einige Beispiele werden im Folgenden dargestellt.

Die wohl den meisten Menschen bekannteste Form der Mimikry ist die gelb-schwarze Warnfärbung der Wespen, die von anderen Insekten imitiert wird. Dies können Käfer sein wie die Wespenböcke, *Plagionotus arcuatus*, auch Wimpernbock genannt, oder *Rutpela maculata*, auch Gefleckter Schmalbock genannt, oder die Pinselkäfer (Gattung *Trichius*). Viele Schwebfliegen (Familie *Syrphidae*) zeigen ein Wespen-Warnmuster und schrecken damit potenzielle Jäger ab, obwohl sie harmlos sind und im Gegensatz zu Wespen keinen Stachel besitzen. Andere Schwebfliegen, wie die Hummel-Schwebfliege (*Volucella bombylnas*) oder die Hornissen-Schwebfliege (*Volucella zonaria*), imitieren jeweils Hummeln oder Hornissen bis hin zur Behaarung und deren Verhalten. Schmetterlinge wie der Hornissenglasflügler (*Sesia apiformis*) sehen einer Hornisse täuschend ähnlich und profitieren von der abschreckenden Wirkung, da sie auch in der Größe einer Hornisse ähnlich sind.

Ein tagaktiver Schmetterling aus der Unterfamilie der Bärenspinner (*Arctinae*) imitiert das schwarz-gelbe Aussehen einer Wespe, sogar die Wespentaille und die durchsichtigen Flügel. Auch im Flug sind Wespen und ihre Nachahmer schwer voneinander zu unterscheiden. Interessanterweise wollen die Bärenspinner nicht etwa Vögel täuschen, sondern ihre Vorbilder, die Wespen, welche andere Insekten jagen und damit auch die Bärenspinner. Da die Wespen normalerweise andere Artgenossen nicht angreifen, imitieren die Falter also die Wespen nicht wegen des Abschreckungseffekts gegen Fressfeinde, sondern damit sie von den Wespen für Artgenossen gehalten werden und von deren Angriffen verschont bleiben.

Schlupfwespen der Gattung *Gelis* imitieren wehrhafte Ameisen bis hin zu ihrer Flügellosigkeit. Gleiches gilt für eine Sichelwanze (*Himacerus mirmicoides*), die einer Ameise so ähnelt, dass die Larve zuerst als Ameise beschrieben wurde, bevor man das adulte Insekt entdeckt hat und als Wanze erkannte. Dies zeigt der wissenschaftliche Name *mirmicoides*, also „ameisen-ähnlich“.

Ein Meister der Tarnung ist das Wandelnde Blatt (*Phyllium giganteum*), eine Heuschrecke, die sich in Form und Farbe ihrer Umgebung angepasst hat. Wandelnde Blätter sind Pflanzenfresser, deren Nahrung die Laubblätter tropischer Pflanzen, wie Guave, Kakao, Mango oder Tee, sind. Sie ahmen deren Blätter nicht nur durch ihr Äußeres nach, sondern auch in ihrem Verhalten, da sie bei Störung durch schaukelnde Bewegungen ein sich im Wind bewegendes Blatt imitieren und sich so vor möglichen Fressfeinden tarnen. Stabheuschrecken (Ordnung Gespenstschrecken, *Phasmatodea*) imitieren nicht die Blätter, sondern die Äste und Zweige ihrer Nahrungspflanzen. Durch ihren extrem schmalen Körper und die dünnen Beine sind sie sehr gut getarnt. Hinzu kommt ihre grüne bis braune Färbung und ihre langsame Bewegung, die es einem Fressfeind schwer macht, sie im dichten Geäst zu entdecken. Wer je an einem Terrarium mit Gespenstheuschrecken gesucht hat, weiß, wovon die Rede ist.

In den Tropen existieren Wanzen der Gattung *Diactor*, deren Hinterschenkel blattartig verbreitert sind. Man vermutet, dass das der Abschreckung oder der Ablenkung dient, da potenzielle Fressfeinde diese oft bunt gefärbten Verbreiterungen anvisieren und wenn die Wanze ein Bein verliert, kann sie trotzdem fliehen und weiterleben. Auch in Deutschland lebt die aus Nordamerika eingewanderte Kiefernwanze (*Leptoglossus occidentalis*), welche ebenfalls leicht verbreiterte Hinterschenkel zeigt. Ob dies ebenfalls der Ablenkung dient, ist noch nicht bekannt.

Schmetterlinge, wie das Tagpfauenauge (*Aglais io*) oder das Kleine Nachtpfauenauge (*Saturnia pavonia*) haben eine andere Strategie der Abschreckung. Ihre großen Augenflecke sollen potenzielle Fressfeinde, wie Singvögel, irritieren, da sie an die Augen von Eulenvögeln erinnern. Andere Nachtfalter, wie das Rote Ordensband (*Catocala nupta*) oder die Hausmutter (*Noctua pronuba*), haben braun-graue Vorderflügel, die an Baumrinde erinnern. Wenn sie aber beunruhigt werden, zeigen sie ihre leuchtend roten oder orangefarbenen Hinterflügel und schlagen damit Fressfeinde in die Flucht.

Eine weitere Art der Tarnung ist, dass einige Käfer aus der Familie *Anthribidae* (deutscher Name: Breitmaulrüssler) sich wie Vogelkot tarnen bis hin zum Verhalten, dem „Sich-tot-stellen". Die Färbung der Käfer ist so strukturiert, dass sogar die weißen Bestandteile, die zurückzuführen sind auf die große Trockenheit des Vogelkots, exakt imitiert werden.

In Amerika gibt es Leuchtkäfer der Gattung *Photinus*, bei denen die Weibchen ihre Männchen, wie das Glühwürmchen in Deutschland, mithilfe von Lichtsignalen anlocken. So hat jede Leuchtkäferart ihr eigenes Lichtsignal. Eine andere räuberisch lebende Leuchtkäferart hat eine spezielle Methode entwickelt, ihre Beute anzulocken. Sie imitieren genau die

Leuchtsignale ihrer Beutetiere. Die Männchen kommen angelockt durch das räuberische Weibchen der Gattung *Photuris* angeflogen und statt sich zu paaren, werden die Männchen der anderen Leuchtkäfergattung *Photinus* gefressen – was für ein Pech für die *Photinus*-Männchen, statt Sex zu haben, enden sie als Mahlzeit. Aber wie ergeht es dem Männchen der eigenen Gattung *Photuris*? Das ist bisher ungeklärt.

Auf eine andere Weise erbeuten einige Raubwanzen (Familie *Reduviidae*) andere Insekten, wie beispielsweise Honigbienen der Gattung *Apis*. Sie bedecken ihre Vorderbeine mit klebrigem Harz und die Bienen folgen diesem Geruch und kommen dabei in die Reichweite der Raubwanze. Diese packt sich dann das Beutetier und lähmt es mit einer Injektion einer giftigen Speichelflüssigkeit. Zudem bleiben die Bienen an dem klebrigen Harz an den Vorderbeinen der Wanze hängen. Eine andere Raubwanzenart ernährt sich von Termiten (Ordnung *Isoptera*). Sie lebt auf dem Termitenbau und tarnt sich mit Nestmaterial des Baus, sodass sie für die Termiten kaum zu erkennen ist. Für den Beutefang tötet die Wanze zunächst eine Termite, hält sie mit ihren Mundwerkzeugen fest und wartet auf weitere Termiten, die nach toten Tieren im Termitenbau schauen. Diese werden dann ebenfalls von der Raubwanze gepackt und verspeist.

Aber auch Insekten werden durch Pflanzen getäuscht. Der Aronstab (*Arum maculatum*) riecht für uns Menschen nach Aas, Urin oder vergammeltem Obst.

Damit werden Fliegenarten, wie die bereits erwähnte Fruchtfliege (*Drosophila*) oder auch andere Fliegenarten der Gattungen *Lucilla* oder *Calliphora* angelockt, da die Duftmolekül-Mischung perfekt verschiedene Lieblingsspeisen der Fliegen imitiert. Die Pflanze bedient sich so vieler Bestäuber, die den Blütenstaub dann weiter verbreiten, ohne dass sie, wie andere Pflanzenarten, Nektar im Angebot haben muss. Die Fliegen werden so getäuscht, ohne eine Chance zu haben, den Geruch zu ignorieren, da sie ansonsten den Geruchsinn für ihre üblichen Nahrungsquellen verlieren würden. Zudem wird die Lockwirkung der Duftmischung dadurch verstärkt, dass der Aronstab Wärme erzeugt und seine Temperatur etwa 15°C über der Umgebungswärme liegt. Diese zusätzliche Wärme hat eine weitere Lockfunktion für aasliebende Fliegen.

Noch raffinierter sind Orchideen, die die Männchen verschiedener Bienen- und Hummelarten anlocken. Die Spinnen-Ragwurz (*Ophrys sphegodes*) lockt beispielsweise durch ein Gemisch verschiedener Substanzen, das dem Sexualpheromon der weiblichen Sandbienen der Gattung *Andrena* gleicht, die männlichen Sandbienen an. Die Imitation ist so perfekt, dass das Männchen sogar versucht, mit der Pflanze zu kopulieren – armes getäuschtes Männchen –, wodurch der Blütenpollen am Körper des Männchens hängen bleibt. Da sich ein Männchen den Duft eines einmal schon begatteten Weibchens merkt und es nicht wieder begatten würde, haben die Orchideen noch einen anderen Trick. Jede Orchidee hat ein leicht verändertes Duftbouquet und verführt so die Männchen, die von Blüte zu Blüte zu fliegen. Andere Orchideen, wie die Hummel-Ragwurz (*Ophrys holoserica*), die von der Biene *Eucera longicornis* bestäubt wird, zeigen auch morphologisch Ähnlichkeiten, die an eine Biene erinnern. Auch der Gartenlaubkäfer (*Phylloperta horticola*), ein in Deutschland häufiger Blatthornkäfer, ist bei der Bestäubung der Pflanze beobachtet worden.

Der Frauenschuh (*Cypripedium calceolus*) lockt Insekten mit betörendem Duft ins Innere seiner Blüte, die sogenannte Kesselfalle, in der es keinen Nektar oder Pollen gibt. Durch einen durchsichtigen Fleck auf der sonst gelben Schuhseite kommt ein wenig Licht in die Falle, das den Weg nach draußen zeigt. Dieser Weg führt an zwei Pollenbehältern vorbei und der Pollen wird hier an den Kopf des Insekts geklebt. Besucht das Insekt die nächste Frauenschuh-Blüte, gibt es das Pollenpaket an die Blütennarbe ab und die Orchidee ist bestäubt.

Eine fleischfressende Pflanze, der Sonnentau (*Drosera rotundifolia*), hat kleine glitzernde Tröpfchen auf seinen Anhängen, die einem Insekt ein reichhaltiges Nektarangebot vorspielen. Allerdings bleiben kleinere Insekten, wie Mücken oder Fliegen, an diesen klebrigen Tröpfchen hängen und werden von den austretenden Pflanzensekreten aufgelöst und verdaut. Durch diese Insektennahrung erhält der Sonnentau zusätzliche

Nährstoffe, da er auf nährstoffarmen Böden, wie beispielsweise Mooren, wächst.

Diese Beispiele zeigen, dass es ein ständiges Tarnen und Täuschen in der Insekten- und Pflanzenwelt gibt – meist zum Vorteil des Täuschenden, der Getäuschte lernt aber entwicklungsgeschichtlich immer dazu, sodass es ein immerwährender Prozess ist. Mal gewinnt der Getäuschte und mal der Täuschende.

Staatenbildende Insekten

Staatenbildende Insekten, auch soziale Insekten genannt, sind Insekten, die sich irgendwann in der Evolution zur Brutfürsorge zusammengetan haben und deren Nachkommen dann Verbände, auch Staaten genannt, gebildet haben, in denen sie für eine weitere Nachkommenaufzucht zusammenbleiben. Bekannte Beispiele für staatenbildende Insekten sind Termiten, Ameisen, Hummeln, soziale Faltenwespen und Honigbienen. Bei den eigentlichen staatenbildenden Insekten (den sogenannten eusozialen Insekten) finden sich stets drei Insektenformen: ein oder wenige geschlechtsreife Weibchen (die Königinnen), Weibchen mit zurückgebildeten Geschlechtsdrüsen (die Arbeiterinnen) und geschlechtsreife Männchen (die bei den Honigbienen und Hummeln Drohnen genannt werden). Bei Ameisen können zusätzlich spezielle Arbeiterinnen als Soldaten ausgebildet sein, die oft größere Köpfe mit kräftigeren Mandibeln haben. Bei den Termiten treten zusätzlich noch ein König und männliche Arbeiter auf bzw. spezielle Soldatentypen, die nach ihrer Kopfform *Nasuti* (Nasenträger) genannt werden.

Der Insektenstaat kann für nur eine Brutperiode oder für viele Jahre ausgebildet sein. In der Regel legt zunächst nur ein Weibchen allein oder nur wenige Weibchen Eier, während die übrigen Individuen aufgrund der Wirkung eines von der Königin verbreiteten Pheromons (Sexualhormons) ihre Geschlechtsdrüsen zurückbilden. Während bei Hummeln und sozialen Faltenwespen die Staaten nur eine Brutperiode aufrechterhalten werden, sind die der Termiten, Ameisen und Honigbienen in der Regel mehrjährig. Bei den Hummeln und sozialen Faltenwespen überwintern die im Herbst begatteten Weibchen und gründen im nächsten Frühjahr einen neuen Staat, der sich im Laufe des Sommers aufbaut, indem zunächst nur unfruchtbare Arbeiterinnen entstehen. Erst später im Sommer legt die Königin auch Eier, bei denen aus unbefruchteten Eiern Männchen und aus befruchteten Eiern durch entsprechende Fütterung (bei der Honigbiene das sog. Gelée royale) fruchtbare Weibchen, also die zukünftigen neuen Königinnen entstehen. Im Herbst stirbt der Staat dann ab.

Ameisen haben unterschiedliche Arten der Nestgründung, wobei die häufigste Art die unabhängige Nestgründung ist, bei der ein oder mehrere Weibchen nach der Begattung, dem sogenannten „Hochzeitsflug“, einen Ort aufsuchen und die ersten Eier legen. Die schlüpfenden Larven und die ersten Arbeiterinnen werden von den Weibchen gefüttert. Danach beschränkt sich das Weibchen oder mehrere Weibchen (die jetzt als Königinnen bezeichnet werden) allein auf das Eierlegen. Bei der abhängigen Nestgründung benötigt die begattete neue Ameisenkönigin bei der Aufzucht ihrer ersten Nachkommen Hilfe. Dies sind entweder Königinnen derselben Art, die bereits ein Nest besitzen, oder das Weibchen schließt sich einer anderen Ameisenart an und lässt von deren Arbeiterinnen ihre Nachkommen füttern oder aber die neue Königin dringt in ein Nest ein, das keine eigene Königin mehr hat bzw. bringt deren Königin um und übernimmt den Staat.

Ein wesentlicher Vorteil der Staatenbildung ist die Arbeitsteilung. Geschlechtslose Arbeiterinnen (bei Termiten auch Arbeiter) verrichten die eigentlichen Stocktätigkeiten und beschaffen Nahrung, während sich die Geschlechtstiere (Königin, Drohnen und bei Termiten auch der König) auf die Fortpflanzung konzentrieren. Hierbei kann diese Arbeitsteilung entweder altersabhängig ablaufen, wie bei den Honigbienen, oder auf verschiedene Kasten verteilt sein, wie bei den Termiten. Honigbienen haben im Allgemeinen einen festgelegten Lebensplan, der sich allerdings bei Bedarf auch stark ändern kann. Strenger festgelegt sind die arbeitsteiligen Tätigkeiten bei den Ameisen und Termiten, die stark ausgeprägte Kasten haben.

Evolutionsbiologisch ist die Staatenbildung innerhalb der Insekten mindestens dreimal unabhängig entstanden: bei den Termiten, Ameisen und Bienen/Wespen. Besonders bei den Bienen können viele Stufen der Sozialbildung von rein solitärer bis zur eusozialen Lebensweise aufgezeigt werden. Quasisozial sind solche Furchenbienen der Gattung *Halictus*, die am Nesteingang lediglich einen Wächter haben, der vor allem Parasiten und Eindringlinge von der Brut fernhalten soll. Semisozial sind wohl die meisten Arten der Furchenbienen-Gattung *Lasioglossum*. Die meisten Wespen und Hummeln sind primitiv eusozial, da ihre Nester nur eine Brutperiode überdauern. Gelegentlich wird erst bei der Nestgründung zwischen gemeinschaftlich überwinternden fruchtbaren Geschwisterweibchen entschieden, wer im künftigen Nest die Rolle der Königin übernimmt, wie bei *Polistes*- oder einigen *Halictus*-Arten. Die anderen Individuen bilden dann ihre Geschlechtsdrüsen zurück und treten als Helferinnen auf. Die Entscheidung, wer Königin wird, wird über Dominanzverhalten, also über die Abgabe von Königinduftstoffen bestimmt. Honigbienen, Termiten und Ameisen sind in ihrer Entwicklung wirklich eusozial und haben die Arbeitsteilung perfektioniert.

Bei den Ameisen gibt es Staaten von nur wenigen Hunderten bis über 20 Millionen Insekten. Staaten mit nur einer Königin können in der Regel nur so alt werden wie die Königin selbst, da nach deren Tod keine Eier mehr gelegt werden. Dabei können manche Königinnen, wie die der Roten Waldameise (*Formica rufa*), bis zu 25 Jahre alt werden, während die Arbeiterinnen nur selten länger als zwei bis drei Jahre leben. Werden dann neue Kolonien durch junge, begattete Königinnen und einen Teil der Arbeiterinnen des alten Nestes gegründet, ist die Lebensdauer eines Staates potenziell unbegrenzt.

Einige Ameisenarten haben mehrere Königinnen pro Volk mit zahlreichen Neststandorten, die durch Teilung des alten Nestes entstanden sind. Diese Ameisenarten können riesige Superkolonien bilden, die sich über Tausende von Kilometern erstrecken und Milliarden von Individuen umfassen. Die Ameisen der verschiedenen Nester sind untereinander nicht aggressiv, sie können frei zwischen den Nestern wechseln, während Individuen anderer Ameisenvölker heftig bekämpft werden. Zwei der längsten Superkolonien wurden von der aus Südamerika stammenden Art *Linepithema humile* an den Küsten des Mittelmeers und des Atlantiks festgestellt, von denen sich eine von Norditalien bis nach Spanien (Galizien) auf über 6.000 Kilometer Küstenlinie erstreckt. Damit handelt es sich um die größte Kolonie eines mehrzelligen Lebewesens auf der Erde überhaupt. Der typische Ameisenstaat besteht aus Individuen verschiedener Kasten, der oder den Königinnen, den Arbeiterinnen bzw. Soldatinnen und den Männchen. In der Regel sind die Arbeiterinnen nicht zur Fortpflanzung fähig, aber es gibt viele Ameisenarten mit fortpflanzungsfähigen Arbeiterinnen, welche schwach entwickelte Keimdrüsen und leicht unterentwickelte Eierschläuche haben. Sie kommen beispielsweise dann zum Einsatz, wenn die Königin stirbt. Da aber die Arbeiterinnen nicht von Männchen begattet werden, sind ihre Eier nicht befruchtet und kommen daher auf eingeschlechtlichem (parthenogenem) Weg zustande, weshalb aus den Eiern der Arbeiterinnen immer nur Männchen entstehen.

Der Ameisenstaat entsteht, nachdem die Königin im Frühling damit beginnt, Eier an einem geeigneten Ort abzulegen. Dies können mehrere Hunderte Eier täglich sein. Aus diesen schlüpfen bei den meisten Arten erst Männchen oder Jungköniginnen, also Geschlechtstiere, die der Arterhaltung dienen. Da Ameisen keine Geschlechtschromosomen besitzen, kann die Königin entscheiden, ob aus einem Ei ein Weibchen oder ein Männchen werden soll, je nachdem, ob sie das Ei in ihren Eileitern mit der Samenspritze besprüht oder nicht. Es ist bisher noch ungeklärt, wie die Königin diese Entscheidung trifft. Nach der Eiablage tragen die Brutpflegerinnen die Eier in die Brutkammern, in denen geeignete Temperatur und Luftfeuchtigkeit herrschen. Die Brutpflegerinnen belecken und bespeicheln die Eier immer wieder, um sie sauber zu halten und vor dem Austrocknen zu schützen. Die Entwicklung der Eier dauert bei Ameisen je nach Art zwischen ein und vier Wochen. Nach einiger Zeit schlüpfen die weißen oder gelblichen Larven aus den Eiern. Sie sind mit Ausnahme der Kopfkapsel weichhäutig, meist leicht behaart, beinlos und blind. Gefüttert werden die Larven von den Brutpflegerinnen, wobei sie nur flüssige oder ganz fein zerkleinerte Nahrung aufnehmen können. Dabei füttern Arbeiterinnen die Larven mit für sie selbst unverdaulichen Nahrungspartikeln und werden später, vor allem in Zeiten von Nahrungsmangel, wieder von den Larven ernährt, was als „sozialer Magen" bezeichnet wird. Sehr reichlich ernährte Larven können sich zu Königinnen entwickeln. Ameisen durchlaufen eine vollständige Verwandlung, das heißt, sie haben ein Puppenstadium. Im Puppenstadium nimmt die Ameise keine Nahrung mehr auf und verharrt völlig regungslos. Die Puppenkokons werden von den Brutpflegerinnen an die günstigsten Standorte transportiert und gepflegt. Auch helfen sie beim Schlüpfen und füttern die jungen, frisch geschlüpften Ameisen noch einige Tage lang, bis deren Chitinpanzer gehärtet ist.

Sind die geschlechtsreifen Jungköniginnen und Männchen im Frühling aus der Puppe geschlüpft, so beginnt der sogenannte „Hochzeitsflug". Die geflügelten Ameisen verlassen den Bau und sammeln sich bevorzugt auf hohen Punkten, wie etwa Sträuchern, Hügeln oder Bäumen. Zu einem bestimmten Zeitpunkt schwärmen alle Geschlechtstiere, auch aus verschiedenen Ameisenkolonien, gleichzeitig zum Hochzeitsflug aus, wodurch der Kontakt von Geschlechtstieren aus verschiedenen Nestern und damit eine Fremdbefruchtung der Königin erleichtert wird. Die Jungköniginnen locken männliche Geschlechtstiere über Lockstoffe (Pheromone) an und jede Jungkönigin kann von mehreren Männchen begattet werden. Sie nimmt mehrere Hunderte Millionen Spermien in ihrem Samensack auf, die sie bis zu 25 Jahre unbeschadet verwahren kann und mit denen sie die Eier befruchtet. Einige Stunden nach dem Hochzeitsflug sterben die Männchen. Bei den Königinnen brechen die nun nicht weiter benötigten Flügel an vorbestimmten Stellen ab oder werden aktiv von den Königinnen abgebissen. Nun besteht die einzige Aufgabe der Königin darin, ihr langes Leben für Nachwuchs zu sorgen.

Aber wie organisiert sich der Ameisenstaat als „Superorganismus“?

Die Organisation geht über chemische Wege mittels Pheromone, also Duftstoffe, und über den Tastsinn mit den Fühlern und Beinen der Ameisen, was als „Betrillern“ bezeichnet wird. Einige Ameisenarten verständigen sich durch Schallwellen, indem sie die mit kleinen Häkchen bestückten hinteren Beinpaare am Hinterleib vorbei streifen und ein Zirpen erzeugen (Stridulation). Wenn eine Ameise eine andere zu einer Nahrungsquelle führt und die Duftspur noch nicht ausreichend intensiv ist, veranstalten die beiden Ameisen einen sogenannten „Tandemlauf“, bei dem die eine Ameise die andere durch Betasten der Fühler führt. Transportieren mehrere Ameisen ein Beutetier gemeinsam zum Nest, so beruht das nicht auf einer Absprache, sondern jede Ameise versucht für sich, die Beute in Richtung Nest zu schaffen. Sind dann ausreichend Ameisen herangekommen und zerren genug Ameisen in dieselbe Richtung auf das Nest hin, so setzt sich der Transportzug automatisch in Bewegung. Je intensiver die Ameisenstraße durch Duftstoffe markiert ist, desto schneller kommt der Transport Richtung Nest voran. Die Lebensweise und das Verhalten von Ameisen werden durch Reize gesteuert. Solche Reize können sowohl von der Umwelt als auch von den Individuen eines Ameisenstaates abgegeben werden. Bei der Nahrungssuche, wenn eine Ameise eine potenzielle Nahrungsquelle entdeckt, nimmt sie in der Regel einen Teil dieser Nahrung in ihrem Magen auf und läuft zum Nest, wo sie dann Teile der Nahrungsquelle an andere Ameisen verteilt. Wenn diese die Nahrung für geeignet befinden, werden diese Ameisen der Duftspur der ersten Ameise in Richtung der Nahrungsquelle folgen, wodurch diese verstärkt wird und immer mehr Ameisen dieser folgen. Sollte die Nahrungsquelle aber für ungeeignet befunden werden oder es ist ausreichend Futter im Ameisenstaat vorhanden, werden nur wenige oder keine Arbeiterinnen der Duftspur zur Nahrungsquelle folgen. Die Organisation eines Ameisenvolkes ist somit von interaktiven, reizgesteuerten Mehrheitsentscheidungen, die durch die „kollektive Intelligenz“ getroffen werden, geprägt.

Kommen wir nun zu dem Wespenstaat, der im Gegensatz zu einem Ameisenstaat nur eine Brutsaison existiert. Das Wespennest besteht aus einer papierartigen Masse, hergestellt aus morschem, trockenem Holz, das von den Wespen zu kleinen Kügelchen zerkaut wird. Am Anfang besteht das Nest aus fünf bis zehn Zellen in abgerundeter Wabenform und wird von der Königin alleine betreut. Später kommen dann mehrere übereinander angeordnete Etagen aus Waben hinzu, die stets nach unten geöffnet sind und von einer mehrschichtigen, stabileren

Außenhülle umgeben sind. Die Größe eines Nestes hängt von der Stärke eines Wespenvolkes ab, so erreichen die Deutsche Wespe (*Vespula germanica*) und die Gemeine Wespe (*Vespula vulgaris*) Volksstärken von bis zu 7.000 Insekten. Die anderen sechs staatenbildenden Wespenarten in Deutschland kommen in der Regel nur auf einige Hunderte Wespen pro Nest.

Die Gründung eines Wespenstaates beginnt mit einer jungen Königin, die im Frühjahr jeweils ein Ei in die ersten Waben des von ihr gebauten neuen Nestes legt. Die Eier werden kurz vor der Eiablage mit Spermien aus einer Samentasche befruchtet. Die aus den Eiern schlüpfenden Larven werden mit einem Brei aus zerkauten Insekten, die die Königin erjagt hat, gefüttert. Nach der Fütterung geben die Larven einen zuckerhaltigen Tropfen ab, der wiederum der Ernährung der Königin dient und für die Larven die einzige Möglichkeit darstellt, Flüssigkeit abzugeben. Durch die von der Königin verströmten Duftstoffe entwickeln sich aus den Larven keine neuen befruchtungsfähigen Weibchen, sondern nur unfruchtbare Arbeiterinnen. Die zuerst geschlüpften Arbeiterinnen übernehmen dann alle weiteren Arbeiten im Nest, die Königin widmet sich nur noch der Eiablage. Ein Wespenstaat ist so organisiert, dass sich einige Arbeiterinnen mit dem Nestbau, der Wabensäuberung, der Larvenfütterung, der Versorgung der Königin oder der Nahrungs-beschaffung beschäftigen. Aus manchen

Eiern entwickeln sich im Spätsommer bis Herbst fruchtbare Jungköniginnen der nächsten Generation und aus den unbefruchteten Eiern dann die Männchen, die wie bei den Honigbienen auch Drohnen genannt werden. Diese verlassen das Nest, paaren sich mit den Königinnen aus einem anderen Volk und sterben dann. Die alte Königin stirbt im Herbst und ihr Wespenstaat löst sich auf. Die begatteten Jungköniginnen verlassen das Nest und suchen ein geschütztes Versteck unter Baumrinden, im Moos oder in Hohlräumen auf, wo sie den Winter überstehen, um im nächsten Frühjahr einen neuen Staat zu gründen. Alte Wespennester werden dabei nicht wieder besiedelt.

Es gibt aber auch Faltenwespen, die als Sozialparasiten in die Nester anderer verwandter Wespenarten eindringen, die Königin töten und deren Stelle einnehmen. Dies sind die sogenannten „Kuckuckswespen“. Durch Duftstoffe steuern sie die Arbeiterinnen der sozialen Wespenart dazu, ihre Nachkommen aufzuziehen, bis das Volk am Ende des Sommers nur noch aus Kuckuckswespen besteht. Kuckuckswespen sehen ihrer Wirtswespenart dabei sehr ähnlich.

Ähnlich wie die Nester der Wespen bauen auch Hummeln, die zu den echten Bienen gehören, in der Regel nur einjährige Nester. Ganz selten kehrt eine Königin in das Nest ihrer Geburt zurück. Die begattete Jungkönigin gründet nach der Überwinterung im Frühling des nächsten Jahres ein neues Volk. Dazu sucht sie einen geeigneten Ort für das Nest, der eine Erdhöhle, wie ein Mauseloch, ein hohler Baumstamm oder auch ein verlassenes Vogelnest sein kann. Dann sammelt die Königin Nektar und Pollen, den sie ins Nest einträgt und auf den sie in einer aus Wachs geformten Zelle die ersten Eier legt. Das Wachs für diese Zellen wird aus dem Hinterleib der Königin ausgeschieden. Als Nahrungsquelle für die Larven und die geschlüpften Hummeln baut die Königin einen kleinen „Vorratstopf", den sie mit Honig füllt. Um die Eier warm zu halten, setzt sich die Königin bei Bedarf auf diese. Die weitere Zellenanordnung der Waben ist krugförmig und zu einem aufrecht stehenden Haufen gruppiert. Umhüllt wird diese Anordnung durch eine isolierende Hülle aus Gras, Haaren oder Moos, die mit Wachs verklebt ist. Die konstante Nesttemperatur beträgt etwa 30 bis 33°C, wobei beim Brüten Temperaturen bis zu 38°C erreicht werden. Die aus den Eiern schlüpfenden Larven ähneln kleinen Maden, die von der Königin bis zu zehn Tage lang gefüttert werden. Anschließend verpuppen sie sich und schlüpfen nach etwa zehn Tagen als fertige Hummeln. Die schlüpfenden Hummeln sind ausschließlich Arbeiterinnen, die einige Tage im Nest verbleiben und die nächste Generation Larven füttern. Später verlassen sie dann das Nest, um Nahrung zu sammeln. Die Hummelkönigin verbleibt bis zum Ende ihres Lebens im Hummelnest und sorgt für Nachwuchs. Durch spezielle Duftstoffe der Königin sorgt sie dafür, dass sich im Volk ausschließlich unfruchtbare Arbeiterinnen entwickeln. Ab Juli legt die Königin sowohl männliche als auch weibliche Eier. Aufgrund der nun fehlenden Duftstoffe entwickeln sich aus den weiblichen Eiern Jungköniginnen und Männchen (Drohnen). Die Männchen und Jungköniginnen verbringen einige Tage im Nest und verlassen dann das Nest für immer. Die alte Königin verbleibt im Nest, und da keine weiteren Arbeiterinnen mehr heranwachsen, geht mit dem langsamen Absterben der Arbeiterinnen das Nest im Herbst zugrunde. Die Drohnen begatten die Jungköniginnen und leben nur wenige Wochen. Bei den meisten Hummelarten paaren sich die Jungköniginnen nur ein einziges Mal, während die Drohnen durchaus mehrere Weibchen, auch von anderen Hummelvölkern der gleichen Art, begatten können. Kurz nach der Begattung im Juli und August suchen Jungköniginnen nach einer geeigneten Stelle, um zu überwintern.

Hummeln gehören neben Honigbienen und Schwebfliegen zu den wichtigsten Bestäubern. Ihre Unempfindlichkeit gegenüber tieferen Temperaturen ermöglicht es Hummeln, früher und auch länger am Tag als andere Bienen auf Nahrungssuche zu fliegen. Forscher haben festgestellt, dass Hummeln in bis zu 18 Stunden täglich etwa 1.000 Blüten anfliegen und dabei selten mehr als zwei verschiedene Blütenarten je Flug. Hummeln sichern auch in feuchteren Sommern mit niedrigen Durchschnittstemperaturen die Blütenbestäubung, was sie besonders für die Obst- und Gemüsewirtschaft zu wichtigen Helfern macht. Im

Gegensatz zu Honigbienen informieren Hummeln ihre Stockgenossinnen nicht mit einem Schwänzeltanz, sondern kommunizieren im Nest direkt miteinander. Sie markieren gerade besuchte Blüten chemisch, damit andere Hummeln diese nicht mehr besuchen. Durch schnelle Bewegungen nach der Rückkehr einer Hummel werden Duftstoffe der besuchten Blüte verteilt, die zusammen mit dem mitgebrachten Nektar von den anderen Hummeln im Nest wahrgenommen werden, die dann diese Blüten aufsuchen. Somit übermitteln Hummeln also keine Informationen über die Richtung oder Entfernung einer Nektarquelle, sondern nur darüber, dass es in der Umgebung Nektar gibt. Man unterscheidet bei den Hummelarten solche mit einem langen Saugrüssel, die in Blüten mit tiefen Kelchen saugen, und solche mit kurzem Rüssel, die manchmal auch seitliche Löcher in eine Blüte beißen, um sich einen direkten Zugang zum Nektar zu verschaffen. Der Nektar wird im Magen gesammelt und im Nest wieder hochgewürgt. Aus dem Nektar stellen Hummeln mithilfe körpereigener Enzyme (Biokatalysatoren) dann Honig her, der aber für den Menschen wegen der geringen Honigvorräte im Nest nicht interessant ist. Der Pollentransport geschieht generell an den Hinterbeinen. Dazu werden die Pollen durch Ausspeien von Nektar zu einer formbaren Masse vermengt, die zwischen den langen Borsten der Hinterbeine angedrückt wird. So entstehen die gelben bis dunkelbraunen „Pollenhöschen“. Der Pollen wird dann im Nest in besondere Brutzellen, die „Pollensilos“

genannt werden, oder an Pollentaschen an Brutzellen eingelagert.

Kommen wir nun zu den Termitenstaaten. Termiten sind nicht, wie oft angenommen wird, mit den Ameisen, die zu den Hautflüglern (Ordnung *Hymenoptera*) gehören, verwandt, sondern gehören in eine eigene Ordnung (Ordnung *Isoptera*) und sind eher mit den Fangschrecken und Schaben verwandt. Termiten leben eher in wärmeren Erdregionen. Ein Termitenstaat kann mehrere Millionen Individuen umfassen und besteht normalerweise aus drei spezialisierten Kasten, die aber, anders als bei den Hautflüglern, meist beide Geschlechter umfassen. Neben dem Königspaar gibt es geschlechtlich verkümmerte und meist blinde männliche und weibliche Arbeitertiere, die für die Brutpflege, den Nestbau und die Nahrungsbeschaffung verantwortlich sind. Besondere Termiten mit einem extrem großen Kopf und starken Kiefern fungieren als Nestwächter oder Soldaten. Im Unterschied zur Ameisenkönigin muss die Termitenkönigin immer wieder neu begattet werden und lebt deshalb mit einem König zusammen. Alle Termitenarten leben sozial, das heißt in Insektenstaaten, bei denen die Tiere unterschiedlichen Kasten angehören und entweder in unterirdischen Bauten, in verrottendem Holz oder oberirdisch in Termitenhügeln und auf Bäumen leben.

Das Termitennest wird bei fast allen Arten durch ein geflügeltes Weibchen und ein geflügeltes Männchen gegründet, die als Königin und König bezeichnet werden. Bei einigen Arten lockt das Weibchen das Männchen durch einen Sexuallockstoff an, es kommt zur Paarung und das Paar bleibt anschließend zur Gründung eines neuen Nestes zusammen. Die Flügel werden im Anschluss an den Hochzeitsflug abgeworfen, da sie nicht mehr benötigt werden. Bei vielen Arten bleibt eine Kolonie über den Tod des begründenden Paares hinaus bestehen, wobei sich dann einige Larven zu sekundären Geschlechtstieren ausbilden, die niemals geflügelt sind und in ihrem Aussehen larvenähnlich sind. Termiten haben im Gegensatz zu Bienen oder Ameisen eine unvollständige Verwandlung, das heißt, es existiert kein Puppenstadium und die Larven oder Nymphen ähneln schon dem erwachsenen Tier. Termitenforscher bezeichnen Entwicklungsstadien ohne Flügelanlagen als Larven, solche sichtbaren Flügelscheiden als Nymphen.

Termitennester der primitiveren Arten werden in totem und verrottendem Holz angelegt. Baumnester kommen bei den weiterentwickelten Termitenarten vor. Sie sind über tunnelartige Gebilde am Baumstamm mit der Erde verbunden und haben in der Mitte eine Kammer für das Königspaar. Andere weiterentwickelte Termiten bauen die großen Termitenhügel aus mit Speichel vermauerter Erde. Diese enthalten viele Gänge und Zellen. Ein solcher Bau kann zwei bis drei Millionen Termiten enthalten und kann bis zu 100 Jahre bestehen. Diese Hügel dienen der Regulation des Mikroklimas im Nest und bieten einen Schutz gegen Fressfeinde. Durch den hohen Stoffwechsel eines Termitenvolkes entstehen große Mengen Kohlendioxid, das mit einer effektiven Entlüftung abgeführt werden muss, aber gleichzeitig sollte die Temperatur im Bau so konstant wie möglich gehalten werden, weshalb die Termitenbauten schlotförmig gebaut sind.

Forscher entdeckten kürzlich im Nordosten Brasiliens rund 200 Millionen von Termiten geschaffene Hügel von zweieinhalb bis neun Metern Größe. Wie Proben aus dem Inneren der Hügel beweisen, sind einige Hügel 3.800 Jahre alt und existieren damit fast so lange wie die Pyramiden in Ägypten. Diese Hügel fungieren als Abraumhalden, in denen die Termiten das Erdreich sammeln, das beim Bau ihrer unterirdischen Tunnelsysteme angefallen ist.

Man möge es mir bitte verzeihen, dass ich in diesem Kapitel nichts über den Bienenstaat schreibe, doch die Honigbiene und ihr Staat ist Inhalt so vieler Bücher über Imkerei, dass ich hier die etwas weniger bekannten Insektenstaaten dem Leser näherbringen wollte.

Insekten in Büchern und Filmen

Zahlreiche Bücher und Filme haben Insekten zum Inhalt oder es kommen Insekten in ihnen vor. Ich spreche jetzt nicht von Bestimmungsbüchern, sondern von Unterhaltungsliteratur. Ich glaube, jeder kennt das Buch „Die Biene Maja“ von Waldemar Bonsels, in dem das Leben und die Abenteuer einer Biene mit anderen Insekten oder auch dem Menschen erzählt werden. Das Buch wurde auch als Zeichentrickfilm verfilmt und wird auch heute noch im Fernsehen mit neuer Animationstechnik ausgestrahlt. Als Kind – aber zugegeben auch heute noch – habe ich diese Zeichentrickfilme geliebt. Was die wenigsten wissen, ist, dass Waldemar Bonsels zusammen mit einem Freund namens Bernd Isemann wohnte, der ebenfalls Bücher geschrieben hat. Beide hatten eine Wette, welches Insekt beliebter wird, eine Biene namens Maja oder zwei Ameisen namens Nala und Re. Wie man weiß, hat die Biene gewonnen. Ich selber besitze beide Bücher und empfehle sie jedem Insektenfan zur Lektüre.

Ein weiteres empfehlenswertes Buch heißt „Mieses Karma“. Der Autor David Safier beschreibt hier, wie die Hauptperson des Buches von den Trümmern einer Raumstation erschlagen wird und im Jenseits erfährt, dass sie im Leben viel mieses Karma gesammelt hat. Als Folge wird sie als Arbeiterin in einem Ameisenstaat wiedergeboren, hat aber keine Lust, Nahrung durch die Gegend zu tragen und dabei zuzusehen, wie ihr Mann sich mit einer neuen Frau tröstet. Deshalb muss gutes Karma her, damit es auf der Reinkarnationsleiter wieder aufwärtsgeht. Das Buch ist echt witzig und schräg geschrieben und es gibt noch eine Fortsetzung des Buches, „Mieses Karma hoch 2“.

Ein weiteres Buch, in dem die Hauptfigur ein Insekt ist, ist das Buch „Die Wanze“ von Paul Shipton. Anders als der Titel vermuten lässt, ist die „Wanze“ Maldoon eigentlich ein Käfer (also eine ganz andere Insektenordnung), der beruflich als Privatdetektiv arbeitet. Er ist der beste und billigste Schnüffler im ganzen Garten, aber auch der einzige. Als Ohrwurm Eddie verschwindet, merkt die Wanze schnell, dass dies mehr als ein Routinefall ist und der gesamte Garten in allerhöchster Gefahr ist. Ein witziger Ermittlungsfall im Insektenmilieu.

Ein schönes Kinderbuch ist auch „Die kleine Raupe Nimmersatt“, in dem die Geschichte einer Raupe vom Ei bis zum Schmetterling erzählt wird, wobei sie alle möglichen Nahrungsmittel frisst, um größer und dicker zu werden.

Insekten waren schon immer beliebte Objekte in Horrorfilmen, wobei sie in der Regel groß bis riesig dargestellt wurden, was unter heutigen Umweltbedingungen eher unrealistisch ist, wie schon im Kapitel „Riesen und Zwerge“ erwähnt.

Einer der bekanntesten Insektenfilme ist „Die Fliege“ aus dem Jahr 1958. Der Film basiert auf einer Kurzgeschichte des Autors George Langelaan und handelt von der Verwandlung eines Forschers, der an einer Teleportationsmaschine arbeitet und nach mehreren Versuche, Obst und Tiere zu teleportieren, sich in einem Selbstversuch selbst teleportiert. Dabei gelangt eine Fliege mit in den Teleporter und die Maschine kreuzt beide Lebewesen, sodass der Forscher einen Fliegenkopf und einen Fliegenarm bekommt, während die Fliege den Kopf des Forschers erhält. Das Ende möchte ich hier nicht verraten, um dem Leser die Spannung nicht zu nehmen. 1986 wurde der Film mit Jeff Goldblum in der Hauptrolle erneut verfilmt, wobei die Handlung ähnlich dem Vorgängerfilm von 1958 ist.

In dem Kinofilm „Mimic“ von 1997 fordert eine von Schaben übertragene Infektionskrankheit in New York zahlreiche Menschenleben. Nach langen Forschungen gelingt es der jungen Wissenschaftlerin Dr. Susan Tyler (gespielt von Mira Sorvino), eine neue Schabenart zur Ungezieferbekämpfung zu züchten. Doch nur wenige Jahre nach diesen Vorfällen muss Dr. Tyler feststellen, dass die mutierten Schaben ein ungewöhnlich aggressives Eigenleben im New Yorker Untergrund entwickelt haben und die Menschen in New York bedrohen.

Ein düsterer und atmosphärischer Creature-Horrorfilm, der zu empfehlen ist. Es wurden 2001 und 2003 noch zwei Fortsetzungen gedreht.

Im Jahr 2006 kam der niederländische Kinderfilm „Erik im Land der Insekten“ ins Kino. Der zehnjährige Erik soll in der Schule einen Vortrag über Insekten halten, wobei ihm ein Zauberer zur Hilfe kommt und Erik auf Insektengröße schrumpft, damit er die lokale Waldwiese mal aus der Insektenperspektive sieht. Dabei entgeht er nur knapp dem Tod durch ein ULO, ein Unbekanntes Laufobjekt, wie die Insekten den Menschen nennen. Der gleichnamige Kinderbuch-Bestseller von Godfried Bomans diente als Vorbild für dieses effektvolle Kinderabenteuer.

Ein weiterer Film mit Insekten als Hauptakteure ist der Animationsfilm aus dem Jahr 2013 „Die Winzlinge – Operation Zuckerdose“, in dem ein Pärchen ihren Picknick-Platz im Wald hastig verlassen muss und dabei eine Zuckerdose zurücklässt. In dieser entdeckt die schwarze Ameise Mandible einen Marienkäfer, der seine Familie verloren hat und mit dem sich die Ameise auf den Weg zum Ameisenhaufen macht. Dabei kommt ihnen ein Staat roter Ameisen in den Weg, der die Zuckerdose für sich haben möchte, woraufhin eine Jagd durch Wald, Wiesen und sogar über einen Fluss beginnt. Ein schöner Film für Erwachsene und Kinder, den man sich im Internet kostenlos ansehen kann.

Natürlich gibt es dann noch die eher als B-Movies zu bezeichnenden Horrorfilme, mit Titeln wie „Eaten Alive – Invasion der Killerinsekten“ von 2002, „Mosquito – Der tödliche Schwarm“ von 1994, „Bugs – Die Killerinsekten“ von 2003 oder „Crawlers – Angriff der Killerinsekten“ von 2001, wo die Titel schon verraten, worum es geht. Meist greifen Insektenschwärme oder gigantische Killerinsekten die arme Menschheit an, die zusehen muss, wie sie dieser Bedrohung Herr wird, aber am Ende immer siegreich bleibt.

Da lobe ich mir doch Dokumentarfilme im Sinne von „Verborgene Welten – Das geheime Leben der Insekten“ von und mit David Attenborough oder „Mikrokosmos – Das Volk der Gräser“, gedreht von Claude Nuridsany und Marie Pérennou. Dies sind zwei ausnahmslos zu empfehlende Filme, die die faszinierende Welt der Insekten realistisch und dokumentarisch anspruchsvoll darstellen. Nichts ist erstaunlicher als die Natur selbst, da braucht es keine Effekthascherei und computergenerierte Animationen von unrealistisch großen, nur auf das Jagen und Töten von Menschen fixierten Insekten.

Grillenkämpfe

Neulich war ich abends am Schalter eines amerikanischen Fast-Food-Anbieters, um mir etwas zu essen zu bestellen. Nachdem die Autoscheibe heruntergefahren war (früher hat man ja noch gekurbelt, heute geht alles elektrisch) und ich auf die freundliche Stimme wartete, die meine Bestellung aufnehmen sollte, hörte ich auf einmal ein leises Zirpen im Gras vor dem Schalter – ein männliches Heimchen (*Acheta domesticus*), auch Hausgrille genannt, war auf Brautsuche. Ein interessanter Fund und ich hoffe, dass es nicht zuvor im Keller des Fast-Food-Restaurants gelebt hat.

In asiatischen Ländern, wie China oder Japan, werden Grillen nicht als Schädlinge bekämpft, sondern im Gegenteil als Helden geehrt und gepflegt. Die Rede ist von den schon vor 1.000 Jahren beschriebenen Grillenkämpfen. Alleine das Zirpen einer Grille versetzt viele Menschen in Urlaubsstimmung. In meiner Jugend habe ich mal Feldgrillen (*Gryllus campestris*) gezüchtet. Unerfahren wie ich damals war, stellte ich fest, dass die Grillen nachtaktiv sind und sich begegnende Männchen durch lautes Zirpen ihr Revier markieren. Urlaubsgefühle stellten sich bei mir nicht ein, eher schlaflose Nächte. Bis ich in einem Insektenbuch gelesen habe, dass Grillen am Flügel eine gerippte Flügelader quer zum Vorderflügel haben, die sogenannte Schrillader, welche über eine Schrillkante gestrichen wird, um den Zirplaut zu erzeugen.

Nachdem ich dies nun wusste, habe ich mir eine Präparierschere gekauft und die Schrillkante einfach vorsichtig entfernt. Welch himmlische Ruhe in der Nacht – und die Weibchen haben ihre Männchen in dem kleinen Terrarium auch ohne Zirplaute gefunden, wie der sich einstellende Nachwuchs gezeigt hat.

Aber zurück zu den Grillenkämpfen. Grillen hören nicht, wie wir Menschen, mit den Ohren, sondern mit kleinen Scheiben, den Tympanalorganen an den Gelenken der Vorderbeine, also sozusagen mit den Ellbogen. In der Tierwelt ist das einzigartig. Zudem haben Grillen mehrere Gesangstypen, wobei der häufigste der Balzgesang eines paarungswilligen Männchens ist. Interessanterweise hört der Mensch eine Grille bis zu 150 Meter entfernt, während das Weibchen bis auf zehn Meter an das Männchen herankommen muss. Das Große Heupferd, das in lauen Sommernächten auch in Städten zirpt, kann der Mensch sogar aus einer Entfernung von 500 Metern hören. Zum Verhalten der Grillen-Männchen zueinander stellten Insektenforscher fest, dass sich unreife Grillen-Männchen/Larven tolerieren, aber mit der Häutung zur adulten Grille werden sie gegeneinander aggressiv. Wenn sich zwei Grillen begegnen, peitschen sie einander mit den Fühlern. Wenn sich keine der beiden zurückzieht, folgt die Bekämpfung mit den Vorderbeinen, mit erhobenen Flügeln und lautem Zirpen. Will immer noch keiner der Kontrahenten weichen, erfolgt ein Ringkampf, bei dem ein Männchen versucht, den Gegner auf den Rücken zu drehen. Das unterlegene Männchen ergreift die Flucht. In Gefangenschaft ergab sich so eine Art Hackordnung oder Rangfolge, wobei das stärkste Männchen in der Regel alle Kämpfe für sich entschied. Zeitweise isoliert gehaltene Männchen, die dann wieder in die Gruppe entlassen wurden, konnten ihren Rang dabei kurzzeitig verbessern. Dieses Verhalten macht man sich bei den asiatischen Grillenkämpfen zunutze. Früher, bis zum 6. Jahrhundert, wurde die Grille in China wegen ihres Gesangs in Käfigen gehalten, mancher Chinese trug sie auch in kleinen Kästchen am Gürtel, um sich jederzeit an ihrem Gesang zu erfreuen. Erst in der Sung-Dynastie etwa 960 bis 1278 entstand der Sport der Grillenkämpfe. Es entwickelte sich eine umfangreiche Fachliteratur über die Haltung und Ernährung von Grillen, wie das im 13. Jahrhundert erschienene Buch „Tschih King“, „Grillenbuch“, mit Angaben über alle in China vorkommenden Grillenarten und deren Zucht. Umgerechnet wurden für eine gute Kampfgrille bis zu 100 Dollar gezahlt. Eine in vielen Kämpfen siegreiche Grille bekam den Titel „Schi Lip“, „siegreiche Grille“ und wurde, wenn sie starb, in einem kleinen Sarg beerdigt. In Macao dienen die Grillenkämpfe auch heute noch zur Unterhaltung der Menschen. Bei solch einem Kampf treten immer etwa gleich große und schwere Tiere gegeneinander an. Mit einem Pinsel werden die Tiere gereizt, indem man den Kopf bestreicht, was dem Fühlerpeitschen einer Grille entspricht. So stimuliert, gehen die Gegner aufeinander los. So manche Grille verliert dabei ihre Fühler oder ein Bein.

Wenn dies nun ein Hundekampf wäre, hätte der Betreiber schnell den Tierschutz am Hals, da Insekten aber keine solche Lobby haben, passiert hier nichts. Dabei möchte ich keinesfalls Hunde mit Grillen vergleichen, sondern nur zum Nachdenken über den Sinn von Grillenkämpfen anregen.

Abnormitäten im Insektenreich

Käfer haben, wie alle Insekten, sechs Beine, zwei Flügelpaare, von denen das vordere Paar chitinisiert und das hintere häutig ist, und zwei Fühler. Durch einen Käferfund meiner Eltern im heimischen Garten in Krefeld wurde ich zum ersten Mal auf „Abnormitäten", wie ich es mal bezeichnen möchte, aufmerksam. Bei dem Käfer handelte es sich um den recht häufigen Scharlachroten Feuerkäfer (*Pyrochroa coccinea*), auch Kardinalkäfer genannt. Ich wollte ihn damals auch gleich wieder fliegen lassen, da fiel mir bei näherer Betrachtung auf, dass der Käfer zwei linke voll entwickelte Fühler hatte. Diese Beobachtung führte dazu, dass ich mich in den folgenden Jahren mehr für diese Abnormitäten interessiert habe und im Internet und der mir zugänglichen Insektenliteratur recherchierte. Anfragen an Kollegen und in Insektenforen führten zu weiteren Mitteilungen von Kuriositäten in erster Linie bei Käfern. Die Suche gipfelte in einer kleinen Publikation auf der Homepage der Gemeinschaft für Käferkunde „Coleo".

Da meine Suche sicher nicht umfassend ist, möchte ich hier einige dieser Abnormitäten exemplarisch vorstellen. Viele Käferarten, wie z.B. Marienkäfer, zeigen Unterschiede in der Färbung, sogenannte Farbmorphen, die artspezifisch sein können, aber auch nur bei Einzeltieren vorkommen. So gibt es den Augenfleck-Marienkäfer (*Anatis ocellata*), der, wie der Name sagt, augenförmige schwarze Punkte mit einer gelben Umrandung besitzt. Bei manchen Individuen können diese pupillenartigen schwarzen Punkte auch fehlen, sodass nur die gelbe Umrandung bleibt. Ein anderer Marienkäfer, der Schachbrett- oder Vierzehnpunkt-Marienkäfer (*Propylea quatuordecimpunctata*), ist in der hellen Form normalerweise gelb gefärbt mit schwarzen, schachbrettartigen Flecken. Ein Kollege konnte nun eine dunkle Farbmorphe fotografieren, bei der die gelbe Grundfarbe eher dunkelbraun war. Bei anderen Marienkäferarten wie dem Siebenpunkt (*Coccinella septempunctata*) können Punkte reduziert sein oder fehlen. Als kleiner Junge habe ich einen Siebenpunkt-Marienkäfer gefunden, bei dem alle sieben Punkte verlaufen sind, als wäre die Farbe noch nicht ganz trocken gewesen. Trotz der schlechten Präparation (ich platzierte einfach eine Stecknadel durch den Körper, wie man das als Kind so gemacht hat) habe ich das Tier auch heute noch in der Sammlung und es ist mein ältester Käfer. Viele Käfer haben aufgrund von Schlupfproblemen beim Schlüpfen aus der Puppenhülle verkürzte Gliedmaßen, wobei die Länge der Beinglieder verkürzt ist, aber kein Glied fehlt, oder die Flügeldecken sind schrumpelig und verkürzt.

Die erstaunlichsten Abnormitäten sind wohl zusätzliche Extremitäten, wie beim oben erwähnten Feuerkäfer. Eine Bekannte schickte mir ein Foto eines Grünrüsslers mit drei Augen, was wirklich abenteuerlich aussah. Andere Kollegen gaben mir Käfer zur Fotografie mit zusätzlichen Vorder- oder Mittelbeinen, also Käfer mit sieben oder acht Beinen. Ein Holzbuntkäfer (*Tillus elongatus*) hatte gar drei voll ausgebildete Füße am linken Vorderbein.

In der Literatur wurden beispielsweise Hirschkäfer (*Lucanus cervus*) mit einseitig verzweigten Geweihen beschrieben oder auch sogenannte Gynander (Halbseitenzwitter), also Käfer, die auf der einen Körperhälfte männliche Merkmale zeigen, wie z.B. ein großes Geweih, und auf der anderen weibliche Merkmale mit den kleineren Mundwerkzeugen. Halbseitenzwitter wurden auch für verschiedene Schmetterlingsarten (z.B. Kleiner Kohlweißling oder Bläulingsfalter) und bei Fliegen beschrieben. Leider sind diese Tiere unfruchtbar, da die Sexualorgane im Regelfall missgebildet und funktionsunfähig sind.

Alle zuvor genannten Käfer kann man im Internet unter www.coleo.de im Foto betrachten.

Der Flug der Insekten

Insekten haben es als erste Tiere geschafft, sich in die Luft zu erheben. Ihre Larven lebten, wie viele Fluginsekten heute noch, im Wasser, wie beispielsweise Netzflügler, Libellen oder Eintagsfliegen. Als Larve klettern sie dann an einem Stängel aus dem Wasser, wo sie sich dann verpuppen. Das flugfähige Insekt schlüpft aus der Puppe und erobert die Lüfte. Das älteste fossil gefundene geflügelte Insekt ist 324 Millionen Jahre alt und stammt aus dem Karbon. Dieser Urnetzflügler, *Delitzschala bitterfeldensis* genannt, wurde 1996 bei Bitterfeld/Delitzsch in Deutschland gefunden, wie der Name schon vermuten lässt. Auch Eintagsfliegen befinden sich unter den ältesten fossil nachgewiesenen flugfähigen Insekten. Ihre ursprüngliche Gestalt hat sich im Laufe der Jahrmillionen kaum verändert, sodass sie heutigen Eintagsfliegen auch im Flugapparat sehr ähnlich sind.

Das größte flugfähige Insekt, das jemals gelebt hat war, wie schon im Kapitel „Riesen und Zwerge" beschrieben, die Riesenlibelle *Maganeura monyi* mit einer Flügelspannweite von 75 cm. Heutige Libellen erreichen den extremsten Beschleunigungswert mit 30 G, also 30-facher Erdbeschleunigung. Sie sind damit aber nicht die schnellsten Fluginsekten. Den Rekord halten die Männchen der Bremsenart *Hybomitra hinei,* mit von Entomologen gemessenen 145 Kilometern pro Stunde. Unumstritten ist dieser Rekord nicht, denn die Fluggeschwindigkeit eines Insekts lässt sich schwer genau messen, da unrund laufende Kameras und ein Kurswechsel des Insektes zu Messfehlern führen können. Die Entomologen brachten die männlichen Bremsen dazu, vor laufender Kamera eine aus einem Luftgewehr abgefeuerte Plastikkugel zu verfolgen und sogar zu fangen. Der schnellste Schmetterling ist der aus dem Kinofilm „Das Schweigen der Lämmer" allgemein bekannte Totenkopfschwärmer (*Acherontia atropos*) mit bis zu 54 Kilometern pro Stunde.

Aber wie bringen Insekten diese erstaunlichen Flugleistungen zustande? Prinzipiell besteht kein Unterschied zum Flug der Vögel, auch Insekten benötigen die Kräfte von Auftrieb und Vortrieb. Die schlagenden Flügel dienen als Antrieb und bei größeren Flügeln, wie bei Schmetterlingen, auch als Tragflächen, wobei natürlich die Schlagfrequenz höher als bei Vögeln ist, da der Insektenflügel kleiner ist. Die Hautflügel der Insekten bestehen aus Chitin, wobei die vorderen Kanten versteift sind, während der restliche Flügel elastisch ist. Alle Insekten haben zwei Paar Flügel, wobei ein Paar bei manchen Insekten, wie Fliegen oder Mücken, zu sogenannten Schwingkölbchen reduziert ist, die zum Ausgleich gegen die häutigen Flügel als Kreiselinstrument rotieren.

Kleine Insekten, wie beispielsweise Federflügler (Familie *Ptiliidae*, auch Zwergkäfer genannt) oder Fransenflügler (Ordnung *Thysanoptera*) haben nur noch pinsel- oder federartige Flügel, da die

Luftströmung diese sonst zerreißen würde, und lassen sich nur noch vom Wind treiben.

Bei Käfern ist das vordere Flügelpaar in chitinisierte Deckflügel umgewandelt, die die häutigen Hinterflügel schützen und für den Auftrieb sorgen, ähnlich den Tragflächen eines Flugzeugs. Zu den besten Fliegern unter den Käfern zählen die Rosenkäfer aus der Familie der Blatthornkäfer *Scarabaeidae*. Anders als zum Beispiel ihre Verwandten die Maikäfer ziehen die Rosenkäfer ihre häutigen Hinterflügel unter den zusammengewachsenen Deckflügeln hervor, die sie nur leicht anheben. Durch diesen Vorteil können Rosenkäfer ähnlich wie ein Kolibri fliegen und sind deutlich wendiger als andere Käfer. Sogar die großen Goliathkäfer in Afrika fliegen auf diese Weise. Bei den Wanzen ist der vordere Teil des Vorderflügels ledrig, während der hintere Teil häutig und durchsichtig ist. Die Hinterflügel sind nur häutig, was sie zu recht guten Fliegern macht.

Die Bewegung der Flügel erfolgt entweder mit der indirekten oder mit der direkten Flugmuskulatur. Die Flügelschlagfrequenzen, also die Anzahl der Flügelschläge pro Sekunde, liegen zwischen Werten von 0 bei Großlibellen im Segelflug bis zu 1.046 Hz bei Mücken oder Gnitzen. Man unterscheidet zwischen direkter (unter 1.000 Kontraktionen) und indirekter Flugmuskulatur, da ab etwa 1.000 Kontraktionen die Muskulatur nicht mehr über Nervensignale angesteuert werden kann, weil diese Ansteuerung zu träge ist. Bei indirekter Flugmuskulatur setzt die Muskulatur nicht mehr direkt an den Flügeln an, sondern die Muskelkraft wird indirekt über die Skelettelemente des Brustsegmentes auf die Flügel übertragen, wobei die Verformungen des Brustsegmentes die Muskelkraft auf die Flügel übertragen. Diese indirekte Flugmuskulatur kommt in erster Linie bei kleineren Insekten vor, die einen höheren Flügelschlag haben.

Bei ursprünglicheren Insekten, wie beispielsweise Libellen, findet man einen direkten Antrieb, wobei die Flügel hier direkt mit den Muskeln verbunden sind. Die Steuerung der Flugbewegung ist bei dem direkten Ansatz an den Flügeln ähnlich wie die Muskeln bei den Säugetieren. Der Antrieb mit direkter Flugmuskulatur erlaubt eine unabhängige Bewegung aller vier Flügel, wodurch die Libellen extrem wendige Flieger sind. Libellen sind in der Lage, ihren Kopf mit den großen Komplexaugen relativ zu ihrer Beute konstant zu halten, wodurch sie von der Beute nicht erkannt werden und sie so leichter erwischen können.

Die besten Flieger unter den Insekten sind jedoch Schwebfliegen, die nicht nur in der Luft stehen bleiben können wie ein Kolibri – manche Schmetterlinge wie das Taubenschwänzchen (*Macroglossum stellatarum*) beherrschen dieses Kunststück ebenfalls –, sondern auch auf dem Rücken fliegen. Schwebfliegen schaffen dabei eine Geschwindigkeit von 25 Kilometer pro Stunde bei einer Beschleunigung von 15 G (das 15-Fache des eigenen Körpergewichtes). Zum Vergleich:

Ein gut trainierter Pilot mit Schutzanzug wird bei etwa 9 G ohnmächtig.

US-Forscher haben 2013 einen Flugroboter mit schlagenden Flügeln, eine Art Roboterfliege, entwickelt, die nur 0,8 Gramm wog und deren Flügel 120-mal pro Sekunde geschlagen haben. Zum Vergleich: Die Flügel einer Stubenfliege schlagen etwa 130-mal pro Sekunde. Die Roboterfliege konnte in der Luft stehen bleiben und einfache Flugmanöver durchführen, wobei sie allerdings anders als ihr Vorbild verkabelt war. Der nächste Schritt für die Forscher ist die Entwicklung einer kleinen Batterie, wodurch die Roboterfliege dann unabhängig wäre. Die künstliche Flügelmuskulatur bestand aus sogenanntem piezoelektrischem Material, das beim Anlegen einer elektrischen Spannung die Form ändert und so die Flügel antreiben kann. An das Original, die Stubenfliege, kam der Roboter allerdings bei Weitem nicht heran. Fliegen gehören zu den geschicktesten flugfähigen Insekten: Sie können blitzschnell Fliegenklatschen und anderen Gefahren ausweichen, auf Blumen landen, die sich im Wind bewegen, und sogar kopfüber an der Decke landen, wobei sie eine Rolle vorwärts machen müssen. Diese Leistung wird durch vier kraftvolle Antriebsmuskeln pro Flügel und 13 kleine Steuermuskeln gesteuert, wobei die Flügel nicht direkt bewegt werden, sondern die Antriebsmuskeln verformen den kompletten Thorax der Insekten, wodurch die entstehende Energie über ein Gelenk an die Flügel weitergegeben wird. Die Steuermuskulatur bringt den Flügel in die richtige Position für die Flugmanöver.

Nebenbei haben die Forscher festgestellt, warum es so schwer ist, eine Fliege mit der Hand zu fangen. Sie reagiert viel schneller auf Bewegung, die sie mit ihren Komplexaugen aus vielen einzelnen Facetten sieht, als das menschliche Auge. Der Trick ist es, die Hand zehn Zentimeter über der Fliege zu halten, denn die Fliege reagiert, indem sie einen Punkt über ihrer gegenwärtigen Position fixiert und dann auffliegt. Nachdem ich das gelesen habe, musste ich das natürlich ausprobieren und in 90 Prozent aller Fälle hat es geklappt. Alternativ lässt man die lästige Fliege einfach aus dem nächsten Fenster entfliehen.

Noch ein Tipp zum Schluss: Fliegen fliegen gerne zum Licht. Also im Schlafzimmer das Licht ausmachen im angrenzenden Raum das Licht anschalten und so wird man die Fliege im Schlafzimmer los.

Die Sinne der Insekten

Als Entomologe mache ich ab und zu insektenkundliche Führungen, wobei ich Erwachsenen, aber auch Kindern die Insektenwelt am Wegesrand etwas näherbringen möchte und Anekdoten und Wissenswertes zu den entdeckten Insekten erzähle. Auf einer dieser Exkursionen haben wir dann ein Großes Heupferd gefunden und ein kleiner Junge, der dieses entdeckt hatte und mir zeigte, meinte: „Die Heuschrecke kann ja gar nicht hören, die hat ja keine Ohren am Kopf." Der Junge hatte in Bezug auf die Ohren am Kopf recht, aber nicht, was das Gehör betraf. Heuschrecken können sehr gut hören, sonst würde das Weibchen nicht zum Männchen finden, allerdings liegen die Gehörorgane, die Tympanalorgane, an den Beinen. Diese Erklärung verwunderte die meisten Exkursionsteilnehmer, deshalb sei im Folgenden die Sinneswahrnehmung der Insekten beschrieben.

Der Mensch hat klassischerweise sechs Sinne: Sehen, Riechen, Schmecken, Hören, Fühlen und den Gleichgewichtsinn, der erst im 19. Jahrhundert entdeckt wurde. Wir sehen mit den Augen, riechen mit der Nase, schmecken mit dem Mund, fühlen mit den Gliedmaßen und der Haut. Das Gleichgewicht wird vom sogenannten Vestibularapparat im Innenohr und den Augen gesteuert.

Die Sinneswahrnehmung der Insekten unterscheidet sich von der des Menschen. Gleich ist, dass Insekten mit den Augen sehen, wenngleich der Aufbau der Augen, verglichen mit dem menschlichen Auge, anders ist. Im Unterschied zum Menschen fühlen und riechen, aber auch schmecken die Insekten mit den Fühlern. Die Gehörorgane befinden sich bei Insekten, wie oben angedeutet, an den Beinen oder am Hinterleib des Insektes.

Die Augen der Insekten sind Komplex- oder Facettenaugen. Wie der Name schon vermuten lässt, besteht das Auge aus mehreren Hunderten bis Tausenden Einzelaugen. Dadurch setzt sich das Bild, das Insekten von ihrer Umgebung wahrnehmen, aus vielen einzelnen Bildpunkten zusammen. Die Augen befinden sich seitlich am Kopf und sind in der Regel getrennt, können sich aber bei manchen Fliegen- oder Libellenarten berühren. Sie sind meist halbkugelförmig und können aus bis zu 30.000 Einzelaugen bestehen, wie bei Libellen, bei denen sie auch einen großen Teil des Kopfes ausmachen. Das Einzelauge ist aus einer Chitinlinse und einem darunter liegenden Kristallkegel aufgebaut, der das Licht zu den Sehstäbchen leitet, die wiederum aus Sehzellen bestehen. An deren Ende sitzen Nervenzellen, die den Lichtreiz zum Zentralnervensystem des Insekts (ein großer Nervenknoten, der aus zwei Teilen besteht) leiten. Die Auflösung ist durch die Anzahl der Bildpunkte begrenzt und geringer als die Auflösung des menschlichen Linsenauges. Im Gegensatz dazu kann die zeitliche Auflösung des Auges deutlich höher bei bis zu 300

Bildern pro Sekunde liegen, verglichen mit dem menschlichen Auge mit etwa 65 Bildern pro Sekunde. Das ist der Grund, warum eine Stubenfliege so schnell auf eine nahende Menschenhand reagieren kann. Viele Insekten besitzen neben den Facettenaugen auch noch Punktaugen, Ocellen genannt. Diese können nur zwischen hell und dunkel unterscheiden und unterstützen bei der Navigation und der Lagekorrektur im Flug.

Durch Experimente des Naturforschers Karl von Frisch mit Honigbienen weiß man, dass diese Farben unterschiedlich wahrnehmen können. Rot wird nicht wahrgenommen und mit schwarz verwechselt, ultraviolettes Licht, das für den Menschen unsichtbar ist, nimmt die Biene jedoch wahr. So sehen die weißen Blüten verschiedenster Pflanzen für die Biene lila aus. Das sichtbare Spektrum für Bienen liegt bei 300 bis 650 Nanometer, also von ultraviolett bis dunkelorange, bei der Deutschen Wespe (*Vespula germanica*) beträgt das Spektrum sogar nur 300 bis 450 Nanometer, von ultraviolett bis grün. Also das nächste Mal im Garten nur orange oder rote Speisen verzehren, dann kommen keine Wespen, wenn sie nicht durch den Geruch angelockt würden.

Für den Geruchssinn, den Geschmacksinn, den Tastsinn, den Temperatursinn, aber auch das Gehör sind bei Insekten die Fühler oder auch Antennen genannt verantwortlich. Bei den höheren Insekten bestehen die Fühler aus Gliederantennen oder

Geißelantennen Die Urinsekten, Springschwänze und Doppelschwänze besitzen nur einfache Antennen. Die Geißelantennen bestehen aus einem ersten Basalglied, einem kugelförmigen Wendeglied und der Fühlergeißel mit einer unterschiedlichen Anzahl an Geißelgliedern. Getrennt werden die Fühlerglieder durch Gelenkhäute, die sie extrem beweglich machen. Muskeln in den ersten beiden Fühlergliedern sorgen für die Bewegung, die Geißelglieder werden über den Flüssigkeitsdruck in den Gliedern bewegt. Bei manchen Insekten sind die Antennen bei Männchen und Weibchen unterschiedlich gestaltet, da die Männchen eine größere Oberfläche der Fühler benötigen, um die Weibchen, welche Duftstoffe (Pheromone) aussondern, mithilfe ihrer Antennen zu finden. Beispiele sind Schmetterlinge, wie manche Spinnerarten, die ihre Weibchen über viele Kilometer orten können. Insektenfühler können von vielerlei Gestalt sein, wie bei den Fliegen mit einer gefiederten Fühlerborste, bei Blatthornkäfern, wie dem Maikäfer, mit lamellenartigen Blätterkeulen, bei Blattkäfern als perlschnurförmige Aneinanderreihung von Fühlergliedern oder gekniet, das heißt mit einem großen Grundglied und in einem Winkel dazu sitzenden anderen Fühlergliedern. Die Fühler der Borkenkäfer oder Stutzkäfer haben an der Spitze eine Fühlerkeule, während sie bei Schnellkäfern gekämmt sind, also wie ein Haarkamm aussehen. Schaben haben einfache fadenförmige Fühler, mit denen sie die kleinsten Erschütterungen wahrnehmen können, weshalb japanische Forscher sie in Apparaten zur Erdbebenwahrnehmung eingesetzt haben.

Werden die Fühler von Insekten verschmutzt, so sind sie quasi unempfänglich für ihre Umgebung. Das ist der Grund, warum sich die Insekten so häufig die Antennen putzen. Ohne dieses Putzen würde sich im Laufe des Tages eine wachsartige Schicht über den Fühler legen, die zwar vor Austrocknung schützt, aber die Sinneswahrnehmung hemmt. Das zeigten Experimente mit Amerikanischen Schaben (*Periplaneta americana*), denen ein Ring um eine der beiden Antennen gelegt wurde, sodass sie diese nicht mehr putzen konnten und somit auf einer Seite „blind“ waren.

Deutsche Forscher haben sich zunutze gemacht, dass die Antennen der Männchen der beiden im Weinbau schädlichen Schmetterlingsarten Einbindiger Traubenwickler *(Eupoecilia ambuiguella*) und bekreuzter Traubenwickler *(Lobesia botrana)* Spuren eines Duftstoffes über große Distanzen wahrnehmen können. Sie entwickelten einen einen Zentimeter großen Antennenchip mit einem Schlitz in der Mitte, in den die Antenne gelegt wird, die nach Abtrennen vom Insekt durch eine Salzlösung mehrere Stunden funktionsfähig gehalten wird. Auf der Antenne befinden sich viele Sinneshaare (Sensillen), die die Rezeptoren für Duftstoffe sind. Sie lösen einen Nervenimpuls aus, der an das Zentralnervensystem des Insekts weitergeleitet wird. Der auf zwei Elektroden montierte Antennenchip fängt den Nervenimpuls auf, verstärkt ihn und ein Computer errechnet dann die Konzentration des Duftstoffes aus. Die Konzentration des Duftstoffes ist wichtig für die Bekämpfung der Traubenwickler, da man hier die Verwirrmethode anwendet, bei der großflächig Duftstoffe der Traubenwickler-Weibchen über die Weinberge verteilt werden, um so Männchen bei der Partnersuche in die Irre zu führen. Aus diesem Grunde möchte man die genaue Konzentration am Weinberg wissen und hierzu dient die Analyse mithilfe der Traubenwickler-Antenne. Da die Antenne aber auch auf Vibrationen, Temperaturunterschiede und Feuchtigkeitsunterschiede reagiert, muss sie gut von der Umgebung abgeschirmt werden. Das angeschlossene Messgerät hat die Größe eines mittelgroßen Reisekoffers, ist also im Weinberg einsetzbar.

Kommen wir nun zu den Mundwerkzeugen der Insekten. Diese dienen der Aufnahme und Zerkleinerung der Nahrung, wobei Insekten natürlich keine Zähne besitzen, sondern die Nahrung grob zerkleinert und durch Verdauungssekrete (Enzyme) oder auch durch Mikroorganismen im Insektendarm zersetzt wird. Die beiden Grundtypen sind kauend-beißende Mundwerkzeuge zur Aufnahme fester Nahrung, wie z.B. bei Käfern, oder saugende zur Aufnahme flüssiger Nahrung, wie bei Schmetterlingen oder Mücken. Die beißenden Mundwerkzeuge, deren Hauptaufgabe das Abreißen, Zerschneiden oder Zermahlen der Nahrung ist, bestehen aus der Oberlippe

(Labrum), dem Oberkiefer (Mandibel), dem Unterkiefer (Maxille) und der Unterlippe (Labium). Die Oberlippe ist unbeweglich, dient der Fixierung der Nahrung und ist häufig mit Sinneshaaren besetzt. Hinter der Oberlippe liegt ein Paar Kiefer, die Oberkiefer, die mit zwei Gelenken unter- und oberhalb am Kopf befestigt sind. Diese Gelenke und die an ihnen ansetzenden Muskeln ermöglichen ein kräftiges Beißen und Zerschneiden. Manche Käferlarven sind in der Lage, sogar eiserne Beschläge an Truhen durchzunagen. Im Extremfall, wie beim männlichen Hirschkäfer (*Lucanus cervus*), ist der Oberkiefer zu einer Art Geweih umgebildet und wird in Revierkämpfen der Männchen als Hebel verwendet, um rivalisierende Männchen vom Ast zu werfen. Der Unterkiefer ist mehrgliedrig, liegt zwischen Oberkiefer und Unterlippe und ist nur durch ein Gelenk mit dem Kopf verbunden, wodurch er beweglicher ist als der Oberkiefer. Kieferntaster am Unterkiefer tragen Sinnesorgane, die ein Auffinden möglicher Nahrung erleichtern. Die Unterlippe besitzt ebenfalls ein Paar Taster, die Lippentaster. Sie spielt eine wichtige Rolle bei der Entwicklung der saugenden Mundwerkzeuge für die Aufnahme flüssiger Nahrung. Hier haben sich die Mundwerkzeuge im Laufe der Evolution in einen Rüssel umgewandelt, von denen manche ein Zweiröhren-system entwickelt haben, wie bei Mücken, wo durch die eine Röhre Speichel injiziert wird und durch die andere Röhre Blut gesaugt wird.

Die Gehörorgane der Insekten unterscheiden sich durch ihre Lage deutlich von denen des Menschen. Insekten hören mit den Beinen, dem Körper und den Antennen. Zikaden tragen ihre Hörorgane am Hinterleib. Grillen haben ihre Ohren an den Vorderbeinen und besitzen eine Art Trommelfell-System, ähnlich dem Ohr des Menschen. Mückenmännchen hören das Summen ihrer Weibchen mit den Fühlern. Dabei dienen Lautäußerungen im Insektenreich der Revierabgrenzung, der Anlockung von Weibchen oder der Abschreckung von Feinden. Heuschrecken der Gattung *Chorthippus* sind sich im Körperbau sehr ähnlich, sodass sie oft nur als *Chorthippus*-Komplex bestimmt werden können. Hört man aber ihre Gesänge, kann man sie sehr deutlich voneinander unterscheiden, womit vermieden wird, dass Weibchen der falschen Art angelockt werden – was aber nicht immer gelingt. Der Hörsinn kann auch Leben retten. So hören manche Nachtfalter die Ultraschalllaute von Fledermäusen und können ihnen so ausweichen. Eine Fliege mit dem Namen *Ormia ocracea* hat einen ganz besonderen Hörsinn. Sie legt ihre Eier in Grillen ab, von denen sich ihre Larven dann ernähren. Obwohl ihre Hörorgane nur 0,5 Millimeter auseinanderliegen, kann sie die Richtung der Geräusche von Grillen bis auf zwei Grad genau bestimmen, was selbst Menschen nicht besser können. Forscher entwickeln gerade ein winziges Hörgerät für Menschen, das das Gehör von *Ormia ocracea* nachahmen soll.

Als Gleichgewichtsorgane der Insekten dienen die Schwingkölbchen der Zweiflügler, verschiedene Organe im Kopf (Palmensches Organ) oder Hinterleib (Grabersches Organ) oder auch die Punktaugen, die mit einem Gleichgewichtsorgan im Kopf der Insekten verbunden sind. Der Luftwiderstand bei fliegenden Insekten wird durch das Johnstonsche Organ im Wendeglied des Fühlers angezeigt, wodurch eine Biene beispielsweise ihren Flügelschlag der Luftströmung anpassen kann.

Bienen besitzen zudem vor dem Hinterleib einen magnetischen Sinn, der aus Kristallen, sogenannten Magnetiten, besteht, die alle dieselbe Ausrichtung haben, vergleichbar mit vielen kleinen Kompassnadeln. Hierdurch können Bienen das Erdmagnetfeld wahrnehmen, den Wabenbau nach dem Magnetfeld ausrichten, durch den Schwänzeltanz den Tanzwinkel auf die Wabenfläche übertragen und ihren Kolleginnen die genaue Richtung der entdeckten Nektarquelle mitteilen.

Denken Sie bitte daran, wenn Sie einer Heuschrecke ein Bein ausreißen, könnte sie taub werden ...

Parasiten und Schmarotzer

Vor einigen Jahren habe ich im Herbst zwei Puppen des Lindenschwärmers (*Mimas tiliae*) gefunden, die ich dann mit nach Hause genommen habe, um sie in der Wohnung in einem Eimer mit Erde und mehreren Ästen auszuzüchten. Im nächsten Frühjahr knisterte es im Eimer, ein Lindenschwärmer war aus der Puppe geschlüpft und saß auf einem Ast im Eimer, um seine Flügel langsam auszubreiten. Aus der anderen Puppe war erst einmal nichts geschlüpft und sie war leicht dunkel verfärbt. Einige Wochen später war ein Loch in der Puppenhülle, aber kein Schwärmer zu sehen. Stattdessen war da eine große Schlupfwespe, die sich durch Recherche in Insektenbüchern als *Callajoppa cirrogaster* herausgestellt hat, deren Larve sich tatsächlich in Schwärmerraupen entwickelt. Dies war mein erster Kontakt mit parasitierten Schmetterlingen.

Zuvor einige Definitionen zur Klärung. Nicht jedes Insekt, das ein anderes als Wirt befällt oder an ihm schmarotzt, ist ein Parasit oder besser Parasitoid. Als Parasitoide werden in der Regel nur Insekten bezeichnet, die auf Kosten eines anderen Wirts parasitisch leben und diesen am Ende der Parasitierung töten. Man unterscheidet zwischen außerhalb des Wirts lebenden Ektoparasiten, innerhalb des Wirts lebenden Endoparasiten und im Körper eines anderen Parasiten lebenden Hyperparasiten. Bei den Ektoparasiten wird noch zwischen temporären Ektoparasiten, die ihren Wirt nur zur

Nahrungsaufnahme aufsuchen, wie Stechmücken, und stationären Ektoparasiten, die ständig auf ihrem Wirt leben, wie Läuse, unterschieden. Innerhalb der Insekten gehören etwa 75 Prozent der Parasitoide zu der Ordnung der Hautflügler, mit den Schlupfwespen (*Ichneumonidae*), den Brackwespen (*Braconidae*) und den Erzwespen (*Chalcidoidea*). Die zweitgrößte Gruppe der Parasitoide ist bei den Zweiflüglern (Fliegen und Mücken) mit etwa 20 Prozent zu finden. Nur die Larven der Parasitoiden leben im Wirt, das fertige Insekt jedoch ist in der Regel frei lebend. Hautflügler bohren ihre Eier mit dem Legebohrer unter die Haut des Wirtes, während Zweiflügler ihr Ei am Körper ihres Opfers platzieren und die Larve dann selbstständig in den Wirtskörper eindringt.

Große Raupen sind normalerweise darin geübt, sich durch ruckartige Bewegungen Feinde vom Leib zu halten. In Nordamerika hat eine kleine parasitoide Brackwespe (*Cotesia congegrata*) jedoch einen Weg gefunden, die Raupen des Tabakschwärmers (*Manduca sexta*) als Wirt für ihre Larven zu benutzen. Mithilfe eines Virus gelingt es der Brackwespe, das Immunsystem der Schwärmerraupe für ein paar Stunden lahmzulegen, sodass sie ihre Eier in die Raupe injizieren kann. Die Larven wachsen in der Raupe heran, die sich aufgrund des Virusbefalls nicht verpuppen kann, sondern immer weiter wächst und die Brackwespenlarven ernähren sich vom Blut der Raupe. Irgendwann brechen sie aus der Raupe aus und leben bis zu ihrer Verpuppung eigenständig weiter. Die Wirtsraupe bleibt verletzt zurück und stirbt dann.

Eine andere Brackwespe, die Marienkäfer-Brackwespe (*Dinocampus coccinellae*), sticht Marienkäfer oder deren Larven mit ihrem Legebohrer an und legt ein Ei in den Körper. Die im Körper geschlüpfte Brackwespenlarve ernährt sich von den Körpersäften und dem Fettgewebe des Käfers und wächst in diesem heran. Nach der Überwinterung im Käferkörper gräbt sich die Larve im Frühjahr zu den lebenswichtigen Organen des Käfers, wo sie die Nerven der Beine des Käfers durchtrennt, wodurch dieser bewegungsunfähig wird. Danach verlässt die Larve den Käfer, um sich unter dessen Körper in einem Kokon zu verpuppen. Sie ist so vor Feinden geschützt und das Gespinst, das den Kokon umgibt, hält den Marienkäfer am Untergrund fest. Nach sechs bis neun Tagen schlüpft die fertige Brackwespe aus der Puppenhülle und die Weibchen können schon nach wenigen Tagen wieder Eier auf andere Marienkäfer legen. Interessanterweise ergibt sich eine höhere Parasitierungsrate, wenn die Brackwespe an die Marienkäferart angepasst ist. Bei neu eingewanderten Arten, wie etwa dem Asiatischen Marienkäfer (*Harmonia axyridis*), gelingt eine erfolgreiche Entwicklung der Brackwespe nur in seltenen Fällen.

Andere Parasiten wollen nur sicherstellen, dass ihre Nachkommen vor Fressfeinden geschützt sind, wie die *Glyptapfanteles*-Wespe. Sie injiziert ihre Eier in eine

Raupe, die den Angriff ignoriert und weiter frisst, während bis zu 80 Wespenlarven der Wespe in der Raupe heranwachsen. Diese Larven benutzen den Wirt als Schutz, bis sie groß genug sind, um ihr Wachstum außerhalb der Raupe fortzusetzen. Nur ein paar Larven verbleiben im Körper der Raupe und übernehmen die Kontrolle über diese, indem sie sie zwingen, ihren Körper hin und her zu bewegen, um so Feinde abzuschrecken.

Die Juwel-Wespe lähmt Schaben mit einem Gift, das direkt auf deren Gehirn wirkt. Einmal gestochen, verliert die Schabe ihren Gehantrieb, während andere Verhaltensweisen wie Fliegen oder Körperpflege nicht betroffen sind. Die Wespe führt die Schabe dann zu ihrem Bau und legt ein Ei an ein Bein. Sobald die Wespenlarve schlüpft, ernährt diese sich von der Schabe, verpuppt sich und eine neue adulte Wespe verlässt den Bau.

Japanische Forscher untersuchten in einer Studie das parasitäre Verhalten von Larven der Schlupfwespenart *Reclinervellus nielseni*. In Untersuchungen mit Spinnen wurde beobachtet, wie die Wespenlarven die Spinnen für den eigenen Überlebensvorteil manipulieren. Alles fängt damit an, dass eine Schlupfwespe die Spinne mit einem ihrer Eier belegt. Dort wächst die Larve am Körper der Spinne heran und nistet sich in deren Nest ein. Die Larve injiziert der Spinne einen Stoff, der das natürliche Enzym der Spinne zum Netzbau nachahmt, wodurch die Spinne wie besessen ihr Netz webt. Doch nicht nur das, sie beginnt, vor allem dickere Seidenfäden zu spinnen, die bis zu 40-mal größer sind als normale Fäden. Für die Bedürfnisse der Wespenlarve schafft sie so die Grundlage eines idealen Ruhebetts, das kräftiger als ihr gewöhnliches Netz ist und so die Schlupfwespenlarve bei ihrer mehrtätigen Verpuppung vor Angreifern schützt. Zum Dank wird die Spinne nach ihrer Arbeit von der Schlupfwespenlarve ausgesaugt und getötet. Die Larve verpuppt sich im Netz der Spinne und eine neue Wespe schlüpft aus.

Auch Wespen sind vor parasitärem oder besser gesagt parasitoidem Einfluss nicht sicher. Soziale Wespen können von einem Fächerflügler (*Xenos vesparum*) parasitiert sein, der die infizierte Wespe dazu bringt, dass sie ihre Kolonie verlässt, um sich mit anderen infizierten Wespen zu treffen, sodass sich die männlichen und weiblichen Fächerflügler paaren können. Die Männchen der Fächerflügler bohren sich aus dem Körper ihrer Wirtswespe heraus und suchen die Weibchen auf, die im Körper ihrer Wirtswespe verbleiben und nur den Hinterleib zur Paarung herausstrecken. Die mit männlichen Parasiten infizierten Wespen sterben, während die mit weiblichen Parasiten infizierten Tiere zu „Zombie-Königinnen" werden, welche im Nest überwintern und von denen sich die Fächerflügler-Larven ernähren. Im Frühjahr schlüpfen die Fächerflügler-Larven aus dem Wirtskörper und befallen andere noch nicht infizierte Wespen im Nest, die dann wiederum die Kolonie verlassen, um sich mit anderen infizierten Wespen zu treffen, und der Kreislauf schließt sich.

Schmetterlinge können ebenfalls bei anderen Insekten parasitieren. Die Raupen des Lungenenzian-Ameisenbläulings (*Phengaris alcon*) sind, wie andere Schmetterlinge aus der Familie *Lycaenidae*, gewissermaßen die Kuckucke in der Insektenwelt. Sie dringen in Ameisennester ein und sondern eine süßliche, heiß begehrte Flüssigkeit ab, die dafür sorgt, dass die Ameisen eher die Raupe als ihre eigenen Larven füttern. Zusätzlich nehmen sie den Geruch der Ameisen auf und sind so vor deren Angriffen geschützt.

Parasiten können auch selbst wieder parasitiert werden. Die Larve einer Holzwespenart lebt in einem Baumstamm und ernährt sich vom Holz. Eine Schlupfwespe fliegt den Baumstamm an und „lauscht“ mit ihren Fühlern an der Oberfläche des Baumstammes, um die Nagegeräusche der Holzwespenlarve zu spüren, woraufhin sie mit ihrem filigranen Eilegebohrer zielgenau mehrere Zentimeter durch das harte Holz bis zur Holzwespenlarve dringt, um ein Ei in ihren Körper zu legen. Die Holzwespenlarve bekommt von dem Geschehen kaum etwas mit und würde sich bis zur Verpuppung weiterentwickeln. Erst dann würde der Parasit, die Schlupfwespenlarve, auch die lebensnotwendigen Organe der Holzwespenlarve fressen, was zum Tode des Wirtes führt. Aber es gibt einen Hyperparasiten, eine andere Schlupfwespenart, die die Suche der ersten Schlupfwespenart auf dem Baumstamm genau beobachtet und gleich nachdem diese wegfliegt, deren Bohrloch nutzt, um nun ihr eigenes Ei in die Holzwespenlarve zu platzieren. Aus dem Ei der ersten Schlupfwespe schlüpft bald eine kleine Larve, die sich im Körper der Holzwespenlarve entwickelt. Der Hyperparasit, die zweite Schlupfwespenlarve, befällt nun selbst diese Schlupfwespenlarve und wird am Ende von den drei Larven als Einzige überleben.

Insekten können durch andere Organismen parasitiert werden. Ein Pilz aus der Gattung *Cordyceps* befällt die Organe von Ameisen, bis auf alle lebenswichtigen Organe, und zwingt die Ameise, auf die Spitze eines Grashalms zu klettern. Bevor der Pilz seine Sporen produziert, frisst er das Gehirn der Ameise und diese stirbt. Sobald die Sporen fertig sind, treten sie aus dem Körper der Ameise und verbreiten sich durch die Luft.

Ein anderer Parasit, ein Leberegel, zwingt Ameisen, Grashalme hinaufzuklettern und dort zu verharren. Hier werden sie von einem größeren Säugetier gefressen, beispielsweise einem Schaf, und der Egel vermehrt sich dann im Verdauungstrakt des Schafes. Er wird mit dem Kot ausgeschieden und dann wieder von Schnecken gefressen. Diese Schnecken sondern Schleimballen, in denen sich der Leberegel befindet, aus und diese werden wiederum von den Ameisen gefressen, womit sich der Kreislauf geschlossen hat.

Auch Würmer parasitieren bei Insekten und führen sie zum Suizid. Nimmt eine Hausgrille (*Acheta domesticus*) beim Fressen an Insekten-Kadavern die Larven eines Saitenwurmes auf, so leben diese in der Grille. Da der ausgewachsene Wurm jedoch feuchte Gebiete bevorzugt, übernehmen seine Larven die Kontrolle über die Hausgrille und zwingen sie, sich in einem Gewässer zu ertränken. Dort schlüpft der Wurm aus der toten Grille und lebt im Wasser weiter.

So mancher Parasitenbefall liest sich grausamer als viele Horrorfilme.

Sprichwörter und Witze über Insekten

Da Insekten allgegenwärtig sind und das Verhältnis des Menschen zu Insekten eher zwiespältig ist, wenn man mal von Honigbienen, Marienkäfern oder Schmetterlingen absieht, haben Insekten auch in Form von Sprichwörtern, Gedichten oder auch Witzen Einzug in die deutsche Sprache gehalten.

Ohne Anspruch auf Vollständigkeit möchte ich hier einige dieser Sprichwörter mit Erklärung der Bedeutung sowie einige Insektenwitze aufführen.

Beginnen wir mit einem Kinderlied, das wohl viele Menschen aus ihrer Kindheit kennen:

„Summ, summ, summ,

Bienchen summ herum.

Ei, wir tun dir nichts zuleide,

flieg nur aus in Wald und Heide.

Summ, summ, summ,

Bienchen summ herum."

Ein weiteres Kinderlied lautet:

„Auf der Mauer, auf der Lauer sitzt ‘ne kleine Wanze.

Seht euch mal die Wanze an,

wie die Wanze tanze kann.

Auf der Mauer, auf der Lauer sitzt ‘ne kleine Wanze.“

Interessanterweise sind es eher die unbeliebteren Insekten, wie Mücken, Läuse, Flöhe oder Fliegen, die in Sprichwörtern vorkommen, wie die folgenden Beispiele zeigen:

„Aus einer Mücke einen Elefanten machen“ – Bedeutung: Eine Kleinigkeiten stark aufbauschen und ihr mehr Bedeutung geben, als ihr eigentlich zukommt.

„Er ist lästig wie eine Schmeißfliege.“ – Bedeutung: Jemand ist sehr störend oder lästig.

„Wie die Made im Speck leben“ – Bedeutung: Jemand lebt sehr behaglich und in Wohlstand.

„Zwei Fliegen mit einer Klappe schlagen“ – Bedeutung: Zwei Aufgaben mit nur einer Maßnahme erreichen oder einen doppelten Zweck erreichen.

„Er kann keiner Fliege etwas zuleide tun.“ – Bedeutung: Jemand ist sehr gutmütig und friedlich.

„In der Not frisst der Teufel Fliegen." – Bedeutung: In einer Notsituation macht man Dinge, die man sonst nicht tun würde.

„Das ist ein Stich ins Wespennest." – Bedeutung: Jemand verursacht Aufruhr oder Unruhe.

„Das ist schlimmer, als einen Sack Flöhe zu hüten." – Bedeutung: Etwas ist sehr schwierig bis unmöglich zu schaffen.

„Jemandem einen Floh ins Ohr setzen" – Bedeutung: Jemanden auf einen Gedanken bringen, von dem er nicht mehr loskommt.

„Der hört die Flöhe husten." – Bedeutung: Jemand ist frühzeitig informiert, aber hört auch Dinge, die gar nicht da sind.

„Ihm ist eine Laus über die Leber gelaufen." – Bedeutung: Jemand hat schlechte Laune

„Sich eine Laus in den Pelz setzen" – Bedeutung: Jemanden aufnehmen, der sich später als schädlich herausstellt.

Aber auch die dem Menschen eher sympathischen Bienen, Hummeln, Käfer oder Schmetterlinge kommen in Sprichwörtern vor:

„Wie ein Käfer auf dem Rücken liegen“ – Bedeutung: Jemand ist in die Enge gedrängt worden.

„Er hat Hummeln im Hintern.“ – Bedeutung: Jemand ist voller Energie und Tatendrang.

„Fleißig wie eine Biene sein“ – Bedeutung: Jemand ist sehr fleißig und produktiv.

„Schmetterlinge im Bauch haben“ – Bedeutung: Jemand ist sehr verliebt und aufgeregt.

„Der hat doch Grillen im Kopf.“ – Bedeutung: Jemand ist wunderlich bis verrückt oder hat ungewöhnliche Einfälle.

Es gibt auch eine Bauerregel über Ameisen:

„Bauen die Ameisen große Haufen, kommt ein strenger Winter gelaufen.“

Auch historische Sprüche mit Insekten sind überliefert, wie:

„Glücklich leben die Zikaden, denn sie haben stumme Weiber.“

Xenarchos, antiker griechischer Komödiendichter (4. Jh. v. Chr.)

„Erst wenn eine Mücke auf deinem Hoden landet, wirst du lernen, deine Probleme ohne Gewalt zu lösen."

Konfuzius, chinesischer Lehrmeister und Philosoph (551-479 v. Chr.)

„Indem ich einem Insekt aus der Not helfe, tue ich nichts anderes, als dass ich versuche, etwas von der immer neuen Schuld des Menschen an der Kreatur abzutragen."

Albert Schweitzer, (14.01.1875 bis 04.09.1965), deutsch-französischer Arzt und Philosoph

Zum Schluss dieses Kapitels noch einige Witze, die Insekten zum Inhalt haben.

„Rate mal, was das ist!", sagt Fritzchen zu seiner großen Schwester. „Es ist zwei Zentimeter groß, hat einen abgeflachten Körper und Klammerbeine mit Endklauen!" „Keine Ahnung. Sag schon!" „Ich weiß es auch nicht, aber es krabbelt auf deinem Nacken."

Warum gehen Ameisen nicht in die Kirche? Weil sie in Sekten sind!

Warum summen Bienen? Weil sie ihren Text vergessen haben!

Was gibt es, wenn ein Glühwürmchen Viagra frisst? Eine Stehlampe.

Welches Insekt arbeitet im Straßenbau? Die Teermite.

Haarscharf zischt eine Fliege am Spinnennetz vorbei. „Warte nur, morgen erwische ich dich“, höhnt die Spinne. „Denkste!“ grinst die Fliege. „Ich bin eine Eintagsfliege.“

Treffen sich zwei Eintagsfliegen. Fragt die eine Fliege: „Und, was machst du morgen?“

Laufen zwei Fliegen auf einer Glatze spazieren. Da sagt die eine zu der anderen: „Weißt du noch, früher haben wir hier immer verstecken gespielt!“

Trifft eine Mücke eine andere Mücke. Sagt die eine: „Und? Wie war‘s so in der Welt?“ Antwortet die andere darauf: „Super! Es haben alle geklatscht, als sie mich gesehen haben.“

Eine Ameise flaniert über die Wiese, plötzlich wird sie von einem Kuhfladen getroffen. Zwei Stunden braucht sie, um sich herauszuwühlen. „Scheiße“, schimpft sie, „genau auf‘s Auge.“

Susi und Moni kämpfen beim Zelten ständig gegen Mücken. Als es dunkel wird, kommen ein paar Glühwürmchen angeflogen. „Bloß weg“, sagt Susi, „jetzt suchen uns die Biester schon mit Taschenlampen!“

Zwei Flöhe verabreden sich am Telefon. Fragt der eine Floh: „Kommst du zu Fuß oder nimmst du dir einen Hund?“

Stehen zwei Blumen auf der Wiese, sagt die eine: „Ich liebe dich!“ Sagt die andere: „Ich liebe dich auch!“ Erwidert die erste: „Ich will dich!“ Darauf die andere Blume: „Ich will dich auch, wo bleiben nur diese verflixten Bienen?“

Kommt ein kleines Glühwürmchen traurig von der Schule heim und sagt: „Mama, die Lehrerin hat gesagt, dass ich nie eine große Leuchte werde.“

In diesem Sinne noch viel Spaß mit der weiteren Lektüre dieses Buches.

Insekten und Fledermäuse – Der ewige Kampf

In manchen lauen Sommernächten kann man auf Waldlichtungen oder an Feldrändern ein helles Leuchten beobachten. Dieses Leuchten wird durch sogenannte Leuchttürme, also ein Gemisch verschiedenster Lampenarten an einer Halte-vorrichtung, umhüllt von einem gardinenähnlichen Stoff, verursacht. Von diesen Leuchttürmen werden allerlei nachtaktive Insekten angelockt. Eines Nachts saßen meine Kollegen und ich an einem Leuchtturm und von Zeit zu Zeit rieselten Schmetterlingsflügel vom Himmel über dem Turm. Fledermäuse hatten entdeckt, dass sich ihre Nahrung, also Insekten sich um die Leuchttürme versammelten und hatten so die Gelegenheit genutzt, sich einen mittenächtlichen Snack einzuverleiben. Durch dieses Erlebnis bin ich auf die faszinierende Welt der Fledermäuse (Ordnung *Chiroptera*) aufmerksam geworden.

Am Tage werden Insekten bekanntermaßen von Singvögeln gejagt, aber auch in der Nacht sind sie nicht sicher, da Fledermäuse ihnen nachstellen. So besteht die Nahrung unserer einheimischen Fledermausarten hauptsächlich aus Insekten, wobei die verschiedenen Fledermausarten sehr unterschiedliche Fress-gewohnheiten aufweisen. Manche von ihnen sammeln Käfer vom Waldboden auf, während andere sich auf fliegende Insekten spezialisiert haben. Das große

Mausohr (*Myotis myotis*) hält beispielsweise im Flug, knapp über dem Waldboden, nach Laufkäfern, Hundertfüßern, Spinnen und Käferlarven Ausschau, während die Wasserfledermaus (*Myotis daubentinii*) ihre Nahrung über der Wasseroberfläche von Teichen und Seen fängt. Dabei machen Zuckmücken und Köcherfliegen den Großteil ihrer Nahrung aus, wobei sie auch in der Lage ist, kleinere Fische zu fangen. Die Zwergfledermaus (*Pipistrellus pipistrellus*), unsere kleinste heimische Fledermaus, frisst vor allem Mücken, welche sie mit wendigen Bewegungen, im Schein der Straßenlaternen erbeutet. Dabei können schon mal bis zu 1.000 Mücken pro Nacht vertilgt werden.

Die Jagd im Flug kostet die Fledermäuse sehr viel Energie, weshalb jede Fledermaus täglich zwischen 20 und 50 Prozent ihres eigenen Körpergewichts fressen muss. Bei einer Wasserfledermaus entspricht das einer täglichen Nahrungszufuhr von etwa 3.000 Zuckmücken. Um diese Menge zu erbeuten, führt sie etwa zehn Fangbewegungen pro Minute durch. Bei der Zwergfledermaus, die etwa sechs Gramm wiegt, beträgt die Gewichtszunahme pro Nacht 1,5 Gramm an Insekten. Eine Stechmücke beispielsweise wiegt etwa 0,00225 Gramm, das würde dann 667 Stechmücken pro Nacht und in einer Saison von sieben Monaten über 140.000 Stechmücken bedeuten.

Nachtaktive Falter werden von Fledermäusen gejagt, die sich im Laufe der Evolution perfekt an das Erjagen dieser Schmetterlinge angepasst haben. Sie nehmen Töne von einem bis 120.000 Hertz wahr (zum Vergleich: der Mensch hört Töne von 16 bis 20.000 Hz als Kind und bis zu 12.000 Hz als Erwachsener) und orten ihre Beute mittels dieser Ultraschall-Echolotung. Aber auch Nachtfalter nehmen die Ultraschallrufe der Fledermäuse wahr und fliegen mit einem schnellen Manöver aus der Flugbahn des Angreifers. An der nordamerikanischen Tigermotte (*Cycnia tenera*) konnten Insektenforscher eine raffinierte Strategie feststellen. Eine Fledermausart, das Townsend-Langohr (*Corynorhinus townsendii*), attackiert den Nachtfalter, dreht aber im letzten Moment ab, weil der Falter den Ultraschall des Angreifers wahrnimmt und im selben Moment schnelle Folgen kurzer Ultraschalltöne auf den Feind abfeuert. Dadurch nimmt die Fledermaus zu viele Informationen auf einmal auf, ihr Gehirn kann diese nicht schnell genug verarbeiten und sie muss abdrehen. Andere Nachtfalter senden Klicklaute aus, sobald sie von einer Fledermaus gejagt werden, die diese dann bei ihrer Jagd verwirren, sodass der Falter entkommen kann. Die Evolution zeigt hier ein ständiges Wechselspiel zwischen Jägern und Gejagten.

Geschichte der Insektenkunde

Wie ich schon in der Einleitung erwähnt habe, ist das Verhältnis zwischen den meisten Insekten und dem überwiegenden Teil der Menschheit eher gespannt. Insekten werden oft als Lästlinge oder gar Schädlinge angesehen, da sie mit dem Menschen um Nahrung konkurrieren oder ihn durch Stiche oder Bisse bis hin zur Auslösung von Allergien und Krankheiten beeinträchtigen. Aber dann gibt es noch Leute wie Entomologen, deren Leidenschaft die sechsbeinigen Tierchen sind.

In diesem Kapitel soll ein wenig die Historie der Erforschung von Insekten dargestellt werden.

In der Steinzeit, als der Mensch noch in Höhlen lebte, die auch von Fledermäusen besiedelt waren, hatte der Urmensch schon Kontakt zu Plattwanzen, die vom Blut der Fledermäuse lebten. Beim Ausbleiben der Fledermäuse mussten die Höhlenmenschen dann als Nahrungsquelle für die Wanzen herhalten.

Auch in der Antike kannten die Griechen und Römer die Plattwanzen, aber auch Läuse, die so manchen Menschen geplagt haben. Der griechische Philosoph Aristoteles beschäftigt sich in seiner Schrift „Historia animalium“ mit einer ersten Klassifizierung von Insekten. Aristoteles ordnete die Insekten als Gattung ein und fasste sie mit Spinnentieren, Tausendfüßern und Würmern zu den „blutlosen Tieren“ zusammen.

Insekten seien durch eine Körpersubstanz charakterisiert, die ein Zwischending aus hartem Skelett und weichem Fleisch sei. Er lehrte die Theorie der Urzeugung, also dass Insekten aus unbelebter Materie, wie faulendem Fleisch oder im Körper von Wirbeltieren, entstehen. Plinius der Ältere, seines Zeichens römischer Gelehrter und Verwaltungsbeamter, verfasste das Buch „Naturalis historia", bis heute eine Grundlage vieler wissenschaftlicher Arbeiten.

Das Mittelalter war wissenschaftlich, in Hinsicht auf Insekten betrachtet, eher ein Rückschritt. Das Augenmerk der Wissenschaftler lag nicht auf der Darstellung und Beschreibung von Naturphänomenen, sondern in der Ergründung des Willens Gottes, der sich auch in den kleinsten und unscheinbarsten Teilen der Natur offenbarte. Hier vermischte sich die Naturwissenschaft mit der Mythologie und der Religion, wie beispielsweise in der antiken Schrift „Physiologus", die im Mittelalter weit verbreitet war. In vielen mittelalterlichen Werken, wie in Hrabanus Maurus „De rerum naturis" aus dem Jahre 850, der Natur-Enzyklopädie von Thomas von Cantimpré „Liber de natura rerum" von 1241 oder „De animalibus" von Albertus Magnus spielten Insekten kaum eine Rolle.

Mit der Verbreitung von Büchern durch den Buchdruck in der Neuzeit verbreitete sich auch das naturwissenschaftliche Wissen. Naturwissenschaft wurde zunehmend als eigenständige Disziplin, losgelöst von der Religion, gesehen und Forschung wurde zum reinen Erkenntnisgewinn betrieben. Die Begründung der Zoologie als eigenständige Wissenschaft wird allgemein Conrad Gessner und seiner „Historia animalium“ von 1551 bis 1558 zugeschrieben, deren sechster Band „Insectorum sive minimorum animalium theatrum“ sich mit Insekten befasst. Dabei griffen die Herausgeber auf das Buch „De animalibus insectis“ von Ulisse Aldrovandis aus dem Jahre 1602 zurück, das ein Standardwerk der Entomologie seiner Zeit war. Im 17. Jahrhundert gelang es Francesco Redi erstmals, die Fortpflanzung von Insekten und damit die bis dahin weit verbreitete Urzeugungstheorie, die besagte, dass Fliegen beispielsweise aus verfaulendem Fleisch entstehen, zu widerlegen. Dies zeigte er im Jahre 1668 durch ein einfaches, aber geniales Experiment. Redi nahm drei Töpfe, die er mit Fleisch füllte. Den ersten Topf schloss er vollständig ab, den zweiten Topf ließ er offen und den dritten Topf bedeckte er mit einer Gaze. Maden entwickelten sich nur in dem offenen, aber nicht in dem verschlossenen Topf. Auf der Gaze des dritten Topfs fand er wenige sich entwickelnde Maden. Im selben Jahr publizierte er seine Ergebnisse in der Abhandlung „Esperienze intorno alla generazione degli insetti“. Damit gelten Redis Versuche als das erste präzise durchgeführte Paar von Versuch und Gegenversuch in der Geschichte der Biologie. Die weitere Erforschung der Insekten wurde durch die Erfindung des Mikroskops ermöglicht, mit dem nun Insekten genauer betrachtet werden konnten, was zu einer immer besseren Unterscheidung der Arten führte. Führend auf dem Gebiet der Insekten-morphologie, also der Struktur und der Form des Insektenkörpers, war hier der Forscher Marcello Malpighi, der erstmals die Tracheenatmung und das Verdauungssystem der Insekten untersucht hat. Nach ihm wurden die Malpighischen Gefäße, also die Exkretionsorgane (die „Nieren“) der Insekten, benannt, die Ausstülpungen des Mitteldarmes der Insekten sind. Im 18. Jahrhundert wurde durch John Ray in seinen Schriften „Methodus insectorum“ und „Historia insectorum“ aus den Jahren 1705 bzw. 1710 der Artbegriff für Insekten eingeführt. Mit der Lehre der Konstanz der Arten begannen die Beschreibung immer neuer Arten und die Suche nach Möglichkeiten, diese zu unterscheiden, also die systematische Entomologie. Ray hatte als Erster einen einigermaßen realistischen Blick auf die Artenfülle der Insekten, auch wenn er mit der Schätzung von weltweit 10.000 bis 20.000 Arten um mehrere Größenordnungen unter den heutigen Schätzungen lag. Auch die Beobachtung und Darstellung lebender Insekten bekam im 17. Jahrhundert starken Aufschwung. Federführend waren hier Werke von Maria Sibylla Merian, wie „Der Raupen wundersame Verwandlung und Blumennahrung“ von 1679 und 1683 und „Metamorphosis insectorum surinamensium“ aus dem Jahre 1705 sowie von August Johann Rösel von Rosenhof, der 1748 bis 1755 seine „Insectenbelustigungen“ publizierte. Aber vor allem Carl De Geers Werke „Mémoires pour servir à l‘histoire des insectes“ von 1752 bis 1778 und „Genera et species insectorum“ von 1783 zeichnen sich durch hervorragende und exakte Darstellungen von Insekten aus. Viele Adlige betrieben im 18. Jahrhundert Naturforschung als Zeitvertreib und förderten Gelehrte, wodurch auch Insekten-sammlungen entstanden. Carl von Linné (auch als Linnaeus bekannt) unterschied die Insekten in seiner „Systema naturae“ von 1735 besonders nach ihren Flügeln. Hier richtete sich die Systematik in erster Linie nach äußeren Körpermerkmalen wie Flügel, Beine oder Mundwerkzeuge. Erst Johann Christian Fabricius gilt mit seinem bahnbrechenden Werk „Systema entomologiae sistens insectorum classes“ aus dem Jahre 1775 als Begründer der Entomologie als eigenständige Wissenschaft. Seine Systematik beruhte vorwiegend auf den Mundwerkzeugen und hatte immerhin ein halbes Jahrhundert Bestand. Im 19. Jahrhundert folgten dann die systematischen Werke von Jean-Baptiste de Lamarck („Système des animaux sans vertèbres“ von 1801) und von Georges Cuvier („Le règne animal distribué d'après son organisation“ von 1817/1818). Erst mit William Elford Leachs Abhandlung „The zoological miscellany“ aus dem Jahre 1814 bis 1817 wurde zum ersten Mal die Gruppe der Insekten weitgehend von den Spinnen, Tausendfüßern und Krebstieren abgetrennt. In den Jahren 1832 bis 1855 publizierte Herrmann Burmeister sein „Handbuch der Entomologie“ mit einer hauptsächlich auf die evolutionäre Entwicklung und Verwandtschaftsbeziehung gerichteten Sichtweise und einer Zusammenfassung des damaligen Wissens über die Insektenkunde. Es folgte eine immer stärker werdende Spezialisierung, viele Forscher be-schränkten sich im Weiteren nur noch auf die Erforschung und Systematik einer Insektenordnung.

Durch den technischen Fortschritt verlagerte sich im 20. Jahrhundert der Schwerpunkt der insekten-kundlichen Forschung. Die Beschreibungen und Systematik einzelner Insektenarten wurden Ende des 20. Jahrhunderts zu Randbereichen der Wissenschaft, was die Lehrpläne und Forschung an Hochschulen angeht. Mikrobiologie und Molekulargenetik gerieten in den Vordergrund. Derzeit wird geschätzt, dass es etwa 1,5 Millionen bekannte Insektenarten auf der Welt gibt. Mehrere Millionen Arten gilt es noch zu beschreiben, bevor diese ausgestorben sind, was bei der heutigen fortschreitenden Vernichtung natürlicher Lebensräume immer wahrscheinlicher wird. Immer mehr Fachbücher zum Thema Insekten wurden veröffentlicht, wobei ich hier nur ein sehr zu empfehlendes Buch, um einen Gesamtüberblick über Insekten zu bekommen, anführen möchte. Es handelt sich um das Buch „Lehrbuch der Entomologie“, herausgegeben von Konrad Dettner und Werner Peters (aktuelle 2. Auflage von 2010), in dem ein Grundriss über die Entomologie vom Bau der Insekten, über ihr Verhalten bis hin zur Systematik gegeben wird. Herrn Professor Peters habe ich noch selbst im Biologie-Studium in der Zoologie-

Vorlesung erlebt. Es war ein Vergnügen zu sehen, wie anschaulich er unter Einsatz seines gesamten Körpers den Studenten so manche Tiergruppe nahegebracht hat. Leider ist er 2003 viel zu früh verstorben.

Die heutige Entomologie beschäftigt sich immer mehr mit der Berücksichtigung des Artenschutzgedankens. So wird das Arteninventar verschiedenster Biotope im Rahmen von Biotopkartierungen erfasst. Hier spielt auch der Begriff der „Biodiversität“ (Biologische Vielfalt), der 1986 von dem Entomologen Edward O. Wilson geprägt wurde, eine entscheidende Rolle. Vergleiche des Arteninventars bei Biotops-untersuchungen mit historischen Belegen aus Insektensammlungen oder in Alkohol konservierten Insekten spielen dabei eine wichtige Rolle, um eine Zunahme oder einen Rückgang von Insektenarten nachzuweisen. Auch das Aussterben einer Art in einem Biotop kann so dokumentiert werden. Dies führt uns dann zum letzten Kapitel.

Und zum Schluss – Gedanken zum Insektensterben

Beginnen möchte ich diese Kapitel mit einem Witz, der heute so sicher nicht mehr zutrifft:

Ein Mann ruft bei der Polizei an, um sein Auto als gestohlen zu melden. Fragt der Polizist ihn, ob irgendwelche wertvollen Sachen im Auto waren, woraufhin der Mann meint: ‚Ja, meine Insektensammlung." Darauf der Polizist: „Die war sicher im Kofferraum." Daraufhin der Mann: „Nein, auf dem Nummernschild."

Etwa seit Mitte 2013 grassiert das Wort „Insektensterben" oder „Bienensterben" in den Medien. Ich selber spreche lieber von einem „Insektenrückgang", denn Insekten sterben jeden Tag aus den unterschiedlichsten Gründen. Meiner Meinung nach gibt es jeden Monat Bienensterben, da eine normale Bienen-Arbeiterin nur zwei bis drei Wochen lebt und dann stirbt. Auch die Drohnen (die männlichen Bienen) werden, nachdem sie die Königinnen begattet haben, aus dem Stock geworfen und sterben dann. Bienensterben hat wenig mit dem Insektensterben, wie wir es als Entomologen verstehen, zu tun. Die Honigbiene ist ein Nutztier des Menschen, wie eine Kuh, während unter Insektensterben der Rückgang der seltenen, auf spezielle Biotope angewiesenen Insekten (leider auch in Naturschutzgebieten) gemeint ist.

Angefangen hat alles mit einer Untersuchung des Entomologischen Vereins Krefeld im Orbroicher Bruch in Krefeld mit dem unscheinbaren Titel: „Ermittlung der Biomassen flugaktiver Insekten im Naturschutzgebiet Orbroicher Bruch mit Malaise-Fallen in den Jahren 1989 und 2013.“ Ich möchte hier nicht zu sehr ins Detail gehen, aber kurz darlegen, was sich hinter dieser Untersuchung verbirgt.

In den 1980er-Jahren, lange vor meiner eigenen Zeit als Mitglied im Entomologischen Verein, dem ich, wie schon in der Einleitung erwähnt, erst 1996 beigetreten bin, erweiterten die damaligen Mitglieder die Entwicklung eines bestimmten Fallentyps, der sogenannten Malaise-Falle (benannt nach dem schwedischen Insektenforscher René Edmond Malaise, der sie erfunden hat). Dieser Fallentyp ist eine Zeltfalle aus leichtem Polyester zum Fang flugfähiger Insekten, die an den Wänden schwarz gefärbt ist, während das Dach weiß bleibt. Die Falle lockt Insekten nicht an, sondern diese fliegen zufällig in die Falle, wenn sie entlang eines Waldrandes oder einer Hecke fliegen. Da die Fluchtbewegung von Insekten immer nach oben ist, sammeln sie sich an der höchsten Stelle, an der sich ein Gefäß mit 80-prozentigem Alkohol befindet.

Da die großen Mengen gefangener und in Alkohol konservierter Insekten nicht zählbar waren, entwickelten die Krefelder Entomologen eine Methode, die Insekten-Biomasse standardisiert zu wiegen und diese Ergebnisse aufzuschreiben. Die Fallen wurden in bestimmten Zeitabständen von mehreren Jahren immer wieder an der gleichen Stelle aufgestellt. Durch Verwendung des gleichen Fallentyps und der gleichen Wiegemethode konnten die Ergebnisse standardisiert werden. Sogar die Person, welche das Wiegeverfahren entwickelt hat, ist seit all den Jahren dieselbe. Es zeigte sich eine deutliche Abnahme der Biomasse der flugfähigen Insekten um etwa 75 Prozent über einen Zeitraum von über 24 Jahren im untersuchten Naturschutzgebiet Orbroicher Bruch in Krefeld. Dies wurde nachfolgend in der vereinseigenen Zeitschrift veröffentlicht und nachfolgend von einigen Naturschutzverbänden zitiert, aber auch in mancher Fachzeitschrift erwähnt. Kritiker unkten jedoch, dass sei ja nur bei uns in Krefeld so, das könne man nicht verallgemeinern und auf ganz Deutschland übertragen. Natürlich kann man das nicht übertragen, das war auch nicht die Intention der Studie. Sie zeigt, dass im Verlauf eines Zeitraums von 24 Jahren in einem definierten Gebiet die Anzahl der Fluginsekten signifikant zurückgegangen ist. Das ist die Datenlage, Interpretationen müssen andere treffen.

Dass dieser Insektenrückgang keine Ausnahme war und ist, zeigten dann 2017 veröffentlichte Ergebnisse in der Zeitschrift „PLOSone“ in Zusammenarbeit mit der Universität Nijmegen und der Universität Sussex. Diese in den Medien mittlerweile als „Krefelder Studie“ bezeichnete Untersuchung zeigte, dass an 63

Standorten in Naturschutzgebieten in Nordrhein-Westfalen und Rheinland Pfalz, die in einem Zeitraum von 27 Jahren mit den Malaise-Fallen untersucht wurden, der Rückgang der Fluginsekten in den Fallen über 75 Prozent betrug. In den Sommermonaten, wo erwartungsgemäß viele Insekten fliegen, lag der Rückgang sogar bei 81 Prozent. Dies war und ist ein alarmierendes Zeichen, nicht nur für Umweltverbände, sondern auch für viele Politiker und Behördenvertreter, da zum ersten Mal ein Rückgang der Insekten mithilfe einer standardisierten Methode nicht nur an einem Standort (wie dem Orbroicher Bruch), sondern an vielen Standorten gezeigt wurde. Dass die Standorte in erster Linie Naturschutzgebiete, also Orte, die einen besonderen Schutz genießen, waren, erhöht die Brisanz der Ergebnisse noch. Als Ursachen für diesen Insektenrückgang konnten weder das Klima, die Vegetation an den Fallenstandorten, die Anteile der Regen oder Frosttage, die Lichtverhältnisse noch der Stickstoffgehalt im Boden festgemacht werden – die Ursachen sind bis jetzt unbekannt.

Noch etwas in eigener Sache: Ich danke den Hauptverantwortlichen der Publikation, dass ich als Co-Autor mit auf die Publikation genommen wurde.

Am selben Abend der Veröffentlichung in „PLOSone“ war die Publikation vom Insektensterben schon im Teletext der Tagesschau und am nächsten Tag in vielen Tageszeitungen zu lesen. Danach zog die Nachricht um die ganze Welt, sogar bis nach China, USA und

Australien, wo sie in zahlreichen Fachveröffentlichungen, aber auch in allgemeinen Zeitungen publiziert wurde. Irgendwann landete der Begriff „Insektensterben“ dann auf der Titelseite der „Hörzu“ und der „Apotheken Umschau“ – zugegeben keine Fachblätter, aber das deutet auf die gesteigerte Aufmerksamkeit der breiten Öffentlichkeit hin. Recherchiert man im Internet den Begriff „Insektensterben“, so ist er schon zu einem festen Begriff in der Wikipedia geworden.

Die Publikation ist von vielen Seiten – vor allem von Naturschutzverbänden und Universitäten – gelobt worden, aber Kritik wurde natürlich auch geäußert. Neben wissenschaftlicher Kritik an den verwendeten statistischen Analysen, die aber entkräftet werden konnte, wurde kritisiert, dass in erster Linie Naturschutzgebiete und nicht auch Ackerflächen untersucht wurden. Dazu nur ein Kommentar: Wer erwartet Biodiversität in beispielsweise Rapsfeldern oder Weizenfeldern? Dort fliegen allenfalls ein paar Schwebfliegen oder Honigbienen, und die zu erfassen, war nicht das Ziel der Untersuchung.

Im Juli 2018 bekam der Entomologische Verein dann Besuch von der Bundesumweltministerin Frau Svenja Schulze, die sich den „Kampf gegen das Insektensterben“ auf ihre Fahne geschrieben hat, die Arbeit des Vereins öffentlich lobte und dem Verein finanzielle Unterstützung für die weiteren Untersuchungen zusagte. Hier sei noch festgestellt, dass der Entomologische Verein sich zur Aufgabe gemacht hat, die wissenschaftlichen Daten zum Rückgang zu liefern, die Schlüsse daraus zu ziehen und die Konsequenzen für die Politik ist nicht unsere Aufgabe. Deshalb möchte ich hier noch mal betonen, dass alle in diesem Kapitel getroffenen Aussagen meine persönliche Meinung widerspiegeln.

Mittlerweile haben Insekten, die verglichen mit Vögeln oder Säugetieren eine eher geringe Lobby haben, die Aufmerksamkeit der „breiten Masse".

In Großbritannien wurde eine Studie mit dem Titel „Big Bug Count" – im englischen und amerikanischen Sprachraum wird alles, was eine harte Schale hat, also Käfer, Wanzen, aber auch Krebse gerne mal mit „bug" bezeichnet – also frei übersetzt „Große Insektenzählung" von der Royal Society for the protection of birds, einer Vogelschutzvereinigung, ins Leben gerufen. Autofahrer sollten sich auf ihr Nummernschild ein sogenanntes „Splatometer", eine Klebefläche mit definierter Größe befestigen. Einen Monat lang, vom 1. bis 30. Juni 2004, sollten diese Autofahrer quer durch Nottinghamshire in Großbritannien fahren, alle 20 bis 80 Meilen anhalten und die toten Insekten in Verbindung mit der zurückgelegten Wegstrecke notieren. Insgesamt wurden über 324.000 Insekten so aufgenommen. Zum Vergleich: Ein Kohlmeisenpaar benötigt für die Aufzucht von fünf bis sieben Jungvögeln etwa 250.000 Insekten (und Spinnen). Interessant wäre es auch zu wissen, was passiert wäre, wenn der Autofahrer auf einer der Fahrten von der Polizei angehalten worden wäre, während er das Splatometer auf dem Nummernschild hat und ob das Punkte gegeben hätte.

Untersuchungen zeigen, dass 90 Prozent der Blütenpflanzen und 50 Prozent der Obstbäume von Insekten bestäubt werden. Ohne diese Bestäubung sähe so mancher Marktstand sehr öde aus. Damit uns hier in Mitteleuropa nicht das Gleiche passiert wie in China, wo kleine Chinesinnen und Chinesen auf Bäume klettern, um die Blüten mit dem Pinsel per Hand zu bestäuben, sollten wir gegen den Insektenrückgang JETZT etwas unternehmen. Für manche Arten ist es leider heute schon zu spät. Nicht mehr vorhandene Lebensräume sind unmöglich in gleicher Qualität wiederherzustellen, wie viele Renaturierungsversuche zeigen. Insekten, die einmal ausgestorben sind, kommen nicht wieder, da die einzelnen Rückzugsgebiete, in der Regel Naturschutzgebiete, keine Verbindung mehr zueinander haben und „verinselt“ sind.

Versuche in den USA mit Mandelbäumen, bei denen die eine Hälfte von Insekten und die andere von Hand bestäubt wurden, zeigten, dass eine Handbestäubung die fehlenden Bienen nicht ersetzen kann. Mandelbäume, die mit der Hand bestäubt wurden, brachten nur sehr kleine Mandeln hervor. Von Bienen bestäubte Bäume dagegen lieferten 200 Prozent mehr Mandelertrag, während Düngung und Bewässerung kaum Einfluss auf den Ertrag hatten. Defizite in der Bestäubung kann der Baum offenbar nicht ausgleichen, Mangel an Wasser oder Nährstoffen bis zu einem gewissen Punkt dagegen schon.

Was kann man denn tun? Es klingt wie der Tropfen auf dem heißen Stein, aber schon ein kleiner Schrebergarten mit einheimischen Blütenpflanzen und Obstbäumen lockt Insekten an. Nistgelegenheiten für Wildbienen kann man sich leicht selber bauen und so manche Lehmwand sollte vielleicht nicht direkt verputzt werden, damit sich Bienen und Wespen dort einnisten können.

Eine große Gefahr geht natürlich auch von Insektiziden aus, von denen die Neonikotinoide die wohl effektivsten sind. Ein EU-weites Verbot würde helfen, auch wenn ich die Interessen der Landwirte verstehe. Dass die Erträge nicht unbedingt ohne die Verwendung von Insektiziden und Pflanzen-schutzmitteln zurückgehen, habe ich in einem Gespräch mit einem Bio-Bauern erfahren, der früher Insektizide eingesetzt hat, aber seit etwa zehn Jahren nicht mehr und im Jahr 2017 die beste Kartoffelernte erzielte, seit er als Landwirt tätig ist. Die wenigsten wissen, dass in Naturschutzgebieten Insektengifte genauso eingesetzt werden dürfen wie außerhalb, und so manches Naturschutzgebiet ist ja ohnehin von Äckern umgeben.

Ein weiterer wichtiger Grund ist die schon erwähnte Verinselung von Naturschutzgebieten, die isoliert in der

Landschaft verteilt sind und ohne Verbund. Die Insekten sammeln sich in den Naturschutzgebieten, und wenn sich die Bedingungen in diesen Gebieten zuungunsten bestimmter Insektenarten ändern, sterben diese aus. In der Regel sind das die „Spezialisten", also Insekten, die ganz bestimmte Lebensräume oder bestimmte Pflanzen zur Entwicklung benötigen, und wenn die Pflanze fehlt, dann überlebt das Insekt auch nicht. Was einmal in einem Biotop ausgestorben ist, kommt auch nicht mehr wieder – es sei denn, der Mensch sorgt aktiv für die geeigneten Lebensumstände (die bei vielen Insekten leider noch unbekannt sind) und siedelt die Insektenart wieder an. Gewinner sind in der Regel die „Generalisten" oder „Ubiquisten", also Insekten, die mit Veränderungen leichter klarkommen und sich an vom Menschen veränderte Lebensräume schnell anpassen können. Diese Generalisten verdrängen dann die spezialisierten Insekten.

In einer Untersuchung mit dem Entomologischen Verein sollten wir kartieren, welche Insekten Obstbäume in einem Naturschutzgebiet in Düsseldorf bestäuben. Also stellten wir eine Malaise-Falle auf und machten an mehreren Terminen Handfänge mit Baumkeschern. Ziel war es herauszufinden, ob auch Wildbienen und andere seltenere blütenbestäubende Insekten an den Obstbäumen zu finden sind. In etwa 200 Metern Entfernung hatte ein Imker seine sechs Bienenstöcke aufgebaut und jetzt dürfen Sie mal raten, was an den Obstbaumblüten und in der Malaise-Falle zu finden war:

über 95 Prozent Honigbienen, daneben ein paar Fliegen, Wespen und wenige Käfer. Die nachzuweisenden Wildbienen fehlten natürlich, da sie von der Übermacht der Honigbienenvölker verdrängt worden sind.

Zum Schluss noch ein paar mahnende Worte. Ich möchte nicht wie Kassandra von Troja den Untergang predigen, doch wir müssen jetzt anfangen, etwas für unsere Insekten, und ich schreibe extra „unsere Insekten", zu tun. Für viele Insekten ist es schon zu spät. So zeigen die „Roten Listen" und andere Bestandsaufnahmen, dass viele Insekten schon verschwunden sind oder im Begriff sind zu verschwinden – die sogenannten „Rote Liste 0 oder 1 Arten".

Was könnte man tun? Zuerst einmal müssten die Mengen an Insektiziden, die mit dem Saatgut auf die Felder kommen, deutlich reduziert werden. Die heutigen Insektizide sind auch in geringen Dosierungen effektiv genug. Da das ausgebrachte Saatgut aber vielfach schon mit den Insektiziden behandelt ist, ist eine Reduktion der Dosierung oft nicht möglich. Der nächste Schritt wäre, etwas gegen die Verinselung von Naturschutzgebieten zu tun, in dem man „Trittsteine", also geeignete Biotope, die Naturschutzgebiete vernetzen, entwickelt. Bestehende Naturschutzgebiete müssen besser geschützt werden und zwar nicht gegen Publikumsverkehr, sondern gegen Einwirkungen durch die umgebende Kulturlandschaft. Erweiterte

Blühstreifen können ein Anfang sein, in Verbindung mit reduziertem Verbrauch an Insektiziden, da diese sich ansonsten in den mehrjährigen Blühstreifen konzentrieren können. Insektizide in Naturschutzgebieten sollten generell verboten werden. Eine Einzäunung von offenen Naturschutzgebieten führt dazu, dass gerade offene Sandflächen mit Pioniervegetation zusehends verbuschen, die ersten Bäume wachsen und es entsteht ein Wald. Nichts gegen den „Deutschen Wald", aber in einem Wald, selbst in einem Mischwald, leben weniger Insekten als in so manchem Heide- oder Sandflächenbiotop.

Meine Bitte an die Leser diese Buches wäre, wenn Sie das nächste Mal in Ihren Vorgarten gehen und den englischen Rasen bestaunen oder die Rosenbüsche, doch mal daran zu denken, wenigstens einen Teil davon in ein Blumen- oder Gemüsebeet umzuwandeln, die Insekten – und nicht nur die – werden es Ihnen danken.

Nachwort

So, nun wissen Sie vielleicht, warum Insekten (für mich) so interessant sind, dass sie mich jeden Tag neu faszinieren und warum ich Entomologe geworden bin. Denn das wirklich Erstaunliche steckt in den kleinen, mit dem bloßen Auge nicht erkennbaren Dingen.

Ich hoffe, dass dieses Taschenbuch dazu beiträgt, dass Insekten anders wahrgenommen werden und ihre wichtige Funktion im Kreislauf des Lebens klar geworden ist. Wenn dadurch das Bewusstsein für Insekten auch nur bei einem Leser geweckt worden ist, dann hat es seine Schuldigkeit getan.

Literaturquellen

Wie in jedem Buch mit wissenschaftlichem Hintergrund sollten auch Literaturquellen genannt sein, wobei dieses Taschenbuch eher als Unterhaltung, denn als Fachliteratur gedacht ist. Deshalb werden hier nur einige Quellen in alphabetischer Reihenfolge der Erstautoren genannt.

Amendt J., Krettek R., Nießen G & Zehner R.: Forensische Entomologie – Ein Handbuch. Verlag für Polizeiwissenschaft; 1. Aufl. 2013.

Aspöck H. (Hrsg.): Krank durch Arthropoden. Denisia 30 2010.

Dettner K. & Peters W. (Hrsg.): Lehrbuch der Entomologie. Spektrum Akademischer Verlag; 2. Aufl. 2010.

Dietz C., Nill D. & Kiefer A.: Handbuch der Fledermäuse – Europa und Nordwestafrika. Franckh Kosmos Verlag; 2. Aufl. 2016.

Hagen, E. von & Aichhorn A.: Hummeln: bestimmen, ansiedeln, vermehren, schützen. Fauna Verlag; 6. Aufl. 2014.

Wachmann E., Melber A. & Deckert J.: Wanzen – Band 1-5. Goecke & Evers; 1. Aufl. 2004-2012.